Clemens Hageblling

# Klimaschutz durch städtebauliche Verträge

Clemens Hagebölling

# Klimaschutz durch städtebauliche Verträge

## Klimawandelgerechtes Städtebaurecht vor dem Hintergrund des Gebäudeenergiefachrechts

Tectum Verlag

Clemens Hagebölling

Klimaschutz durch städtebauliche Verträge.
Klimawandelgerechtes Städtebaurecht vor dem Hintergrund des Gebäudeenergiefachrechts

Zugl. Diss. Philipps-Universität Marburg, FB Rechtswissenschaften, 2014
Für die Veröffentlichung wurde der Titel leicht gekürzt. Die Dissertation wurde ursprünglich unter dem Titel „Klimaschutz und Klimaanpassung durch städtebauliche Verträge. Eine Analyse des klimawandelgerechten Städtebaurechts vor dem Hintergrund des Gebäudeenergiefachrechts" eingereicht.

ISBN: 978-3-8288-3441-5

Druck und Bindung: CPI buchbücher.de, Birkach
Printed in Germany


Besuchen Sie uns im Internet
www.tectum-verlag.de

MIX
Papier aus verantwortungsvollen Quellen
FSC® C003147

**Bibliografische Informationen der Deutschen Nationalbibliothek**
Die Deutsche Nationalbibliothek verzeichnet diese Publikation in der Deutschen Nationalbibliografie; detaillierte bibliografische Angaben sind im Internet über http://dnb.ddb.de abrufbar.

***Meinen Eltern***

# Vorwort

Die vorliegende Arbeit wurde vom Fachbereich Rechtswissenschaften der Philipps-Universität Marburg im Sommersemester 2014 als Dissertation angenommen. Rechtsprechung und Literatur konnten bis März 2014 berücksichtigt werden.

Zu tiefem Dank verpflichtet bin ich meiner Doktormutter Prof. Dr. *Monika Böhm*, die die Arbeit angeregt und mich während der Bearbeitungsphase hervorragend betreut hat. Besonders bedanken möchte ich mich bei Ihr für die Ermöglichung und Förderung der Teilnahme an zahlreichen Workshops und Tagungen zum Thema der klimagerechten Stadtentwicklung sowie für die äußerst zügige Erstkorrektur.

Für die ebenso rasche Erstellung des Zweitgutachtens möchte ich Prof. Dr. Dr. h.c. mult. *Gilbert Gornig* meinen Dank aussprechen.

Ein eben solcher gebührt meinen Kollegen *Daniel Riekmann* und *Philip Schwarz*, die mit Ihren wertvollen Hinweisen und Anregungen meine Arbeit bereichert haben.

*Julia Heinrich* hat mich in jeder Phase der Bearbeitung hingebungsvoll unterstützt und immer wieder bekräftigt sowie mein Manuskript durchgesehen – auch dafür möchte ich ganz herzlich Danke sagen.

Auch meinen Freunden, die mich in den letzten Jahren begleitet und mir bei allen anstehenden Entscheidungen geholfen haben und mir stets eine Stütze waren, möchte ich danken; insbesondere meinem längsten Weggefährten *Jan-Philipp Michalik* für jegliche Unterstützung und Unternehmung in der arbeitsfreien Zeit.

Schließlich möchte ich auch meiner Familie für die Unterstützung bei der Erstellung dieser Arbeit meinen außerordentlichen Dank ausdrücken: Einen akademischen Rat konnte ich mir stets bei meinem Onkel Prof. Dr. *Lothar Hagebölling* einholen. Meine Großeltern *Elfriede* und *Joachim Ahrens* sowie *Margaretha Hagebölling* haben mich – nicht zuletzt auch finanziell – in jeder Lebenslage unterstützt. Dafür möchte ich von ganzem Herzen Danke sagen. Betrübt bin darüber, dass mein Großvater Dr. *Walter Hagebölling* (†) nicht an meiner juristischen Ausbildung teilhaben konnte.

Gewidmet ist diese Arbeit meinen Eltern *Sabine* und *Ulrich Hagebölling*, die mich in meiner gesamten Ausbildungsphase bedingungslos und liebevoll unterstützt haben. Ohne Sie hätte ich das Studium der Rechtswissenschaften nicht aufgenommen und die Dissertation nicht geschrieben. Mit akribischer Sorgfalt hat mein Vater zudem mein Manuskript gelesen und einer kritischen Würdigung unterzogen. Beiden gebührt mein größter Dank.

Braunschweig/Marburg, im Juni 2014 Clemens Hagebölling

# Inhaltsverzeichnis

# Einleitung

## I. Hintergrund

Die vorliegende Untersuchung knüpft an ein „Modellvorhaben zur energetischen Stadterneuerung“ an, welches im Zeitraum von 2007 bis 2011 im Rahmen des Forschungsprogramms "Experimenteller Wohnungs- und Städtebau" (ExWoSt) des damaligen Bundesministeriums für Verkehr, Bau und Stadtentwicklung (BMVBS)[1] und betreut durch das Bundesinstitut für Bau-, Stadt- und Raumforschung (BBSR) im Bundesamt für Bauwesen und Raumordnung (BBR) durchgeführt wurde.[2] Im Jahr 2010 ist die Stadt Marburg an der Lahn in das Forschungsvorhaben aufgenommen worden, im Rahmen dessen beispielhafte Maßnahmen der energetischen Stadterneuerung initiiert und untersucht werden sollten, um Erfahrungen für übertragbare Ideen und Konzepte zu sammeln.[3]

Schon weit vor Beginn des Modellvorhabens verfolgte die Stadt Marburg an der Lahn verschiedene Aktivitäten zur Stärkung des Klimaschutzes und des Einsatzes erneuerbarer Energien im Gebäudebestand. Weltweit in den Medien waren die Bestrebungen, mit der „Marburger Solarsatzung“[4] verbindliche Vorgaben zur Nutzung erneuerbarer Energien zu setzen.[5] Nach einer Überprüfung der Satzung durch das Verwaltungsgericht Gießen und einer daraufhin erfolgten Anpassung der Satzungsvorgaben wurde die Ermächtigungsgrundlage allerdings vom hessischen Landesgesetzgeber gestrichen und darauf beruhende Satzungen sind am 03.12.2010 außer Kraft getreten.[6]

Für die Stadt Marburg an der Lahn war daher insbesondere von Interesse, welche rechtlichen Möglichkeiten zur Steigerung der Energieeffizienz und des Einsatzes erneuerbarer Energien im Gebäudebestand auf Grundlage der Instrumente des Baugesetzbuches (BauGB) bestehen.

Vor diesem Hintergrund wurde im Forschungsprojekt „Energetische Stadterneuerung Marburg an der Lahn“ am Beispiel eines ausgewählten Stadtteils unter Berücksichtigung der rechtlichen, organisatorischen und städtebaulichen Anforderungen ein Konzept erarbeitet, welches die technischen Möglichkeiten zur energetischen Erneuerung im Quartier aufzeigt.

---

1 Seit dem 17.12.2013 Bundesministerium für Verkehr und digitale Infrastruktur (BMVI). Der Bereich des Städtebaurechts wird nunmehr durch das Bundesministerium für Umwelt, Naturschutz, Bau und Reaktorsicherheit (BMUB) betreut.

2 Zum Modellvorhaben siehe BMVBS (Hrsg.), ExWoSt-Informationen Heft 36/4, 5/2011, S. 2 ff.

3 BMVBS (Hrsg.), ExWost-Informationen Heft 36/1, 11/2009, S. 2.

4 Satzung der Universitätsstadt Marburg zur verbindlichen Nutzung der Solarenergie in Gebäuden (Solarsatzung) vom 16.11.2010 (überarbeitete Fassung nach der Entscheidung VG Gießen, ZNER 2010, 217 m. Anm., *Longo*). Fassung vom 20.06.2008 abgedruckt bei *Longo*, Örtliche Energieversorgung, S. 371 ff.; dazu etwa *ders.*, Örtliche Energieversorgung, S. 82 ff. und *Böhm*, in: Jahrbuch des Umwelt- und Technikrechts 2009, 237 (246 ff.).

5 Siehe *Böhm*, in: dies./Schmehl (Hrsg.), Verfassung-Verwaltung-Umwelt, S. 54 mwN. zur nationalen und internationalen Berichterstattung.

6 Siehe § 78 Abs. 7 Nr. 3 HBO. Die hessische Landesregierung hatte dieses Vorgehen schon Anfang des Jahres 2010 mit der ablehnenden Haltung gegenüber Zwangsmaßnahmen in diesem Bereich angekündigt, vgl. EUWID Neue Energien 7/2010 vom 08.04.2010, Text-Nr. 67 sowie Pressemitteilung des Hessischen Ministeriums für Wirtschaft, Verkehr und Landesentwicklung vom 12.05.2010; vgl. auch *Kahl*, ZUR 2010, 395 (401). Im Einzelnen auch Fn. 432.

Neben einer wissenschaftlich-technischen Betrachtung des Vorhabens durch die Technische Universität Darmstadt[7] oblag dem Institut für Öffentliches Recht an der Philipps-Universität Marburg[8] die Begutachtung der rechtlichen Aspekte unter Mitarbeit des Verfassers.

Die erfolgte Begutachtung kommt zu dem Ergebnis, dass grundsätzlich auch einem freiwilligen Vorgehen auf der Basis vertraglicher Kooperation eine Aufgabe im Rahmen einer am Klimawandel ausgerichteten Stadtentwicklung zukommen kann.[9] Während der Projektphase und in Gesprächen mit der Stadt Marburg hat sich allerdings gezeigt, dass nicht nur bei planungs- und ordnungsrechtlichen Instrumenten, sondern auch bei vertraglichen Vereinbarungen zunehmende Unsicherheiten bestehen: Dies zum einen auf Grund vielschichtiger Vorgaben hinsichtlich des Einsatzes erneuerbarer Energien und der Steigerung der Energieeffizienz auf Grundlage einzelner Fachgesetze[10]; zum anderen wurden aber auch die rechtlichen Spielräume einzelner Vertragsmöglichkeiten, das Verhältnis zu weiteren städtebaulichen Instrumenten sowie einzelne Anreizmechanismen als klärungsbedürftig angesehen.

## II. Untersuchungsgegenstand

Dieser Befund gab den Anlass, sich im Rahmen der vorliegenden Arbeit mit den städtebaulichen Vertragsmöglichkeiten zugunsten des Klimaschutzes und der Klimaanpassung differenziert auseinanderzusetzen. Den Untersuchungsgegenstand bilden Handlungsspielräume und Grenzen vertraglicher Vereinbarungen im Zusammenspiel mit den einzelnen Instrumenten des Städtebaurechts und den Vorgaben des Fachrechts.

Neuerungen im Fach- als auch im Städtebaurecht haben sich seither insbesondere durch die, in Reaktion auf die Reaktorkatastrophe vom 11. März 2011 in Fukushima, beschlossene sogenannte „Energiewende" ergeben. Neben dem Ausstieg aus der Atomenergie[11] wurde ein Gesetzespaket zur verstärkten Förderung erneuerbarer Energien und der Steigerung der Energieeffizienz auf den Weg gebracht.[12] Als Teil dieses Energiewende-Gesetzespakets wurden Aspekte des Klimaschutzes und der Klimaanpassung durch das Gesetz zur Förderung des Klimaschutzes bei der Entwicklung in den Städten und Gemeinden vom 22.07.2011[13] („BauGB-Klimanovelle 2011") auch im Städtebaurecht gestärkt und neu verankert. Durch das „Gesetz zur Stärkung der Innenentwicklung in den Städten und Gemeinden und weiteren Fortentwicklung des Städtebaurechts" vom 11.06.2013[14] („BauGB-Novelle 2013") wurden diese Neuerungen in einem zweiten Schritt vorerst zu Ende geführt. Klimaschutz- und Klima-

---

7 Projekt Energetische Stadterneuerung Marburg an der Lahn – wissenschaftlicher Teil, bearbeitet von *Hegger/Greiner*, Fachgebiet Entwerfen und Energieeffizientes Bauen, Juni 2011.

8 Projekt Energetische Stadterneuerung Marburg an der Lahn – Rechtlicher Teil, bearbeitet von *Böhm/Hagebölling/Riekmann/Schwarz*, Juni 2011.

9 Ebenso in der rechtswissenschaftlichen Literatur werden vertragliche Lösungen nach wie vor zumindest allgemein und beständig hervorgehoben, grundlegend *Krautzberger*, DVBl 2008, 737 ff.; vgl. Fn. 782 mwN.

10 Bspw. durch die Energieeinsparverordnung oder das Erneuerbare-Energien-Wärmegesetz.

11 13. Gesetz zur Änderung des Atomgesetzes vom 31.07.2011, BGBl. I, S. 1704 (Nr. 43).

12 Überblick über das Gesetzespaket bei *Sellner/Fellenberg*, NVwZ 2011, 1025 ff. und *Scholtka/Helmes*, NJW 2011, 3185 ff.

13 BGBl. I, S. 1509.

14 BGBl. I, S. 1548.

anpassungsmaßnahmen wurde dadurch ausdrücklich eine städtebauliche Dimension zuerkannt.[15]

Die größten Potentiale zur Steigerung der Energieeffizienz und des Einsatzes erneuerbarer Energien und damit einhergehende effektive, klimawandelgerechte Auswirkungen werden im Gebäudebereich ausgemacht. Dieser ist für ca. 40 % des Endenergieverbrauchs und ca. ein Drittel der $CO_2$-Emissionen verantwortlich.[16] Die politischen Zielsetzungen in Deutschland sehen u.a. vor, den Primärenergieverbrauch bis 2020 gegenüber 2008 um 20 % und bis 2050 um 50 % zu senken. Daneben sollen bis zum Jahr 2020 35 % und bis zum Jahr 2050 80 % des benötigten Stroms aus erneuerbaren Energien gewonnen werden.[17] Die Sanierungsrate für Gebäude soll dafür von derzeit weniger als 1 % auf jährlich 2 % verdoppelt werden.[18]

Die folgende Untersuchung konzentriert sich daher auf den Gebäudebereich und auf Energieeffizienzmaßnahmen und Anlagen, die sich aus erneuerbaren Energien speisen und dabei einen Gebäudebezug aufweisen. Weitgehend außer Betracht bleibt die Nutzung der Windenergie.[19]

Die Dissertation zeigt den bestehenden Rahmen des Gebäudeenergiefachrechts auf und bewertet diesen sowohl rechtlich als auch rechtspolitisch, um daraufhin die Ebene des Städtebaurechts und deren Instrumente auf ihren Nutzen für den Klimaschutz und die Klimaanpassung hin begutachten zu können. Hauptaugenmerk liegt dabei auf dem Anwendungsbereich städtebaulicher Vertragslösungen.[20] Abschließend werden konkrete Anreize und Fördermöglichkeiten diskutiert und eine kohärente Weiterentwicklung bestehender Instrumente aufgezeigt.

Die Begutachtung der rechtlichen Rahmenbedingungen erfordert dabei ein Grundverständnis der naturwissenschaftlichen und technischen Grundlagen, denn die sich ergebenden rechtlichen Fragestellungen stehen neben den Naturwissenschaften, den Regeln der Technik sowie der alltäglichen Praxis in einem Verhältnis wechselseitiger Funktionalität.[21] Dies bedarf heute keiner gesonderten Begründung mehr.[22] Rechtswissenschaft ohne eine stetige Rückkopplung mit den realen Wirkungsbedingungen ist nicht vorstellbar.[23] So müssen die naturwissenschaftlich-technischen Erkenntnisse stetig begleitet und flankiert werden und die sich aus dem

15 Vgl. BT-Drs. 17/6076, S. 1.

16 *BMWi/BMU*, Energiekonzept 2010, S. 22.

17 *BMWi/BMU*, Energiekonzept 2010, S. 5.

18 *BMWi/BMU*, Energiekonzept 2010, S. 5, 22.

19 Ebenso ausgespart werden die Bereiche Verkehr und der benötigte Ausbau der Netzinfrastruktur.

20 Handlungsmöglichkeiten des Bauordnungsrechts und des Raumordnungsrechts sollen nur am Rand erwähnt werden.

21 Siehe auch *Dietrich/Welss*, NordÖR 2013, 7 (7); *L. Hagebölling*, RATUBS 5/2010, S. 3 f.,18 mwN.; *Voßkuhle*, VerwArch 85 (1994), 567 (568); *Heye*, Rechtliche Instrumente zur Reduktion der Treibhausgase, S. 2 ff.

22 Im Jahr 1966 sah man es dagegen noch als erforderlich an, die Bedeutung, den Aufgabenbereich und die Verknüpfung der Rechtswissenschaften zu anderen Wissenschaften sowie der Praxis zu begründen, vgl. *Larenz*, Über die Unentbehrlichkeit der Jurisprudenz als Wissenschaft, 1966, in Reaktion auf den Vortrag von *von Kirchmann*, Die Werthlosigkeit der Jurisprudenz als Wissenschaft, 1848. Zur Person Julius Hermann von Kirchmann siehe *Wiethölter*, in: Kritische Justiz (Hrsg.), Streitbare Juristen, S. 44 ff. Zum Ganzen *Klees*, RATUBS 1/2010, S. 5.

23 So *Dietrich/Welss*, NordÖR 2013, 7 (7) unter Verweis auf *Strempel*, in: Festschrift Wassermann, S. 223 ff. (zur Verknüpfung der Rechtswissenschaft mit der Soziologie) sowie *Möllers*, VerwArch 93 (2002), 22 ff. (insbes. 42) (zur Interdisziplinarität der Verwaltungswissenschaft).

technischen Fortschritt ergebenden rechtlichen Fragen aufgegriffen werden.[24] Daher verfolgt die vorliegende Arbeit einen interdisziplinären Ansatz.

## III. Gang der Untersuchung

Die Untersuchung gliedert sich in fünf Kapitel. Zunächst (Erstes Kapitel) sollen die naturwissenschaftlichen Grundlagen, welche einen fortwährenden und notwendigen Bezugspunkt dieser Arbeit bilden, dargelegt werden. Nachfolgend (Zweites Kapitel) wird erörtert, wie das geltende Gebäudeenergiefachrecht dem aufgezeigten Problemkreis des Klimawandels begegnet. Der Bestandsaufnahme und Systematisierung relevanter Regelungen auf nationaler Ebene schließt sich eine individuelle Kurzanalyse an, wodurch tatsächliche Wirkungsschwächen und rechtliche Grenzen offengelegt werden sollen. Die Untersuchung des Gebäudeenergiefachrechts ist erforderlich, um auf Grundlage der dargelegten Zusammenhänge und der analysierten Ausgangslage anschließend (Drittes Kapitel) die Aufgabe des kooperativen Städtebaurechts im Rahmen des Klimaschutzes und der Klimaanpassung untersuchen zu können. Schwerpunkt bildet die Begutachtung städtebaulicher Vertragslösungen im Rahmen einer klimawandelgerechten Stadtentwicklung. Da sich der städtebauliche Vertrag in eine Vielzahl von Instrumenten des Städtebaurechts eingliedert,[25] werden diese vorab dargestellt und analysiert. Klärungsbedürftig sind vor allem die Verknüpfungen einzelner Instrumente und die jeweiligen Spielräume für den Einsatz vertraglicher Vereinbarungen. Danach (Viertes Kapitel) werden einzelne Vertragsmöglichkeiten im Rahmen einer klimawandelgerechten Stadtentwicklung im Detail systematisiert, auf ihren Nutzen hin analysiert sowie deren rechtliche Grenzen ergründet. Im Anschluss (Fünftes Kapitel) werden Anreize und Gegenleistungen für klimawandelgerechte Maßnahmen auf der Basis vertraglicher Kooperation diskutiert und daraufhin konkrete Vorschläge zu einer Optimierung einzelner Instrumente herausgearbeitet. Am Ende steht eine Zusammenfassung und ein kurzer Ausblick.

---

24 *Klees*, RATUBS 1/2010, S. 12; *L. Hagebölling*, RATUBS 5/2010, S. 4 ff. Etliche Vorschriften gehen daher auch auf die Erkenntnisse von Natur- und Ingenieurwissenschaftlern zurück. So greift zum Beispiel die Energieeinsparverordnung regelmäßig die „anerkannten Regeln der Technik" auf, siehe nur §§ 6, 7, 9, 23 EnEV. Kritisch dazu *Ulbrich*, in Festschrift Quack, S. 264 f. Zur Abgrenzung der „allgemein anerkannten Regeln der Technik" vom „Stand der Technik", vgl. *Seibel*, NJW 2013, 3000 ff.

25 Vgl. *Kahl*, DÖV 2000, 793 (796).

# Erstes Kapitel: Naturwissenschaftliche Grundlagen

## A. Klimawandel

### I. Begriff

Als Schutzgut wird der Begriff „Klima“ in deutschen Gesetzen und internationalen Verträgen benannt. Eine Legaldefinition existiert allerdings bisher nicht.[26] In der Literatur wird der Begriff des Klimas – in Abgrenzung zum Begriff des Wetters – als die Statistik der Wetterereignisse, bezogen auf eine längere Zeitspanne und ein bestimmtes Gebiet definiert.[27] Das vollständige Klimasystem wird dabei aus der Atmosphäre, den Ozeanen, der Kryosphäre, der Erdoberfläche (mit der dazugehörigen Biosphäre) sowie dem Menschen gebildet.[28] Eingebunden in diesem System zählen zu den einzelnen Klimaelementen vor allem die Temperatur, die Feuchte, der Niederschlag, der Wind, die Strahlungsgrößen und die Schadstoffkonzentrationen.[29] Der Begriff des „Klimawandels“ umfasst folglich die (mittlere) Änderung bzw. Variation dieser dargelegten Klimaelemente.[30]

### II. Natürlicher Treibhauseffekt

Im Zentrum der Diskussion um den Klimawandel steht der so genannte „Treibhauseffekt“, der bereits Anfang des 19. Jahrhunderts zum ersten Mal vom französischen Wissenschaftler *Fourier* beschrieben und 1896 vom schwedischen Wissenschaftler *Arrhenius* näher untersucht wurde.[31] Die unter dem Stichwort „Treibhauseffekt“ von der Naturwissenschaft untersuchten elementaren naturwissenschaftlichen Zusammenhänge sollen hier kurz dargelegt werden:

Die Erdatmosphäre lässt kurzwellige Sonnenstrahlung relativ ungehindert bis zur Erdoberfläche passieren. Die Sonnenstrahlung wird dann von der Erdoberfläche absorbiert, in Wärme umgewandelt und als langwellige, infrarote Wärmestrahlung wieder abgestrahlt. Die in der Atmosphäre befindlichen Treibhausgase, wie vor allem Wasserdampf ($H_20$), Kohlenstoffdioxid ($CO_2$) und Methan ($CH_4$), absorbieren dann wiederum diese Wärmestrahlung und setzen sie in der Atmosphäre frei.[32] Die dadurch erwärmten Atmosphärenschichten strahlen die Wärme zum Teil in den Weltraum aber auch als atmosphärische Gegenstrahlung zur Erde zurück und reduzieren auf diese Weise die effektive terrestrische Ausstrahlung und damit die

---

26 Siehe schon *Heye*, Rechtliche Instrumente zur Reduktion der Treibhausgasemissionen, S. 5.

27 Instruktiv *Schönwiese*, Klimatologie, S. 55 ff.; vgl. auch *ders.*, PdN-PhiS 2/59 2010, 6 (6); *Mitschang*, in: Mitschang (Hrsg.), Klimaschutz und Energieeinsparung, S. 15; *Reidt*, BauR 2010, 2025 (2025); *Sailer*, NVwZ 2011, 718 (718) mwN.; *Kappas*, Klimatologie, S. 3.

28 *Kappas*, Klimatologie, S. 3.

29 *Schönwiese*, Klimatologie, S. 56.

30 *Schönwiese*, Klimatologie, S. 57; instruktiv auch schon *Longo*, örtliche Energieversorgung, S. 35 ff.

31 *Fourier*, Memoire sur les temperatures du globe terrestre et des espaces planetaires; *Arrhenius*, On the Influence of Carbonic Acid in the Air upon the Temperature of the Ground, in: Philosophical Magazine and Journal of Science; vgl. *Oberthür/Ott*, Kyotoprotokoll, S. 27; *Zwingmann*, Ökonomische Analyse, S. 11; *Ditzel/Tilly*, in: Müller (Hrsg.), Casebook internationale Politik, S. 133; *Schönwiese*, Klimatologie, S. 343 mwN.

32 *Schönwiese*, UWSF 2005, 171 (173); *Sturm/Vogt*, Umweltökonomik, S. 133.

Abkühlung der Erdoberfläche.[33] Die Treibhausgase haben die Eigenschaft, die von der Erdoberfläche ausgehende Strahlung stärker zu absorbieren als die Sonneneinstrahlung. Je höher mithin die Konzentration an Treibhausgasen in der Atmosphäre ist, desto stärker ist auch der Absorbatsionsprozess und damit die Erwärmung der Erdoberfläche.[34] Dieses Phänomen wird als natürlicher Treibhauseffekt bezeichnet. Dieser sorgt auf der Erde für eine Mitteltemperatur von +15 °C. Ohne den natürlichen Treibhauseffekt würde auf der Erde eine Mitteltemperatur von -18 °C herrschen.[35] Auf der Erde ist es daher 33 °C wärmer als ohne die Treibhausgase. Diese bilden damit eine wesentliche Voraussetzung um ein Leben auf der Erde zu ermöglichen.[36]

## III. Anthropogener Treibhauseffekt

Die wirtschaftlichen Aktivitäten des Menschen seit Beginn der industriellen Revolution vor ca. 250 Jahren haben jedoch dazu geführt, dass die Konzentration von Treibhausgasen in der Atmosphäre stark zugenommen hat.[37] Die industrielle Produktionsweise beruht von Beginn an auf der Nutzung fossiler Energieträger wie Kohle, Erdgas und Öl. Bei der Verbrennung dieser Energieträger wird $CO_2$ freigesetzt, welches sich seither immer stärker in der Atmosphäre ansammelt. Mit ca. 60 % ist $CO_2$ das anteilsmäßig am meisten vom Menschen produzierte Treibhausgas.[38] In Parts per Million (ppm)[39] gemessen, stieg die Konzentration von $CO_2$ in der Erdatmosphäre von ca. 280 ppm um das Jahr 1800 auf ca. 390 ppm im Jahr 2011, wobei ein sehr starker Anstieg der Emissionen seit den 1950er Jahren zu verzeichnen ist.[40] Dies ist der höchste Wert seit mindestens 800 000 Jahren.[41] Im Vergleich zur vorindustriellen Konzentration hat der Gehalt an $CO_2$ um 40 % zugenommen.[42] Auf Grund der erhöhten Konzentration von Treibhausgasen in der Atmosphäre gerät das Klimasystem der Erde zunehmend in ein Ungleichgewicht. Die Erdoberfläche nimmt nun mehr Sonnenenergie auf, als sie wieder ins Weltall abstrahlt und die Erdoberfläche erwärmt sich (globale Erwärmung). Dieser durch menschliche Aktivitäten und erhöhte Emissionen hervorgerufene Treibhauseffekt lässt sich als zusätzlicher anthropogener Treibhauseffekt beschreiben.[43]

---

33 *Malberg*, Meteorologie und Klimatologie, S. 320.

34 *Schönwiese*, UWSF 2005, 171 (173).

35 *Kuttler*, Environmental Sciences Europe 2011, 23:11 p. 2; *Schönwiese*, PdN-PhiS 2/59 2010, 6 (12).

36 Zum Ganzen *Rahmstorf/Schellnhuber*, Klimawandel, S. 30 f.; *Sturm/Vogt*, Umweltökonomik, S. 132 f.; *Zwingmann*, Ökonomische Analyse, S. 11; *Schönwiese*, Klimatologie, S. 166 ff.

37 *Sturm/Vogt*, Umweltökonomik, S. 133.

38 Siehe *Kappas*, Klimatologie, S. 153; *Rahmstorf/Schellnhuber*, Klimawandel, S. 33; *Förstner*, Umweltschutztechnik, S. 125.

39 Eine Maßeinheit, die angibt, wie viele Teile einer Substanz sich in einer Million Gesamtteile finden. Ausführlich zu den Grundbegriffen und Größenordnungen *Schönwiese*, Klimatologie, S. 18 ff.

40 Vgl. *IPCC*, 5. Assessment Report 2013, Working Group I, S. 7; siehe auch *Kuttler*, (o. Fn. 35), 23:11 p. 4; ausführlich auch schon *Sturm/Vogt*, Umweltökonomik, S. 133 ff.; *Ditzel/Tilly*, in: Müller (Hrsg.), Casebook internationale Politik, S. 133; *Schönwiese*, PdN-PhiS 2/59 2010, 6 (11 ff.); *ders.*, Klimatologie, S. 344.

41 *IPCC*, 5. Assessment Report 2013, Working Group I, S. 7; vgl. auch *Rahmstorf/Schellnhuber*, Klimawandel, S. 33.

42 *IPCC*, 5. Assessment Report 2013, Working Group I, S. 7.

43 *Schönwiese*, Klimatologie, S. 343 ff. sowie *Heye*, Rechtliche Instrumente zur Reduktion der Treibhausgasemissionen, S. 7 ff.

## IV. Beobachtete Klimaänderungen

### 1. Globale Klimaänderungen

Im Zeitraum zwischen 1880 und 2012 ist eine gemittelte globale Erwärmung von ca. 0,85 °C eingetreten, wobei ein starker Temperaturanstieg von ca. 0,5 °C ab dem Jahr 1970 zu verzeichnen ist.[44] Die Jahre 1983 - 2012 waren wahrscheinlich die wärmsten seit über 1400 Jahren auf der Nordhalbkugel der Erde.[45] Für den Temperaturanstieg seit Mitte des 20. Jahrhunderts wird dabei überwiegend und mit über 95%iger Wahrscheinlichkeit der anthropogene und damit durch Menschen verursachte Treibhauseffekt verantwortlich gemacht.[46]

Weitere Untersuchungen zeigen, dass ebenso die durchschnittliche Temperatur der Ozeane bis in Tiefen von mindestens 3000 m angestiegen ist und diese in der Zeit von 1971 bis 2010 ca. 90 % der dem Klimasystem zugeführten Wärme absorbiert haben. In den oberen 75 Metern stieg die Temperatur dabei um durchschnittlich 0,11 Grad pro Jahrzehnt an.[47] Diese Erwärmung führte zu einer Ausdehnung des Meerwassers und trug zu einem Anstieg des Meeresspiegels bei. Im Laufe des 20. Jahrhunderts ist der globale mittlere Meeresspiegel um ca. 0,19 m angestiegen. Der mittlere Anstieg betrug dabei ca. 1,7 mm pro Jahr, wobei dieser in den letzten 20 Jahren (mit 3,2 mm) fast doppelt so groß war.[48]

Weltweit wird zudem ein Gletscherschwund und eine abnehmende Schneebedeckung registriert.[49] So haben die Alpengletscher seit 1850 ca. die Hälfte ihres Volumens verloren.[50] Die zwei auf der Erde existierenden großen Eisschilde in Grönland und der Antarktis leiden gleichermaßen unter bedeutsamen Verlusten, die auch den Meeresspiegel mit anstiegen ließen.[51] Gegenüber 1979 hat die Schmelzfläche um ca. 25 % zugenommen.[52] Im Zeitraum 2002 – 2011 ist dabei etwa sechsmal so viel Grönlandeis geschmolzen wie in den Jahren zuvor.[53]

Diese Fakten über global beobachtete Änderungen des Klimas beruhen im Wesentlichen auf den Datensammlungen des *Zwischenstaatlichen Ausschusses über Klimaänderungen* (Inter-

---

44 So *IPCC*, 5. Assessment Report 2013, Working Group I, S. 3; vgl. auch *Müschen*, in: Mitschang (Hrsg.), Klimaschutz und Energieeinsparung, S. 1; *Schönwiese*, Amosinternational 2008, 17 (18ff.); *Schönwiese*, PdN-PhiS 2/59 2010, 6 ff. Hierzu und zum Folgenden auch *Quaschning*, erneuerbare Energien, S. 39 ff.

45 *IPCC*, 5. Assessment Report 2013, Working Group I, S. 3. Für den Zeitraum 2000 bis 2009 siehe auch schon *WMO*, statement on the status of the global climate in 2009, S. 1. Zuvor wurde vom *IPCC* nachgewiesen, dass schon elf von zwölf Jahren im Zeitraum zwischen 1995 und 2006 die wärmsten Jahre seit Messbeginn im Jahr 1850 waren, vgl. *IPCC*, 4. Assessment Report 2007 Working Group I, S. 5.

46 *IPCC*, 5. Assessment Report 2013, Working Group I, S. 1 ff., 7; vgl. auch schon *Rahmstorf/Schellnhuber*, Klimawandel, S. 53; *Heye*, Rechtliche Instrumente zur Reduktion der Treibhausgasemissionen, S. 8 f. sowie *Hennicke/Fischedick*, Erneuerbare Energien, S. 28 und *Kappas*, Klimatologie, S. 153 ff. jew. mwN.

47 *IPCC*, 5. Assessment Report 2013, Working Group I, S. 4.

48 *IPCC*, 5. Assessment Report 2013, Working Group I, S. 6; vgl. auch *BMU/ u.a.*, Zusammenfassung des Teilbericht 1, 2013, S. 2 sowie *Rahmstorf/Schellnhuber*, Klimawandel, S. 64.

49 *IPCC*, 5. Assessment Report 2013, Working Group I, S. 5.

50 *Sturm/Vogt*, Umweltökonomik, S. 139; *Schönwiese*, Amosinternational 2008, 17 (19) mwN.

51 Vgl. *IPCC*, 5. Assessment Report 2013, Working Group I, S. 5; vgl. auch *Kappas*, Klimatologie, S. 153 f.

52 Vgl. *Sturm/Vogt*, Umweltökonomik, S. 140; *Rahmstorf/Schellnhuber*, Klimawandel, S. 61.

53 *IPCC*, 5. Assessment Report 2013, Working Group I, S. 5 f.; *BMU/ u.a.*, Zusammenfassung des Teilbericht 1, 2013, S. 2.

governmental Panel on Climate Change (IPCC)).[54] Dieser wurde 1988 vom *Umweltprogramm der Vereinten Nationen* (United Nations Environment Programme (UNEP)) und der *Weltorganisation für Meteorologie* (World Meteorologie Organization (WMO)) gegründet, um eine umfassende Auswertung der weltweiten Klimaforschung zu garantieren und die neuesten Erkenntnisse zu veröffentlichen.[55] Der *IPCC* ist ein wissenschaftliches Gremium, das selbst keine wissenschaftliche Forschungsarbeit leistet, sondern aktuelle Ergebnisse der weltweiten Klimaforschung zusammenträgt und diese bewertet. Dafür wird in regelmäßigen Abständen ein Bericht ausgefertigt und veröffentlicht. Dieser ist als kleinster gemeinsamer Nenner der weltweit beteiligten Forscher zu verstehen und neigt damit grds. zu bedachten Aussagen. Gerade deshalb erscheinen die soeben resümierten Forschungsdaten als auch die daraus hervorgehenden Prognosen als sehr hilfreich.[56] Der erste Teil des aktuellen fünften Sachstandsberichts zu den wissenschaftlichen Grundlagen ist im September 2013 erschienen.[57] Vorgängerberichte erschienen 1990, 1995, 2001 und 2007. Im Vergleich der Berichte zeigt sich, dass viele Entwicklungen aktuell noch drastischer eingeschätzt werden als zuvor.

## 2. Nationale Klimaänderungen

Der globale Klimawandel wirkt sich regional sehr unterschiedlich aus, insbesondere die Temperaturerhöhungen variieren weltweit massiv.[58] In Deutschland beschäftigt sich auf Grund dessen eine Reihe von Forschungsinstituten mit regionalen Änderungen des Klimas. Eine führende Position nehmen dabei das *Max-Planck-Institut* (MPI) in Hamburg, das *Potsdam-Institut für Klimafolgenforschung* (PIK) sowie der *Deutsche Wetterdienst* (DWD) ein. Zudem werden regionale Klimaänderungen auch verstärkt auf Länderebene untersucht.[59]

Spezielle Untersuchungen zeigen dabei auf, dass Deutschland am Erwärmungstrend fortschreitend beteiligt ist.[60] Laut dem Klima-Report 2009 des *DWD* war es im Jahr 2009 deutlich wärmer als in der internationalen klimatologischen Referenzperiode der Jahre 1961 bis 1990.[61] Untersuchungen im Land Nordrhein-Westfalen haben zudem ergeben, dass die durchschnittliche Lufttemperatur im Zeitraum zwischen 1890 und 2007 um ca. 1,2 °C zugenommen hat.[62] In den letzten Jahrzehnten hat sich vor allem die winterliche Erwärmung verstärkt. Der wärmste Winter wurde kürzlich im Jahr 2006/2007 registriert. Milde Winter bringen dabei

---

54 Auch „Weltklimarat“ genannt.

55 Hierzu und zum Folgenden *Kappas*, Klimatologie, S. 4 sowie *Rahmstorf/Schellnhuber*, Klimawandel, S. 87 ff.

56 *Rahmstorf*, Der neue IPCC-Klimabericht, Klimalounge vom 27.09.2013 auch zum Vorausgehenden. Eine Zusammenfassung kritischer Stimmen zum fünften Sachstandsbericht findet sich bei *Bojanowski*, Forscher entdecken Unstimmigkeiten im Uno-Klimabericht, SpiegelOnline vom 06.10.2013.

57 *IPCC*, 5. Assessment Report 2013, Working Group I, verabschiedet am 27.09.2013. Die Berichte der Arbeitsgruppen II und III sollen bis Oktober 2014 folgen, siehe www.climatechange2013.org (Stand 20.01.2014).

58 Sie schon *IPCC*, 4. Assessment Report 2007, Working Group II, S. 23 (Abbildung SPM.1.1); vgl. auch *Longo*, örtliche Energieversorgung, S. 44.

59 Vgl. *Krause*, Klimawandel Nds., S. 1. Eine Übersicht von regionalen Studien zu finden unter URL: http://www.anpassung.net (Stand 16.03.2011).

60 Ausführlich dazu *Schönwiese*, Klimatologie, S. 312 ff. sowie *Mitschang*, in: Mitschang (Hrsg.), Klimaschutz und Energieeinsparung, S. 17.

61 *DWD*, Klima-Report 2009, S. 4.

62 *Kuttler*, (o. Fn. 35), 23:11, p. 4.

häufig die Gefahr von Starkniederschlägen und Überschwemmungen mit sich, welche in den letzten Jahren verstärkt in Deutschland aufgetreten sind. Im Jahr 2003 hat Deutschland den bisher heißesten Sommer seit 1761 erfahren.[63] Durch sinkende Flutspiegel im Jahr 2003 und 2006 wurde in den Atomkraftwerken das nötige Kühlwasser knapp, sodass diese ihre Leistung reduzieren mussten. Hitzewellen stellen mithin ein gewichtiges Problem dar, welches sich auch auf die Gesundheit der Menschen auswirkt.[64] Im Jahr 2003 sind allein in Deutschland rund 7000 Menschen den hohen Temperaturen zum Opfer gefallen.[65]

## V. Prognostizierte Klimaänderung und ihre Auswirkungen

Prognosen zufolge werden die globalen Emissionen in den nächsten Jahren zunehmen. Laut *IPCC* wird sich die $CO_2$-Konzentration, ohne Ergreifen von Gegenmaßnahmen, bis zum Jahr 2100 im schlechtesten Fall fast verdoppeln.[66] Damit einhergehend ist weltweit mit einer Erhöhung der global gemittelten bodennahen Lufttemperatur von ca. 4 °C zu rechnen.[67] Der bereits erfolgte Schwund der Gletscher wird bei dem zu erwartenden Temperaturanstieg weiter voranschreiten. Unternimmt man dagegen nichts („business as usual szenario"), so werden die Gletscher in den nächsten 50 bis 80 Jahren höchstwahrscheinlich verschwunden sein.[68] Dadurch würden enorme Probleme entstehen, denn Gletscher sind Wasserspeicher, die im Winter Wasser in Form von Eis binden und im Sommer dieses wieder abgeben und damit Flüsse speisen. In vielen Teilen der Welt hängt die Trinkwasserversorgung von solchen Gletscherflüssen ab, sodass in vielen Teilen der Welt akuter Wassermangel die Folge sein könnte.[69]

Das weitere Abschmelzen des Grönlandeises hätte darüber hinaus gravierende Auswirkungen auf den Meeresspiegel. Beim kompletten Abschmelzen würde der Meeresspiegel um ca. 7 Meter steigen.[70] Der *IPCC* prognostizierte in seinem Klimabericht aus dem Jahr 2007 einen Anstieg des Meeresspiegels von 18-59 cm bis 2100.[71] Im aktuellen Bericht wird ein erheblich rascherer Anstieg von bis zu 52-98 cm bis 2100 erwartet.[72] Nach einem im November 2011 veröffentlichten Sonderbericht des *IPCC* wird mit der globalen Erwärmung auch eine Zu-

---

63 Vgl. *Schönwiese*, Klimatologie, S. 313 f.; *Schönwiese*, PdN-PhiS 2/59 2010, 6 (8 f.).

64 Zum Klimawandel und der Gesundheit in Deutschland *Claßen/Steinkühler/Hornberg*, UVP-report 27, 2013, 131 ff.

65 *Litvinovitch/Ingendahl*, in: BMU (Hrsg.), Konferenzbericht November 2010, S. 2.

66 Siehe schon *IPCC*, 4. Assessment Report 2007, Working Group III, S. 42 ff.; vgl. auch *Rahmstorf/Schellnhuber*, Klimawandel, S. 48.

67 *IPCC*, 5. Assessment Report 2013, Working Group I, S. 15, 33; *Schönwiese*, PdN-PhiS 2/59 2010, 6 (8); *Schönwiese*, Amosinternational 2008, 17 (22); siehe auch *Ekardt*, Cool Down, S. 13. Zum Ursachenzusammenhang *Rahmstorf/Schellnhuber*, Klimawandel, S. 38 ff. Auf nationaler Ebene zeigen Prognosen für das Land Niedersachsen für den Zeitraum 2021 bis 2050 im Vergleich zur Referenzperiode 1961 bis 1990 eine Zunahme der Jahresmitteltemperatur um ca. 1 °C, siehe *Krause*, Klimawandel Nds., Kurzfassung, S. 1.

68 *Kappas*, Klimatologie, S. 153; vgl. auch *Rahmstorf/Schellnhuber*, Klimawandel, S. 57.

69 *Sturm/Vogt*, Umweltökonomik, S. 139.

70 *IPCC*, 4. Assessment Report 2007, Working Group II, S. 32; vgl. auch *Quaschning*, Erneuerbare Energien, S. 52 ff.

71 *IPCC*, 4. Assessment Report 2007, Working Group I, S. 14 f. Zusammenfassend *Kappas*, Klimatologie, S. 154.

72 *IPCC*, 5. Assessment Report 2013, Working Group I, S. 18; siehe auch *Rahmstorf*, Der neue IPCC-Klimabericht, Klimalounge vom 27.09.2013.

nahme extremer Wetterereignisse einhergehen.[73] Vor allem Hitzewellen, Dürren, Starkregen sowie tropische Wirbelstürme werden zukünftig häufiger auftreten.[74] Diese Prognose wird im aktuellen fünften Sachstandbericht bestätigt.[75] Zudem werden massive Auswirkungen auf die Ökosysteme unserer Erde in Form von Massensterben von Tier- und Pflanzenarten befürchtet. Weltweit könnten durch den Klimawandel 15 bis 37 % aller Arten um das Jahr 2050 vom Aussterben bedroht sein.[76] Bei der Verbrennung fossiler Energieträger entstehen neben den $CO_2$-Emissionen obendrein auch Benzol- und Rußemissionen, die etliche negative Auswirkungen auf die Gesundheit und das Ökosystem haben.[77] Des Weiteren entstehen Stickoxide, Kohlenwasserstoffe und Kohlenmonoxid, die die Bildung von bodennahem Ozon fördern und die Reinigungskraft der Atmosphäre zunehmend vermindern. Durch diese Luftverschmutzung kommt es zu „saurem Regen", der die Schadstoffe in die Böden einträgt.

Laut *IPCC* werden der Klimawandel und dessen Auswirkung für annähernd alle Regionen Europas Nachteile mit sich bringen.[78] Genauere Angaben für Deutschland lassen sich aus einer Prognose des *MPI* entnehmen. Dieses hat im Auftrag des *Umweltbundesamtes* (UBA) Szenarien für mögliche Klimaänderungen in Deutschland bis zum Jahr 2100 erarbeitet. Zurückgehend auf die Modellrechnungen des *MPI* wird es in Mitteleuropa und in Deutschland weniger Sommerniederschläge und mehr Winterniederschläge geben (Zunahmen um ca. 10 – 30 %). Es werden häufiger Sommergewitter mit Starkregen und Überschwemmungsgefahr auftreten sowie die Ozonkonzentration und die Temperaturen werden massiv steigen.[79] Diese Klimaprojektionen sind zwar mit erheblichen Unsicherheiten behaftet, überwiegend wird dieses Bild jedoch durch die bisher untersuchten Klimaprojektionen widergespiegelt.[80]

In Deutschland wird der künftige Klimawandel laut den Untersuchungen unterschiedliche Konsequenzen haben. So wird eine erhöhte Waldbrandgefahr, die Zunahme von hitzebedingten Krankheiten, eine Gefährdung der Kühlung von Atomkraftwerken im Sommer sowie eine größere Hochwassergefahr prognostiziert. In Deutschland kann der Klimawandel jedoch auch positive Auswirkungen haben. So könnten die kältebedingten Krankheiten zurückgehen, höhere Ernten in der Landwirtschaft sowie ein möglicher Boom des Tourismus in Deutschland eintreten. Zudem müsse im Winter in mittleren und hohen geografischen Breiten weniger geheizt werden. Insgesamt werden vom *MPI* jedoch mehr Nachteile als Vorteile des Klimawandels für Deutschland herausgearbeitet.[81] Da die Ökosysteme und die Gesellschaft hochgradig an das bisherige Klima angepasst sind, ist dies auch offensichtlich.[82]

---

73 *IPCC*, special report 2011, summary, S. 2 ff.; vgl. auch *BMU*, Pressemitteilung vom 18.11.2011, Nr. 147/11.

74 Beispiele bisheriger großer und sich häufender Naturkatastrophen bei *Quaschning*, Erneuerbare Energien, S. 42; vgl. auch *Sturm/Vogt*, Umweltökonomik, S. 142 f.; *Schönwiese*, Amosinternational 2008, 17 (23); *ders.*, PdN-PhiS 2/59 2010, 6 (9) sowie *Rahmstorf/Schellnhuber*, Klimawandel, S. 70 ff.

75 Dazu *BMU/ u.a.*, Zusammenfassung des Teilbericht 1, 2013, S. 2.

76 *Rahmstorf/Schellnhuber*, Klimawandel, S. 76 mwN.

77 Zudem und zum Folgenden *WBGU*, Energiewende zur Nachhaltigkeit, S. 1, 51 f.; *Hennicke/Fischedick*, Erneuerbare Energien, S. 20 f.

78 *IPCC*, 4. Assessment Report 2007, Working Group II, S. 28.

79 Zwischen 2,5 °C und 3,5 °C; siehe *MPI*, Künftige Klimaänderungen, S. 2 ff. Zusammenfassend *Schönwiese*, PdN-PhiS 2/59 2010, 6 (14); vgl. zudem *Kuttler*, (o. Fn. 35) 23:11, p. 5; *Kupski*, UVP-report 27, 2013, 120 ff. (insbes. 124).

80 Vgl. *Becker*, in: BMU (Hrsg.), Konferenzbericht November 2010, S. 4.

81 Siehe Fn. 79; zudem *Reese*, ZUR 2009, 113 (113 f.).

82 *Rahmstorf/Schellnhuber*, Klimawandel, S. 81.

## B. Klimaschutz und Klimaanpassung

### I. Mitigation und Adaption

Die wissenschaftliche Erkenntnis zeigt also: Der Klimawandel findet statt und es werden überwiegend negative Folgen prognostiziert. Um eine gefährliche Störung des Klimasystems durch anthropogene Einflüsse zukünftig zu vermeiden, müssen die Treibhausgasemissionen mithin auf einem erträglichen Niveau stabilisiert werden.[83] Da $CO_2$ ca. 100 Jahre in der Atmosphäre bestehen bleibt, reagiert das Klima mit einer erheblichen Zeitverzögerung auf anthropogene Beeinflussungen.[84] Auf Grund dessen lässt sich der Klimawandel nicht abrupt stoppen. Selbst wenn die globalen Treibhausgasemissionen drastisch reduziert würden, wird sich das Klima zukünftig weiter verändern, sodass auch eine Anpassung (sogenannte Adaption) an den Klimawandel unvermeidlich ist.[85] Gerade in den Küstenregionen Deutschlands wird durch Deichverstärkung und -bau sowie durch Ausweitung von Wattflächen und dem Deichvorland verstärkt daran gearbeitet, sich gegen drohende Hochwasser zu schützen.[86] Wichtig ist zudem bspw. auch für eine ausreichende Belüftung zwischen Gebäuden zu sorgen und den Abfluss von Regenwasser sicherzustellen.

Um den Klimawandel künftig nicht völlig ausufern zu lassen und drohende Schäden möglichst gering zu halten, sind ebenso effektive Maßnahmen zu dessen Abmilderung erforderlich (sogenannte Mitigation).[87] Der Begriff des „Klimaschutzes" kennzeichnet folglich die Gesamtheit der Maßnahmen, mit denen versucht wird, die Erwärmung der Erde und den anthropogenen Klimawandel zu verringern bzw. zu verhindern.[88] Eine Abmilderung des Klimawandels ist auf Grund der dargelegten Zusammenhänge nur zu erreichen, sofern die Treibhausgasemissionen, bzw. im Wesentlichen die $CO_2$-Emissionen, effektiv und dauerhaft verringert werden. Da $CO_2$ ein globaler Schadstoff ist und zukünftige Schäden völlig unabhängig vom Ort der jeweiligen Emission eintreten, kommt der Nutzen zukünftig vermiedener Emissionen dabei auch dem globalen und nicht nur lokalen Klima zugute.[89]

### II. Energieressourcen und -reserven

Einfluss auf die Treibhausgasemissionen hat vor allem der Energiekonsum. Der weltweite Konsum an Energie beruht zurzeit zu ca. 80 % auf fossilen Energieträgern, mit steigender

---

83 Siehe *Heye*, Rechtliche Instrumente zur Reduktion der Treibhausgasemissionen, S. 10.

84 *Kappas*, Klimatologie, S. 153; *Schönwiese*, Klimatologie, S. 381.

85 Vgl. *Reese/Möckel/Bovet/Köck*, Anpassung an die Folgen des Klimawandels, S. 3 ff. sowie *Reidt*, BauR 2010, 2025 (2025); *ders.*, DVBl 2011, 789 (789).

86 Um solche Maßnahmen fachlich zu unterstützen und Strategien zur Anpassung an den Klimawandel in Deutschland zu entwickeln, wurde vom *BMU* das *Kompetenzzentrum Klimafolgen und Anpassung* (KomPass) gegründet. Nähere Informationen unter URL: http://www.anpassung.net/ (Stand 28.03.2011). Zu den administrativen Aktivitäten zur Anpassung an den Klimawandel auch *Fischer*, Grundlagen und Grundstrukturen eines Klimawandelanpassungsrechts, S. 88 ff. Zur deutschen Anpassungsstrategie an den Klimawandel siehe auch *Reese*, ZUR 2009, 113 f.

87 Vgl. *Reidt*, BauR 2010, 2025 (2025); *ders.*, DVBl 2011, 789 (789).

88 *Mitschang*, in: Mitschang (Hrsg.), Klimaschutz und Energieeinsparung, S. 15 f.; *ders.* NuR 2008, 601 (602); *Longo*, örtliche Energieversorgung, S. 35; *Schönwiese*, Klimatologie, S. 378 ff.; instruktiv auch schon *Heye*, Rechtliche Instrumente zur Reduktion der Treibhausgasemissionen, S. 5 f. Zum Anliegen des Klimaschutzes auch *Stüer/Buchsteiner*, DVBl 2011, 84 (86).

89 *Sturm/Vogt*, Umweltökonomik, S. 147.

Tendenz.[90] Der Anteil fossiler Energieträger und der Kernenergie am gesamten Endenergieverbrauch liegt dabei mit ca. 88 % in Deutschland sogar noch über dem Durchschnitt.[91]

Die Energieversorgung stützt sich damit in erster Linie auf den Verbrauch nicht-erneuerbarer Energieträger[92]. In diesem Kontext sei der Frage nachgegangen, wie lange diese Energieträger noch zur Verfügung stehen. Entscheidend für die Beantwortung dieser Frage sind die Reserven wie auch die Ressourcen fossiler Energieträger. Ressourcen sind die nachgewiesenen, derzeit aber technisch und/oder wirtschaftlich nicht gewinnbaren sowie die nicht nachgewiesenen, geologisch aber möglichen, künftig gewinnbaren Mengen an Energierohstoffen. Reserven sind dagegen die derzeit technisch und wirtschaftlich gewinnbaren Mengen an Energieträgern.[93]

Die weltweiten Ressourcen an nicht-erneuerbaren Energierohstoffen werden von der *Bundesanstalt für Geowissenschaften und Rohstoffe* (BGR) gegenwärtig auf ca. 532 000 EJ geschätzt. Reserven sind nach den Angaben der *BGR* in Höhe von ca. 39 500 EJ vorhanden.[94] Die langfristige Verfügbarkeit der fossilen Energieträger hängt indessen wesentlich von der Entnahme aus den Lagerstätten ab. So kann etwa ein energiesparender technischer Fortschritt auf der einen und ein ansteigender Verbrauch von Energierohstoffen auf der anderen Seite auf die Entwicklung der Fördermengen und damit auf den Abbau der Reserven wesentlichen Einfluss nehmen. Zum anderen können z. B. Neufunde aufgrund verbesserter Explorationstechniken oder verbesserte Fördertechniken die Reserven und Ressourcen an nicht-erneuerbaren Energieträgern erhöhen.[95]

Auf Grund der gewonnenen Daten zu den Reserven hat das *EEFA Institut* (Energy Environment Forecast Analysis) im Auftrag des *Weltenergierat-Deutschland* die Zeitdauer ermittelt, in der die Reserven bei ihrem jeweiligen gegenwärtigen Verbrauch erschöpft sein werden.[96] Konventionelles Erdöl hat mit ca. 40 Jahren die geringste Reichweite. Bezieht man unkonventionelles Erdöl mit ein – also Schweröle, Ölsand und Ölschiefer – so liegt die statische Reichweite bei ca. 140 Jahren. Erdgas reicht bei gleichbleibendem Verbrauch ca. 60 Jahre, während Steinkohle noch ca. 140 Jahre und Braunkohle über 300 Jahre zur Verfügung steht.[97] Bei Kernbrennstoffen ist in den kommenden Jahrzehnten kein Engpass in der geologischen Verfügbarkeit zu erwarten.[98] Theoretisch ist das Potenzial der Kernenergie damit zwar groß, die Technologie ist jedoch insbesondere auf Grund des durch den Betrieb verursachten gefährlichen Risikos für Mensch und Umwelt und der ungeklärten Frage nach der Lagerung der

---

90 *WBGU*, Energiewende zur Nachhaltigkeit, S. 1; *Rempel*, ZfE 2011, 15 (16) Abb. 1 mwN.

91 *BMU*, Erneuerbare Energien in Zahlen (Stand Juli 2013), S. 10 ff.

92 Der Begriff „Erneuerbare Energien" bedeutet, dass bei der Umwandlung von Energieformen keine erschöpflichen Energieträger verwendet werden. Dazu sogleich. Siehe *Reichel/Czambor*, in: Kramer (Hrsg.), Integratives Umweltmanagement, S. 531. Kernenergie stellt keine unerschöpfliche Energiequelle dar, da zur Erneuerung der Energieumwandlung der Verbrauch der begrenzten Ressource Uran erforderlich ist, siehe *Rempel*, ZfE 2011, 15 (17) sowie *Longo*, örtliche Energieversorgung, S. 53 mwN.

93 *Rempel*, ZfE 2011, 15 (17).

94 Einheit EJ=Exajoule. *BGR*, Energiestudie 2012, S. 12 ff.; vgl. auch *BMWi*, Energie in Deutschland 2013, S. 8 f.

95 *BMWi*, Energie in Deutschland 2013, S. 9.

96 Die statische Reichweite bezieht sich dabei auf das Jahr 2007.

97 *EEFA*, Energieversorgung, S. 13 Schaubild 6; vgl. auch *Quaschning*, Erneuerbare Energien, S. 34 f.; *Popp*, Energie-Fakten 2011, S. 3; *Rempel*, ZfE 2011,15 ff.; *WBGU*, Energiewende zur Nachhaltigkeit, S. 15 ff.

98 *Rempel*, ZfE 2011, 15 (30).

radioaktiven Abfälle nicht zukunftsweisend.[99] In Deutschland wurde ein Ausstieg aus der Kernenergie bis zum Jahr 2021/2022 beschlossen.[100] Damit ist zumindest in Deutschland die Nutzung zeitlich befristet. Die aktuelle sich primär auf fossile Energieträger stützende Energieversorgung lässt sich mithin nicht nur wegen den klimatischen Folgen unbegrenzt fortführen.

## C. Zwischenfazit

Durch die Verbrennung fossiler Brennstoffe ist die Konzentration von $CO_2$ seit 1850 stark angestiegen. Dieser Anstieg führt zu einer Erwärmung der oberflächennahen Temperaturen. Für die deutliche Erwärmung des Klimas im 20. Jahrhundert und deren Auswirkungen bspw. in Form von Extremwetterereignissen ist nach überwiegender Auffassung der anthropogene Treibhauseffekt – bzw. menschlicher Einfluss – verantwortlich. Die Auswirkungen des Klimawandels und der globalen Erwärmung sind dabei immens. Insgesamt zeigt sich, dass bei einer stärkeren Erwärmung der Erdoberfläche weltweit irreversible Folgen eintreten werden, die auch in Europa und insbesondere auch in Deutschland Auswirkungen auf die Lebens- und Wirtschaftsbedingungen haben werden. Dabei werden die negativen Auswirkungen augenscheinlich überwiegen.

Das aktuelle Energiesystem schädigt und gefährdet die natürliche Umwelt sowie die Gesundheit der Menschen und beeinflusst massiv chemische, biologische und physikalische Kreisläufe, die dem Ökosystem und den Landschaften zugrunde liegen. Der notwendige Energieverbrauch bei einer weiterhin wachsenden Weltbevölkerung stößt bei einer primär auf fossilen Energieträgern basierenden Energieversorgung dabei zeitnah an seine rohstofflichen, ökologischen und auch ökonomischen Grenzen.[101] Eine bloße Fortschreibung des bisherigen Energiesystems ist daher nicht vorausschauend und, basierend auf den bisherigen Feststellungen, vernünftigerweise auch nicht möglich. Der *IPCC* geht davon aus, dass bis Mitte des 21. Jahrhunderts eine Reduktion der Treibhausgase um mehr als 50 % notwendig ist, um die Konzentration allein von $CO_2$ auf einem gerade noch tolerierbaren Wert in Höhe von 490 ppm zu stabilisieren.[102] Bis 2050 dürfte danach pro Person nur etwa ein Zehntel vom jetzigen Verbrauch emittiert werden.[103] Um den bisherigen Anstieg der $CO_2$ Emissionen wieder zu verringern, müssen die Energieversorgungsstrukturen grundlegend umgebaut und Grundlagen für eine nachhaltige[104] und effiziente Nutzung der Energie geschaffen werden.

---

99 Vgl. *Geitmann*, Erneuerbare Energien, S. 46; *Groß*, NVwZ 2011, 129; *Rahmstorf/Schellnhuber*, Klimawandel, S. 110; *Quaschning*, Regenerative Energiesysteme, S. 30 ff.; *WBGU*, Gesellschaftsvertrag Große Transformation, S. 3.

100 Zunächst wurde vom Bundestag eine durchschnittliche Laufzeitverlängerung von 12 Jahren beschlossen. Nach dem Reaktorunglück in Japan befanden sich alle AKW's in einer Sicherheitsüberprüfung auf Grund eines beschlossenen Moratoriums. Nunmehr wurde ein Ausstieg aus der Atomenergie bis zum Jahr 2021/2022 beschlossen, vgl. 13. Gesetz zur Änderung des Atomgesetzes vom 31.07.2011, BGBl. I, S. 1704 (Nr. 43).

101 *Kevenhörster*, Politikwissenschaft Band 2, S. 200 ff.; *WBGU*, Energiewende zur Nachhaltigkeit, S. 1, 51 f. sowie *Förstner*, Umweltschutztechnik, S. 126.

102 Siehe *IPCC*, 4. Assessment Report 2007, Working Group III, S. 57 ff.; vgl. auch *Hennicke/Fischedick*, Erneuerbare Energien, S. 28.

103 *IWU*, Gebäudebestand, Basisdaten und Modellrechnungen, S. 2; vgl. auch *Brake*, in: Kramer (Hrsg.), Integratives Umweltmanagement, S. 651 mwN.; *BMU*, Kommunaler Klimaschutz, S. 12.

104 Der Begriff der „Nachhaltigkeit" zeichnet sich dadurch aus, die Bedürfnisse der derzeitigen Generation zu erfüllen, ohne dabei die Möglichkeit einzuschränken, die Bedürfnisse späterer Generationen befriedi-

## D. Energetischer Dreisprung

Um die $CO_2$-Emissionen zu verringern, existieren letztendlich drei miteinander verknüpfte Wege (sog. „energetischer Dreisprung“[105]). Erster Ansatzpunkt ist die Brennstoffsubstitution. Zusammenhängend damit muss die Energieeffizienz gesteigert und eine Reduzierung des Energieverbrauchs herbeigeführt werden.

### I. Brennstoffsubstitution

Da weder fossile Energieträger noch Kernenergie eine zukünftige klimaschützende und sichere Energieversorgung leisten können, besteht die erste Option darin, die kohlenstoffreichen Energieträger zumindest gegen weniger stark kohlenstoffhaltige Energieträger und weitsichtig gegen nicht-fossile Energieträger auszutauschen, die praktisch ohne $CO_2$-Emissionen auskommen.[106]

#### 1. Erneuerbare Energien

Die entscheidende Maßnahme ist mithin die Ersetzung fossiler Energieträger durch erneuerbare Energieträger. Unter dem Begriff „erneuerbare Energien“ sind Primärenergien[107] zu verstehen, die nach menschlichen Zeithorizonten als unerschöpflich angesehen werden.[108] Diese lassen sich auf drei verschiedene Energiequellen zurückführen, aus denen sie laufend gespeist werden: Es sind Sonnenenergie, Planetengravitation und geothermische Energie.[109] Durch die natürliche Umwandlung dieser drei Energiequellen entstehen die erneuerbaren Energien in unterschiedlichster Form. Diese können dann technisch genutzt werden.[110] Bei der Sonnenenergie kann unterdessen zwischen direkter und indirekter Sonnenenergie unterschieden werden. Bei der Nutzung direkter Sonnenenergie wird die eintreffende Sonnenstrahlung durch technische Anlagen direkt genutzt. Bei der indirekten Sonnenenergie wird die Sonnenwärme durch natürliche Energieumwandlung in andere Energieformen umgewandelt. So stellen beispielsweise der Wind, die Wellen und die Biomasse umgewandelte Energiefor-

---

gen zu können, vgl. *Nusser/Halstenberg/Rester*, Nachhaltiges Bauen, S. 21; *Brake*, in: Kramer (Hrsg.), Integratives Umweltmanagement, S. 648. Der Begriff der Nachhaltigkeit stammt ursprünglich aus der Forstwirtschaft. Der Ausgangsgedanke war, dass genau so viel Holz geerntet wird, wie in dem jeweiligen Anbaugebiet nachwächst, siehe *Jenssen*, ZfE 2010, 117 (118) mwN.; vgl. auch *Kühnberger*, DStR 2012, 426 ff. (zur Bewertung nachhaltiger Immobilien) sowie *Deter*, ZUR 2012, 157 ff. (zur Nachhaltigkeitsprüfung im Grundgesetz).

105 *Bröll/Dirnberger/Schiebel*, Energiewende und Baurecht, S. 39.

106 *Sturm/Vogt*, Umweltökonomik, S. 148; *Rahmstorf/Schellnhuber*, Klimawandel, S. 115.

107 Primärenergie ist die Energie in ursprünglicher, noch nicht technisch aufbereiteter Form. Endenergie ist die Energie, in der dem Endverbraucher zugeführten Form. Nutzenergie ist die Energie, in der vom Endverbraucher genutzten Form, siehe *Quaschning*, Regenerative Energiesysteme, S. 17.

108 *Quaschning*, Regenerative Energiesysteme, S. 34; *Reichel/Czambor*, in: Kramer (Hrsg.), Integratives Umweltmanagement, S. 532; siehe auch schon Fn. 92.

109 *Hennicke/Fischedick*, Erneuerbare Energien, S. 30 f.; *Kaltschmitt/Streicher/Wiese*, Erneuerbare Energien, S. 11; *Reichel/Czambor*, in: Kramer (Hrsg.), Integratives Umweltmanagement, S. 532; *Quaschning*, Regenerative Energiesysteme, S. 34.

110 Vgl. *Quaschning*, Regenerative Energiesysteme, S. 34.

men der indirekten Sonnenenergie dar.[111] Mit entsprechender Technik können diese einzelnen Energieträger dann wiederum für die Erzeugung von Endenergie nutzbar gemacht werden.

## 2. Formen & Nutzungsoptionen erneuerbarer Energien

Im Folgenden sollen die wichtigsten Formen erneuerbarer Energien und deren Nutzungsvarianten skizziert werden.

### a) Biomasse

Biomasse sind sämtliche Stoffe organischer Herkunft und nicht fossiler Art. Sie fällt in unterschiedlicher Form an, bspw. als holzartige Biomasse, als Rückstand der Land- und Forstwirtschaft oder der Industrie und der Kommunen, sowie aus gezieltem Anbau von „Energiepflanzen".[112]

Pflanzen nehmen während des Wachstums $CO_2$ aus der Luft auf und wandeln es mit Hilfe der Fotosynthese in Kohlenstoffverbindungen um. Biomasse speichert also Kohlenstoff. Dieser wird dann wieder in Form von $CO_2$ frei, wenn die Biomasse verrottet oder zur Energiegewinnung genutzt wird. Bei der energetischen Verwertung der Biomasse wird mithin nur so viel $CO_2$ freigesetzt, wie die Pflanze zuvor aus der Luft gebunden hatte. Die Nutzung von Biomasse erfolgt somit klimaneutral. Die Erzeugung von Strom und Wärme aus Biomasse kann auf unterschiedlichen Wegen erfolgen. Biomasse kann verbrannt oder in feste, flüssige sowie gasförmige Produkte umgewandelt und dann zur Erzeugung von Strom, Wärme und Kraftstoffen genutzt werden.[113] Feste Biomasse (z. B. Holz, Stroh) kann z. B. direkt in Kraftwerken oder als Scheitholz, Holzpellet oder Brikett insbesondere im häuslichen Bereich zur Wärmeerzeugung genutzt werden. Zur Strom- und Wärmeerzeugung kann Biomasse bzw. daraus entstandenes Biogas über den Weg der Kraft-Wärme-Kopplung (KWK) eingesetzt werden.[114]

### b) Kraft-Wärme-Kopplung

Die Kraft-Wärme-Kopplung (KWK) bezeichnet die gleichzeitige Umwandlung von eingesetzter Energie in elektrische Energie und in Nutzwärme in einer ortsfesten technischen Anlage.[115] Die KWK ist eine besonders effiziente und Ressourcen schonende Technologie mit einem Wirkungsgrad von 80 – 95 %. Durch die gekoppelte Erzeugung in einer KWK-Anlage können Energieträger mithin sehr viel effizienter genutzt werden als bei der herkömmlichen Erzeugung in getrennten Anlagen.[116] Hauptvorteil des gekoppelten Umwandlungsprozesses ist damit das erhebliche Einsparpotenzial an Primärenergie und die damit verbundene sowie

---

111 Vgl. Übersicht bei *Reichel/Czambor*, in: Kramer (Hrsg.), Integratives Umweltmanagement, S. 532 Abb. 1; *Kaltschmitt/Streicher/Wiese*, Erneuerbare Energien, S. 11 f.; *Hennicke/Fischedick*, Erneuerbare Energien, S. 30 Abb. 2.

112 Vgl. *Kaltschmitt/Hartmann/Hofbauer*, Energie aus Biomasse, S. 2, *Wesselak/Schabbach*, Regenerative Energietechnik, S. 99 ff.; *Kramer/Meyer*, in: Kramer (Hrsg.), Integratives Umweltmanagement, S. 708 ff.

113 *Kramer/Meyer*, in: Kramer (Hrsg.), Integratives Umweltmanagement, S. 712 ff.

114 Vgl. *Hennicke/Fischedick*, Erneuerbare Energien, S. 58.

115 Vgl. § 3 Abs. 1 KWKG; dazu *Schaumann/Schmitz*, Kraft-Wärme-Kopplung, S. 1 sowie *Jacobshagen*, ZUR 2008, 449 (449 f.).

116 Der Wirkungsgrad eines modernen Kondensationskraftwerkes in reiner Stromerzeugung beträgt im Vergleich nur 45 – 50%. KWK-Anlagen erzeugen damit ca. 34 % weniger $CO_2$ als konventionelle Anlagen bei der getrennten Bereitstellung von Wärme und Strom, siehe *Jacobshagen*, ZUR 2008, 449 (449) mwN.; vgl. auch *Quaschning*, Erneuerbare Energien, S. 90 sowie *Kahl*, VBlBW 2011, 53 (54).

durch den Einsatz erneuerbarer Energien erfolgende Reduktion von $CO_2$-Emissionen.[117] Der Einsatz von KWK-Anlagen kann damit einen enormen Beitrag zum Klimaschutz leisten.

### c) Blockheizkraftwerke (BHKW's)

Überwiegende Anwendung findet die KWK in Blockheizkraftwerken (BHKW). Blockheizkraftwerke sind kleinere modulare Kraft-Wärme-Kopplungsanlagen, die im Regelfall am Ort des Energieverbrauchs betrieben werden.[118] Es gibt jedoch auch Varianten, bei denen die Nutzwärme in ein Nahwärmenetz eingespeist werden kann. Nahwärmenetze bedienen eine kleine Zahl von Gebäuden durch dezentral realisierte Erzeugungsanlagen.[119] Technisch zu unterscheiden sind Nahwärmenetze grundsätzlich von sogenannten Fernwärmenetzen. Als Fernwärme bezeichnet man herkömmlich die Wärmeversorgung aus großen Heizkraftwerken, an die ganze Städte oder Stadtteile angeschlossen werden. Auf Grund der hohen Wärmeverluste ist dabei max. ein Radius von 30 Kilometern möglich.[120] Nahwärmenetze haben demgegenüber auf Grund der verhältnismäßig kurzen Strecke einen erheblichen Effizienzvorteil und damit einen hohen Nutzungsgrad hinsichtlich der eingesetzten Primärenergie. Wärmenetze, die auf der Nutzung der KWK-Technik beruhen, können dabei zu einer Ausweitung der Nutzung erneuerbarer Energien beitragen.[121] Neben der Einspeisemöglichkeit der produzierten Nutzwärme in solche Wärmenetze kann zu viel produzierter Strom in das öffentliche Stromnetz eingespeist werden.[122]

Im juristischen Sprachgebrauch wurde bisher nur vereinzelt zwischen Nah- und Fernwärme differenziert.[123] Der *Bundesgerichtshof* geht in einem Grundsatzurteil vom 25.10.1989 davon aus, dass unabhängig von der Nähe der Versorgungsanlage zu dem versorgten Gebäude allein ein Fernwärmenetz in Deutschland besteht.[124] Ob diese rechtliche Einordnung auch für das Öffentliche Recht galt, war lange Zeit umstritten.[125] Neuerdings trifft der Gesetzgeber keine Unterscheidung mehr und spricht nur noch von Wärme- bzw. Fernwärmenetzen. Gleichwohl sei damit keine Wertung verbunden, und es ist jede Art von netzgebundener Wärmeversorgung, sei es als Nah- oder Fernwärmenetz gesetzlich adressiert.[126] Die technische Unterscheidung zwischen Nah- und Fernwärme ist aus juristischer Sicht damit wohl obsolet.

---

117 Vgl. Infos des *Bundesamtes für Wirtschaft und Ausfuhrkontrolle*, www.bafa.de (Stand 07.04.2011).

118 Vgl. *Quaschning*, Erneuerbare Energien, S. 90.

119 Ob dann noch von dezentraler Energieerzeugung gesprochen werden kann, wird vereinzelt kritisch gesehen, *Thürmer/Kohout*, in: Kramer (Hrsg.), Integratives Umweltmanagement, S. 636.

120 *Kahl/Schmidtchen*, ZNER 2011, 35 (36); *Büdenbender*, in: Schulte/Schröder (Hrsg.), Handbuch des Technikrechts, S. 606.

121 Vgl. *Fischer/Klinski*, ZUR 2007, 8 (9). Zur Begrifflichkeit, Klimaschutzwirkung, Verbreitung und dem Potenzial von Wärmenetzen auch *Kahl/Schmidtchen*, Kommunaler Klimaschutz durch Erneuerbare Energien, S. 288 ff., 327 ff.

122 Dazu weiter unten. Die Vergütung dessen erfolgt durch das Erneuerbare-Energien-Gesetz (EEG) und das Gesetz zur Förderung Kraft-Wärme-Kopplung (KWKG).

123 Vgl. *Kahl/Schmidtchen*, ZNER 2011, 35 (36 ff.).

124 BGHZ 109, 118 (126). Dazu auch *Fricke*, EuroHeat&Power 2011, 26 (28 f.).

125 Zumal das Erneuerbare-Energien-Wärmegesetz anfangs ausschließlich die Errichtung und Erweiterung von Nahwärmenetzen gefördert hat. Zum EEWärmeG noch weiter unten.

126 So zum Erneuerbare-Energien-Wärmegesetz BT-Drs. 17/3629, S. 40.

### d) Solarenergie

Die Nutzung von solarer Strahlungsenergie unterteilt sich in die passive Solarenergienutzung durch die Struktur von Gebäuden und die direkte Nutzung von Solarenergie durch solarthermische Systeme und Fotovoltaik.[127]

#### aa) Solarthermie

Solarthermische Systeme wandeln die Strahlungsenergie der Sonne in Wärme um. Dabei wird die einfallende Solarstrahlung auf ein Wärmeträgermedium übertragen.[128] Einsetzbar ist die Solarthermie bspw. für die tägliche Warmwasseraufbereitung oder für das Beheizen eines Gebäudes. Eine gut dimensionierte Solarthermieanlage für ein Ein- oder Zweifamilienhaus kann in Deutschland den jährlichen Warmwasserbedarf durchschnittlich zu 50 bis 65 % decken (im Sommer sogar bis zu 100 %).[129] Kollektoren lassen sich technisch sowohl beim Neubau als auch im Rahmen von Sanierungs- oder Umbauarbeiten auf Dächern, Garagen oder sonstigen Überdachungen installieren und sollten möglichst nach Süden oder Südwesten ausgerichtet sein.[130] In Deutschland sind theoretisch 800 $km^2$ Dachfläche für Solarthermie verfügbar.[131] Der Betrieb einer Solarthermieanlage erfolgt indes $CO_2$-neutral. Die in die Herstellung der Anlage investierte Energie wird dabei im besten Falle nach ca. 6 Monaten zurückgewonnen.[132] Der Einsatz von Solarthermie kann damit einen erheblichen Beitrag zur $CO_2$-Einsparung und damit zum Klimaschutz leisten.

#### bb) Fotovoltaik

Mittels der Fotovoltaik wird solare Strahlungsenergie durch Fotovoltaische Zellen (Solarzellen) direkt in elektrische Energie umgewandelt.[133] Moderne Fotovoltaikanlagen produzieren die zu Ihrer Herstellung notwendige Energie in ca. 3 Jahren.[134] Wie bei der Solarthermie erfolgt der Betrieb der Anlage $CO_2$-neutral. Allein bei der Herstellung und Entsorgung fallen Emissionen an. Auf Grund der verwendeten Technik bietet sich für Fotovoltaik ein breites Anwendungsfeld. Anlagen können dabei in unterschiedlichen Größen realisiert werden.[135] Abgesehen von einer Freiflächennutzung[136] und „Konkurrenz" durch Solarthermie steht in Deutschland insgesamt eine potenziell nutzbare Fläche (Dächer, Fassaden) von ca. 700 $km^2$ zur Verfügung.[137] Da Dachflächen und Fassaden heutzutage kaum anders genutzt werden,

---

127 *Reichel/Czambor*, in: Kramer (Hrsg.), Integratives Umweltmanagement, S. 538 ff.; *Renner*, in: Kramer (Hrsg.), Integratives Umweltmanagement, S. 554.

128 Dazu und zu technischen Details *Förstner*, Umweltschutztechnik, S. 167; *Renner*, in: Kramer (Hrsg.), Integratives Umweltmanagement, S. 558 ff. sowie *Hennicke/Fischedick*, Erneuerbare Energien, S. 38 ff.

129 *Geitmann*, Erneuerbare Energien, S. 64 ff. mwN.; *Förstner*, Umweltschutztechnik, S. 167.

130 *Geitmann*, Erneuerbare Energien, S. 69 f.

131 *Hennicke/Fischedick*, Erneuerbare Energien, S. 40.

132 *Geitmann*, Erneuerbare Energien, S. 71.

133 Dazu und zu technischen Details *Förstner*, Umweltschutztechnik, S. 168 f.; *Renner*, in: Kramer (Hrsg.), Integratives Umweltmanagement, S. 554 ff. Zum Ganzen auch *Kühl*, in: Kramer (Hrsg.), Integratives Umweltmanagement, S. 563 ff.

134 Vgl. *WBGU*, Energiewende zur Nachhaltigkeit, S. 70.

135 Siehe *WBGU*, Energiewende zur Nachhaltigkeit, S. 70; *Hennicke/Fischedick*, Erneuerbare Energien, S. 36.

136 Freiflächenanlagen sind solche, die als selbstständiges Bauwerk ohne darunterliegende Trägeranlage errichtet werden, siehe *Strauch*, ZNER 2010, 247 (247).

137 *Hennicke/Fischedick*, Erneuerbare Energien, S. 38.

bietet sich der Einsatz dort an und der auf Grund des großen Flächenbedarfs bestehende Nachteil dieser Technik wird kompensiert. Bei vollständiger Ausnutzung der zur Verfügung stehenden Flächen könnte die Fotovoltaik bezogen auf die heutige Stromnachfrage einen Anteil von ca. 16 % haben.[138] Eine Fotovoltaikanlage kann dabei den Großteil des Strombedarfs eines deutschen Haushalts decken (welcher bei ca. 3500 kWh pro Jahr liegt).[139] Eine dezentrale Fotovoltaikanlage mit einer typischen Größe von 3 kWp[140] und einem maximalen Flächenbedarf von 27 $m^2$ kann rein rechnerisch gut zwei Drittel zur Deckung dieses Bedarfs beitragen.[141] Bei größeren Anlagen kann zu viel produzierter Strom in das öffentliche Stromnetz eingespeist werden.[142] Auch die Fotovoltaik bietet mithin große Potenziale, $CO_2$-neutral zur Energieversorgung beizutragen.

#### e) Windenergie, Wasserkraft, Erdwärme

Windenergie, Wasserkraft und Erdwärme stellen weitere effektive Nutzungsmöglichkeiten dar. Windkraftanlagen wandeln kinetische Energie über mechanische Rotationsenergie in Elektrizität um. Der Wind wird dabei genutzt, um beim Vorbeiströmen an den Flügeln der Windenergieanlage einen Auftrieb zu erzeugen und die Flügel in Rotation zu versetzen. Die erzeugte Energie wird sodann in elektrische Energie umgewandelt.[143] Wasserkraftwerke nutzen die kinetische Energie des Wasserflusses und wandeln diese in elektrische Energie um.[144] Windenergie und Wasserkraft spielen in der bisherigen Praxis der Stromerzeugung im Vergleich schon eine größere Rolle.[145] Die Nutzung von beiden Energiequellen soll hier allerdings im Folgenden nicht tiefgehender behandelt werden, da der Schwerpunkt weiterer Überlegungen an gebäudebezogene Maßnahmen anknüpft.

### 3. Entwicklung und Potenziale

Die erneuerbaren Energien haben ihren Beitrag zur Energieversorgung in Deutschland stets gesteigert. Laut Angaben des *BMWi* lag deren Anteil am gesamten Endenergieverbrauch im Jahr 2013 bei 12,3 % (2012: 12,3 %, 2011: 11,6 %, 2010: 11 %, 2009: 10,4 %, 2008: 9,3 %).[146] Der Anteil am Bruttostromverbrauch lag 2013 bei 25,4 % (2012: 23,5 %, 2011: 20,4 %, 2010: 16,8 % 2009: 16,4 %, 2008: 15,1 %). In der deutschen Stromerzeugung sind die erneuerbaren Energien damit insgesamt schon unverzichtbar geworden. Die Möglichkeiten zum Einsatz von Fotovoltaik und Solarthermie sind sehr vielschichtig und auf Grund der vielen ungenutzten Dachflächen ausbaufähig. Der zunehmende Anteil der erneuerbaren Energien hat bisher erkennbar die energiebedingten Emissionen gesenkt. Im Jahr 2013 haben

138 *Hennicke/Fischedick*, Erneuerbare Energien, S. 38.

139 *Hennicke/Fischedick*, Erneuerbare Energien, S. 37.

140 Abk. Kilowatt Peak, maximale Leistung einer Fotovoltaikanlage.

141 *Hennicke/Fischedick*, Erneuerbare Energien, S. 37.

142 Die Vergütung erfolgt nach dem EEG, dazu noch weiter unten.

143 Vgl. *Förstner*, Umweltschutztechnik, S. 170; *WBGU*, Energiewende zur Nachhaltigkeit, S. 67 f.; *Reichel/Czambor*, in: Kramer (Hrsg.), Integratives Umweltmanagement, S. 535 f.

144 Vgl. *Reichel/Czambor*, in: Kramer (Hrsg.), Integratives Umweltmanagement, S. 540; *WBGU*, Energiewende zur Nachhaltigkeit, S. 56 ff.

145 Große Potenziale werden vor allem in der Offshore-Windenergie gesehen.

146 Zudem und zum Folgenden *BMWi*, Erneuerbare Energien im Jahr 2013 (Stand Februar 2014), S. 2 ff. sowie *BMU*, Erneuerbare Energien in Zahlen (Stand Juli 2013), S. 10; *BMU*, Erneuerbare Energien in Zahlen (Stand März 2011), S. 3; Pressemitteilung *BMU* vom 30.08.2011, Nr. 108/11.

sie den Ausstoß von rund 148 Mio. Tonnen $CO_2$ vermieden (2012: 145 Mio. Tonnen, 2011: 128 Mio. Tonnen).[147] Die erneuerbaren Energien leisten damit einen elementaren Beitrag zum Klimaschutz, machen unabhängiger von fossilen Rohstoffen und tragen somit zu einer sicheren und dauerhaften Energieversorgung bei. Die bei nicht-erneuerbaren Energien mittelfristig eintretenden unkalkulierbaren Kostensteigerungen bleiben bei erneuerbaren Energien zudem aus. Die Nutzung von Biomassenutzung kann daneben auch zur inländischen Wertschöpfung beitragen und Arbeitsplätze sichern, denn es handelt sich oftmals um heimische Energieträger.[148] Die langfristig eintretenden Umweltschäden durch die Nutzung fossiler Energieträger werden darüber hinaus teurer prognostiziert, als ein vollständiger Umstieg auf erneuerbare Energien und damit verbundene Investitionen.[149] Der Einsatz erneuerbarer Energien bietet somit auch wirtschaftliche Chancen und lässt sich schlussendlich als eine „conditio sine qua non" für eine nötige CO2-Verringerung, einen effektiven Klimaschutz und eine nachhaltige Entwicklung begreifen.[150]

## II. Energieeffizienz

Um den Energiebedarf im Allgemeinen zu reduzieren und die $CO_2$-Emissionen aus der Nutzung fossiler Energieträger zu begrenzen, spielt, neben der neuen Zusammensetzung der Energieträger, auch die Steigerung der Energieeffizienz eine entscheidende Rolle. Die Energieeffizienz betrifft das Verhältnis von Energieaufwand und daraus gezogenem Nutzen und lässt sich mithin als Erhöhung des Wirkungsgrades der eingesetzten Energie (bzw. als direkte Energieeinsparung) umschreiben.[151] Der Begriff der „Energieeffizienz" hat indes auch schon Einzug in die Rechtsordnung erfahren. Das dargelegte Begriffsverständnis wird auf Unionsebene[152] wie auch auf nationaler Ebene[153] in leichten Variationen verwand.[154] Die Vermeidung unnötigen Energieverbrauchs und die Steigerung der Energieeffizienz können maßgeblich dazu beitragen, die vorherrschenden Probleme des derzeitigen Energiesystems zu lösen.[155]

---

147 Die vorgelagerten Prozessketten zur Gewinnung und Bereitstellung der Energieträger, sowie der Herstellung der Anlagen werden bei dieser Bilanzierung grundsätzlich schon mitberücksichtigt, vgl. *BMWi*, Erneuerbare Energien im Jahr 2013 (Stand Februar 2014), S. 8; *BMU*, Erneuerbare Energien in Zahlen (Stand Juli 2013), S. 10, 26.

148 Zum Ganzen *Förstner*, Umweltschutztechnik, S. 160; *BMU*, Erneuerbare Energien in Zahlen (Stand Juli 2013), S. 48; *Hennicke/Fischedick*, Erneuerbare Energien, S. 13 ff.; *Nusser/Halstenberg/Rester*, Nachhaltiges Bauen, S. 68.

149 *WBGU*, Gesellschaftsvertrag Große Transformation, S. 3 ff.

150 So auch das Gutachten des *WBGU*, Gesellschaftsvertrag Große Transformation, S. 1 ff., 2, passim. Zusammenfassend *Schütte/Winkler*, ZUR 2011, 329 (331 f.)

151 *Härtel*, in: Jahrbuch des Umwelt- und Technikrechts 2012, S. 29 mwN.; zum Rechtsbegriff der Energieeffizienz in verschiedenen Bereichen *Pielow*, ZUR 2010, 115 (118 f.).

152 Bspw. Art. 2 der Energieeffizienzrichtlinie 2012/27/EU; zur Richtlinie siehe weiter unten.

153 Bspw. § 3 Nr.15 b des Gesetzes über die Elektrizitäts- und Gasversorgung (Energiewirtschaftsgesetz – EnWG) vom 07.07.2005, zuletzt geändert durch Art. 3 Abs. 4 des Gesetzes vom 04.10.2013, BGBl. I, S. 3746.

154 Siehe *Härtel*, in: Jahrbuch des Umwelt- und Technikrechts 2012, S. 35.

155 *Brake*, in: Kramer (Hrsg.), Integratives Umweltmanagement, S. 650 ff.

## 1. Rolle des Gebäudebestandes und der Stadtregionen

Wichtige Ansatzpunkte dafür finden sich im Gebäudebereich. Rund 40 % des Endenergieverbrauchs und etwa ein Drittel der $CO_2$-Emissionen entfallen auf diesen.[156] In Deutschland existieren zurzeit ca. 24 Millionen private und öffentliche Gebäude. Etwa 18 Millionen davon sind Wohngebäude.[157] Dieses Verhältnis spiegelt sich auch im Endenergieverbrauch wieder. Ca. 70 % des Endenergieverbrauchs für Raumwärme und Warmwasser wird durch Wohngebäude erzeugt. Sie sind die größten Wärmeverbraucher und erzeugen damit auch einen Großteil der $CO_2$-Emissionen.[158] Ein erheblicher Anteil entfällt dabei auf Ein- und Zweifamilienhäuser, die den größten Anteil aller Wohngebäude stellen.[159] Der Energiebedarf privater Haushalte insbesondere in Ein- und Zweifamilienhäusern gehört damit zu den wichtigsten Verbrauchssektoren in Deutschland.

Laut statistischen Erhebungen werden in Deutschland jährlich um die 200.000 Baugenehmigungen für die Errichtung neuer Gebäude erteilt.[160] Ca. 120mal so viele Gebäude, nämlich ca. 18 Millionen Wohn- und weitere ca. 6 Millionen Verwaltungs-, Gewerbe- und Kulturbauten, umfasst hingegen der Gebäudebestand.[161] Der Fokus der Betrachtung sollte also nicht nur auf Neubauten, sondern vorrangig auf einer Energieeffizienzsteigerung im Gebäudebestand liegen.[162]

Ca. drei Viertel der Bestandsbauten wurden vor dem Jahr 1979 errichtet und damit in weiten Teilen vor Inkrafttreten der ersten gesetzlichen Regelung über die energetische Qualität von Gebäuden am 01. November 1977.[163] Diese Gebäude sind zum größten Teil nur gering oder gar nicht saniert.[164] Die bisher unsanierten Wohngebäude, die vor 1979 errichtet wurden, haben den vergleichsweise größten Anteil am Endenergieverbrauch für Raumwärme und Warmwasser.[165] Deutliche Unterschiede des energetischen Zustands der Gebäude bestehen dabei zwischen dem Osten und dem Westen Deutschlands.[166] Im Osten Deutschlands wurden Einfamilienhäuser zum Teil erst nach 1990 errichtet und haben demnach einen gehobeneren energetischen Zustand. Der Geschosswohnungsbau ist zudem mit über 80 % deutlich stärker

---

156 Vgl. *BMWi/BMU*, Energiekonzept 2010, S. 22; BMVBS (Hrsg.), $CO_2$-Einsparungen bis 2020, S. 13; *Mechel*, ZUR 2011, 184 (185).

157 *Dena*, Gebäudereport 2012, S. 23; *Statistische Ämter des Bundes und der Länder*, Zensus 2011, Gebäude- und Wohnungsbestand, S. 4; *Uttich*, Klimaschutz mit Schlagseite, FAZ vom 08.09.2010, S. 11.

158 *SRU*, Umweltgutachten 2008, S. 118; vgl. auch *Mechel*, ZUR 2011, 184 (185); *Ekardt/Schenderlein*, WuM 2008, 179 (181); *Schläger*, ZMR 2007, 830 (830).

159 Siehe *Weiß/Vogelpohl*, Energetische Sanierung bei Eigenheimen, S. 7; *Weiß/Dunkelberg*, Erschließbare Energieeinsparpotenziale, S. 16.

160 *Dena*, Gebäudereport 2012, S. 9, 46; *BMVBS*, Wohnen und Bauen in Zahlen 2011/2012, S. 41 ff.

161 *Dena*, Gebäudereport 2012, S. 23; *Uttich*, Klimaschutz mit Schlagseite, FAZ vom 08.09.2010, S. 11; *Statistische Ämter des Bundes und der Länder*, Zensus 2011, Gebäude- und Wohnungsbestand, S. 4; *Mechel*, ZUR 2011, 184 (185).

162 Vgl. auch *BMVBS*, Handlungsleitfaden, S. 10 sowie *Adolf/Bräuninger*, Wirtschaftsdienst 2012/3, 185 (186).

163 Sog. 1. Wärmeschutzverordnung vom 01. August 1977.

164 Vgl. *BMWi/BMU*, Energiekonzept 2010, S. 22; *Dena*, Gebäudereport 2012, S. 23, 25, wonach 70 % der Wohngebäude vor 1979 erbaut wurden; *BMVBS*, Leitfaden Baubestand, S. 22. Zuversichtlicher hingegen *Simons*, Energetische Sanierung von Ein- und Zweifamilienhäusern, S. 2, 27 ff.

165 Vgl. *Dena*, Gebäudereport 2012, S. 22 ff.

166 Dazu und zum Folgenden *Koziol*, Stadtpilot spezial, 44 (44 f.).

voll- oder teilsaniert als im Westen Deutschlands.[167] Allein der noch nicht sanierte, vor allem aus der Gründerzeit stammende Wohnungsbestand bzw. Gebäude aus der Zeit vor dem Zweiten Weltkrieg dürften im Osten Deutschlands relevant sein. Im Westen Deutschlands gibt es hingegen einen relativ großen, energetisch ungünstigen Bestand von Einfamilienhäusern aus den 1960er- und 1970er-Jahren. Der Geschosswohnungsbestand der Nachkriegszeit ist zudem nur in geringem Umfang energetisch saniert und birgt damit ebenso hohe Einsparpotenziale.[168] Ca. 85 % der Menschen in Deutschland wohnen zudem in mittelstarken oder dicht besiedelten Gebieten. Fast die Hälfte der Bevölkerung konzentriert sich dabei auf 9 % der gesamten Fläche der Bundesrepublik Deutschland.[169] Es wird also vor allem darauf ankommen, den energetischen Zustand dieser komplexen Bestände in den Stadtgebieten energetisch aufzubessern.

## 2. Gegenüberstellung Gebäudesanierungen und Neubau

Für die nötige energetische Optimierung kommen grundsätzlich zwei Optionen in Betracht. Zum einen könnte man die energetisch ineffektiven alten Gebäude abreißen und durch Neubauten ersetzen. Zum anderen könnte man durch Sanierungsmaßnahmen den energetischen Zustand der alten Gebäude verbessern. Aus energetischer Sicht ist eine Sanierung lohnenswert. Nach Berechnungen der *Technischen Universität Cottbus* auf Grundlage von Untersuchungsergebnissen der *Technischen Universität München* ist der Energieaufwand von Bestandsgebäuden und Neubauten nahezu gleich, soweit Bestandsgebäude bspw. an innovative Versorgungssysteme angeschlossen werden.[170] Der bilanzierte Energieaufwand umschließt dabei neben dem Wärmeverbrauch auch die Energie, die für den Bau benötigt wurde.[171] Bei Abriss und Neubau entstehen im Vergleich zur Sanierung zunächst deutlich höhere $CO_2$-Emissionen, da der Ressourceneinsatz für Baustoffe und Energie wesentlich höher ist.[172] Soweit ein Ersatzneubau allerdings deutlich energieeffizienter ist als ein energetisch saniertes Objekt, kann dies bei gesamtenergetischer Betrachtung wieder ausgeglichen werden.[173] Beispielhafte Projekte aus der Praxis zeigen zugleich, dass sich eine Sanierung aber nicht nur in der Energiebilanz, sondern auch in der Kostenbilanz als vorteilhaft erweist.[174]

Eine im März 2011 veröffentlichte Studie der *Arbeitsgemeinschaft für zeitgemäßes Bauen e. V.* kommt durch den Vergleich der Kosten einer Sanierung mit den Kosten eines entsprechenden Neubaus von Ein- und Zweifamilienhäusern sowie kleineren Mehrfamilienhäusern zu ähnlichen Ergebnissen.[175] Für eine Teilmodernisierung (energetische Modernisierung auf Neubaustandard sowie Heizungssanierung, Sanierung der Elektroinstallation ohne weitere Umbaumaßnahmen) werden Kosten in Höhe von 510-870 €/m$^2$ Wohnfläche veranschlagt. Das

---

167 *Koziol*, Stadtpilot spezial, 44 (44) mwN.

168 *Koziol*, Stadtpilot spezial, 44 (44 f.) sowie *BMU*, Pressemitteilung Nr. 148/11 vom 21.11.2011.

169 BT-Drs. 17/7023, S. 1.

170 *Koziol*, Stadtpilot spezial 2011, 44 (46) mwN.

171 Vgl. Abb. 4 bei *Koziol*, Stadtpilot spezial 2011, 44 (46).

172 BMVBS (Hrsg.), Möglichkeiten und Grenzen des Ersatzneubaus, S. 3.

173 BMVBS (Hrsg.), Möglichkeiten und Grenzen des Ersatzneubaus, S. 3.

174 Siehe bspw. *Stadt Wulsdorf*, in: IZ 2011, Nr. 28, S. 11; *IBA Dock Hamburg*, in: IZ 2011, Nr. 29, S. 10; *Hofgarten Berlin*, in: IZ 2011, Nr. 30, S. 11; *Westarkade Frankfurt*, in: IZ 2011, Nr. 31, S. 11; *Weiberwirtschaft Berlin*, in: IZ 2011, Nr. 32, S. 11.

175 *ARGE*, Wohnungsbau in Deutschland-2011 Modernisierung oder Bestandsersatz, März 2011.

entspricht ca. 36-56 % vergleichbarer Kosten eines Neubaus. Sollen neben einer energetischen Verbesserung der Gebäudehülle und der Heizungsanlage auch noch Eingriffe in die Gebäudestruktur (z. B. zum Zweck des altersgerechten Wohnens) vorgenommen werden, so werden Kosten in Höhe von 810-1610 €/m$^2$ veranschlagt. Dies entspricht ca. einer Spanne von 52-119 % vergleichbarer Kosten eines Neubaus.[176] Allein 11-12 % des untersuchten Gebäudebestands eignen sich der Studie nach unter wirtschaftlichen Gesichtspunkten nicht mehr für eine Sanierung.[177]

Auch aus baukultureller Sicht ist ein Abrissszenario schwer vorstellbar. Angaben zu denkmalgeschützten Gebäuden in Deutschland schwanken zwar (eine verlässliche Erhebung fehlt[178]), jedoch sind Gebäude allein aus baukultureller Sicht wichtige Boten für Geschichte und Kultur, vermitteln eine Identität und machen Orte unverwechselbar, sodass vielen Gebäuden ein besonderer Schutz zukommen muss.[179] Eine energetische Sanierung des Gebäudebestands kann sich insoweit gegenüber einem Neubau sowohl energietechnisch, ökonomisch als auch aus baukultureller Sicht rentieren.

### 3. Einzelne Energieeffizienzmaßnahmen

Das vorhandene Energieeinsparpotenzial kann aus energetischen Gesichtspunkten folglich mit der Hilfe von Sanierungsmaßnahmen genutzt werden. Mit der Abnahme des Energieverbrauchs im Gebäudebestand werden dann regelmäßig auch die $CO_2$ -Emissionen zurückgehen.[180] Da ca. ein Drittel der gesamten Endenergie in Deutschland zur Warmwasseraufbereitung und Raumheizung eingesetzt werden, liegen hier auch die größten Möglichkeiten für mehr Energieeffizienz.[181] Die Reduktion von Wärmeverlusten ist dabei von wichtigem Belang. Nach Einschätzungen von Experten im Bereich Bauen und Sanieren ist es möglich, mit marktüblichen Materialien und Technologien den durchschnittlichen Heizwärmebedarf eines Gebäudes und damit die einhergehenden $CO_2$-Emissionen um bis zu 90 % zu senken.[182]

---

176 Vgl. *ARGE*, Wohnungsbau in Deutschland-2011 Modernisierung oder Bestandsersatz, März 2011, S. 119 ff.

177 Das bauliche Potenzial für Bestandsersatz von Wohngebäuden in Deutschland unter wirtschaftlichen Gesichtspunkten beträgt bei den Ein-/Zweifamilienhäusern ca. 1.760.000 Gebäude mit ca. 2.230.000 Wohnungen (ca. 12 % des Gesamtbestandes) und bei kleineren Mehrfamilienhäusern ca. 285.000 Gebäude mit ca. 1.850.000 Wohnungen (ca. 11 % des Gesamtbestandes), siehe *ARGE*, Wohnungsbau in Deutschland-2011 Modernisierung oder Bestandsersatz, März 2011, S. 121. Ein Test durch einen Internetratgeber zur Energie- und Kosteneinsparung bei Modernisierungsmaßnahmen ergab zudem, dass 70 Prozent der von Eigentümern und Hausverwaltungen geplanten Sanierungen zur Energieeinsparung sich bei den heutigen Energiepreisen rentieren können, siehe BMVBS (Hrsg.), CO2 Gebäudereport 2007, S. 5.

178 *Martin*, in: Martin/Krautzberger, Denkmalschutz, Teil A, Einführung, Rn. 5.

179 *BMVBS*, Leitfaden Baubestand, S. 12. Zum Denkmalschutz noch weiter unten.

180 *UBA*, Klimaschutz in Deutschland bis 2030, S. 109 sowie *Keyhanian*, Rechtl. Instrum. zur Energieeinsparung, S. 373 und *BMU*, Pressemitteilung vom 19.11.2012, Nr. 151/12.

181 Auf die Beheizung von Wohnraum entfallen ca. 74% des Endenergieverbrauchs der privaten Haushalte, siehe *BMWi*, Energie in Deutschland 2013, S. 32; BMVBS (Hrsg.), Gebäudereport 2007, S. 17; *Habermann-Nieße/Jütting/Klehn/Schlomka*, Strategien zur Modernisierung II, S. 27; *Koch/Behrend*, NuR 1996, 433 (435).

182 *Brake*, in: Kramer (Hrsg.), Integratives Umweltmanagement, S. 653 f. zudem und zum Folgenden. Durch die Kombination einzelner Sanierungsmaßnahmen lassen sich je nach Gebäudetyp und Baualter mindestens die Hälfte bis zwei Drittel des Energiebedarfs der jeweiligen Gebäudeklasse einsparen, siehe *Haber-*

Bildlich betrachtet stellen die Außenwände, die Fenster, der Keller und das Dach eines Gebäudes eine Hülle dar, die thermisch möglichst undurchlässig sein sollte. Je nach Gebäudetyp und Baualtersklasse kann durch die Ertüchtigung der Gebäudehülle der Wärmebedarf reduziert werden.[183] Die nachträgliche Dämmung der Gebäudehülle und dass Ersetzen der Fenster durch solche mit Dreifachverglasung stellen die effektivsten Maßnahmen dar, um die Energieeffizienz grundlegend zu steigern. Andere Maßnahmen, wie die Dämmung der Kellerdecke sowie der obersten Geschossdecke können ebenso effektiv sein, differieren allerdings je nach Gebäudeart stark in ihrer Wirksamkeit.[184] Weiterhin sollten oben beschriebene Technologien zum Einsatz erneuerbarer Energien wie Blockheizkraftwerke und thermische Solaranlagen eingesetzt werden oder ggf. ein Anschluss an ein Wärmenetz erfolgen.[185] Im Durchschnitt sind in Deutschland über 80 % der Wohngebäude mit einer Zentralheizung ausgestattet, die mit einem Öl- oder Gasheizkessel unterhalten wird.[186] Eine Modernisierung der Heizungsanlage wird somit neben der Sanierung der Gebäudehülle mit als ein effektivstes Mittel zur Energieeffizienzsteigerung im Gebäudebestand genannt.[187]

Die Wirtschaftlichkeit von einzelnen Sanierungsmaßnahmen wird dabei – zumeist ohne Berücksichtigung der „Ohnehin-Kosten"[188] – immer wieder in Frage gestellt.[189] Allerdings kommen zahlreiche Analysen gegenteilig zu dem Ergebnis, dass mit nahezu allen gängigen Sanierungsmaßnahmen, je nach Abhängigkeit des Gebäudezustands, Energie und Kosten eingespart werden können und sich die Investitionen in einem angemessenen Zeitraum amortisieren.[190] Die Amortisationsdauer hängt bei energetischen Sanierungsmaßnahmen von

---

*mann-Nieße/Jütting/Klehn/Schlomka*, Strategien zur Modernisierung II, S. 50 f. mwN.; dazu auch *Heye*, Rechtliche Instrumente zur Reduktion der Treibhausgasemissionen, S. 31 ff.

183 *Brake*, in: Kramer (Hrsg.), Integratives Umweltmanagement, S. 654; *Nusser/Halstenberg/Rester*, Nachhaltiges Bauen, S. 69. Die thermische Durchlässigkeit von Bauteilen wird durch den Wärmedurchgangskoeffizienten gekennzeichnet, Anforderungen für Neu- und Bestandsbauten ergeben sich aus der Energiesparverordnung (EnEV), dazu weiter unten.

184 *Habermann-Nieße/Jütting/Klehn/Schlomka*, Strategien zur Modernisierung II, S. 50 f.

185 Siehe auch *Weiß/Vogelpohl*, Energetische Sanierungsquote bei Eigenheimen, S. 11.

186 *IWU*, Energetische Qualität Gebäudebestand, S. 82; *Adolf/Bräuninger*, Wirtschaftsdienst 2012/3, 185 (187) gehen sogar von 94 % aus.

187 Vgl. *BMVBS* (Hrsg.), Maßnahmen zur Umsetzung der Ziele des Energiekonzepts im Gebäudebereich, 2013, S. 5 f.

188 Dies sind Kosten, die in den kommenden Jahren für Instandhaltung und Instandsetzung in jedem Fall anfallen würden.

189 Siehe etwa *Haimann*, Die große Lüge von der Wärmedämmung, Die Welt online, vom 30.03.2013. Der Bericht bezieht sich auf eine Studie der *Prognos AG*, Wachstumswirkungen der KfW-Programme zum Energieeffizienten Bauen und Sanieren, 2013, und wurde sodann deutschlandweit unkritisch in weiteren Medien aufgegriffen. In der Studie wurden „Ohnehin-Kosten" der Sanierung sowie der ohnehin anstehende (energieeffiziente) Neubau mit berücksichtigt und nicht differenziert ausgewiesen, sodass die Studie fehlerhaft interpretiert wurde. Der Auftraggeber der Studie hat den Bericht von *Haimann* somit ausdrücklich zurückgewiesen und resümierte, dass die energetische Sanierung wirtschaftlich ist. Siehe *KfW*, Meldung vom 03.04.2013, Energieeffiziente Sanierung lohnt sich. Vgl. auch *Deutsche Unternehmensinitiative Energieeffizienz* (DENEFF), Pressemitteilung vom 02.04.2013, Unkritische Medienberichte zur Gebäudesanierung.

190 Eine Zusammenfassung verschiedener Studien bei *DENEFF*, Pressemitteilung vom 02.04.2013, Fn. 189. Zu den undifferenzierten Berechnungen, die eine Wirtschaftlichkeit ablehnen, kritisch auch *Ziehm*, Steigende Energiepreise, FAZ vom 17.09.2013, S. 38. Siehe *Albrecht/Zundel*, Gefühlte Wirtschaftlichkeit – Wie Eigenheimbesitzer energetische Sanierungsmaßnahmen ökonomisch beurteilen, S. 27; *Küchler/Nestle*, Strategien zur Modernisierung I, S. 10, 20, Abbildung 1 mwN.; *Dena*, Wirtschaftlichkeit energetischer Modernisierung in selbst genutzten Wohngebäuden, S. 24 ff.; *Fraunhofer ISI*, Contribution of

verschiedenen Faktoren ab (bspw. Sanierungsumfang, konkrete Maßnahmen, ggf. erhaltene Fördermittel), sodass keine pauschalisierte Amortisationszeit genannt werden kann.[191] Prognostizierte Preissteigerungen fossiler Energieträger auf Grund deren begrenzter Verfügbarkeit, sowie die Möglichkeit der Senkung der Energiekosten für die gesamte Nutzungsdauer eines Gebäudes durch eine erhöhte Energieeffizienz, der langfristig höhere Gebäudewert und der vorgenommene Kostenvergleich zu langfristig drohenden Klimaschäden lassen Investitionen in die Energieeffizienz allerdings grds. wirtschaftlich sinnvoll erscheinen.[192] Nicht zuletzt auf Grund des enormen Sparpotenzials lautet ein (paradoxer) Ratschlag des *BMWi*: Geld (zum Sanieren) ausgeben, um langfristig zu sparen.[193]

## 4. Maßnahmen im Quartier

Vor allem in der Sanierung des Gebäudebestands mittels der beschriebenen Maßnahmen liegt eine Schlüsselrolle zur Maximierung der Energieeffizienz und zur nötigen $CO_2$-Einsparung. Auf Grund der deutschen Geschichte und Baukultur ist der Gebäudebestand in Deutschland sehr heterogen. Bei der Frage der Energieeffizienz lassen sich mithin nicht alle bestehenden Gebäude gleich behandeln. Baulicher Zustand, das Heiz- und Konsumverhalten der Nutzer und der Umfang der Sanierung können stark schwanken. Ansatzpunkt einer Sanierung muss somit jeweils eine individuelle Maßnahme sein. Eine allein auf ein Einzelgebäude abzielende Sanierung wird allerdings nach Erfahrungen aus unterschiedlichsten Forschungsfeldern in Deutschland[194] nicht als ausreichend angesehen, um eine nachhaltige Energieeffizienzsteigerung erreichen zu können. Im schlechtesten Fall könne dies unter Umständen sogar zielkonträre Auswirkungen haben.[195] Forschungsergebnisse der energetischen Stadtteilsanierung im CONCERTO-Programm[196] der Europäischen Kommission (Generaldirektion Energie) bestätigen dies und legen dar, dass die energetische Sanierung von Quartieren das größte Energie-

---

energy efficiency measures to climate protection within the European Union until 2050, passim; dazu *BMU*, Pressemitteilung vom 19.11.2012, Nr. 151/12; instruktiv auch die ausführliche Auswertung von *Hoos*, Eisparpotential und ökonomische Analyse der energetischen Sanierung, S. 45 ff. mwN.; zurückhaltender *Henger/Voigtländer (IW Köln)*, Energetische Modernisierung des Gebäudebestands, S. 26 ff., wonach sich zumindest Sanierungen innerhalb des Sanierungszyklus in angemessener Zeit amortisieren können. Die Studie erfolgte allerdings auch im Auftrag der Eigentümerschutz-Gemeinschaft Haus&Grund. Ökonomisch sinnvoll erscheint eine Sanierung des Gebäudebestands jedoch auch unter einem anderen Gesichtspunkt, denn annähernd die Hälfte aller Anlageinvestitionen in Deutschland sind im Wohnungsbau gebunden. Vgl. *BMVBS*, Leitfaden Baubestand, S. 8. Zum steigenden Wachstum der Bauinvestitionen, siehe Pressemitteilung des *Statistischen Bundesamtes*, Nr. 22, vom 19.01.2011.

191 *Staab*, Erneuerbare Energien in Kommunen, S. 129. Ohne eine Inanspruchnahme einer Förderung wird ca. von einem Zeitraum von 20-30 Jahren ausgegangen, siehe *Küchler/Nestle*, Strategien zur Modernisierung I, S. 10. *ITG Dresden*, IEU-Modernisierungskompass, S. 52 nennt dagegen einen Zeitraum von ca. 47 Jahren.

192 Auch wenn die Alternative eines Ersatzneubaus gründlich geprüft werden sollte (siehe schon oben); vgl. zu den Vorteilen *Nusser/Halstenberg/Rester*, Nachhaltiges Bauen, S. 68; *Brake*, in: Kramer (Hrsg.), Integratives Umweltmanagement, S. 653.

193 Siehe *BMWi*, Energiewende 02/2012, S. 6.

194 Beispielhaft seien die Forschungsfelder „Energetische Sanierung von Großwohnsiedlungen auf der Grundlage von integrierten Stadtentwicklungskonzepten in acht ausgewählten Modellvorhaben“ (*BMVBS/BBSR*, 2010-2014) sowie das ExWoSt-Forschungsfeld „Modellvorhaben zur Energetischen Stadterneuerung (*BMVBS/BBSR*, 2007-2011) genannt; vgl. auch *Habermann-Nieße/Jütting/Klehn/Schlomka*, Strategien zur Modernisierung II, S. 19.

195 *BMVBS*, Handlungsleitfaden, S. 11; *Koziol*, Stadtpilot spezial 2011, 44 (45).

196 Dazu *Di Nucci/Pol*, Energiewirtschaftliche Tagesfragen 2009, Heft 1/2, S. 44 ff.

einsparpotenzial auf kommunaler Ebene biete.[197] Bei Maßnahmen der energetischen Sanierung im Quartier sei die Amortisationsdauer drei- bis viermal kürzer, als bei Einzelmaßnahmen im Gebäudebereich.[198] Empfohlen wird daher einhellig, Sanierungsmaßnahmen untereinander abzustimmen und in bestimmten Siedlungen und Quartieren zusammen durchzuführen.[199] Quartiersbezogene Maßnahmen werden als wichtiger Ansatzpunkt zur Abstimmung von Klimaschutz- und Klimaanpassungsmaßnahmen mit anderen Belangen angesehen.[200] Mit der Durchführung quartiersbezogener Maßnahmen können nach und nach die im Mittelpunkt der Betrachtung stehenden Städte sowie das Stadtumland flächendeckend erschlossen werden. Diese Quartiersorientierung findet nunmehr auch eine gesetzliche Konkretisierung im Baugesetzbuch. In § 171 a Abs. 2 BauGB - geändert durch das Gesetz zur Förderung des Klimaschutzes bei der Entwicklung in den Städten und Gemeinden vom 22. Juli 2011[201] - werden fortan quartiersbezogene Stadtumbaumaßnahmen ausdrücklich und grundsätzlich ermöglicht, wenn Anforderungen an den Klimaschutz und die Klimaanpassung nicht erfüllt werden. Ebenso wurde das quartiersbezogene städtebauliche Sanierungsrecht nach den §§ 136 ff. BauGB durch das Gesetz zu Stärkung der Innenentwicklung in den Städten und Gemeinden und weiteren Fortentwicklung des Städtebaurechts vom 11. Juni 2013, um die Belange des Klimaschutzes und der Klimaanpassung erweitert.[202] Klimaschutz- und Klimaanpassungsmaßnahmen auf Quartiersebene werden im Baugesetzbuch mithin ausdrücklich ermöglicht und kategorisch hervorgehoben. Auf diese Instrumente gilt es weiter unten im Einzelnen noch einzugehen.

### III. Verhaltensbedingte Energieeinsparungen

Eine Verbesserung der Energieeffizienz im Gebäudebereich geht neben den beschriebenen bautechnischen Verbesserungen insbesondere auch mit verhaltensbezogenen Maßnahmen einher.[203] Es geht dabei zum einen darum, durch ein entsprechendes Wohnverhalten die Energieeinsparpotenziale optimal zu nutzen und zum anderen darum, durch Bewusstseinsbildung das individuelle Verbraucherverhalten zu beeinflussen.[204] U. a. eine kompetente, unabhängige Energieberatung kann dafür ein wesentlicher Unterstützer sein.

### IV. Zwischenfazit

Die Senkung des Ausstoßes der Treibhausgase basiert vor allem auf den Handlungsfeldern erneuerbare Energien und Energieeffizienz. Die Nutzung erneuerbarer Energien offenbart ein immenses Potenzial, um $CO_2$-neutral Strom und Wärme erzeugen zu können und kann damit einen elementaren Beitrag zum Klimaschutz leisten. Mit einer Steigerung der Energieeffizienz

---

197 Zitiert nach BT-Drs. 17/5368, S. 8.

198 BT-Drs. 17/5368, S. 8.

199 *BMVBS*, Handlungsleitfaden, S. 11; BT-Drs. 17/6076, S. 7; *Krautzberger*, UPR 2011, 121 (122); *Habermann-Nieße/Jütting/Klehn/Schlomka*, Strategien zur Modernisierung II, S. 9 ff., passim.

200 *BMVBS*, Berliner Gespräche zum Städtebaurecht, Band 1, S. 9, 61; *BMVBS* (Hrsg.), Immobilien- und wohnungswirtschaftliche Strategien und Potenziale zum Klimawandel, S. 67.

201 BGBl. I S. 1509.

202 BGBl. I S. 1548; zum Ganzen auch *BMVBS/BBSR*, Stadtpilot spezial, S. 19.

203 Ausführlich *Heye*, Rechtliche Instrumente zur Reduktion der Treibhausgasemissionen, S. 43 f. mwN.; siehe auch *Wustlich*, ZUR 2007, 281 (281 f.).

204 *Habermann-Nieße/Jütting/Klehn/Schlomka*, Strategien zur Modernisierung II, S. 31.

verringern sich ebenso regelmäßig die $CO_2$-Emissionen. Insbesondere der Gebäudebereich birgt große Reserven zur Energie- und $CO_2$-Einsparung sowie für den Einsatz erneuerbarer Energien. Bedeutsam ist dabei vor allem der Gebäudebestand. Allein ca. 70 % der Wohngebäude wurden vor 1979 gebaut und damit vor der ersten Wärmeschutzverordnung. Diese Gebäude sind zum größten Teil nur gering oder gar nicht saniert. Neben der Berücksichtigung von Energieeffizienzanforderungen und dem Einsatz erneuerbarer Energien im Rahmen eines Gebäudeneubaus muss damit vor allem der Gebäudebestand diesen Kriterien zukünftig ausreichend Rechnung tragen. Wesentliche Sanierungsmaßnahmen stellen die Ertüchtigung der Gebäudehülle sowie der Einsatz erneuerbarer Energien zur Wärme- und Stromversorgung dar. Entsprechende Investitionen können sich innerhalb angemessener Fristen amortisieren. Insbesondere die Sanierung des Wohngebäudebestands kann mithin dazu beitragen, $CO_2$-Einsparungen vor allem schnell, effektiv und vergleichsweise kostengünstig herbeizuführen.[205] Eine Gebäudesanierung sollte dabei in einem Quartier Hand in Hand mit weiteren Sanierungsmaßnahmen durchgeführt werden. Der große Anteil an bestehenden sanierungsbedürftigen Gebäuden zeigt, dass es bislang an einer Umsetzung hadert. In einem nächsten Schritt wird daher untersucht, wie das geltende Recht dem aufgezeigten Problemkreis begegnet und welche Instrumente die Steigerung der Energieeffizienz und des Einsatzes erneuerbarer Energien im Gebäudebereich und nicht zuletzt eine energetische Gebäudesanierung forcieren.

---

205 *Brake*, in: Kramer (Hrsg.), Integratives Umweltmanagement, S. 650 ff.

# Zweites Kapitel: Klimaschutz- und Energiefachrecht

Die Politik ist auf allen Ebenen bemüht, Strategien und Maßnahmen zu entwickeln, um der globalen Erwärmung entgegenzuwirken und den $CO_2$-Ausstoß zu reduzieren. Das nationale und internationale Recht als das Medium steuernder gesellschaftlicher Konfliktlösungen hat somit seit einiger Zeit eine wahre Expansion von klimaschützenden Normen erfahren.[206] Entsprechend der Bedeutung des Klimaschutzes hat sich in Deutschland ein neues, eigenständiges Rechtsgebiet „Klimaschutzrecht" als neues Teilgebiet des Umweltrechts etabliert.[207] Als „Klimaschutzrecht" im engeren Sinne kann man insoweit alle Rechtsnormen bezeichnen, die auf die Reduktion des Ausstoßes von Treibhausgasen abzielen.[208] Daneben existieren auch solche Normen, die eine Anpassung an die Auswirkungen des Klimawandels im Blick haben.[209] Beide Ausrichtungen lassen sich allgemein unter dem Begriff „klimawandelgerechte Normen" zusammenfassen.

## A. Einführung

Als Staatszielbestimmung formuliert, findet sich der Belang des Klimaschutzes auf nationaler Ebene zu forderst in Art. 20 a des Grundgesetzes. Auf Grundlage dieses Verfassungsauftrages hat sich in den vergangenen Jahren ein ausdifferenziertes Klimaschutzrecht aufgetan, das sich zu einer eigenständigen Rechtsmaterie mit Querschnittsfunktionen entwickelt hat.[210] Das deutsche Klimaschutzrecht ist auf eine Vielzahl von Fachgesetzen verteilt. Ein eigenständiges Klimaschutzgesetz auf Bundesebene – wie bspw. in Großbritannien[211] – existiert nicht.[212] In der Verteilung klimaschützender Regelungen über mehrere Gesetze wird in der Literatur vermehrt ein Kontrast zur Bedeutung des Klimaschutzes in Gesellschaft und Politik erblickt.[213] Gleichermaßen haben drei Oppositionsfraktionen in den Jahren 2009 und 2010 im Bundestag Anträge eingebracht, mit denen die Bundesregierung aufgefordert werden sollte, ein nationales Klimaschutzgesetz vorzulegen. Die Anträge wurden von der Parlamentsmehrheit jedoch unter Hinweis auf das im September 2010 von der Bundesregierung beschlossene

---

206 Vgl. *Ekardt/Schmitz/Schmidtke*, ZNER 2008, 334 (334). Zur Notwendigkeit des politischen Handelns siehe auch *Rahmstorf/Schellnhuber*, Klimawandel, S. 92 f.

207 Etwa *Gärditz*, JuS 2008, 324 ff.; *Kloepfer*, Umweltrecht, § 17 Rn. 2; *ders.*, in: Jahrbuch des Umwelt- und Technikrechts 2013, S. 12; *Kröger*, Iurratio 2011, 75 ff.; *Wustlich*, ZUR 2008, 113 ff.; *Koch*, NVwZ 2011, 641 (642) mwN.; vgl. auch *Rodi/Sina*, Klimaschutzrecht des Bundes, S. 19. Zurückhaltender *Erbguth/Schlacke*, Umweltrecht, § 16, Rn. 2. Zum Energieeffizienzrecht ferner *Härtel*, NuR 2011, 825 ff.

208 In diesem Sinne *Sailer*, NVwZ 2011, 718 (720); *Antweiler/Gabler*, BauR 2012, 39 (39); *Erbguth/Schlacke*, Umweltrecht, § 16, Rn. 2; *Kröger*, Iurratio 2011, 75 (79); *Gärditz*, JuS 2008, 324 (324).

209 *Köck*, ZUR 2007, 393 (394).

210 In diesem Sinne bspw. *Stüer/Buchsteiner*, DVBl 2011, 84 (86); *Koch*, NVwZ 2011, 641 (642); *ders.*, in: Tagung der Gesellschaft für Umweltrecht, Band 42, S. 50 mwN.; *Sailer*, NVwZ 2011, 718 (721); *Böhm/Schwarz*, NVwZ 2012, 129 (129); *Gärditz*, JuS 2008, 324 (325); *Koch/Verheyen*, NuR 1999, 1 (2); *Schink*, NWVBl 2012, 41 (41).

211 Siehe Climate Change Act 2008 (c 27) vom 26.11.2008 dazu auch *Schneider*, Auswirkungen des Klimawandels auf das Bauplanungsrecht, S. 33.

212 Zu Klimaschutzgesetzgebung im europäischen Vergleich *Groß*, ZUR 2011, 171 ff.; vgl. auch *Joksch*, AKP 5/2013, 30 f.

213 *Groß*, ZUR 2011, 171 (171); *Schneider*, Auswirkungen des Klimawandels auf das Bauplanungsrecht, S. 33.

Energiekonzept abgelehnt.[214] Ein neuer Entwurf für ein „Gesetz zur Festlegung nationaler Klimaschutzziele und zur Förderung des Klimaschutzes" aus dem Jahr 2013 ist im Bundestag ebenso gescheitert.[215]

Schwerpunkt auf Bundesebene bilden insbesondere Regelungen des Energierechts sowie Energieeffizienznormen als Instrumente erster Ordnung.[216] Diese Regelungen können auch als Energiefachrecht bezeichnet werden. Dazu zählen insbesondere die Energieeinsparverordnung, das Erneuerbare-Energien-Wärmegesetz und das Erneuerbare-Energien-Gesetz.[217] Auf Landesebene bestehen bislang nur vereinzelt Regelungen zum Klimaschutz. Klimaschutzprogramme wurden von den meisten Bundesländern beschlossen, rechtlich verbindliche Vorgaben finden sich allerdings nur wenige.[218] Vereinzelt bestehende Klimaschutzgesetze auf Landesebene enthalten vornehmlich zahlenmäßige Reduktionsziele; Maßnahmen und Instrumente werden indes nicht thematisiert.[219] In Hessen, Berlin und Bremen existieren zudem Energiegesetze,[220] welche den Fokus insbesondere auf Ermächtigungen, Förderbestimmungen und Verpflichtungen der öffentlichen Hand legen.[221] Gesonderten Pflichten für Private werden auf Landesebene alleinig durch das EWärmeG Baden-Württemberg sowie durch das Hamburgische Klimaschutzgesetz sowie der darauf beruhenden Verordnung manifestiert.[222]

Klimaschutz und Klimaanpassungsaspekte finden sich derweilen aber nicht nur im „klassischen" Energiefach- und Umweltrecht, sondern wurden auch in Gesetze integriert, die ursprünglich anderen Themenbereichen entspringen, wie bspw. im Städtebaurecht.[223] Dieses regelt die Vorbereitung und Leitung der baulichen und sonstigen Nutzung der Grundstücke

---

214 Vgl. BT-Drs. 17/2318; Antrag Bündnis 90/Die Grünen, BT-Drs. 17/132; Antrag Linkspartei BT-Drs. 17/1475; Antrag SPD, BT-Drs. 17/3172; vgl. auch *Groß*, ZUR 2011, 171 (171 f.) sowie *Kloepfer*, in: Jahrbuch des Umwelt- und Technikrechts 2013, S. 18. Ein einheitliches Klimaschutzgesetz wird teilweise auch als erforderlich angesehen, um übernommene internationale Verpflichtungen zu erfüllen, so z. B. *Groß*, ZUR 2011, 171 ff.; vgl. auch *Eckertz-Höfer*, in: Tagungen der Gesellschaft für Umweltrecht, Band 42, S. 26; resümierend auch *Schneider*, Auswirkungen des Klimawandels auf das Bauplanungsrecht, S. 33. Weiterentwicklungsvorschläge bei *Rodi/Sina*, Klimaschutzrecht des Bundes, S. 303 ff.

215 Siehe BT-Drs. 17/13757; dazu auch *Joksch*, AKP 5/2013, 30 (30).

216 Siehe *Rodi/Sina*, Klimaschutzrecht des Bundes, S. 45 f.; Einordnung als „Instrumente erster Ordnung"" nach *Lübbe-Wolff*, NVwZ 2001, 481 (493). Zu den Fachgesetzen ausführlich *Ingold/Schwarz*, NuR 2010, 308 ff. Siehe auch *Stüer/Buchsteiner*, DVBl 2011, 84 (86) sowie *Sailer*, NVwZ 2011, 718 (721).

217 Im Einzelnen weiter unten.

218 Einen kurzen Überblick über Aktivitäten der Bundesländer gibt *Schink*, UPR 2011, 91 (91); dazu auch *ders.*, NWVBl 2012, 41 (41). Siehe auch *Maaß*, ZUR 2012, 265 ff. sowie *Kachel*, ZUR 2013, 193 ff. Zu den möglichen Inhalten von Klimaschutzgesetzen auf Landesebene *Wickel*, DVBl 2013, 77 ff.

219 Siehe das Gesetz zur Förderung des Klimaschutzes in Nordrhein-Westfalen vom 29.01.2013, GV. NRW 2013, S. 33, dazu *Wickel*, DVBl 2013, 77 (77) und *Thomas*, NVwZ 2013, 679 ff. sowie das Klimaschutzgesetz Baden-Württemberg vom 23.07.2013, GBl. S. 229, dazu etwa *Joksch*, AKP 5/2013, 30 (30).

220 Hessisches Energiezukunftsgesetz vom 21.11.2012 (GVBl. S. 444); Berliner Energiespargesetz vom 02.10.1990 (GVBl. S. 2144) zuletzt geändert durch Gesetz vom 15.07.2001; Bremisches Energiegesetz vom 17.09.1991 (GBl. S. 325) zuletzt geändert durch ÄndBek vom 24.01.2012.

221 Zum Ganzen auch *Kahl/Schmidtchen*, Kommunaler Klimaschutz durch Erneuerbare Energien, S. 91 f.

222 Angelehnt an das EWärmeG Baden-Württemberg wurde in Thüringen im Februar 2013 ein Entwurf zu einem Thüringer Erneuerbare-Energien-Wärmegesetz in den Landtag eingebracht und befindet sich derzeit noch in den Beratungen. Angesichts der 2014 anstehenden Landtagswahlen ist die Zukunft des Entwurfes mehr als ungewiss, siehe *Kahl/Schmidtchen*, EurUP 2013, 184 (185).

223 Zum sog. „Integrationsprinzip" *Gärditz*, JuS 2008, 324 (324 f.); vgl. auch *Schneider*, Auswirkungen des Klimawandels auf das Bauplanungsrecht, S. 25. Ferner auch *Mitschang/Schwarz*, in: Mitschang (Hrsg.), Energieeffizienz und Erneuerbare Energien im Städtebaurecht, S. 83 f.

und findet seine Grundlage im Wesentlichen im Baugesetzbuch und in der auf dem Baugesetzbuch gestützten Baunutzungsverordnung. Das noch näher zu thematisierende Städtebaurecht kann insoweit vor dem Hintergrund des Energiefachrechts und im Hinblick auf Klimaschutz- und Klimaanpassungsmaßnahmen als Regelungsbereich zweiter Ordnung angesehen werden.[224] Die Kommunen haben im Rahmen ihrer kommunalen Selbstverwaltung auf der Grundlage des Städtebaurechts generell die Möglichkeit, Anforderungen der Fachgesetze umzusetzen und zu unterstützen.

Als Vertragspartei des Kyoto-Protokolls und als Mitglied der ebenfalls verpflichteten EU ist Deutschland zu forderst zur Umsetzung völkerrechtlicher und unionsrechtlicher Vorgaben zum Klimaschutz verpflichtet.[225] Im Folgenden sollen daher zunächst die internationalen und europäischen Vorgaben und Zielsetzungen umrissen werden. Im Anschluss daran gilt es, das Gebäudeenergiefachrecht auf nationaler Ebene näher zu untersuchen. Solche Regelungen, die den Fokus auf den Gebäudebereich legen, sollen dargestellt und einer anschließenden Bewertung unterzogen werden. Der Bestandsaufnahme der Regelungen folgt eine individuelle Kurzanalyse der Instrumente. Diese soll tatsächliche Wirkungsschwächen und rechtliche Grenzen offenlegen, um eine abschließende Bewertung zu ermöglichen. Im Rahmen dessen wird sich die Untersuchung nicht nur auf eine Beurteilung der Rechtskonformität bzw. der (verfassungs-) rechtlichen Möglichkeiten klimaschutzorientierter Instrumente beschränken. Vielmehr ist die Rechtswissenschaft auch als Sozialwissenschaft gefordert,[226] sich mit den Instrumentenansätzen und zugrunde liegenden Lebenssachverhalten zu beschäftigen.[227] Insbesondere die politische Durchsetzbarkeit sowie Fragen der Effizienz und Effektivität einzelner Instrumente bilden somit maßgebliche Beurteilungskriterien.[228] Daher gehen auch rechtspolitische Überlegungen in die Bewertung mit ein. Die Untersuchung des Gebäudeenergiefachrechts ist erforderlich, um auf Grundlage der dargelegten Zusammenhänge und der analysierten Ausgangslage anschließend die Aufgabe des (kooperativen) Städtebaurechts im Rahmen des Klimaschutzes und der Klimaanpassung, unter besonderer Berücksichtigung des Anwendungsbereichs städtebaulicher Verträge, untersuchen zu können.

## B. Internationale und europäische Vorgaben

### I. Völkerrecht

Die internationale Klimaschutzpolitik basiert noch heute auf zwei grundlegenden Vereinbarungen. Zum einen auf der Klimarahmenkonvention der Vereinten Nationen.[229] Dort wurde die Problematik des Klimawandels erstmals erkannt und die Staatengemeinschaft zu einem gemeinsamen Handel verpflichtet. Ratifiziert wurde diese auf dem Weltgipfel in Rio de

---

224 Nach *Lübbe-Wolff*, NVwZ 2001, 481 (493).

225 Siehe auch *Rodi/Sina*, Klimaschutzrecht des Bundes, S. 42 f.

226 Dazu *Schulze-Fielitz*, Staatsrechtlehre als Wissenschaft, S. 11 ff. sowie *Müller*, in: Tagungen der Gesellschaft für Umweltrecht, Band 39, S. 221.

227 *Müller*, in: Tagungen der Gesellschaft für Umweltrecht, Band 39, S. 221 mwN.

228 Zu den Wirksamkeitskriterien von Gesetzen schon *Böhm*, Die Wirksamkeit von Umweltlenkungsabgaben, S. 16 ff.; vgl. auch *Lee*, Umweltrechtlicher Instrumentenmix, S. 67 ff., 214.

229 BGBl. II, 1993, S. 1784.

Janeiro am 09.05.1992 und trat im Jahr 1994 in Kraft.[230] Zum anderen wurden nachfolgend völkerrechtliche Pflichten zur Reduktion der Treibhausgasemissionen durch das Kyoto Protokoll[231] im Jahr 1997 begründet. Dieses trat nach langer Unsicherheit am 16.02.2005 in Kraft und manifestierte für den Verpflichtungszeitraum von 2008 bis 2012 erstmals rechtsverbindliche Ziele für die Treibhausgasreduktion.[232] Die EU hat sowohl die Klimarahmenkonvention als auch das Kyoto Protokoll unterzeichnet, sodass die EU-Mitgliedsstaaten völkerrechtlich als Unterzeichnerstaat und unionsrechtlich als Mitgliedsstaat gebunden sind.[233] Das Protokoll sah vor, den jährlichen Treibhausgasausstoß der Industrieländer innerhalb der ersten Verpflichtungsperiode (2008–2012) um durchschnittlich 5,2 % gegenüber dem Stand von 1990 zu reduzieren. Die Mitgliedsstaaten der Europäischen Union hatten sich bei der Gesamtverteilung zu einer Verringerung um 8 Prozent bereit erklärt.[234] Wobei die Europäische Union eine interne, als „Burden-Sharing Agreement" bezeichnete, Aufteilung festgelegt hat, nach der Deutschland in der ersten Verpflichtungsperiode eine Treibhausgasreduktion von 21 Prozent erreichen musste.[235] Dieses Ziel wurde – trotz eines Anstiegs der Treibhausgasemissionen in Deutschland im Jahr 2012 – mit einer Reduktion von 25,5 % erreicht.[236] Die festgelegten Ziele wurden in der Vergangenheit allerdings mehrheitlich als nicht mehr ausreichend angesehen.[237] Am 11.12.2011 einigte sich der UN-Klimagipfel im südafrikanischen Durban nach länger andauernden Verhandlungen auf einen Fahrplan für ein neues globales Abkommen.[238] Im Jahr 2020 soll ein Nachfolgevertrag zum Kyoto-Abkommen in Kraft treten. Konkrete Ziele fehlen bisher jedoch. Eine Kommission erarbeitet derzeit die Details, die bis 2015 feststehen sollen. In der Zwischenzeit – bis Inkrafttreten des geplanten neuen Klimaschutzübereinkommens im Jahr 2020 – soll eine zweite Verpflichtungsperiode des Kyoto Protokolls gelten.[239]

Die in diesem Zeitraum am Kyoto Protokoll beteiligten Länder, einschließlich der EU, sind für ca. 14 % der weltweiten Emissionen verantwortlich,[240] sodass ein Einbinden der Schwellenländer und der USA ab 2020 erstrebenswert wäre. Insgesamt wurden auf völkerrechtlicher Ebene keine konkreten Maßnahmen oder Regelungen verabschiedet, sondern schwer errungene internationale Reduktionsziele festgelegt um ein weltweit koordiniertes Vorgehen zu

---

230 Ausführlich *Heye*, Rechtliche Instrumente zur Reduktion der Treibhausgasemissionen, S. 16 ff. mwN. Siehe auch *Kloepfer*, Umweltrecht, § 17, Rn. 62 ff.; *Mitschang*, in: Mitschang (Hrsg.), Klimaschutz und Energieeinsparung, S. 18; *Erbguth/Schlacke*, Umweltrecht, § 16, Rn. 6 ff.

231 BGBl. II, 1998, S. 130.

232 Dazu *Müller*, in: Müller/Oschmann/Wustlich, EEWärmeG, Einl., Rn. 47 mwN.

233 Vgl. *Kloepfer*, in: Jahrbuch des Umwelt- und Technikrechts 2013, S. 16 f.

234 Siehe Anhang B des Kyoto Protokolls. Zur Verteilung auch *Bail*, EuZW 1998, 457 (460).

235 Art. 2 Entscheidung 2002/358/EG des Rates vom 25. April 2002 i.V. m. Anhang II. Dazu *Sach/Reese*, ZUR 2002, 65 (66); *Winkler*, Klimaschutzrecht, S. 65 und *Müller*, in: Müller/Oschmann/Wustlich, EEWärmeG, Einl. Rn. 47.

236 Siehe *BMU*, Pressemitteilung vom 25.02.2013, Nr. 013/13.

237 Zum Ganzen *Mitschang*, in: Mitschang (Hrsg.), Klimaschutz und Energieeinsparung, S. 18; *ders.* NuR 2008, 601 (602); vgl. auch *Groß*, NVwZ 2011, 129 (132); *Winter*, ZUR 2009, 289 (298) und *Ekardt*, Cool Down, S. 18 f., 40 f.

238 Auf den UN-Klimakonferenzen 2012 (Doha) und 2013 (Warschau) wurden dagegen keine wesentlichen neuen Ergebnisse erzielt.

239 Siehe *BMU*, Pressedienst Nr. 162/11. Zum Ganzen auch *Falke*, ZUR 2013, 182 (187) und *Ohms*, Recht der Erneuerbaren Energien, Rn. 6 ff. Vorab skeptisch zum Einigungsprozess *Schwarze*, ZUR 2011, 505 ff.

240 Siehe *Falke*, ZUR 2013, 182 (187).

sichern.[241] Dem Kyoto-Protokoll und der Klimarahmenkonvention wird infolgedessen ein eher symbolischer Charakter beigemessen.[242]

## II. Europäische Regelungen und Konzepte

Eine beträchtlichere Rolle nimmt hingegen die europäische Politik ein. Sie verfolgt differenziertere Ansätze, um dem Klimawandel zu begegnen, denn der europäische Gesetzgeber verfügt unterdessen über weitgehende Kompetenzen im Rahmen der Schaffung eines umweltverträglichen Energierechts.[243] Als Mitglied der Europäischen Union hat die Bundesrepublik Deutschland europarechtliche Vorgaben zu beachten. Dem primären und sekundären Unionsrecht kommt grundsätzlich ein Anwendungsvorrang vor dem nationalen Recht zu.[244] Geltungsvorrang beansprucht das Unionsrecht nicht.[245] Viele nationale Regelungen haben vor diesem Hintergrund europarechtliche Bezüge. Die Europäische Union hat in den letzten Jahren eine Fülle von Rechtsakten erlassen, um den Klimaschutz zu fördern. Alle Richtlinien, Verordnungen und strategischen Konzepte sind dabei nahezu unüberschaubar.[246] Mit der Gesamtenergieeffizienzrichtlinie, der Erneuerbare-Energien-Richtlinie und der Energieeffizienzrichtlinie sind allerdings drei Rechtsakte der Europäischen Union hervorzuheben. Durch diese werden zum einen die Senkung des Energieverbrauchs und zum anderen die Nutzung erneuerbarer Energien insbesondere auch im Gebäudebereich adressiert.

### 1. Entwicklung

Klimaschutz fand auf der Ebene der Europäischen Union schon relativ früh Aufmerksamkeit. Jedoch erst seit Ende 2005 ist eine wachsende Dynamik auf diesem Feld zu beobachten.[247] Im Jahr 1988 hat sich die Europäische Gemeinschaft zum ersten Mal in einem Kommissionsdokument mit Maßnahmen zur Förderung der Energieeffizienz, dem Ausbau erneuerbarer Energien und deren Förderung beschäftigt.[248] Erste Regelungen über die Energieeffizienz von Gebäuden wurden mit der SAVE-Richtlinie aus dem Jahr 1993 geschaffen.[249] Im März 2006

---

241 Zum Ganzen *Heye*, Rechtliche Instrumente zur Reduktion der Treibhausgasemissionen, S. 14 f.

242 *Rodi*, in: Tagungen der Gesellschaft für Umweltrecht, Band 36, S. 25 f.; vgl. *Lee*, Umweltrechtlicher Instrumentenmix, S. 166. Erwähnt seien noch die Europäische Menschenrechtskonvention und ihre Zusatzprotokolle, welche kein ausdrückliches Klimaschutz- oder Umweltschutzmenschenrecht enthalten. Gleichwohl bilden die Belange des Klima- und Umweltschutzes berücksichtigungsfähige Aspekte in der Rechtsprechung des EGMR. Dazu bereits *Winkler*, Klimaschutzrecht, S. 65 ff.

243 Dazu weiter unten. Vgl. *Kahl*, EuR 2009, 601 (606 ff.); *Rodi*, in: Tagungen der Gesellschaft für Umweltrecht, Band 36, S. 25 f.; *Lee*, Umweltrechtlicher Instrumentenmix, S. 166 f. mwN.

244 Insbes. EuGH, Rs. 6/64, Slg. 1964, 1251 (1269 f.) sowie BVerfG, NJW 2009, 2267 (2272). Zur Begründung und Reichweite des Anwendungsvorrangs *Ruffert*, in: Calliess/Ruffert, EUV/AEUV, Art. 1 AEUV, Rn. 16 ff. sowie *Nettesheim*, in: Grabitz/Hilf/Nettesheim, Das Recht der Europäischen Union, Art. 1 AEUV, Rn. 71 ff.; ebenso *Voßkuhle*, in: Tagungen der Gesellschaft für Umweltrecht, Band 44, S. 38, NVwZ 2013, 1 (2).

245 EuGH, NVwZ 1991, 461 f.; *Voßkuhle*, in: Tagungen der Gesellschaft für Umweltrecht, Band 44, S. 38, NVwZ 2013, 1 (2); vgl. auch *Ruffert*, in: Calliess/Ruffert, EUV/AEUV, Art. 1 AEUV, Rn. 18.

246 So auch *Groß*, ZUR 2011, 171 (172). Eine Übersicht über die Regelungen zum Energieeffizienzrecht findet sich bei *Härtel*, in: Jahrbuch des Umwelt- und Technikrechts 2012, S. 39 ff.

247 *Nötzold*, Energiepolitik, S. 213 mwN.

248 KOM (88) 656; vgl. auch *Groß*, ZUR 2011, 171 (172).

249 Richtlinie 93/76/EWG des Rates vom 19.09.1993, aufgehoben durch Art. 17 der Richtlinie 2006/32/EG des Europäischen Parlaments und Rates v. 5. 4. 2006 über die Endenergieeffizienz und Energiedienstleis-

hat die Europäische Kommission sodann dargelegt, dass eine Vorgehensweise, die nur auf einzelnen Energiepolitiken der Mitgliedssaaten beruht, nicht ausreicht, um den Klimaschutz zu fördern. Mit 450 Millionen Verbrauchern verfüge die EU über Mittel und das Potenzial, durch gemeinsames Handeln gebündelte Interessen durchzusetzen.[250] Auf der Frühjahrskonferenz 2007 beschlossen die europäischen Staats- und Regierungschefs mithin, den $CO_2$-Ausstoß bis 2020 um mindestens 20 % verringern zu wollen.[251] 2008 verabschiedeten die europäischen Staats- und Regierungschefs dafür ein Richtlinien- und Zielpaket mit den Vorgaben, die Treibhausgasemissionen bis 2020 um mindestens 20 % gegenüber 1990 zu senken und sowohl die Energieeffizienz wie auch den Ausbau erneuerbarer Energien um 20 % zu steigern (20-20-20-Ziele).[252]

Im März 2011 hat die Europäische Kommission einen Energieeffizienzplan sowie einen Fahrplan für eine kohlenstoffarme Wirtschaft bis 2050 verabschiedet.[253] Der Energieeffizienzplan legt Kommissionsschätzungen dar, nach denen die EU voraussichtlich nur die Hälfte des 20 %-Energieeffizienzziels erreichen wird, sodass weitere Maßnahmen als notwendig angesehen werden, um das 20 %-Ziel erreichen zu können.[254] Im Energieeffizienzplan skizziert die Kommission ihre Pläne zur weiteren Verringerung des Energieverbrauchs in der EU mit Schwerpunkten im Gebäudebereich und in der Industrie.[255] Das größte Energieeinsparpotenzial wird dabei im Gebäudesektor gesehen. Der Schwerpunkt des Energieeffizienzplans liegt somit bei Instrumenten zur Sanierung von Gebäuden und der Steigerung der Energieeffizienz. Dem öffentlichen Sektor wird bei der energetischen Sanierung eine Vorbildfunktion zugesprochen. In Folge dessen soll die öffentliche Hand dazu verpflichtet werden, jährlich mindestens 3 % ihrer Gebäude zu sanieren.[256] Hervorgehoben wird zudem das kommunale Engagement. Die Kommission will zukünftig weitere Finanzierungshilfen zur Verfügung stellen und fordert die Mitgliedsstaaten auf, die energetische Sanierung privater Gebäude zu fördern. Energieeffiziente Gebäudelösungen seien zudem vielfach technisch anspruchsvoll. Hingewiesen wird in diesem Rahmen u.a. auf fehlende geeignete Schulungen für Architekten, Ingenieure, Handwerker und andere an einem Sanierungsvorhaben Beteiligte. Ein konkreter Rechtsetzungsakt für die im Energieeffizienzplan vorgeschlagenen Maßnahmen ist im begrenztem Umfang durch die Energieeffizienzrichtlinie erfolgt.[257] Der im Dezember 2011

---

tungen und zur Aufhebung der Richtlinie 93/76/EWG des Rates, ABl. Nr. L 114, 27. 4. 2006, S. 64 welche zudem in Art. 4 die Mitgliedsstaaten verpflichtet für den Zeitraum 2008-2017 einen generellen Energieeinsparrichtwert von 9% festzulegen; vgl. *Mechel*, ZUR 2011, 184 (186); *Groß*, ZUR 2011, 171 (173).

250 *Europäische Kommission*, Grünbuch 2006, S. 4; vgl. *Nötzold*, Energiepolitik, S. 217.

251 Siehe KOM (2008), 772; dazu auch *Falke*, ZUR 2007, 270 (271); *ders.* ZUR 2013, 51 (51).

252 Siehe Entscheidung Nr. 406/2009/EG des Europäischen Parlaments und des Rates vom 23.04.2009, ABlEU Nr. L 140/136 vom 05.06.2009; dazu auch *Sailer*, NVwZ 2011, 718 (719) und *Erbguth/Schlacke*, Umweltrecht, § 16, Rn. 9 ff. Für den Zeitraum bis zum Jahr 2030 wurden am 22.01.2014 verbindliche Ziele in der Form vorgeschlagen, dass die Treibhausgasemissionen gegenüber 1990 um 40 % gesenkt werden müssen und der Anteil an erneuerbaren Energien auf 27 % zu steigern ist. Eine Entscheidung über die Vorschläge soll im Juni 2014 ergehen, vgl. Europäische Kommission, Pressemitteilung IP/14/54 vom 22.01.2014; zusammenfassend *Kafsack*, Eine neue Klimapolitik für Europa, FAZ vom 23.01.2014, S. 11.

253 KOM (2011), 109 vom 08.03.2011 (Energieeffizienzplan); KOM (2011), 112 (sog. Klimaroadmap, dazu auch Becklink 1012740 vom 04.05.2011); vgl. zum Ganzen *Falke*, ZUR 2011, 271 (272 f.).

254 KOM (2011), 109.

255 KOM (2011), 109. Siehe auch Pressemitteilung des *BMWi*, Europäische Kommission legt neuen Energieeffizienzplan 2011 vor, vom 08.03.2011.

256 KOM (2011), 109, S. 5 mwN.; erst waren 2 % vorgesehen.

257 Dazu sogleich.

vorgelegte Energiefahrplan 2050[258] zeigt darüber hinaus verschiedene Wege auf, wie der Energiesektor so umgebaut werden kann, dass die $CO_2$-Emissionen des Energiesektors bis 2050 um 85 Prozent verringert werden und die europäischen Klimaschutzziele insgesamt technisch und ökonomisch erreicht werden können.[259] Das Strategiepapier stellt insgesamt unter Beweis, dass erhebliche Anstrengungen nötig sind, um die gesetzten Ziele zu erreichen.

## 2. Kompetenzgrundlagen

Kompetenzgrundlagen hinsichtlich des Energie- und Klimaschutzrechts fanden sich zunächst in dem bis zum 30. November 2009 geltenden Vertrag über die Gründung der Europäischen Gemeinschaft (EGV). Namentlich in Art. 174, 175 EGV, wonach der Rat über die Erreichung von gewissen Umweltschutzzielen zu beschließen hat. Als Zielbestimmung hat der Umweltschutz auch in Art. 2 und 6 EGV Erwähnung gefunden, um eine umweltverträgliche Gestaltung aller Unionspolitiken zu gewährleisten. Art. 95 Abs. 1 und 3 EGV manifestierte zudem, dass der Umweltschutz bei der Harmonisierung der Rechtsvorschriften aller Mitgliedsstaaten zu beachten ist. Durch den Vertrag von Lissabon ist mit Art. 194 Abs. 1 bis 3 AEUV eine neue Kompetenz für Energiepolitik hinzugekommen.[260] Die Förderung der Energieeffizienz und von Energieeinsparungen sind ausdrücklich als Ziel der europäischen Energiepolitik manifestiert worden (Art. 194 Abs. 1 lit c AEUV).[261] Die im EGV begründeten Regelungen und Kompetenzen zur Umweltpolitik sind in Art. 11 AEUV (ex Art. 6 EGV), Art. 191 AEUV (ex Art. 174 EGV) und Art. 192 AEUV (ex Art. 95 EGV) aufgegangen. Die Union ist gemäß diesen Vorgaben berechtigt, zur Verfolgung des Klimaschutzes, speziell auch im Bereich der Energieversorgung, Sekundärrechtsakte zur erlassen und ist zur umweltverträglichen Gestaltung aller Politikbereiche weiterhin verpflichtet. Der Umweltschutz wurde zudem auch in den Zielkatalog des Art. 3 EUV aufgenommen. Ferner ist der Grundsatz einer nachhaltigen Entwicklung in Art. 37 Grundrechtscharta als eine staatzielartige Bestimmung verankert.[262]

## 3. Gesamtenergieeffizienzrichtlinie

Mit der EG-Richtlinie über die Gesamtenergieeffizienz von Gebäuden[263] existiert seit dem Jahr 2002 ein ausschließlich auf den Gebäudebereich gerichtetes Regelwerk, welches im Jahr 2010 neu gefasst wurde.[264] Die Neufassung ist am 08.07.2010 in Kraft getreten und basiert insbesondere auf dem neuen Kompetenztitel für Energiepolitik aus Art. 194 Abs. 2 AEUV. Ziel der Richtlinie ist die Verbesserung der Gesamtenergieeffizienz von Gebäuden. Abgesehen von spezielleren Bestimmungen war die Richtlinie gemäß Art. 28 bis zum 9. Juli 2013

---

258 Vom 15.12.2011. Dazu die Pressemitteilung der *Europäischen Kommission* vom 15.12.2011, MEMO/11/914.

259 Siehe auch *BMU*, Pressedienst Nr. 166/11.

260 Dazu *Kahl*, EuR 2009, 601 (606 ff.).

261 Siehe auch *Härtel*, in: Jahrbuch des Umwelt- und Technikrechts 2012, S. 36.

262 Dazu *Groß*, NVwZ 2011, 129 (131); *Jarass*, ZUR 2011, 563 ff.; *Voßkuhle*, in: Tagungen der Gesellschaft für Umweltrecht, Band 44, S. 36, NVwZ 2013, 1 (2).

263 Richtlinie 2002/91/EG des Europäischen Parlaments und des Rates von 16.12.2002 über die Gesamtenergieeffizienz von Gebäuden, ABlEG Nr. L vom 04.01.2003, S. 65.

264 Richtlinie 2010/31/EU des Europäischen Parlaments und des Rates vom 19.05.2010 über die Gesamtenergieeffizienz von Gebäuden, ABlEU Nr. L 153/13 vom 18.06.2010 (Gesamtenergieeffizienzrichtlinie). Zum Folgenden auch *Mechel*, ZUR 2011, 184 (186).

sowohl für Behördengebäude als auch für alle übrigen Gebäude umzusetzen.[265] Die Form der Richtlinienumsetzung war den Mitgliedstaaten überlassen und basiert in Deutschland in erster Linie auf der Energieeinsparverordnung. Die ursprüngliche Richtlinie aus dem Jahr 2002 wurde mit der Energieeisparverordnung 2009 vollständig umgesetzt. Mit der Neufassung der Richtlinie im Jahr 2010 gingen neue Anforderungen einher, die nunmehr durch die EnEV 2014 und mit in Kraft treten am 01.05.2014 umgesetzt wurden.[266] Die Umsetzungsfrist der Gesamtenergieeffizienzrichtlinie wurde mithin versäumt.[267] Im Folgenden seien kurz die wesentlichen Vorgaben der Richtlinie umrissen.

Art. 4 der Richtlinie verpflichtet die Mitgliedsstaaten, Mindestanforderungen an die Gesamtenergieeffizienz von Gebäuden zu stellen. Nach Art. 6 und 7 sollen Vorgaben zum einen für neue und zum anderen für bestehende Gebäude gestellt werden. Bei neuen Gebäuden müssen die Mitgliedsstaaten grundsätzlich gewährleisten, dass dezentrale Energieversorgungssysteme oder Wärmenetze auf der Grundlage von erneuerbaren Energien, KWK und Wärmepumpen in Betracht gezogen und berücksichtigt werden. Die in Art. 7 der Richtlinie geregelten Maßnahmen für die Steigerung der Energieeffizienz im Gebäudebestand knüpfen an „größere Renovierungen“ an, sodass sich auch bei einem solchen Anlass die Gesamtenergieeffizienz eines Gebäudes oder des renovierten Teils erhöht. „Größere Renovierungen“ liegen nach der Richtlinie vor, wenn die Gesamtkosten der Renovierung 25 % des Gebäudewertes übersteigen oder mehr als 25 % der Oberfläche der Gebäudehülle renoviert werden.[268] Die „Gesamtenergieeffizienz“ ist gemäß Art. 2 Nr. 4 die berechnete oder gemessene Energiemenge, die benötigt wird, um den Energiebedarf im Rahmen der üblichen Nutzung des Gebäudes zu decken. Die durchzuführenden Maßnahmen stehen dabei ausdrücklich unter dem Vorbehalt der Wirtschaftlichkeit.

Die Richtlinie sieht zudem in Art. 9 vor, dass im Bereich der Neubauten bis zum 31. Dezember 2020 alle neuen Gebäude in den Mitgliedsstaaten Niedrigstenergiegebäude sein müssen. Art. 2 der Richtlinie definiert diese als solche Gebäude, die eine sehr hohe Gesamtenergieeffizienz aufweisen. Art. 11, 12 und 13 sehen darüber hinaus eine Stärkung der Ausweise über die Gesamtenergieeffizienz (Energieausweise) vor. Bei Bau, Verkauf oder Vermietung von Gebäuden oder Gebäudeteilen soll dieser oder eine Kopie aktiv vorzulegen sein. Zudem sollen die Mitgliedsstaaten verlangen, dass der dem Energieausweis zugrunde liegende Indikator der Gesamtenergieeffizienz in Verkaufs- oder Vermietungsanzeigen in kommerziellen Medien genannt wird. Die Gesamtenergieeffizienzrichtlinie definiert damit insgesamt qualitative Rahmenbedingungen für die nationale Umsetzung, wobei die Mitgliedsstaaten an einer Übererfüllung der Anforderungen nicht gehindert werden.

---

265 Aus welchem Grund die Richtlinie in Art. 28 eine derartige Differenzierung vornimmt, ist nicht ersichtlich.

266 Dazu im Einzelnen weiter unten.

267 Die Frist endete schon am 09.07.2012 (mit Übergangsfristen hinsichtlich des Wirksamwerdens) und es drohte ein Vertragsverletzungsverfahren, siehe *Wiggers*, NJW-spezial 2013, 748 (748).

268 Siehe Art. 2 Nr. 10 der Richtlinie.

## 4. Erneuerbare-Energien-Richtlinie

Vorgaben zur Förderung erneuerbarer Energien enthält die Erneuerbare-Energien-Richtlinie[269]. Bis zum Jahr 2008 waren für den Ausbau erneuerbarer Energien nur unverbindliche Ziele vorgegeben.[270] Durch die Richtlinie wurde die Energiegewinnung aus erneuerbaren Energien umfassend europarechtlich normiert. Für die Mitgliedsstaaten wurden in Art. 3 Abs. 1 der Richtlinie verbindliche nationale Ziele festgelegt, um bis zum Jahr 2020 in der gesamten Europäischen Union den Anteil von erneuerbaren Energien am Gesamtenergieverbrauch auf mindestens 20 % zu steigern. Nach Art. 5 der Richtlinie werden für jeden Mitgliedstaat gesonderte Vorgaben getroffen. Laut Anhang 1 der Richtlinie soll die Bundesrepublik Deutschland im Jahr 2020 insgesamt 18 % seines Gesamtenergieverbrauchs aus erneuerbaren Quellen decken. Art. 2 definiert sodann, was unter „Energie aus erneuerbaren Quellen" zu verstehen ist. Es handelt sich danach um Energie aus erneuerbaren, nicht-fossilen Energiequellen, das heißt Wind, Sonne, aerothermische, geothermische, hydrothermische Energie, Meeresenergie, Wasserkraft, Biomasse, Deponiegas, Klärgas und Biogas. Um die Ziele zu erreichen, soll nach Art. 4 der Richtlinie ein nicht näher qualifizierter Aktionsplan in den Mitgliedsstaaten verabschiedet werden.

Nach Art. 13 Abs. 4 müssen die Mitgliedsstaaten zudem bis spätestens 31. Dezember 2014 in ihren Bauvorschriften und Regelwerken oder auf andere Weise mit vergleichbarem Ergebnis, sofern dies angemessen ist, vorschreiben, dass in neuen Gebäuden und in bestehenden Gebäuden, an denen größere Renovierungsarbeiten vorgenommen werden, ein Mindestmaß an Energie aus erneuerbaren Quellen genutzt wird. Zum Teil wird zur Umsetzung der Verpflichtung aus Art. 13 Abs. 4 allein eine zu realisierende ordnungsrechtliche Verpflichtung ins Feld geführt.[271] Eine damit einhergehende einschränkende Auslegung des Passus „oder auf andere Weise mit vergleichbarem Ergebnis" vermag allerdings nicht zu überzeugen.[272] Den Mitgliedstaaten wird ausdrücklich freie Hand gelassen, die Anforderungen aus Art. 13 Abs. 4 der Richtlinie umzusetzen, soweit vergleichbare Ergebnisse erzielt werden.[273] Art. 13 Abs. 5 bestimmt zudem, dass sicherstellt werden muss, dass neu errichtete öffentliche Gebäude sowie bestehende öffentliche Gebäude, an denen größere Renovierungsmaßnahmen vorgenommen werden, auf nationaler, regionaler und lokaler Ebene ab dem 1. Januar 2012 eine Vorbildfunktion im Rahmen dieser Richtlinie erfüllen.[274] Mit welchen konkreten Mitteln auf nationaler Ebene der Ausbau erneuerbarer Energien erreicht werden soll, wird von der Richtlinie insgesamt nicht vorgegeben. In Deutschland dient in erster Linie das Erneuerbare-Energien-Wärmegesetz als Mittel zur Umsetzung der Richtlinie.

---

269 Richtlinie 2009/28/EG des Europäischen Parlamentes und des Rates vom 23.04.2009 zur Förderung der Nutzung von Energie aus erneuerbaren Quellen und zur Änderung und anschließenden Aufhebung der Richtlinien 2011/77/EG und 2003/30/EG, ABEU Nr. L 140/16 vom 05.06.2009.

270 Zu den Richtzielen der EE-Richtlinie aus dem Jahr 2001 (Richtlinie 2001/77/EG des Europäischen Parlaments und des Rates vom 27.09.2002 zur Förderung der Stromerzeugung aus erneuerbaren Energiequellen im Elektrizitätsbinnenmarkt, ABl. EG Nr. L 283, S. 33), *Ohms*, Recht der Erneuerbaren Energien, Rn. 95 ff.

271 So *Kahl/Schmidtchen*, Kommunaler Klimaschutz durch Erneuerbare Energien, S. 83 mwN. Siehe auch *Müller*, in: Müller/Oschmann/Wustlich, EEWärmeG, Einl., Rn. 141 ff. (insbes. Rn. 151, 160).

272 Insoweit auch *BMU*, Erfahrungsbericht zum EEWärmeG, S. 15 f., 121 ff. sowie *Milkau*, Erneuerbare Energien im Wärmemarkt, S. 99.

273 So auch *Milkau*, Erneuerbare Energien im Wärmemarkt, S. 99.

274 Insbesondere zu Art. 13 Abs. 4 und 5 vgl. *Müller*, in: Müller/Oschmann/Wustlich, EEWärmeG, Einl., Rn. 141 ff. (insbes. Rn.151 ff., 157).

## 5. Energieeffizienzrichtlinie

Als Reaktion auf den Energieeffizienzplan aus dem Jahr 2011 hat die Europäische Kommission eine neue Energieeffizienzrichtlinie[275] initiiert, welche am 04.12.2012 in Kraft getreten ist. Gestützt wurde die Richtlinie insbesondere auf die neue Energiekompetenz aus Art. 194 Abs. 2 AEUV. Ausweislich des Art. 1 soll mit dieser Richtlinie ein gemeinsamer Rahmen für Maßnahmen zur Förderung von Energieeffizienz in der Union geschaffen werden, um sicherzustellen, dass das übergeordnete Energieeffizienzziel der Union von 20 % bis 2020 erreicht wird, und um weitere Energieeffizienzverbesserungen für die Zeit danach vorzubereiten. In den Erwägungsgründen wird abermals auf die Rolle des Gebäudebereichs für die Reduktion der Treibhausgasemissionen eingegangen und eine Steigerung der Gebäudesanierungsquote als geboten angesehen. Vorgaben für den privaten Gebäudebereich finden sich allerdings nur im begrenzten Umfang in der Richtlinie. Diese thematisiert in einzelnen Kapiteln u.a. festzulegende Energieeffizienzziele (Art. 1-3), die Effizienz bei der Energienutzung (Art. 4-13), die Effizienz bei der Energieversorgung (Art. 14-15) sowie horizontale Maßnahmen (Art. 16-21).[276] Abgesehen von spezielleren Fristen (Art. 5, 7) ist die Richtlinie bis zum 05.06.2014 umzusetzen.

### a) Energieeffizienzziele

Art. 3 verpflichtet die Mitgliedsstaaten, ein indikatives nationales Energieeffizienzziel festzulegen, das sich entweder auf den Primärenergie- oder Endenergieverbrauch, die Primärenergie- oder Endenergieeinsparungen oder auf die Energieintensität bezieht. Neue verbindliche Ziele für die Mitgliedsstaaten wurden nicht vorgegeben.[277] Die Kommission hat die erzielten Fortschritte bis zum 30.06.2014 zu bewerten und zu beurteilen, ob die Union die Vorgabe eines Endenergieverbrauchs von nicht mehr als 1.474 Mio. t RÖE an Primärenergie und/oder nicht mehr als 1078 Mio. t RÖE an Endenergie im Jahr 2020 erreichen wird. Alle Mitgliedstaaten haben der Kommission inzwischen ihre indikativen nationalen Ziele mitgeteilt, welche derzeit darauf geprüft werden, ob die EU dadurch ihr Gesamtziel erreichen wird.[278]

### b) Vorgaben für den Gebäudebereich

Art. 4 und 5 thematisieren den Gebäudebereich. Die Mitgliedsstaaten haben eine langfristige Strategie zur Mobilisierung von Investitionen in die Renovierung des nationalen Bestands an öffentlichen und privaten Wohn- und Geschäftsgebäuden festzulegen (Art. 4). Zudem wird den Gebäuden öffentlicher Einrichtungen wiederum ein Vorbildcharakter zugewiesen (Art. 5). Ab dem 01.01.2014 hat jeder Mitgliedsstaat dafür Sorge zu tragen, dass jährlich 3 % der Gesamtfläche beheizter und/oder gekühlter Gebäude, die sich im Eigentum seiner Zentralregierung befinden und von ihr genutzt werden, mindestens nach den Anforderungen der Gesamtenergieeffizienzrichtlinie[279] renoviert werden. Regierungsgebäude von Ländern und

---

[275] Richtlinie 2012/27/EU des Europäischen Parlaments und des Rates vom 25.10.2012 zur Energieeffizienz, zur Änderung der Richtlinien 2009/125/EG und 2010/30/EU und zur Aufhebung der Richtlinien 2004/8/EH und 2006/32/EG.

[276] Überblick zur Energieeffizienzrichtlinie bei *Falke*, ZUR 2013, 51 ff. Zum Vorschlag der Richtlinie durch die Kommission, KOM (2011), 370 bereits *Härtel*, in: Jahrbuch des Umwelt- und Technikrechts, 2012, S. 49 ff.

[277] Zur Bewertung dieses Ansatzes *Härtel*, in: Jahrbuch des Umwelt- und Technikrechts, 2012, S. 51 mwN.

[278] BR-Drs. 758/13, S. 3.

[279] Siehe oben.

Kommunen werden von der Pflicht nicht erfasst. Von einer umfassenden Sanierungspflicht für den öffentlichen Sektor – wie im Energieeffizienzplan 2011 angedacht – wurde abgesehen.[280] Die regionale und lokale Ebene soll allein ermutigt zu werden, unter gebührender Berücksichtigung ihrer jeweiligen Befugnisse und Verwaltungsstruktur, einen Energieeffizienzplan mit speziellen Energieeinspar- und Energieeffizienzzielen und -maßnahmen zu verabschieden, ein Energiemanagementsystem einschließlich Energieaudits einzuführen und gegebenenfalls auf Energiedienstleistungsunternehmen und Energieleistungsverträge zurückzugreifen, um Renovierungen zu finanzieren und Pläne zur langfristigen Aufrechterhaltung oder Verbesserung der Energieeffizienz durchzuführen (Art. 5 Abs. 7 lit. a-c). Die Sanierungspflicht gilt zudem allein für Gebäude mit einer Fläche ab 500 $m^2$ (ab Juli 2015 mit einer Fläche ab 250 $m^2$). [281] Für die von der Zentralregierung (Bund) genutzten Gebäude werden darüber hinaus zahlreiche mögliche Ausnahmen von der Verpflichtung genannt (Art. 5 Abs. 2-6). Insbesondere besteht nach Art. 5 Abs. 6 der Richtlinie die Möglichkeit, auch auf einem alternativen Weg, einschließlich umfassender Renovierungen und Maßnahmen zur Änderung des Verhaltens der Gebäudenutzer, Energieeinsparungen bis 2020 zu erreichen. Von dieser Möglichkeit will die Bundesregierung Gebrauch machen und hat dies der Kommission zum 31.12.2013 mitgeteilt.[282] Eine konkrete Strategie zur Umsetzung der alternativen Maßnahmen wird derzeit erarbeitet.[283]

### c) Verpflichtungssystem zur Energieeffizienz

Nach Art. 7 hat jeder Mitgliedsstaat ein Energieeffizienzverpflichtungssystem einzuführen, welches gewährleisten muss, dass die Energieverteiler und/oder Energieeinzelhandelsunternehmen ein kumuliertes Endenergieeinsparziel erreichen. Dieses Ziel muss für den Zeitraum vom 01.01.2014 bis zum 31.12.2020 mindestens der Erzielung neuer jährlicher Energieeinsparungen in einer Höhe von 1,5 % des jährlichen Energieabsatzes aller Energieverteiler oder Energieeinzelhandelsunternehmen an Endkunden nach ihrem über den letzten Dreijahreszeitraum vor dem 01.01.2013 gemittelten Absatzvolumen entsprechen. Die Mitgliedsstaaten sollen mithin die Energieverteiler oder den Energieeinzelhandel verpflichten, Effizienzmaßnahmen (bspw. Unterstützung bei der Isolierung, Austausch der Fenster, Gebrauch von der Energieberatung) anzubieten.[284] Alternativ zur Einführung eines solchen Systems können die Mitgliedsstaaten grundsätzlich auch andere strategische Maßnahmen ergreifen, um Energieeinsparungen bei den Endkunden zu bewirken (Art. 7 Abs. 9). Aufgezählt werden u.a. Energie- oder $CO_2$ Steuern; Finanzierungssysteme und -instrumente oder steuerliche Anreize; Regelungen oder freiwillige Vereinbarungen, die zur Nutzung energieeffizienter Technologien führen und eine Verringerung des Endenergieverbrauchs bewirken sowie Standards und Normen zur Verbesserung der Energieeffizienz von Produkten und Dienstleistungen, auch von Gebäuden und Fahrzeugen, soweit sie nicht verbindlich vorgeschrieben sind und nach

---

280 Siehe auch noch Art. 4 des Vorschlags für die Richtlinie, KOM (2011), 370 endgültig, S. 21; dazu *Härtel*, in: Jahrbuch des Umwelt- und Technikrechts, 2012, S. 55 f.

281 Art. 6 stellt weiterhin Effizienzanforderungen an die Beschaffung (von Produkten, Dienstleistungen, Gebäuden) durch die öffentlichen Einrichtungen.

282 Siehe Mitteilung der Bunderegierung der Bundesrepublik Deutschland an die Europäische Kommission gemäß Artikel 5 der Richtlinie des Europäischen Parlaments und des Rates vom 25. Oktober 2012 zur Energieeffizienz (2012/27/EU).

283 *Ecofys//Dena*, Untersuchung zur Umsetzung der Verpflichtungen gemäß Artikel 5 der Energieeffizienz-Richtlinie, noch nicht veröffentlicht.

284 *Deutscher Naturschutzring*, EU Koordination, Hintergrundpapier Richtlinie zur Energieeffizienz, Stand 13.08.2012, S. 1; vgl. *Härtel*, in: Jahrbuch des Umwelt- und Technikrechts, 2012, S. 52.

Unionsrecht in den Mitgliedsstaaten gelten (Art. 7 Abs. 9 lit. a-f).[285] Alternativmaßnahmen mussten der Kommission bis zum 05.12.2013 mitgeteilt werden, die diese sodann billigen muss. Den Mitgliedsstaaten wird mithin, ähnlich den Verpflichtungen der Erneuerbaren-Energien-Richtlinie, ein großer Spielraum bei der Umsetzung von Art. 7 eingeräumt.[286]

Die *Prognos AG* hat im Auftrag der *Bundesregierung* ein Kurzgutachten erstellt, welches die Entwicklung eines Konzepts für die nationale Umsetzung vorbereitet hat.[287] Das Gutachten bewertet unter Verwendung von Berechnungsvorgaben der Europäischen Union die Einsparwirkung von über 50 Einzelmaßnahmen bis zum Jahr 2020, insbesondere auch im Gebäudebestand. Das Gutachten kommt zu dem Ergebnis, soweit alle bestehenden und geplanten Instrumente genutzt und konsequent weiterentwickelt werden, dass Deutschland das in der Richtlinie festgesetzte Ziel durch die bereits bestehenden Alternativmaßnahmen erreichen bzw. sogar übererfüllen kann.[288] Die Bunderegierung hat der Kommission mithin fristgerecht mitgeteilt, dass sie von der Möglichkeit der strategischen Maßnahmen Gebrauch macht und mit einem noch zu ergänzendem Maßnahmenbündel (u.a. bestehend aus EEWärmeG, KfW-Förderprogrammen, KWKG und dem Marktanreizprogramm) versuchen wird, das Einsparziel zu erreichen.[289] Ob die angedachten Maßnahmen von der Kommission anerkannt werden, ist bislang offen.[290] Ebenso kann an dieser Stelle nicht beurteilt werden, ob diese zur Umsetzung der Richtlinie ausreichen werden. So werden entgegen dem *Prognos* Gutachten auch verstärkt neue Maßnahmen und damit eine effektivere Umsetzung für erforderlich gehalten.[291] Auf ein mit dieser Einschätzung korrespondierendes und bestehendes Weiterentwicklungspotential insbesondere von Finanzierungssystemen, steuerlichen Anreizen und freiwilligen Vereinbarungen im Rahmen des Städtebaurechts und zur Steigerung der Energieeffizienz wird am Ende dieser Arbeit noch einzugehen sein.

### d) Weitere Maßnahmen

Nach Art. 8 haben die Mitgliedsstaaten die Verfügbarkeit von hochwertigen, kostenwirksamen und unabhängigen Energieaudits für alle Endkunden zu fördern. Ein Energieaudit ist ein systematisches Verfahren zur Erlangung ausreichender Informationen über das bestehende Energieverbrauchsprofil vornehmlich eines Gebäudes oder einer Gebäudegruppe, zur Ermittlung und Quantifizierung der Möglichkeiten für kostenwirksame Energieeinsparungen.[292] Bis

---

285 Vgl. auch *Falke*, ZUR 2013, 51 (52) und *Ohms*, Recht der Erneuerbaren Energien, Rn. 119. Zur Umsetzung von Art. 7 der Richtlinie und den eröffneten Wahlmöglichkeiten auch *Schomerus*, ER 2013, 184 ff.

286 Vgl. *Härtel*, in: Jahrbuch des Umwelt- und Technikrechts, 2012, S. 52; *Martin*, EnWZ 2012, 62 (66).

287 Siehe BT-Drs. 17/10984, S. 2; *Prognos AG*, Endenergieeinsparziel gem. Art. 7 EED und Abschätzungen der durch politische Maßnahmen erreichbaren Energieeinsparungen, Endbericht, 2013.

288 So *BMWi*, Pressemitteilung vom 19.02.2013, Gutachten belegt: Deutschland startet bei der Energieeffizienz auf hohem Niveau. Siehe *Prognos AG*, Fn. 287, insbes. S. 74 ff.

289 Mitteilung der Bundesregierung der Bundesrepublik Deutschland an die Europäische Kommission gemäß Art. 7 der Richtlinie des Europäischen Parlaments und des Rates vom 25. Oktober 2012 zur Energieeffizienz (2012/27/EU).

290 Siehe auch *Prognos AG*, Fn. 287, S. 5.

291 Kritisch *DENEFF*, Kritik an BMWi-Gutachten zur Energieeffizienzrichtlinie, Pressemitteilung vom 19.02.2013; dazu auch *Schomerus*, ER 2013, 184 (187) mwN.

292 Vgl. die Begriffsbestimmung in Art. 2 Nr. 25 der Richtlinie 2012/27/EU. Unternehmen müssen bis zum 05.12.2015 und mindestens alle vier Jahre durch ein Energieaudit überwacht werden. Für kleine und mittlere Unternehmen ist dies freiwillig und diese sollen allein ermutigt werden, sich eines Energieaudits zu unterziehen (Art. 8 Abs. 2 und 4). Für Private Verbraucher finden sich keine weiteren Vorgaben. In den Bereichen Strom, Erdgas, Fernwärme, Fernkälte und Warmwasserverbrauch sollen allerdings intelligente

Ende 2015 haben die Mitgliedsstaaten zudem eine umfassende Bewertung des Potenzials für den Einsatz der KWK und der Fernwärme- und Fernkälte durchzuführen und auf Ersuchen der Kommission alle fünf Jahre zu aktualisieren (Art. 14). Insbesondere auf lokaler und regionaler Ebene soll zudem darauf hingewirkt werden, dass das Potential der KWK gefördert wird.[293] Die Mitgliedsstaaten haben darüber hinaus sicherzustellen, dass die Verbraucher über die verfügbaren Energieeffizienzmechanismen sowie Finanzinstrumente und Förderungen informiert werden und diese Informationen transparent und zugänglich sind (Art. 17).[294]

## III. Zwischenfazit

Zielsetzungen auf der Ebene des Völkerrechts sowie Rechtsakte auf europäischer Ebene bilden zu berücksichtigende Vorgaben für das auf eine Vielzahl von Gesetzen verteilte deutsche Klimaschutzrecht. Die Klimarahmenkonvention und das Kyoto Protokoll in seiner zweiten Verpflichtungsperiode bilden einen völkerrechtlichen Rahmen und definieren internationale Reduktionsziele. Beiden Initiativen wird dabei ein eher symbolischer Charakter zuerkannt. Mit der Gesamtenergieeffizienzrichtlinie, der Erneuerbare-Energien-Richtlinie und der Energieeffizienzrichtlinie finden sich drei Rechtsakte der Europäischen Union, die differenzierte Vorgaben zur Umsetzung von Energieeffizienzanforderungen und zum Einsatz erneuerbarer Energien auf nationaler Ebene treffen. Die Gesamtenergieeffizienzrichtlinie verpflichtet die Mitgliedsstaaten der EU, Mindestanforderungen an den energetischen Zustand von Neubauten und – zurückhaltend (im Rahmen „größerer Renovierungen") – von Bestandsbauten zu stellen. Zudem wird der Niedrigstenergiegebäudestandard für Neubauten sowie eine Stärkung der Energieausweise vorgeschrieben. Die Erneuerbare-Energien-Richtlinie sieht grundsätzlich die Nutzung erneuerbarer Energien bei Neubauten und bei umfangreichen Sanierungen auch in Bestandsgebäuden vor. Mit der Energieeffizienzrichtlinie wurden differenzierte Vorgaben getroffen, um die Energieeffizienzziele bis 2020 erreichen zu können. Im Vordergrund stehen Energieeffizienzziele und Pflichten für öffentliche Gebäude. Bei der Umsetzung der Richtlinien wird den Mitgliedsstaaten insgesamt ein weiter Spielraum zugestanden.[295]

# C. Gebäudeenergiefachrecht auf Bundes – und Landesebene

Im Folgenden sollen Instrumente und Konzepte mit Bezug auf die Energieeffizienz und die Förderung erneuerbarer Energien im Gebäudebereich auf nationaler Ebene (sog. Gebäudeenergiefachrecht) untersucht werden. Zunächst werden die verfassungsrechtlichen Vorgaben sowie die rechtlich unverbindlichen Zielkonzepte umrissen, um danach die einzelnen

Zähler eingeführt werden, die den tatsächlichen Energieverbrauch genau angeben, soweit dies technisch machbar, finanziell vertretbar und im Vergleich zu den potentiellen Energieeinsparungen verhältnismäßig ist (Art. 9). Bereitzustellen ist ein solcher Zähler, wenn ein bestehender Zähler ersetzt wird, wenn neue Gebäude mit neuen Anschlüssen ausgestattet werden oder wenn Gebäude größeren Renovierungen i. S. d. Gesamtenergieeffizienzrichtlinie unterzogen werden.

293 Von dem Vorschlag, Wärme- und Kältepläne erstellen zu müssen und diese in den lokalen und regionalen Entwicklungsplänen berücksichtigen zu müssen, wurde Abstand genommen. Siehe noch Art. 10 des Vorschlags für die Richtlinie, KOM (2011), 370 endgültig, S. 26. Dazu *Härtel*, in: Jahrbuch des Umwelt- und Technikrechts, 2012, S. 56.

294 Zu weiteren Vorgaben siehe nur *Falke*, ZUR 2013, 51 (52 f.).

295 Einen ähnlich zutreffenden Überblick über die EU-Richtlinien gibt *Kodim*, Das Grundeigentum 2013, 990.

Instrumente näher untersuchen zu können. Das rechtliche Instrumentarium zeichnet sich dabei durch einen heterogenen Instrumentenmix aus.[296] Es werden verschiedene Instrumente miteinander verknüpft, die unterschiedlichen Funktionslogiken folgen.[297] Differenzieren kann man zwischen ordnungsrechtlichen, ökonomischen und kooperativen Instrumenten.[298] Die Zuordnung eines Instruments zu einem jeweiligen Typus ist dabei vereinzelt nur nach dem Schwerpunkt der jeweiligen Regelungen zu treffen, da sich die Instrumententypen auch untereinander mischen.[299] Mitunter finden sich auch nur Ermächtigungsgrundlagen und Öffnungsklauseln, die konkretisierende Instrumente erst ermöglichen.

## I. Verfassungsrechtliche Vorgaben

Der Gedanke des Umweltschutzes ist seit dem Jahr 1994 im Grundgesetz normiert. Mit Einfügung des Art. 20 a GG, wonach der Staat auch in Verantwortung für die künftigen Generationen die natürlichen Lebensgrundlagen zu schützen hat, wurde dieser als Staatsziel im Grundgesetz manifestiert.[300] Dies bedeutet zum einen, dass der Staat Schaden von natürlichen Lebensgrundlagen abwenden und zum anderen bereits beeinträchtigte Lebensgrundlagen regenerieren muss, soweit dies möglich ist.[301] Neben der Regelung im Grundgesetz finden sich entsprechende Staatszielbestimmungen auch in den Landesverfassungen. So z. B. in Art. 1 der Niedersächsischen Verfassung (NV) oder in Art. 26 a der Hessischen Verfassung (HV).[302] Der Begriff der „natürlichen Lebensgrundlagen" wird mit dem Begriff der Umwelt, wie er im Kontext des Umweltschutzes verstanden wird, gleichgesetzt. Er umfasst somit alle Umweltgüter, die funktional Grundlage menschlichen, tierischen und pflanzlichen Lebens sind.[303] Neben den Umweltmedien Luft, Wasser und Boden fällt damit auch das globale Klima unter den im Ergebnis weit zu verstehenden Begriff der „natürlichen Lebensgrundla-

---

296 Dies ist regelmäßig im Umweltrecht der Fall, allerdings im Gebäudeenergiefachrecht besonders ausgeprägt, siehe *Andres*, uwf 2011, 115 (115); vgl. auch *Rodi/Sina*, Klimaschutzrecht des Bundes, S. 69. Zu der im Ergebnis zu bejahenden Verfassungskonformität des vorherrschenden Instrumentenmixes im Energierecht, *Lee*, Umweltrechtlicher Instrumentenmix, S. 202 ff.

297 *Lee*, Umweltrechtlicher Instrumentenmix, S. 61 ff., 63.

298 Ähnlich *Weiß/Vogelpohl*, Energetische Sanierungsquote bei Eigenheimen, S. 8; *Schomerus*, NVwZ 2009, 418 (419); *Lübbe-Wolff*, NVwZ 2001, 481 ff.; *Küchler/Nestle*, Strategien zur Modernisierung I, S. 26 ff.

299 Dies lässt sich bspw. am EEWärmeG demonstrieren. Grundsätzlich gilt im EEWärmeG ein Förderausschluss für erneuerbare-Energien-Maßnahmen, die der Erfüllung einer gesetzlichen Pflicht dienen. Unter engen Voraussetzungen wird eine finanzielle Förderung aber ausnahmsweise auch in Kombination mit der Erfüllung einer ordnungsrechtlichen Pflicht durch § 15 Abs. 2 EEWärmeG zugelassen. Dazu nur *Wustlich*, NVwZ 2008, 1041 (1047) *ders.*, ZUR 2009, 515 (519) und *Antoni*, EnWZ 2013, 357 (358); vgl. auch *Lee*, Umweltrechtlicher Instrumentenmix, S. 59 und *Kloepfer*, Umweltrecht, § 5, Rn. 179, der vor dem Missverständnis warnt, ordnungsrechtliche Instrumente würden auf ökonomische Mechanismen völlig verzichten.

300 Zur Entstehungsgeschichte der Norm sowie der Ausgestaltung als Staatszielbestimmung *Scholz*, in: Maunz/Dürig, Art. 20 a, Rn. 17, 19 ff., 45; vgl. auch *Böhm*, in: Jahrbuch des Umwelt- und Technikrechts 2009, 237 (239).

301 Vgl. *Westphal*, JuS 2000, 339 (340); *Jarass*, in: Jarass/Pieroth, Art. 20 a, Rn. 5; *Keyhanian*, Rechtl. Instrum. zur Energieeinsparung, S. 158.

302 Art. 1 Niedersächsische Verfassung (NV) ist durch Art. 46 Abs. 2 NV sogar in den Schutz vor Verfassungsänderungen mit einbezogen; vgl. *L. Hagebölling*, NV Art. 1, S. 42 ff.; ein Überblick über die Landesverfassungsregelungen zum Klimaschutz findet sich bei *Scholz*, in: Maunz/Dürig, Art. 20 a GG, Rn. 3.

303 *Scholz*, in: Maunz/Dürig, Art. 20 a, Rn. 36; *Schulze-Filitz*, in: Dreier, Art. 20 a, Rn. 32; *Murswiek*, NVwZ 1996, 222 (224 f.); *L. Hagebölling*, NV Art. 1, S. 43 jew. mwN.

gen".[304] Das globale Klima bildet mithin ein Schutzgut des Art. 20 a GG. Bei der Inanspruchnahme und Nutzung natürlicher Ressourcen ist mithin das Nachhaltigkeitsprinzip zu beachten. Auch die Ressourcen fossiler Energieträger gehören zu den natürlichen Lebensgrundlagen und sind mithin schonend und in Verantwortung für die künftigen Generationen zu nutzen.[305] Es lässt sich aus Art. 20 a GG mithin der Auftrag ableiten, die Einsparung nichterneuerbarer Energien unter Beachtung der weiteren Verfassungsprinzipien nachhaltig und auf lange Zeit zu fokussieren.[306]

Klimaschutz und Ressourcenschonung stellen mithin eine Staatszielaufgabe dar und bilden jedenfalls in ihrer Tragweite eine vergleichsweise neue Aufgabe aller Ebenen des politischen Systems.[307] Adressat des Schutzauftrags ist der Staat in all seinen Untergliederungen.[308] Gleichwohl verpflichtet Art. 20 a GG seit in Kraft treten vorrangig den Gesetzgeber zu einer aktiven und konkretisierenden Klimaschutzpolitik. Welche Maßnahmen der Gesetzgeber dabei wählt, um dem Schutzauftrag gerecht zu werden, bleibt dabei dessen Gestaltungsfreiheit überlassen.[309] Eine Konkretisierung kann durch Rechtsvorschriften oder andere Maßnahmen erfolgen.[310] Das BVerfG überprüft regelmäßig nur, ob die Maßnahmen des Gesetzgebers „offensichtlich ungeeignet" sind, um eine Aufgabe zu erfüllen bzw. ob ein „evidenter Verstoß" gegen die Verfassung vorliegt.[311] Gesetzgebungskompetenzen für das Umweltrecht im Allgemeinen und das Klimaschutzrecht im Speziellen finden sich im Grundgesetz nicht ausdrücklich.[312] Eine umfassende Gesetzgebungskompetenz des Bundes für das Gebäudeenergiefachrecht ergibt sich aber jedenfalls aus einer Zusammenschau von Art. 74 Abs. 1 Nr. 11 und Nr. 24 GG.[313]

---

304 Vgl. BVerwG, BauR 2004, 641; *Jarass*, in: Jarass/Pieroth, Art. 20 a, Rn. 3; *Böhm*, in: Jahrbuch des Umwelt- und Technikrechts 2009, 237 (239); *Groß*, NVwZ 2011, 129 (130); *Scholz*, in: Maunz/Dürig, Art. 20 a, Rn. 36; *Keyhanian*, Rechtl. Instrum. zur Energieeinsparung, S. 159; *Westphal*, JuS 2000, 339 (342); *Koch*, in: Tagungen der Gesellschaft für Umweltrecht, Band 42, S. 52; *Müller*, in: Müller/Oschmann/Wustlich, EEWärmeG, Einl., Rn. 110 mwN.

305 Siehe nur *Jarass*, in: Jarass/Pieroth, Art. 20 a, Rn. 10; *Murswiek*, NVwZ 1996, 222 (225). Zum Begriff der Nachhaltigkeit auch *Kahl*, DÖV 2009, 2 (6); vgl. auch *Keyhanian*, Rechtl. Instrum. zur Energieeinsparung, S. 158 f.; restriktiver *Rehbinder*, NVwZ 2002, 657 (658) mwN. Zum Begriff der Ressourcen insbesondere im deutschen Recht *Reimer/Tölle*, ZUR 2013, 589 (592 ff.).

306 BVerwG, NJW 1995, 2648 (2649); vgl. *Jarass*, in: Jarass/Pieroth, Art. 20 a, Rn. 8 ff.; *Keyhanian*, Rechtl. Instrum. zur Energieeinsparung, S. 159.

307 Vgl. *Böhm*, in: Jahrbuch des Umwelt- und Technikrechts 2009, 237 (239); *Kahl*, VBlBW 2011, 53 (58). Zu den aus Art. 20 a GG abgeleiteten Pflichten auch *Koch*, in: Tagungen der Gesellschaft für Umweltrecht, Band 42, S. 53. Zum Einfluss des Völkerrechts im Rahmen der Auslegung des Art. 20 a GG, *Winkler*, Klimaschutzrecht, S. 47 ff.

308 *Scholz*, in: Maunz/Dürig, Art. 20 a, Rn. 45; *Gassner*, DVBl 2013, 547 (547 f.).

309 BVerfG, NVwZ 2010, 114 (116); BVerfG, NVwZ 2007, 937 (941); BVerfG, NVwZ 2007, 1168 (1171); vgl. *Jarass*, in: Jarass/Pieroth, Art. 20a GG, Rn. 7, 18; *Groß*, NVwZ 2011, 129 (133); *Gassner*, NuR 2011, 320 (322) sowie *Voßkuhle*, NVwZ 2013, 1 (4) und *Kloepfer*, in: Jahrbuch des Umwelt- und Technikrechts 2013, S. 18.

310 Vgl. *Keyhanian*, Rechtl. Instrum. zur Energieeinsparung, S. 159 mwN.

311 Etwa BVerfGE 118, 79 (110); 128, 1 (51); 115, 276 (309). Dazu *Kahl*, DÖV 2009, 2 (8) sowie *Schröder*, Die Verwaltung 2013, 183 (188).

312 *Milkau*, ZUR 2008, 561 (562).

313 *Milkau*, ZUR 2008, 561 (564); *Schulze-Fielitz*, NVwZ 2007, 249 (252). Für die EnEV siehe BT-Drs. 7/4575, S. 7. Für das EEWärmeG siehe BR-Drs. 9/08 S. 19. Für das EEG siehe BT-Drs. 15/2864, S. 21.

Als verfassungsrechtliche Wertentscheidung kommt Art. 20 a GG auch eine interpretations- und ermessensleitende Funktion für Entscheidungen der Exekutive zu.[314] Belange des Klima- und Ressourcenschutzes sind mit hohem Gewicht bei der Auslegung unbestimmter Rechtsbegriffe sowie bei Ermessensentscheidungen zu berücksichtigen.[315] Als Norm des objektiven Verfassungsrechts können aus Art. 20 a GG allerdings keine subjektiven Rechte hergeleitet werden.[316] Abgesehen von der Staatszielbestimmung in Art. 20 a GG kann in Einzelfällen zugleich den Grundrechten ein gewisser ökologischer Schutzcharakter zukommen.[317] Art. 2 Abs. 2 S. 1 GG und Art. 1 Abs. 1 GG gewährleisten ein gewisses ökologisches Existenzminimum, welches dann beeinträchtigt sein kann, wenn tatsächlich feststellbare Umweltschäden oder –gefahren von definitiv existenziellem Ausmaß vorliegen.[318]

## II. Politische Zielvorgaben

### 1. Integriertes Energie- und Klimaprogramm

Das Bundeskabinett hat sich im Jahr 2007 auf das 29 Eckpunkte umfassende Integrierte Energie- und Klimaprogramm (IEKP) geeinigt.[319] Ziel des Programms ist es, bis 2020 eine Reduktion der Treibhausgasemissionen von 36 % gegenüber 1990 zu erreichen. Infolgedessen wurde eine Reihe von Fachgesetzen novelliert. Das Kabinett legte im Dezember 2007 ein Paket von 14 Gesetzen und Verordnungen vor. Ein zweites, kleineres Paket weiterer Rechtssetzungen mit dem Schwerpunkt der Energieeffizienz, folgte im Jahr 2008. Bedeutende Maßnahmen waren strengere Anforderungen an die Energieeffizienz und der Ausbau der Förderung erneuerbarer Energien. Nach dem Programm stellen der Ausbau erneuerbarer Energien im Strombereich und die Steigerung der Energieeffizienz im Gebäudesektor sowie beim Stromverbrauch wesentliche $CO_2$-Minderungsbeträge dar.[320] Für die energetische Sanierung von Gebäuden wurden im IEKP einzelne Fördermaßnahmen hervorgehoben.

---

314 *Kahl*, DÖV 2009, 2 (8).

315 Siehe *Attendorn*, NVwZ 2012, 1569 (1572).

316 BVerfG, NVwZ 2010, 114 (116); BVerwG, NVwZ 1998, 1080 (1081); *Voßkuhle*, NVwZ 2013, 1 (5); *Jarass*, in: Jarass/Pieroth, Art. 20 a, Rn. 2; *Kloepfer*, in: Jahrbuch des Umwelt- und Technikrechts 2013, S. 18; *Reese/Möckel/Bovet/Köck*, Anpassung an die Folgen des Klimawandels, S. 28; *Kahl*, DÖV 2009, 2 (8). Es gab Entwürfe der Fraktion der Grünen, ein Grundrecht auf Umweltschutz in der Verfassung zu verankern, siehe BT-Drs. 10/990, S. 3 ff., vgl. auch BT-Drs. 11/604, 11/663; dazu *Voßkuhle*, in: Tagungen der Gesellschaft für Umweltrecht, Band 44, S. 49.

317 *Scholz*, in: Maunz/Dürig, Art. 20 a, Rn. 8; *Murswiek*, in: Sachs, GG, Art. 2, Rn 227.

318 Dazu *Höfling*, in: Sachs, GG, Art. 1, Rn. 31; *Habel*, NuR 1995, 165 (165 ff.); zweifelnd *Voßkuhle*, NVwZ 2013, 1 (6); *ders.*, in: Tagungen der Gesellschaft für Umweltrecht, Band 44, S. 50. Kritisch *Winkler*, Klimaschutzrecht, S. 105 mwN. Grundrechtliche Schutzpflichten, die vom BVerfG i.d.R. einer objektivrechtlichen Grundrechtsdimension entnommen werden, vermögen über Art. 20 a GG hinaus allerdings keinen zusätzlichen Schutz zu leisten, da auch diese keine konkreten Handlungen erzwingen können. Das BVerfG beschränkt sich auch hier auf eine Evidenzkontrolle vgl. nur BVerfG NJW 1996, 651 (651), zum Ganzen *Schröder*, Die Verwaltung 2013, 183 (188); *Reese/Möckel/Bovet/Köck*, Anpassung an die Folgen des Klimawandels, S. 31 f. Bisher hat das BVerfG mithin noch in keinem umweltrechtlichen Fall einen Verstoß gegen Schutzpflichten festgestellt. Im Einzelnen *Voßkuhle*, in: Tagungen der Gesellschaft für Umweltrecht, Band 44, S. 50 ff., NVwZ 2013, 1 (6 ff.).

319 *BMU*, Integriertes Energie- und Klimaprogramm 2007.

320 *BMU*, Integriertes Energie- und Klimaprogramm 2007, S. 8.

## 2. Energiekonzept 2010

Im Jahr 2010 folgte das Energiekonzept der 17. Bundesregierung.[321] Neben der zu diesem Zeitpunkt noch als Brückentechnologie bezeichneten und zu konsolidierenden Atomenergie, dem Ausbau der Windenergie, der Nutzung von Biomasse und dem Ausbau von Stromnetzen, um konventionelle Energieträger kontinuierlich durch erneuerbare Energien ersetzen zu können, wird auch hier vor allem in der Durchführung von Energieeffizienzmaßnahmen im Gebäudebestand ein enormes Potenzial gesehen. Als zentraler Schwerpunkt des Konzepts und wichtigste Maßnahme, um den Verbrauch fossiler Energieträger nachhaltig zu mindern, wird mithin die Sanierung des Gebäudebestands angesehen.[322]

Entsprechend den Koalitionsvereinbarungen der damaligen Regierungsparteien (2009-2013) sollen bis zum Jahr 2020 die Treibhausgasemissionen um 40 % und entsprechend der Zielformulierung der Industriestaaten bis zum Jahr 2050 um mindestens 80 %, jeweils gegenüber 1990, reduziert werden.[323] Es wird angestrebt, dass der Primärenergieverbrauch gegenüber 2008 um 20 % und bis 2050 um 50 % sinkt. Dies erfordert pro Jahr eine Steigerung der Energieproduktivität um ca. 2,1 % bezogen auf den Endenergieverbrauch. Daneben soll bis zum Jahr 2020 35 % und bis zum Jahr 2050 80 % des benötigten Stroms aus erneuerbaren Energien gewonnen werden.[324]

Die Sanierungsrate für Gebäude soll dafür von derzeit weniger als 1 % auf 2 % des gesamten Gebäudebestands verdoppelt werden, sodass in ca. 50 Jahren der gesamte Gebäudebestand saniert wäre. Als Umsetzungsmaßnahme setzt das Konzept auf die Vernunft und die Eigenverantwortung von Wirtschaft und Bürgern. Ökonomische Anreize, sowie verbesserte Informationen und Beratung sollen dazu beitragen, dass bisher ungenutzte Potenziale im Bereich der Energieeffizienz im Gebäudebereich aus eigenem Antrieb erschlossen werden. Wirtschaftliche Anreize werden in den Mittelpunkt gerückt. Dem Ordnungsrecht seien gerade im Hinblick auf die finanzielle Belastung der Eigentümer Grenzen gesetzt.[325] Zwangsmaßnahmen sollen nach dem Energiekonzept zukünftig ausdrücklich nicht angeordnet werden.[326] Auch die Bundesregierung der 18. Legislaturperiode daran grundsätzlich festhalten.[327]

Um die genannten Ziele zu erreichen wird derzeit (immer) noch ein Sanierungsfahrplan für den Gebäudebestand erarbeitet, welcher den Eigentümern als Orientierung für die anstehenden Sanierungsmaßnahmen dienen soll. Die Umsetzung des Sanierungsfahrplans soll dabei weiterhin auf Freiwilligkeit beruhen.[328] Weitere konkrete Maßnahmen für die Umsetzung der genannten Ziele wurden nicht benannt.

---

321 *BMWi/BMU*, Energiekonzept 2010, September 2010.

322 Vgl. *BMWi/BMU*, Energiekonzept 2010, S. 5, 12, 22.

323 Vgl. auch die darüber hinausgehend formulierten Ziele des *Sachverständigenrates für Umweltfragen*, Wege zur 100 % erneuerbaren Stromversorgung, S. 30 ff.

324 Zu den Zielvorgaben auch *Böhm*, in: Jahrbuch des Umwelt- und Technikrechts 2013, S. 100 und *Lee*, Umweltrechtlicher Instrumentenmix, S. 170.

325 Siehe dazu unten.

326 *BMWi/BMU*, Energiekonzept 2010, insbes. S. 22; vgl. zum Ganzen auch *Becker*, ZNER 2010, 531 ff.

327 Koalitionsvertrag zwischen CDU, CSU und SPD, 18. Legislaturperiode, S. 52.

328 Vgl. BT-Drs. 17/6787, S. 5.

## III. Ordnungsrechtliche Instrumente

Große Teile des Umweltrechts und im speziellen auch des Klimaschutzrechts sind ordnungsrechtlich geprägt und entspringen dem Polizei- und Ordnungsrecht.[329] Als Ordnungsrecht lassen sich diejenigen Instrumente kennzeichnen, die Rechtsbefehle einsetzen, um ein erwünschtes Verhalten direkt zu erreichen. Es handelt sich um eine Regulierungstechnik, die im englischen Sprachraum als die Methode des „command and control" bezeichnet wird.[330] Im Rahmen des Gebäudeenergiefachrechts können hier das Energieeinsparungsgesetz, die Energieeinsparverordnung, sowie das Erneuerbare-Energien-Wärmgesetz auf Bundesebene sowie das Hamburgische Klimaschutzgesetz, die Hamburgische Klimaschutzverordnung und das Erneuerbare-Wärme-Gesetz Baden-Württemberg auf Landesebene genannt werden, welche vorrangig ordnungsrechtlich geprägt sind, sich mitunter allerdings auch ökonomischer und anreizorientierter Ansätze bedienen.

### 1. EnEG

Das Gesetz zur Einsparung von Energie in Gebäuden (Energieeinsparungsgesetz –EnEG)[331] hat zum Ziel, dass in Gebäuden nur so viel Energie verbraucht wird, wie notwendig ist und dient damit der Umsetzung der oben genannten Gesamtenergieeffizienzrichtlinie über Gebäude.[332] Im Wesentlichen wurde mit dem Energieeinsparungsgesetz eine Ermächtigungsgrundlage geschaffen, um durch eine konkretisierende Verordnung Anforderungen an die Energieeffizienz von Gebäuden stellen zu können.[333]

Der Schwerpunkt des Energieeinsparungsgesetzes liegt bei Energieeffizienzanforderungen an Neubauten bzw. Neuanschaffungen von Versorgungsanlagen (§§ 1 – 3 EnEG). So müssen bspw. Neubauten nach § 2 a EnEG ab dem Jahr 2021 – entsprechend den Vorgaben der Gesamtenergieeffizienzrichtlinie – nach dem Niedrigstenergiegebäudestandard errichtet werden.[334] Ein Niedrigstenergiegebäude ist ein Gebäude, das eine sehr gute Gesamtenergieeffizienz aufweist; der Energiebedarf des Gebäudes muss sehr gering sein und soll – soweit möglich – zu einem ganz wesentlichen Teil durch Energie aus erneuerbaren Quellen gedeckt werden (§ 2 a Abs. 1 S. 3 EnEG). Maßgeblich für den Gebäudebestand ist § 4 EnEG, welcher die Möglichkeit einräumt, durch Rechtsverordnung auch Anforderungen an bestehende Gebäude stellen zu können. Bei der Festlegung von konkreten Anforderungen in der Verord-

---

329 Siehe *Kloepfer*, ZAU 1996, 56 (56 f.); *Barth/Ziehm/Zschiesche*, ZUR 2007, 295 (296 f.); *Lübbe-Wolff*, NVwZ 2001, 481 (481 f.); *Wagner*, NVwZ 1995, 1046 (1047); *Hendler*, UPR 2001, 281 (281); *ders.*, in: Dolde (Hrsg.), Umweltrecht im Wandel, S. 285; *Erbguth/Schlacke*, Umweltrecht, § 5, Rn. 1.

330 *Lübbe-Wolff*, NVwZ 2001, 481 (481 f.); vgl. auch *Heye*, Rechtliche Instrumente zur Reduktion der Treibhausgasemissionen, S. 63.

331 Gesetz zur Einsparung von Energie in Gebäuden (Energieeinsparungsgesetz – EnEG) i. d. F. der Bekanntmachung vom 01.09.2005, BGBl. I S. 2684, zuletzt geändert durch Art. 1 des Gesetzes vom 04.07.2013 (BGBl. I S. 2197).

332 Zum Ganzen *Heye*, Rechtliche Instrumente zur Reduktion der Treibhausgasemissionen, S. 46 ff. Zudem und zum Folgenden auch *Koch*, NVwZ 2011, 641 (644 ff.).

333 Vgl. auch *Lee*, Umweltrechtlicher Instrumentenmix, S. 172 ff.

334 Ab 2019 gilt dies schon für Behördengebäude, siehe § 2a Abs. 1 S. 2 EnEG.

nung ist dabei gemäß § 4 Abs. 3 und § 5 Abs.1 EnEG das Gebot der wirtschaftlichen Vertretbarkeit und der technischen Erfüllbarkeit zu beachten.[335]

## 2. EnEV

Die konkrete Umsetzung der Anforderungen der Gesamtenergieeffizienzrichtlinie erfolgt in der auf dem Energieeinsparungsgesetz beruhenden Energieeinsparverordnung (EnEV)[336]. Die EnEV stellt Anforderungen an Gebäudeeigentümer, die diese bei der Durchführung von Bauvorhaben zu beachten haben. Die aktuelle Fassung der EnEV stammt aus dem Jahr 2014 und tritt in seinen wesentlichen Teilen am 01.05.2014 in Kraft.[337] Mit der Novellierung wurden die jeweiligen Mindestanforderungen der Gesamtenergieeffizienzrichtlinie[338] umgesetzt.

### a) Anlassbezogene Bauteilanforderungen

Eine zentrale Rolle spielt die Wärmedämmung von Gebäuden. Bei Neubauten muss gemäß § 1 EnEG der Wärmeschutz so entworfen und ausgestaltet werden, dass beim Heizen und Kühlen vermeidbare Energieverluste unterbleiben. Dazu sind nach § 3 und § 4 EnEV neu zu errichtende Wohn- und Nichtwohngebäude so zu realisieren, dass ein in den Anlagen zu der Verordnung näher definierter Jahresbedarf an Primärenergie nicht überschritten wird.[339]

Nachdem der Gebäudebestand zunächst weitgehend von Anforderungen verschont blieb, finden sich nun ähnliche Vorgaben auch für bestehende Gebäude in § 9 EnEV. Die Vorschrift knüpft allerdings zurückhaltender an die Änderung, Erweiterung oder den Ausbau eines bestehenden Gebäudes an. Gesprochen wird insoweit von bedingten oder anlassbezogenen Anforderungen.[340] Für die Änderung von Außenbauteilen gelten dabei nach § 9 Abs. 1 S. 1 EnEV ausschließlich Anforderungen für das jeweilige Bauteil.[341] § 9 Abs. 3 EnEV schränkt den Anwendungsbereich des § 9 Abs. 1 EnEV dabei insoweit ein, dass dieser nur anzuwenden ist, wenn die Fläche der geänderten Bauteile mehr als 10 % der gesamten jeweiligen Bauteilfläche des Gebäudes betrifft. Ob dies der Fall ist, entscheidet der Bauherr eigenständig.[342] Die relevanten Außenbauteile ergeben sich aus Anlage 3 der Verordnung und sind bspw. Außenwände, Fenster sowie bestimmte Wände und Decken. Ein neues Bauteil muss dabei den

---

335 Ausführlich *Stock*, in: Mitschang (Hrsg.), Fragestellungen des Städtebau- und Umweltrechts, S. 15; *Heye*, Rechtliche Instrumente zur Reduktion der Treibhausgasemissionen, S. 51 f. und *Halstenberg/Nusser*, EnWZ 2013, 343 (347).

336 Verordnung über energiesparenden Wärmeschutz und energiesparende Anlagentechnik bei Gebäuden (Energieeinsparverordnung – EnEV) vom 24.07.2007, BGBl. I S. 1519, zuletzt geändert durch Art. 1 des Gesetzes vom 18.11.2013, BGBl. I S. 3951.

337 Ursprünglich war eine Novelle schon für 2012, bzw. Anfang 2013 vorgesehen. Zu den wesentlichen Neuerungen mit der EnEV 2014 *Nusser*, ZUR 2014, 67 ff.

338 Richtlinie 2010/31/EU. Siehe oben.

339 Siehe Anlage 1, zu den §§ 3 und 9; Anlage 2 zur den §§ 4 und 9.

340 Wenn eine Änderung an Außenbauteilen ohnehin durchgeführt wird, müssen Grenzwerte für Wärmedurchgangskoeffizienten eingehalten werden, siehe *Weiß/Vogelpohl*, Energetische Sanierungsquote bei Eigenheimen, S. 17.

341 Und nicht wie irrigerweise oft angenommen für die komplette Fassade, das Dach oder alle Fenster, siehe *Tuschinski*, Bausubstanz 4/2013, 24 (25); *Nusser*, ZUR 2014, 67 (71).

342 Es existiert kein Antrag oder eine behördliche Entscheidung, vgl. *Halstenberg/Nusser*, EnWZ 2013, 343 (349).

Tabellenwert für den höchstzulässigen Wärmedurchgangskoeffizienten einhalten, der sich aus der Anlage 3 der Verordnung ergibt. Die Bauteilanforderungen gelten dabei nach § 9 Abs. 1 S. 2 EnEV auch dann als erfüllt, wenn sowohl der Jahresprimärenergiebedarf, als auch die Qualität der Gebäudehülle nach Durchführung der Änderung höchstens 40 % über dem Höchstwert eines baugleichen Neubaus liegen (Erfüllungsfiktion).[343] Für die Erweiterung und den Ausbau eines Gebäudes treffen § 9 Abs. 4 und 5 EnEV Vorgaben. Soweit kein neuer Wärmeerzeuger eingebaut wird, müssen im Rahmen von Anbauten, Erweiterungen oder Ausbauten eines Gebäudes betroffene Außenbauteile wiederum den Anforderungen der Anlage 3 genügen. Übersteigt die hinzukommende Nutzfläche 50 Quadratmeter, ist auch der sommerliche Wärmeschutz zu beachten. Wird ein Wärmeerzeuger verbaut, sind die betroffenen Außenbauteile nach Neubaustandart zu ändern oder auszuführen.[344]

Weitere anlassbezogene Pflichten werden nicht gestellt. Im Rahmen der Novellierung der EnEV im Jahr 2009 wurden die in den Anlagen festgelegten energetischen Anforderungen an den Neubau und den Gebäudebestand insgesamt erhöht um eine weitere Verringerung der $CO_2$-Emissionen erreichen zu können.[345] Anforderungen an Bestandsbauten sind allerdings gegenüber Neubauanforderungen merklich abgeschwächt.[346] Im Rahmen der letzten Novelle aus dem Jahr 2014 wurde von weiteren Anforderungen an den Gebäudebestand abgesehen.[347] Die Energieeffizienzanforderungen für Neubauten wurden dagegen hinsichtlich des Jahres-Primärenergiebedarfs einmalig um ca. 25 % und betreffend der Wärmedämmung der Gebäudehülle einmalig um ca. 20 % ab 01. Januar 2016 angehoben.[348]

### b) Nachrüstpflichten

Unabhängig von Änderungen der Gebäudehülle ergeben sich aus der EnEV darüber hinaus anlassunabhängige Pflichten in Bezug auf Heizungsanlagen sowie zur Dämmung wärmeführender Leitungen und oberster Geschossdecken (§§ 10 ff. EnEV). Heizkessel, die mit flüssigen oder gasförmigen Brennstoffen beschickt werden und vor dem 01.10.1978 eingebaut oder aufgestellt worden sind, dürfen nach § 10 Abs. 1 S. 1 EnEV nicht mehr betrieben werden. Seit der Novelle 2014 gilt zudem nach § 10 Abs. 1 S. 2 EnEV die Vorgabe, dass selbige Heizkessel, die vor dem 01. Januar 1985 eingebaut oder aufgestellt worden sind, ab 2015 nicht mehr betrieben werden dürfen. Erfolgte ein Einbau nach diesem Datum, dürfen diese nach dem Ablauf von 30 Jahren nicht mehr betrieben werden.[349] Nach Abs. 2 müssen Gebäudeeigentü-

---

343 Dazu *Stock*, in: Mitschang (Hrsg.), Fragestellungen des Städtebau- und Umweltrechts, S. 11.

344 Abs. 4 und 5 neugefasst durch die EnEV 2014. Die bisherige Bagatellgrenze von 15m² wurde gestrichen und eine Differenzierung nach dem Einbau eines Wärmerzeuger wurde getroffen. Dazu *Tuschinski*, Bausubstanz 4/2013, 24 (25).

345 BR-Drs. 569/08, S. 63; *Ingold/Schwarz*, NuR 2010, 308 (309).

346 Für eine, vor dem Hintergrund des Bestandsschutzes und der Grundrechte, angemessene aber stärker mögliche Belastung der Eigentümer von Bestandsbauten durch das Ordnungsrecht plädieren *Koch*, NVwZ 2011, 641 (645); *ders.* in: Tagungen der Gesellschaft für Umweltrecht, Band 42, S. 69 sowie *Gaßner/Neusüß/Linde*, Sanierungsvorgaben für bestehende Gebäude, S. 4 ff. Siehe auch *Fischer/Klinski*, ZUR 2007, 8 (11). Sogar negative und unangemessene Auswirkungen einer stärkeren Belastung resümieren dagegen *Haus & Grund*, Stellungnahme zu BT-Drs. 17/5368, 17/5778, 17/7023, S. 4.

347 Siehe schon den Referentenentwurf zur Änderung der EnEV vom 15.10.2013, S. 81 f.; *BMVBS/BMWi*, Gemeinsame Pressemitteilung vom 16.10.2013, Nr. 223/2013, S. 1.

348 Siehe Anlage 1 der EnEV; vgl. *BMVBS/BMWi*, Gemeinsame Pressemitteilung vom 16.10.2013, Nr. 223/2013, S. 1. Dazu auch *Nusser*, ZUR 2014, 67 (68).

349 Zu den Neuregelungen auch *Tuschinski*, Bausubstanz 4/2013, 24 (26).

mer zudem dafür sorgen, dass ungedämmte Wärme führende Leitungen ausreichend[350] gedämmt werden. Darüber hinaus bestimmt § 10 Abs. 3 EnEV, dass die bisher ungedämmten – nicht den Anforderungen an den Mindestwärmeschutz[351] entsprechenden – zugänglichen (begehbaren und nicht begehbaren[352]) obersten Geschossdecken beheizter Räume oder das darüber liegende Dach ausreichend gedämmt werden müssen. Ein näher festgelegter Mindestwärmeschutz muss dazu nach dem 31.12.2015 gewahrt werden (§ 10 Abs. 3 S. 1 EnEV).[353]

Diese zuletzt genannten anlassunabhängigen Pflichten stehen bei selbstgenutzten Ein- und Zweifamilienhäusern gemäß § 10 Abs. 4 EnEV unter der Prämisse, dass nach dem 1. Februar 2002 ein Eigentümerwechsel stattgefunden hat. Mehrfamilienhäuser müssen grundsätzlich nachrüsten. Nach § 10 Abs. 5 EnEV unterliegen alle Maßnahmen einem Wirtschaftlichkeitsgebot. Maßnahmen sind nur dann verpflichtend, wenn sie wirtschaftlich sind und die Aufwendungen durch eintretende Einsparungen innerhalb einer angemessenen Frist erwirtschaftet werden können.

In §§ 16, 16a EnEV werden seit der EnEV 2014 darüber hinaus, gemäß den Richtlinienvorgaben, differenzierte und verpflichtende Vorgaben für Energieausweise gemacht. Bislang waren diese nur auf Verlagen von Käufern oder Mietern auszuhändigen. Verkäufer und Vermieter von Immobilien sind nunmehr nach § 16 EnEV verpflichtet, einen Energieausweis an Käufer bzw. Mieter zu übergeben. Der Energieausweis muss bereits bei der Besichtigung vorgelegt werden. Es besteht zudem eine näher bestimmte Aushangpflicht des Energieausweises in Gebäuden mit Publikumsverkehr (§ 16 Abs. 3 und 4 EnEV). Nach § 16 a EnEV müssen energetische Kennwerte (§ 16 a Abs. 1 Nr. 1-5 EnEV) im Falle des Verkaufs oder der Vermietung zudem in Immobilienanzeigen angegeben werden.

### 3. EEWärmeG

Das Erneuerbare-Energien-Wärmegesetz (EEWärmeG)[354] dient der Umsetzung der oben genannten Erneuerbare-Energien-Richtlinie und geht dabei sogar über die Vorgaben der Richtlinie hinaus. Nach § 1 Abs. 1 EEWärmeG dient das Gesetz dem Zweck, insbesondere im Interesse des Klimaschutzes, der Schonung fossiler Ressourcen und der Minderung der Abhängigkeit von Energieimporten, eine nachhaltige Entwicklung der Energieversorgung zu ermöglichen und die Weiterentwicklung von Technologien zur Erzeugung von Wärme aus erneuerbaren Energien zu fördern. Das EEWärmeG wird dabei im Wesentlichen aus zwei Säulen gebildet: Einer ordnungsrechtlichen Verpflichtung und einer finanziellen Förderung.[355]

---

350 Siehe Anlage 5 zu § 10 Abs. 2, § 14 Abs. 5 und § 15 Abs. 4.

351 Nach DIN 4108-2: 2013-02.

352 So noch die Differenzierung in § 10 Abs. 3 und 4 EnEV 2009.

353 § 10 Abs. 3 EnEV präzisiert durch die EnEV 2014, siehe BR-Drs. 113/2/13, S. 11. Zuvor wurde allein an den unbestimmten Rechtsbegriff der ungedämmten Geschossdecke abgestellt.

354 Gesetz zur Förderung erneuerbarer Energien im Wärmebereich (Erneuerbare-Energien-Wärmegesetz-EEWärmeG) vom 07.08.2009, BGBl. I S. 1658, zuletzt geändert durch Art. 2 des Gesetzes vom 22.12.2011, BGBl. I S. 3044. Einen Überblick über die Regelungen des EEWärmeG gibt *Oschmann*, NJW 2009, 263 (266 ff.).

355 *Müller*, in: Müller/Oschmann/Wustlich, EEWärmeG, Einl., Rn. 12 ff.; *Stein/Thoms*, BB 2009, 1451 (1454); *Wustlich*, ZUR 2008, 113 (115).

### a) Nutzungspflichten

Nach § 3 Abs. 1 EEWärmeG muss zur Erreichung der in § 1 Abs. 1 EEWärmeG genannten Ziele der Energiebedarf eines Gebäudes anteilig aus erneuerbaren Energien gedeckt werden. Diese Verpflichtung bezieht sich dabei nur auf Neubauten. § 5 EEWärmeG regelt sodann, wie ein nutzungsverpflichteter Gebäudeeigentümer seine Pflicht nach § 3 Abs. 1 EEWärmeG erfüllen kann. § 5 EEWärmeG nennt dazu verschiedene erneuerbare Energien und deren zu realisierender Mindestdeckungsanteil, wobei das Gesetz eine Wahlfreiheit zwischen den verschiedenen Energien eröffnet.[356] Die Nutzungspflicht kann zudem auch durch Ersatzmaßnahmen erfüllt werden. Nach § 7 Abs. 1 Nr. 2 und 3 EEWärmeG gilt die Nutzungspflicht bspw. als erfüllt, wenn im Einzelnen näher bezeichnete Energieeinsparmaßnahmen getroffen werden oder wenn der Wärmeenergiebedarf unmittelbar aus einem Fernwärmenetz gedeckt wird.

Entsprechend den Vorgaben des Art. 13 der Erneuerbare-Energien-Richtlinie wird darüber hinaus eine Vorbildfunktion öffentlicher Gebäude manifestiert. Gemäß § 3 Abs. 2 und § 5 a EEWärmeG müssen bei öffentlichen bzw. öffentlich genutzten Gebäuden im Zuge grundlegender Renovierungen Anlagen zur Nutzung erneuerbare Energien eingebaut werden. Die Vorbildfunktion ist dann erfüllt, wenn nach einer grundlegenden Renovierung von öffentlichen Gebäuden mindestens 15 % des Wärme- bzw. Kälteenergiebedarfs (bzw. bei der Nutzung gasförmiger Biomasse: mindestens 25 %) regenerativ gedeckt werden.[357]

Durch § 3 Abs. 4 Nr. 2 EEWärmeG wird den Ländern ferner die Möglichkeit eingeräumt, entsprechende Nutzungspflichten auch für bestehende private Gebäude festzulegen. Auf Bundesebene existiert mithin kein verbindlicher Einsatz erneuerbarer Energien in Bestandsbauten.[358] Das EEWärmeG setzt auf Bundesebene im Bereich des privaten Gebäudebestands auf die Förderung durch das Marktanreizprogramm.[359] § 3 Abs. 4 Nr. 2 EEWärmeG stellt allein eine Ermächtigungsgrundlage bzw. Öffnungsklausel für die Länder [360] dar, um durch Landesgesetz Nutzungspflichten für den Gebäudebestand einführen zu können. Adressat der Regelung sind insofern die Länder. Die Ermächtigungsgrundlage umfasst dabei sowohl das „Ob" als auch das „Wie" einer Nutzungspflicht.[361]

### b) Anschluss- und Benutzungszwang

Die beiden Säulen des EEWärmeG werden durch § 16 EEWärmeG ergänzt.[362] Dieser bestimmt, dass Gemeinden und Gemeindeverbände einen Anschluss- und Benutzungszwang an

---

356 Im Einzelnen *Wustlich*, in: Müller/Oschmann/Wustlich, EEWärmeG, § 5, Rn. 2 f. sowie *Kahl/Schmidtchen*, Kommunaler Klimaschutz durch Erneuerbare Energien, S. 27 f.

357 Zur Vereinbarkeit dieser Verpflichtung mit Art. 87 Abs. 1 S. 7 GG *Kahl/Schmidtchen*, LKV 2011, 439 ff. Im Einzelnen auch *dies.*, Kommunaler Klimaschutz durch Erneuerbare Energien, S. 28 ff; a.A. *Burger/Faber*, KommJur 2011, 161 ff.

358 Siehe auch *Wustlich*, in: Müller/Oschmann/Wustlich, EEWärmeG, § 3, Rn. 80.

359 Dazu weiter unten.

360 Vgl. *Wustlich*, in: Müller/Oschmann/Wustlich, EEWärmeG, § 3, Rn. 85 ff. Da der Bund für den Gebäudebestand insoweit keine abschließende Regelung getroffen hat, verbleibt den Ländern ein eigener Regelungsbereich (Art. 72 Abs. 1 GG) und § 3 Abs. 4 Nr. 2 EEWärmeG kommt effektiv nur eine deklaratorische Bedeutung zu. Siehe BT-Drs. 16/8149, S. 13; *Milkau*, Erneuerbare Energien im Wärmemarkt, S. 264 ff., 267 sowie *Kahl/Schmidtchen*, Kommunaler Klimaschutz durch Erneuerbare Energien, S. 96.

361 *Wustlich*, in: Müller/Oschmann/Wustlich, EEWärmeG, § 3, Rn. 95.

362 Aufgrund seiner Zwangswirkung für den Betroffenen ist der Anschluss- und Benutzungszwang ein ordnungsrechtlich wirkendes Instrument, siehe *Wustlich*, in: Danner/Theobald, Energierecht, 73. Erg.

Fernwärme- oder Fernkälteversorgung über einschlägige landesrechtliche Regelungen[363], auch zum Zwecke des Klima- und Ressourcenschutzes, anordnen können. Dies ist grundsätzlich für Neubauten als auch für bestehende Gebäude möglich, wobei ein Handeln der Gemeinde nach Art. 28 Abs. 2 S. 1 GG auf den Bereich örtlicher Angelegenheiten beschränkt ist.[364] Nach Auslegung der landesrechtlichen Ermächtigungsgrundlagen kann ein Anschluss- und Benutzungszwang in allen Bundesländern auf Grund des Wortlauts, Zwecks und der Systematik der jeweiligen Normen allerdings nur für öffentliche Einrichtungen angeordnet werden.[365] Der Nutzen von solchen Wärmenetzen wurde bereits oben beschrieben. Zweck des § 16 EEWärmeG ist die Beseitigung von bisher bestehenden Rechtsunsicherheiten. Die landesrechtlichen Bestimmungen boten bisher grundsätzlich schon die Möglichkeit einen Anschluss- und Benutzungszwang anzuordnen. Es bestanden jedoch Unsicherheiten, ob ein solcher Zwang auch aus Klimaschutzgründen angeordnet werden konnte.[366] Diese Unsicherheiten wurden nun beseitigt.[367] Ein lokaler Bezug des Anschluss- und Benutzungszwangs ist nicht (mehr) notwendig.[368] Die Regelung verfolgt dabei nicht den Zweck, eine neue bundesrechtliche Ermächtigungsgrundlage zu schaffen, sondern dient allein dazu, die bestehenden landesrechtlichen Ermächtigungsgrundlagen auch für den Klima- und Ressourcenschutz zu öffnen.[369]

### 4. Hamburgisches Klimaschutzgesetz und Klimaschutzverordnung

Hamburg hat als einziges Bundesland bereits im Jahr 1997 ein eigenes Klimaschutzgesetz[370] (HmbKliSchG) und 2007 eine das Gesetz konkretisierende Klimaschutzverordnung[371] (Hmb-

---

Lfg. 2012, Rn. 161. Dazu auch *Kahl/Schmidtchen*, Kommunaler Klimaschutz durch Erneuerbare Energien, S. 35.

363 § 11 Abs. 1 GO (Baden-Württemberg); Art. 24 Abs. 1 Nr. GO (Bayern); § 12 KV *und* § 8 LImSchG (Brandenburg); § 19 Abs. 2 GO (Hessen); § 15 Abs. 1 KV (Mecklenburg-Vorpommern); § 8 Nr. 2 GO (Niedersachsen); § 9 GO (Nordrhein-Westfalen); § 26 GO (Rheinland-Pfalz); § 22 Abs. 1 KSVG (Saarland); § 14 Abs. 1 GO (Sachsen); § 8 Nr. 2 GO (Sachsen-Anhalt); § 17 Abs. 2 GO (Schleswig-Holstein); § 20 Abs. 2 Nr. 2 KO (Thüringen); § 23 Abs. 1 BEnSpG (Berlin); § 1 Abs. 2 GemRechtsG (Bremen) sowie in § 4 HmbKliSchG (Hamburg). Siehe auch *Bundeskartellamt*, Abschlussbericht Sektoruntersuchung Fernwärme, 2012, Tabelle 6, Rn. 105.

364 *Böhm/Schwarz*, DVBl 2012, 540 (544). Mit Einschränkungen in Hamburg und Bayern, zu den Einzelheiten siehe auch *dies.*, HSGZ 2012, 423 (428) sowie *Kahl*, VBlBW 2011, 53 (56).

365 Im Einzelnen *Böhm/Schwarz*, DVBl 2012, 540 (543). Siehe auch OVG Bautzen, SächsVBl. 2003, 143 (146); OVG Schleswig, NordÖR 2004, 152 (153); OVG Bautzen, SächsVBl. 2005, 256 (257); OVG Magdeburg, NVwZ-RR 2008, 810 (811).

366 Zur Rechtslage vor Erlass des § 16 EEWärmeG *Böhm/Schwarz*, DVBl 2012, 540 (540 f.).

367 BT-Drs. 16/8149, S. 29; vgl. *Milkau*, in: Müller/Oschmann/Wustlich, EEWärmeG, § 16, Rn. 5 (zu den einzelnen Ermächtigungsgrundlagen im Landesrecht, Rn. 25 ff.); weiterhin *Böhm/Schwarz*, DVBl 2012, 540 (543) sowie *Kahl*, ZUR 2010, 395 (398 f.)

368 *Böhm/Schwarz*, HSGZ 2012, 423 (430); *Tomerius*, ER 2013, 61 (63). Zum Ganzen auch *Bundeskartellamt*, Abschlussbericht Sektoruntersuchung Fernwärme, 2012, Rn. 104 ff.

369 Vgl. BT-Drs. 16/8149, S. 29. Dazu auch *Milkau*, in: Müller/Oschmann/Wustlich, EEWärmeG, § 16, Rn. 14 sowie *Böhm/Schwarz*, DVBl 2012, 540 (542). Zur Verhältnismäßigkeit eines Anschluss- und Benutzungszwangs siehe unten sowie *Böhm/Schwarz*, HSGZ 2012, 423 (428 f.). Daneben wird in Thüringen derzeit ein unmittelbares landesrechtliches Anschluss- und Benutzungsgebot auf Grundlage eines Entwurfes eines Thüringer Erneuerbare-Energien-Wärmegesetz diskutiert, siehe § 9 des Entwurfes.

370 Hamburgisches Gesetz zum Schutz des Klimas durch Energieeinsparung (HmbKliSchG) vom 25.06.1997, HmbGVBl. S. 261, zuletzt geändert durch Gesetz vom 17.12.2013, HmbGVBl. S. 503.

371 Hamburgische Klimaschutzverordnung (HmbKliSchVO) vom 11.12.2007, HmbGVBl. 2008, S. 1.

KliSchVO) erlassen. In Berlin ist ein entsprechender Entwurf im September 2010 vom Finanzsenator gestoppt worden.[372] Ziel des hamburgischen Gesetzes ist ausweislich seines § 1 Abs. 1 der Schutz des Klimas durch eine möglichst sparsame, rationelle und ressourcenschonende sowie eine umwelt- und gesundheitsverträgliche und risikoarme Erzeugung, Verteilung und Verwendung von Energie im Rahmen des wirtschaftlich Vertretbaren. Zur Erreichung dieses Ziels wird u.a. angestrebt, Wärme vorrangig aus KWK-Anlagen oder erneuerbaren Energien zu beziehen und die Energieeffizienz zu steigern.[373]

In § 3 wird insbesondere der Neuanschluss von elektrischen Heizungen eingeschränkt. Nach §§ 6 und 7 HmbKliSchG werden zudem, vergleichbar den Bestimmungen im EnEG, Anforderungen an den Wärmeschutz sowie an heizungs- und raumlufttechnische Anlagen sowie an Brauchwasseranlagen ermöglicht. Hervorzuheben ist des Weiteren § 8 HmbKliSchG. Dieser bestimmt in seinem Abs. 1, dass oben genannte Anforderungen im Rahmen von wesentlichen Änderungen von Gebäuden, Anlagen oder Einrichtungen, folglich auch für den Gebäudebestand, gestellt werden können. § 8 Abs. 2 HmbKliSchG bestimmt darüber hinaus, dass für bestehende Gebäude mit mehr als zwei Wohneinheiten einzelne Pflichten nach §§ 6 und 7 HmbKliSchG ebenso generell, also unabhängig von wesentlichen Änderungen, gestellt werden können, wenn die Maßnahmen zu einer Verminderung der Energieverluste und zu einem sparsamen Energieverbrauch beitragen.

In der erlassenen Klimaschutzverordnung hat der Senat allerdings nur zurückhaltend von den vorhandenen Ermächtigungen Gebrauch gemacht. Es werden Anforderungen an Neubauten sowie an einzelne Bauteile bei wesentlichen Änderungen von Bestandsbauten gestellt. Die in § 8 Abs. 2 HmbKliSchG eingeräumte Möglichkeit, anlassunabhängige Sanierungspflichten zu begründen, wurde - angesichts bestehender Bedenken in Bezug auf den Bestandsschutz - bisher nicht wahrgenommen.[374]

### 5. EWärmeG Baden-Württemberg

Vor dem Erlass des EEWärmeG auf Bundesebene hatte Baden-Württemberg ein eigenes Gesetz zur Nutzung Erneuerbarer Wärmeenergien (Erneuerbare-Wärme-Gesetz-EWärmeG)[375] erlassen. Zentraler Steuerungsansatz ist die Pflicht zur Nutzung erneuerbarer Energien im Gebäudebereich.[376]

Das EWärmeG enthält Vorgaben sowohl für Neubauten als auch für bestehende Gebäude. Hervorzuheben ist dabei vor allem § 4 Abs. 2 EWärmeG. Nach dieser Vorschrift müssen bei bestehenden Gebäuden ab dem 01. Januar 2010 mindestens 10 Prozent des jährlichen Wärmebedarfs durch erneuerbare Energien gedeckt werden, wenn ein Austausch der Heizanlage

---

372 Vgl. Groß, ZUR 2011, 171 (172); http://www.morgenpost.de/berlin-aktuell/ article1390907/Finanzsenator-stoppt-Entwurf-fuer-Klimaschutzgesetz.html (Stand 18.07.2011); der Referentenentwurf für ein Klimaschutzgesetz in Berlin v. 06.07.2009 ist abrufbar unter http://www.naeb.info/Dokumente/Klimaschutzgesetz_Berlin.pdf (Stand 19.07.2011). Zum Entwurf auch *Kahl/Schmidtchen*, Kommunaler Klimaschutz durch Erneuerbare Energien, S. 101 f.

373 Siehe § 1 Abs. 1 Nr. 1-4 HmbKliSchG. Im Überblick *Wickel*, DVBl 2013, 77 f.

374 *Braun*, NordÖR 2008, 253 (257); *Böhm/Schwarz*, NVwZ 2012, 129 (130).

375 Gesetz zur Nutzung erneuerbarer Wärmeenergien in Baden-Württemberg (Erneuerbare-Wärme Gesetz-EWärmeG) vom 20.11.2007, GBl. S. 531.

376 *Müller*, in: Müller/Oschmann/Wustlich, EEWärmeG, Einl., Rn. 52.

erfolgt.[377] Der sachliche Anwendungsbereich erstreckt sich dabei auf Gebäude, die überwiegend zu Wohnzwecken[378] genutzt werden und erfasst sowohl Zentralheizungen als auch Etagenheizungen[379]. Im Gegensatz zum Bundesrecht findet sich in Baden-Württemberg mithin eine bedingte Pflicht zum Einsatz erneuerbarer Energien im Gebäudebestand. Eine ersatzweise Erfüllung der Pflicht kann durch näher bestimmte Dämmmaßnahmen geschehen (§ 5 EWärmeG). Von der Landeregierung ist geplant, im Rahmen einer Novelle den Pflichtanteil an erneuerbaren Energien zukünftig auf 15 % zu erhöhen und die Pflicht auf Nichtwohngebäude auszudehnen. Zudem soll sich das EWärmeG zukünftig ausdrücklich nur noch auf Altbauten beziehen.[380] Hinsichtlich Neubauten werden die Vorgaben des EWärmeG derzeit schon durch das EEWärmeG verdrängt, denn die im EEWärmeG normierte Verpflichtung zur Nutzung erneuerbarer Energien bei Neubauten stellt eine auf Art. 74 Abs. 1 Nr. 24 GG basierende abschließende Regelung dar, die gegenüber etwaigem Landesrecht eine Sperrwirkung entfaltet.[381]

## IV. Analyse und Grenzen des Ordnungsrechts

### 1. Allgemeine Leitungsfähigkeit

Ordnungsrecht bietet mit seinem direkten Zugriff auf das zu steuernde Verhalten – einen wirkungsvollen Vollzug vorausgesetzt – die Chance, konkret erwünschte Verhaltensweisen treffsicher herbeizuführen und unerwünschte Verhaltensweisen zu vermeiden.[382] Darüber hinaus gewährt es rechtsstaatliche Klarheit und Berechenbarkeit.[383] Der generelle Vollzugsaufwand und die dem Ordnungsrecht allgemein zugeschriebenen Vollzugsdefizite desselben bilden indes wesentliche Durchsetzungsgrenzen.[384] Zudem gilt das Ordnungsrecht als unfle-

---

377 Angelehnt an diese Regelung wird derzeit auch in Thüringen ein eigenes Erneuerbare-Energien-Wärmegesetz diskutiert, welches im Entwurf allerdings eine, im Unterschied zum EWärmeG BW, anlassunabhängige Nutzungspflicht erneuerbarer Energien vorsieht. Nach § 11 des Entwurfes sollen Eigentümer bis zum 01.01.2015 den Wärmebedarf des Gebäudes aus erneuerbaren Energien decken. Die Pflicht soll u.a. der Ausnahme unterliegen, dass das Baualter bei vor in Kraft treten des Gesetzes installierten Anlagen 25 Jahre beträgt und nicht zu unbilligen Härten führt. Ebenso werden Ersatzmaßnahmen zugelassen. Eine Umsetzung dieses Entwurfs gilt derzeit als ungewiss, siehe Fn. 222; vgl. *Kahl/Schmidtchen*, EurUP 2013, 184 (185).

378 Erfasst werden auch Wohn-, Alten- und Pflegeheime. Ausgenommen werden Wohngebäude, die weniger als 4 Monate vom 1. Oktober bis 30. April genutzt werden sowie Wohngebäude mit einer Wohnfläche von weniger als 50 $m^2$, siehe § 2 EWärmeG.

379 *Müller*, in: Müller/Oschmann/Wustlich, EEWärmeG, Einl., Rn. 55; a.A. *Wiehe*, BWGZ 2009, 155 (155 f.).

380 Siehe LT-Drs. 15/399, S. 17, 62; *Staatsministerium Baden-Württemberg*, Eckpunkte für eine Novellierung des EWärmeG vom 11. Juni 2013. Mit einem Beschluss im Landtag ist frühestens Mitte 2014 zu rechnen.

381 Vgl. *Müller*, in: Müller/Oschmann/Wustlich, EEWärmeG, Einl., Rn. 53; *Wustlich*, NVwZ 2008, 1041 (1042); *Schläger*, ZMR 2009, 339 (340); *Milkau*, ZUR 2008, 561 (566 ff.); *Stock*, in: Mitschang (Hrsg.), Fragestellungen des Städtebau- und Umweltrechts, S. 1.

382 *Lübbe-Wolff*, NVwZ 2001, 481 (483 f.); *Böhm*, Die Wirksamkeit von Umweltlenkungsabgaben, S. 21 jew. mwN.

383 *Kloepfer*, Umweltrecht, § 5, Rn. 38.

384 *Kloepfer*, Umweltrecht, § 5, Rn. 172; *Lübbe-Wolff*, NVwZ 2001, 481 (483). Siehe auch *Voßkuhle*, in: Hoffmann-Riem/Schmidt-Aßmann/Voßkuhle (Hrsg.), Grundlagen des Verwaltungsrechts, Band I, Rn. 10, zu der seit Jahrzenten andauernden „Krise“ des Ordnungsrechts.

xibel und es besteht die Gefahr, dass direkte Vorgaben keine Akzeptanz in der Bevölkerung erfahren und damit keine Anreizwirkung entfalten.

## 2. Tatsächliche Wirkung

### a) EnEV

Mit der EnEV wurden grundsätzlich komplexe Ansätze zur Energieeffizienzsteigerung für Neubauten entwickelt. Am Markt ist die Entwicklung allerdings schon weiter als die jeweiligen gesetzlichen Mindestanforderungen. Der Primärenergiebedarf neu errichteter Gebäude liegt im Schnitt ca. 30 % unter den Anforderungen der EnEV 2009.[385] Die Erhöhung der Anforderungen an Neubauten ab 2016 ist mithin stringent. Im Bereich des Gebäudebestands kann die EnEV derzeit nur sukzessive Verbesserungen der Energieeffizienz herbeiführen. Der über § 10 EnEV geforderte Heizungsaustausch der EnEV erfasst nach Schätzungen gerade einmal ca. 13 % der vorhandenen veralteten Anlagentechniken im Gebäudebestand.[386] Eine Vorgabe, bei der Umrüstung auf erneuerbare Energien zu setzen, existiert darüber hinaus wie gesehen nicht. Bei seit dem 01.02.2002 selbstgenutzten Ein- und Zweifamilienhäusern gelten die genannten Anforderungen ebenso wie die Vorgaben zur Dämmung Wärme führender Leitungen und oberster Geschossdecken zudem erst ab einem Eigentümerwechsel und unterliegen stets einem Wirtschaftlichkeitsvorbehalt. Bei den Vorgaben zur Dämmung wurde darüber hinaus bis zum 01.05.2014 allein an den unbestimmten Rechtsbegriff eines „ungedämmten“ Ausgangszustands angeknüpft. Dies führte zu großen Unsicherheiten und Lücken in der Anwendungspraxis.[387] Hinsichtlich der Dämmpflicht oberster Geschossdecken wurde bspw. bei massiven Deckenkonstruktionen, die ab 1969 errichtet wurden sowie bei Holzbalkendecken aller Baualtersklassen von einem ausreichenden Wärmeschutz ausgegangen, sodass diese dem Anwendungsbereich nicht unterfielen.[388] Mit in Kraft treten der EnEV 2014 am 01.05.2014 wurde die Dämmpflicht insoweit präzisiert, als eine eindeutige energetische Kenngröße in § 10 Abs. 3 EnEV als Auslösetatbestand festgeschrieben wurde.[389] Ein ungedämmter Ausgangszustand kann nunmehr im Einzelfall ermittelt und der Auslösetatbestand einer Dämmpflicht zumindest zukünftig (die Pflicht gilt ab Januar 2016) rechtssicher festgestellt werden. Gleichwohl bleibt die energetische Effizienz dieser Dämmvorgaben, wegen der stark variierenden Wirksamkeit im heterogenen Gebäudebestand, fraglich.[390]

Anforderungen werden ferner nur gestellt, soweit ein konkreter Anlass[391] besteht und zum anderen nur unter sehr engen Tatbestandsvoraussetzungen. Dies ist zum einen dem im EnEG verwurzelten Wirtschaftlichkeitsgebot geschuldet, dass weitere Anforderungen nicht zu

---

385 Für eine periodisch dynamisierte Anpassung der EnEV-Standards plädierte schon *Winkler*, Klimaschutzrecht, S. 148 f. Vgl. auch *Dena*, Gebäudereport 2012, S. 9 sowie *Koch*, in: Tagungen der Gesellschaft für Umweltrecht, Band 42, S. 65.

386 *Bundesverband Erneuerbare Energie*, Pressemitteilung vom 16.10.2013. Zudem und zum Folgenden auch *Niendorf*, Wachsender Druck auf Hauseigentümer, FAZ vom 25.10.2013, S. 45 sowie *Weber*, Heiße Luft um alte Heizungen, FAZ vom 22.10.2013, S. 1.

387 Siehe BR-Drs. 13/2/13, S. 11.

388 Siehe *Deutsches Institut für Bautechnik*, Auslegungsfragen zur EnEV, Teil 15, S. 4; vgl. *Stock*, in: Danner/Theobald, Energierecht, § 10 EnEV, Rn. 4. Zu den daher teilweise auch als sinnentleert empfundenen Pflichten nach § 10 EnEV *Dettki*, Das Grundeigentum 2013, 1259 f.

389 Vgl. BT-Drs. 113/2/13, S. 11.

390 Siehe Fn. 184.

391 Sog. „bedingte Anforderungen“ der EnEV, siehe o. Fn. 340.

lässt.[392] Es wird jedoch auch aus sozialpolitischen Gründen vor einer Verschärfung der Anforderungen an Bestandsgebäude gewarnt: Jeder zusätzliche Zwang verschrecke potenzielle Bauherren.[393] Das Wirtschaftlichkeitsgebot hat daher faktisch auch zu einer Orientierung im unteren Bereich des wirtschaftlich Vertretbaren geführt.[394] In der Vergangenheit hat sich darüber hinaus gezeigt, dass viele Bauherren nicht genügend Kenntnis von den Regelungen der EnEV und deren Zielsetzung haben, sodass ein hohes Maß an Aufklärung nötig ist, um potenzielle Bauherren für die EnEV zu sensibilisieren.[395] Diese Aufgabe bewältigen bisher maßgeblich die Handwerksfirmen, Architekten und Planer.

### aa) Vollzug

Die fehlende Kenntnis von EnEV-Anforderungen dürfte jedoch auch dem hinkenden Vollzug der Regelungen geschuldet sein, der eine effektive Umsetzung der EnEV im Bestand bislang nicht gewährleisten konnte.[396] Der Vollzug der EnEV fällt in den Zuständigkeitsbereich der jeweiligen Vollzugsbehörde eines Bundeslandes.[397] Die Einhaltungen der EnEV Vorschriften soll dabei über sog. Unternehmererklärungen gemäß § 26 a EnEV gewährleistet werden. Danach müssen private Fachbetriebe dem Eigentümer unverzüglich nach der Durchführung von bestimmten Arbeiten schriftlich bestätigen, dass diese den Anforderungen der EnEV entsprechen. Mit dieser Erklärung soll der Eigentümer die Erfüllung seiner Pflichten nachweisen können und muss diese der zuständigen Behörde auf Verlangen vorlegen. Bestimmte Kontrollaufgaben wurden zudem auf die Bezirksschornsteinfeger übertragen (§ 26 b EnEV).[398]

Von Änderungen der Gebäudehülle, die die EnEV betreffen, und darüber hinaus keiner Genehmigung bedürfen, erfahren die für den Vollzug zuständigen Behörden allerdings oft gar nichts.[399] Eine Befragung der Bundesländer durch die Deutsche Umwelthilfe ergab vor diesem Hintergrund, dass die Einhaltung der Vorgaben der EnEV von den jeweiligen Vollzugs-

---

392 Zum Bestandsschutz im Einzelnen noch weiter unten; vgl. auch *Stock*, in: Mitschang (Hrsg.), Fragestellungen des Städtebau- und Umweltrechts, S. 14 und *Keyhanian*, Rechtl. Instrum. zur Energieeinsparung, S. 405 sowie *SRU*, Umweltgutachten 2008, S. 122.

393 *DDH*, online, URL: http://www.ddh.de/sanierung/158/343/ (Stand 23.01.2012); siehe auch Ergebnisse der *Prognos* Studie, Volkswirtschaftliche Bewertungen der EnEV 2009; *Fraunhofer/Ecofys/Öko-Institut*, Kosten-/Nutzen-Analyse der Einführung marktorientierter Instrumente zur Realisierung von Endenergieeinsparungen in Deutschland, März 2012, S. 191.

394 *Keyhanian*, Rechtl. Instrum. zur Energieeinsparung, S. 405 sowie *Beaucamp/Beaucamp*, NZM 2002, 323 (326) mwN.

395 *BBR*, Erfahrungen mit der EnEV, S. 90 f.; *Weiß/Vogelpohl*, Energetische Sanierungsquote bei Eigenheimen, S. 20 mwN.; *Everding*, ZNER 1999, 132 (133); *Tuschinski*, Der Bausachverständige 2013, 52 (52); *Halstenberg/Nusser*, EnWZ 2013, 343 (344).

396 Für den Gebäudebestand wird davon ausgegangen, dass die Nichteinhaltungsquote der EnEV-Anforderungen bei über 35 % liegt; *BBR*, Erfahrungen mit der EnEV, S. 91; siehe auch *Ziehm*, ZUR 2010, 411ff.; *Tuschinski*, Der Bausachverständige 2013, 52 ff.; *Winkler*, Klimaschutzrecht, S. 147 f.; *Halstenberg/Nusser*, EnWZ 2013, 343 (345, 349); *Nusser*, ZUR 2014, 67 (69) sowie *Weiß/Vogelpohl*, Energetische Sanierungsquote bei Eigenheimen, S. 10, 19 f. mwN. Allgemein auch *Kloepfer*, Umweltrecht, § 5, Rn. 172.

397 Einen Überblick über die zuständigen Behörden und die Vollzugsregelungen der Länder zur EnEV liefert das *BBSR* unter URL: http://www.bbsr.bund.de/nn_1024218/EnEVPortal/ DE/EnEV/Vollzug/vollzug__node.html?__nnn=true (Stand 23.01.2012).

398 Dazu auch *Halstenberg/Nusser*, EnWZ 2013, 343 (349).

399 Siehe *Weiß/Vogelpohl*, Energetische Sanierungsquote bei Eigenheimen, S. 20.

behörden nicht nachhaltig gewährleistet werden kann.[400] Gleiches ergab eine Umfrage des Experten-Portals EneV-online.de im Jahr 2012.[401] Dem liegen zum einen klassische „echte" Vollzugsprobleme zugrunde, also eine mangelnde personelle und materielle Ausstattung der Vollzugsbehörden, sowie die fachlich ungenügende Qualifikation der Behördenmitarbeiter.[402] Zum anderen sind auch von der Normsetzung bedingte Mängel – sogenannte „unechte" Vollzugsdefizite der EnEV – offensichtlich.[403] So wird die Einhaltung der EnEV-Vorgaben ohne weitere Kontrolle in die Hand von Handwerkern und Architekten gelegt, die womöglich ein wirtschaftliches Eigeninteresse daran mitbringen, die Einhaltung der Vorschriften nicht so genau zu verfolgen.[404] Oftmals wird statt des in der Unternehmererklärung behaupteten Dämmmaterials ein weniger gutes genommen oder die Dämmschicht wird in Wahrheit dünner aufgebracht als behauptet, da es für den Eigentümer, den Architekten oder Bauleiter kostengünstiger ist.[405] Ähnliches gilt bei Dacharbeiten und in Fällen des Fensteraustauschs nach § 9 EnEV.[406] Die inhaltliche Richtigkeit der Unternehmernachweise wird bei nicht genehmigungspflichtigen Sanierungsmaßnahmen zudem regelmäßig nicht weiter überprüft, da in den meisten Bundesländern allein eine Vorlagepflicht des Unternehmernachweises besteht, nicht aber eine sachliche Überprüfung geregelt ist.[407] Der Unternehmernachweis dürfte sich in Folge dessen als uneffektiv erweisen, den Vollzug der EnEV Vorschriften bei Sanierungen im Bestand zu gewährleisten.[408] Bei einer Verschärfung des Vollzugs der EnEV müssten die Kommunen in den zuständigen unteren Bauaufsichtsbehörden ausreichende Personalkapazitäten vorhalten können. Seit dem Jahr 2000 sind die Personalkapazitäten allerdings erheblich reduziert worden.[409] Eine wiederkehrende Verbesserung ist nicht zu erwarten und eine Verschärfung des Vollzugs dürfte zudem dem Bestreben der letzten Jahre, den Bürokratieaufwand im Bauwesen sukzessive abzubauen, diametral entgegen stehen.[410] Eine im Rahmen des Gesetzgebungsverfahrens zur EnEV 2014 geplante Verpflichtung der nach Landesrecht zuständigen Behörden, die Erfüllung der Neubauanforderungen nach § 3 Abs. 1 und 2 sowie § 4 Abs. 1 und 2 EnEV zumindest durch geeignete Stichprobenverfahren sicherzustellen (§ 16 a EnEV-2014 –Entwurf), wurde vom Bundesrat gestrichen.[411] Stichprobenkontrollen wurde nur hinsichtlich einer Überprüfung der Energieausweise und der Inspektionsberichte von Klimaanlagen (gemäß der Richtlinienvorgabe) eingeführt (§ 26 d EnEV).

---

400 Pressemitteilung der Deutschen Umwelthilfe vom 05.07.2010, zusammen mit der gesamten Umfrage und den Ergebnissen abrufbar unter URL: http://www.duh.de/pressemitteilung.html?& tx_ttnews[tt_news]=2340 (Stand 23.01.2012). Zusammenfassend *Ziehm*, ZUR 2010, 411 (415).

401 Siehe *Tuschinski*, Der Bausachverständige 2013, 52 (52 f.).

402 *Weiß/Vogelpohl*, Energetische Sanierungsquote bei Eigenheimen, S. 21; vgl. auch schon *Kloepfer*, Umweltrecht, § 5, Rn. 172 sowie *Brohm*, NVwZ 1988, 794 (795 f.)

403 *Weiß/Vogelpohl*, Energetische Sanierungsquote bei Eigenheimen, S. 21.

404 Siehe *Klinski*, ZUR 2010, 283 (286).

405 *Ziehm*, ZUR 2010, 411 (415).

406 *Klinski*, ZUR 2010, 283 (286); *Ziehm*, ZUR 2010, 411 (415).

407 Siehe *Weiß/Vogelpohl*, Energetische Sanierungsquote bei Eigenheimen, S. 20.

408 Vgl. auch *Ziehm*, Zur 2010, 411 (415).

409 Siehe *Halstenberg/Nusser*, EnWZ 2013, 343 (350).

410 *Fraunhofer ISI/Ecofys/Öko-Institut*, o. Fn. 393, S. 191 f.; *Simons*, Energetische Sanierung von Ein- und Zweifamilienhäusern, S. 3, 54; *Halstenberg/Nusser*, EnWZ 2013, 343 (351).

411 Siehe BR-Drs. 113/3/13, S. 31. Eine behördliche Stichprobenkontrolle der Unternehmernachweise in die EnEV aufzunehmen, scheiterte auch schon 2008 im Bundesrat, siehe Änderungsbeschluss Nr. 14 in BR-Drs. 569/08 (Beschluss).

### bb) Ordnungswidrigkeiten

Nicht zuletzt wurde ein Verstoß gegen die Nachrüstpflichten im Gebäudebestand gemäß § 10 EnEV in § 27 EnEV bislang auch nicht als Ordnungswidrigkeit eingestuft, sodass diese Vorschriften in der Praxis vollständig drohten, ignoriert zu werden.[412] Erst seit der EnEV 2014 und damit ab dem 01.05.2014 sind Verletzungen der Pflichten aus § 10 EnEV als Ordnungswidrigkeiten aufgeführt (§ 27 Abs. 1 EnEV). Auf Grund der in § 8 EnEG festgelegten hohen Geldbußen von bis zu 50.000 Euro werden Bauherren also erst zukünftig vermehrt für die entsprechenden EnEV Vorgaben sensibilisiert sein. Die Vorgaben des § 9 und § 10 Abs. 2-6 EnEV dürften auf dem derzeitigen Weg allerdings kaum effektiv kontrollierbar sein.

## b) EEWärmeG

Der Ansatz des EEWärmeG, für Neubauten den Einsatz erneuerbarer Energien verbindlich vorzuschreiben und für den Gebäudebestand auf Anreize zu setzen, wurde im ersten Erfahrungsbericht der Bundesregierung zum EEWärmeG aus dem Jahr 2012 bewertet.[413] Der Gesetzgeber ging ursprünglich von jährlich 175.000 neu errichteten Gebäuden aus, die der Nutzungspflicht erneuerbarer Energien unterfallen sollten.[414] Diese Anzahl wurde laut dem Erfahrungsbericht in den Jahren 2009 bis 2011 mit ca. 95.000 und mit ca. 108. 000 im Jahr 2011 nicht erreicht.[415] Es sind also deutlich weniger Gebäude der Nutzungspflicht unterfallen als angenommen. In der Begrenzung der Nutzungspflicht erneuerbarer Energien auf den Neubaubereich wird daher in Teilen der Literatur ein großes Defizit gesehen und eine Erweiterung auf den Gebäudebestand präferiert.[416] Wie darzulegen sein wird, ist der (verfassungs-) rechtliche Spielraum ordnungsrechtlicher Vorgaben für Bestandsbauten allerdings begrenzt, sodass eine Erweiterung nicht ohne weiteres möglich ist. Zudem nimmt die Förderung durch das Marktanreizprogramm eine bedeutende Rolle im Rahmen der Förderung erneuerbarer Energien im Gebäudebestand ein.[417]

### aa) Vollzug

Im Rahmen des ordnungsrechtlichen Ansatzes bei Neubauten hängt die Wirkung des EEWärmeG, ähnlich wie die der EnEV, von der Intensität des Vollzugs der Regelungen ab.[418] Nach § 11 EEWärmeG sollen die zuständigen Behörden durch geeignete Stichproben die zu erfüllenden Pflichten nach § 3 Abs. 1 EEWärmeG und die Richtigkeit der erforderlichen Nachweise nach § 10 EEWärmeG kontrollieren.[419] Der Vollzug des EEWärmeG weist dabei

---

412 Siehe auch *Uttich*, Eingeschränkter Dämmzwang, FAZ online vom 25.01.2012 sowie *Tuschinski*, Der Bausachverständige 2013, 52 (53).

413 Erfahrungsbericht zum Erneuerbare-Energien-Wärmegesetz durch die Bundesregierung vom 19.12.2012. Diesen hatte die Bundesregierung bis zum 31. Dezember 2011 vorzulegen (§ 18 EEWärmeG). Dieser gesetzlichen Verpflichtung ist die Bundesregierung nicht rechtzeitig nachgekommen. Siehe Antrag der SPD Fraktion vom 24.01.2012 mit der Aufforderung den Erfahrungsbericht vorzulegen, BT-Drs. 17/8458.

414 BT-Drs. 16/8149, S. 14; dazu auch *Kahl/Schmidtchen*, Kommunaler Klimaschutz durch Erneuerbare Energien, S. 25 f.

415 Siehe schon Fn. 161 sowie *BMU*, Erfahrungsbericht zum EEWärmeG, S. 51. Vgl. auch *Kahl/Schmidtchen*, Kommunaler Klimaschutz durch Erneuerbare Energien, S. 26 mwN.

416 *Kahl/Schmidtchen*, Kommunaler Klimaschutz durch Erneuerbare Energien, S. 35.

417 Siehe unten.

418 Dazu *Ekardt/Heitmann*, ZNER 2009, 346 ff.

419 Zu Umfang und Form der Stichprobenkontrolle *Müller*, in: Müller/Oschmann/Wustlich, EEWärmeG, § 11, Rn. 6 ff.

grundsätzlich ähnliche Probleme auf wie der der EnEV.[420] Stagnierend wirkt hier zunächst die Gesetzesbegründung, die Stichproben nur in 1 bis 2 % der anfallenden Fälle angestrebt.[421] Eine Umfrage der Deutschen Umwelthilfe ergab auch hier, dass seinerzeit größtenteils keine Vollzugskontrolle in den Bundesländern erfolgte.[422] Bis zum ersten Erfahrungsbericht des EEWärmeG im Dezember 2012 – über drei Jahre nach in Kraft treten des EEWärmeG – war der Vollzug in der Hälfte der Bundesländer immer noch nicht abschließend geklärt,[423] und wird in Folge dessen auch in der Literatur als im hohen Maße defizitär bezeichnet.[424] In den Bundesländern, die ihren Vollzug bisher geregelt haben, werden die vorgesehenen Stichproben von den zuständigen Behörden in eigener Zuständigkeit und in eigenem Ermessen durchgeführt, die sich offenbar an den Zielvorgaben der Gesetzesbegründung (1-2 %) orientieren.[425] Ebenso wie im Rahmen des Vollzugs der EnEV wird zum einen eine unzureichende Personalausstattung für den hinkenden Vollzug verantwortlich gemacht.[426] Die gemäß § 10 EEWärmeG erforderlichen Nachweise können zudem durch einen Sachkundigen, den Hersteller, einen Fachbetrieb oder den Wärmenetzbetreiber ausgestellt werden.[427] Problembehaftet sind dabei – ähnlich den Vollzugregelungen der EnEV – die gleichlaufenden Interessen der Bauherren und der durch sie ausgewählten und bezahlten Begutachtenden. Ein rechtskonformer Gesetzesvollzug gilt nicht als wahrscheinlich.[428] Der Erfahrungsbericht gibt insoweit erste Handlungsempfehlungen zur Verbesserung des Vollzugs.[429] Eine Umsetzung blieb bisher allerdings aus. Die Durchsetzung der ordnungsrechtlichen Bestandteile des EEWärmeG ist damit insgesamt ebenso schwach ausgestaltet wie im Rahmen der EnEV.

### bb) Nutzungspflichten nach Landesrecht

Die Öffnungsklausel des § 3 Abs. 4 Nr. 2 EEWärmeG wurde von den Ländern bisher nicht flächendeckend genutzt, um verbindliche Nutzungspflichten erneuerbarer Energien einzuführen. Allein Brandenburg und Bremen haben davon Gebrauch gemacht. Nach Inkrafttreten des EEWärmeG hat Brandenburg als erstes Bundesland eine ausdrückliche Ermächtigung der Kommunen zur Einführung von Nutzungspflichten erneuerbarer Energien in § 81 Abs. 7 der

---

420 Siehe auch *Weiß/Vogelpohl*, Energetische Sanierungsquote bei Eigenheimen, S. 22 sowie *Antoni*, EnWZ 2013, 357 (359).

421 BR-Drs. 9/08, S. 26.

422 Deutsche Umwelthilfe, o. Fn. 400; *Ziehm*, ZUR 2010, 411 (413).

423 *BMU*, Erfahrungsbericht zum EEWärmeG, S. 84; siehe bspw. auch den Bericht 2011 zum Erneuerbare-Energien-Wärmegesetz durch das Land Berlin gemäß § 18 a EEWärmeG, Stand Juni 2011.

424 Siehe nur *Kahl/Schmidtchen*, Kommunaler Klimaschutz durch Erneuerbare Energien, S. 72, welche auch eingehend zu den erforderlichen Aufsichtsmaßnahmen des Bundes (Art. 84 Abs. 3 und 4 GG) Stellung nehmen.

425 Siehe nur den Bericht des Landes Niedersachsen zum Erneuerbare-Energien-Wärmegesetz nach § 18a EEWärmeG, Stand Juli 2011, S. 4 sowie den Bericht nach § 18a Erneuerbare-Energien-Wärmegesetz (EEWärmeG) des Landes Bayern, Stand, Juni 2011, S. 3.

426 Vgl. nur *Ekardt/Heitmann*, ZNER 2009, 346 (349) sowie *Kahl/Schmidtchen*, Kommunaler Klimaschutz durch Erneuerbare Energien, S. 78.

427 Siehe Anlage zum EEWärmeG, vgl. auch *Ekardt/Heitmann*, ZNER 2009, 346 (349).

428 *Ekardt/Heitmann*, ZNER 2009, 346 (349); *Klinski*, ZUR 2010, 283 (286), *Ziehm*, ZUR 2010, 411 (415); *Antoni*, EnWZ 2013, 357 (359).

429 Im Einzelnen *BMU*, Erfahrungsbericht zum EEWärmeG, S. 13 f; vgl. auch *Kahl/Schmidtchen*, Kommunaler Klimaschutz durch Erneuerbare Energien, S. 74 ff.

Brandenburgischen Bauordnung (BbgBO)[430] statuiert. Bremen hat von der Ermächtigung insofern Gebrauch gemacht, als mit § 85 Abs. 2 Bremische Landesbauordnung (BremLBO)[431] eine Regelung eingeführt wurde, um die Verwendung bestimmter Brennstoffe zu untersagen.[432]

### cc) Anschluss- und Benutzungszwang

Durch § 16 EEWärmeG ist den Kommunen die Möglichkeit eingeräumt worden, einen Anschluss- und Benutzungszwang für Wärmenetze auch zum Zwecke des Klima- und Ressourcenschutzes über einschlägige Ermächtigungsgrundlagen des jeweiligen Landesrechts satzungsmäßig bestimmen zu können.[433] In der Praxis wird von einem ordnungsrechtlichen Anschluss- und Benutzungszwang allerdings eher zurückhaltend Gebrauch gemacht. Gemessen am Wärmeabsatz werden nur 12 % der Leitungswärme in Gebiete mit Anschluss- und Benutzungspflichten geliefert.[434] Die praktische Bedeutung ist bislang mithin eher gering. Insbesondere der Anwendung im Gebäudebestand werden durch den Bestandsschutz zudem enge Grenzen gezogen.[435] Mit Zwangsmaßnahmen werden darüber hinaus weitere Transaktionskosten für die Kommune verbunden sein, da sich Zwang nicht förderlich auf die Akzeptanz auswirkt. Die Anwendung eines Anschluss- und Benutzungszwangs wird folglich nur

---

430 Brandenburgische Bauordnung i.d.F. vom 17.09.2008, GVBl. I S. 226, zuletzt geändert durch Art. 2 des Gesetzes vom 29.11.2010, GVBl. I Nr. 39 S. 1.

431 Bremische Landesbauordnung, vom 06.10.2009, Brem.GBl. S. 401, zuletzt geändert durch Art. 1 des Gesetzes vom 15.11.2011.

432 Ähnliche Regelungen auf Landesebene bestanden auch schon vor Erlass des EEWärmeG im Saarland, § 85 Abs. 2 Saarländische Bauordnung (Landesbauordnung Saarland, vom 18.02.2004, Amtsbl. S. 822, zuletzt geändert durch Art. 1 des Gesetzes vom 11.12.2012, Amtsbl. S. 1312); in Rheinland-Pfalz, § 88 Abs. 4 Nr. 3 Landesbauordnung Rheinland-Pfalz (Landesbauordnung Rheinland-Pfalz, vom 24.11.1998, GVBl. S. 365, zuletzt geändert durch § 47 G des Gesetzes vom 09.03.2011, GVBl. S. 47) und in Hamburg, § 81 Abs. 2 S. 1 Hamburger Bauordnung (Hamburger Bauordnung, vom 14.12.2005, HmbGVBl S. 525, zuletzt geändert durch § 1 des Gesetzes vom 20.12.2011, HmbGVBl S. 554). Siehe auch schon die Übersichten bei *Kahl*, ZUR 2010, 395 (400 ff.) und *Pollmann/Reimer/Walter*, LKRZ 2008, 251 (252). Zu den Ermächtigungsgrundlagen im Einzelnen *Kahl/Schmidtchen*, Kommunaler Klimaschutz durch Erneuerbare Energien, S. 215 ff. In Hessen wurde die entsprechende Vorschrift der Hessischen Bauordnung (HBO), § 81 Abs. 2 HBO a.F., auf der die Satzung der Universitätsstadt Marburg zur verbindlichen Nutzung der Solarenergie in Gebäuden vom 16.11.2010 („Marburger Solarsatzung“ und überarbeitete Fassung nach der Entscheidung VG Gießen, ZNER 2010, 217 m. Anm., *Longo*) beruhte, mit in Kraft treten der novellierten HBO am 03.12.2010 gestrichen. Vom Gesetzgeber wurde insoweit auf Handlungsmöglichkeiten, die das Baugesetzbuch den Kommunen zur Verfügung stelle verwiesen, LT-Drs. 18/2523 S. 18; so auch *Schmidt-Eichstaedt*, in: Mitschang (Hrsg.), Klimagerechte Stadtentwicklung, S. 192. Diese Begründung kann jedoch nur bedingt überzeugen. Ähnliche Vorgaben können mittels des Baurechts in Bebauungsplänen nur für Neubauten getroffen werden (siehe unten). Vgl. auch *Wilke*, BauR 2011, 1744 (1747). Der Fortgeltung einer Satzung steht es zwar grundsätzlich nicht entgegen, dass die im Zeitpunkt des Erlasses der Satzung gegebenen Voraussetzungen später entfallen bzw. die Ermächtigungsgrundlage nachträglich entfällt, jedoch wurde die nach einer Überprüfung des VG Gießen angepasste „Solarsatzung“ durch die separat neu eingefügte Vorschrift § 78 Abs. 7 Nr. 3 HBO, also durch ein formelles Gesetz, nachträglich aufgehoben und die Satzung ist nun außer Kraft getreten. Dazu BVerfGE 9, 3 (12), 14, 245 (249); 44, 216 (226) sowie *Rütz*, Jura 2005, 821 ff.

433 Siehe schon oben. Zu den Ermächtigungsgrundlagen Fn. 363.

434 *Fricke*, EuroHeat&Power 2011, 22 (24 sowie Bild 3) mwN., welcher sich auch kritisch zur netzbezogenen Betrachtung äußert. Bei dieser mache der Anteil ca. 40 % aus. Vgl. auch *Bruns/Futterlieb/Ohlhorst/Wenzel*, ZfE 2012, 159 (169). Dem Erfahrungsbericht zum EEWärmeG lassen sich dazu keine Angeben entnehmen.

435 Dazu im Einzelnen weiter unten. Zu Vereinbarkeit mit Art. 3 Abs. 1 GG *Tomerius*, ER 2013, 61 (67).

dort angeraten, wo eine Mehrheit der Anschlusskunden ohnehin einem Anschluss positiv gegenübersteht.[436] Negative Auswirkungen auf die Realisierung eines Anschluss- und Benutzungszwangs hat zudem die eingeschränkte Möglichkeit einer gleichzeitigen Förderung über das Marktanreizprogramm. § 15 Abs. 1 EEWärmeG schließt eine Förderung über das Marktanreizprogramm grundsätzlich aus, soweit ausschließlich eine gesetzliche Nutzungspflicht erfüllt wird. Auch wenn insoweit vertreten wird, dass sich dieser Förderausschluss nicht auf Maßnahmen zur Umsetzung eines Anschluss- und Benutzungszwangs erstreckt oder zumindest die Ausnahme des § 15 Abs. 2 Nr. 1 b) EEWärmeG durchaus die Möglichkeit einer Förderung bei kommunaler Nutzungspflicht eröffnen könnte,[437] schließt die geltende Verwaltungsvorschrift die Förderfähigkeit bei einem Anschluss- und Benutzungszwang dennoch zum Teil ausdrücklich aus.[438] Um eine begrenzte Förderung überhaupt gewährleisten zu können, muss zumindest sichergestellt werden, dass eine Übererfüllung gesetzlicher Pflichten erreicht werden kann (siehe § 15 Abs. 2 Nr. 1 b) EEWärmeG), andernfalls scheidet eine Förderung von vornherein aus.[439] Sollte eine Förderung ausscheiden, wird eine verhältnismäßige Ausgestaltung eines Anschluss- und Benutzungszwangs zusätzlich erschwert.[440]

### c) Hamburgisches Klimaschutzgesetz und Klimaschutzverordnung

Das Klimaschutzgesetz bzw. die Klimaschutzverordnung in Hamburg statuieren schwerpunktmäßig (Dämm-) Vorgaben für Neubauten sowie bauteilbezogene Anforderungen im Rahmen von wesentlichen Änderungen von Gebäuden, Anlagen oder Einrichtungen. Die Vorgaben beziehen sich dabei noch auf die EnEV 2007, geben allerdings ca. 20-30 % niedrigere Grenzwerte vor. Mit Erlass der EnEV 2014 haben sich die Unterschreitungen relativiert.[441] Für den Gebäudebestand werden anlassunabhängige Sanierungspflichten nicht festgelegt. Es erfolgen allerdings u.a. Effizienzvorgaben für den Einbau von Heizungs- oder Kühlanlagen. Zum Einsatz erneuerbarer Energien oder der KWK finden sich in dem Gesetz und der Verordnung keine weiterreichenden Mittel um den Einsatz derer nennenswert steigern zu können.[442] Ähnlich den Bewertungen zur EnEV und zum EEWärmeG gilt auch hier, dass der ordnungsrechtliche Ansatz des Hamburgischen Klimaschutzgesetzes und der entsprechenden Verordnung nur bei einer (undenkbar) konsequenteren Vollzugskontrolle tief greifende Wirkungen erzielen kann.[443]

### d) EWärmeG Baden-Württemberg

Baden-Württemberg hat als einziges Bundesland eine verpflichtende Nutzung erneuerbarer Energien im Gebäudebestand vorgeschrieben. Ein vom Ministerium für Umwelt, Klima und Energiewirtschaft Baden-Württemberg herausgegebener Erfahrungsbericht zum EWärmeG

---

436 *Bruns/Futterlieb/Ohlhorst/Wenzel*, ZfE 2012, 159 (170).

437 Vgl. *Wustlich*, in: Müller/Oschmann/Wustlich, EEWärmeG, § 15, Rn. 24; *Kahl/Schmidtchen*, Kommunaler Klimaschutz durch Erneuerbare Energien, S. 69 mwN.

438 Abs. 14.1.5.3 der Richtlinie zur Förderung von Maßnahmen zur Nutzung erneuerbarer Energien im Wärmemarkt vom 20.07.2012; vgl. auch *Bruns/Futterlieb/Ohlhorst/Wenzel*, ZfE 2012, 159 (169).

439 *Kahl/Schmidtchen*, Kommunaler Klimaschutz durch Erneuerbare Energien, S. 69.

440 Siehe unten Fn. 516.

441 Siehe auch schon *Schröer/Kullick*, NZBau 2012, 154 (155) sowie *Kahl/Schmidtchen*, Kommunaler Klimaschutz durch Erneuerbare Energien, S. 102.

442 Vgl. *Müller*, in: Müller/Oschmann/Wustlich, EEWärmeG, Einl., Rn. 51.

443 Siehe auch *Rabenstein*, 1. Fortschreibung Basisgutachten Klimaschutz Hamburg, insbes. S. 98.

zeigt allerdings erhebliche Schwächen dieses ordnungsrechtlichen Ansatzes auf.[444] Eigentümer äußerten auf Anfrage ihr Unverständnis für die gesetzliche Verpflichtung, Maßnahmen durchführen zu müssen. Beschrieben wird beispielsweise, dass ein Hauptteil der Eigentümer der Auffassung sei, dass der Kauf eines am Markt verfügbaren, aktuellen Produktes eigentlich den Effizienzanforderungen genügen sollte. Ein neuer Brennwertkessel spare bereits 10 bis 20 Prozent gegenüber dem alten Gerät ein – die Akzeptanz für weitergehende Maßnahmen ist in Folge oft gering.[445] Die Industrie verzeichnet seit Inkrafttreten des EWärmeG einen Rücklauf beim Austausch von Heizungsanlagen. Viele Eigentümer haben sogar bereits geplante Heizungserneuerungen auf Grund der im EWärmeG statuierten anteiligen Nutzungspflicht verschoben oder anstatt des eigentlich schon geplanten Austauschs nur eine Reparatur durchführen lassen.[446] Die Sanierungsraten gingen nach Erlass des EWärmeG mithin stark zurück.[447] Vor diesem Hintergrund wird resümiert, dass das EWärmeG in der Bevölkerung keine breite Akzeptanz erfährt.[448] Die in Baden-Württemberg im Gegensatz zum Bundesrecht statuierte Pflicht des Einsatzes erneuerbarer Energien im Gebäudebestand hat somit zunehmend negative Auswirkungen auf die Nutzung erneuerbarer Energien erfahren. Der angedachten Erhöhung des Pflichtanteils erneuerbarer Energien im Jahr 2014 steht die Bevölkerung laut Ergebnissen einer Bürgerbeteiligung besonders negativ gegenüber.[449] Schon vor diesem Hintergrund ist der geplanten Erweiterung der Pflichten im EWärmeG Baden-Württemberg kritisch zu begegnen.

Darüber hinaus sind auch beim EWärmeG Vollzugsdefizite zu verzeichnen. Als große Herausforderung wird von den Behörden die Prüfung der jeweiligen Nachweise auf ihre Richtigkeit gesehen. Die Prüfung sei fachlich anspruchsvoll und im Regelfall nur nach Aktenlage möglich. Die Erfahrungen aus der Praxis zeigen zudem, dass die Verpflichteten ihrer Nachweispflicht sehr oft erst nach Aufforderung nachkommen. Dies sei vor allem der mangelnden Information als auch der Motivation hinsichtlich ihrer Nachweispflicht geschuldet.[450]

### 3. Rechtliche Bewertung

Neben diesen tatsächlichen Wirkungsschwächen der ordnungsrechtlich geprägten Fachinstrumente wird deren Einsatz nicht zuletzt auch durch verfassungsrechtliche Vorgaben begrenzt. Insoweit maßgeblich ist das Eigentumsgrundrecht aus Art. 14 Abs. 1 S. 1 GG sowie der aus Art. 14 GG abgeleitete und nunmehr im einfachen Gesetzesrecht manifestierte baurechtliche Bestandsschutz, der weitergehende Anforderungen an bestehende Gebäude nur in engen Grenzen zulässt.

---

444 Siehe Erfahrungsbericht zum Erneuerbare-Wärme-Gesetz Baden-Württemberg, Stand Juli 2011.

445 Erfahrungsbericht zum Erneuerbare-Wärme-Gesetz Baden-Württemberg, Stand Juli 2011, S. 10.

446 Erfahrungsbericht zum Erneuerbare-Wärme-Gesetz Baden-Württemberg, Stand Juli 2011, S. 58 f.; vgl. auch *Haus & Grund*, Stellungnahme zu BT-Drs. 17/5368, 17/5778, 17/7023, S. 4.

447 Siehe auch *Böcking*, Marburg ist bald überall, SpiegelOnline vom 03.07.2011.

448 Siehe Erfahrungsbericht zum Erneuerbare-Wärme-Gesetz Baden-Württemberg, Stand Juli 2011, S. 19.

449 *Ministerium für Umwelt, Klima und Energiewirtschaft BW*, Auswertung der Bürgerbeteiligung zur Novelle des EWärme-Gesetzes, Stand 05.09.2013, S. 3.

450 Erfahrungsbericht zum Erneuerbare-Wärmegesetz Baden-Württemberg, Stand Juli 2011, S. 28.

### a) Art. 14 Abs. 1 GG

Art. 14 Abs. 1 GG sichert das Eigentum, wie es sich aus der Gesamtheit der verfassungsmäßigen Gesetze bürgerlichen und öffentlichen Rechts ergibt, die den Inhalt und die Schranken des Eigentums gemäß Art. 14 Abs. 1 S. 2 GG bestimmen.[451] Gewährleistet wird dabei neben dem Gebäude- und Grundstückseigentum auch die Baufreiheit, also vor allem die Art und Weise der baulichen Nutzung im Rahmen der Gesetze.[452] Klimawandelgerechte ordnungsrechtliche Vorgaben – sei es für den Neubau oder für den Gebäudebestand – stellen mithin neue Schrankenbestimmungen des Eigentums dar.[453]

### b) Baurechtlicher Bestandsschutz

Bestandsschutz bedeutet, dass das bestehende Bauwerk eigentumsrechtlich, also in seinem Bestand geschützt ist. Ursprünglich wurde der Bestandsschutz direkt aus Art. 14 Abs. 1 S. 1 GG abgeleitet.[454] Nachdem der Schutzbereich des Art. 14 Abs. 1 S. 1 GG vom Bundesverfassungsgericht allerdings wie oben beschrieben bestimmt wurde, kann der Bestandsschutz nur so weit gehen, wie es ein einfaches Gesetz festlegt. Eine direkte Berufung auf Art. 14 Abs. 1 S. 1 GG kommt insoweit nicht mehr in Betracht.[455] Der Bestandsschutz gewährleistet dabei grundsätzlich das Recht, das Bauwerk weiterhin so zu unterhalten und zu nutzen, wie es seinerzeit genehmigt oder jedenfalls genehmigungsfähig errichtet wurde.[456] Eine vorhandene Bausubstanz ist also grundsätzlich[457] vor nachträglichen Anforderungen geschützt. Neubauten kommt ein solcher Schutz nicht zu, da noch keine schützenswerte Substanz vorhanden ist.[458]

### c) Rechtfertigung einer Beschränkung

Die Ausführungen zeigen, dass nicht ohne weiteres energetische Anforderungen an Gebäude gestellt werden können. Neubauten unterfallen der von Art. 14 Abs. 1 S. 1 GG geschützten Baufreiheit. Bestehende Gebäude unterfallen neben Art. 14 Abs. 1 S. 1 GG grundsätzlich auch dem einfachgesetzlichen Bestandsschutz. Dieser Schutz gilt allerdings nicht grenzenlos. Das Interesse am Klimaschutz, welches seinen Niederschlag in Art. 20 a GG gefunden hat und welches mittelbar auch dem Schutz der Rechtsgüter Leben, Gesundheit und Eigentum

---

451 BVerfGE 21, 73; 74, 129 (148). Siehe auch *Mampel*, NJW 1999, 975 (976) und *Moser*, Klimaschutz durch die EnEV, S. 253.

452 Siehe *Papier*, in: Maunz/Dürig, Art. 14, Rn. 55 ff.; *Jarass*, in: Jarass/Pieroth, Art. 14, Rn. 24; sowie *Moser*, Klimaschutz durch die EnEV, S. 253 mwN.; *Aichele/Herr*, NVwZ 2003, 415 (416).

453 Siehe auch *Gaßner/Neusüß/Linde*, Sanierungsvorgaben für bestehende Gebäude, S. 9 f.; *Nusser*, ZUR 2014, 67 (68); *Manten/Elbel*, LKV 2009, 1 (7).

454 Etwa BVerfG, NJW 1952, 865 (866); BVerfG, NJW 1953, 1137 (1138); siehe auch *Mampel*, NJW 1999, 975 (975).

455 Siehe *Mampel*, NJW 1999, 975 (976); *Aichele/Herr*, NVwZ 2003, 415 (415); *Lieder*, ThürVBl. 2004, 53 (56); *Wickel*, BauR 1994, 557 (558); *Ortloff*, NVwZ 1999, 955 (962); *Oldiges*, BauR, Rn. 238. Insoweit ungenau *Moser*, Klimaschutz durch die EnEV, S. 253 f. Eingehend zur verfassungsrechtlichen Verankerung des Bestandschutzes *Schröder*, Die Verwaltung 2013, 183 (195 ff.). Bestandsschutz kann aber bspw. aus der Baugenehmigung erwachsen, siehe *Mampel*, ZfBR 2002, 327 (327); *Boecker*, BauR 1998, 441 (444).

456 *Mitschang/Reidt*, in: B/K/L, § 35, Rn. 186 ff. Einzelheiten bei *Lieder*, ThürVBl. 2004, 81 ff.

457 Siehe Fallgruppen bei *Lieder*, ThürVBl. 2004, 81 ff. sowie *Goldschmidt*, DVBl 2011, 591 ff.

458 Siehe *Söfker*, in: E/Z/B/K, § 35, Rn. 179; *Böhm/Schwarz*, NVwZ 2012, 129 (130); *Lieder*, ThürVBl. 2004 81 (61 f.); *Gehrke/Brehsan*, NVwZ 1999, 932 (934).

dient, kann grundsätzlich eine Einschränkung des Eigentums rechtfertigen.[459] Dies gilt auch für den Bestandsschutz, der ebenso im Wege praktischer Konkordanz mit anderen Abwägungsbelangen in Einklang zu bringen ist.[460] Inhalts- und Schrankenbestimmungen des Art. 14 Abs. 1 GG müssen sich dabei als verhältnismäßig erweisen, d. h. einen legitimen Zweck verfolgen und zu dessen Erreichung geeignet, erforderlich und angemessen sein.[461] Die Verhältnismäßigkeit einer Gesetzesvorschrift, die einer zwangsweisen Durchsetzung von Klimaschutz- oder Klimaanpassungsmaßnahmen dient, ist dabei jeweils für sich genau zu bestimmen. Die nachfolgenden Erwägungen können daher nur allgemeingültige Grenzen aufzeigen.

#### aa) Legitimer Zweck

Die aus Art. 20 a GG abgeleitete Staatszielaufgabe des Klima- und Ressourcenschutzes stellt von Grund auf einen legitimen Zweck dar, energetische (ordnungsrechtliche) Anforderungen an Gebäude stellen zu können.[462]

#### bb) Geeignetheit

Die Auferlegung energetischer Anforderungen an Gebäude erweist sich nach den bisher dargelegten Zusammenhängen grds. als auch geeignet, dem oben genannten Zweck zu dienen.[463] Es muss allerdings gewährleistet sein, dass tatsächlich auch Emissionseinsparungen sowie eine energetische Amortisation eintreten können.[464] Bejahen kann man dies bspw. nicht, wenn die Nutzung fossiler Energieträger ordnungsrechtlich vorgeschrieben wird.[465] Ungeeignet wäre darüber hinaus bspw. auch die Anordnung von Maßnahmen, die die Grenze der technischen Machbarkeit überschreitet.[466]

#### cc) Erforderlichkeit

Im Rahmen der Erforderlichkeit eines Mittels kommt es darauf an, ob von mehreren geeigneten Mitteln ein ebenso effektives aber milderes Mittel zu ergreifen wäre.[467] Dem Gesetzgeber steht dabei ein weiter Beurteilungs- und Prognosespielraum zu. Die Einschätzung kann nur angegriffen werden, wenn mit Sicherheit festgestellt werden kann, dass ein anderes Mittel

---

459 Siehe *Schulze-Fielitz*, in: Dreier, Art. 20a, Rn. 69 ff.; vgl. auch *Gaßner/Neusüß/Linde*, Sanierungsvorgaben für Gebäude, S. 21; *Müller*, in: Tagungen der Gesellschaft für Umweltrecht, Band 39, S. 198 sowie *Reese/Möckel/Bovet/Köck*, Anpassung an die Folgen des Klimawandels, S. 28 f.

460 Siehe auch *Böhm/Schwarz*, NVwZ 2012, 129 (130) sowie exemplarisch VGH Kassel, NVwZ-RR 2008, 83 f. Ungleich *Schröder*, Die Verwaltung 2013, 183 (202).

461 BVerfGE 76, 220 (238); 100, 226 (241); vgl. auch *Papier*, in: Maunz/Dürig, Art. 14, Rn. 589 f.

462 Siehe auch *Böhm/Schwarz*, NVwZ 2012, 129 (130); *Manten/Elbel*, LKV 2009, 1 (7); *Moser*, Klimaschutz durch die EnEV, S. 255 f.; *Gaßner/Neusüß/Linde*, Sanierungsvorgaben für bestehende Gebäude, S. 12 f.; *Longo*, Neue örtliche Energieversorgung, S. 218 ff.; *Schröder*, Die Verwaltung 2013, 183 (202 f.).

463 Siehe auch *Manten/Elbel*, LKV 2009, 1 (7); *Moser*, Klimaschutz durch die EnEV, S. 256; *Gaßner/Neusüß/Linde*, Sanierungsvorgaben für bestehende Gebäude, S. 13; *Gaßner/Fischer*, ZNER 2005, 21 (23).

464 Betreffend einen Anschluss- und Benutzungszwang etwa OVG Magdeburg, NVwZ-RR 2008, 810 ff.; OVG Bautzen, SächsVBl. 2005, 256 (260). Siehe auch *Kahl*, ZUR 2010, 395 (399); *Böhm/Schwarz*, DVBl 2012, 540 (545); *Tomerius*, ER 2013, 61 (65); *Schröder*, Die Verwaltung 2013, 183 (203 f.) und *Kahl/Schmidtchen*, Kommunaler Klimaschutz durch Erneuerbare Energien, S. 314 ff.

465 Vgl. *Tomerius*, ER 2013, 61 (65).

466 *Schröder*, Die Verwaltung 2013, 183 (203).

467 Siehe nur *Grzeszick*, in: Maunz/Dürig, Art. 20, Rn. 113 ff. mwN.

ebenso effektiv und dabei milder ist.[468] Für die Beurteilung der Effektivität eines rechtlichen Instruments ist auf die Leistungsfähigkeit bzw. Eignung zur Erreichung von Energieeinsparzielen abzustellen.[469] Es gilt dabei zum einen andere – ökonomische und anreizorientierte – Instrumente in den Blick zu nehmen und zum anderen auch bei der jeweiligen Ausgestaltung der konkretisierenden Bestimmungen, die Erforderlichkeit zu wahren.[470]

### (1) Verhältnis zu anderen Instrumenten

In der wissenschaftlichen Diskussion wird das Verhältnis der Instrumente zueinander bisher uneins beurteilt. Auf der einen Seite wird ein Vorgehen mittels des Ordnungsrechts für unerlässlich erachtet.[471] Auf der anderen Seite werden freiwillige Maßnahmen in den Vordergrund gestellt und Überlegungen in Richtung einer zwangsweisen Durchsetzung von Klimaschutzzielen eher kritisch betrachtet.[472] Übereinstimmend werden ökonomische und anreizorientierte Instrumente als grundsätzlich weniger belastend angesehen.[473] Eine gleichrangige Effektivität derer wird bisher allerdings in Frage gestellt. In der Literatur wird bislang insoweit – wenn auch zurückhaltend – davon ausgegangen, dass ökonomische und anreizorientierte Instrumente für sich allein wohl nicht ebenso effektiv seien wie verpflichtende Vorgaben, um die Energieeffizienz- und erneuerbare Energien-Ziele zu erreichen.[474] Die Institute *Fraunhofer ISI*, *Öko-Institut* und *Ecofys* haben in einem wissenschaftlichen Gutachten u.a. das bisher bestehende Energieeffizienzinstrumentarium untersucht.[475] Nach dem Gutachten werden die Energieeinsparpotenziale im Gebäudebestand optimalerweise von den Instrumenten Förderung, Steuervergünstigung und Instrumenten des Ordnungsrechts andressiert.[476] Insgesamt wird jedoch im Vergleich der Instrumente herausgearbeitet, dass hohe Einsparziele über freiwillige Maßnahmen mindestens ebenso effektiv erreicht werden können, wie über ein ordnungsrechtliches Vorgehen.[477] Laut dem *Bundesministerium für Wirtschaft und Technologie (BMWi)* ist die Studie sogar dahin gehend zu interpretieren, dass verbindliche Energieeinsparziele weniger effektiv seien als freiwillige Maßnahmen. Beim Einsparen von Energie bringe somit ein Fördern mehr als ein „Zwingen".[478] Ob durch diese Ergebnisse mit Sicherheit festgestellt werden kann, dass ein milderes und ebenso effektives Mittel existiert, wird

---

468 BVerfGE 25, 1 (19 f.); 77, 84 (106); 102, 197 (218 f.); 115, 276 (309); siehe auch *Gaßner/Neusüß/Linde*, Sanierungsvorgaben für bestehende Gebäude, S. 14 sowie *Gaßner/Fischer*, ZNER 2005, 21 (23).

469 Vgl. *Schomerus*, NVwZ 2009, 418 (419); *Tomerius*, ER 2013, 61 (66).

470 Siehe auch *Manten/Elbel*, LKV 2009, 1 (7).

471 Siehe etwa BT-Drs. 16/8149, S. 13; *Siebenkotten*, Ökologisches Wirtschaften 1/2012, S. 13; *Kahl/Schmidtchen*, Kommunaler Klimaschutz durch Erneuerbare Energien, S. 28, 36, 83 ff.; *Schröder*, Die Verwaltung 2013, 183 (204).

472 Vgl. etwa *Adolf/Bräuninger*, Wirtschaftsdienst 2012/3, 185 (192); Pfnür, Ökologisches Wirtschaften 1/2012, 20 (20); *Haus&Grund*, Stellungnahme zu BT-Drs. 17/5368, 17/5778, 17/7023, S. 4.

473 Siehe nur *Longo*, Neue örtliche Energieversorgung, S. 223.

474 *Manten/Elbel*, LKV 2009, 1 (7); *Moser*, Klimaschutz durch die EnEV, S. 258; *Longo*, Neue örtliche Energieversorgung, S. 224; *Kahl/Schmidtchen*, Kommunaler Klimaschutz durch Erneuerbare Energien, S. 240; *Lee*, Umweltrechtlicher Instrumentenmix, S. 190.

475 *Fraunhofer ISI/Ecofys/Öko-Institut*, o. Fn. 393.

476 *Fraunhofer ISI/Ecofys/Öko-Institut*, o. Fn. 393, S. 125.

477 *Fraunhofer ISI/Ecofys/Öko-Institut*, o. Fn. 393, S. 209 ff.

478 *BMWi*, Energiewende! 02/2012 (Stand April 2012), S. 12; vgl. auch die Darstellung bei *Stratmann*, Energieeinsparziele bringen wenig, Handelsblatt online vom 26.04.2012, die allerdings von *Fraunhofer/Ecofys/Öko-Institut* in einer gemeinsamen Stellungnahme korrigiert wurde, URL: http://www.oeko.de/aktuelles/dok/1351.php (Stand 07.05.2012).

bezweifelt. Abschätzungen über die Auswirkung und Effektivität von Instrumenten gibt es bisher nur wenige.[479] Eine gleichrangige Effektivität lässt sich mithin nicht zweifelsfrei begründen. Insoweit liegt eine Festlegung von ordnungsrechtlichen Sanierungsvorgaben (auch zukünftig) im Prognosespielraum des Gesetzgebers.

### (2) Normbezogene Erforderlichkeit

Überwindet man diese erste Erforderlichkeitshürde, so muss auch bei der Ausgestaltung jeweiliger konkretisierender Bestimmungen die Erforderlichkeit gewahrt bleiben. Da eine Anpassung an das jeweilige Gebäude und die örtlichen Gegebenheiten erfolgen muss, können unterschiedliche Energieeffizienzmaßnahmen erforderlich und effektiv sein. Im Allgemeinen lässt sich damit wohl kaum eine Einzelmaßnahme (Einsatz einer bestimmten erneuerbaren Energie oder Dämmvorgabe) als die effizienteste Maßnahme herausgreifen und aus Kostengesichtspunkten als mildestes Mittel bevorzugen.[480] Auch die Umsetzbarkeit im Einzelfall muss bei der Normsetzung beachtet werden. So kann sich bspw. ein Anschluss an ein Wärmenetz bei denkmalgeschützten Gebäuden zweckmäßiger erweisen, als der Einsatz von Solarthermie.[481] Bei der Ausgestaltung von ordnungsrechtlichen Vorgaben ist mithin eine technologieoffene Ausgestaltung und eine Vorgabe ersatzweiser Erfüllungsmaßnahmen geboten.[482] Einzelne Vorschriften müssen so allgemein gehalten werden, dass dem Grundsatz der Erforderlichkeit Rechnung ausreichend getragen wird.

### dd) Angemessenheit

Ein wesentliches und insbesondere ordnungsrechtliche Vorgaben im Gebäudebestand begrenzendes Kriterium stellt das Erfordernis der Angemessenheit dar. Die Angemessenheit einer Vorschrift hängt davon ab, ob deren Vorgaben noch im Verhältnis zu den damit verfolgten Zwecken stehen. Insoweit ist eine Zweck-Mittel-Relationsbetrachtung erforderlich.[483] Zunächst müssen Maßnahmen einer energetischen Sanierung in einem angemessenen Verhältnis zu ihrem Energieeinsparpotenzial stehen. Aufwendige und kostenträchtige Bagatellmaßnahmen, die die Energieeffizienz nur marginal fördern würden, sind mithin ausgeschlossen.[484] Das maßgebliche Kriterium, um noch eine angemessene Belastbarkeit der Betroffenen sicherzustellen, stellt die wirtschaftliche Zumutbarkeit von ordnungsrechtlichen Vorgaben dar.[485] Um die jeweiligen Grenzen aufzuzeigen, ist es notwendig, zwischen Anforderungen an

---

479 So auch schon *Wagner*, NVwZ 1995, 1046 (1046).

480 Ähnlich *Manten/Elbel*, LKV 2009, 1 (7).

481 *Böhm/Schwarz*, DVBl 2012, 540 (545); *dies.*, HSGZ 2012, 423 (429).

482 Siehe auch *Kahl/Schmidtchen*, Kommunaler Klimaschutz durch Erneuerbare Energien, S. 241.

483 Siehe nur *Grzeszick*, in: Maunz/Dürig, Art. 20, Rn. 117 ff.

484 *Schröder*, Die Verwaltung 2013, 183 (205).

485 Vgl. BT-Drs. 17/6357, S. 8; *Nusser*, ZUR 2014, 67 (68). Zur wirtschaftlichen Zumutbarkeit im Energierecht instruktiv *Ringel*, Wirtschaftliche Zumutbarkeit im Energierecht, S. 56 ff.; zu den Möglichkeiten und Grenzen bei der Begründung energetischer Sanierungspflichten *Böhm/Schwarz*, NVwZ 2012, 129 ff. sowie *Schröder*, Die Verwaltung 2013, 183 (204 ff.). Vgl. auch *Ekardt/Schmitz/Schmidtke*, ZNER 2008, 334 (340) sowie *Fickert/Fieseler*, Umweltschutz im Städtebau, S. 505. Bedenken gegenüber einer übermäßigen Aufwertung einer Wirtschaftlichkeitsbetrachtung äußern *Kahl/Schmidtchen*, Kommunaler Klimaschutz durch Erneuerbare Energien, S. 319.

Neubauten sowie anlassbezogenen und nicht-anlassbezogenen Anforderungen[486] an bestehende Gebäude zu differenzieren.

### (1) Neubauten

Wie oben dargelegt, wird die Bebauung eines Grundstücks durch Art. 14 Abs. 1 S. 1 GG geschützt, soweit nicht Gesetze eine Einschränkung vorsehen. Vorliegend muss das Rechtsgut der Baufreiheit mithin in einem angemessenen Verhältnis zu den Schutzgütern des Art. 20 a GG stehen. Auf Grund der im Neubaubereich weitgehend fehlenden Rückwirkung von Eingriffen auf bereits bestehende Rechte des jeweiligen Eigentümers sind im Rahmen der Angemessenheit keine allzu hohen Anforderungen zu stellen.[487] Eine Steuerung mit ordnungsrechtlichen Mitteln für die der Bürger die Kosten trägt, stellt sich als allgemein zulässig und auch durchaus üblich dar.[488] Die Baufreiheit reduziert sich letztendlich auf das Recht, bei Einhaltung der gesetzlichen Vorschriften bauen zu können.[489] Die Möglichkeit, das Grundstück wirtschaftlich bebauen zu können, bildet dabei die äußerste Grenze des Zumutbaren.[490] Grundsätzlich können damit zusätzliche Kosten auferlegt werden. Für die Beurteilung der Grenze der Angemessenheit bei Anforderungen an den Neubau ist das Verhältnis zwischen den gesamten Grundstücks- und Baukosten einerseits und den durch die ordnungsrechtlichen Anforderungen entstehenden Kosten andererseits maßgeblich.[491] Plädiert wird insoweit dafür, dass zumindest eine Kostentragungspflicht bis zu einem Anteil von 5 % der Gesamtkosten hinzunehmen sei.[492] Die Auferlegung ordnungsrechtlicher Pflichten bei Neubauten ist damit vergleichsweise unproblematisch, da bei der ohnehin kostenintensiven Errichtung eines Neubaus eine unangemessene Eigentumsbeeinträchtigung regelmäßig nicht in Betracht kommen dürfte.[493]

### (2) Bestandsbauten

Eingriffe in den Gebäudebestand haben dagegen eine wesentlich höhere Eingriffsqualität. Zum einen ist eine schützenswerte Substanz schon vorhanden und zum anderen vertraut der Eigentümer regelmäßig darauf, sein Gebäude weiterhin wie gewohnt nutzen zu können. Ordnungsrechtliche energetische Vorgaben können den Eigentümer dabei in zwei Situationen treffen. Zum einen können Anforderungen ohne konkreten Anlass an ein Gebäude gestellt werden (sog. anlassunabhängige Pflichten). Zum anderen sind auch Anforderungen denkbar, die bei der Durchführung von Modernisierungs- oder Renovierungsarbeiten zu beachten sind (sog. anlassbezogene Pflichten).[494] Wann energetische Sanierungsvorgaben die Grenze einer

---

486 Gemeint ist, ob Anforderungen im Zusammenhang mit ohnehin geplanten Renovierungsarbeiten gestellt werden oder nicht. Siehe schon die Unterscheidung im Rahmen der EnEV.

487 Vgl. *Longo*, Neue örtliche Energieversorgung, S. 228; dazu auch schon *Zeiss/Longo*, UPR 1998, 217 (221).

488 *Böhm*, in: Jahrbuch des Umwelt- und Technikrechts 2009, 237 (239); *Longo*, Neue örtliche Energieversorgung, S. 229; *Böhm/Schwarz*, NVwZ 2012, 129 (131).

489 *Böhm*, JA 2013, 81 (81 f.); *Grothmann*, ZfBR-Beil. 2012, 100 (101); *Halstenberg/Nusser*, EnWZ 2013, 343 (347).

490 So auch *Longo*, Neue örtliche Energieversorgung, S. 229; *Böhm/Schwarz*, NVwZ 2012, 129 (131); *dies.*, DVBl 2012, 540 (545). Vgl. auch *Moser*, Klimaschutz durch die EnEV, S. 261 ff.

491 *Longo*, Neue örtliche Energieversorgung, S. 228 ff.; *Böhm/Schwarz*, NVwZ 2012, 129 (131).

492 *Longo*, Neue örtliche Energieversorgung, S. 229; siehe auch *Moser*, Klimaschutz durch die EnEV, S. 263.

493 *Gaßner/Fischer*, ZNER 2005, 21 (23).

494 So auch die Unterscheidung bei *Böhm/Schwarz*, NVwZ 2012, 129 (131 ff.).

angemessenen finanziellen Mehrbelastung der Eigentümer erreichen, ist bislang nicht eindeutig geklärt.

### (aa) Verhältnis Investitionskosten zum Grundstücks- und Gebäudewert

Für die Beurteilung der Angemessenheit wird mitunter auf das Verhältnis der Investitionskosten zum Grundstücks- und Gebäudewert abgestellt. Als Grenze des wirtschaftlich Zumutbaren wird dabei zum einen die oben genannte Fünfprozentschwelle als Richtwert angeführt.[495] Zum anderen wird versucht, die Rechtsprechung des BVerfG zur Haftungsbegrenzung bei sog. „Altlastenfällen" auf die Thematik energetischer Sanierungspflichten zu übertragen.[496]

Dem Begriff der Altlasten unterfallen nach § 2 Abs. 5 Bundes-Bodenschutzgesetz (BBodSchG) stillgelegte Abfallbeseitigungsanlagen sowie sonstige Grundstücke, auf denen Abfälle behandelt, gelagert oder abgelagert worden sind (sog. Altablagerungen) und Grundstücke stillgelegter Anlagen und sonstige Grundstücke, auf denen mit umweltgefährdenden Stoffen umgegangen worden ist, durch die schädliche Bodenveränderungen oder sonstige Gefahren für den einzelnen oder die Allgemeinheit hervorgerufen werden.[497] Der Verursacher einer schädlichen Bodenveränderung oder Altlast sowie dessen Gesamtrechtsnachfolger, der Grundstückseigentümer und der Inhaber der tatsächlichen Gewalt über ein Grundstück sind nach § 4 Abs. 3 BBodSchG u.a. verpflichtet, den Boden und Altlasten so zu sanieren, dass dauerhaft keine Gefahren, erheblichen Nachteile oder erheblichen Belästigungen für den Einzelnen oder die Allgemeinheit entstehen. Das BVerfG hat in einer Grundsatzentscheidung aus dem Jahr 2000 zu den Grenzen einer Zustandshaftung des Grundstückseigentümers für die Grundstückssanierung bei Altlasten Stellung genommen.[498] Das Gericht sah in dieser Entscheidung die Belastung mit Kosten einer Sanierungsmaßnahme als nicht gerechtfertigt an, soweit sie dem Eigentümer nicht zumutbar seien. Als Anhaltspunkt zur Bestimmung der Zumutbarkeit stellt das Gericht auf das Verhältnis des finanziellen Aufwands zu dem Verkehrswert des Grundstücks nach Durchführung der Sanierung ab.[499] Die nötigen Investitionen dürften den Wert des Eigentums nach der Sanierung nicht übersteigen und nicht zu dauerhaften Verlusten führen. Soweit das zu sanierende Grundstück den wesentlichen Teil des Vermögens des Sanierungsverpflichteten bilde und die Grundlage seiner privaten Lebensführung einschließlich seiner Familie darstelle, sei die Grenze der zumutbaren Belastung nur gewahrt, wenn die Kosten die Vorteile aus der weiteren Nutzung des Grundstücks nach der Sanierung nicht übersteigen. Die Grenze der Zumutbarkeit sei zudem auch dort überschritten, wenn etwa der Eigentümer eines Eigenheims unter Berücksichtigung seiner wirtschaftlichen Lage das Grundstück nicht mehr halten könne.[500] Die vom BVerfG aufgezeigten Grenzen werden insoweit auch bei energetischen Sanierungspflichten für einschlägig erachtet. Eine Beschrän-

495 *Longo*, Neue örtliche Energieversorgung, S. 230 ff.

496 Diesem Ansatz folgen *Gaßner/Neusüß/Linde*, Sanierungsvorgaben für bestehende Gebäude, S. 24 ff.; *Gaßner/Fischer*, ZNER 2005, 21 (23 f.). Ähnlich *Kahl/Schmidtchen*, Kommunaler Klimaschutz durch Erneuerbare Energien, S. 57, 318 ff. Zur Grundsatzentscheidung des BVerfG, NJW 2000, 2573 ff., vgl. *Knoche*, Altlasten und Haftung, S. 56 ff. Zu verfassungsrechtlichen Anforderungen bei einer Novellierung des § 179 BauGB zur Anwendung bei Schrottimmobilien, *Krautzberger/Stüer*, BauR 2012, 874 (884 f.), die ebenso eine Parallele zu den Altlastenfällen ziehen.

497 Zum Problem der Altlastensanierung in Hessen etwa schon *Böhm*, NVwZ 1990, 340 (341). Zum Altlastenrecht auf Bundesebene siehe nur *Finger*, NVwZ 2011, 1288 ff.

498 Vgl. BVerfG, NJW 2000, 2573 ff.

499 BVerfG, NJW 2000, 2573 (2575).

500 BVerfG, NJW 2000, 2573 (2575).

kung auf sich amortisierende Maßnahmen sei nicht nötig, um eine angemessene Ausgestaltung von energetischen Sanierungspflichten zu ermöglichen.[501] Bei anlassunabhängigen Sanierungspflichten habe jedoch eine Anpassung an den Investitionszyklus einer Immobilie zu erfolgen.[502]

### (b) Kritik

Dieser Auffassung ist entgegenzutreten. Energetische Sanierungsmaßnahmen stehen mit dem Grundstücks- und Gebäudewert in keinem unmittelbaren Zusammenhang, denn das Grundstück und das Gebäude stehen bereits im Eigentum des Adressaten. Eine Anknüpfung an diese Größen zur Beurteilung der Angemessenheit erscheint vor diesem Hintergrund zunehmend willkürlich.[503]

Ob darüber hinaus die dargelegte Rechtsprechung des BVerfG auf energetische Sanierungspflichten übertragen werden kann, wird bezweifelt. Der Rechtsprechung des BVerfG liegt zwar ein insoweit zum vorliegenden Problemkreis vergleichbarer Sachverhalt zugrunde, als es um Sanierungspflichten von Grundstücken und Gebäuden aus Umweltschutzgründen geht. Allerdings gehen von energetisch zu ertüchtigen Wohngebäuden, anders als von Gewerbebetrieben, die mit Chemikalien oder umweltgefährdenden Stoffen umgehen, in der Regel keine unmittelbaren Gefahren für die Umwelt und das Klima aus.[504] Potenzielle Adressaten von energetischen Sanierungspflichten sind als indirekte Mitinitianten eines globalen und durch mehrere Faktoren bedingten Emissionsproblems anzusehen, dass erst jüngst durch wissenschaftliche Erkenntnisse belegt wurde. Eine dem Zustandsverantwortlichen bei Altlasten gleichwertige oder sogar strengere[505] Haftung durch eine Übertragung der genannten Grenzen erscheint daher nicht sachgerecht.

Im Grundsatz führt die Rechtsprechung des BVerfG darüber hinaus dazu, dass der Eigentümer sein Grundstück zum zweiten Mal erwerben müsste. Ob dies mit Art. 14 GG vereinbar ist, erscheint zumindest zweifelhaft.[506] Die an den Grundstückswert gekoppelten Haftungsbegrenzungen bei solchen Grundstücken, die den wesentlichen Teil des Vermögens und die Grundlage der privaten Lebensführung bilden, können darüber hinaus zu einer Ungleichbehandlung führen.[507] Insoweit müssen bei klimawandelgerechten Vorgaben an bestehende Gebäude andere Maßstäbe gelten.

---

[501] *Gaßner/Neusüß/Linde*, Sanierungsvorgaben für bestehende Gebäude, S. 24 ff.; *Kahl/Schmidtchen*, Kommunaler Klimaschutz durch Erneuerbare Energien, S. 318, 320.

[502] *Gaßner/Neusüß/Linde*, Sanierungsvorgaben für bestehende Gebäude, S. 29.

[503] *Böhm/Schwarz*, NVwZ 2012, 129 (131).

[504] Siehe auch *Böhm*, Stadtpilot spezial 2011, 20 (20). Dass die Konstellationen bei einer klimaneutralen Wärmeversorgung und bei Altlasten nicht deckungsgleich sind, und sich insbesondere in der Spürbarkeit der Schäden und der Summationsproblematik unterscheiden, konstatieren insoweit auch *Kahl/Schmidtchen*, Kommunaler Klimaschutz durch Erneuerbare Energien, S. 318; a.A. wohl *Battis/Kersten/Mitschang*, ZG 2010, 246 (255), die die Rechtsprechung des BVerfG in den Grundsätzen für durchaus verallgemeinerbar halten.

[505] Siehe *Gaßner/Neusüß/Linde*, Sanierungsvorgaben für bestehende Gebäude, S. 25 f.

[506] *Bickel*, NJW 2000, 2562 (2562).

[507] *Bickel*, NJW 2000, 2562 (2562), der zutreffend die Frage aufwirft ob ein Grundstück mit einer Millionen-Villa anders zu bewerten sei, als ein unbebautes Grundstück. Das BVerfG hat die Rolle wertsteigernder Investitionen offengelassen.

### (c) Konkrete Sanierungsgegebenheiten als Bezugspunkt

Bei anlassbezogenen Pflichten sollte vorrangig auf das Verhältnis zwischen der Höhe der ohnehin geplanten Investitionen und der durch die energetischen Anforderungen finanziellen Mehrbelastung abgestellt werden.[508] Insoweit ist Art. 14 Abs. 1 GG zwar kein Wirtschaftlichkeitsgebot zu entnehmen, allerdings dürfen keine unverhältnismäßigen Belastungen des Einzelnen vorliegen.[509] Um einer „schleichenden Enteignung"[510] vorzubeugen, sollte eine finanzielle Belastung der Hauseigentümer möglichst vermieden werden.[511] Aufgrund der Sozialbindung des Eigentums erscheint zwar eine maßvolle Belastung vertretbar. Soweit die nötigen Investitionen für den Eigentümer langfristig wirtschaftlich sinnvoll erscheinen und eine Amortisation der Kosten eintreten kann, dürfte das zumutbare Maß daher nicht überschritten sein. Je höher allerdings die zusätzlichen Kosten ausfallen, desto schneller müssen sich diese amortisieren können.[512] Anforderungen, die das Eigentum infolge der Sanierungspflicht zu einer Last werden lassen, sind jedenfalls unzulässig.[513] Um in atypischen Fällen unverhältnismäßige Eingriffe zu vermeiden, werden Befreiungs-, Ausnahme- und Ausgleichstatbestände nötig sein.[514] Eigentümer können bspw. durch höhere Gewalt unerwartet zu Sanierungsmaßnahmen gezwungen sein, ohne dass ausreichende finanzielle Mittel zur Verfügung stehen. Ebenso können bei denkmalgeschützten Gebäuden Sanierungsmaßnahmen kostenintensiver ausfallen.

Bei anlassunabhängigen Vorgaben gelten hingegen hinsichtlich der Rentabilität und der wirtschaftlichen Zumutbarkeit strengere Anforderungen, da es sich um eine originäre Auferlegung von Pflichten handelt.[515] Anlassunabhängige Verpflichtungen dürften daher regelmäßig nur bei weitgehend finanzieller Schonung des Eigentümers zulässig sein, denn eine Bezugsgröße zur Bemessung einer zumutbaren finanziellen Mehrbelastung fehlt hier im Gegensatz zu Neubauten und anlassbezogenen Sanierungspflichten völlig.[516] Teilweise werden daher sogar nur anlassbezogene Pflichten für zulässig erachtet.[517] Ein unter finanzieller Beteiligung des Eigentümers statuierter Anschluss- und Benutzungszwang dürfte damit bspw. nur zulässig sein, wenn der Eigentümer von sich aus ohnehin einen Austausch der Heizungs-

---

508 *Böhm/Schwarz*, NVwZ 2012, 129 (131). Kritisch *Schröder*, Die Verwaltung 2013, 183 (210).

509 Insoweit *Kahl/Schmidtchen*, Kommunaler Klimaschutz durch Erneuerbare Energien, S. 57 f., die allerdings eine grundsätzlich notwendige Amortisation der gesetzlich geforderten Investitionen als nicht erforderlich ansehen.

510 *Pfnür*, Bezahlbarer Klimaschutz, FAZ vom 07.01.2011, S. 38 (39).

511 Auch die laufenden Energiekosten durch den Einsatz erneuerbarer Energien dürfen die bisherigen nicht wesentlich übersteigen, siehe *Böhm/Schwarz*, DVBl 2012, 540 (545); *dies.* HSGZ 2012, 423 (429).

512 Im Einzelnen mwN. *Böhm/Schwarz*, NVwZ 2012, 129 (131 f.); a.A. *Gaßner/Neusüß/Linde*, Sanierungsvorgaben für bestehende Gebäude, S. 24 ff.; *Kahl/Schmidtchen*, Kommunaler Klimaschutz durch Erneuerbare Energien, S. 318, 320.

513 *Schröder*, Die Verwaltung 2013, 183 (209).

514 Insoweit auch *Gaßner/Neusüß/Linde*, Sanierungsvorgaben für Gebäude, S. 35; vgl. *Böhm/Schwarz*, NVwZ 2012, 129 (132); *Tomerius*, ER 2013, 61 (67); *Schröder*, Die Verwaltung 2013, 183 (210); *Longo*, örtliche Energieversorgung, S. 234 ff.; *Prall/Ewer*, in: Koch (Hrsg.), Umweltrecht, § 9, Rn. 90.

515 *Schröder*, Die Verwaltung 2013, 183 (215).

516 Im Einzelnen *Böhm/Schwarz*, NVwZ 2012, 129 (132 f.), die eine Ausnahme von diesem Grundsatz allein bei einer völlig veralteten Anlagentechnik annehmen.

517 *Manten/Elbel*, LKV 2009, 1 (8).

anlage beabsichtigt.[518] Der (verfassungs-) rechtliche Spielraum für ordnungsrechtliche Vorgaben ist insoweit sehr begrenzt.[519]

## V. Zwischenfazit

Art. 20 a GG verpflichtet vor allem den Gesetzgeber zu einer aktiven und konkretisierenden Klimaschutzpolitik. Die politischen Zielsetzungen zur Steigerung des Einsatzes erneuerbarer Energien und der Steigerung der Energieeffizienz im Gebäudebestand setzen dabei auf ein freiwilliges Vorgehen. Ordnungsrechtliche Vorgaben findet man daher vorrangig für den Neubau von Gebäuden. Vorgaben für den Gebäudebestand werden nur zurückhaltend getroffen.

So stellt die EnEV vorrangig Energieeffizienzanforderungen an Neubauten. Bei Bestandsbauten wird im Wesentlichen ein anlassbezogenes Dämmgebot begründet. Anforderungen werden also nur gestellt, wenn sowieso saniert wird und beziehen sich dabei allein auf die ausgetauschten Teile der Gebäudehülle.[520] Ein von der EnEV darüber hinaus geforderter Austausch von „Uraltheizungen"[521] sowie die Vorgaben zur Dämmung Wärme führender Leitungen und oberster Geschossdecken unterliegen engen Voraussetzungen, dem Wirtschaftlichkeitsgebot sowie zahlreichen Ausnahmen. Es können mithin nur punktuelle Verbesserungen der Energieeffizienz erreicht werden. Das EEWärmeG manifestiert daneben ordnungsrechtliche Vorgaben zur anteiligen Nutzung erneuerbaren Energien für den Neubaubereich. Nur bei öffentlichen Gebäuden müssen auch im Zuge grundlegender Renovierungen Anlagen zur Nutzung erneuerbarer Energien eingebaut werden. Für die Länder enthält das EEWärmeG eine Öffnungsklausel, um auch für bestehende private Gebäude eine Nutzungspflicht festlegen zu können. Von der Ermächtigung in § 3 Abs. 4 Nr. 2 EEWärmeG haben bislang nur Bremen und Brandenburg in der Form Gebrauch gemacht, dass sie wiederum eine entsprechende Ermächtigung für die Kommunen geschaffen haben. Allein in Baden-Württemberg gilt eine Nutzungspflicht für Heizungen, die sich aus erneuerbaren Energien speisen, auch für den Gebäudebestand.[522]

Die ordnungsrechtlichen Vorgaben leiden durchweg unter Akzeptanzproblemen und weisen enorme Vollzugsprobleme auf. Insbesondere der ordnungsrechtliche Weg in Baden-Württemberg hat im Vergleich zu keiner nennenswerten Steigerung des Einsatzes erneuerbarer Energien im Gebäudebestand geführt. Die Sanierungsrate ging sogar stark zurück. Zwangsweise Vorgaben für den Gebäudebestand finden ihre Grenze darüber hinaus im Bestandsschutz. Der Spielraum für ordnungsrechtliche Vorgaben erscheint vor diesem Hintergrund insgesamt begrenzt. Anlassbezogene Pflichten können nur eingeschränkt unter Berücksichtigung angemessener Amortisationszeiten statuiert werden. Anlassunabhängige Pflichten dürften hingegen nur zulässig sein, wenn eine finanzielle Belastung der Eigentümer so weit

---

518 *Böhm/Schwarz*, DVBl 2012, 540 (545); extensiver hingegen *Tomerius*, ER 2013, 61 (67).

519 Siehe auch BMVBS (Hrsg.), Untersuchung zur weiteren Verschärfung der energetischen Anforderungen an Gebäude mit der EnEV 2012, S. 80 ff. Ferner auch *Rodi/Sina*, Klimaschutzrecht des Bundes, S. 181.

520 Dazu *Stock*, in: Mitschang (Hrsg.), Fragestellungen des Städtebau- und Umweltrechts, S. 12, der darauf hinweist, dass eine in der Praxis gängige Erstreckung der EnEV-Anforderungen auf Außenbauteile, die der Eigentümer eigentlich nicht modernisieren wollte, nicht besteht und im Extremfall eine Sanierung der gesamten Gebäudehülle zur Folge hätte, die aus verfassungsrechtlicher Sicht unzumutbar und unverhältnismäßig wäre.

521 *Mechel*, ZUR 2011, 184 (187); *Böhm/Schwarz*, NVwZ 2012, 129 (130).

522 Dies galt auch schon vor in Kraft treten des EEWärmeG auf Bundesebene.

wie möglich ausbleibt. Die derzeitige Ausgestaltung des ordnungsrechtlichen Teils des Gebäudeenergiefachrechts trägt diesen Grenzen insoweit Rechnung, als anlassunabhängige Pflichten im Hinblick auf den Einsatz erneuerbarer Energien nicht getroffen werden.[523] Hinsichtlich der Steigerung der Energieeffizienz unterliegen die für private Gebäudeeigentümer im geringen Umfang bestehenden anlassunabhängigen Vorgaben stets dem Vorbehalt der Wirtschaftlichkeit sowie umfangreichen Ausnahme- und Übergangsbestimmungen.[524] Zurückhaltend getroffene anlassbezogene Pflichten im Rahmen der EnEV und des EWärmeG Baden-Württemberg unterliegen ebenso stets dem Wirtschaftlichkeitsgebot und dem Vorbehalt der technischen Umsetzbarkeit. Sie eröffnen zudem Wahlmöglichkeiten sowie Ausnahmen und Befreiungsmöglichkeiten, sodass sich die jeweiligen Anforderungen noch als verhältnismäßig erweisen können.[525] Vorgaben auf Grundlage etwaiger Ermächtigungsgrundlagen und Öffnungsklauseln durch Landes- oder Kommunalrecht müssen ebenso den aufgezeigten Verhältnismäßigkeitsanforderungen genügen. Eine darüber hinausgehende Ausweitung ordnungsrechtlicher Sanierungspflichten ist, wie dargelegt, nicht ohne weiteres möglich.

## VI. Anreizorientierte Instrumente

Unter den Begriff der anreizorientierten Instrumente lassen sich ökonomische und kooperative Ansätze fassen. Kennzeichnend ist das Fehlen eines einseitigen staatlichen Zwangs.[526] Durch positive oder negative Anreize wird dabei versucht, mittelbar auf die Willensbildung der Bürger einzuwirken, ohne eine Rechtspflicht zu statuieren.[527] Dieser Steuerungstyp setzt insoweit ein Stück auf eine Selbstregulierung der Adressaten, statuiert jedoch auch den rechtlichen Rahmen und reguliert die Funktionsweisen.[528] Ökonomische Instrumente stellen für ein bestimmtes Verhalten einen wirtschaftlichen Vorteil in Aussicht.[529] Kooperative Ansätze zeichnen sich durch ein freiwilliges, transparenz- und konsensorientiertes Vorgehen aus.[530] Den genannten Instrumententypen wird insbesondere eine influenzierende und motivierende Steuerungsfunktion zugesprochen.[531] Neben dem Erneuerbare-Energien-Gesetz, dem Kraft-Wärme-Kopplungsgesetz und diversen Förderprogrammen finden sich anreizorientierte Ansätze auch bei vorrangig ordnungsrechtlich geprägten Instrumenten.[532] So tritt bspw. neben die Sanierungsvorgaben der EnEV gemäß §§ 16 ff. EnEV das Erfordernis der Ausstellung eines Energieausweises, der eine indirekte Steuerung durch Informationen über den Energie-

---

523 Eine erste Regelung in diese Richtung wird derzeit in Thüringen diskutiert (siehe Fn. 377) und wird insbesondere den Anforderungen des Bestandsschutzes ausreichend Rechnung tragen müssen.

524 Dies betrifft die Vorgaben nach § 10 EnEV, siehe auch *Böhm/Schwarz*, NVwZ 2012, 129 (130, 132).

525 Ausführlich zur Verfassungskonformität der EnEV Vorgaben *Lee*, Umweltrechtlicher Instrumentenmix, S. 188 ff.

526 Vgl. auch *BMVBS* (Hrsg.), Maßnahmen zur Umsetzung der Ziele des Energiekonzepts im Gebäudebereich, 2013, S. 99.

527 *Kloepfer*, ZAU 1996, 56 (56); *Hoffmann-Riem*, in: ders./Schmidt-Aßmann (Hrsg.), Innovation und Flexibilität des Verwaltungshandels, S. 53 f.

528 *Hoffmann-Riem*, in: ders./Schmidt-Aßmann (Hrsg.), Innovation und Flexibilität des Verwaltungshandels, S. 53.

529 Siehe nur *Hendler*, in: Dolde (Hrsg.), Umweltrecht im Wandel, S. 287; *ders.*, UPR 2001, 281 (282); *Wustlich*, ZUR 2009, 515 (516) mwN.

530 Zur begrifflichen Verwendung des „kooperativen Rechts" ferner auch *Schulze-Fielitz*, DVBl 1994, 657 (657 f.).

531 *Kloepfer*, JZ 1991, 737 (788).

532 Dazu *Kloepfer*, Umweltrecht, § 5, Rn. 179.

verbrauch von Gebäuden ermöglichen soll.[533] Das EEWärmeG setzt im Gebäudebestand neben den Verpflichtungen für Neubauten auf das fördertechnische Marktanreizprogramm.

## 1. EEG

Seit 1991 werden erneuerbare Energien durch das Stromeinspeisungsgesetz bzw. nachfolgend durch das Erneuerbare-Energien-Gesetz (EEG)[534] gefördert. Letzteres trat im März 2000 in Kraft.[535] Die Regelungen des EEG betreffen ausschließlich die Stromerzeugung und stellen – aus Sicht eines Anlagenbetreibers – ein klassisches ökonomisches Instrument dar.[536] Nach § 1 Abs. 2 EEG soll der Anteil des aus erneuerbaren Energien erzeugten Stroms bis zum Jahr 2020 auf mindestens 35 % und danach weiter stetig erhöht werden.[537] Dieses formulierte Ziel dient ausweislich des § 1 Abs. 3 EEG auch dazu, den Anteil erneuerbarer Energien am gesamten Bruttoendenergieverbrauch bis zum Jahr 2020 auf mindestens 18 Prozent zu erhöhen. Dabei setzt das EEG allein auf eine indirekte Anreizwirkung, um Investitionen in Anlagen zur Stromerzeugung aus erneuerbaren Energien zu fördern. Betreiber von Anlagen zur Erzeugung von Strom aus erneuerbaren Energien können derzeit wählen, ob sie den erzeugten Strom gegen eine Einspeisevergütung in das Netz des Netzbetreibers einspeisen, den Strom direkt vermarkten oder selbst verbrauchen.

### a) Einspeisevergütung

Anlagebetreiber erhalten das Recht, dass Anlagen zur Erzeugung von Strom aus erneuerbaren Energien an das Stromnetz angeschlossen werden und der erzeugte Strom vorrangig abgenommen, sowie übertragen und vergütet wird, §§ 5, 8, 16 EEG. Das EEG begründet dafür zwischen Netz- und Anlagebetreiber ein gesetzliches Schuldverhältnis privatrechtlicher Natur[538], § 4 Abs. 1 EEG.[539] Für die Dauer von 20 Jahren zuzüglich des Inbetriebnahmejahres wird ein fester Vergütungssatz pro Kilowattstunde erneuerbaren Stromes, §§ 16 ff., 21 EEG garantiert. Die Fördersätze unterscheiden sich dabei je nach Anlagenart.[540] § 32 Abs. 1 Nr. 1

---

533 Ausführlich dazu *Moser*, Klimaschutz durch die EnEV, S. 63 ff.; siehe auch *Keyhanian*, Rechtliche Instrum. zur Energieeinsparung, S. 386 f. und *Müller*, in Müller/Oschmann/Wustlich, EEWärmeG, Einl., Rn. 30 mwN. Zum Ganzen auch *Mechel*, ZUR 2011, 184 (187 ff.).

534 Gesetz für den Vorrang Erneuerbarer Energien (Erneuerbare-Energien-Gesetz – EEG) vom 25.10.2008, BGBl. I S. 2074, zuletzt geändert durch Art. 5 des Gesetzes vom 20.12.2012, BGBl. I S. 2730. Ein in Kraft treten einer erneuten Novelle ist für den 01.08.2014 geplant.

535 Die Entwicklung des EEG mit den Novellen 2004, 2009 und 2011 wird nachgezeichnet bei *Gornig*, in: ders./Horn/Weiler (Hrsg.), Erneuerbare Energien und rechtsstaatliche Politik, S. 96 ff. Zur Entstehungsgeschichte siehe nur *Ekardt*, in: Frenz/Müggenborg, EEG, Einleitung, Rn. 34 sowie *Böhm*, in: Jahrbuch des Umwelt- und Technikrechts 2013, S. 102 ff.

536 Für den Netzbetreiber stellt sich das Instrument auf Grund der noch zu beschreibenden Zwangswirkungen gleichwohl als gegenteilig dar, vgl. *Wustlich*, ZUR 2009, 515 (520); *Lee*, Umweltrechtlicher Instrumentenmix, S. 60.

537 2030 sollen es 50%, 2040 65% und 2050 80% sein, vgl. § 1 Abs. 2 Nr. 1-4 EEG. Welche erneuerbaren Energien vom EEG erfasst werden, bestimmt § 3 Nr. 3 EEG.

538 *Oschmann*, NJW 2009, 263 (263).

539 Zu den konkreten Verpflichtungen *Ehricke*, in: Frenz/Müggenborg, EEG, § 4, Rn. 7 ff. Siehe auch *Oschmann*, NJW 2009, 263 (263) sowie *Scholtka/Helmes*, NJW 2011, 3185 (3186 ff.).

540 Bis Ende 2012 wurden mehr als 3900 Vergütungskategorien erfasst, *BDEW*, Erneuerbare Energien und das EEG, S. 50. Zu den Grundstrukturen und Vergütungssätzen vgl. auch *Böhm*, in: Jahrbuch des Umwelt- und Technikrechts 2013, S. 105 ff. sowie *Henning*, NVwZ-Extra 11/2012, 1 (4 ff.). Zu den Vergütungssätzen nach der EEG-Novelle 2012 im Einzelnen *Hahn/Naumann*, NJOZ 2012, 361 ff.

EEG regelt bspw. die Vergütungsfähigkeit von Strom aus Fotovoltaikanlagen „in, an oder auf einem Gebäude oder einer sonstigen baulichen Anlage".[541] Dabei muss das Gebäude oder die bauliche Anlage „vorrangig zu anderen Zwecken als der Erzeugung von Strom aus solarer Strahlungsenergie errichtet worden" sein.[542] Die Einspeisevergütung wird für Anlagen mit bis zu einer Leistung von 10 Megawatt mit grundsätzlich 13,50 Cent pro Kilowattstunde unter Berücksichtigung der Absenkung nach § 20 b EEG angegeben (§ 32 Abs. 1 EEG).[543]

Um die Übertragung und Verteilung des Stroms aus erneuerbaren Energien sicherzustellen, ist der Netzbetreiber auf Verlangen der Einspeisewilligen zur Ausweitung der Netzkapazität verpflichtet, § 9 EEG.[544] Der Netzbetreiber ist weiterhin verpflichtet, den vergüteten Strom unverzüglich an den vorgelagerten Übertragungsnetzbetreiber weiterzugeben (§ 34 EEG). Dieser muss den im Gesetz festgelegten Einspeisepreis zahlen (§ 35 EEG) und vermarktet den Strom. Die Differenz zwischen Erlösen für den EEG-Strom und den Vergütungssätzen (sogenannte EEG-Umlage) hat der Versorgungsunternehmer, der den Strom an Letztverbraucherinnen und Letztverbraucher liefert, zu tragen (§ 37 EEG) und legt diese (i.d.R.) auf die Endverbraucher um.[545] Für stromintensive Unternehmen des produzierenden Gewerbes mit hohem Stromverbrauch oder Schienenbahnen kann die EEG-Umlage ermäßigt werden (§ 40 EEG).

### b) Direktvermarktung

Seit dem EEG 2012 besteht ferner die Möglichkeit der Direktvermarktung, die als zweite Säule bisher alternativ[546] neben die Einspeisevergütung getreten ist (§ 33a ff. EEG). Diese vollzieht sich an der Strombörse oder im außerbörslichen Handel.[547] Wichtigster Anreiz für eine Direktvermarktung bildet die Möglichkeit der Inanspruchnahme einer Marktprämie (§§ 33b Nr. 1, 33g EEG).[548] Diese soll einen Anreiz bieten, den Strom im Wege der Direkt-

---

541 Ausführlich dazu *von Oppen*, ZUR 2010, 295 (296 ff.). Das Tatbestandsmerkmal „in" Gebäuden stellt insoweit auf die Integration von fotovoltaischen Bauelementen in die Hausfassade oder das Dach ab, vgl. *Matthes/Appell/Fritzsche*, SächsVBl. 2013, 81 (82) mwN.

542 Grundlegend BGH, NJW 2011, 380 ff. Siehe auch *Matthes/Appell/Fritzsche*, SächsVBl. 2013, 81 (82) sowie *von Oppen*, ZUR 2010, 295 (297).

543 Sonderregelungen in § 32 Abs. 2 und 3 EEG.

544 Siehe auch *Staab*, Erneuerbare Energien in Kommunen, S. 126 sowie *Henning*, NVwZ-Extra 11/2012, 1 (3).

545 Das EEG trifft hinsichtlich der Umlegung auf den Letztverbraucher keine Aussagen. Diese entspricht jedoch dem sog. Verursacherprinzip; vgl. BT-Drs. 16/8148, S. 71. Als Ergänzung zum EEG wurde die Ausgleichsmechanismusverordnung vom 17.07.2009 (BGBl I S. 2101, zuletzt geändert durch Art. 2 des Gesetzes vom 17.08.2012 (BGBl I S. 1754) beschlossen, die sicherstellen soll, dass die Belastungen des EEG bundeseinheitlich verteilt werden. Dazu *Schlacke/Kröger*, NVwZ 2013, 313 (314) sowie *BMWi*, Energie in Deutschland 2013, S. 38. Zukünftig ist geplant, grds. auch die Eigenstromversorgung (durch größere Anlagen) an der EEG-Umlage zu beteiligen, siehe Eckpunkte zur EEG für die Reform des EEG, vom 21.01.2014, S. 13.

546 Nach § 33d EEG können Anlagebetreiber jeweils zum ersten jeden Monats zwischen Direktvermarktung und Einspeisevergütung nach § 16 EEG wählen. Zur Direktvermarktung siehe nur *Wustlich/Müller*, ZNER 2011, 380 ff. sowie *Müller*, ZUR 2012, 22 (25).

547 *Schlacke/Kröger*, NVwZ 2012, 919 (919).

548 Dazu *Danner/Theobald*, in: Danner/Theobald, Energierecht, § 33g; *Henning*, NVwZ 2012, 670 (671); *Schomerus/Henkel*, ER 2012, 13 ff. Zur verfassungsrechtlichen Bewertung der Kennzeichnung von marktprämiengefördertem Strom als Grünstrom *Schlacke/Kröger*, NVwZ 2012, 919 ff. Zu den anderen beiden Formen der Direktvermarktung („Grünstromprivileg", § 33 b Nr. 2 EEG und sonstige Direktver-

vermarktung zu veräußern und auf die EEG-Vergütung zu verzichten.[549] Soweit erneuerbare Energien sich als konkurrenzfähige Technologie am Markt etabliert haben, wird die Direktvermarktung die feste Einspeisevergütung zumindest bei größeren Neuanlagen perspektivisch und sukzessive ersetzen.[550]

### c) Clearingstelle

Um Streitigkeiten und Anwendungsfragen im Bereich des EEG zu klären wurde eine Clearingstelle als privatrechtliche Einrichtung geschaffen (§ 57 EEG). Diese hat im Oktober 2007 ihre Tätigkeit aufgenommen.[551] Die Clearingstelle klärt zum einen generelle Rechts- und Anwendungsfragen des EEG (in Empfehlungs- und Hinweisverfahren).[552] Zum anderen steht die Clearingstelle bei konkreten Streitigkeiten zur rechtlichen Beurteilung und Schlichtung zur Verfügung, wenn alle beteiligten Parteien dies wünschen (in Votums- bzw. Einigungsverfahren).[553]

## 2. KWKG

Seit April 2002 wird die Kraft-Wärme-Kopplung auf Grundlage des Kraft-Wärme-Kopplungsgesetzes (KWKG)[554] gefördert. Dieses hat gemäß § 1 KWKG zum Ziel, den Anteil der KWK-Anlagen zur Strom- und Wärmeerzeugung (von derzeit ca. 12 %)[555] auf 25 % bis zum Jahr 2020 zu steigern. Auf den Nutzen der Kraft-Wärme-Kopplung wurde bereits eingegangen. Es handelt sich um die gleichzeitige Umwandlung der eingesetzten Energieträger in elektrische Energie und Nutzwärme. Die KWK ist dabei eine besonders effiziente und Ressourcen schonende Technologie mit einem Wirkungsgrad von 80 – 95 % und erzeugt dadurch etwa 34 % weniger $CO_2$ als konventionelle Anlagen bei der getrennten Bereitstellung von Wärme und Strom.

Das formulierte Ziel in § 1 KWKG soll zum einen durch den befristeten Schutz, die Förderung der Modernisierung und des Neubaus von Kraft-Wärme-Kopplungsanlagen (KWK-Anlagen) sowie zum anderen durch die Unterstützung der Markteinführung der Brennstoffzel-

---

marktung, § 33 b Nr. 3 EEG) *Schomerus/Henkel*, ER 2012, 13 (14). Das „Grünstromprivileg“ wird nunmehr gestrichen, siehe Koalitionsvertrag zwischen CDU, CSU und SPD, 18. Legislaturperiode, S. 53.

549 *Schlacke/Kröger*, NVwZ 2013, 313 (314); *Scholtka/Baumbach/Pietrowicz*, NJW 2013, 2724 (2725).

550 Laut Koalitionsvertrag zwischen CDU, CSU und SPD, 18. Legislaturperiode, S. 54 ff. und den am 21.01.2014 beschlossenen Eckpunkten für eine Reform des EEG, soll daher ab dem 01.08. 2014 für Neuanlagen ab 500 kW, ab dem 01.01.2016 für Neuanlagen ab 250 kW und ab 01.01.2017 für Neuanlagen ab 100 kW, eine verpflichtende Direktvermarktung eingeführt werden. Fotovoltaikanlagen privater Hausbesitzer (max. ca. 10 kW) werden von diesen Größenordnungen (i.d.R.) jedoch nicht erfasst. Siehe auch *Mihm*, Wirtschaftsminister Gabriel zeigt ein Herz für Solardachbesitzer, FAZ vom 23.01.2014, S. 10. Zur Entwicklung der Marktprämie siehe *Schomerus/Henkel*, ER 2012, 13 ff.

551 *BMU*, Pressemitteilung vom 15.10.2007, Nr. 274/07.

552 Siehe http://www.clearingstelle-eeg.de/auftrag (Stand 09.08. 2012).

553 Siehe *Danner/Theobald*, Energierecht, EEG, § 57; *Züngler*, in: Frenz/Müggenborg, EEG, § 57, Rn. 1 ff. sowie http://www.clearingstelle-eeg.de/auftrag (Stand 09.08.2012). Eine Zusammenfassung der Empfehlungen, Hinweise und Voten findet sich in den Jahresberichten der Clearingstelle, siehe http://www.clearingstelle-eeg.de/jahresberichte (Stand 09.08.2012).

554 Gesetz für die Erhaltung, die Modernisierung und den Ausbau der Kraft-Wärme-Kopplung (KWKG) vom 19.03.2002, BGBl I S. 1092, zuletzt geändert durch Art. 2 des Gesetzes vom 07.08.2013, BGBl. I S. 3154.

555 *Prognos/Berliner Energieagentur*, Zwischenüberprüfung KWKG 2011, S. 28 ff.

le und durch die Förderung des Neu- und Ausbaus von Wärmenetzen, in die Wärme aus KWK-Anlagen eingespeist wird, erreicht werden. Das Gesetz begründet weder bei Neubauten noch bei bestehenden Gebäuden eine Einbaupflicht dieser Anlagen, sondern setzt ähnlich dem EEG auf indirekte Anreize. Das KWKG verpflichtet entsprechend dem EEG den räumlich nächsten Netzbetreiber zum Anschluss von KWK-Anlagen sowie zur vorrangigen Abnahme des in diesen Anlagen produzierten Stroms und regelt sodann die Vergütung des produzierten Stroms, § 4 ff. KWKG.[556]

KWK-Anlagen werden seit dem Jahr 2009 zudem finanziell gefördert. Dies erfolgt nicht durch Subventionen, sondern durch Vorgaben zur Preisgestaltung für die Wirtschaftsteilnehmer. Neben dem einzeln ausgehandelten Strompreis hat der Netzbetreiber einen gesetzlich vorgeschriebenen Zuschlag an den Anlagebetreiber zu zahlen, §§ 5a, 7a KWKG.[557] Wie im Rahmen des EEG erfolgt die Finanzierung der KWK-Förderung durch eine Umlage; allerdings im Vergleich in einem erheblich geringeren Umfang.[558] Daneben besteht ebenso die Möglichkeit der Direktvermarktung.[559]

### 3. Steuerliche Regelungen

#### a) Besteuerung

Das Energiesteuergesetz (EnergieStG)[560] regelt die Besteuerung von Energieerzeugnissen. Mit der Energiesteuer wird insbesondere die Verwendung von „klassischen“ Kraft- und Heizstoffen wie Benzin, Dieselkraftstoff, leichtem und schwerem Heizöl und Kohle innerhalb des deutschen Steuergebiets[561] besteuert.[562] Durch die Steuer sollten durch steigende Energiekosten zum einen Energieeffizienzmaßnahmen sowie der Wechsel zu erneuerbaren Energien finanziell attraktiver werden, zum anderen sollte ein Teil der Einnahmen direkt in die Förderung erneuerbarer Energien und die energetische Gebäudesanierung fließen.[563] Darüber hinaus befreit das Stromsteuergesetz (StromStG)[564] Strom aus erneuerbaren Energien von der Steuer, wenn dieser aus einem ausschließlich aus solchen Energieträgern gespeisten Netz entnommen wird (§ 9 Abs. 1 StromStG).[565]

---

556 Siehe auch *Koch*, NVwZ 2011, 641 (643 f.).

557 Vgl. dazu auch *Stein/Thoms*, BB 2009, 1451 (1455 f.); *Koch*, NVwZ 2011, 641 (644). Zur Möglichkeit der „Prepaid“-Förderung, § 7 Abs. 3 KWKG *Antoni/Antoni*, ER 2012, 102 ff.

558 *Rößler/Breuer*, ER 2012, 91 (92).

559 Dazu auch *Rößler/Breuer*, ER 2012, 91 (98).

560 Energiesteuergesetz vom 15.07.2007 (BGBl. I S. 1543), zuletzt geändert durch Art. 1 des Gesetzes vom 05.12.2012.

561 Bundesrepublik Deutschland ohne das Gebiet von Büsingen und ohne die Insel Helgoland; vgl. zum Ganzen die Aufstellung der Energiebesteuerung des Bundesfinanzministeriums, URL: http://www.bundesfinanzministerium.de (Stand 25.10.2013).

562 Zum Energiesteuergesetz *Kudla*, in: Khazzoum/Kudla/Reuter, Energie und Steuern, S. 83 ff.

563 Eine feste Zweckbindung der Einnahmen wurde jedoch nicht gesetzlich manifestiert. Siehe *Weiß/Vogelpohl*, Energetische Sanierung bei Eigenheimen, S. 28; *Schlüter*, in: Oldiges (Hrsg.), Abgabenrechtliche Verhaltenssteuerung im Umweltrecht, S. 214.

564 Stromsteuergesetz vom 24.03.1999 (BGBl. I S. 378), zuletzt geändert durch Art. 2 des Gesetzes vom 01.03.2011.

565 Dazu *Khazzoum*, in: Khazzoum/Kudla/Reuter, Energie und Steuern, S. 26 ff.

### b) Erhöhte Absetzung / Steuerbegünstigungen

§ 35 a Abs. 3 S. 1 Einkommensteuergesetz (EStG)[566] erlaubt eine Anrechenbarkeit von Aufwendungen für Handwerkerleistungen auf die Einkommenssteuer. Die tarifliche Einkommenssteuer ermäßigt sich danach in Höhe von 20 % der Aufwendungen (höchstens 1200 Euro), die für die Inanspruchnahme von Handwerkerleistungen für Renovierungs- Erhaltungs- und Modernisierungsmaßnahmen getätigt wurden. Diese Möglichkeit besteht nach S. 2 allerdings nur für Maßnahmen, die nicht öffentlich durch zinsverbilligte Darlehen oder steuerfreie Zuschüsse gefördert werden.[567]

Im Übrigen ermöglicht § 7 h EStG erhöhte Abschreibungen bei Gebäuden, die in einem förmlich festgelegten Sanierungsgebiet oder städtebaulichen Entwicklungsbereich gelegen sind. Im Jahr der Herstellung und in den folgenden sieben Jahren sind jeweils bis zu 9 % und in den folgenden vier Jahren bis zu 7 % der Herstellungskosten für Modernisierungs- und Instandsetzungsmaßnahmen i. S. d. § 177 BauGB absetzbar. Eine entsprechende Bescheinigung der Gemeinde ist nötig.[568] Die Absetzungen können dabei jedoch nur in Anspruch genommen werden, soweit die entsprechenden Kosten nicht durch Zuschüsse aus Sanierungs- oder Entwicklungsfördermitteln gedeckt sind. Eine Kumulierung ist jedoch möglich.[569] Für nach dem jeweiligen Landesrecht unter Denkmalschutz stehende Gebäude ermöglicht § 7 i EStG ähnliche Abschreibungsmöglichkeiten.[570] Die Norm greift allerdings nur ein, soweit das jeweilige Gebäude zur Einkünfte Erzielung genutzt wird.[571] § 10 f EStG erstreckt die Steuerbegünstigung allerdings auch auf selbst genutzte Gebäude, soweit die Aufwendungen nicht in die Bemessungsgrundlage nach § 10 e EStG oder dem Eigenheimzulagengesetz einbezogen wurden.[572] Nach § 10 f EStG können Aufwendungen an einem eigenen Gebäude im Kalenderjahr des Abschlusses der Baumaßnahme und in den neun folgenden Kalenderjahren jeweils bis zu 9 % wie Sonderausgaben abgezogen werden, wenn die Voraussetzungen des § 7 h oder § 7 i EStG vorliegen. Nicht begünstigt werden danach allerdings alle erhaltenen öffentlichen Zuschüsse.[573] Die genannten Steuervergünstigungen können sich zum Teil überschneiden.[574]

## 4. Förderprogramme des Bundes

Das schon erwähnte Marktanreizprogramm (MAP) bildet durch die §§ 13 ff. EEWärmeG die zweite Säule des EEWärmeG und die Grundlage der Förderung von Heizungsinstallation auf

---

566 Einkommensteuergesetz i.d.F. Fassung der Bekanntmachung vom 08.10.2009 (BGBl. I S. 3366, ber. I 2009 S. 3862), zuletzt geändert durch Art. 11 des Gesetzes vom 18.12.2013.

567 Dazu BT-Drs. 17/2249, S. 55; zum Ganzen auch *Weiß/Vogelpohl*, Energetische Sanierung bei Eigenheimen, S. 28.

568 Vgl. die Bescheinigungsrichtlinie zur Anwendung der §§ 7 h, 10 f und 11 a EStG in städtebaulichen Sanierungsgebieten und Entwicklungsbereichen. Abgedruckt bei *E/Z/B/K*, §§ 140-151, Anhang 2. Im Einzelnen auch *Goldschmidt*, in: Hoppenberg/de Witt, Handbuch des öffentlichen Baurechts, Band 1, C, Rn. 626 ff.

569 Zur Ausweisung in der Bescheinigung siehe *Lambrecht*, in: Kirchhof, EStG, § 7h, Rn. 4 f.

570 Im Einzelnen *Erhard*, in: Blümich, EStG, § 7 i, Rn. 11 ff. sowie *Kloepfer*, Denkmalschutz und Umweltschutz, Rn. 553 ff.

571 Vgl. *Lambrecht*, in: Kirchhof, EStG, § 7 i, Rn. 1.

572 Im Einzelnen *Erhard*, in: Blümich, EStG, § 10 f, Rn. 11 ff.

573 Vgl. *Lambrecht*, in: Kirchhof, EStG, § 10 f, Rn. 3.

574 Zum Verhältnis vgl. *Lambrecht*, in: Kirchhof, EStG, § 10 f, Rn. 1 mwN.

der Basis erneuerbarer Energien im Gebäudebestand.[575] Im Rahmen der finanziellen Förderung werden vom Bund gemäß § 13 EEWärmeG bis zum Jahr 2012 bis zu 500 Mio. Euro pro Jahr für die Nutzung erneuerbarer Energien zur Erzeugung von Wärme oder Kälte bereitgestellt. Das Programm wurde über den Zeitraum hinaus fortgesetzt.[576] Einzelheiten sind in den Verwaltungsvorschriften des Bundes geregelt. Die sogenannten Richtlinien bilden das Marktanreizprogramm, auf dessen Grundlage der Bund einzelne Maßnahmen unterstützt.[577] Der größte Programmteil wird dabei durch Investitionszuschüsse und die Förderung durch zinsgünstige Darlehen gebildet.[578] Eine finanzielle Förderung scheidet dabei grundsätzlich aus, soweit allein eine gesetzliche Nutzungspflicht erfüllt wird (§ 15 EEWärmeG).[579] Eine Kumulierbarkeit mit andern öffentlichen Förderungen ist grds. möglich.[580] Die *Kreditanstalt für Wiederaufbau* (KfW) und das *Bundesamt für Wirtschaft und Ausfuhrkontrolle* (BAFA) setzten die Vorschriften um und sind für die Förderanträge zuständig.[581]

Neben diesem zentralen Instrument zur Förderung erneuerbarer Energien im Wärmebereich[582] bestehen zahlreiche eigenständige Förderprogramme des Bundes, die über die KfW und die BAFA abgewickelt werden (u.a. das $CO_2$-Gebäudesanierungsprogramm, das insbesondere die Programme Energieeffizient Sanieren und Energieeffizient Bauen umfasst[583]). Gewährt werden u.a. zinsgünstige Kredite oder Zuschüsse für komplette Gebäudesanierungen und Einzelmaßnahmen (bspw. Wärmedämmung der Wände, Dachflächen, Erneuerung der Fenster, Austausch der Heizung). In der Regel gilt dabei, dass je energieeffizienter das Gebäude nach der Sanierung ist, desto höher fällt die Förderung aus.[584] Es existiert eine Vielzahl verschiedenster Programme für Privatpersonen, Gewerbetreibende und öffentliche Einrichtungen. Die Förderprogramme unterliegen dabei einem ständigen Wandel. Für Einzelheiten wird insoweit auf den Ratgeber „Fördergeld“ [585] des BMU, die Internetpräsenz der KfW[586],

---

575 Zu den vorranging aus Infrastrukturgründen bedingten unterschiedlichen Förderansätzen im Strom- und Wärmebereich siehe nur *Antoni*, EnWZ 2013, 357 (358).

576 *BMU*, Pressemitteilung vom 17.04.2013, Nr. 35/13.

577 Derzeit gelten die Richtlinien zur Förderung von Maßnahmen zur Nutzung erneuerbarer Energien im Wärmemarkt vom 20. Juli 2012. Zum Marktanreizprogramm siehe auch *Oschmann*, in: Müller/Oschmann/Wustlich, EEWärmeG, § 13, Rn. 24 ff.

578 *Ohms*, Recht der Erneuerbaren Energien, Rn. 232.

579 Im Einzelnen *Kahl/Schmidtchen*, Kommunaler Klimaschutz durch Erneuerbare Energien, S. 34.

580 Neben einer Vergütung nach dem EEG oder KWKG ist dies allerdings nur begrenzt der Fall, siehe Nr. 7.4 der Richtlinie. Bei einer bestehenden Förderung über das CO2-Gebäudesanierungsprogramm ist eine Kumulation ausgeschlossen, siehe Nr. 7.5 der Richtlinie. Dazu auch *Ohms*, Recht der Erneuerbaren Energien Rn. 237.

581 Siehe auch *Wustlich*, NVwZ 2008, 1042 (1047) sowie *Stein/Thoms*, BB 2009, 1451 (1453).

582 Vgl. *Ohms*, Recht der Erneuerbaren Energien, Rn. 232.

583 Für das $CO_2$ – Gebäudesanierungsprogramm wurden seither 1,4 Milliarden Euro jährlich bereitgestellt. Für den Zeitraum 2012-2014 sollen jährlich 1,5 Milliarden Euro zur Verfügung stehen; *BMU/BMWi*, Energiewende auf gutem Weg, S. 10; *BMVBS*, Pressemitteilung vom 23.11.2012, Nr. 272/2012, S. 2.

584 *BMVBS*, Energetische Sanierung – Komfort mit Umweltbonus für ihr Haus, S. 1; siehe auch *Heckeler*, ZWE 2010, 16 (17).

585 *BMU*, Fördergeld für Energieeffizienz und erneuerbare Energien.

586 www.kfw.de.

den BINE Informationsdienst[587] sowie die Internetpräsenz des Bundesministeriums für Umwelt, Naturschutz Bau und Reaktorsicherheit[588] verwiesen.[589]

### 5. Förderprogramme der Länder

Neben den bundesweiten Programmen existieren auch in den einzelnen Bundesländern Förderprogramme. Die Programme existieren parallel zu den Bundesprogrammen und können mehrheitlich mit diesen kombiniert werden. Im Vergleich zu den KfW-Förderungen haben die Landesprogramme häufig bei Einzelmaßnahmen bessere Konditionen, teilweise sind die Anforderungen an das energetische Niveau der Sanierung geringer ausgestaltet.[590] Detaillierte Informationen sind über die Wirtschafts- oder Umweltministerien der Länder und die Landesbanken verfügbar.

### 6. Sonstige

Verbraucherinformationen und Aufklärung beispielsweise in Form von Infomaterialien, finanziell geförderten Energieberatungen[591], Internetplattformen[592], E-Mail-Newslettern, Produktkennzeichnungen oder Ähnlichem unterstützen die vorhandenen anreizorientierten Instrumente. Zudem bietet auch der durch in der EnEV vorgesehene Energieausweis grundsätzlich die Möglichkeit zur Verbesserung der Markttransparenz beizutragen. Dieser enthält rechnerische Nachweise über den Jahres-Primärenergiebedarf und kann Aufschluss über die Energiebilanz eines Gebäudes geben.[593]

## VII. Analyse und Grenzen anreizorientierter Instrumente

Durch die Setzung geeigneter Anreize kann klimarelevantes Handeln angestoßen bzw. in die gewünschte Richtung gelenkt werden. Der Unterstützung und dem Anstoß freiwilliger Maßnahmen durch finanzielle Fördermaßnahmen wird neben dem Ordnungsrecht zumindest eine gleichrangige Effektivität hinsichtlich der $CO_2$-Einspareffekte zugesagt.[594]

---

587 www.energiefoerderung.info.

588 www.bmub.de.

589 Eine Übersicht über einzelne Förderprogramme einer energetischen Sanierung findet sich zudem bei *Habermann-Nieße/Jütting/Klehn/Schlomka*, Strategien zur Modernisierung II, S. 76 ff.; vgl. zudem auch *Ohms*, Recht der Erneuerbaren Energien, Rn. 238 ff.

590 *Weiß/Vogelpohl*, Energetische Sanierung bei Eigenheimen, S. 27 auch zum Voranstehenden.

591 „Vor-Ort-Beratung" des Bundesministeriums für Wirtschaft und Technologie wird mit einem Zuschuss bis zu 500 Euro gefördert; siehe URL: http://www.bafa.de/bafa/de/energie/ energiesparberatung/index.html (Stand 05.06.2012).

592 Beispielhaft genannt seien Plattformen wie www.bmu.de; www.energieportal-mittehessen.de oder www.sanierungskonfigurator.de.

593 Dazu *Heye*, Rechtliche Instrumente zur Reduktion der Treibhausgasemissionen, S. 58 f.; vgl. auch *Rodi/Sina*, Klimaschutzrecht des Bundes, S. 77.

594 Siehe oben Fn. 477.

## 1. Allgemeine Leistungsfähigkeit

Ökonomische Instrumente, Förderprogramme und Steuerabschreibungen führen dazu, dass Investitionskosten und Amortisationszeiten sinken. Damit setzen sie einen wichtigen Anreiz für energetische Sanierungen, denn die Mehrheit der Hauseigentümer macht ihre Sanierung grundsätzlich davon abhängig, ob es eine staatliche Förderung gibt.[595] Bisher bewirkten bereitgestellte Fördermittel ein Vielfaches an Investitionen.[596] Die Förderprogramme des Bundes und der Länder adressieren dabei grundsätzlich die relevantesten Sanierungsmaßnahmen.[597] Allerdings bilden die zu einem bestimmten Zweck zur Verfügung gestellten finanziellen Mittel die Grenze von ökonomischen Förderinstrumenten.[598] Für die Zukunft wird daher bei wachsendem Förderbedarf eine Finanzierungslücke gesehen.[599] Sich ständig ändernde Rahmenbedingungen der Förderung geben Sanierungswilligen zudem noch keine verlässliche Planungssicherheit.[600] Darüber hinaus wird die Beantragung von Fördermitteln als sehr aufwendig bewertet.[601]

Die Mehrheit der Bevölkerung[602] zeigt trotz dessen eine hohe Bereitschaft das Energiesystem umzubauen und ist gegenüber Klimaschutzmaßnahmen aufgeschlossen.[603] Für private Haushalte sind die Unabhängigkeit von Energiepreisen, die Substanzerhaltung der Objekte sowie die Möglichkeit Energiekosten einzusparen und dabei einen Beitrag zum Klimaschutz zu leisten, die wichtigsten Motive für eine energetische Sanierung.[604] Dennoch werden insbesondere staatliche Förderungen als wesentliche Anreize für weiter gehende energetische Sanierungen genannt.[605] Anreizorientierte Instrumente sollten mithin bei der Mehrheit der Bevölkerung einen Einfluss haben. Schwer zu adressieren ist hingegen insbesondere ein kleiner Bevölkerungsanteil, der von einer energetischen Sanierung weniger überzeugt ist.[606] Diese Zielgruppe hat starke Vorbehalte und Barrieren gegenüber einer energetischen Sanierung und ist nur schwer zu motivieren.[607] Weiterhin kann eine allgemein positive Haltung gegenüber einer energetischen Sanierung in eine ablehnende Haltung umschlagen. Dieses Phänomen trat

---

595 Vgl. *Rieger*, ZRP 2011, 154 (154). Formaljuristisch werden Subventionen allerdings insofern kritisiert, als diese das im Umweltrecht vorrangig geltende Verursacherprinzip unterlaufen, siehe *Antoni*, EnWZ 2013, 357 (360); *Böhm*, Die Wirksamkeit von Umweltlenkungsabgaben, S. 23.

596 *Küchler/Nestle*, Strategien zur Modernisierung I, S. 27.

597 Vgl. nur die detaillierte Analyse des $CO_2$ - Gebäudesanierungsprogramms bei *Kuckshinrichs/Kronenberg/Hansen*, Wirtschaftsdienst 2010, S. 9 ff.

598 Siehe auch *Lübbe-Wolff*, NVwZ 2001, 481 (489) sowie *Kahl/Schmidtchen*, Kommunaler Klimaschutz durch Erneuerbare Energien, S. 32 f.

599 *Küchler/Nestle*, Strategien zur Modernisierung I, S. 20 f.

600 *Küchler/Nestle*, Strategien zur Modernisierung I, S. 23.

601 *Weiß/Vogelpohl*, Energetische Sanierung bei Eigenheimen, S. 30; *Rieger*, ZRP 2011, 154 (154).

602 Die man in Sanierungstypen „Überzeugte Energiesparer“, „Aufgeschlossene Skeptiker“ und „Unreflektierte Instandhalter“ einteilen kann, siehe im Einzelnen *Stieß/van der Land/Birzle-Harder/Deffner*, Zielgruppen für eine energetische Gebäudesanierung, S. 51 ff.

603 Vgl. *forsa* Meinungsumfrage, URL: http://www.klimaktiv.de/article269_12776.html (Stand 05.06.2012); Mitteilung, Ökologisches Wirtschaften 1/2012, S. 5; *BMWi*, Newsletter Energiewende!, 01/2012, S. 7.

604 BMVBS (Hrsg.), $CO_2$-Einsparung bis 2020, S. 43.

605 BMVBS (Hrsg.), $CO_2$-Einsparung bis 2020, S. 43.

606 Sanierungstyp „Desinteressiert Unwillige“, siehe *Stieß/van der Land/Birzle-Harder/Deffner,* o. Fn. 602, S. 57 ff.

607 *Albrecht/Deffner/Dunkelberg/u.a.*, Zum Sanieren motivieren, S. 17; *Stieß/van der Land/Birzle-Harder/Deffner,* o. Fn. 602, S. 57 ff.

bisher vor allem bei größeren Infrastrukturprojekten auf. Im Amerikanischen existiert dafür der Begriff *„Nimby War“*, der auch in Deutschland Einzug gefunden hat.[608] Dieser Ausdruck steht für eine moralische und politische Position, die darauf bedacht ist, notwendige Maßnahmen und Probleme nicht im unmittelbaren Umfeld zu dulden. Ein gewünschtes Ergebnis kann durch den alleinigen Einsatz freiwilliger Instrumente also nicht mit Sicherheit und bei allen Zielgruppen gewährleistet werden.[609]

Aus der Motivationsforschung ist allerdings bekannt, dass Hemmnisse, sich mit der Thematik der energetischen Gebäudesanierung auseinanderzusetzen, zum großen Teil auf der eigenen Fehleinschätzung beruhen, dass sich das eigene Gebäude noch in einem (vermeintlich) guten energetischen Zustand befinde.[610] Erkenntnisse aus dem Bereich der Verhaltensökonomik in den USA zeigen, dass allein die Offenlegung des Energieverbrauchs einen ausreichenden Anstoß (sog. „Nudge“) geben kann, einen umweltfreundlicheren Wohnungsbau zu fördern.[611] Daraus lässt sich ableiten, dass verbesserte Verbraucherinformationen, individuelle Energieberatungen sowie die Berücksichtigung der konkreten Umstände vor Ort einen wesentlichen Anknüpfungspunkt darstellen können, um die Gebäudesanierungsrate zu steigern. Zum Zweck der Verbraucherinformation wurde bspw. vom *BMVBS* und dem *BMWi* im Juni 2013 ein bundesweiter „Sanierungskonfigurator“ im Internet gestartet.[612] Private Hauseigentümer erhalten nach Angabe einzelner Gebäudeeigenschaften eine Bewertung des energetischen Gebäudezustands sowie eine individuelle Auswahl von möglichen Sanierungsmaßnahmen. Der Konfigurator kann ein Interesse an einer energetischen Sanierung wecken. Darüber hinaus wollen sich auch entschlossene potenzielle energetische Sanierer umfassend informieren.[613] Eine weitere Verbreitung des Energieausweises, der potenziellen Sanierern den Zustand des Gebäudes offenlegt, kann dabei helfen. Die Verbreitung ist bislang als gering anzusehen.[614] Dieser war bisher nur bei Verkauf, Vermietung, Verpachtung oder Leasing auf Verlangen vorzulegen und schöpfte seine Potenziale noch nicht aus.[615] Erst seit der 01. Mai 2014 (EnEV 2014) ist dieser insbesondere bei Verkauf oder Miete verpflichtend vorzulegen und wesentliche Informationen des Energieausweises sind in Wohnungsannoncen zu veröf-

---

608 *„Nimby“* ist die Abkürzung für *„Not in my backyard“*, also *„nicht in meinem Hinterhof“*. Siehe *Böhm*, JA 2012, Heft 2, Editorial S. I; *Hirschl*, Erneuerbare Energien-Politik, S. 178, 558; *BMWi*, Newsletter Energiewende!, 01/2012, S. 7; *Henneke/Ritgen*, Kommunales Energierecht, S. 37.

609 Die Instrumente haben eine sog. „Lenkungsunschärfe“, siehe *Kloepfer*, Umweltrecht, § 5, Rn. 174.

610 *Albrecht/ Deffner/ Dunkelberg/u.a.*, Zum Sanieren motivieren, S. 9; siehe auch *Stieß/van der Land/Schietinger*, Bestandssanierung in Luxemburg, S. 60.

611 *Thaler/Sunstein*, Nudge - Wie man kluge Entscheidungen anstößt, S. 251 ff.

612 Siehe *BMVBS/BMWi*, Pressemitteilung vom 01.06.2013, Nr. 100/2013; www.sanierungskonfigurator.de.

613 *Albrecht/ Deffner/ Dunkelberg/u.a.*, Zum Sanieren motivieren, S. 8.

614 Siehe auch *Henger/Voigtländer*, Energetische Modernisierung des Gebäudebestands, S. 8.

615 Siehe § 16 EnEV. Allein 30 % der privaten Vermieter haben kein solches Dokument. ¼ der Vermieter wissen nichts von der Energieausweispflicht. Dies ergab eine Umfrage der Deutschen Energie-Agentur 2009, vgl. URL: http://www.zukunft-haus.info/de/presse/pressemitteilungen/ umfrage-mehrheit-der-gebaeude-mit-energieausweisen-ausgestattet.html (Stand 11.06.2012).

fentlichen.[616] Durch die verbindliche Informationswirkung wird sich die Sensibilisierung für energetische Anforderungen höchstwahrscheinlich fortan erhöhen.[617]

## 2. Tatsächliche Wirkung

### a) EEG

Seit in Kraft treten des EEG hat sich der Anteil erneuerbarer Energien am Bruttostromverbrauch stets erhöht.[618] Insbesondere die Anzahl der Fotovoltaikanlagenbetreiber ist in den letzten Jahren beständig gestiegen.[619] Dies lässt auf einen hohen Wirkungsgrad des EEG schließen.[620] Aller Wahrscheinlichkeit nach wird das in § 1 Abs. 3 EEG formulierte Sekundärziel erreicht. Das im Jahr 2012 eingeführte Marktprämienmodell wird darüber hinaus in der Praxis gut angenommen[621] und wird grds. als zukunftsfähiges Modell der Förderung erneuerbarer Energien angesehen.[622] Das EEG wird mithin insgesamt von vielen als erfolgreiches Modell der Förderung erneuerbarer Energien angesehen.[623] Inzwischen wurde es in seinen Grundzügen von mehr als 60 Staaten – hierunter allein 21 Mitgliedsstaaten der Europäischen Union – übernommen.[624] Es dürfte damit das am meisten kopierte Energiegesetz der

---

616 In Umsetzung des Art. 12 der Richtlinie 2010/31/EU. Vgl. auch schon *Amecke*, DIW Wochenbericht Nr. 34/2011, S. 14. Verstöße werden ab dem 01.05.2014 auch als Ordnungswidrigkeit eingestuft, siehe § 27 Abs. 2 EnEV. § 27 Abs. 2 Nr. 6 EnEV, betreffend der Pflichtangaben in Immobilienanzeigen, tritt allerdings erst am 01.05.2015 in Kraft. Dazu auch *Niendorf*, Neue EnEV kann Hauseigentümer teuer zu stehen kommen, FAZ vom 01.11.2013, S. 41.

617 Vgl. auch *Wiggers*, NJW-spezial 2013, 748 (749).

618 Allein von 6,4 % im Jahr 2000 auf 16,8 % im Jahr 2010; EEG-Erfahrungsbericht 2011, abrufbar unter URL: http://www.bmu.de/files/pdfs/allgemein/application/pdf/eeg_erfahrungsbericht_2011_bf.pdf (Stand 30.01.2012). Vgl. auch *BMWi*, Energie in Deutschland 2013, S. 37 nach deren Angaben sich seit 1990 die Stromerzeugung aus erneuerbarer Energien (mit einem derzeitigen Niveau von ca. 123 TWh) fast versiebenfacht hat.

619 Im Jahr 2011 wurden neue Fotovoltaikanlagen mit einer Leistung von 7.500 Megawatt installiert. Nach Angaben der Bundesnetzagentur (BNetzA) hat sich der Zubau an neu installierten Solaranlagen in den Jahren 2010/2011 im Vergleich zu 2009 damit fast verdoppelt, vgl. *BNetzA*, Pressemitteilung vom 21.03.2011; siehe auch *Hahn/Naumann*, ZUR 2011, 571 (571) sowie *Mihm*, Rekordjahr für Solarstromanlagen, FAZ vom 02.01.2013, S. 9.

620 Vgl. auch BMU (Hrsg.), Forschungsvorhaben: Analyse und Bewertungen der Wirkungen des EEG, Kap. 7, S. 1 sowie *Henning*, NVwZ-Extra 11/2012, 1 (10) und *Steinhäußer*, NuR 2012, 441 (442).

621 *Henning*, NVwZ 2012, 670 (671).

622 *Schomerus/Henkel*, ER 2012, 13 (20 f.) mwN. Perspektivisch wird daher auch eine verpflichtende Direktvermarktung eingeführt, siehe Koalitionsvertrag zwischen CDU, CSU und SPD, 18. Legislaturperiode, S. 54. Kritisch zu den möglichen Kosten der Direktvermarktung *Gathmann/Schultz*, Die Energiewende-Drossler, SpiegelOnline vom 10.11.2013.

623 *Erbguth/Schlacke*, Umweltrecht, § 16, Rn. 43; *L. Hageblling*, RATUBS 5/2010, S. 17; *Staab*, Erneuerbare Energien in Kommunen, S. 127; EEG-Erfahrungsbericht 2011, o. Fn. 618, S. 3; *Schafhausen*, ZNER 2011, 477 (477); *Böhm*, in: Jahrbuch des Umwelt- und Technikrechts 2013, S. 99 ff., 122; *Winkler*, Klimaschutzrecht, S. 177; vgl. auch *Antoni*, EnWZ 2013, 357 (358). Insoweit kritisch der *Wiss. Beirat beim BMWi*, Wege zu einer wirksamen Klimapolitik, S. 15 f. Ebenso a.A. Expertenkommission Forschung und Innovation (Hrsg.), Gutachten 2014, S. 51, da das EEG keine messbare Innovationswirkung entfalte, noch den Klimaschutz fördere, da in der EU die Kohlenstoffdioxidemissionen für energieintensive Branchen durch das Emissionshandelssystem gedeckelt seien.

624 Vgl. schon *Böhm*, in: Jahrbuch des Umwelt- und Technikrechts 2013, S. 101; *L. Hagebölling*, RATUBS 5/2010, S. 17 mwN.; *Staab*, Erneuerbare Energien in Kommunen, S. 127; *Oschmann*, NJW 2009, 263; beispielhaft zum gesetzlichen Fördersystem in Polen *Schnell*, ZNER 2012, 142 ff.

Welt sein.[625] Untersuchungen zu unterschiedlichen Fördermodellen der Stromerzeugung aus erneuerbaren Energien in Europa (Vergütungs- und Bonusmodell oder Quotenmodell)[626] haben zudem gezeigt, dass kein Fördersystem in einem anderen europäischen Land eindeutige Vorteile gegenüber dem deutschen EEG-Modell aufweist.[627]

In der öffentlichen Diskussion wird das EEG allerdings zunehmend kritisch betrachtet. Es wird immer wieder für steigende Strompreise verantwortlich gemacht.[628] Die Förderung sei zudem zu selektiv auf einzelne Technologien ausgerichtet, was an Hand des massiven Zubaus an Fotovoltaikanlagen belegt wird.[629] Stromintensive Unternehmen des produzierenden Gewerbes sowie Schienenbahnen würden zudem zu großzügig von der EEG-Umlage befreit, sodass die EEG-Umlage zulasten privater Haushalte ansteige.[630] Diese Kritik greift allerdings nur zum Teil durch. Die EEG-Umlage bildet derzeit nur ca. 18 Prozent des Strompreises. Steigerungen der Stromkosten können damit nur zum Teil auf die EEG-Umlage zurückgeführt werden.[631] Im Jahr 2013 entfielen 5,277 Cent von insgesamt ca. 28,7 Cent pro Kilowattstunde auf die Förderung erneuerbarer Energien.[632] Ab 2014 sind es 6,24 Cent.[633] Die Kosten für die Förderung erneuerbarer Energien steigen zwar an, machen aber nachweislich insgesamt nur einen kleinen Teil der Stromkosten aus.[634] Wesentliche Ursache für den stetigen Strompreisanstieg der vergangenen Jahre waren die Bereiche Stromerzeugung, -transport und –vertrieb.[635] Konventionelle Energieträger werden darüber hinaus seit Jahren in einem wesentlich höheren Umfang gefördert; allerdings nicht transparent über den Strompreis ausgewiesen, sondern indirekt über die Steuerzahler finanziert.[636] Differenzkosten konventioneller

---

625 *L. Hagebölling*, RATUBS 5/2010, S. 17. Zu den Fördersystemen in Europa vgl. auch *BMU*, Forschungsvorhaben, o. Fn. 620, S. 27 ff., S. 31.

626 Zu den unterschiedlichen Fördervarianten *BMU*, Forschungsvorhaben, o. Fn. 620, S. 24 ff.

627 *BMU*, Forschungsvorhaben, o. Fn. 620, S. 27 ff., 31; *Diekmann/Kemfert/Neuhoff/Schill/Traber*, DIW Wochenbericht 45/2012, 15 ff.; kritisch zum Quotenmodell ebenso der *Bundesverband Erneuerbare Energie*, Pressemitteilung vom 27.08.2012 sowie *Bofinger*, Die Öko-Quote ist ein Irrweg, SpiegelOnline vom 27.09.2013. Siehe auch *Böhm*, in: Jahrbuch des Umwelt- und Technikrechts 2013, S. 105. Demgegenüber hat sich die Monopolkommission als Beratungsgremium der Bundesregierung in zwei Sondergutachten, Energie 2013: Wettbewerb in Zeiten der Energiewende, Sondergutachten 65, S. 142 ff. sowie Energie 2011: Wettbewerbsentwicklung mit Licht und Schatten, Sondergutachten 59, S. 236 f., für ein Quotenmodell ausgesprochen. Zu den Kritikpunkten und zustimmend *Bataille/Hösel*, EnWZ 2013, 496 (498 ff.). Die Vorschläge der Monopolkommission instruktiv ablehnend *Gawel/Köck*, ZUR 2013, 577 f. Einen Überblick über die unterschiedlichen Subventionsmodelle in der EU gibt *Kafsack*, Der Baukasten der Ökostromförderung, FAZ vom 21.10.2013, S. 19.

628 *Ehrenstein*, Energiewende kostet 335 Milliarden Euro, Weltonline vom 26.07.2011. Siehe dazu auch *Becker*, Aufstieg und Krise der deutschen Stromkonzerne, S. 280.

629 *Wiss. Beirat beim BMWi*, Wege zu einer wirksamen Klimapolitik, S. 15 f.

630 Siehe *Gawel/Klassert*, ZUR 2013, 467 ff.; *Kwasniewski*, Firmen tricksen bei der Ökostrom-Abgabe, SpiegelOnline vom 11.10.2012.

631 Vgl. die Zusammensetzung des Strompreises bei der *Agentur für Erneuerbare Energien*, Strompreis 2013 und Stromkostenprivater Haushalte; vgl. zudem *Becker*, ZNER 2012, 563 (564). Instruktiv zur Strompreisbildung *ders.*, Aufstieg und Krise der deutschen Stromkonzerne, S. 148 ff. Zudem und zum folgenden auch *Böhm*, in: Jahrbuch des Umwelt- und Technikrechts 2013, S. 108, insbes. auch Abbildung 2 zur Strompreiszusammensetzung 2013.

632 2010: 2,047; 2011: 3,530; 2012: 3,592, vgl. http://www.eeg-kwk.net/de/876 (Stand 25.10.2013).

633 *BMU*, Pressemitteilung vom 15.10.2013, Nr. 150/13.

634 *Agentur für Erneuerbare Energien*, Grafik-Dossier: Strompreis 2013 und Stromkosten privater Haushalte.

635 *BMU*, Strom aus erneuerbaren Energien, Was kostet er uns wirklich, S. 27

636 *Bundesverband WindEnergie/Greenpeace Energy eG*, Was Strom wirklich kostet, S. 6 ff., 9; dazu *Becker*, ZNER 2012, 563 (568 f.) und *Böhm*, in: Jahrbuch des Umwelt- und Technikrechts 2013, S. 120.

Energien beliefen sich in den vergangenen Jahren auf ein Vielfaches mehr, als im Rahmen der EEG-Umlage.[637] Neue Anlagen aus erneuerbaren Energien werden zudem zunehmend zum Zwecke des Eigenverbrauchs installiert, wodurch die Differenzkosten des EEG weiter sinken werden.[638] Erneuerbare Energien ersetzen somit Energieträger mit wesentlich höheren Folgekosten für Steuerzahler und Gesellschaft und bilden nicht den alleinigen „Preistreiber" der Stromversorgung.[639]

Um eine Balance zwischen einem schnellen Ausbau der erneuerbaren Energien auf der einen Seite und einer wirtschaftlichen Energieversorgung auf der anderen Seite zu finden, wurden die Fördersätze für Fotovoltaikanlagen ab dem 01.04.2012 einmalig gesenkt und flexibler ausgestaltet, um einen jährlich Zubau zwischen 2500 und 3500 Megawatt zu erzielen.[640] Der monatliche Zubau hat sich dadurch verstetigt und entspricht annährend dem vorgegebenen Zielkorridor.[641] Die kritisierten hohen Anfangsförderungen waren lediglich als „Anschubfinanzierung" gedacht,[642] sodass sich die Kürzung der Fördersätze als systemimmanent darstellt.[643]

Die Anzahl von Unternehmen, die von der EEG-Umlage befreit werden, ist tatsächlich stark angestiegen.[644] Stromintensive Unternehmen verbrauchen ca. 18 % des Stroms, allerdings tragen diese nur ca. 0,3 % der EEG-Umlage.[645] Die Privilegien eines immer weiter gefassten Kreises an Begünstigten erscheint sachlich kaum zu rechtfertigen, sodass eine ausgewogenere Verteilung der Lasten vorzugswürdig erscheint.[646] Die EU-Kommission hat zudem Bedenken, dass die Befreiung stromintensiver Unternehmen mit den EU-Beihilfevorschriften im Einklang steht und hat Ende 2013 ein (bisher ergebnisoffenes) Prüfverfahren eingeleitet.[647]

---

637 *Bundesverband WindEnergie/Greenpeace Energy eG*, Was Strom wirklich kostet, S. 12; vgl. *Becker*, ZNER 2012, 563 (568).

638 *BMU*, Pressemitteilung 103/13 vom 08.07.2013. Dazu und dagegen *Ankenbrand*, Das kleine, unsolidarische Blockheizkraftwerk im Keller, FAZ vom 03.11.2013, S. 24.

639 *Bundesverband WindEnergie/Greenpeace Energy eG*, Was Strom wirklich kostet, S. 14; *Becker*, ZNER 2012, 563 (568).

640 Siehe Ergebnispapier des *BMWi* und *BMU* vom 23.02.2012, S. 3 ff.

641 Bis Ende Juni 2013 lag der Zubau bei 1800 Megawatt, welcher hochgerechtet aufs Jahr im Zielkorridor liegt, siehe *BMU*, Pressemitteilung Nr. 103/13 vom 08.07.2013. Ende September 2013 lag der Zubau bei 2700 Megawatt, siehe *Bundesnetzagentur*, Einspeisevergütung für PV-Anlagen sinkt um 1,4 Prozent, Pressemitteilung vom 31.10.2013.

642 *Becker*, ZNER 2012, 563 (569).

643 Je höher die Förderung zugunsten einer Technologie ausfällt, desto eher stellt sich auch die Frage nach einer Wettbewerbsverzerrung zulasten anderer erneuerbarer Energien, als auch endlicher Energien, siehe *Frenz*, NVwZ 2011, 522 (522); *ders.*, ZNER 2012, 34 (35). Zu den Neuregelungen ab dem 01. April 2012 nach Anrufung und Einigung im Vermittlungsausschuss am 27. Juni 2012, BMU, Pressemitteilung Nr. 096/12 vom 28.06.2012. Eine Anpassung der Fördersätze wird auch im Rahmen der Novelle 2014 angestrebt, siehe Koalitionsvertrag zwischen CDU, CSU und SOD, 18. Legislaturperiode, S. 54.

644 Vgl. die Ergebnisse des Antragsverfahrens 2009-2013 des BAFA, abrufbar unter http://www.bafa.de/bafa/de/presse/pressemitteilungen/2014/03_eeg.html (Stand 11.02.2014). Im Jahr 2014 werden 2098 Betriebe entlastet, siehe BAFA, Pressemitteilung vom 11.02.2014; vgl. auch schon *Böhm*, in Jahrbuch des Umwelt und Technikrechts 2013, S. 109 f. mwN.

645 Bundesnetzagentur, Evaluierungsbericht zur Ausgleichsmechanismusverordnung, S. 8; *Becker*, ZNER 2012, 563 (566).

646 Siehe *Gawel/Klassert*, ZUR 2013, 467 ff.

647 *Europäische Kommission*, Pressemitteilung vom 18.12.2013, IP/13/1283. Dazu *Soltész*, EuZW 2014, 89 (91 f.). Bereits das OLG Düsseldorf hat die Kommission im Rahmen von zwei Eilverfahren um eine Einschätzung gebeten, siehe OLG Düsseldorf, Az.: VI – 3 Kart 65/12 (V) und VI – 3 Kart 14/12 (V)). Zur

Neben der Förderwirkung des EEG ist auch dessen volkswirtschaftlicher Nutzen beträchtlich. In der Erneuerbare-Energien-Branche sind derzeit mehr als 380.000 Menschen beschäftigt.[648] Aus Forschungsvorhaben geht hervor, dass rund zwei Drittel dieser Arbeitsplätze auf das EEG zurückzuführen sind und deutschen Unternehmen damit die Technologieführerschaft ermöglicht wurde.[649] Fotovoltaikanlagen werden nun allerdings vermehrt in China gefertigt. Fotovoltaik-Modulpreise sind auf Grund dessen seit Ende 2010 um mehr als 30 % gefallen.[650] Dadurch geraten deutsche Unternehmen zunehmend unter Druck.[651] Der Preisverfall und die Förderung lassen eine Investition in solche Anlagen allerdings ökonomisch noch vorteilhafter erscheinen.[652] Die durch das EEG eingeführte Clearingstelle erfährt hohe Akzeptanz und der Konfliktdruck wird reduziert.[653]

Insgesamt kann daher vor diesem Hintergrund resümiert werden, dass die Regelungen des EEG die finanzielle und rechtliche Position des jeweiligen Anlagebetreibers stärken sowie Investitionen im Bereich der erneuerbaren Energien sichern, auch wenn es im Einzelnen immer wieder Nachbesserungsbedarf gibt.[654] Um erneuerbare Energien zu etablieren, hat sich eine feste Vergütung über das EEG als sinnvoll erwiesen. Perspektivisch werden die EEG Kosten sinken; am Grundprinzip des EEG sollte daher festgehalten werden.[655] Die besondere Herausforderung des EEG-Systems liegt zukünftig insbesondere darin, die einzelnen Förderhöhen aus zu justieren und Fehlanreize, mit der Folge unangemessen steigender Energiepreise, zu vermeiden.[656] Bei zunehmendem Ausbau erneuerbarer Energien ist in der Stärkung des Marktprämienmodells perspektivisch ein wichtiger Schritt zur Markt- und Systemintegration erneuerbarer Energien zu erblicken.[657]

### b) KWKG

Da das KWKG unabhängig von der eingesetzten Energiequelle fördert, spielt es für die unmittelbare Erhöhung der erneuerbaren Energien eine eher untergeordnete Rolle und setzt

---

Unionskonformität instruktiv *Schlacke/Kröger*, NVwZ 2013, 313 ff.; a.A. *Ismer/Karch*, ZUR 2013, 526 ff. Zur rechtlichen Beurteilung siehe weiter unten.

648 *BMU*, Bruttobeschäftigung durch Erneuerbare Energien in Deutschland im Jahr 2011, S. 7.

649 Siehe *BMU*, Pressemitteilung Nr. 129/11 vom 14.10.2011, sowie Nr. 036/12 vom 26.03.2012; *Staab*, Erneuerbare Energien in Kommunen, S. 126.

650 *BMU*, Pressemitteilung Nr.041/12. Dazu auch *Heeg/Schmale*, Die Photovoltaik findet aus dem dunklen Tal, FAZ vom 29.10.2013, S. 10.

651 Siehe *Astheimer/Müssgens*, Jede dritte Stelle in der Solarindustrie ist weg, FAZ vom 28.01.2014, S. 9.

652 Neben der Vergütung nach dem EEG ist ein Eigenverbrauchsanteil von 20 % für einen durchschnittlichen Haushalt realistisch. Durch die Einsparungen des Haushaltsstrompreises ist der Einsatz ökonomisch lohnenswert, vgl. *BMU*, Pressemitteilung Nr.041/12. Zur Vorteilhaftigkeit von Fotovoltaikanlagen unter Berücksichtigung der Besteuerung, *Schanz*, DStR 2011, 1772 ff.

653 *Danner/Theobald*, Energierecht, EEG, § 57; *Erbguth/Schlacke*, Umweltrecht, § 16, Rn. 46.

654 Siehe auch *Stein/Thoms*, BB 2009, 1451 (1455). Zum Änderungsbedarf vgl. auch *Böhm*, in: Jahrbuch des Umwelt- und Technikrechts 2013, S. 118 ff.

655 Zur Debatte um eine EEG-Reform im Überblick *Pennekamp*, Darum geht es in der Debatte um die EEG-Reform, FAZ vom 07.10.2013, S. 20; siehe auch *v. Altenbockum*, Weiter mit dem EEG, FAZ vom 10.09.2013, S. 10.

656 *Henneke/Ritgen*, Kommunales Energierecht, S. 36; *Kafsack*, Der Baukasten der Ökostromförderung, FAZ vom 21.10.2013, S. 19.

657 Zu den einzelnen mitunter bestehenden Fachfragen *Schomerus/Henkel*, ER 2012, 13 (13, 21); vgl. auch *Wustlich/Müller*, ZNER 2011, 380 (381) sowie den Koalitionsvertrag zwischen CDU, CSU und SPD, 18. Legislaturperiode, S. 54 f.

eher auf die Erhöhung der Energieeffizienz.[658] Die bisherige Entwicklung wurde vor allem durch die Modernisierung von Bestandsanlagen geprägt. Mit ausschlaggebend dafür war wohl der im Vergleich zum EEG schwach ausgestaltete Förderanreiz.[659] Bezüglich der Kraft-Wärme-Kopplung setzte das KWKG bislang somit wichtige Impulse für den Erhalt, die Modernisierung und in begrenztem Maße auch für den Ausbau derselben.[660] Im Zeitraum 2002 bis 2010 nahm der KWK-Anteil an der Nettostromerzeugung gleichwohl um 1,5 %-Punkte auf 15,4 % zu. Das Investitionsvolumen der zwischen 2002 und 2010 neu errichteten und modernisierten KWK-Anlagen wird dabei auf etwa 10 Milliarden Euro abgeschätzt.[661] Durch eine Novellierung im Jahr 2012 sind die KWK-Zuschläge für alle Anlagengrößen angehoben worden und die Förderung wurde zum Teil vereinfacht, sodass sich der Förderanreiz verbessert hat.[662] Nach dem beschlossenen Atomausstieg und bei gleichbleibender Förderung durch das KWKG ist zu erwarten, dass der KWK-Anteil an der Stromerzeugung kontinuierlich ansteigen wird und 2020 einen Anteil von 20 % erreicht.[663] Das in § 1 KWKG gesetzte Ziel von 25 % wird somit voraussichtlich knapp verfehlt werden. Durch eine weitere Anpassung und den moderaten Ausbau des bestehenden Förderrahmens könnte das KWKG weitere Erfolge erzielen und sich ähnlich dem EEG als Erfolgsmodell erweisen.

### c) Steuerliche Regelungen

Das Energiesteuergesetz sowie das Stromsteuergesetz stoßen grundsätzlich auf eine hohe Akzeptanz in der Bevölkerung.[664] Die Anreizwirkung macht sich insofern bemerkbar, als sich die Mehrheit der Bevölkerung nach eigenen Angaben durch die Gesetze motiviert fühlt, den Energieverbrauch zu senken und Energieeinsparmaßnahmen durchzuführen.[665] Der Hauptteil des Aufkommens der sogenannten „Ökosteuergesetze" wurde bisher allerdings nicht zugunsten der Energieeffizienz und erneuerbarer Energien, sondern für die Reduzierung der Rentenversicherungsbeiträge genutzt.[666]

Da die Steuererleichterung nach § 35 a Abs. 3 S. 1 EStG explizit ausgeschlossen ist, soweit eine Förderung in Anspruch genommen wird, kommt der Steuervorteil nur denjenigen zugute, die über genügend Kapital verfügen und keine Förderung in Anspruch nehmen müssen.[667] Weitere Anforderungen an den energetischen Standard einer Sanierung werden in der Norm nicht gestellt, sodass die Steuererleichterung auch nicht direkt auf Klimaschutzmaßnahmen

---

658 Vgl. *Bruns/Futterlieb/Ohlhorst/Wenzel*, ZfE 2012, 159 (164); *Rößler/Breuer*, ER 2012, 91 (91).

659 Siehe auch *BMWi/BMU*, Zwischenüberprüfung des Kraft-Wärme-Kopplungsgesetzes, S. 13.

660 Siehe *BMWi/BMU*, Zwischenüberprüfung des Kraft-Wärme-Kopplungsgesetzes, S. 15 f.

661 *BMWi/BMU*, Zwischenüberprüfung des Kraft-Wärme-Kopplungsgesetzes, S. 5, 10; siehe auch *Prognos*, Endbericht KWKG, insbes. S. 105 f.

662 *Rößler/Breuer*, ER 2012, 91 ff.; *Schütte/Winkler*, ZUR 2012, 321 f.; *Scholtka/Baumbach/Pietrowicz*, NJW 2013, 2724 (2726). Zur Novelle des KWKG 2009, *Jacobshagen*, ZUR 2008, 449 ff.

663 *BMWi/BMU*, Zwischenüberprüfung des Kraft-Wärme-Kopplungsgesetzes, S. 15.

664 Vgl. *Knigge/Görlach*, Ökologische Steuerreform, S. 7; kritisch dazu *Schlüter*, o. Fn. 563, S. 217.

665 Siehe *Knigge/Görlach*, Ökologische Steuerreform, S. 9. Zum Lenkungseffekt ökonomischer Instrumente *Heye*, Rechtliche Instrumente zur Reduktion der Treibhausgasemissionen, S. 177.

666 *Bundesministerium der Finanzen*, Bilanz der ökologischen Steuerreform, S. 13; vgl. *Knigge/Görlach*, Die ökologische Steuerreform, S. 5; *Weiß/Vogelpohl*, Energetische Sanierung bei Eigenheimen, S. 28.

667 *Henger/Voigtländer*, Energetische Modernisierung des Gebäudebestands, S. 8.

abzielt. Maßnahmen in Eigenleistung sind im Rahmen von § 35 a Abs. 3 EStG zudem nicht abschreibungsfähig.[668] Die Anreizwirkung ist insgesamt sehr begrenzt.

§ 7 h und i EStG knüpfen an den vorhandenen Gebäudebestand an und erlauben erhöhte Absetzungen für Gebäude, die in einem Sanierungs- oder Entwicklungsgebiet liegen oder unter Denkmalschutz stehen.[669] Insbesondere die Bestandserhaltung und Gebäudesanierung sollen durch die Normen unterstützt werden.[670] Herstellungs- und Anschaffungskosten von Neubauten können nicht geltend gemacht werden.[671] Der Wortlaut des § 7 h EStG beschränkt den Anwendungsbereich der Norm dabei ausdrücklich auf Gebäude in Sanierungs- oder Entwicklungsgebieten und scheint einer erweiternden Auslegung nicht zugänglich.[672] Stadtumbaugebiete werden (leider) nicht erfasst.[673]

Positiv zu bewerten ist die explizite Anknüpfung an § 177 BauGB. Durch § 7 h EStG werden mithin nur solche Gebäudeinvestitionen begünstigt, die auf einem Modernisierungs- oder Instandsetzungsgebot oder einer Vereinbarung mittels eines städtebaulichen Vertrags mit der Gemeinde beruhen.[674] Rein freiwillige Maßnahmen ohne konkrete vertragliche Verpflichtung werden nicht erfasst. Dadurch wird es ermöglicht, die städtebauliche Entwicklung zu steuern.

Möglichkeiten zur erhöhten steuerlichen Abschreibung sind insgesamt allerdings nur in einem geringen Umfang gegeben. §§ 7 h und i EStG sind ebenso wie § 35 a Abs. 3 EStG nicht explizit auf eine energetische Sanierung ausgerichtet. Die Bundesregierung hatte im Juni 2011 einen Gesetzentwurf zur steuerlichen Förderung von energetischen Sanierungsmaßnahmen an vor 1995 errichteten Wohngebäuden vorgelegt.[675] Danach sollten Steuerpflichtige bis zu zehn Prozent der Sanierungskosten steuermindernd geltend machen können, wenn der Energiebedarf des Gebäudes durch die Maßnahmen erheblich verringert wird (§ 7e Entwurf-EStG). Der Gesetzesentwurf war zu begrüßen, da die Steuerlandschaft bisher nicht auf energetische Sanierung ausgerichtet ist.[676] Dem Gesetzesentwurf der Bundesregierung hatte der Bundesrat im Juli 2011 allerdings nicht zugestimmt. Die Länder hatten insbesondere eine Gegenfinanzierung für die zu erwartenden Steuerausfälle gefordert.[677] Im Vermittlungsausschuss konnte keine Einigung erzielt werden, sodass das Gesetzgebungsverfahren seit Oktober 2012 nicht weiter verfolgt wurde.[678] Eine erneute Absichtserklärung der Bundesregierung, eine energetische Gebäudesanierung steuerlich fördern zu wollen, wurde im Koalitionsvertrag der

---

668 Siehe auch *Weiß/Vogelpohl*, Energetische Sanierung bei Eigenheimen, S. 30.

669 Zum Verhältnis beider Vorschriften *Kloepfer*, Denkmalschutz und Umweltschutz, Rn. 572.

670 Vgl. *Lambrecht*, in: Kirchhof, EStG, § 7 h, Rn. 1 mwN.

671 Vgl. auch *Kaligin*, DStR 2008, 1763 (1763) sowie *Kleiber*, in: E/Z/B/K, § 151, Rn. 64.

672 Vgl. OVG Münster, NVwZ-RR 1989, 287 (287). Dazu *Kleiber*, in: E/Z/B/K, § 151, Rn. 65.

673 Siehe *Erhard*, in: Blümich, EStG, § 7 h, Rn. 17 sowie *Goldschmidt*, in: Hoppenberg/de Witt, Handbuch des öffentlichen Baurechts, Band 1, C, Rn. 453.

674 *Lambrecht*, in: Kirchhof, EStG, § 7 h, Rn. 2; *Kaligin*, DStR 2008, 1763 (1763).

675 BR-Drs. 339/11 vom 06. 06. 2011.

676 Siehe auch *Henger/Voigtländer*, Energetische Modernisierung des Gebäudebestands, S. 8.

677 Zusammenfassend Fachdienst Miet- und Wohnungseigentumsrecht, 2011, 324110; siehe auch URL: http://gesetzgebung.beck.de/node/1013987 (Stand 04.06.2012).

678 BR-Drs. 390/11; BT-Drs 17/11843; Zeitonline, Schwarz-Gelb streicht Steuerbonus für Altbausanierung, vom 24.10.2012, URL: http://www.zeit.de/wirtschaft/2012-10/gebaeudesanierung-steuer-foerderung- (Stand 08.11.2012).

18. Bundesregierung gegenüber der Entwurfsfassung wieder gestrichen.[679] Neben der motivierenden Wirkung der „Ökosteuer" ist die Förderung einer energetischen Gebäudesanierung durch steuerliche Anreize damit bisher als gering anzusehen.

### d) Marktanreizprogramm und Förderprogramme

Die Förderung durch das Marktanreizprogramm gestaltet sich dagegen von der Resonanz her mehr als erfolgreich.[680] Der erste Erfahrungsbericht zum EEWärmeG misst diesem eine wesentliche und bisher erfolgreiche Rolle zur Erhöhung der Nutzung erneuerbarer Energien im Gebäudebestand bei.[681] Eine Sicherung und Fortsetzung der Förderung wird als nötig erachtet. Das Marktanreizprogramm als Teil des EEWärmeG sei insoweit allein geeignet, den Gebäudebestand ausreichend zu adressieren.[682] Die Zahl der jährlich geförderten Maßnahmen übersteigt die Zahl der jährlichen Neubauten.[683] Insbesondere die Wärmenetzförderung erweist sich als zentraler Baustein des Marktanreizprogramms und als sehr effizient.[684] Analysen der Förderung zeigen, dass schätzungsweise mehr als 70 % aller installierten Anlagen zur Nutzung erneuerbarer Energien durch das Marktanreizprogramm gefördert wurden. Zum Teil bewirkte die Förderung dabei, dass innovativere, größere bzw. teurere Anlagen installiert wurden.[685] Dem Marktanreizprogramm wird indes eine „Hebelwirkung" von 1:10 zugesprochen.[686] Ein Euro Förderung bewirkt mithin 10 Euro an Investitionen. Das Marktanreizprogramm trägt somit wesentlich zur Verbreitung der Nutzung erneuerbarer Energien zur Erzeugung von Wärme oder Kälte bei. Die staatliche Förderung wirkt sich zudem auf Grund der enormen Hebelwirkung positiv auf den staatlichen Haushalt aus.[687] Aufgrund der großen Nachfrage nach Fördermitteln musste das Förderprogramm im Jahr 2010 allerdings vorübergehend von Mai bis Anfang Juli gestoppt werden, da die vom Haushaltsgesetzgeber zur Verfügung gestellten Mittel nicht ausreichten.[688]

---

679 Siehe *BTGA*, Presseinformation 23/13, vom 17.12.2013. Dazu auch *Mihm*, Stromkunden werden überproportional belastet, FAZ vom 27.12.2013, S. 13.

680 Mehr als 80 % der Förderempfänger weisen diesem eine sehr wichtige Rolle zu, siehe BMVBS (Hrsg.), CO2-Einsparungen bis 2020, S. 44; vgl. auch *Küchler/Nestle*, Strategien zur Modernisierung I, S. 29.

681 *BMU*, Erfahrungsbericht zum EEWärmeG, S. 6, 102 ff.; vgl. auch *Kachel*, ZUR 2013, 193 (194) und *Antoni*, EnWZ 2013, 357 (360).

682 *BMU*, Erfahrungsbericht EEWärmeG, S. 112, 125. Zu den weiteren Alternativen den Gebäudebestand zu adressieren S. 120 ff.

683 *Wustlich*, in: Danner/Theobald, Energierecht, Rn. 155 mwN.

684 *Bruns/Futterlieb/Ohlhorst/Wenzel*, ZfE 2012, 159 (164).

685 Siehe Evaluierung des MAP für den Zeitraum 2009 bis 2011, S. 5, 6, 92, 103, URL: http://www.bmu.de/erneuerbare_energien/downloads/doc/39812.php (Stand 29.01.2012), vgl. zudem BMVBS (Hrsg.), $CO_2$-Einsparungen bis 2020, S. 44. Zur Evaluation im Energiesektor auch *Duscha/Klemisch/Meyer*, in: Fabian (Hrsg.), Evaluation, S. 203 ff.

686 Ein Euro Förderung bewirkt 10 Euro Investitionen, siehe *Küchler/Nestle*, Strategien zur Modernisierung I, S. 10, 27.

687 *Institut für Wirtschaftsforschung an Universität München*, Steuerliche Folgewirkungen Marktanreizprogramm, S. 4 ff.

688 Siehe *BMU*, Pressemitteilung Nr. 059/10 sowie Nr. 105/10. Für das Jahr 2012 standen bspw. 366 Millionen Euro zur Verfügung. *BMU*, Energiewende Aktuell Newsletter, Ausgabe 05/2012. Im Bundeshaushalt standen rund 250 Millionen Euro zur Verfügung. Hinzu kamen Restmittel aus den Vorjahren in Höhe von 116 Millionen Euro. Im Laufe des Jahre 2012 wurde die Förderung von Investitionen noch erhöht, siehe *BMU*, Pressedienst Nr. 107/12. Kritisch dazu auch *Kahl/Schmidtchen*, Kommunaler Klimaschutz durch Erneuerbare Energien, S. 33.

Auch den weiteren vom Bund geschaffenen Fördermöglichkeiten wird eine große Impulswirkung nachgewiesen. Durchschnittlich löst eine Förderung beim Einsatz eines Euros an Fördermitteln 9 Euro an privaten Investitionen aus.[689] Allerdings zeigt sich auch hier, dass die Mittel vorschnell aufgebraucht werden.[690] Will man die energetische Sanierungstätigkeit außerhalb des Ordnungsrechts steigern, so muss damit auch eine Steigerung des Investitionsvolumens in den Gebäudebestand einhergehen.[691] Zumindest für das Marktanreizprogramm wird insoweit vorgeschlagen, haushaltsunabhängige Mittel zur Verfügung zu stellen.[692]

### 3. Rechtliche Bewertung

Kooperatives Verhalten der Verwaltung findet seine Grenzen in den speziellen Regelungen des betreffenden Sachgebiets und in allgemeinen Rechtsgrundsätzen der Verwaltung, insbesondere dem Gleichheitssatz und dem Koppelungsverbot.[693] Finanzielle Anreize eröffnen dem Einzelnen indes die Freiheit, eine angeregte Handlung vorzunehmen oder nicht. Nach dem modernen Eingriffsbegriff[694] kommt damit allenfalls dann ein Eingriff in Art. 2 Abs. 1 GG in Betracht, wenn ein monetärer Anreiz in einer Belastung besteht. Dieser ist allerdings regelmäßig gerechtfertigt.[695]

Vorliegend könnte aus Verbrauchersicht in der EEG- (bzw. KWKG-) Umlage ein mittelbarer Eingriff in die allgemeine Handlungsfreiheit aus Art. 2 Abs. 1 GG erblickt werden. Vor dem Hintergrund des Regelungszwecks des EEG und des KWKG ist dieser jedoch umstandslos gerechtfertigt.[696] Betrachtet man daneben die im EEG geregelte Abnahme- und Vergütungspflicht aus Sicht des Energieversorgungsunternehmens, kommt verfassungsrechtlich noch eine Verletzung des Grundrechts aus Art. 12 Abs. 1 GG des in Betracht.[697] Ein Eingriff wird vom *BGH* allerdings als gerechtfertigt angesehen. Die Regelungen dienen zum einen dem in Art. 20 a GG verankerten Schutz der natürlichen Lebensgrundlagen, der Schonung der Ressourcen an endlichen Energieträgern sowie dem Umwelt- und Klimaschutz. Zum anderen

---

689 Siehe BT-Drs. 17/2395, S. 1.

690 Insoweit wird eine Erhöhung der jährlichen Finanzausstattung allein des $CO_2$- Gebäudesanierungsprogramms auf 5 Mrd. Euro für nötig erachtet, siehe BT-Drs. 17/2395, S. 1f. Von den veranschlagten 1,5 Milliarden Euro pro Jahr wurden zunächst nur 900 Millionen Euro dem Programm zugewiesen. Siehe Schreiben des BMWi vom 26.01.2012, URL http://www.energie-experten.org/uploads/media/ Antwort_Geb%C3%A4udesanierung.pdf (Stand 28.09.2012). Allein bspw. im Jahr 2010 waren Mitte Mai schon 742 Millionen an Mitteln abgerufen, vgl. BT-Drs. 17/2395, S. 1. Ende 2012 wurden weitere 300 Millionen an Zuschüssen bereitgestellt, siehe BMVBS, Pressemitteilung Nr. 317/2012, vom 19.12.2012.

691 Im Einzelnen *Prognos*, Wachstumswirkungen der KfW-Programme zum Energieeffizienten Bauen und Sanieren, 2013, insbes. S. 62.

692 Ähnlich dem Sondervermögen „Energie- und Klimafonds", siehe Gesetz zur Errichtung eines Sondervermögens „Energie—und Klimafonds" (EKFG) vom 08.12.2010, BGBl. I S. 1807, zuletzt geändert durch Gesetz vom 29.07.2011, BGBl. I S. 1702. Im Einzelnen *Antoni*, EnWZ 2013, 357 (360).

693 *Brohm*, NVwZ 1988, 794 (798) mwN.

694 Dazu etwa *Pieroth/Schlink*, Staatsrecht II, Grundrechte, Rn. 240.

695 Im Einzelnen *Lee*, Umweltrechtlicher Instrumentenmix, S. 195 f.

696 Überhaupt erst angesprochen von *Gronau/Topp*, ZNER 2001, 141 (149); *Burgi*, DVBl 2008, 1205 (1209); nunmehr allerdings zweifelnd *ders.*, JZ 2013, 745 (750); vgl. auch *Lee*, Umweltrechtlicher Instrumentenmix, S. 198 f.

697 Siehe BGH, NVwZ 2003, 1143 ff.; *Klinski*, EEG und Vertrauensschutz, S. 23 f. Offengelassen vom BVerfG, Beschluss vom 30.09.2010 – 1BvQ 28/10 – sowie BVerfG, NVwZ 2009, 1025.

besteht die Möglichkeit, die Belastungen aus dem EEG umzulegen.[698] Eine Verletzung von Art. 14 GG wird vor dem Hintergrund der Rechtsprechung des BVerfG zum eingerichteten und ausgeübten Gewerbebetrieb[699] nicht angenommen.[700] Zudem umfasst Art. 14 GG keine Chancen und künftige Verdienstmöglichkeiten, die durch das EEG beeinträchtigt werden könnten.[701]

Subventionen in Form Zuschüssen und Darlehen können auf verschiedenen rechtlichen Grundlagen beruhen und bedürfen regelmäßig einer Bereitstellung im jeweiligen Haushaltsplan.[702] Rechtliche Flanken ergeben sich darüber hinaus aus dem EU-Beihilferecht. Es dürfen mithin keine wettbewerbsverfälschenden Beihilfen i. S. d. Art. 107 ff. AEUV gewährt werden.[703] Auch Steuervergünstigungen können Beihilfen i. S. d. Art. Art 107 AEUV darstellen.[704] Nach Art. 107 Abs. 3 lit. b) AEUV können Beihilfen, die der Förderung wichtiger Vorhaben dienen, allerdings als mit dem Binnenmarkt vereinbar angesehen werden. Ein solch wichtiges Vorhaben ist in der Förderung des Klimaschutzes und der erneuerbaren Energien zu erblicken.[705] In Betracht kommt zudem eine Ausnahme nach Art. 107 Abs. 3 c AEUV.[706]

---

698 BGH, NJW 1997, 574 (577 ff.); BGH, NVwZ 2003, 1143 ff. (zum Stromeinspeisungsgesetzes); vgl. auch *Heye*, Rechtliche Instrumente zur Reduktion der Treibhausgasemissionen, S. 195 f.; *Böhm*, in: Jahrbuch des Umwelt- und Technikrechts 2013, S. 113; *Gornig*, in: ders./Horn/Weiler (Hrsg.), Erneuerbare Energien und rechtsstaatliche Politik, S. 103 f.; *Ohms*, Recht der Erneuerbaren Energien, Rn. 425; *Altrock/Oschmann*, in: Altrock/Oschmann/Theobald, EEG, Einführung, Rn. 65 ff.; *Prall/Ewer*, in: Koch (Hrsg.), Umweltrecht, § 9, Rn. 87 ff.; *Burgi*, DVBl 2008, 1205 (1209 ff.). Das EEG basiert insoweit auf der gesetzgeberischen Absicht, die Kosten möglichst verursachergerecht auf alle Stromabnehmer zu verteilen, vgl. BT-Drs. 16/8148, S. 62. Dazu auch *Kloepfer*, Umweltrecht, § 16, Rn. 130. Ausführlich weiterhin *Oschmann*, in: Danner/Theobald, Energierecht, EEG, Einführung, Rn. 70 ff. *Burgi*, JZ 2013, 745 (748) stuft das EEG nunmehr hingegen als aluid zum Stromeinspeisungsgesetzes ein und hält eine erneute grundrechtliche Prüfung für indiziert.

699 Dazu *Papier*, in: Maunz/Dürig, Art. 14, Rn. 95 ff.

700 *Kloepfer*, Umweltrecht, § 16, Rn. 130; *Oschmann*, in: Danner/Theobald, Energierecht, EEG, Einführung, Rn. 69. Offengelassen von *Klinski*, EEG und Vertrauensschutz, S. 21 f. Auch das BVerfG sieht bisher wohl keine Anhaltpunkte die eine Verfassungswidrigkeit begründen könnten, vgl. BVerfG, NVwZ 2009, 1025 (1026); a. A. *Manssen*, DÖV 2012, 499 ff.

701 Siehe nur BVerfG, NJW 1985, 1385 (1389) mwN, sowie *Heye*, Rechtliche Instrumente zur Reduktion der Treibhausgasemissionen, S. 196; zum Ganzen auch *Gornig*, in: ders./Horn/Weiler (Hrsg.), Erneuerbare Energien und rechtsstaatliche Politik, S. 105.

702 BVerwGE 6, 282 (287 f.); 18, 352 (353) 58, 45 (48); 104, 220 (222); vgl. *Herzog/Grzeszick*, in: Maunz/Dürig, Art. 20, Rn. 117 ff. mwN.; *Jarass*, in: Jarass/Pieroth, Art. 20, Rn. 49; *Kloepfer*, Umweltrecht, § 5, Rn. 207.

703 *Kloepfer*, Umweltrecht, § 5, Rn. 206 mwN.

704 Vgl. *Kloepfer*, Umweltrecht, § 5, Rn. 213. Neben Vorgaben der Finanzverfassung sind bei solchen auch grundrechtliche Wertungen, wie der Allgemeine Gleichheitssatz aus Art. 3 Abs. 1 GG zu beachten, vgl. *Trottmann*, in: Khazzoum/Kudla/Reuter, Energie und Steuern, S. 25. Das BVerfG gesteht dem Gesetzgeber dabei einen weitgehenden Gestaltungsspielraum zu. Die Grenze sei erst dort überschritten, wo sich eine Differenzierung auf eine der Lebenserfahrung geradezu widersprechende Würdigung der jeweiligen Lebensverhältnisse stützt, vgl. BVerfG, NVwZ 2004, 846 (849); kritisch *Wernsmann*, NVwZ 2004, 819 (821). Lenkungs- und Subventionszwecke einer Steuer hat das Bundesverfassungsgericht laufend anerkannt, siehe nur BVerfGE 122, 210, 231 f.; 117, 1, 32; 93, 121, 147; 116, 164, 194. Bei Subventionierungen durch Abgabenverschonung ist ausnahmslos, bei Lenkungssubventionen ist regelmäßig eine gesetzliche Grundlage erforderlich, vgl. *Kloepfer*, Umweltrecht zwischen Ordnungsrecht und Anreizpolitik, 2012, S. 15; *Wernsmann*, NVwZ 2004, 819 (821).

705 *Frenz*, ZNER 2012, 34 (34).

706 Konkretisiert durch die Allgemeine Gruppenfreistellungsverordnung (AGVO), Verordnung (EG) Nr. 800/2008 der Kommission vom 6. August 2008 zur Erklärung der Vereinbarkeit bestimmter Gruppen von

In diesem Zusammenhang wird die Vereinbarkeit des EEG mit dem EU-Beihilferecht kontrovers diskutiert. Im Rahmen der rechtlichen Beurteilung muss dabei zwischen dem Aspekt der Einspeisevergütung und der Ausgleichsregelung für stromintensive Unternehmen differenziert werden.

Die gesetzlich geregelten Abnahme- und Vergütungspflichten werden überwiegend nicht als Beihilfe eingestuft. Vielmehr wird allein von einem staatlich verordneten Mitteltransfer zwischen Privaten ausgegangen.[707] Ebenso sah der Europäische Gerichtshof in der Rechtssache PreussenElektra zum Stromeinspeisungsgesetz in den Abnahme- und Vergütungspflichten keine Subvention i. S. d. Art. 107 AEUV, da die Förderung durch die zur Abnahme verpflichteten Netzbetreiber und damit mittelbar durch die Endabnehmer bezahlt werde und nicht vom Staat.[708] Ein Eingriff in die durch Art. 34 AEUV geschützte Warenverkehrsfreiheit wurde darüber hinaus durch das vorrangige Ziel des Art. 36 AEUV als gerechtfertigt angesehen.[709] Diese Beurteilung lässt sich auf die Rechtslage des EEG und des KWKG übertragen, da die Einspeisevergütung auch derzeit nicht unmittelbar oder mittelbar durch einen staatlichen Hoheitsträger gewährt wird und das Ziel des EEG und KWKG immer noch in der Förderung erneuerbarer Energien liegt.[710] Selbst bei Annahme einer Beihilfe wären die Abnahme- und Vergütungspflichten jedenfalls nach Art. 107 Abs. 3 b) oder c) AEUV zulässig.[711]

---

Beihilfen mit dem Gemeinsamen Markt in Anwendung der Artikel 87 und 88 EG-Vertrag (allgemeine Gruppenfreistellungsverordnung), ABlEU 2008 L-214/3; dazu auch *Kahles/Stehle/Pause/Müller*, EEG und Beihilfe, S. 10.

707 *Oschmann*, in: Danner/Theobald, Energierecht, EEG, Einführung, Rn. 79 ff.; *Gornig*, in: ders./Horn/Weiler (Hrsg.), Erneuerbare Energien und rechtsstaatliche Politik, S. 105; *Ekardt*, EurUP 2013, 197 (201); *Kloepfer*, Umweltrecht, § 5, Rn. 204, § 16, Rn. 128 ff. sowie *Heye*, Rechtliche Instrumente zur Reduktion der Treibhausgasemissionen, S. 189 f.; dazu auch *Ismer/Karch*, ZUR 2013, 526 (527, Fn. 18, 21) mwN. Zur Unterscheidung einer Subvention vgl. auch *Klinski*, EEG und Vertrauensschutz, S. 21.

708 EuGH, EuZW 2001, 242 ff.; dazu *Kloepfer*, Umweltrecht, § 16, Rn. 129; *Oschmann*, in: Danner/Theobald, Energierecht, EEG, Einführung, Rn. 79 ff. Das Urteil ist teilweise auf große Kritik gestoßen, siehe nur *Frenz*, ZNER 2012, 34 (35); *Koenig/Kühling*, NVwZ 2001, 768 ff.; *Manssen*, DÖV 2012, 499 ff.; *Burgi*, JZ 2013, 745 (746). Ausführlich auch *Heye*, Rechtliche Instrumente zur Reduktion der Treibhausgasemissionen, S. 198 f. sowie *Böhm*, in: Jahrbuch des Umwelt- und Technikrechts 2013, S. 112 f. Nunmehr bestätigt auch die Richtlinie 2009/28/EG des Europäischen Parlaments und des Rates vom 23.04.2009 die Zulässigkeit nationaler Fördermaßnahmen für Erneuerbare Energien, siehe *Manssen*, DÖV 2012, 499 (501) mwN., der allerdings im Übrigen die EEG-Umlage als verfassungswidrige Sonderabgabe einstuft. Dies ist unzutreffend, da der Staat nicht Empfänger der Geldleistungen ist, siehe *Böhm*, in: Jahrbuch des Umwelt- und Technikrechts 2013, S. 113; *Brandt*, ER 2013, 91 ff.; *Altrock/Oschmann*, in: Altrock/Oschmann/Theobald, EEG, Einführung, Rn. 59 f.; *Kröger*, ZUR 2013, 480 ff. und OLG Hamm, ZUR 2013, 502 (503), ZNER 2013, 521 ff. mit Anm. Brandt. Das EEG verstößt mithin auch nicht gegen die Finanzverfassung (Art. 105 ff. GG), da es an einer Aufkommenswirkung zugunsten der öffentlichen Hand fehlt, so auch *Oschmann*, in: Danner/Theobald, Energierecht, EEG, Einführung, Rn. 78.

709 EuGH, EuZW 2001, 242 ff.; dazu auch *Gornig*, in: ders./Horn/Weiler (Hrsg.), Erneuerbare Energien und rechtsstaatliche Politik, S. 106 f.

710 Instruktiv *Kahles/Stehle/Pause/Müller*, EEG und Beihilfe, S. 2 f.; *Schlacke/Kröger*, NVwZ 2013, 313 (317); *Ohms*, Recht der Erneuerbaren Energien, Rn. 423 f. Siehe auch *Altrock/Oschmann*, in: Altrock/Oschmann/Theobald, EEG, Einführung, Rn. 104 f. sowie *Kloepfer*, Umweltrecht, § 16, Rn. 129 mwN. Daran ändert auch die zwischenzeitlich ergangene EuGH-Rechtsprechung in der Rechtssache Essent, Urt. vom 17.07.2008 – Rs. C-206/06, Slg. 2008, I-05497, nichts. In der Rechtsache entschied der EuGH, dass eine Abgabe, die seitens niederländischer Netzbetreiber von ihren Kunden zum Zweck der Deckung nicht marktkonformer Kosten erhoben wird und sodann an eine vom Gesetzgeber bestimmte Gesellschaft abgeführt wird, eine Beihilfe darstelle. Anders als im Fall Essent kommt es durch das EEG nämlich gerade nicht zu einer unmittelbaren oder mittelbaren Übertragung staatlicher Mittel auf Unter-

Gleichermaßen ist in Anwendung der Grundsätze des PreussenElektra-Urteils und mangels einem Vorteil aus staatlichen Mitteln auch in der Ausgleichsregelung zugunsten stromintensiver Unternehmen nach §§ 40 ff. EEG keine Beihilfe i.S.d. Art. 107 Abs. 1 AEUV zu erblicken.[712] Die privilegierten Unternehmen werden auf Grundlage des geltenden EEG nach wie vor durch die übrigen Letztverbraucher und damit allein durch private Mittel entlastet.[713] Das EEG ist mithin anhand der Grundsätze des PreussenElektra-Urteils insgesamt nicht als Beihilfe einzustufen.[714]

## VIII. Zwischenfazit

Das bundesrechtliche Energie- und Klimaschutzrecht zur Steigerung des Einsatzes erneuerbarer Energien und der Energieeffizienz im Gebäudebereich setzt sich weitgehend aus einzelnen Spezialgesetzen und -verordnungen zusammen (EnEG, EnEV, EEWärmeG, EEG und KWKG), die in weiten Teilen auf zwei Richtlinien der Europäischen Union zurückgehen (Erneuerbare-Energien-Richtlinie und die Gesamtenergieeffizienz-Richtlinie). Bei der Umsetzung können ordnungsrechtliche von anreizorientierten Instrumenten unterschieden werden. Nachdem festgestellt wurde, dass ordnungsrechtliche Vorgaben für Bestandsbauten entweder gar nicht oder eher zurückhaltend getroffen werden[715] und deren Spielraum durch (verfas-

---

nehmen, siehe *Kahles/Stehle/Pause/Müller*, EEG und Beihilfe, S. 2 f.; *Soltész*, EuZW 2014, 89 (92); a.A. *Ismer/Karch*, ZUR 2013, 526 (528 f.), die allerdings auf Grund der Altmark-Kriterien letztendlich keine Beihilfe annehmen. Vgl. auch *Bickenbach*, DÖV 2013, 953 (960), für den im Ergebnis die „besseren Gründe" für eine Einstufung als Beihilfe sprechen. Ebenso die Rechtsache Vent De Colèrere u.a., EuGH, Urt. vom 19.12.2013 – Rs. C-262/12, in der der EuGH den französischen Mechanismus zum Ausgleich der Mehrkosten, die durch die Abnahmepflicht für Strom aus Windkraftanlagen entstehen, unter den Begriff der staatlichen Maßnahme unter Inanspruchnahme staatlicher Mittel subsumierte, unterscheidet sich vom deutschen EEG-Modell, denn in Frankreich war vorgesehen, dass die sich aus den Abnahmepflichten ergebenden Mehrkosten zunächst vollständig vom Staat ausgeglichen und sodann durch Abgaben finanziert werden, vgl. auch *Soltész*, EuZW 2014, 89 (92); zur rechtlichen Situation in Frankreich und der Entscheidung des EuGH auch *Hörnicke/Nysten*, ZNER 2014, 44 ff. .

711 Davon geht auch die europäische Kommission aus, siehe Pressemitteilung vom 18.12.2013, IP/13/1283. Im Einzelnen *Ismer/Karch*, ZUR 2013, 526 (532), die allerdings die Ausgleichsregelung zugunsten stromintensiver Unternehmen separat als unverhältnismäßige Beihilfe einordnen.

712 *Schlacke/Kröger*, NVwZ 2013, 313 (317); *Greinacher*, ER 2013, 97 (100).

713 *Große/Kachel*, in: Altrock/Oschmann/Theobald, EEG, § 40, Rn. 32; *Kahles/Stehle/Pause/Müller*, EEG und Beihilfe, S. 5 f.; *Schlacke/Kröger*, NVwZ 2013, 313 (317); *Greinacher*, ER 2013, 97 (100); a.A. *Ismer/Karch*, ZUR 2013, 526 (533 ff.); *Bickenbach*, DÖV 2013, 953 (960) und *Ekardt*, EurUP 2013 197 (203) wg. ausreichender staatlicher Verfügungsbefugnis seitens des Bundesamtes für Wirtschaft und Ausfuhrkontrolle (BAFA), welches über die Ausnahmeentscheidung entscheidet. Dem BAFA kommt allerdings bei der Prüfung der Voraussetzungen kein Ermessenspielraum zu. Zudem überwacht es nicht die Zahlung der EEG-Umlage von nicht-privilegierten Stromverbrauchern, siehe *Schlacke/Kröger*, NVwZ 2013, 313 (317) und *Brandt*, ER 2013, 91 (95). Daher besteht gerade keine staatliche Kontrolle.

714 Das derzeit laufende Prüfverfahren der Kommission könnte insoweit auch mit einem Einstellungsbeschluss enden. Zum Ablauf und den Möglichkeiten des Ausgangs des Verfahrens *Kahles/Stehle/Pause/Müller*, EEG und Beihilfe, S. 7 ff. Siehe auch *Soltész*, EuZW 2014, 89 (92). Auch die Bunderegierung geht von einer Vereinbarkeit aus, siehe Pressemitteilung vom 18.12.2013; a.A. *Ismer/Karch*, ZUR 2013, 526 (534). Bei Annahme einer Beihilfe wäre die Möglichkeit eines Vereinbarkeitsbeschlusses (Art. 107 Abs. 3 b oder c AEUV) indes zweifelhaft, siehe *Ismer/Karch*, ZUR 2013, 526 (534); vgl. auch *Schlacke/Kröger*, NVwZ 2013, 313 (319).

715 Siehe auch *Mitschang/Schwarz*, in: Mitschang (Hrsg.), Energieeffizienz und Erneuerbare Energien im Städtebaurecht, S. 95; *Klinski/Longo*, ZNER 2007, 41 (46 f.); *Böhm/Schwarz*, NVwZ 2012, 129 (129 f.).

sungs-)rechtliche Vorgaben beschränkt wird, wurden die anreizorientierten Instrumente näher beleuchtet.

Das EEG und das KWKG dienen der Schaffung von Anreizen. Durch das EEG erhalten Anlagebetreiber das Recht, dass Anlagen zur Erzeugung von Strom aus erneuerbaren Energien an das Stromnetz angeschlossen werden und der erzeugte Strom vorrangig abgenommen sowie übertragen und vergütet wird. Daneben etabliert sich die Möglichkeit der Direktvermarktung. Das KWKG fördert u.a. die Modernisierung und den Neubau von Kraft-Wärme-Kopplungsanlagen sowie den Ausbau von Wärmenetzen, in die Wärme aus KWK-Anlagen eingespeist wird. Beide Regelungsansätze erfahren erhöhte Akzeptanz und konnten den Ausbau erneuerbarer Energien bislang nachhaltig fördern. Die Nutzung erneuerbarer Energien zur Erzeugung von Wärme oder Kälte im Gebäudebestand wird über die §§ 13 ff. EEWärmeG und das Marktanreizprogramm gefördert. Dieses erfährt erhöhte Resonanz und hat bisher zu einer Verbreitung erneuerbarer Energien beigetragen. Ebenso finden sich zahlreiche Förderprogramme des Bundes und der Länder, die eine energetische Sanierung adressieren. Ökonomische Instrumente werden dabei durch knappe Haushaltskassen begrenzt; zudem kommt Anreizinstrumenten im Gegensatz zu ordnungsrechtlichen Instrumenten eine gewisse Wirkungsunsicherheit und Lenkungsunschärfe zu. Nicht alle Bevölkerungsgruppen lassen sich also mit Sicherheit adressieren. Steuerliche Begünstigungen und steuerliche Abschreibungsmöglichkeiten energetischer Sanierungsmaßnahmen existieren nur begrenzt. So gibt es steuerliche Abschreibungsmöglichkeiten allein in Sanierungs- oder Entwicklungsgebieten oder bei denkmalgeschützten Gebäuden. Restriktionen ergeben sich zudem aus der zum Teil nur eingeschränkt bestehenden Möglichkeit der Kumulierbarkeit öffentlicher Förderung und steuerlichen Anreizen.

Das Zusammenspiel der einzelnen ordnungsrechtlich und anreizorientiert geprägten Instrumente ist sehr komplex und für die Normadressaten nur schwer zu verstehen. Die Komplexität der Regelungen ist dabei auch der Tatsache geschuldet, dass insbesondere das EnEG, die EnEV und das EEWärmeG durch unterschiedliche Bundesministerien betreut werden.[716] Die unterschiedlichen Regelungsansätze der Instrumente beeinflussen sich jedoch zunehmend gegenseitig. So führt bspw. eine verstärkte Nutzung erneuerbarer Energien regelmäßig zu geringeren Wärmedämmungsanforderungen.[717] In Zukunft muss insoweit eine grundlegende Vereinfachung und Zusammenführung der Instrumente, die eine Energieeinsparung und die Nutzung erneuerbarer Energien in Gebäuden fokussieren, angestrebt werden.[718] Insbesondere die Akzeptanz von ordnungsrechtlichen Vorgaben sowie die Konsistenz von Fördermaßnahmen könnte dadurch gesteigert werden.[719]

## D. Weiterentwicklung und Unterstützung des Gebäudeenergiefachrechts

Insgesamt existieren nur wenige Vorgaben, die eine energetische Gebäudesanierung adressieren. Es wurde zudem deutlich, dass das bisherige Regelwerk in Bezug auf die Energieeffizi-

---

716 Instruktiv dazu *Halstenberg/Nusser*, EnWZ 2013, 343 (344 ff.).

717 *Antoni*, EnWZ 2013, 357 (360).

718 So ausdrücklich auf Vorschlag des Bundesrats im Rahmen des Zwecks und Anwendungsbereichs der EnEV in § 1 EnEV 2014 benannt, vgl. BR-Drs. 113/2/13, S. 2 f.

719 Vgl. auch *Antoni*, EnWZ 2013, 357 (362).

enz und den Einsatz erneuerbarer Energien im Gebäudebestand noch nicht auf einem Bund und Länder übergreifenden Konsens beruht.[720]

Die Energiefachgesetze auf Bundesebene manifestieren bisher weitestgehend keinen Zwang hinsichtlich der Steigerung der Energieeffizienz im Gebäudebestand. Der Einsatz erneuerbarer Energien wird für den Gebäudebestand ebenso nicht verpflichtend vorgeschrieben. Eine energetische Sanierung des privaten Gebäudebestands ist damit de lege lata im Wesentlichen auf die Freiwilligkeit der Bürgerinnen und Bürger angewiesen. Dies entspricht den Vorgaben des Energiekonzepts 2010. Nach allen wissenschaftlichen Prognosen ist allerdings sicher, dass die bestehenden Energiefachinstrumente erster Ordnung nicht ausreichen werden, um die gesteckten $CO_2$-Reduktionsziele im Gebäudebestand zu erreichen.[721] Eine Erweiterung, Unterstützung, Verbesserung und Spezifizierung des bestehenden Instrumentariums wird für erforderlich gehalten.[722] Insoweit erfährt die im Umweltrecht seit Jahrzehnten[723] geführte Instrumentenfrage im Rahmen des Energie- und Klimaschutzrechts hinsichtlich einer energetischen Sanierung von Gebäuden erneut an Aktualität. Die Frage, auf welche Weise sich Gebäudeeigentümer zur energetischen Sanierung bzw. Nachrüstung von Gebäuden bewegen lassen, steht im Fokus der Diskussion.[724] Neben der Einhaltung (verfassungs-)rechtlicher Vorgaben im Rahmen der Fortentwicklung der Instrumente[725] ist dabei auch erforderlich, eine sachgerechte Instrumentenauswahl zu treffen.[726] Die Akzeptanz bei den Normadressaten sowie die behördlichen Kontrollkapazitäten bilden dabei maßgebliche Einflussfaktoren.[727] Wie gesehen, hat jedes Fachinstrument seine Vor- und Nachteile, seine eigene Leistungsfähigkeit und seine eigene Leistungsgrenze.[728] Unter den Instrumenten, deren Anwendung überhaupt ernsthaft in Betracht gezogen werden kann, wird es mithin nicht das „per se Gute" bzw. das „per se Schlechte" geben.[729] Eine eindeutige Klärung der Instrumentenfrage wird daher auch hier nicht möglich sein. Es können allerdings gesellschaftliche, politische und rechtliche Probleme und Chancen einer Instrumentenentwicklung abgeschätzt werden.[730]

---

720 Siehe nur das EWärmeG des Landes Baden-Württemberg und diesem gegenüber bspw. das Energiekonzept 2010 der Bundesregierung oder die Linie der hessischen Regierung „keine Zwangssanierungen anordnen zu wollen" laut Pressemitteilung des Hessischen Ministeriums für Wirtschaft, Verkehr und Landesentwicklung v. 12.05.2010; vgl. auch *Böhm*, in: Jahrbuch des Umwelt- und Technikrechts 2009, 237.

721 Siehe nur *BMWi/BMU*, Energiekonzept 2010, S. 22; *Fraunhofer/Ecofys/Öko-Institut*, o. Fn. 393, passim; *Naturschutzbund*, Anforderungen an einen Sanierungsfahrplan, Sept. 2011, passim; *Halstenberg/Nusser*, EnWZ 2013, 343 (351).

722 Siehe nur *Fraunhofer/Ecofys/Öko-Institut*, o. Fn. 393; *Naturschutzbund*, Anforderungen an einen Sanierungsfahrplan, Sept. 2011; *BMWi/BMU*, Energiekonzept 2010, S. 22; *Schomerus*, NVwZ 2009, 418 ff.; *Müller*, in: Tagungen der Gesellschaft für Umweltrecht, Band 39, S. 219 ff.; *Everding*, ZNER 1999, 132 (133).

723 Siehe etwa *Feldhaus*, DVBl 1984, 552 ff.; *Böhm*, IUR 1991, 177 ff.; zuletzt *Andres*, ufw 2011, 115 ff. und *Fraunhofer/Ecofys/Öko-Institut*, o. Fn. 393.

724 Grundlegend *Lübbe-Wolff*, NVwZ 2001, 481 ff.; siehe auch *Wustlich*, ZUR 2009, 515 ff. sowie *Everding*, ZNER 1999, 132 ff. und *Heye*, Rechtliche Instrumente zur Reduktion der Treibhausgase, S. 172, Fn. 736.

725 Siehe oben.

726 Siehe *Müller*, o. Fn. 722, S. 219 f.

727 Siehe *Aden*, Umweltpolitik, S. 98.

728 Siehe auch *Lübbe-Wolff*, NVwZ 2001, 481 (483) sowie *Börzel*, in: Schuppert/Zürn (Hrsg.), Governance in einer sich wandelnden Welt, S. 123.

729 *Lübbe-Wolff*, NVwZ 2001, 481 (483); vgl. auch *Schomerus*, NVwZ 2009, 418 (419).

730 Insoweit soll hier kein „falsches" Instrument angeprangert, sondern versucht werden, eine verbesserte Balance zwischen den Instrumententypen herauszuarbeiten. So schon *Wagner*, NVwZ 1995, 1046 (1052);

## I. Fordern und/oder Fördern

Die bisherige Ausgestaltung des Instrumentenmixes wahrt die aufgezeigten rechtlichen Grenzen, insbesondere der Verfassung.[731] Eine Weiterentwicklung des Ordnungsrechts begegnet allerdings aufgezeigten Hürden. Die Verschärfung ordnungsrechtlicher Vorgaben für den Gebäudebestand (bspw. die Verschärfung von EnEV Vorgaben oder die Erweiterung von Vorgaben des EEWärmeG auf den Gebäudebestand) ist wie bereits dargelegt nur begrenzt möglich.[732] Eine Verpflichtung der Eigentümer zu einer energetischen Sanierung kann in Bereiche vorstoßen, in denen die Verfassungskonformität fraglich wird.[733] Die maßgeblichen (verfassungs-) rechtlichen Grenzen – die Grundrechte der Betroffenen und der baurechtliche Bestandsschutz – sind zu beachten.[734] Die tatsächliche Durchsetzung von Vorgaben kann zudem nur bedingt gesichert werden. Der höhere Vollzugsaufwand, den ordnungsrechtliche Steuerung gegenüber vollzugsautomatisierten und vollzugsärmeren[735] anreizorientierten Instrumenten verursacht, entkräftet das Instrument.[736] Wie gesehen findet ein effektiver Vollzug der EnEV, des EEWärmeG sowie des EWärmeG nicht statt und eine Verschärfung des jeweiligen Vollzugs scheint nur schwer umsetzbar.[737] Die Stadt Bocholt hat indes einen modellhaften Ausweg aufgezeigt. Mithilfe eines mit einer Wärmebildkamera ausgerüsteten Flugzeugs wurden im Stadtgebiet 700 Häuser mit mangelnder Isolierung ausgemacht und die Eigentümer daraufhin angeschrieben und auf bestehende Förderprogramme hingewiesen.[738] Es wird mithin ein Anstoß („Nudge") gegeben, freiwillig einen klimawandelgerechten Städtebau zu fördern.

### 1. Politische Durchsetzbarkeit

Im Rahmen einer Weiterentwicklung ist zudem die Einschätzung von politisch relevanten Interessengruppen von Instrumenten von wichtigem Belang. Diese erscheint insbesondere bei ordnungsrechtlichen Vorgaben nicht unproblematisch.[739] Dies zeigt u.a. die schon beleuchtete Evaluation des EWärmeG Baden-Württemberg,[740] nach der sich Sanierungszwänge eher

---

*Schomerus*, NVwZ 2009, 418 (419); *Müller*, o. Fn. 722, S. 219 f. Siehe auch *Volkmann*, JuS 2001, 521 (522).

731 Zur Verfassungskonformität instruktiv *Lee*, Umweltrechtlicher Instrumentenmix, S. 202 ff.

732 Siehe Rechtliche Grenzen ordnungsrechtlicher Vorgaben.

733 Siehe oben; vgl. zudem *Stüer/Buchsteiner*, DVBl 2011, 84 (86); *Nusser*, ZUR 2014, 67 (68) sowie *BMWi/BMU*, Energiekonzept 2010, S. 22.

734 Siehe oben; vgl. *Böhm/Schwarz*, NVwZ 2012, 129 ff.; *Gaßner/Neusüß/Linde*, Sanierungsvorgaben für bestehende Gebäude, S. 4 ff. Zu leer stehenden und/oder veralteten Gewerbeimmobilien, *Schröer*, NZBau 2008, 105 ff.; vgl. zudem auch *Koch*, NVwZ 2011, 641 (645); *ders.* in: Tagungen der Gesellschaft für Umweltrecht, Band 42, S. 69, der für eine, vor dem Hintergrund des Bestandsschutzes und der Grundrechte, angemessene aber stärker mögliche Belastung der Eigentümer von Bestandsbauten durch das Ordnungsrecht plädiert.

735 Siehe *Kloepfer*, ZAU 1996, 56 (57); *Kloepfer*, JZ 1991, 737 (738).

736 *Lübbe-Wolff*, NVwZ 2001, 481 (483).

737 Siehe oben. Erhebliche Vollzugsdefizite bestehen im Umweltrecht seit jeher, siehe nur *Böhm*, Die Wirksamkeit von Umweltlenkungsabgaben, S. 5 ff.; *dies.*, IUR 1991, 177 (177); sowie *Volkmann*, JuS 2001, 521 (522); *Brohm*, NVwZ 1988, 794 (795 f.).

738 *Bojanowski*, Flugzeug fahndet nach Energieverschwendern, SpiegelOnline vom 10.07.2012; siehe auch *Simons*, Energetische Sanierung von Ein- und Zweifamilienhäusern, S. 54.

739 Vgl. auch *Fraunhofer/Ecofys/Öko-Institut*, o. Fn. 393.

740 Siehe oben; Erfahrungsbericht zum Erneuerbare-Wärme-Gesetz Baden-Württemberg, Stand Juli 2011.

kontraproduktiv auswirkten, sodass Sanierungen bei einer Verschärfung der Vorgaben insgesamt unterbleiben könnten.[741] Strikte Sanierungsvorgaben stoßen in der Bevölkerung auf eine ablehnende Haltung und werden oftmals als unflexibel und an den Einzelfall unangepasst empfunden.[742] Konsens und Akzeptanz stellen zwar keine Rechtmäßigkeitsvoraussetzung staatlichen Handelns dar, das Bemühen um dergleichen wird allerdings oftmals als angemessener empfunden.[743]

Dass Sanierungszwänge im Umwelt- und Klimaschutzrecht nur schwer durchzusetzen sind, lässt sich auch am Beispiel der jeweiligen Ländergesetzgebung zu sogenannten Dichtheitsprüfungen von privaten Abwasserkanälen nachzeichnen. In einzelnen Bundesländern wurden dazu jüngst unterschiedliche Vorgaben erlassen, um eine Dichtigkeit und eine bedarfsweise Sanierung von Abwasserkanälen sicherzustellen.[744] Dadurch soll verhindert werden, dass Fäkalien und Chemikalien aus den Rohren austreten und das Grundwasser verunreinigen können. Gegen solche Prüf- und Sanierungspflichten erhob sich ein massiver Widerstand. Allein in Nordrhein-Westfalen schlossen sich ca. 60 Bürgerbewegungen zusammen, die gegen eine solche Pflicht demonstrierten.[745] Im März 2013 wurde die zugrundeliegende Norm in Nordrhein-Westfalen wieder gestrichen.[746] Auf Grund von landesweiten Protesten hat Schleswig-Holstein Anfang 2011 den Vollzug entsprechender Regelungen seines Wasserschutzgesetzes vorübergehend ausgesetzt.[747] In Hessen gelten trotz ergangener Verordnung derzeit keine Pflichten. Die entsprechenden Regelungen zur Dichtheitsprüfung privater Hausanschlüsse sind seit März 2012 bis auf weiteres ausgesetzt.[748] Ebenso in Niedersachsen

---

741 Siehe auch *Adolf/Bräuninger*, Wirtschaftsdienst 2012/3, 185 (192).

742 Siehe bspw. *Böcking*, Marburg ist bald überall, SpiegelOnline vom 03.07.2011.

743 Und daher zum Teil auch schon normativ aufgegeben (bspw. § 171 c BauGB). Dazu und zum konsensualen Verwaltungshandeln *Hoffmann-Riem*, in: ders./Schmidt-Aßmann/Schupert (Hrsg.), Reform des Allg. Verwaltungsrechts, S. 145 ff.

744 Das Wasserhaushaltsgesetz des Bundes (WHG) begründet in § 61 WHG bisher nur eine grundsätzliche Überwachungspflicht der Hausbesitzer über die Abwasserkanäle und überlässt einzelne Modalitäten einer noch nicht ergangenen Rechtsverordnung. Bis eine solche ergeht, gelten die Vorschriften der jeweiligen Länder weiter. In Nordrhein-Westfalen bestimmte ursprünglich § 61 a des Landeswassergesetzes, dass die Grundstückseigentümer ihre privaten Abwasserleitungen nach einem Neubau oder einer wesentlichen Änderung unmittelbar daran anschließend sowie bestehende Abwasserleitungen bis spätestens 31.12.2015 prüfen lassen müssen. Eine ähnliche Regelung besteht noch in Hamburg mit § 15 Abs. 2 Hamburgisches Abwassergesetz. In Hessen ist die Prüfung laut ergangener Eigenkontrollverordnung erstmals bis zum 31.12.2024 durchzuführen. In Schleswig-Holstein bis zum 31.12.2015. Zum Ganzen *Pannier*, KommJur 2012, 291 ff.

745 *Ohrndorf*, Demo gegen Dichtigkeitsprüfung, http://www1.wdr.de/themen/panorama/ dichtheitspruefung100.html.

746 § 61 a LWG NRW aufgehoben durch Gesetz vom 05.03.2013, GV. NRW., S. 133. Die neue Selbstüberwachungsverordnung Abwasser vom 08.11.2013, GV. NRW, S. 601 sieht nunmehr nur noch für einige bestimmte private Abwasserleitungen Prüffristen vor.

747 LT-Drs. 15/1548; LT-Drs. 15/1650; vgl. auch *Ohrdorf*, Demo gegen Dichtigkeitsprüfung, Fn. 745. Auch in Nordrhein-Westfalen gab es zunächst entsprechende Anträge, den Vollzug auszusetzen, da die Bevölkerung die bestehenden Regelungen nicht akzeptierte.

748 *Hessisches Ministerium für Umwelt, Klimaschutz, Landwirtschaft und Verbraucherschutz*, Pressemitteilung vom 23.03.2012.

wurden bislang bestehende starre Fristen aufgehoben.[749] Für die Bundesländer, die noch nicht tätig geworden sind, wird verstärkt ein sog. „Kooperationsmodell" beworben.[750]

Zwangsmaßnahmen lassen sich politisch mithin nur sehr schwer vermitteln und würden auf erhebliche Widerstände treffen.[751] Um eine breite Akzeptanz des Energieeinsparrechts gewährleisten zu können, wurde auch im Rahmen des Gesetzgebungsverfahrens zur EnEV 2014 weitestgehend von neuen Nachrüstpflichten und verschärften Vorgaben für den Gebäudebestand abgesehen.[752] Auch der Bundesgesetzgeber hat die Erfahrung gemacht, dass sich die Energieeffizienz vor allem durch Anreize steigern lässt.[753] Eine Ausweitung des Ordnungsrechts erscheint also auch vor dem Hintergrund der politischen Durchsetzbarkeit als eine schwer gangbare Option. Je weiter die Sanierungsvorgaben verschärft werden würden, umso stumpfer würde das ordnungsrechtliche Instrumentarium werden. Die Steigerung der Sanierungsrate dürfte von daher eher über den Weg einer Erweiterung, Verbesserung, Spezifizierung und Unterstützung freiwilliger und anreizorientierter Instrumente korrelieren.[754] Neben den angesprochenen Schwächen in Form der Wirkungsunsicherheit, Lenkungsunschärfe und begrenzten finanziellen Mitteln verspricht das Anreizinstrumentarium grundsätzlich mehr Flexibilität, bietet einen größeren Handlungsspielraum und trifft auf eine höhere Akzeptanz.

## 2. Rahmenbedingungen im Gebäudebestand

Insbesondere vor dem Hintergrund der großen Vielfalt unterschiedlicher Ausgangssituationen im Gebäudebestand werden Anreizinstrumente als aussichtsreicher Ansatzpunkt für eine Klimaschutzstrategie ausgemacht.[755] Im Gebäudebestand sind die Rahmenbedingungen für die Umsetzung von Energieeffizienzmaßnahmen grundsätzlich schwieriger als beim Neubau. Bauweise, Dachüberstand, Fenstergröße, bauliche Lage und weitere architektonische Aspekte können bspw. Einfluss auf die erreichbare Dämmstoffdicke oder die Möglichkeit des Einsatzes einer Solaranlage haben.[756] Auch vor diesem Hintergrund erscheint die Möglichkeit, darauf mit ordnungsrechtlichen Vorgaben reagieren zu können, als begrenzt.[757]

---

749 Zur Vereinbarkeit der nds. Vorgaben in der kommunalen Abwasserbeseitigungssatzung mit höherrangigem Recht OVG Lüneburg, NdsVBl. 2012, 155 ff.

750 D.h. die Kommune übernimmt und finanziert die Untersuchung, im Einzelnen *Pannier*, KommJuR 2012, 291 (293 ff.) mwN.

751 Dies hat auch die Bundesregierung auf dem Weg zum Energiekonzept 2010 erkannt. Ein internes Arbeitspapier des *BMU* mit dem Titel „Eckpunkte zum Energiekonzept" belegt hingegen, dass vorerst erwogen wurde, eine umfassende Sanierungspflicht für bestehende Gebäude einzuführen. Zu entnehmen ist dem Papier jedoch auch, dass als Reaktion auf eine solche Maßnahme mit einem massiven Widerstand der Betroffenen (z. B. Hauseigentümern) gerechnet werden müsse. *BMU*, Eckpunkte zum Energiekonzept, S. 1, 21. Siehe auch *Fraunhofer/Ecofys/Öko-Institut*, o. Fn. 393, S. 191.; vgl. schon *Kloepfer*, Umweltrecht, § 5, Rn. 173.

752 Referentenentwurf zur Änderung der EnEV vom 15.10.2012, S. 81 f.

753 *BMVBS*, Pressemitteilung vom 06.02.2013, Nr. 014/2013, S. 2; BR-Drs. 113/13, S. 65.

754 Ebenso *Nusser*, ZUR 2014, 67 (73).

755 Siehe zudem und zum Folgenden *BMVBS* (Hrsg.), Maßnahmen zur Umsetzung der Ziele des Energiekonzepts im Gebäudebereich, 2013, S. 6 f., 103 f., 170, bearbeitet vom Institut für Wohnen und Umwelt Darmstadt. Vgl. auch schon *Rodi/Sina*, Klimaschutzrecht des Bundes, S. 45 ff.

756 *BMVBS* (Hrsg.), Maßnahmen zur Umsetzung der Ziele des Energiekonzepts im Gebäudebereich, 2013, S. 103.

757 Siehe schon Fn. 480 ff. sowie *BMVBS* (Hrsg.), Maßnahmen zur Umsetzung der Ziele des Energiekonzepts im Gebäudebereich, 2013, S. 103.

## 3. Ordnungsrecht als Reserve

Die dargelegten Umstände bedeuten jedoch nicht, auf das Ordnungsrecht generell zu verzichten. Die Steigerung der Effektivität der im Städtebau bedeutsamen Instrumente zur Erhöhung der Energieeffizienz und des Einsatzes erneuerbarer Energien wird nicht über einen Regelungsansatz allein – sei es Ordnungsrecht oder Anreizinstrumente – zielführend sein, die gesteckten $CO_2$-Reduktionsziele zu erreichen. Vielmehr bedarf es weiterhin eines Ineinandergreifens und einer Verzahnung der einzelnen Instrumente (sog. Instrumentemix).[758] Soweit das gefährdete Schutzgut verfassungsrechtlich geschützt ist, ist es dem Gesetzgeber sogar verwehrt, den alleinigen Schutz durch ökonomische Instrumente zu gewährleisten.[759] Gegen den Verzicht auf das Ordnungsrecht spricht zudem der Vorbehalt des Gesetzes, der durch die Wesentlichkeitstheorie des Bundesverfassungsgerichts über die Eingriffe in Freiheit und Eigentum hinaus auf alle politisch bedeutsamen Entscheidungen ausgedehnt wurde.[760] Das Postulat der Vorhersehbarkeit, Berechenbarkeit und Gleichheit staatlicher Machtausübung sowie insbesondere das Gebot einer möglichst exakten inhaltlichen Festlegung im Gesetz müssen gesichert werden.[761] Ferner sind Anreizinstrumente auf das Vorhandensein des Ordnungsrechts angewiesen. Letzteres setzt Mindeststandards fest und Anreizinstrumente bieten die Möglichkeit, über das gesetzlich gebotene Maß hinauszugehen.[762] Indirekten Anreizinstrumenten liegt dabei regelmäßig die staatliche Drohung zugrunde, notfalls auf das Ordnungsrecht zurückgreifen zu können („Schatten der Hierarchie“)[763]. Gelingt es dem Staat also nicht, mittels freiwilliger Instrumente das gewünschte Verhalten zu erzielen, muss dem Staat die Letztentscheidungskompetenz zukommen und der Einsatz des Ordnungsrechts darf nicht ausgeschlossen sein. Das Hierarchie-Prinzip fungiert mithin als Grundvoraussetzung effektiven Regierens, sodass eine vollständige Abkehr von hierarchischen Strukturen nicht zu erwarten ist.[764] Nur durch verschiedene Instrumente können dabei unterschiedliche Zielgruppen adressiert und identifizierte Hemmnisse abgebaut werden.[765] Es geht vorliegend also um die Frage, welches Gewicht einzelne Instrumententypen einnehmen sollen.[766] Dem Ordnungsrecht dürfte dabei in Zukunft zunehmend eine Reservefunktion zukommen.[767] Ein Beispiel

---

758 *Naturschutzbund*, Anforderungen an einen Sanierungsfahrplan, Sept. 2011, S. 18 ff.; *Antoni*, EnWZ 2013, 357 (357). Die Gesamtverhältnismäßigkeit des bisherigen Instrumentenmixes begründet *Lee*, Umweltrechtlicher Instrumentenmix, S. 202 ff.

759 *Kloepfer*, JZ 1991, 737 (741).

760 Siehe etwa BVerfGE 34, 165 (192 ff.); 40, 237 (248 ff.); 47, 46 (78 ff.); vgl. *Brohm*, NVwZ 1988, 794 (795); *Schwarz*, in: Fehling/Kastner/Störmer, Verwaltungsrecht, § 35, Rn. 11 ff.

761 Etwa BVerfGE 8, 274 (325); BVerfGE 56, 1 (12); vgl. *Brohm*, NVwZ 1988, 794 (795).

762 *Kloepfer*, ZAU 1996, 56 (57), 200 (205 ff.); *Wagner*, NVwZ 1995, 1046 (1050). Ferner auch *Lee*, Umweltrechtlicher Instrumentenmix, S. 63 f.

763 *Bärenbrinker*, Nachhaltige Stadtentwicklung durch Urban Governance, S. 263, 312 mwN.

764 *Bärenbrinker*, Nachhaltige Stadtentwicklung durch Urban Governance, S. 239, 241 mwN.

765 Siehe oben sowie *Schafhausen*, ZNER 2011, 477 (478) und *Heye*, Rechtliche Instrumente zur Reduktion der Treibhausgasemissionen, S. 200.

766 Siehe auch *Aden*, Umweltpolitik, S. 79.

767 Sog. „Schwert im Schrank“, vgl. *Kloepfer*, ZAU 1996, 200 (207); *Schmidt-Preuß*, Flexible Instrumente des Umweltrechts, in: Dolde (Hrsg.), Umweltrecht im Wandel, S. 311; *Kloepfer*, Umweltrecht, § 5, Rn. 174; *Bärenbrinker*, Nachhaltige Stadtentwicklung durch Urban Governance, S. 239 mwN. Bisher galt überwiegend die Präferenz der Ordnungsverfügung gegenüber freiwilligen Instrumenten, siehe *Wiehe*, NVwZ 1999, 513 ff. „Freiwilliger Zwang“ bzw. die influenzierende Einwirkung des Staates auf die Motivation wird regelmäßig nicht als Rechtsschutz auslösender Eingriff qualifiziert werden können, wenn

dafür sind die später noch zu thematisierenden „Governance-Strukturen“ im Städtebaurecht.[768]

## II. Zwischenfazit

Im Rahmen der Weiterentwicklung der Instrumente zur Förderung einer energetischen Gebäudesanierung kann das abstrakt-generelle Ordnungsrecht nicht so viel Beachtung finden, wie eine konkret-individuelle Verhaltenssteuerung auf Basis anreizorientierter Instrumente.[769] Sanierungsbedingungen des Einzelfalls führen entweder dazu, dass ordnungsrechtliche Vorgaben nicht erreichbar sind oder dass auf Grund des Bestandsschutzes Befreiungstatbestände greifen müssen, um die Verhältnismäßigkeit zu wahren.[770] Darüber hinaus wird eine Verschärfung des Ordnungsrechts voraussichtlich keine Akzeptanz in der Bevölkerung finden.[771] Ordnungsrechtliche Vorgaben stehen zudem vor der komplexen Aufgabenstellung, allen Facetten des heterogenen Gebäudebestands gerecht zu werden.[772] Angesichts der Komplexität wird es nicht als ausreichend empfunden, Besonderheiten des Einzelfalls allein über gesetzliche Ausnahme- und Dispensregelungen Rechnung zu tragen.[773]

Im Rahmen anreizorientierter Instrumente existiert ein weitergehender rechtlicher Spielraum und die Instrumente erfahren mehr Akzeptanz bei zumindest gleichrangig prognostizierter Effektivität. Welche Klimaschutzmaßnahmen in Betracht kommen, effizient sind und wie diese zu finanzieren sind, lässt sich noch am besten vor Ort entscheiden. Die Berücksichtigung der situativen Rahmenbedingungen kann mithin eher durch die Synergien kooperativer Handlungsformen gefördert werden.[774] Bei konsensualen Vereinbarungen haben die meisten Menschen das Gefühl, eigene Vorstellungen und Einschätzungen einbringen zu können, Einfluss auf die Gestaltung etwaiger Vereinbarung ausüben zu können und Unstimmigkeiten zu diskutieren. So treffen selbst bei ungünstigen materiell-rechtlichen Inhalten eigens ausgehandelte Absprachen auf mehr Akzeptanz als rein restriktive Vorgaben.[775]

Der bisherige Instrumentenmix wird für eine zieloptimierte Klimaschutzpolitik also mit dem Schwerpunkt und zugunsten anreizorientierter und kooperativer Instrumente fortzuentwickeln und durch entsprechende Instrumente zweiter Ordnung[776] zu unterstützen sein.[777] Zu den

und weil dem Betroffenen ein faktischer Entscheidungsspielraum verbleibt, *Kloepfer*, ZAU 1996, 200 (205).

768 Dazu weiter unten; siehe auch *Bärenbrinker*, Nachhaltige Stadtentwicklung durch Urban Governance, S. 239.

769 Vgl. *Andres*, ufw 2011, 115 (119); ebenso die Studie des Instituts für Wohnen und Umwelt Darmstadt, *BMVBS* (Hrsg.), Maßnahmen zur Umsetzung der Ziele im Gebäudebereich, S. 6 ff., 170 ff.; anders *Winter*, ZaöRV 2012, 103 (134). Zur Leistungsfähigkeit des Ordnungsrechts vor dem Hintergrund neuer Herausforderungen auch *Voßkuhle*, o. Fn. 384, Rn. 11.

770 Vgl. *Pfnür*, Bezahlbarer Klimaschutz, FAZ vom 07.01.2011, S. 38 (39); *Wustlich*, ZUR 2009, 515 (521); BMVBS (Hrsg.), Untersuchung zur weiteren Verschärfung der energetischen Anforderungen an Gebäude mit der EnEV 2012, S. 109.

771 Siehe auch *Prognos*, Volkswirtschaftliche Bewertung der EnEV 2009, S. 15.

772 *Pfnür*, Ökologisches Wirtschaften 1/2012, 20 (22 f.).

773 Siehe schon *Brohm*, NVwZ 1988, 794 (795); vgl. auch *Halstenberg/Nusser*, EnWZ 2013, 343 (350).

774 Vgl. *Pfnür*, Bezahlbarer Klimaschutz, FAZ vom 07.01.2011, S. 38 (39) sowie *BMVBS* (Hrsg.), Maßnahmen zur Umsetzung der Ziele des Energiekonzepts im Gebäudebereich, S. 6 ff., 170 ff.

775 *Schneider*, Auswirkungen des Klimawandels auf das Bauplanungsrecht, S. 21 auch zum Vorherigen.

776 Nach *Lübbe-Wolff*, NVwZ 2001, 481 (493).

kooperativen und anreizorientierten Instrumenten zweiter Ordnung auf der Basis vertraglicher Kooperation gehören insbesondere städtebauliche Vertragslösungen im Rahmen des Städtebaurechts.

---

777 Vgl. schon *Wagner*, NVwZ 1995, 1046 (1052); *Koenig*, NVwZ 1994, 937 (942), *Kloepfer*, Umweltrecht, § 5, Rn. 177 zum bisherigen Umweltrecht. Hinsichtlich der Klimawandelanpassung auch *Fischer*, Grundlagen und Grundstrukturen eines Klimawandelanpassungsrechts, S. 100, 144 ff. Nicht imperative Maßnahmen und flexible Instrumente wurden als vorrangige Grundsätze des Umweltschutzes schon im Professorenentwurf zum nunmehr gescheiterten (siehe *BMU*, Pressemitteilung Nr. 033/09 vom 01.02.2009) Umweltgesetzbuch benannt und im folgenden Sachverständigenentwurf weiter verfolgt. Dazu *Kloepfer/Rehbinder/Schmidt-Aßmann/Kunig*, UGB-AT, § 6 Abs. 3, § 87; *BMU*, UGB-KomE, § 7; vgl. auch *Kloepfer*, Umweltrecht, S. 33 ff; *ders.*, Umweltschutz zwischen Ordnungsrecht und Anreizpolitik, 2012, S. 1 sowie *Heye*, Rechtliche Instrumente zur Reduktion der Treibhausgasemissionen, S. 172, Fn. 736.

# Drittes Kapitel: Klimaschutz und Klimaanpassung als Aufgaben des kooperativen Städtebaurechts

## A. Einführung

Anforderungen an die Energieeffizienz und den Einsatz erneuerbarer Energien im Gebäudebereich werden in erster Linie durch das bisher betrachtete Gebäudeenergiefachrecht gestellt. Aufgezeigt wurden Potenziale und Grenzen sowie der Rahmen der Fortentwicklung des Fachrechts. Weitere, speziell den Kommunen zur Verfügung stehende Instrumente, die sich aus den örtlichen Bauvorschriften und dem Städtebaurecht ergeben, können eine wesentliche Rolle im Rahmen der Umsetzung der jeweiligen fachgesetzlichen Anforderungen und Zielsetzungen einnehmen. Zwar lassen sich aus dem Gebäudeenergiefachrecht keine unmittelbaren Anforderungen an diese Materie entnehmen. Die Zielsetzungen der jeweiligen Fachgesetze können allerdings flankiert werden.[778] So kommt grundsätzlich eine Umsetzung und Optimierung von Anforderungen der EnEV mit Mitteln des Städtebaurechts in Betracht. Ebenso kann der Einsatz erneuerbarer Energien auf Grundlage des EEWärmeG, des KWKG und des EEG eine räumliche Planung auf gemeindlicher Ebene erforderlich machen oder gegebenenfalls mit Instrumenten des Städtebaurechts weiter unterstützt werden.[779] Auch eine Anordnung eines Anschluss- und Benutzungszwangs aus Klimaschutzgründen auf Grundlage der jeweiligen Gemeindeordnungen oder klimarelevante Vorgaben nach den Landesbauordnungen sind grds. möglich. Darüber hinaus kann auch kommunalen Energie- und Klimaschutzkonzepten eine bedeutende Rolle zukommen.

Diese genannten Instrumente lassen sich hinsichtlich des Einsatzes erneuerbarer Energien und der Steigerung der Energieeffizienz im Gebäudebereich und vor dem Hintergrund des Gebäudeenergiefachrechts als Instrumente zweiter Ordnung[780] beschreiben und bieten generell die Möglichkeit, Anforderungen des bisher betrachteten Fachrechts erster Ordnung zu steuern oder dieses indirekt zu fördern. Neben den Kernbestandteilen des Fachrechts werden auch diese flankierenden Maßnahmen in eine andauernde Fortentwicklung der Instrumente mit einzubeziehen sein.[781]

Die vorliegende Untersuchung konzentriert sich dabei auf das Städtebaurecht. Das Baugesetzbuch regelt mitunter die wichtigsten stadtplanerischen Instrumente, die einer Gemeinde zur Verfügung stehen. Zu untersuchen gilt daher, inwieweit Energieeffizienzziele und der Einsatz erneuerbarer Energien im Gebäudebereich durch Instrumente des Baugesetzbuchs flankiert werden können. Im Rahmen der Diskussion um den klimaschützenden Beitrag des Städtebaurechts wird insbesondere die Rolle städtebaulicher Verträge, als einem Instrument zur Förderung des Klimaschutzes und der Klimaanpassung, in der Literatur allgemein hervorgehoben.[782] Auf Grund der vielfältigen Gestaltungsmöglichkeiten spricht auch der Gesetzge-

---

778 Vgl. *Ingold/Schwarz*, NuR 2010, 308 ff.; *Reidt*, BauR 2010, 2025 (2025); *Mitschang*, ZfBR 2010, 534 (540); *ders.*, in: Mitschang (Hrsg.), Fragestellungen des Städtebau- und Umweltrechts, S. 52 ff., 53. Restriktiver *Gärditz*, JuS 2008, 324 (328).

779 Vgl. auch *Söfker*, in: Danner/Theobald, Energierecht, B 2, Rn. 100.

780 Nach *Lübbe-Wolff*, NVwZ 2001, 481 (493).

781 *Müller*, in: Tagungen der Gesellschaft für Umweltrecht, Band 39, S. 222.

782 *Stüer/Stüer*, DVBl 2011, 1117 (1121); *Battis/Krautzberger/Mitschang/Reidt/Stüer*, NVwZ 2011, 897 (901); *Battis/Kersten/Mitschang*, Rechtsfragen Stadterneuerung, S. 96; *Krautzberger*, DVBl 2008, 737

ber davon, dass diese in besonderer Weise geeignet seien, zur Förderung des Klimaschutzes im Rahmen des Städtebaurechts beizutragen.[783] Erste Analysen aus Pilotprojekten im Bereich des Klimaschutzes und der Klimaanpassung im Städtebau zeigen eine ähnliche Tendenz auf. Der Einsatz vertraglicher und konsensualer Lösungen wird durchgehend betont.[784] Diesen zumeist generalisierenden Hervorhebungen soll vor dem Hintergrund des analysierten Fachrechts im Folgenden vertieft nachgegangen werden. Städtebauliche Verträge stellen indes ein auf Freiwilligkeit beruhendes Instrument des Städtebaurechts dar, welches geeignet sein kann, das Gebäudeenergiefachrecht erster Ordnung in besonderer Weise unterstützen zu können.

## B. Kommunale Ebene

### I. Rolle der Kommunen

Den Kommunen wird insgesamt eine „Schlüsselrolle“ bei der Durchsetzung von Klimaschutz-, und Klimaanpassungszielen, insbesondere im Gebäudebereich, zuerkannt.[785] Auch der *IPCC* geht davon aus, dass Risiken des Klimawandels vorrangig auf lokalen Ebenen vermieden werden können. [786]

Der Großteil der Bevölkerung Deutschlands lebt in Städten und Stadtregionen. Diese Lebensformen haben daher einen erheblichen Anteil am Ressourcenverbrauch. Wie oben festgestellt, verbirgt insbesondere der Gebäudebestand erhebliche Energieeinsparpotenziale. Die Gemeinden, als kleinste räumlich-administrative Entität, können durch ihr Stellung und enge Verknüpfung zum Gebäudebestand wie auch zu Neubauten, dabei am ehesten Einfluss auf Veränderungen nehmen. Die rund 14.000 Städte und Gemeinden sowie die 301 Landkreise nehmen auf Grund ihrer Vorbildfunktion[787], Zuständigkeit und Nähe zum Bürger, als Politik- und Verwaltungsebene mithin durchaus eine zentrale Rolle bei der Durchsetzung von Klima-

---

(737); *ders.*, in: Mitschang (Hrsg.), Klimaschutz und Energieeinsparung, S. 109 ff.; *ders.*, vhw 2008, 244; *Denny/Spangenberger*, UPR 1999, 331 (334 f.); *Klinski/Longo*, ZNER 2007, 41 (44 f.); *Dirnberger*, BauGB Klimaschutz, S. 13; *Mitschang*, ZfBR 2010, 534 (546); *ders.*, in: Mitschang (Hrsg.), Fragestellungen des Städtebau- und Umweltrechts, S. 67; *Zeiss/Longo*, UPR 1998, 217 (218, 221). Restriktiver *Ekardt/Schmidtz/Schmidtke*, ZNER 2008, 334 (341 f.); *Rodi/Sina*, Klimaschutzrecht des Bundes, S. 153.

783 BT-Drs. 17/6076, S. 7; vgl. auch *Dirnberger*, BauGB Klimaschutz, S. 13.

784 Siehe nur *BMVBS* (Hrsg.), Immobilien- und wohnungswirtschaftliche Strategien und Potenziale zum Klimawandel, S. 64 ff.

785 Siehe *BMUB*, Pressemitteilung Nr. 27/14 vom 18.02.2014; *BMU*, Kommunaler Klimaschutz, S. 4; *Kahl*, ZUR 2010, 395 (395); vgl. die Kernaussage der 5. BMU-Konferenz zum kommunalen Klimaschutz am 28.02.2012, *BMU*, Pressemitteilung Nr. 018/12 vom 28.02.2012; siehe auch *Glaser*, Die Verwaltung 2008, 483 (483) sowie *Henneke/Ritgen*, Kommunales Energierecht, S. 170.

786 *IPCC*, special report 2011, summary, passim; *BMU*, Pressemitteilung vom 18.10.2011, Nr. 147/11.

787 Gemeinhin kommt dem Staat, selbst wenn er materiell in keinem höheren Umfang zu den Risiken beiträgt als Private, aufgrund seiner ihm überantworteten Sicherung des Gemeinwohls eine Führungsaufgabe zu, um innerstaatlich die richtigen Prioritäten zu setzten. Hierzu und zum folgenden *Wustlich*, ZUR 2011, 113 (114). In Folge dessen verpflichtet auch dass im November 2010 in Kraft getretene Gesetz über Energiedienstleistungen und andere Energieeffizienzmaßnahmen in § 3 Abs. 3 die öffentliche Hand zu einer Vorbildfunktion indem bei Baumaßnahmen zur Energieeffizienzsteigerung die wesentlichen Anforderungen der Energiesparverordnung überschritten werden sollen und die Öffentlichkeit davon zu unterrichten ist. Auch dass am 01.05.2011 in Kraft getretene novellierte EEWärmeG nennt die Vorbildfunktion öffentlicher Gebäude in §§ 1a, 3 Abs. 2 und 3 nun ausdrücklich und verpflichtet die öffentliche Hand zu einer vorbildlichen Nutzung erneuerbarer Energien.

schutz-, und Klimaanpassungszielen ein.[788] Die schon im Jahr 1992 bei der Umweltkonferenz von Rio de Janeiro ausgerufene Maxime *„Global denken, lokal handeln"* beansprucht somit weiterhin Geltung.[789]

Handlungsfelder der Kommunen sind insbesondere die Festlegung des Umfangs der Siedlungsentwicklung, die Entwicklung neuer Baugebiete, die energetische Sanierung des Gebäudebestands sowie der Einsatz und die Standortplanung von Anlagen, die sich aus erneuerbaren Energien speisen.[790]

## II. Erste Praxiserfahrungen

Einige Gemeinden sind schon bisher sehr ambitioniert und engagieren sich bspw. durch die Initialisierung von Solarkatastern um Bauherrn das ungenutzte Potenzial von Dachflächen offenzulegen.[791] Auch der gescheiterte Versuch, mit der „Marburger Solarsatzung" auf kommunaler Ebene strengeres Recht setzen zu wollen, als der Gesetzgeber in Bund und Land, kann stellvertretend für den Ehrgeiz einiger Kommunen genannt werden.[792]

Im Rahmen des Städtebaurechts Klimaschutz- und Klimaanpassungsmaßnahmen zu forcieren bildet ein relativ neues Betätigungsfeld. Nach eigenen Angaben berücksichtigen ca. 70 % der – vorrangig größeren – Kommunen in Deutschland, Belange des Klimaschutzes schon ganz allgemein in der Bauleitplanung. In Bezug auf den Einsatz erneuerbarer Energien im Gebäudebereich wollen die Kommunen eigenen Aussagen zufolge in Zukunft vorrangig auf Kooperation setzen.[793] Erste Erkenntnisse aus Forschungsprojekten im Bereich einer „Klimawandelgerechten Stadtentwicklung", erstmalige aktuelle Fallstudien zur Planungspraxis im Bereich des Klimaschutzes sowie die Planspiele zu den letzten BauGB-Novellen 2011 und 2013 zeigen ein ähnliches Bild auf.[794] Die vertragliche Einbeziehung privater Eigentümer wird in

---

788 Vgl. *BMU*, Kommunaler Klimaschutz, S. 4; *Kahl*, ZUR 2010, 395 (395); Kernaussage der 5. BMU-Konferenz zum kommunalen Klimaschutz am 28.02.2012, *BMU*, Pressemitteilung Nr. 018/12 vom 28.02.2012; siehe auch *Glaser*, Die Verwaltung 2008, 483 (483) sowie *Henneke/Ritgen*, Kommunales Energierecht, S. 170.

789 Siehe *BMU*, (o. Fn. 788), S. 23.; vgl. auch *Klinski/Longo*, ZNER 2007, 41 sowie *Glaser*, Die Verwaltung 2008, 483 (483).

790 Vgl. Difu (Hrsg.), Klimaschutz in Kommunen, A2, S. 33.

791 Solarkataster sind (interaktive) Landkarten von Kommunen oder Städten, die Bauherren zeigen, wie gut sich ihre Dachflächen für die Installation von Fotovoltaikanlagen oder Solarthermie eignen. Zudem wird angeben mit welchem Stromertrag zu rechnen ist und welches $CO_2$-Einsparpotential vorliegt.

792 *Stock*, in: Mitschang (Hrsg.), Fragestellungen des Städtebau- und Umweltrechts, S. 2. Zu den kommunalen Regelungskompetenzen und der Marburger Solarsatzung siehe auch *Böhm*, in: Böhm/Schmehl (Hrsg.), Verfassung-Verwaltung-Umwelt, S. 54 mwN.; *Otto*, ZfBR 2008, 550 (557); *Kahl*, ZUR 2010, 395 (400 f.) und *Faßbender*, NuR 2009, 618 (618 ff.).

793 Siehe *Rösler/Langel/Schormüller*, Kommunaler Klimaschutz, erneuerbare Energien und Klimawandel in Kommunen, Ergebnisse einer Difu-Umfrage, S. 8, 11; vgl. auch *BMVBS* (Hrsg.), Klimawandelgerechte Stadtentwicklung, S. 52.

794 Siehe *BMVBS*, Klimawandelgerechte Stadtentwicklung in der Praxis, Ergebnisse aus dem ExWost-Forschungsschwerpunkt StadtKlima, 2012 sowie *UBA*, Klimaschutz in der räumlichen Planung: Gestaltungsmöglichkeiten der Raumordnung und Bauleitplanung, 2013. Zum Planspiel zur BauGB-Novelle 2011 *Bunzel*, ZfBR 2012, 114 (insbes. 119). Zur BauGB-Novelle 2013 siehe *Difu*, Planspiel zur Novellierung des Bauplanungsrechts, S. 43; zusammenfassend *Bunzel*, ZfBR 2013, 211 ff.

den Vordergrund gerückt.[795] Klimarelevante Festsetzungen in einem Bebauungsplan werden nur zurückhaltend betont.[796]

Ergebnisse von Fallstudien beispielhafter (Modell-)Projekte zeigen ebenso auf, dass die planerische Integration von Klimaschutzmaßnahmen bislang größtenteils über Kooperation erzielt wird.[797] Bisherige Anstrengungen beschränken sich dabei allerdings vornehmlich auf den Neubau von Gebäuden. Beispielsweise setzen die Städte Freiburg und Heidelberg ihr Energiekonzept bei privaten Grundstücken über städtebauliche Verträge um und verhandeln mit Planungsbegünstigten die Festlegung einer energetischen Bauweise aus.[798] Die Stadt Hannover handelt in der Klimaschutzsiedlung „zero:e park" eine energetische Bauweise ebenso vertraglich aus.[799] Die Städte München und Karlsruhe vereinbarten in einzelnen Plangebieten eine Gebietsversorgung mit Fernwärme vertraglich.[800] Gelsenkirchen sicherte Klimaschutzbelange in einem Neubaugebiet gleichermaßen nicht durch Festsetzungen in einem Bebauungsplan ab, sondern vertraglich mit den Grundstückeigentümern.[801] Eine Vorreiterrolle nimmt etwa ebenso die hessische Stadt Vellmar ein, die in einer neuen Siedlung die Bauherren vertraglich verpflichtete eine Solarwärmeanlage zu erstellen.[802] Abgesehen von diesen ersten Musterfällen spielen Klimaschutz- und Klimaanpassungsaufgaben aber auch in städtebaulichen Verträgen im Großteil der Fälle bislang nur eine untergeordnete Rolle in Form von unverbindlichen Absichtserklärungen.[803] Auffällig ist zudem, dass laut Umfragen und den ersten Praxisbeispielen vorrangig größere und wohlhabendere Kommunen Klimaschutzmaßnahmen angestoßen haben.[804]

Quartiersbezogene energetische Sanierungen bilden darüber hinaus noch kein zentrales Handlungsfeld der Stadtentwicklung.[805] Ein zentraler Hinderungsgrund für stärkere kommunale Klimaschutzaktivitäten wird in der angespannten Haushaltslage der Kommunen ausge-

---

795 Schon statistische Erhebungen zuvor zeigen, dass in der Praxis immer häufiger hoheitliche durch kooperative Instrumente ersetzt werden, siehe den Bericht zu den Ergebnissen der Rechtstatsachen- und Wirkungsforschung bezüglich der neuen und geänderten städtebaulichen Vorschriften vom 04.09.1996, BT-Drs. 13/5489; vgl. *Ohms*, BauR 2000, 983 (983).

796 Siehe auch die Beispiele bei *Kahl/Schmidtchen*, Kommunaler Klimaschutz durch Erneuerbare Energien, S. 134 ff.

797 Siehe *UBA*, Klimaschutz in der räumlichen Planung: Gestaltungsmöglichkeiten der Raumordnung und Bauleitplanung, passim, S. 27.

798 Siehe *UBA*, Klimaschutz in der räumlichen Planung: Gestaltungsmöglichkeiten der Raumordnung und Bauleitplanung, S. 9, 23 sowie *Kahl/Schmidtchen*, Kommunaler Klimaschutz durch Erneuerbare Energien, S. 138.

799 *UBA*, Klimaschutz in der räumlichen Planung: Gestaltungsmöglichkeiten der Raumordnung und Bauleitplanung, S. 25.

800 *UBA*, Klimaschutz in der räumlichen Planung: Gestaltungsmöglichkeiten der Raumordnung und Bauleitplanung, S. 12, 23.

801 *UBA*, Klimaschutz in der räumlichen Planung: Gestaltungsmöglichkeiten der Raumordnung und Bauleitplanung, S. 16.

802 Vertrag abgedruckt bei *Longo*, örtliche Energieversorgung, S. 377 ff.

803 Siehe *Aschmann*, Das Grundeigentum 2012, 40 (41); *Daab/Tolkmitt*, Skript Fortentwicklung des Städtebaurechts, Teil 1, III. 2.

804 Vgl. auch die Fallstudie von *Kern/Niederhafner/Rechlin/Wagner*, Kommunaler Klimaschutz, S. 49 ff. Ferner auch die Befragung von *Sperling*, Die Bedeutung städtebaulicher Verträge in der Planungspraxis, S. 8.

805 Exemplarische Pilotprojekte umschrieben bei *Everding*, in: dies. (Hrsg.), Solarer Städtebau, S. 166 ff. Siehe *Habermann-Nieße/Jütting/Klehn/Schlomka*, Strategien zur Modernisierung II, S. 59 ff., 61.

macht, selbst wenn durch Klimaschutzmaßnahmen langfristig Kosten eingespart werden können.[806] Eine Stärkung der instrumentellen Möglichkeiten aller Kommunen sowie ein Anreizsystem zur Förderung des Klimaschutzes auf kommunaler Ebene werden als Aspekte einer Weiterentwicklung auch des Städtebaurechts genannt.[807] In Forschungsprojekten und Planspielen wurde zudem festgestellt, dass es den Kommunen und anderen Akteuren oftmals an Handlungshilfen fehle. Insbesondere besteht seitens der Kommunen der Bedarf, dass Spielräume einzelner städtebaulicher Instrumente sowie Vertragsmöglichkeiten aufgearbeitet werden.[808] Insbesondere die Vermittlung von rechtlichen Potenzialen wird als erforderlich angesehen.[809] Die bestehenden Instrumente drohen sonst nicht genügend genutzt zu werden.[810] Vor diesem Hintergrund wird in der Literatur resümiert, dass der Klimaschutzbeitrag der Kommunen seinen „Scheitelpunkt" keinesfalls erreicht haben dürfte.[811]

## C. Verwirklichung städtebaulicher Zielsetzungen durch Kooperation

Sich ständig ändernde Ausgangsbedingungen sowie damit einhergehende neue Leitvorstellungen der Stadtentwicklung prägen das Städtebaurecht. In der Vergangenheit wurde dieses immer wieder an sich ändernde Rahmenbedingungen angepasst.[812] Diese dynamische Ausgestaltung hat nunmehr auch Themen des Klimaschutzes und der Klimaanpassung in das Städtebaurecht verlagert. Im Rahmen der Umsetzung dieser sich wandelnder städtebaulicher Zielsetzungen nimmt die Rolle der Kooperation auf Basis vertraglicher Vereinbarungen eine – wie zu zeigen wird – immer größere Bedeutung ein.[813]

### I. Klimaschutz und Klimaanpassung als städtebauliche Zielsetzungen

Seit geraumer Zeit thematisiert das Städtebaurecht insbesondere Belange des Landschaftsbildes und des sparsamen Umgangs mit Grund und Boden unter dem Begriff des Umweltschutzes.[814] Klimaschutz- und Klimaanpassungsaspekte bilden dagegen eine relativ neue Thematik des Städtebaurechts. Der Begriff des Klimaschutzes fand sich seit dem Jahr 2004 zunächst

---

806 Dazu auch weiter unten. Siehe *Kern/Niederhafner/Rechlin/Wagner*, Kommunaler Klimaschutz, S. 3 ff.; vgl. auch *Rodi/Sina*, Klimaschutzrecht des Bundes, S. 153 f.; 441, 445.

807 *Rodi/Sina*, Klimaschutzrecht des Bundes, S. 153 f., 441.

808 Zumal bisher nahezu alle städtebaulichen Verträge eigenständig von den Städten und Gemeinden entworfen wurden, siehe *Sperling*, Die Bedeutung städtebaulicher Verträge in der Planungspraxis, S. 15, 33.

809 *BMVBS*, Klimawandelgerechte Stadtentwicklung in der Praxis, Ergebnisse aus dem ExWost-Forschungsschwerpunkt StadtKlima, S. 2.

810 Vgl. *Habermann-Nieße/Jütting/Klehn/Schlomka*, Strategien zur Modernisierung II, S. 61.

811 *Kahl/Schmidtchen*, Kommunaler Klimaschutz durch Erneuerbare Energien, S. 13; siehe auch *Hellmuth*, UVP-report 27, 2013, 137 (139).

812 Zu den städtebaulichen Leitbildern in der Geschichte der Stadtentwicklung *Wachten/Kloos*, in: Everding (Hrsg.), Solarer Städtebau, S. 21 ff. Zum Wandel städtebaulicher Aufgabenstellungen auch *Krautzberger*, UPR 2011, 121 ff. Eine Positionsbestimmung städtebaulicher Planung unternimmt *Mitschang*, in: Festschrift Birk, S. 81 ff.

813 Zur Verwirklichung allgemeiner städtebaulicher Zielsetzungen auf vertraglicher Kooperationsbasis *Spannowsky*, in: Berliner Komm. BauGB, 21. Erg.-Lfg., § 11, Rn. 59.

814 Siehe nur § 1 a BauGB, eingefügt durch das Bau- und Raumordnungsgesetz 1998 vom 18.08.1997, BGBl. I S. 2081; vgl. auch *Halstenberg/Nusser*, EnWZ 2013, 343 (345).

allein in § 1 Abs. 5 S. 2 BauGB a.F.[815] Nach dieser Vorschrift sollten Bauleitpläne „... auch in Verantwortung für den allgemeinen Klimaschutz ...“ entwickelt werden. Noch im November 2010 hinterfragte der Vizepräsident des Umweltbundesamtes den Zusammenhang zwischen einem Spezialrechtsgebiet, wie dem des Klimaschutzes, und dem altehrwürdigen „verstaubten“ Planungsrecht des Baugesetzbuchs.[816] Erst in den Jahren 2011 und 2013 wurde das BauGB durch zwei aufeinanderfolgende Novellen zugunsten der Aspekte des Klimaschutzes und der Klimaanpassung erweitert. Ein Zusammenhang zwischen der Nutzung von Grund und Boden und dem globalen Klimawandel wurde damit ausdrücklich hergestellt.

### 1. Zeitgemäße Reformen des BauGB

Durch das „Gesetz zur Förderung des Klimaschutzes bei der Entwicklung in den Städten und Gemeinden“ vom 22. Juli 2011[817] wurde das BauGB in einem ersten Schritt in Teilen novelliert. Ziel des Gesetzes war die Stärkung des Klimaschutzes im Bau- und Planungsrecht. Eine klimaschutzorientierte Novellierung des BauGB wurde bereits im Koalitionsvertrag von CDU, CSU und FDP vom 26.10.2009 vorgesehen.[818] Im Rahmen der Berliner Gespräche zum Städtebaurecht, an denen zahlreiche Bau- und Klimarechtsexperten teilnahmen, wurden im Jahr 2010 die Vorarbeiten für ein Gesetzgebungsvorhaben aufgenommen. Ende 2011 sollte dieses ursprünglich abgeschlossen sein.[819] Nach der Reaktorkatastrophe in Japan am 11. März 2011 wurde allerdings die Notwendigkeit gesehen, beschleunigt eine Energiewende durchführen zu müssen. Dazu sollte auch das Städtebaurecht beitragen.[820] Nach einem außerordentlich zügigen Gesetzgebungsverfahren wurde das Gesetz am 29. Juli 2011 ordnungsgemäß verkündet und ist am 30. Juli 2011 in Kraft getreten.[821] Klimaschutz- und Klimaanpassungsaspekte

---

815 Eingefügt durch die BauGB Novelle 2004 (Europarechtsanpassungsgesetz Bau), vgl. *Söfker*, in: E/Z/B/K, § 1, Rn. 6 a.

816 *Holzmann*, in: Tagungen der Gesellschaft für Umweltrecht, Band 42, S. 15.

817 BGBl. I S. 1509. Im Folgenden „BauGB-Klimanovelle 2011“ genannt. Es handelt sich dabei um ein „Artikelgesetz“, wobei Art. 1 das Baugesetzbuch und Art. 2 die Planzeichenverordnung ändern. Art. 3 regelt das Inkrafttreten; vgl. auch *Mitschang*, in: Mitschang (Hrsg.), Klimagerechte Stadtentwicklung, S. 29.

818 *CDU/CSU/FDP*, Koalitionsvertrag, S. 42.

819 Vgl. Berliner Gespräche zum Städtebaurecht, Band 1, Bericht; zusammenfassend *Stüer/Stüer*, DVBl 2010, 1540 ff. sowie *Schneider*, Auswirkungen des Klimawandels auf das Bauplanungsrecht, S. 72 ff. Zum Ganzen *Battis/Krautzberger/Mitschang/Reidt/Stüer*, NVwZ 2011, 897 (897), *Söfker*, ZfBR 2011, 541 (541) sowie *Stüer*, DVBl 2011, 739 (747).

820 Vgl. BT-Drs. 17/6076; BT-Drs. 17/6253.

821 Bereits die Fristen für eine Stellungnahme waren eng terminiert. Mit Schreiben vom 16.05.2011 wurde der Ministeriumsentwurf des Gesetzes mit der Bitte um Stellungnahme innerhalb von zwei Wochen verschickt. Das Bundeskabinett hat den Gesetzesentwurf am 06.06.2011 beschlossen. Der Bundesrat hat am 17.06.2011 Stellung genommen. Der Gesetzesentwurf wurde sodann am 22.06.2011 dem Bundestag zugeleitet und am 30.06.2011 beschlossen. Der Bundestag hat das Gesetz am 08.07.2011 gebilligt. Die Entwicklungsgeschichte des Gesetzes wird nachgezeichnet unter http://gesetzgebung.beck.de/node/1014796 (Stand 03.08.2011). Zu den einzelnen Regelungen des Gesetzes und der Entwicklungsgeschichte vgl. auch *Battis/Krautzberger/Mitschang/Reidt/Stüer*, NVwZ 2011, 897 (897); *Söfker*, ZfBR 2011, 541 ff.; *Stüer/Stüer*, DVBl 2011, 1117 ff.; sowie *Otting*, REE 2011, 125 ff.; *Hoffmann/Woltering*, Publicus 2011.9, 26 ff.; *Krautzberger*, UPR 2011, 361 ff.; *Ekardt/Hehn*, ZUR 2011, 413 (416 f.); *Wilke*, BauR 2011, 1744 ff.; *Krautzberger/Stüer*, BauR 2011, 1416 ff.; *Scholtka/Helmes*, NJW 2011, 3185 (3187); *Kment*, DVBl 2012, 1125 ff. und *Antweiler/Gabler*, BauR 2012, 39 ff. Die Auswirkungen der Novelle analysiert auch *Mitschang*, DVBl 2012, 134 ff. Kritisch zum Eilgesetzgebungsverfahren des Energiewende-Pakets *Ziehm*, ZUR 2011, 281 ff. sowie *Kachel*, ZUR 2011, 393 ff.

wurden insbesondere im Rahmen der Bauleitplanung, städtebaulicher Verträge und im besonderen Städtebaurecht verankert. Eine zweite Novellierung des BauGB folgte durch das „Gesetz zur Stärkung der Innenentwicklung in den Städten und Gemeinden und weiteren Fortentwicklung des Städtebaurechts“ vom 11. Juni 2013,[822] welches am 20. Juni 2013 verkündet und am 20. September 2013 in seinen wesentlichen Teilen und am 20. Dezember 2013 endgültig in Kraft getreten ist.[823] Vor allem im besonderen Städtebaurecht und der Baunutzungsverordnung wurden durch die Novelle 2013 klimawandelgerechte Ergänzungen und Erweiterungen vorgenommen.

## 2. Verfassungsrechtliche Rahmenbedingungen

Vor dem Hintergrund der erfolgten Integration von Klimaschutz- und Klimaanpassungsaspekten in das Städtebaurecht, soll zunächst der Frage nach den verfassungsrechtlichen Rahmenbedingungen nachgegangen werden.

### a) Gesetzgebungskompetenzen

Das BauGB als Handlungsgrundlage der Kommunen stützt sich auf die Bundeskompetenz zur Regelung des Bodenrechts aus Art. 74 Abs. 1 Nr. 18 GG.[824] Regelungen des Bodenrechts sind nach dem Baurechtsgutachten des BVerfG[825] solche, die den Grund und Boden unmittelbar zum Gegenstand rechtlicher Ordnung haben, also die rechtliche Beziehung des Menschen zum Grund und Boden regeln.[826] Das Bauplanungsrecht, welches die bauliche Nutzbarkeit der Grundstücke regelt, bildet mithin den Kern des Bodenrechts.[827] Teils wurde bestritten, dass auch klimaschutz- und klimaanpassungsbezogene Befugnisse im BauGB von diesem Kompetenztitel erfasst sein können.[828] Allerdings besteht ein, wie oben dargelegter, unabweislicher Zusammenhang zwischen dem energetischen Zustand von Gebäuden, den daraus resultierenden erheblichen $CO_2$-Emissionen und dem Klimaschutz. Anknüpfungspunkt klimaschutz- und klimaanpassungsbezogener Maßnahmen bildet mithin die räumlich-funktionale Gestaltung der Grundstücksnutzung, insbesondere hinsichtlich einer klimaschonenden Bauweise und einer energetischen Sanierung des Gebäudebestands.[829] An die Kernkompetenz des Gesetzgebers anknüpfende grundstücks- und klimawandelrelevante Regelungen sind mithin eindeutig

---

822 BGBl. I S. 1548; dazu nur *Krautzberger/Stüer*, DVBl 2013, 805 ff.; *Schröer/Kullick*, NZBau 2013, 425 ff.; *C. Hagebölling*, NuR 2013, 99 ff.; *Battis/Mitschang/Reidt*, NVwZ 2013, 961 ff.; *Krautzberger*, GuG 2012, 129 ff.; *ders.*, UPR 2013, 281 ff.; *ders.*, ZfIR 2013, 533 ff.; *Stüer*, Publicus 8/2013, 4 ff.; *Kopf*, LKRZ 2014, 45 ff. sowie *Uechtritz*, BauR 2013, 1354 ff.

823 Im Einzelnen sind die Änderungen in Art. 1 Nr. 9, 18, 33 sowie 34 § 245 a Abs. 2 BauGB, nach der Verkündung in Kraft getreten. Änderungen in Art. 1 Nr. 25 und 28 entfalteten ab 20.12.2013 Wirkung. Im Übrigen ist das Gesetz am 21.09.2013 in Kraft.

824 Im Einzelnen BVerfGE 3, 407 (416 ff.); siehe auch *Maunz*, in: Maunz/Dürig, Art. 74, Rn. 200; *Pieroth*, in: Jarass/Pieroth, Art. 74, Rn. 38. Das Baurecht als Ganzes fällt nicht unter den Kompetenztitel.

825 BVerfGE 3, 407 (424 f.). Siehe dazu von *Loewenich*, in: Festschrift Quack, S. 287 ff.

826 Vgl. auch *Grigoleit*, ZfBR-Beil. 2012, 95 (96); *Longo*, Örtliche Energieversorgung, S. 250 f.

827 BVerfG, NJW 1981, 1659 (1660). Hierzu und zum folgenden *Grigoleit*, ZfBR-Beil. 2012, 95 (96) sowie *Battis/Kersten/Mitschang*, ZG 2010, 246 (248 f.) und *Battis*, in: Mitschang (Hrsg.), Fragestellungen des Städtebau- und Umweltrechts, S. 24 ff.

828 *Berkemann*, in: Berkemann/Halama, Erstkommentierung zum BauGB 2004, 2005, § 9 Rn. 14; *Zeiss/Longo*, UPR 1998, 217 (218); vgl. *Ecofys*, Energieeffizienz und Solarenergienutzung in der Bauleitplanung, S. 13.

829 Vgl. *Battis*, in: Mitschang (Hrsg.), Fragestellungen des Städtebau- und Umweltrechts, S. 24.

vom Kompetenztitel des Grundgesetzes erfasst, soweit der Anknüpfungspunkt der Grund und Boden bleibt.[830] Es spricht mithin nichts dagegen, dass Städte und Gemeinden den Anforderungen des Klimaschutzes durch Vorgaben zur örtlichen Bodennutzung Rechnung tragen.[831] Zudem ist der Gesetzgeber bei der Abfassung des BauGB nicht daran gebunden, sich ausschließlich auf die Kompetenz zur Regelung des Bodenrechts zu beziehen. Dieser kann sich auch auf andere Kompetenztitel (bspw. die Luftreinhaltung, Art. 74 Abs. 1 Nr. 24 GG; das Recht der Wirtschaft, Art. 74 Abs. 1 Nr. 11 oder den Naturschutz, Art. 74 Abs. 1 Nr. 29 GG) stützen.[832] Aus kompetenzrechtlicher Sicht ist der Bund somit befugt, den Kommunen bei der Ausübung ihrer bodenbezogenen Planungshoheit, den zur Wahrung öffentlicher Belange erforderlichen – mitunter auch klimaschützenden und anpassungsbezogenen – Rahmen zu setzen.

### b) Kommunale Selbstverwaltung

Die kommunale Planungshoheit knüpft darüber hinaus auch an die Selbstverwaltungsgarantie aus Art. 28 Abs. 2 S. 1 GG an.[833] Es muss sich bei ihrer Ausübung mithin auch um eine Angelegenheit der örtlichen Gemeinschaft handeln. Aus Art. 28 Abs. 2 S. 1 GG entsteht dabei nicht nur ein Recht zum Handeln in örtlichen Angelegenheiten,[834] sondern es erfolgt zugleich auch eine Beschränkung auf diesen Bereich.[835] Es handelt sich also grundsätzlich auch um eine Beschränkung der Kompetenz auf das jeweilige Gemeindegebiet, woran auch Art. 20 a GG nichts zu verändern vermag.[836]

Angelegenheiten der örtlichen Gemeinschaften stellen diejenigen Bedürfnisse und Interessen dar, die in der örtlichen Gemeinschaft wurzeln oder einen spezifischen Bezug zu ihr haben.[837] Liegt eine solche vor, kann der Gesetzgeber diese im Rahmen der allgemeinen verfassungsrechtlichen Grenzen ausgestalten und formen.[838] Der globale Klimaschutz überschreitet zwar die Gemeindegrenzen. Da allerdings, wie dargelegt, eine gewichtige Wechselbeziehung zwischen dem energetischen Zustand von Gebäuden, den daraus resultierenden erheblichen $CO_2$ -Emissionen und dem Klimaschutz besteht, sind auch spezielle im Städtebaurecht an die Grundstücknutzung anknüpfende klimaschutz- und klimaanpassungsrelevante Regelungen als

---

830 Vgl. *Ecofys*, Energieeffizienz und Solarenergienutzung in der Bauleitplanung, S. 13 sowie *Battis/Kersten/Mitschang*, ZG 2010, 246 (248). Anders *Zeiss/Longo*, UPR 1998, 217 (218).

831 *Blechschmidt*, in: Spannowsky/Hofmeister (Hrsg.), Bewältigung städtebaulicher Missstände als Themengegenstand der Innenentwicklung, S. 3 f.

832 *Lindner/Klinski/Schmidt/John*, Instrumente zur Förderung des Kommunalen Klimaschutzes, S. 19; *Grigoleit*, ZfBR-Beil. 2012, 95 (96); *Battis/Kersten/Mitschang*, Rechtsfragen Stadterneuerung, S. 23 ff.; *BMVBS*, Berliner Gespräche zum Städtebaurecht, Band 1, S. 19 f.; *Battis*, in: Mitschang (Hrsg.), Fragestellungen des Städtebau- und Umweltrechts, S. 26; *Spannowsky*, UPR 2009, 201 (202).

833 *Pieroth*, in: Jarass/Pieroth, Art. 28, Rn. 13; *Grigoleit*, ZfBR-Beil. 2012, 95 (96); *Longo*, Örtliche Energieversorgung, S. 97. Zudem und zum Folgenden auch *Battis/Kersten/Mitschang*, ZG 2010, 246 (249 ff.) sowie Battis, in: Mitschang (Hrsg.), Fragestellungen des Städtebau- und Umweltrechts, S. 26 ff.

834 Grundlegend BVerfGE 79, 127 ff.

835 Ausführlich *Glaser*, Die Verwaltung 2008, 483 (487 f.) mwN.; *Hellermann*, in: Epping/Hillgruber, GG, Art. 28, Rn. 41; *Kahl/Schmidtchen*, Kommunaler Klimaschutz durch Erneuerbare Energien, S. 308; *Battis*, in: Mitschang (Hrsg.), Fragestellungen des Städtebau- und Umweltrechts, S. 26.

836 Ausführlich *Glaser*, Die Verwaltung 2008, 483 (486 ff.).

837 BVerfGE 50, 195 (201); 52, 95 (120); 79, 127 (151); 91, 228 (236); 110, 370 (400); vgl. auch *Pieroth*, in Jarass/Pieroth, Art. 28, Rn. 12.

838 BVerfG, NVwZ 1989, 347 (348), vgl. *Longo*, Örtliche Energieversorgung, S. 98.

örtliche Angelegenheit i.S.d. Art. 28 Abs. 2 GG einzuordnen.[839] Der globale Klimaschutz an sich bildet mithin wiederum gar nicht den unmittelbaren faktischen Anknüpfungspunkt der Beurteilung, sondern allein die Grundstücknutzung.[840] Klimaschutz im Rahmen des BauGB zu berücksichtigen knüpft insoweit an die kommunale Planungshoheit an und stellt eine zulässige Konkretisierung in Form einer freiwilligen Aufgabenzuweisung dar.[841]

Im BauGB wird die von Art. 28 Abs. 2 S. 1 GG geforderte „örtliche Verknüpfung" bspw. dadurch abgesichert, dass Bauleitpläne städtebaulich erforderlich sein müssen (§ 1 Abs. 3 BauGB) und einzelne Festsetzungen in einem Bebauungsplan einen städtebaulichen Grund erfordern (§ 9 Abs. 1 BauGB). Städtebauliche Verträge erfordern darüber hinaus einen städtebaulichen Zusammenhang. Diese müssen also mit den Zielen und Zwecken städtebaulicher Planungen und Maßnahmen einhergehen.[842] Dadurch wird erreicht, dass nur städtebauliche und nicht andere, außerhalb des Anwendungsbereichs des Planungsrechts liegende, Gründe den Gebrauch des jeweiligen Instruments rechtfertigen können.[843] Ob der Klimaschutz auf Grundlage des einfachen Rechts allerdings tatsächlich Festsetzungen in einem Bebauungsplan rechtfertigen kann, wurde bisweilen kontrovers diskutiert.[844]

### c) Föderales Durchgriffsverbot

Nach Art. 84 Abs. 1 S. 7 GG dürfen den Gemeinden keine Aufgaben durch Bundesgesetz übertragen werden. Dem Bund ist es mithin verwehrt, die Kommunen zu verpflichten, in ihrem Gebiet Klimaschutz- und Klimaanpassungsmaßnahmen vornehmen zu müssen.[845] Würde allerdings schon eine Erweiterung des baurechtlichen Aufgabenbereichs einen Verstoß gegen Art. 87 Abs. 1 S. 7 GG darstellen, so könnte der Bund das Städtebaurecht nicht mehr verbindlich regeln.[846] Der Tatbestand einer Aufgabenübertragung ist daher zumindest restriktiv auszulegen. Soweit nur Handlungsoptionen, respektive neue Zielsetzungen, im Rahmen vorhandener Aufgabenbereiche und nicht rechtlich verpflichtende Handlungsvorgaben geschaffen werden, dürfte kein Verstoß gegen das föderale Durchgriffsverbot aus Art. 84 Abs. 1 S. 7 GG vorliegen.[847]

---

839 Ausführlich *Battis*, in: Mitschang (Hrsg.), Fragestellungen des Städtebau- und Umweltrechts, S. 26 ff.; *Ecofys*, Energieeffizienz und Solarenergienutzung in der Bauleitplanung, S. 13 f.; vgl. auch *Battis/Kersten/Mitschang*, Rechtsfragen Stadterneuerung, S. 34 jew. mwN.

840 Vgl. *Battis*, in: Mitschang (Hrsg.), Fragestellungen des Städtebau- und Umweltrechts, S. 26. Anders noch *Sanden*, in: Koch (Hrsg.), Umweltrecht, 3. Auflage 2010, § 13, Rn. 60.

841 *Ecofys*, Energieeffizienz und Solarenergienutzung in der Bauleitplanung, S. 14. Eine weisungsfreie Pflichtaufgabe hinsichtlich Klimaschutz und Klimaanpassung wird im BauGB bislang nicht festgeschrieben, zur Einordnung *Schmidtke*, Kommunaler Klimaschutz, S. 28 ff.

842 Siehe § 11 Abs. 1 S. 2 Nr. 4 und 4 BauGB; vgl. *Krautzberger*, in: E/Z/B/K, § 11, Rn. 165 a.

843 *Söfker*, in: E/Z/B/K, § 9, Rn. 16; *Grigoleit*, ZfBR-Beil. 2012, 95 (96).

844 Zum Klimaschutz als städtebaulicher Grund und der Rechtfertigung von Bebauungsplanfestsetzungen siehe unten.

845 Vgl. *Henneke/Ritgen*, Kommunales Energierecht, S. 170.

846 *Battis/Kersten/Mitschang*, ZG 2010, 246 (251); *Pieroth*, in: Jarass/Pieroth, Art. 84, Rn. 7.

847 Es muss zwischen Aufgabenzuweisungen, der Einräumung von Regelungsbefugnissen und der Pflicht zur Berücksichtigung von Abwägungsbelangen unterschieden werden. So *Spannowsky*, UPR 2009, 201 (202). Vgl. auch *Meßmann*, DÖV 2010, 726 (728 f.); *Lindner/Klinski/Schmidt/John*, Instrumente zur Förderung des Kommunalen Klimaschutzes, S. 34; *Rodi/Sina*, Klimaschutzrecht des Bundes, S. 443 f.; *Ingold*, DÖV 2010, 134 (135). Ferner *Böhm/Schwarz*, DVBl 2012, 540 (542); *Kahl/Schmidtchen*, Kommunaler Klimaschutz durch Erneuerbare Energien, S. 301 ff. sowie BT-Drs. 17/3629, S. 9 zur ähnlichen

Nach ganz überwiegender Auffassung findet das föderale Durchgriffsverbot allerdings schon gar keine Anwendung. Städtebauliche Aufgabenstellungen werden der Gemeinde nämlich nicht durch Bundesgesetz übertragen, sondern obliegen dieser schon nach Art. 28 Abs. 2 S. 1 GG. Es liegt insoweit eine verfassungsunmittelbare Zuweisung von Aufgaben an die Kommunen vor. Eine wiederholte Übertragung durch einfaches Bundesgesetz kommt mithin nicht (mehr) in Betracht.[848] Das föderale Durchgriffsverbot findet danach schon gar keine Anwendung auf Aufgaben der kommunalen Selbstverwaltung und damit weder auf das BauGB im Allgemeinen noch auf eine an die Bodennutzung anknüpfende Erweiterung der Aufgaben der Stadtentwicklung.[849] Art. 28 Abs. 2 S. 1 GG geht der Regelung des Art. 84 Abs. 1 S. 7 GG als lex specialis vor.[850] Klimaschutz- und klimaanpassungsbezogene Regelungen sind danach im BauGB grundsätzlich zulässig.

### 3. Gesetzliche Grundlagen im Überblick

Ausweislich des in den Jahren 2011 und 2013 novellierten Baugesetzbuchs sind Klimaschutz und Klimaanpassung nunmehr insbesondere in der Stadtentwicklung zu fördern (§ 1 Abs. 5 S. 2 BauGB) und bilden einen zentralen Planungsbelang der Gemeinden. „Den Erfordernissen des Klimaschutzes soll sowohl durch Maßnahmen, die dem Klimawandel entgegenwirken, als auch durch solche, die der Anpassung an den Klimawandel dienen, Rechnung getragen werden" (§ 1 a Abs. 5 BauGB). Die Begriffe des Klimaschutzes und der Klimaanpassung werden dabei im BauGB nicht weiter definiert und sind als eine umfassende Beschreibung aller im Städtebaurecht relevanten Maßnahmen zu verstehen.[851]

Es wurden zusätzliche klimawandelgerechte Darstellungsmöglichkeiten im Flächennutzungsplan verankert (§ 5 Abs. 2 BauGB). Ebenso wurde der Katalog der zulässigen Festsetzungen in einem Bebauungsplan um klimawandelgerechte Maßnahmen ergänzt und erweitert (§ 9 Abs. 1 BauGB). Der Aufzählung möglicher städtebaulicher Vertragsvereinbarungen wurden klimawandelgerechte Maßnahmen hinzugefügt (§ 11 Abs. 1 S. 2 BauGB). Zahlreiche Normen adressieren zudem eine erleichterte Zulässigkeit von klimawandelgerechten Vorhaben im Genehmigungsverfahren (§ 35 Abs. 1, §§ 248, 249 BauGB). Das besondere Städtebaurecht zielt fortan mit dem Sanierungs- und Stadtumbaurecht auch auf eine energetische Gebäudesanierung ab und nennt Klimaschutz und Klimaanpassung u.a. als Ziele städtebaulicher Gesamtmaßnahmen (§§ 136, 148, 171 a ff. BauGB).

Es lässt sich somit resümieren, dass Themen des Klimaschutzes und der Klimaanpassung eine generelle Einbindung in das Städtebaurecht erfahren haben. Klimaschutz und Klimaanpas-

---

Problematik beim EEWärmeG; a.A. *Schoch*, DVBl 2007, 261 (265 ff.); *Burger/Faber*, KommJur 2011, 161 (166).

848 Vgl. *Battis*, in: Mitschang (Hrsg.), Fragestellungen des Städtebau- und Umweltrechts, S. 29; *Battis/Krautzberger/Löhr*, NVwZ 2007, 121 (122); *Battis/Kersten/Mitschang*, Rechtsfragen Stadterneuerung, S. 36; *Battis/Kersten/Mitschang*, ZG 2010, 246 (252) mwN.

849 BT-Drs. 16/2069, S. 4; BT-Drs. 16/2069, S. 13; BR-Drs. 651/06, S. 17. Ausführlich dazu *Battis/Kersten/Mitschang*, Rechtsfragen Stadterneuerung, S. 36 ff.; *Battis*, in: Mitschang (Hrsg.), Fragestellungen des Städtebau- und Umweltrechts, S. 29 ff.; *Ingold*, DÖV 2010, 134 (137 ff.); *Kahl/Schmidtchen*, Kommunaler Klimaschutz durch Erneuerbare Energien, S. 132 f.; *Pieroth*, in: Jarass/Pieroth, Art. 84, Rn. 7 jew. mwN.

850 A.A. *Kment*, DVBl 2012, 1125 (1126); *F.Kirchhof*, in: Maunz/Dürig, Art. 84, Rn. 168; *Meßmann*, DÖV 2010, 726 (729 ff.).

851 Siehe Erstes Kapitel; vgl. *Pfalzgraf/Peters/Weber*, HSGZ 2013, 318 (319).

sungsaspekte wurden als Abwägungs- und Planungsbelang, Rechtfertigungsgrund von Bebauungsplanfestsetzungen, Inhalt städtebaulicher Verträge, Grund einer erleichterten Zulässigkeit von Vorhaben sowie als Begründungsoption und Zielsetzung städtebaulicher Gesamtmaßnahmen im Städtebaurecht verankert. Die Anpassung städtischer Strukturen an die Erfordernisse von Klimaschutz und Klimaanpassung bildet seither eine neue Dimension der Stadtentwicklung.[852] Einer klimawandelgerechten Stadtentwicklung scheint somit im Städtebaurecht grds. Rechnung getragen zu werden. Wie weit die einzelnen Spielräume dabei reichen, wird noch zu untersuchen sein.

## II. Kooperation im Städtebaurecht

### 1. Entwicklung der Kooperation

Rein hoheitliches Handeln stellt ein traditionelles Instrument der Bauleitplanung dar.[853] Noch in den 70er Jahren hat der Gesetzgeber den Schwerpunkt u.a. auf die Einführung von Planverwirklichungsgeboten im Städtebau gelegt, sprich auf die Kompetenz der Städte und Gemeinden zur ordnenden Planverwirklichung.[854] Damit sollten die Gemeinden in die Lage versetzen werden, städtebaulich wünschenswerte bzw. erforderliche Entwicklungen und Maßnahmen notfalls auch unabhängig von der Handlungsbereitschaft der privaten Eigentümer einzuleiten und durchzusetzen.[855] In der Praxis hingegen prägten konsensuale Absprachen und Vereinbarungen schon lange den Städtebau.[856]

Die Rechtsgültigkeit von vertraglichen Vereinbarungen zwischen Verwaltung und Bürgern in Bereichen der Gemeinwohlgestaltung ist von der klassischen Verwaltungslehre, insbesondere von einem Wegbereiter des deutschen Verwaltungsrechts, *Otto Mayer*, allerdings zunächst vehement kritisiert und in seiner Entwicklung behindert worden.[857] Das Bundesverwaltungsgericht betonte erst in den 1960er Jahren die Rolle des Vertrags als Ausdruck einer sich völlig geänderten rechtlichen Stellung des früher lediglich als Verwaltungsobjekt betrachteten Bürgers und bejahte im Anschluss an die überwiegende Meinung in der Literatur die Zulässigkeit jedenfalls des öffentlich-rechtlichen Vertrags.[858] Der privatrechtliche Vertrag zwischen Verwaltung und Bürger ist erst in der jüngeren Verwaltungsrechtsgeschichte als Formentyp in das Verwaltungsrecht einbezogen worden.[859]

Eine spezielle gesetzliche Regelung des städtebaulichen Vertrags fehlte lange Zeit im deutschen Recht. Eine erste Regelung, die kooperatives Handeln hervorhob, wurde allerdings

---

852 Vgl. BT-Drs. 17/6076, S. 8; *Krautzberger*, in: Mitschang (Hrsg.), Stärkung der Innenentwicklung, S. 66.

853 Vgl. *Stüer/König*, ZfBR 2000, 528 (528); *Stüer*, DVBl 1995, 649 (649), *Krautzberger*, RaumPlanung 152 (2010), 11 (12); *Burmeister*, Praxishandbuch Städtebauliche Verträge, S. 19.

854 Gesetz zur Änderung des Bundesbaugesetzes vom 18. 08.1976, BGBl. I, S. 2221; vgl. *Krautzberger*, UPR 2006, 1 (1).

855 Vgl. *Difu*, NVwZ 1984, 425 (425).

856 Vgl. *Flagge*, Die Bedeutung von Verträgen, S. 192.

857 Siehe *Mayer*, AöR 3 (1888) Bd. 3, S. 1 ff.; dazu *Horn*, in: Festschrift Bethge, S. 339 ff. mwN.; *Voßkuhle/Kaiser*, JuS 2013, 687 (687) und *Krautzberger*, in: E/Z/B/K, § 11, Rn. 2.

858 BVerwG, NJW 1966, 1936 (1937) mwN.

859 *Krautzberger*, in: E/Z/B/K, § 11, Rn. 2; *Schmidt-Aßmann/Krebs*, Rechtsfragen städtebaulicher Verträge, S. 134 ff.

schon vor über 138 Jahren sporadisch in § 15 des Preußischen Baufluchtliniengesetzes[860] manifestiert. Die Regelung betraf mitunter den sog. Unternehmervertrag, der die Durchführung des Straßenbaus und der nötigen Erschließungsmaßnahmen regeln sollte.[861] Der städtebauliche Vertrag demgegenüber fand seine erste Regelungsgrundlage erst in § 54 Bauplanungs- und Zulassungsverordnung[862] der DDR.[863] Im Jahr 1993 wurde eine entsprechende Regelung sodann für alle Bundesländer in § 6 Baugesetzbuch-Maßnahmengesetz[864] aufgenommen.[865] Eine rechtliche Einbindung erfuhren vertragliche Vereinbarungen damit erst recht spät. Mit § 6 BauGB-MaßnahmenG wurde erstmals eine Norm geschaffen, die den Vertrag nicht nur ausdrücklich benannte, sondern auch den Versuch unternahm, die bislang in der Praxis entstandenen Vertragstypen zu systematisieren und dabei auch einige Rechtmäßigkeitsvoraussetzungen für ihre Nutzung zu normieren.[866] In einem vorgelagerten Gesetzgebungsverfahren im Jahr 1986 war eine solch detaillierte Regelung noch abgelehnt worden.[867] Durch § 11 BauGB ist diese Regelung dann im Jahr 1998 überarbeitet, ergänzt, materiell aber weitgehend unverändert in das Baugesetzbuch übernommen worden.[868]

In Folge der Kodifizierung des städtebaulichen Vertrags ist dessen Akzeptanz immer mehr gestiegen.[869] Vor allem nach der deutschen Einheit hat der städtebauliche Vertrag auf Grund der rasanten Entwicklung in den neuen Bundesländern an Bedeutung gewonnen. Mit traditionellen Instrumenten der städtebaulichen Planung hätten die umfassenden städtebaulichen Aufgaben kaum bewältigt werden können, sodass vertragliche Lösungen im größeren Umfang genutzt wurden.[870] Auch die leeren Haushaltskassen fördern noch heute die Akzeptanz von Verträgen. Durch Kooperationen mit Privaten lassen sich öffentliche Mittel schonen.[871] Hervorgehoben wird zudem, dass der Vertrag eine Anpassung an die Besonderheiten des

---

860 Gesetz vom 02.07.1875, S. 561, in der Fassung d. Art.1 des Wohnungsgesetzes vom 28.03.1918, GS, S. 23.

861 *Grziwotz*, in: E/Z/B/K, § 124, Rn. 17 ff.; *Stüer/König*, ZfBR 2000, 528 (528); *Battis/Krautzberger/Löhr*, NVwZ 1997, 1145 (1156).

862 Bauplanungs- und Zulassungsverordnung (BauZVO) vom 20.06.1990, GBl. der DDR I Nr. 45, S. 739.

863 Vgl. *Krautzberger*, in: E/Z/B/K, § 11, Rn. 1 ff.; *Bank*, in: Brügelmann, BauGB, 75. Erg.-Lfg., § 11, Rn. 4; *Stüer/König*, ZfBR 2000, 528 (528).

864 Baugesetzbuch-Maßnahmengesetz (BauGB-MaßnahmenG) v. 28.04.1993, BGBl. 1993, S. 622.

865 Die BauZVO wurde durch den Einigungsvertrag aufgehoben und die Weitergeltung des § 54 BauZVO durch § 246 a Abs. 1 S. 1 Nr. 11 BauGB 1990 angeordnet. § 6 BauGB-MaßnahmenG trat später an die Stelle des § 246a Abs. 1 S. 1 Nr. 11 BauGB 1990. Vgl. auch BT-Drs. 12/3944, S. 24.

866 *Becker*, Kooperative und konsensuale Strukturen, S. 579.

867 Vgl. zu den Gründen BT-Drs. 10/6166 zu III. 19; Materialien zum Baugesetzbuch, Schriftenreihe des Bundesministeriums für Raumordnung, Bauwesen und Städtebau 1984, Nr. 03.108, S. 149 ff. Zum Ganzen *Krautzberger*, in: E/Z/B/K, § 11, Rn. 6 ff.

868 Durch Gesetz vom 01.01.1998, BGBl. I, S. 2081; dazu und zu den Vorgängerregelungen *Krautzberger*, in: E/Z/B/K, § 11, Rn. 1 ff.; *Bank*, in: Brügelmann, BauGB, 75. Erg.-Lfg., § 11, Rn. 1ff., 6; *Hoffmann*, in: Hoppenberg/de Witt, Handbuch des öffentlichen Baurechts, Band 2, P, Rn. 1 ff; vgl. auch *Battis/Krautzberger/Löhr*, NVwZ 1997, 1145 (1156); *Glombik*, LKV 1999, 168 (170).

869 Vgl. *Ohms*, BauR 2000, 983 (983); *Krautzberger*, in: E/Z/B/K, § 11, Rn. 4; zum Ganzen *ders.*, RaumPlanung 152 (2010), 11 (12).

870 Vgl. *Koch/Hendler*, Baurecht, § 15, Rn. 12; *Krautzberger*, UPR 2006, 1 (1); *Glombik*, LKV 1999, 168 (170); *Stüer*, DVBl 1995, 649 (649, 656 f.); *Stüer/König*, ZfBR 2000, 528 (528); *Battis/Krautzberger/Löhr*, NVwZ 1997, 1145 (1156); *Tietze*, Kooperation im Städtebau, S. 32 jew. mwN.

871 Vgl. auch *Lenz/Würtenberger*, BauGB-Verträge, S. 20; *Stüer/König*, ZfBR 2000, 528 (528).

jeweiligen Einzelfalls ermöglicht und damit eine größere Flexibilität sowie im Übrigen mehr Akzeptanz und Dauerhaftigkeit als hoheitliche Zwangsmaßnahmen verspricht.[872]

In der Praxis des Städtebaus scheint hierarische Steuerung durch Gebote nahezu obsolet geworden zu sein, auch wenn der Schatten der Hierarchie ein wesentlicher Erfolgsfaktor kommunaler Steuerung bleiben wird.[873] Vertragliche Vereinbarungen bestimmen mehr und mehr das städtebauliche Gestalten und haben sich für vergangene Aufgaben als sehr effektiv erwiesen.[874]

Die wachsende Akzeptanz des städtebaulichen Vertrags wurde vom Gesetzgeber in mehreren Novellen des BauGB durch die Ausweitung vertraglicher Ansätze begleitet und hat infolgedessen zu einer Deregulierung des Städtebaurechts beigetragen.[875] Die Gesetzgebungshistorie zeigt auf, dass der Gesetzgeber ein in der Praxis angewandtes Modell der Kooperation nach und nach kodifiziert und immer mehr ausgeweitet hat. Es wurde ein Rahmen von Kooperationsregeln geschaffen.[876] Vor allem die BauGB-Novellen 2001, 2004, 2011 und 2013 haben den beispielhaften Anwendungskatalog in § 11 Abs. 1 S. 2 BauGB stückweise erweitert und die Regelungen systematisiert. Insbesondere die Erweiterung des § 11 BauGB durch das „Gesetz zur Förderung des Klimaschutzes bei der Entwicklung in den Städten und Gemeinden“ vom 22. Juli 2011 sowie der durch das EAG Bau 2004 neu eingefügte § 171c BauGB über den Stadtumbauvertrag unterstreichen die Bedeutung des konsensualen Handelns.[877] Vertraglichen Lösungen soll im heutigen Städtebaurecht grundsätzlich ein möglichst weiter Raum gegeben werden. Kooperation[878] wird mitunter als systemprägendes Leit- und Strukturprinzip des Städtebaurechts eingestuft.[879]

Daher ist davon auszugehen, dass sich der Trend einer kooperativen Städtebaupolitik fortsetzt und kooperative Instrumente im Städtebau weiter an Bedeutung gewinnen.[880] Städtebauliche Vertragslösungen werden insbesondere gegenüber den klassischen Bauleitplänen als flexiblere Lösung hervorgehoben und stehen vor allem auch als Struktur von „Urban-Governance“ im Zentrum der Diskussion.[881] Ein neuer Anwendungsbereich des städtebaulichen Vertrags findet sich nunmehr in der Umsetzung von Klimaschutz und Klimaanpassungsmaßnahmen.[882]

---

872 BT-Drs.12/3944, S. 23 f.; *Hechtel*, Defizite und Verbesserungsmöglichkeiten städtebaulicher Verträge, S. 20.

873 *Kreft/Sinning/Steil*, Raumforsch Raumord 2010, 397 (402); vgl. *Bielenberg/Stock*, in: E/Z/B/K, § 175, Rn. 76; *Krautzberger*, UPR 2006, 1 (1). Zur untergeordneten Rolle von Geboten in der Praxis siehe auch *Stock*, in: E/Z/B/K, § 177, Rn. 3 sowie *Erbguth*, VerwArch 89 (1998), 189 (191).

874 Siehe *Krautzberger*, in: Festschrift Birk, S. 17, 21.

875 Vgl. *Krautzberger*, UPR 2011, 121 (124); *ders.*, UPR 2006, 1 (1); *Becker*, Kooperative und konsensuale Strukturen, S. 578. Dazu auch *Reidt*, in: B/K/L, § 11, Rn. 4.

876 *Habel*, Contract Governance, S. 179.

877 Vgl. *Krautzberger*, in: E/Z/B/K, Vorb. § 171a, Rn. 1 f.

878 Zum Begriff *Tietze*, Kooperation im Städtebau, S. 38 f.

879 *Ohms*, BauR 2000, 983 (984 ff.) nimmt insoweit sogar einen Vorrang konsensualer Instrumente gegenüber einseitig hoheitlichem Handeln an; vgl. auch *Kahl*, DÖV 2000, 793 (796); *Bank*, in: Brügelmann, BauGB, 72. Erg.-Lfg., § 11, Rn. 7 und *Tietze*, Kooperation im Städtebau, S. 39.

880 Siehe *Mitschang*, in: Festschrift Birk, S. 92 f.

881 Dazu sogleich. Siehe auch *Schmidt-Eichstaedt*, Informationen zur Raumentwicklung 9/10 2005, 649 ff.

882 Vgl. *Stüer/Stüer*, DVBl 2011, 1117 (1121); *Battis/Krautzberger/Mitschang/Reidt/Stüer*, NVwZ 2011, 897 (901); *Battis/Kersten/Mitschang*, Rechtsfragen Stadterneuerung, S. 96; *Krautzberger*, DVBl 2008, 737 (737); *ders.*, in: Mitschang (Hrsg.), Klimaschutz und Energieeinsparung, S. 109 ff.; *ders.*, vhw 2008, 244;

## 2. Begriff des städtebaulichen Vertrags

Das Baugesetzbuch stellt in seinem vierten Abschnitt unter der Überschrift „Zusammenarbeit mit Privaten; vereinfachtes Verfahren“ in § 11 Abs. 1 S. 1 BauGB klar, dass die Gemeinde städtebauliche Verträge schließen kann. Anschließend daran enthält § 11 Abs. 1 S. 2 BauGB eine beispielhafte Konkretisierung möglicher Inhalte städtebaulicher Verträge.[883] Es existiert weder eine Legaldefinition des Begriffs „städtebaulicher Vertrag“ im Gesetz, noch trifft dieser Begriff eine Aussage zur Rechtsnatur des Vertrages.

Der Begriff „städtebaulicher Vertrag“ stellt einen relativ unscharfen Oberbegriff für alle gängigen Vertragsgestaltungen im Städtebaurecht dar.[884] Städtebaulich ist ein Vertrag, wenn er sich auf Regelungen oder Maßnahmen des Städtebaurechts bezieht.[885] Reine Grundstücksgeschäfte der Gemeinde in Form von An- und Verkaufsverträgen von Grundstücken stellen keinen städtebaulichen Vertrag dar. Der Vertrag muss vielmehr städtebauliche Pflichten, Aufgabenstellungen und Maßnahmen zum Regelungsgegenstand haben.[886] Dabei kann die jeweilige Rechtsnatur eines Vertrags unterschiedlich sein. Städtebauliche Ziele können sowohl durch Verträge öffentlich-rechtlicher Natur, wie auch durch Verträge privatrechtlicher Natur verfolgt werden.[887] Unabhängig von der Rechtsform findet § 11 BauGB generell auf städtebauliche Verträge Anwendung.[888]

Die Grenze zwischen öffentlich-rechtlichem und privatrechtlichem Vertrag verläuft fließend.[889] Verträge können auch aus trennbaren Mischungen von privat- und öffentlich-rechtlichen Teilen bestehen.[890] Allein aus der Manifestierung des städtebaulichen Vertrags in § 11 BauGB, und damit im öffentlichen Recht, folgt also nicht automatisch, dass es sich um einen öffentlich-rechtlichen Vertrag handelt.[891] Für die jeweilige Zuordnung kommt es vorrangig auf den Gegenstand aber auch auf den Zweck – mithin auf den Schwerpunkt – der

---

*Denny/Spangenberger*, UPR 1999, 331 (334 f.); *Klinski/Longo*, ZNER 2007, 41 (44 f.); *Ekardt/Schmidtz/Schmidtke*, ZNER 2008, 334 (341 f.); *Mitschang*, ZfBR 2010, 534 (546).

883 Siehe *Reidt*, in: B/K/L, BauGB, § 11, Rn. 12.

884 *Schmidt-Eichstaedt*, Informationen zur Raumentwicklung, Heft 9/10.2005, 649 (649).

885 *Lenz/Würtenberger*, BauGB-Verträge, S. 20; *Burmeister*, Der städtebauliche Vertrag als rechtliches Instrument der Kooperation, S. 32; *ders.*, Praxishandbuch Städtebauliche Verträge, S. 31; *Bunzel/Coulmas/Schmidt-Eichstaedt*, Städtebauliche Verträge, S. 19; *Hoffmann*, in: Spannowsky/Uechtritz, § 11, Rn. 2.

886 Vgl. *Hoffmann*, in: Spannowsky/Uechtritz, § 11, Rn. 2; *Burmeister*, Praxishandbuch Städtebauliche Verträge, S. 31; *Oerder*, BauR 1998, 22 (22).

887 BVerwG, NJW 1993, 2695 (2695 f.); *Stüer/König*, ZfBR 2000, 528 (530); *Lenz/Würtenberger*, BauGB-Verträge, S. 21; *Krautzberger*, in: E/Z/B/K, § 11, Rn. 2. Kritisch *Brohm*, JZ 2000, 321 ff. *Schmidtke*, Kommunaler Klimaschutz, S. 134 ff. ordnet städtebauliche Verträge demgegenüber ungenau als privatrechtliche Betätigung ein.

888 Vgl. *Bank*, in: Brügelmann, BauGB, 72. Erg.-Lfg., § 11, Rn. 17 mwN.

889 Vgl. *Oerder*, BauR 1998, 22 (23). Im Einzelnen *Burmeister*, Der städtebauliche Vertrag als rechtliches Instrument der Kooperation, S. 36 ff. mwN. sowie *Lenz/Würtenberger*, BauGB-Verträge, S. 21 f. und *Bunzel/Coulmas/Schmidt-Eichstaedt*, Städtebauliche Verträge, S. 20 ff.

890 Siehe BVerwG, NJW 1980, 2538 (2538); BVerwG, NVwZ 1994, 1012 (1012); vgl. auch *Krautzberger*, in: E/Z/B/K, § 11, Rn. 188; *Burmeister*, Praxishandbuch Städtebauliche Verträge, S. 35; *Bank*, in: Brügelmann, BauGB, 72. Erg.-Lfg., § 11, Rn. 23.

891 BVerwG, NJW 1993, 2695 (2695 f.); vgl. *Hoffmann*, in: Spannowsky/Uechtritz, § 11, Rn. 4; *Oerder*, BauR 1998, 22 (22 f.); *Stüer/König*, ZfBR 2000, 528 (530).

vertraglichen Regelungen an.[892] Da städtebauliche Verträge insbesondere der Durchführung bzw. Vorbereitung spezifischer städtebaulicher Maßnahmen und Planungen dienen (bspw. ein Sanierungsvertrag im Rahmen des besonderen Städtebaurechts oder weitergehende Vereinbarungen nach § 11 Abs. 1 S. 2 Nr. 4 und 5 BauGB), wird ein städtebaulicher Vertrag allerdings regelmäßig als öffentlich-rechtlich zu qualifizieren sein.[893]

Rechtsdogmatisch bietet sich eine Einordnung des städtebaulichen Vertrags als „Verwaltungsvertrag" an, der sich sowohl auf öffentlich-rechtliche wie auch auf privatrechtliche städtebauliche Verträge erstreckt.[894] Die Rechtsfigur des Verwaltungsvertrags verbindet konsensuales mit rechtsförmlichem und rechtsverbindlichem Verwaltungshandeln und ist damit Ausdruck des oben dargelegten gewandelten Staatsverständnisses in Form einer mit den Bürgern kooperierenden Verwaltung.[895] Städtebauliche Verträge als Form des Verwaltungsvertrags dienen der Erfüllung städtebaulicher Aufgaben der Gemeinde und können insoweit grundsätzlich auch für Klimaschutz- und Klimaanpassungsmaßnahmen herangezogen werden.[896] Eine weitergehende Unterscheidung zwischen privatrechtlichen und öffentlich-rechtlichen Verträgen ist allein für die Frage des Rechtsweges zu den Verwaltungsgerichten oder Zivilgerichten von Bedeutung.[897] Die materiell-rechtliche Zulässigkeit eines städte-

---

892 GmS-OGB, NJW 1986, 2359; OVG Münster, Beschluss vom 14.03.2013 – 2 E 182/13 – juris-Rn. 16; vgl. *Krautzberger*, in: E/Z/B/K, § 11, Rn. 186 ff.; *Lenz/Würtenberger*, BauGB-Verträge, S. 21; *Burmeister*, Der städtebauliche Vertrag als rechtliches Instrument der Kooperation, S. 35; *Reidt*, in: B/K/L, BauGB, § 11, Rn. 9.

893 Siehe nur OVG Koblenz, Beschluss vom 10.06.2013 – 8 B 10483/13.OVG -, juris-Rn. 4 ff.; dazu Anm. NJW-Spezial 2013, 653. Vgl. *Birk*, städtebauliche Verträge, S. 30 ff., der einen städtebaulichen Vertrag verallgemeinernd als öffentlich-rechtlich einstuft, soweit die Gemeinde nicht als Grundstückseigentümer, Vermieter oder Verpächter, Mieter oder Pächter am Vertrag beteiligt ist. Siehe auch *Dirnberger*, in: Jäde/Dirnberger/Weiß, § 11, Rn. 6; *Burmeister*, Praxishandbuch Städtebauliche Verträge, S. 34; *Siems*, BauR 2003, 1320 (1323); *Reidt*, in: B/K/L, § 11, Rn. 9; *Jarass/Kment*, BauGB, § 11, Rn. 3 sowie *Kahl/Schmidtchen*, Kommunaler Klimaschutz durch Erneuerbare Energien, S. 183 und *Hoffmann*, in: Hoppenberg/de Witt, Handbuch des öffentlichen Baurechts, Band 2, P, Rn. 8 ff.

894 *Krautzberger*, in: E/Z/B/K, § 11, Rn. 3 ff.; *Bank*, in: Brügelmann, BauGB, 72. Erg.-Lfg., § 11, Rn. 17; *Kahl*, DÖV 2000, 793 (794); vgl. auch *Bunzel/Coulmas/Schmidt-Eichstaedt*, Städtebauliche Verträge, S. 20; *Burmeister*, Der städtebauliche Vertrag als rechtliches Instrument der Kooperation, S. 35; *ders.*, Praxishandbuch Städtebauliche Verträge, S. 34; *Spannowsky*, UPR 2009, 201 (206), *ders.*, in: Berliner Komm. BauGB, 21. Erg.-Lfg., § 11, Rn. 1 ff., 14 ff.

895 *Krautzberger*, in: E/Z/B/K, § 11, Rn. 4; *ders.*, RaumPlanung 152, 2010, 11 (12); *Bunzel/Coulmas/Schmidt-Eichstaedt*, Städtebauliche Verträge, S. 20. Unterscheiden kann man weiterhin zwischen subordinationsrechtlichen und koordinationsrechtlichen Verträgen. Subordinationsrechtliche Verträge (z.B. vertragliche Vereinbarungen mit Gebäude- und Grundstückseigentümern über die Nutzung erneuerbarer Energie aus einem Blockheizkraftwerk) sind durch ein hoheitliches Verhältnis der Über- oder Unterordnung gekennzeichnet. Im Rahmen koordinationsrechtlicher Verträge (z.B. zwischen Planungsträgern und Anlagebetreibern hinsichtlich der Planvorbereitung und Konzeptentwicklung von Flächen) begegnen sich die Vertragspartner faktisch auf der Ebene der Gleichordnung, siehe *Spannowsky*, UPR 2009, 201 (208). Zur Praktischen Relevanz *Stüer/König*, ZfBR 2000, 528 (531) mwN.

896 Siehe ausdrücklich nunmehr § 11 Abs. 1 Nr. 4 und 5, §§ 1 Abs. 5 S. 2, 1 a Abs. 5 BauGB. Vgl. auch *Kahl/Schmidtchen*, Kommunaler Klimaschutz durch Erneuerbare Energien, S. 183.

897 Siehe nur OVG Münster, Beschluss vom 14.03.2013 – 2 E 182/13 – juris-Rn. 12 ff. Vgl. *Stüer*, Bau- und Fachplanungsrecht, Rn. 2080; *Krautzberger*, in: E/Z/B/K, § 11, Rn. 4, 186 ff.; *Erbguth*, BauR, S. 192; *Stüer/König*, ZfBR 2000, 528 (530 f.); *Schmidt-Aßmann/Krebs*, Rechtsfragen städtebaulicher Verträge, S. 162 ff.; *Kirchmeier*, in: Ferner/Kröninger/Aschke, § 11, Rn. 2,13; *Burmeister*, Der städtebauliche Vertrag als rechtliches Instrument der Kooperation, S. 35; *Bunzel/Coulmas/Schmidt-Eichstaedt*, Städtebauliche Verträge, S. 20; *Lenz/Würtenberger*, BauGB-Verträge, S. 22.; *Bank*, in: Brügelmann, BauGB, 72. Erg.-Lfg., § 11, Rn. 17 f.; *Kahl*, DÖV 2000, 793 (797); *ders./Schmidtchen*, Kommunaler Klimaschutz durch

baulichen Vertrags bemisst sich unabhängig von der Rechtsform des Vertrags. Die allgemeinen Schranken (insbesondere Angemessenheit und Koppelungsverbot) beim Einsatz städtebaulicher Verträge sind im öffentlichen und privaten Recht nahezu identisch.[898] Auch ein privatrechtlicher städtebaulicher Vertrag muss sich über §§ 134, 138 BGB an öffentlichrechtlichen Anforderungen messen lassen.[899]

### 3. Vertragliche Regelungen im Städtebaurecht

§ 11 BauGB bildet die Vollregelung des städtebaulichen Vertrags.[900] § 11 Abs. 1 S. 1 BauGB bestimmt, dass die Gemeinde städtebauliche Verträge schließen kann. § 11 Abs. 1 S. 2 BauGB zählt daran anschließend die wichtigsten Vertragstypen auf.[901] Insbesondere die Öffnungsklausel in § 11 Abs. 4 BauGB macht deutlich, dass der Katalog des § 11 Abs. 1 S. 2 Nr. 1 – 5 BauGB nicht abschließend ist.[902] Gleichwohl beinhaltet er die wichtigsten Vertragsgestaltungen.

*§ 11 Abs. 1 S. 2 Nr. 1 BauGB* stellt klar, dass die Vorbereitung und Durchführung städtebaulicher Maßnahmen durch den Vertragspartner auf eigene Kosten Gegenstand eines städtebaulichen Vertrags sein kann. Als Gegenstände werden die Neuordnung der Grundstücksverhältnisse, die Bodensanierung und sonstige vorbereitende Maßnahmen, die Erschließung durch nach Bundes- oder Landesrecht beitragsfähige sowie nicht beitragsfähige Erschließungsanlagen, die Ausarbeitung der städtebaulichen Planungen sowie erforderlichenfalls des Umweltberichts, exemplarisch genannt. Die Aufzählung ist nicht abschließend, so dass auch die Einschaltung eines Dritten bspw. zwecks Mediation im Städtebau grundsätzlich durch einen städtebaulichen Vertrag geschehen kann.[903] Gegenstände, die nach dem BauGB regelmäßig von der Gemeinde wahrzunehmen sind, können also im Prinzip per Vertrag übertragen werden.[904]

*§ 11 Abs. 1 S. 2 Nr. 2 BauGB* regelt die sogenannten Planungsverträge.[905] Regelungsgegenstand eines Vertrags kann von daher die Förderung und Sicherung der mit der Bauleitplanung verfolgten Ziele sein. Ein Vertragspartner kann sich grundsätzlich zu Handlungen verpflichten, die im Zusammenhang mit der Bauleitplanung stehen. Ähnlich wie in § 11 Abs. 1 S. 2

---

Erneuerbare Energien, S. 183. Ferner auch *Siems*, städtebauliche Verträge, S. 228 ff. sowie *Keller*, Kooperativer Städtebau und Kartellvergaberecht, S. 51.

898 *Krautzberger*, in: E/Z/B/K, § 11, Rn. 4; *Burmeister*, Der städtebauliche Vertrag als rechtliches Instrument der Kooperation, S. 35; *Bunzel/Coulmas/Schmidt-Eichstaedt*, Städtebauliche Verträge, S. 20; *Spannowsky*, UPR 2009, 201 (208). Vgl. auch *Schmidt-Aßmann/Krebs*, Rechtsfragen städtebaulicher Verträge, S. 162 ff.

899 *Lenz/Würtenberger*, BauGB-Verträge, S. 22; *Stüer/König*, ZfBR 2000, 528 (531). Umstritten ist demgegenüber die Anwendung des Rechts der Allgemeinen Geschäftsbedingungen (§§ 305-310 BGB), dazu *Krautzberger*, in: E/Z/B/K, § 11, Rn. 170 ff.; *Bunzel/Coulmas/Schmidt-Eichstaedt*, Städtebauliche Verträge, S. 41 ff. Vor der Schuldrechtsreform *Grziwotz*, NVwZ 2002, 391 ff.

900 *Löhr*, in: B/K/L, 11. Auflage 2009, § 11, Rn. 1.

901 Eine ausführliche Übersicht über jegliche in Betracht kommende Vertragsgestaltung bei *Krautzberger*, in: E/Z/B/K, § 11, Rn. 27 ff.

902 Verdeutlicht wird dies auch durch das Wort „insbesondere" in § 11 Abs. 1 S. 2 BauGB, vgl. auch BT-Drs. 13/6392, S. 50.

903 Vgl. BR-Drs. 474/12, S. 26.

904 *Krautzberger*, DVBl 2008, 737 (739).

905 *Reidt*, in: B/K/L, § 11, Rn. 45.

Nr. 1 BauGB hebt das Gesetz einzelne wichtige Fallgruppen hervor. So wird bspw. die Grundstücksnutzung auch hinsichtlich einer Befristung oder Bedingung oder die Berücksichtigung baukultureller Belange als Vertragsgegenstand hervorgehoben.

*§ 11 Abs. 1 S. 2 Nr. 3 BauGB* bestimmt, dass Gegenstand eines städtebaulichen Vertrags auch die Übernahme von Kosten oder sonstigen Aufwendungen sein kann, die der Gemeinde für städtebauliche Maßnahmen entstehen oder entstanden sind und die Voraussetzung oder Folge des geplanten Vorhabens sind, einschließlich der Bereitstellung von Grundstücken (sog. Kostenübernahmevertrag).[906] Sofern eine Kausalität zwischen den Kosten und einem geplanten Vorhaben gegeben ist, können nach dem Gesetzeswortlaut also Kosten für städtebauliche Maßnahmen grundsätzlich auf Private abgewälzt werden.

*§ 11 Abs. 1 S. 2 Nr. 4 BauGB* bestimmt, dass die Gemeinde entsprechend den mit den städtebaulichen Planungen und Maßnahmen verfolgten Zielen und Zwecken städtebauliche Verträge zur Errichtung und Nutzung von Anlagen und Einrichtungen zur dezentralen und zentralen Erzeugung, Verteilung, Nutzung oder Speicherung von Strom, Wärme oder Kälte aus erneuerbaren Energien oder Kraft-Wärme-Kopplung schließen kann.[907] Insoweit enthält das Gesetz eine Klarstellung, dass auch Regelungen betreffen den Einsatz erneuerbarer Energien und der Kraft-Wärme-Kopplung grundsätzlich Gegenstand eines städtebaulichen Vertrags sein können.

*§ 11 Abs. 1 S. 2 Nr. 5 BauGB* normiert darüber hinaus, dass entsprechend den mit den städtebaulichen Planungen und Maßnahmen verfolgen Zielen und Zwecken die Anforderungen an die energetische Qualität von Gebäuden, Gegenstand eines städtebaulichen Vertrags sein können.[908]

In § 11 Abs.1 Nr. 4 und 5 BauGB werden nunmehr also explizit klimawandelgerechte Vertragsinhalte hervorgehoben und der Zusammenhang zwischen vertraglichen Vereinbarungen und den klimawandelgerechten Zielsetzungen der städtebaulichen Entwicklung wird ausdrücklich hergestellt.

Rechtsgrundlagen kooperativen Handelns im Städtebaurecht, sowie die explizite Akzentuierung desselben finden sich darüber hinaus noch in weiteren Vorschriften des Städtebaurechts. Im allgemeinen Städtebaurecht wird in § 1 a Abs. 3 S. 4 BauGB bestimmt, dass Ausgleichs- und Ersatzmaßnahmen für Eingriffe in Natur und Landschaft auch vertraglich getroffen werden können. In § 12 Abs. 1 S. 1 BauGB findet sich der vom Gesetz als spezialgesetzliche Ausgestaltung des städtebaulichen Vertrags definierte Durchführungsvertrag. Hintergrund ist, dass die Gemeinde durch einen vorhabenbezogenen Bebauungsplan die Zulässigkeit von Vorhaben bestimmen kann, wenn der Vorhabenträger auf der Grundlage eines mit der Gemeinde abgestimmten Plans zur Durchführung der Vorhaben und der Erschließungsmaßnahmen bereit und in der Lage ist und sich zur Durchführung innerhalb einer bestimmten Frist und zur Tragung der Planungs- und Erschließungskosten ganz oder teilweise vor dem Beschluss des Bebauungsplans (vertraglich) verpflichtet. § 12 Abs. 1 S. 1 BauGB ist somit ein gesetzlich geregeltes Modell einer Verbindung von städtebaulichem Vertrag und Bebauungsplan.[909] Bis zum 20.06.2013 wurde in § 124 BauGB zudem der sog. Erschließungsvertrag, als

---

906 *Reidt*, in: B/K/L, § 11, Rn. 54.

907 § 11 Abs. 1 S. 2 Nr. 4 BauGB eingefügt durch Gesetz vom 24.06.2004, BGBl. I S. 1359 und erweitert im Rahmen des Gesetzes vom 22.07.2011, BGBl. I S. 1509.

908 § 11 Abs. 1 S. 2 Nr. 5 BauGB eingefügt durch Gesetz vom 22.07.2011, BGBl. I S. 1509.

909 *Krautzberger*, in: E/Z/B/K, § 12, Rn. 17.

Unterfall des städtebaulichen Vertrags, geregelt. Die Regelung ist nunmehr in § 11 Abs. 1 Nr. 1 und Abs. 2 BauGB aufgenommen und erweitert worden. Die Gemeinde kann mithin Verträge über die Erschließung[910] vereinbaren. § 18 Abs. 2 S. 4 BauGB geht im Rahmen der Vorschriften zur Veränderungssperre davon aus, dass über die Entschädigungen zunächst vertragliche Absprachen erfolgen sollen. Ebenso sieht § 42 Abs. 2 S. 1 BauGB im Rahmen des Entschädigungsverfahrens nach dem Planungsschadensrecht einen Vorrang vertraglicher Einigung vor.[911]

Auch im besonderen Städtebaurecht wird konsensuales Handeln kontinuierlich hervorgehoben. Im Rahmen der Vorschriften zu städtebaulichen Sanierungsmaßnahmen wird die Beteiligung und Mitwirkung der Betroffenen als ein prägender Grundsatz des Sanierungsrechts in § 137 BauGB niedergelegt. Gemäß § 159 Abs. 2 BauGB sind vertragliche Vereinbarungen zwischen der Gemeinde und einem Sanierungsträger möglich. Die sanierungsrechtliche Genehmigung kann nach § 145 Abs. 4 S. 3 BauGB auch vom Abschluss eines städtebaulichen Vertrags abhängig gemacht werden. Die Durchführung von der Gemeinde obliegenden Ordnungsmaßnahmen kann vertraglich übertragen werden (§ 146 Abs. 3 S. 1 BauGB). Der Ausgleichsbetrag, der Grundstückseigentümer im Sanierungsgebiet an den Kosten der Sanierung beteiligt, kann vertraglich vereinbart werden (§ 154 Abs. 3 BauGB). Darüber hinaus hebt § 164 a Abs. 3 S. 2 BauGB ausdrücklich die Möglichkeit von Modernisierungs- oder Instandsetzungsvereinbarungen hervor. Im Rahmen des grundlegend konsensual ausgerichteten Stadtumbaus ist § 171 c BauGB hervorzuheben. Dieser behandelt den Stadtumbauvertrag, als besondere Ausprägung des städtebaulichen Vertrags nach § 11 BauGB und erhebt kooperatives Handeln zum Leitbild des Stadtumbaus. Nicht zuletzt erwähnt auch § 171 e Abs. 5 S. 4 BauGB ausdrücklich die Möglichkeit im Rahmen von Maßnahmen der sozialen Stadtentwicklung städtebauliche Verträge abschließen zu können. Im Kontext der Vorschriften zu städtebaulichen Geboten bringt darüber hinaus § 175 Abs. 1 BauGB zum Ausdruck, dass einvernehmlichen Regelungen der Vorrang zu gewähren ist.[912] Kooperatives Handeln ist mithin vor Geboten einzusetzen.

## D. Zwischenfazit

Klimaschutz und Klimaanpassung bilden ausdrücklich Aspekte des Städtebaurechts. Im Rahmen der Umsetzung städtebaulicher Zielsetzungen nehmen städtebauliche Verträge eine zunehmend größere Rolle ein. Diese bilden einen wesentlichen Grundstein eines immer mehr anreizorientiert und kooperativ geprägten Verhältnisses zwischen Staat und Gesellschaft. Vertragliche Lösungen nehmen gegenwärtig sowohl in der Praxis als auch im Rechtssetzungsprozess einen hohen Stellenwert ein. Insgesamt gewann die Kooperation als Koordinations- und Steuerungsmechanismus auf kommunaler Ebene insbesondere im Städtebaurecht in den letzten Jahren zunehmend an Bedeutung. Die Relevanz von Ge- und Verboten nahm hingegen ab. Das Baugesetzbuch hebt vertragliche Lösungen im allgemeinen und besonderen Städtebaurecht beständig hervor, wodurch ein Rückzug des Staates aus der Aufgabe des

---

910 Was darunter zu verstehen ist, ist im BauGB nicht näher definiert. Allgemein wird darunter die „Baureifmachung von Grundstücken" verstanden, d.h. deren Anschluss an Verkehrs- und Versorgungsanlagen, siehe BVerfG, NJW 1973, 505 (505 ff.); vgl. auch *Ernst/Grziwotz*, in: E/Z/B/K, § 123, Rn. 1 ff.

911 Zur umstrittenen Einordnung des § 87 Abs. 2 S. 1 BauGB im Rahmen des Enteignungsrechts, siehe *Krautzberger*, in: E/Z/B/K, § 11, Rn. 52 ff.

912 Vgl. *Krautzberger*, in: E/Z/B/K, § 11, Rn. 92 ff.

Städtebaus angedeutet wird.[913] Kooperation wird mittlerweile als Struktur- und Leitprinzip des Städtebaurechts angesehen.[914] Konsensuale Absprachen können nach dem Gesetz grundsätzlich in unterschiedlichsten Situationen zum Einsatz kommen. Vertragliche Regelungen im Städtebaurecht wurden immer mehr ausgeweitet. Auch klimaschutz- und klimaanpassungsrelevante Regelungsgegenstände städtebaulicher Verträge werden nunmehr ausdrücklich im Gesetz genannt und bilden Themenbereiche des kooperativen Städtebaurechts. Durch die BauGB-Klimanovelle 2011 wurde der Zusammenhang zwischen klimawandelgerechten Zielsetzungen der städtebaulichen Entwicklung und deren kooperativer Verwirklichung auf vertraglicher Basis präzisiert. So wurde die Errichtung und Nutzung von Anlagen und Einrichtungen zur dezentralen und zentralen Erzeugung, Verteilung, Nutzung oder Speicherung von Strom, Wärme oder Kälte aus erneuerbaren Energien oder Kraft-Wärme-Koppelung oder die Anforderungen an die energetische Qualität von Gebäuden zu einem möglichen Vertragsgegenstand erhoben.[915] Konkrete vertragliche Ausgestaltungsmöglichkeiten werden vom Gesetzgeber indes nicht vorgegeben; allein die Erwähnung von Themenbereichen wird im BauGB angedeutet. Dadurch soll eine Initiierungsfunktion bezweckt und den Städten und Gemeinden grundsätzlich ein weitgehender Gestaltungsspielraum zugestanden werden.[916]

## E. Klimawandelgerechte Instrumente der Stadtentwicklung

Der städtebauliche Vertrag gliedert sich in einen fein und vielschichtig geflochtenen Kranz von Vorschriften des Städtebaurechts ein, in denen sich zum Teil ausdrücklich der Gedanke eines sog. „Urban-Governance-Ansatzes" artikuliert und stellt insoweit kein isoliertes kooperatives Element im Städtebaurecht dar.[917] Um den Wirkungsbereich vertraglicher Lösungen im Rahmen des klimarelevanten Beitrags des Städtebaurechts näher beurteilen zu können, gilt es daher im Folgenden zunächst die übrigen Instrumente des Städtebaurechts auf ihren klimaschutz- und anpassungsbezogenen Beitrag hin zu untersuchen. Instrumente des allgemeinen und besonderen Städtebaurechts werden dafür in einem ersten Schritt dargestellt (II., V.) und daran anschließend analysiert (III., VI.), um sodann (Viertes Kapitel) auf einzelne Vertragsmöglichkeiten näher eingehen zu können.

## I. Klimawandelgerechte Stadtentwicklung aus der Governance-Perspektive

Um die Handlungsspielräume städtebaulicher Verträge näher beurteilen zu können, werden die im Rahmen einer klimawandelgerechten Stadtentwicklung relevanten Instrumente dabei im Folgenden aus einer „Urban-Governance-Perspektive" betrachtet.

### 1. Governance-Begriff

In der Fachdiskussion um die Wirkungsbeziehungen zwischen Staat und Gesellschaft wird seit Ende der 1990er Jahren vermehrt das Stichwort „Governance"[918] gebraucht, wenn vor-

---

913 Siehe *Bärenbrinker*, Nachhaltige Stadtentwicklung durch Urban Governance, S. 471.

914 Zum Ganzen *Kahl*, DÖV 2000, 793 ff. sowie *Ohms*, BauR 2000, 983 ff.

915 Siehe auch *Spannowsky*, in: Berliner Komm. BauGB, 21. Erg.-Lfg., § 11, Rn. 59.

916 *Kahl/Schmidtchen*, Kommunaler Klimaschutz durch Erneuerbare Energien, S. 182.

917 So ansehnlich formuliert von *Kahl*, DÖV 2000, 793 (796).

918 Zur Entstehung des Begriffs siehe nur *Schuppert*, in: Schuppert/Zürn (Hrsg.), Governance in einer sich wandelnden Welt, S. 13 ff.; *Mayntz*, in: Schuppert/Zürn (Hrsg.), Governance in einer sich wandelnden

nehmlich kooperativ staatliches Handeln thematisiert wird.[919] Der Begriff wird als Beschreibung von Regelungsstrukturen („governance structures“) verwandt, innerhalb derer die Handlungen einer Vielzahl von gesellschaftlichen und staatlichen Akteuren koordiniert werden.[920] Regelungsstrukturen umfassen die für die Regelung eines bestimmten Sachbereichs wichtigsten Regelungsinstanzen, Maßstäbe, Formen und Instrumente.[921] Dabei wird – in Abgrenzung zu der seit den 1960er und Anfang der 1970er Jahren vorherrschenden „Steuerungstheorie“[922] – eine Differenzierung zwischen Steuerungsobjekt und Steuerungssubjekt zunehmend aufgegeben.[923] Die „Steuerungstheorie“ diente überwiegend als analytischer Rahmen eines hierarchischen „top-down“-Ansatzes politischer Steuerung. Noch in den 1960er Jahren konnten Bürgerinnen und Bürger in Deutschland fast ausschließlich über repräsentativ-demokratische Teilhabeformen wie Bundestags- oder Landtagswahlen ihren politischen Interessen Ausdruck verleihen.[924] Nunmehr erfahren Themen der Transparenz, Kooperation, Bürgerbeteiligung und -information in mehreren Rechtsbereichen eine Hochkonjunktur.[925] Insoweit wird heute schon von einer Verantwortungsgemeinschaft von Staat und Bürgern gesprochen.[926] Als Merkmal von „Governance“ wird somit gerade ein Fehlen einer übergeordneten Instanz herausgearbeitet.[927] Der Begriff „Governance“ zeichnet sich als Beschreibung einer nicht rein hierarchischen, kooperativen Form staatlichen Handelns aus.[928]

## 2. Anwendungsbereich

Zum einen kann der Begriff „Governance“ als analytischer Rahmen dienen, um Veränderungen von Staatlichkeit zu thematisieren.[929] Zum anderen beschreibt der Begriff aber auch

---

Welt, S. 43 f. sowie *Habel*, Contract Governance, S. 19 ff. und *Voßkuhle*, in: Hoffmann-Riem/Schmidt-Aßmann/Voßkuhle (Hrsg.), Grundlagen des Verwaltungsrechts, Band 1, S. 58 jew. mwN.

919 Zudem und zum Folgenden *Klemme/Selle*, Alltag der Stadtplanung, S. 25.

920 *Habel*, Contract Governance, S. 28; *Börzel*, in: Schuppert/Zürn (Hrsg.), Governance in einer sich wandelnden Welt, S. 119 f.; *Voßkuhle*, in: Hoffmann-Riem/Schmidt-Aßmann/Voßkuhle (Hrsg.), Grundlagen des Verwaltungsrechts, Band 1, S. 24; *Trute/Kühlers/Pilniok*, in: Schuppert/Zürn (Hrsg.), Governance in einer sich wandelnden Welt, S. 174 f.; *Einig/Grabher/Ibert/Strubelt*, Informationen zur Raumentwicklung 9/10 2005, I (I).

921 *Trute/Kühlers/Pilniok*, in: Schuppert/Zürn (Hrsg.), Governance in einer sich wandelnden Welt, S. 175.

922 Dazu *Voßkuhle*, in: Hoffmann-Riem/Schmidt-Aßmann/Voßkuhle (Hrsg.), Grundlagen des Verwaltungsrechts, Band 1, S. 21 ff. Zur Entwicklung *Mayntz*, in: Schuppert/Zürn (Hrsg.), Governance in einer sich wandelnden Welt, S. 43 ff.

923 Vgl. *Einig/Grabher/Ibert/Strubelt*, Informationen zur Raumentwicklung 9/10 2005, I (I); *Habel*, Contract Governance, S. 28.

924 Vgl. *Alemann*, in: Beck/Ziekow (Hrsg.), Bürgerbeteiligung, S. 202.

925 Vgl. nur Beck/Ziekow (Hrsg.), Mehr Bürgerbeteiligung wagen, 2011; *Becker*, Kooperative und konsensuale Strukturen in der Normsetzung, 2005; *Schlacke/Schrader/Bunge*, Informationsrechte, Öffentlichkeitsbeteiligung und Rechtsschutz im Umweltrecht, 2010; vgl. auch *Böhm*, NuR 2011, 614 ff. zur Bürgerbeteiligung. Zum Wandel des Verständnisses der Rollen von Bürger und Staat *Ziekow*, in: Beck/Ziekow (Hrsg.), Bürgerbeteiligung, S. 36 ff. (insbes. S. 37).

926 *Ziekow*, in: Beck/Ziekow (Hrsg.), Bürgerbeteiligung, S. 36 mwN.

927 *Franzius*, VerwArch 97 (2006), 186 (188 f.); *Engi*, Der Staat 2008, 573 (579); vgl. *Habel*, Contract Governance, S. 22 und *Einig/Grabher/Ibert/Strubelt*, Informationen zur Raumentwicklung 9/10 2005, I (I).

928 Siehe *Mayntz*, in: Schuppert/Zürn (Hrsg.), Governance in einer sich wandelnden Welt, S. 45.

929 Dazu *Trute/Kühlers/Pilniok*, in: Schuppert/Zürn (Hrsg.), Governance in einer sich wandelnden Welt, S. 173 ff. Zudem und zum Folgenden *Holtkamp*, in: Benz/Lütz/Schimank/Simonis (Hrsg.), Handbuch

weitgehende inhaltliche Veränderungen der politischen Steuerung als Trendhypothese.[930] „Governance" wird ebenso als Ziel- oder Sollvorstellung politischer Koordinierung verwendet.[931] Trotz dieser gewissen Unschärfe[932] und Vieldeutigkeit des Begriffes kann dieser Vorzüge aufweisen, denn zumeist soll er deutlich machen, dass sich neue Koordinations- und Kooperationsformen zwischen staatlichen und nicht staatlichen Akteuren entwickelt haben, die bisher nicht hinlänglich unter einem Begriff zu erfassen waren.[933] Insoweit lässt sich auch das, durch die vorangegangene Analyse des Gebäudeenergiefachrechts, gefundene Ergebnis bzgl. einer Weiterentwicklung desselben, als Spiegelbild einer „Governance-Entwicklung" begreifen.

### 3. Urban-Governance

Unter dem Begriff „Urban-Governance" wird das „Governancekonzept" explizit auf Fragen des Städtebaurechts übertragen.[934] Insbesondere auf kommunaler Ebene werden Verschiebungen im Verhältnis von Staat und Gesellschaft wahrgenommen.[935] Empirische Untersuchungen zeigen, dass die weitaus meisten der zwischen Staat und Privaten eingegangenen Kooperationen dem Städtebaurecht zuzurechnen sind.[936] Das Städtebaurecht wird mithin als Paradebeispiel kooperativen Verwaltungshandelns begriffen,[937] welches den Wandel zu einem „kooperativen Staat"[938] wesentlich begleitet (hat).[939]

---

Governance, S. 366, 367 ff.; *Klemme/Selle*, Alltag der Stadtplanung, S. 26 f.; *Selle*, PNDonline III/2008, 1 (4 ff.) sowie *BMVBS* (Hrsg.), Klimawandelgerechte Stadtentwicklung, S. 74.

930 *Holtkamp*, in: Benz/Lütz/Schimank/Simonis (Hrsg.), Handbuch Governance, S. 366, 369 ff.; *Engi*, Der Staat 2008, 573 (577); *Selle*, PNDonline III/2008, 1 (5); *Klemme/Selle*, Alltag der Stadtplanung, S. 27 sowie *BMVBS* (Hrsg.), Klimawandelgerechte Stadtentwicklung, S. 74.

931 Siehe *Holtkamp*, in: Benz/Lütz/Schimank/Simonis (Hrsg.), Handbuch Governance, S. 366, 374 ff.; vgl. auch *BMVBS* (Hrsg.), Klimawandelgerechte Stadtentwicklung, S. 74. Zu den unterschiedlichen Ansätzen *Geißel*, in: Schwalb/Walk (Hrsg.), Local Governance, S. 24 sowie *Holtkamp/Bogumil*, in: Schwalb/Walk (Hrsg.), Local Governance, S. 231 f.

932 Zur Konturschwäche *Voßkuhle*, in: Hoffmann-Riem/Schmidt-Aßmann/Voßkuhle (Hrsg.), Grundlagen des Verwaltungsrechts, Band 1, S. 24, 37.

933 *Aden*, Umweltpolitik, S. 55.

934 Siehe *Ingold*, UPR 2009, 431 (431); *Kersten*, UPR 2007, 121 (124); *Bärenbrinker*, Nachhaltige Stadtentwicklung durch Urban Governance, insbes. S. 222 ff.; *Einig/Grabher/Ibert/Strubelt*, Informationen zur Raumentwicklung 9/10 2005, I (I); *Friesecke*, in: Spannowsky/Hofmeister (Hrsg.), Bewältigung städtebaulicher Missstände als Themengegenstand der Innenentwicklung, S. 51.

935 *Einig/Grabher/Ibert/Strubelt*, Informationen zur Raumentwicklung 9/10 2005, I (I). Dazu auch *Kuhlmann*, Zeitschrift für Rechtssoziologie 2004, Heft 2, 221 ff.

936 *Maurer/Bartscher* zum Verwaltungsvertrag in der Rechtsprechung, S. 27 f., 49 ff., 198 ff. Nach deren Untersuchungen bezogen sich 49,2 % der gerichtlichen Entscheidungen zu Verwaltungsverträgen auf einen baurechtlichen Vertragsgegenstand. Vgl. auch *Becker*, Kooperative und konsensuale Strukturen, S. 576; *Bank*, in: Brügelmann, BauGB, 72. Erg.-Lfg., § 11, Rn. 15; *Spannowsky*, Grenzen des Verwaltungshandelns durch Verträge, S. 353 f.

937 *Burgi*, NVwZ 2008, 929 (930); *Keller*, Kooperativer Städtebau und Kartellvergaberecht, S. 25; vgl. *Krautzberger*, DVBl 2008, 737 ff. *ders.*, in: Mitschang (Hrsg.), Klimaschutz und Energieeinsparung in der Stadt und Regionalplanung, S. 109; *ders.*, UPR 2006, 1 (1).

938 Zurückhaltender *Töller*, in: Schuppert/Zürn (Hrsg.), Governance in einer sich wandelnden Welt, S. 282.

939 Vgl. schon *Battis/Krautzberger/Löhr*, NVwZ 1997, 1145 (1156); *Krautzberger*, UPR 2006, 1 (1); *Spannowsky*, Grenzen des Verwaltungshandelns durch Verträge, S. 21 f. sowie *Tietze*, o. Fn. 870., S. 36 f. mwN.

Als Merkmal von „Urban-Governance“ wird vor allem der verstärkte Einsatz von Anreizen für private Akteure und eine damit einhergehende „Enthierarchisierung“ des Verhältnisses zwischen Staat und Gesellschaft genannt.[940] Städtebauliche Verträge bilden mithin eine Ausprägung des „Urban-Governance-Ansatzes“ und sind damit ein Ausdruck des Wandels staatlichen Handelns.[941] Die Entfaltung von „Urban-Governance“-Formen wird dabei regelmäßig im „Schatten der Hierarchie“ gesehen.[942] Demzufolge liegt erfolgreicher Kooperation (im Städtebaurecht) zum einen die regelmäßig drohende Einflussnahme von Seiten des Staates respektive der Gemeinde zugrunde, auch hierarchisch intervenieren zu können (sog. „Schwert im Schrank“[943]).[944] Zum anderen wird die Verknüpfung zwischen staatlich gesteuerter Rahmengebung und Kooperation hervorgehoben.[945]

## 4. Nutzen für die Rechtswissenschaft

Im Rahmen des Städtebaurechts dient „Governance“ in erster Linie als Perspektivenwechsel und hilfreiches Mittel zur Schärfung des Blicks auf die Vielfalt der Akteure sowie als Charakterisierung von Koordinationsformen.[946] Aus Sicht der Rechtswissenschaften geht es mithin um die Entwicklung eines kooperationsstrukturierenden Rechts und um kooperationsstrukturierende Rechtsinstitute.[947] Die „Governance-Perspektive“[948] erlaubt es, verschiedene Instrumente in den Blick zu nehmen, die einem Gemeinwohlziel dienen und damit gerade auch Handlungsformen außerhalb des Ordnungsrechts näher zu betrachten.[949] Durch eine solche Perspektive wird die rechtspraktische und rechtstheoretische Arbeit bereichert.[950] Aufgabe der

---

940 *Einig/Grabher/Ibert/Strubelt*, Informationen zur Raumentwicklung 9/10 2005, I (II); *Schuppert*, in: Public Value durch Urban Governance, S. 11.

941 *Bärenbrinker*, Nachhaltige Stadtentwicklung durch Urban Governance, S. 471. Ebenso werden städtebauliche Verträge auch als institutioneller Rahmen einer Kooperation zwischen Privaten und Gemeinde und damit als Struktur von „Contract Governance“ eingestuft, siehe *Habel*, Contract Governance, S. 28 ff., 159 ff.; *Möslein*, JZ 2010, 72 (76).

942 Siehe *Töller*, in: Schuppert/Zürn (Hrsg.), Governance in einer sich wandelnden Welt, S. 282; *Kersten*, UPR 2007, 121 (124); *Einig/Grabher/Ibert/Strubelt*, Informationen zur Raumentwicklung 9/10 2005, I (II); dazu *Börzel*, in: Schuppert/Zürn (Hrsg.), Governance in einer sich wandelnden Welt, S. 123 ff.

943 *Krautzberger*, UPR 2011, 121 (122); *ders.*, UPR 2006, 1 (1). Zur Funktion als Druckmittel zum Abschluss von städtebaulichen Verträgen *Stock*, in: E/Z/B/K, § 177, Rn. 3.

944 Siehe *Töller*, in: Schuppert/Zürn (Hrsg.), Governance in einer sich wandelnden Welt, S. 282; *Krautzberger*, UPR 2011, 121 (122); *ders.*, UPR 2006, 1 (1).

945 *Kersten*, UPR 2007, 121 (124). *Bärenbrinker*, Nachhaltige Stadtentwicklung durch Urban Governance, passim.

946 *Selle*, PNDonline III/2008, 1 (6); *Klemme/Selle*, Alltag der Stadtplanung, S. 28; *Fürst*, in: Benz/Lütz/Schimank/Simonis (Hrsg.), Handbuch Governance, S. 355; *Knieling*, in: Storch/Claussen (Hrsg.), Klimabericht für die Metropolregion Hamburg, S. 235; skeptisch gegenüber einem generellen Perspektivenwechsel *Engi*, Der Staat 2008, 573 (587); *Voßkuhle*, in: Hoffmann-Riem/Schmidt-Aßmann/Voßkuhle (Hrsg.), Grundlagen des Verwaltungsrechts, Band 1, S. 24, 61 sowie *Hoeren*, FAZ vom 30.07.2009, S. 6. Zur Rezeption von Governance als einem Schlüsselbegriff der Staats- und Verwaltungswissenschaft instruktiv *Bärenbrinker*, Nachhaltige Stadtentwicklung durch Urban Governance, S. 253 ff.

947 *Schuppert*, in: Public Value durch Urban Governance, S. 16.

948 Nach *Selle*, PNDonline III/2008, 1 (6); *Klemme/Selle*, Alltag der Stadtplanung, S. 28.

949 *Habel*, Contract Governance, S. 23.

950 Zum Nutzen der Governance-Perspektive für die Rechtswissenschaft *Hoffmann-Riem*, in: Schuppert (Hrsg.), Governance-Forschung, S. 195 ff.; vgl. *Voßkuhle*, in: Hoffmann-Riem/Schmidt-Aßmann/Voßkuhle (Hrsg.), Grundlagen des Verwaltungsrechts, Band 1, S. 60, Fn. 395.

Rechtswissenschaft ist es dabei, Instrumente und Handlungsoptionen zur Gestaltung einer solchen „Governance-Perspektive“ herauszuarbeiten.[951] Vorliegend soll dies im Hinblick auf den Beitrag städtebaulicher Verträge im Rahmen des klimaschutz- und klimaanpassungsbezogenen Städtebaurechts geschehen.

## II. Darstellung des allgemeinen Städtebaurechts

Erste klimaschutz- und klimaanpassungsrelevante Inhalte können sich im ersten Kapitel des BauGB finden lassen. Dieses regelt das allgemeine Städtebaurecht und im Wesentlichen die Bauleitplanung. Die Bauleitplanung besteht aus Flächennutzungsplänen und Bebauungsplänen. Flächennutzungspläne dienen der vorbereitenden Bauleitplanung. In Bebauungsplänen setzen die Gemeinden nachfolgend die planungsrechtlichen Rahmenbedingungen für die Zulässigkeit von Vorhaben fest. In einem als Inhalts- und Schrankenbestimmung des Eigentums im Sinne von Art. 14 Abs. 1 S. 2 GG anzusehenden Bebauungsplan können Kommunen allerdings nur solche Planungen festsetzen, die ihnen das Gesetz nach den §§ 1 und 9 BauGB ausdrücklich ermöglicht. In § 9 Abs.1 BauGB wird den Kommunen vom Gesetzgeber ein Katalog möglicher Festsetzungen vorgegeben, den diese bei den Planungen nicht verlassen dürfen. §§ 1, 1 a BauGB normieren zudem die Aufgaben, Ziele und Grundsätze der Bauleitplanung. Welche Gestaltungsmöglichkeiten bestehen, um einen klimawandelgerechten Rahmen durch Planungsrecht schaffen zu können, soll herausgearbeitet werden.

### 1. Planungsgrundsätze

Durch die im Jahr 2011 erfolgte Novellierung des BauGB wurde der Planungsgrundsatz des § 1 Abs. 5 S. 2 BauGB neu gefasst. Zudem ist die als „Klimaschutzklausel“ benannte Regelung des § 1 a Abs. 5 BauGB neu in das BauGB eingefügt worden.[952]

Nach § 1 Abs. 5 S. 2 BauGB sollen Bauleitpläne de lege lata dazu beitragen, „... den Klimaschutz und die Klimaanpassung, insbesondere auch in der Stadtentwicklung zu fördern ...“ Mit der vorgenommenen Änderung wurde auf den zuvor verwandten Begriff des „allgemeinen Klimaschutzes“ verzichtet.[953] Der Klimaschutz sowie die Adaption an den Klimawandel wurden in den Zusammenhang mit dem Ziel einer klimagerechten Stadtentwicklung gestellt.[954] Diese Klarstellung hat unmittelbare Auswirkung auf einzelne Instrumente des Städtebaurechts, die sich durch „städtebauliche Gründe“ oder einen „bodenrechtlichen Bezug“ bzw. einen „städtebaulichen Zusammenhang“ rechtfertigen müssen.[955] Unmittelbare Anwendung finden § 1 und § 1 a zwar nur auf die Bauleitplanung, auf die materiell-rechtlichen Anforderungen bzw. die städtebaulichen Grundsätze der § 1 und § 1 a BauGB wird in anderen

---

951 *Schuppert*, in: Schuppert (Hrsg.), Governance-Forschung, S. 384, 389; *Bärenbrinker*, Nachhaltige Stadtentwicklung durch Urban Governance, S. 292; *Habel*, Contract Governance, S. 23, 28; *Selle*, PNDonline III/2008, 1 (6 f.).

952 Siehe nur BT-Drs. 17/6076, S. 6 ff.

953 Eine Gegenüberstellung der beiden Fassungen bei *Bröll/Dirnberger/Schiebel*, Energiewende und Baurecht, S. 17 f.

954 Vgl. auch BT-Drs. 17/6357; BT-Drs. 17/6076; BT-Drs. 17/6253.

955 So der Bebauungsplan und der Städtebauliche Vertrag, s.u. vgl. auch Söfker, ZfBR 2011, 541 (542) und *Reidt*, BauR 2010, 2025 (2026 ff.).

Vorschriften des Städtebaurechts jedoch zum Teil Bezug genommen oder haben dort mittelbare Bedeutung.[956]

Des Weiteren wurde auf die in § 1 Abs. 5 S. 2 ursprüngliche verwendete Formulierung „auch" in Verantwortung für den allgemeinen Klimaschutz verzichtet. Dem Klimaschutz wurde damit ausdrücklich derselbe Stellenwert eingeräumt, wie den übrigen in § 1 Abs. 5 S. 2 BauGB genannten Aufgaben des Umweltschutzes, der städtebaulichen Gestalt und des Orts- und Landschaftsbildes.[957] § 1 a Abs. 5 S. 1 BauGB verdeutlicht nochmals, dass „den Erfordernissen des Klimaschutzes sowohl durch Maßnahmen, die dem Klimawandel entgegenwirken, als auch durch solche, die der Anpassung an den Klimawandel dienen, Rechnung getragen werden soll." Dieser Grundsatz ist nach § 1 a Abs. 5 S. 2 BauGB in der Abwägung nach § 1 Abs. 7 BauGB zu berücksichtigen. § 1 Abs. 7 BauGB schreibt bei der Aufstellung der Bauleitpläne eine Abwägung der öffentlichen und privaten Belange vor. Klimaschutz und Klimaanpassung sind mithin im Rahmen der am Rechtsstaatsprinzip ausgerichteten Planung[958] zu berücksichtigen. Welche Belange dabei bevorzugt und welche zurückgestellt werden, ist Gegenstand einer Einzelfallabwägung und wird vom Gesetz nicht vorgegeben.[959] Erwähnung finden Belange der Emissionsvermeidung sowie des Einsatzes erneuerbarer Energien des Weiteren in § 1 Abs. 6 Nr. 7 insbesondere lit. a, e und f BauGB, die die genannten Oberziele der Bauleitplanung näher konkretisieren.[960]

### a) Informelle Planung

Auswirkungen auf städtebauliche Planungen haben auch informelle Planungen. In § 1 Abs. 6 Nr. 11 BauGB wird auf „Städtebauliche Entwicklungskonzepte" und „sonstige städtebauliche Pläne", als zu berücksichtigende Belange bei der Aufstellung von Bauleitplänen ausdrücklich Bezug genommen. Diese sind dem Bereich der informellen Planung zuzuordnen und können ebenso klimawandelgerechte Auswirkungen haben.[961] Städtebauliche Entwicklungskonzepte fokussieren nämlich Aussagen zur angestrebten städtebaulichen Entwicklung des Gemeindegebiets bzw. von Teilen des Gemeindegebiets in allen in Betracht kommenden städtebaulichen Angelegenheiten oder sachlichen Teilbereichen.[962] Sonstige städtebauliche Planungen beziehen sich in der Regel auf bestimmte Stadt- und Ortsteile.[963] Von Bebauungsplänen unterscheiden sich informelle städtebauliche Planungen dadurch, dass es sich bei ihnen nicht um Rechtsnormen mit Außenwirkung handelt. Gegenüber Flächennutzungsplänen besteht der maßgebliche Unterschied darin, dass das BauGB für informelle Planungen keine dem § 8 Abs. 2 BauGB entsprechende Regelung enthält. Eine nachfolgende verbindliche Bauleitpla-

---

956 Vgl. *Söfker*, in: E/Z/B/K, § 1, Rn. 9.

957 *Söfker*, ZfBR 2011, 541 (542); vgl. auch *Otting*, REE 2011, 125 (125). Die Änderung hinterfragt *Schmidtke*, Kommunaler Klimaschutz, S. 56 f.

958 Siehe BVerwG, NJW 1969, 1868 (1869); vgl. auch *Schmidt*, NVwZ 2006, 1354 (1358).

959 *Krautzberger*, in: B/K/L, BauGB, 11. Auflage 2009, § 1, Rn. 102. Zum Verhältnis des Planungsleitsatzes der Innenentwicklung *Otto*, ZfBR 2013, 434 ff.

960 Näher dazu *Söfker*, UPR 2009, 81 (81); *Longo*, örtliche Energieversorgung, S. 271 ff. sowie *Mitschang*, in: Mitschang (Hrsg.), Klimagerechte Stadtentwicklung, S. 36 f. Vgl. auch *Kahl*, ZUR 2010, 395 (395) mwN.

961 Eine Begriffsbestimmung dieser Konzepte und Planungen findet sich im Baugesetzbuch nicht. Siehe *Uechtritz*, ZfBR 2010, 646 ff.; *Söfker*, in: E/Z/B/K, § 1, Rn. 173 ff.

962 *Söfker*, in: E/Z/B/K, § 1, Rn. 174.

963 *Söfker*, in: E/Z/B/K, § 1, Rn. 174; dazu auch *Schwarz*, UPR 2013, 408 (413).

nung ist mithin nicht zwingend anhand städtebaulicher Entwicklungskonzepte oder sonstiger städtebaulicher Pläne zu entwickeln.[964]

Themen des Klimaschutzes und der Klimaanpassung können Eingang in solche Stadtentwicklungskonzepte finden. Solche Konzepte können fachlich zugespitzt sein und brauchen nicht „bodenrechtlich endabgewogen" werden.[965] Es gelten keine formalen Anforderungen. Als Fachkonzepte haben Klimaschutz- und Energiekonzepte vielmehr eine Bündelungsfunktion und stecken den konzeptionellen Rahmen ab.[966] Vergleichbar dem Grundgedanken des Flächennutzungsplans können, auf der Basis einer Analyse des Ist-Zustands und einem Ausblick auf die zu erwartende Entwicklung, ganzheitliche energetische Konzepte und Planungsziele durch ein informelles Konzept aufgezeigt werden.[967] In Klimaschutz- und Energiekonzepten können mithin Verknüpfungen von Maßnahmen zum Klimaschutz mit solchen der energetischen Sanierung und Energieeffizienz auf planerischer Ebene getroffen werden.[968] Nach Analyse des Ist-Zustands kann beispielsweise dargestellt werden, wie der Energieverbrauch von Bestandsbauten durch gebäudebezogene Maßnahmen (wie der Dämmung) oder durch gebietsbezogene gebäudeübergreifende Maßnahmen (wie bspw. dem Anschluss an ein Wärmenetz) gesenkt werden kann.[969] In Betracht kommt auch die Darlegung, inwieweit unzureichende energetische Verhältnisse oder der Klimawandel zu Funktionsverlusten von ganzen Quartieren oder Gebieten führen.[970]

---

964 *Uechtritz*, ZfBR 2010, 646 (646).

965 Gerade deswegen können sie aber auch nicht als Rechtsgrundlage für die Beurteilung der Zulässigkeit von Vorhaben herangezogen werden, siehe *Everding/Zerweck*, ZNER 2005, 140 (145); *Mitschang*, in: Festschrift Birk, S. 96 mwN.; *Koch*, in: Festschrift Birk, S. 134; *Schwarz*, UPR 2013, 408 (411, 413); *Dieckmann*, NVwZ 2013, 1575 (1580).

966 *Mitschang*, ZfBR 2010, 534 (537). Zum Aufbau, Ablauf sowie zur Finanzierung und zum Verhältnis zu den „traditionellen" Planungsinstrumenten vgl. auch *Kallmünzer*, Integrierte Klimaschutzkonzepte für Kommunen, S. 18 ff. sowie im Einzelnen *Kahl/Schmidtchen*, Kommunaler Klimaschutz durch Erneuerbare Energien, S. 342 ff. Die Erstellung von Klimaschutzkonzepten wird auf Grundlage der Richtlinie zur Förderung von Klimaschutzprojekten in sozialen, kulturellen und öffentlichen Einrichtungen im Rahmen der Nationalen Klimaschutzinitiative (Kommunalrichtlinie) vom 09.10.2013 gefördert. Seit in Kraft treten der Kommunalrichtlinie im Jahr 2008 wurden bisher rund 5000 kommunale Projekte bewilligt, siehe dazu und zu den Fördermöglichkeiten *BMU*, Die Kommunalrichtlinie 2014, S. 4; vgl. auch *BMU*, Pressemitteilung Nr. 152/13, vom 17.10.2013.

967 *Staatsministerium des Innern, Oberste Baubehörde; Staatsministerium für Wirtschaft, Infrastruktur, Verkehr und Technologie; Staatsministerium für Umwelt und Gesundheit*, Leitfaden Energienutzungsplan der bayrischen Staatsregierung, Stand 21.02.2011, S. 7. Zusammenfassend sowie zu den einzelnen Phasen der Erstellung *Bröll/Dirnberger/Schiebel*, Energiewende und Baurecht, S. 48 f.

968 Siehe *BMVBS*, Handlungsleitfaden Energetische Stadterneuerung, S. 16 ff.; *Mitschang*, ZfBR 2010, 534 (537); *Sparwasser*, in: Mitschang (Hrsg.), Klimagerechte Stadtentwicklung, S. 83 ff. Ferner auch *Uechtritz*, ZfBR 2010, 646 (650). Als informelle Planung bedürfen Klimaschutz- und Energiekonzepte keiner Öffentlichkeits- oder Behördenbeteiligung. Eine umfassende Beteiligung ist gleichwohl sinnvoll, da sie eine breitere Informationsgrundlage schafft und die Akzeptanz und damit die Wirksamkeit der Konzepte und ihrer Umsetzung fördert, siehe *Sparwasser*, in: Mitschang (Hrsg.), Klimagerechte Stadtentwicklung, S. 82 f. Zur Konzepterstellung auch *Kopf*, LKRZ 2012, 261 (263).

969 Hierzu und zum folgenden *Krautzberger*, DVBl 2012, 69 (72); *ders.*, in: Mitschang (Hrsg.), Klimagerechte Stadtentwicklung, S. 112; *Dirnberger*, BauGB Klimaschutz, S. 28.

970 Ferner können auch gesundheitsförderliche Aspekte im Rahmen einer klimawandelgerechten Stadtentwicklung Einfluss finden, siehe *Claßen/Steinkühler/Hornberg*, UVP-report 27, 2013, 131 ff. (insbes. 136).

### b) Raumordnung

Nach § 1 Abs. 4 BauGB sind Bauleitpläne des Weiteren den Zielen der Raumordnung anzupassen.[971] Die Ziele der Raumordnung entfalten eine strikte Bindungswirkung.[972] Grundsätze der Raumordnung sind hingegen lediglich in Planungs- und Abwägungsprozessen zu berücksichtigen.[973] Aufgabe der Raumordnung ist, den Gesamtraum der Bundesrepublik Deutschland und seine Teilräume durch zusammenfassende, überörtliche und fachübergreifende Raumordnungspläne sowie durch raumordnerische Zusammenarbeit und durch Abstimmung raumbedeutsamer Planungen und Maßnahmen zu entwickeln, zu ordnen und zu sichern (§ 1 Abs. 1 ROG). Wesentliches Merkmal der Raumordnung ist, dass es sich um raumplanungsrelevante bzw. raumbedeutsame Vorhaben handelt. Raumordnungspläne bestehen für das Bundesgebiet (§ 17 ROG), für das jeweilige Landesgebiet (§ 8 ROG) und für die Teilräume der Länder (sog. Regionalpläne, § 8 Abs. 1 ROG).[974]

Ausdruck einer ökologischen Orientierung der Raumordnung ist § 2 Abs. 2 Nr. 6 S. 1, 6 und 7 ROG.[975] Danach ist ein Grundsatz der Raumordnung, den Raum „in seiner Bedeutung für die Funktionsfähigkeit [...] des Klimas [...] zu entwickeln, zu sichern oder, soweit erforderlich, möglich und angemessen, wiederherzustellen“. Den räumlichen Erfordernissen des Klimaschutzes ist dabei sowohl durch Maßnahmen, die dem Klimawandel entgegenwirken, als auch durch solche, die der Anpassung an den Klimawandel dienen, Rechnung zu tragen. Zudem sind die räumlichen Voraussetzungen für den Ausbau der erneuerbaren Energien und für eine sparsame Energienutzung zu schaffen.

Diese Grundsätze sind mithin in den Raumordnungsplänen zu konkretisieren und bilden einen bedeutsamen Abwägungsbelang in der Raumordnung.[976] Bindungswirkung entfalten Raumordnungspläne nur bei raumbedeutsamen Planungen und Maßnahmen.[977] Wesentliche Bedeutung kommt der Raumordnung daher bei der Steuerung der Windenergie, und unter Umständen bei der Errichtung großflächiger Fotovoltaikfreiflächenanlagen oder Biomasseanlagen zu.[978] Für eine Beurteilung der Raumbedeutsamkeit kommt es dabei auf den Einzelfall an.[979] Soweit eine gewisse Größenordnung überschritten wird,[980] bildet mithin auch die raumordne-

---

971 Zum Verhältnis der Raumordnung zur Bauleitplanung etwa *Mitschang/Schwarz/Kluge*, UPR 2012, 401 (403 f.) und *Bröll/Dirnberger/Schiebel*, Energiewende und Baurecht, S. 43 f.

972 *Groß/Jung*, fub 2013, 106 (106).

973 *Groß/Jung*, fub 2013, 106 (106).

974 Soweit die Länder von ihrer konkurrierenden Gesetzgebungskompetenz Gebrauch gemacht haben, variieren die Bezeichnungen von Bundesland zu Bundesland, siehe *Groß/Jung*, fub 2013, 106 (106).

975 *Klinger/Wegener*, NVwZ 2011, 905 (906); *Battis/Kersten/Mitschang*, Rechtsfragen Stadterneuerung, S. 14.

976 Es wurde kein verbindliches Raumordnungsziel (§ 3 Abs. 1 Nr. 2 ROG) manifestiert, siehe auch *Spannowsky*, in: Spannowsky/Runkel/Goppel, § 2, Rn. 143.

977 Dazu *Mitschang*, BauR 2013, 29 (33 f.); *Scheidler*, ZfBR 2009, 750 ff.; *Schlesinger*, NVwZ 2012, 864 (864); *Kruse/Legler*, ZUR 2012, 348 ff.; *Kindler/Lau*, NVwZ 2011, 1414 ff. Zum Verhältnis zwischen Regionalplan und Flächennutzungsplan bei planerischer Steuerung von Windkraftanlagen *Scheidler*, ZNER 2012, 124 ff.

978 Siehe *Groß/Jung*, fub 2013, 106 (107 ff., 113).

979 Siehe BVerwG, NVwZ 2003, 738 (739), vgl. auch *Scheidler*, ZNER 2012, 124 (125); *Greiving/Fleischhauer*, RaumPlanung (137) 2008, 61 (62).

980 Moderne Windkrafträder haben eine Höhe von über 200 m. Eine Gesamthöhe von ca. 100 m ist schon als starkes Indiz für eine Raumbedeutsamkeit zu werten; vgl. *Scheidler*, ZNER 2012, 124 (124 f.) und *Hen-*

rische Steuerung eine einschlägige Anpassungsvorlage für die Bauleitplanung.[981] Da in dieser Arbeit gebäudebezogene Maßnahmen im Vordergrund stehen, spielen die Ziele und Grundsätze der Raumordnung allerdings vorliegend nur bedingt eine Rolle.

## 2. Darstellungen im Flächennutzungsplan

Der Inhalt eines Flächennutzungsplanes bestimmt sich nach § 5 BauGB. § 5 Abs. 2 BauGB gibt dabei einen nicht abschließenden Katalog von Inhalten wieder, die im Rahmen der vorbereitenden Bauleitplanung dargestellt werden können.[982] Seit der BauGB-Klimanovelle 2011 betont § 5 Abs. 2 Nr. 2 lit. b) und lit. c) BauGB die Darstellung von Einrichtungen und Anlagen und sonstigen Maßnahmen, die dem Klimawandel entgegenwirken oder der Anpassung an den Klimawandel dienen. Insbesondere genannt werden Anlagen zur dezentralen und zentralen Erzeugung, Verteilung, Nutzung oder Speicherung von Strom, Wärme oder Kälte aus erneuerbaren Energien oder Kraft-Wärme-Kopplung.[983] Nach der Gesetzesbegründung sollen damit auch verstärkt Klimaschutz- und Energiekonzepte zum Inhalt eines Flächennutzungsplans gemacht werden können.[984] Auch im Rahmen der vorbereitenden Bauleitplanung werden mithin Klimaschutz- und Klimaanpassungsaspekte hervorgehoben.

## 3. Festsetzungen im Bebauungsplan

Der für Bebauungspläne einschlägige und abschließende Festsetzungskatalog findet sich in § 9 Abs. 1 BauGB.

### a) Globaler Klimaschutz als städtebaulicher Grund

Gemäß § 9 Abs. 1 BauGB können Festsetzungen in einem Bebauungsplan allein aus „städtebaulichen Gründen" erfolgen. Diese leiten sich aus den Erwägungen der §§ 1 und 1 a BauGB ab.[985] Die Frage, ob ein globales Thema wie der Klimaschutz eine städtebauliche Dimension haben kann, wurde lange Zeit uneins beantwortet.

Bevor der Klimaschutz durch das Europarechtsanpassungsgesetz Bau (EAG BAU) 2004 überhaupt Erwähnung in den Planungsgrundsätzen des BauGB gefunden hat, wurde vermehrt die Auffassung vertreten, dass sich Festsetzungen in Bebauungsplänen nicht aus Gründen des allgemeinen Klimaschutzes treffen lassen.[986] Auch nachdem mit § 1 Abs. 5 S. 2 BauGB a.F.

---

*neke/Ritgen*, Kommunales Energierecht, S. 174 f. jew. mwN. *Spannowsky*, NuR 2013, 773 (785) nennt Windenergieanlagen mit einer Narbenhöhe von über 50 m.

981 Siehe auch *Grigoleit*, ZfBR-Beil. 2012, 95 (95).

982 *Söfker*, in: E/Z/B/K, § 1, Rn. 20, siehe auch *Bunzel*, ZfBR 2012, 114 (117).

983 Zu weitergehenden Darstellungsmöglichkeiten, die mittelbar für die Umsetzung von Klimaschutz- und Energieeinsparzielen herangezogen werden können, siehe *Mitschang*, ZfBR 2010, 534 (535 f.) sowie *Battis/Kersten/Mitschang*, Rechtsfragen Stadterneuerung, S. 69, 161 ff.

984 BR-Drs. 344/11, S. 19.

985 *Dieckmann*, NVwZ 2013, 1575 (1578); *Mitschang/Reidt*, in: B/K/L, § 9, Rn. 9; *Söfker*, in: E/Z/B/K, § 9, Rn. 15 jew. mwN.

986 *Schrödter*, in: Schrödter BauGB, § 9, Rn. 147; *Kraft*, DVBl 1998, 1048 (1049 f.); *Ziekow*, BayVBl 2000, 325 (332); *Fickert/Fieseler*, Umweltschutz im Städtebau, S. 291. Zum Ganzen *Battis/Kersten/Mitschang*, Rechtsfragen Stadterneuerung, S. 72; *Koch/Mengel*, DVBl 2000, 953 (956 ff.); *Heye*, Rechtliche Instrumente zur Reduktion der Treibhausgasemissionen, S. 113 ff. jew. mwN. Zur früheren Rechtslage und der Entwicklung bis zur BauGB-Klimanovelle 2011 auch *Kahl/Schmidtchen*, Kommunaler Klimaschutz durch Erneuerbare Energien, S. 118 ff.

der allgemeine Klimaschutz als Planungsbelang im Städtebaurecht normiert wurde, wurde dies teilweise noch so gesehen. Die Bauleitplanung sei auf örtliche Problemfelder beschränkt. Globale Probleme könnten somit nicht durch das Instrument des Bebauungsplans gelöst werden.[987] Auch der für Kommunalrecht zuständige 8. Senat des BVerwG berief sich 2006 noch auf diese Rechtsauffassung,[988] wohingegen der 4. Senat des BVerwG im Zusammenhang mit der Planung von Windenergieanlagen zum Ausdruck gebracht hatte, dass auch global formulierte Klimaschutzziele als Abwägungskriterien in die Bauleitplanung einbezogen werden könnten.[989] In der Literatur wurde der globale Klimaschutz nach dem EAG Bau 2004 mehrheitlich als Planungsbelang im BauGB angesehen.[990] Es wurde überwiegend argumentiert, es wäre systemwidrig, einerseits den allgemeinen Klimaschutz als planerischen Belang vorzusehen, andererseits Festsetzungen zum allgemeinen Klimaschutz, die die bauliche Nutzung eines Grundstücks betreffen, als unzulässig anzusehen, weil es dafür an städtebaulichen Gründen fehle.[991]

Dieser Ansicht ist zuzustimmen. Schon die abschließende Beschlussempfehlung des damaligen Ausschusses für Verkehr, Bau- und Wohnungswesens stellte fest, dass der Beitrag der Bauleitplanung fortan auch für Ziele des globalen Klimaschutzes erfolge.[992] Sofern sich Festsetzungen in einem Bebauungsplan auf konkrete Flächen oder Anlagen beziehen, haben diese immer einen konkreten örtlichen Bezug. Der allgemeine Klimaschutz, als einzustellender Planungsbelang, zog somit auf diesem Weg eine Schleife, städtebaulich motiviert zu sein.[993] Darüber hinaus wurde richtigerweise darauf hingewiesen, dass bei der Auslegung des Begriffes der städtebaulichen Gründe i. S. d. § 9 Abs. 1 BauGB auch das Staatsziel „Klimaschutz" aus Art. 20 a GG, ebenso wie die internationalen Klimaschutzverpflichtungen, ausreichend Berücksichtigung finden müssen.[994] Der globale Klimaschutz kann mithin seither und auch schon vor der BauGB-Klimanovelle 2011 als ein städtebaulicher Grund i. S. d. § 9 Abs. 1 BauGB angesehen werden.

Nach der erfolgten Novellierung des BauGB durch die BauGB-Klimanovelle 2011 lässt sich nicht mehr überzeugend bestreiten, dass der „globale" Klimaschutz einen städtebaulichen Grund i.S. des § 9 Abs. 1 BauGB darstellt. In § 1 Abs. 5 S. 2 BauGB wird der Klimaschutz insbesondere auch in der Stadtentwicklung ausdrücklich hervorgehoben. Die neue Vorschrift

---

987 *Schrödter*, in: Schrödter BauGB, § 9, Rn. 123a, 147; *Gärditz*, JuS 2008, 324 (328); *Sanden*, in: Koch (Hrsg.), Umweltrecht, 3. Auflage 2010, § 13, Rn. 60; *Berkemann*, in: Berkemann/Halama, Erstkommentierungen zum BauGB 2004, § 9, Rn. 15 f.

988 Indem er den Anwendungsbereich von § 9 Abs. 1 Nr. 23 a BauGB enger fasst als den eines kommunalen Anschluss- und Benutzungszwangs, siehe BVerwG, NVwZ 2006, 690 (693)

989 BVerwG, NVwZ 2003, 738 (740). Zum Ganzen *Bunzel*, in: Mitschang (Hrsg.), Klimagerechte Stadtentwicklung, S. 10. Siehe auch *Grigoleit*, ZfBR-Beil. 2012, 95 (96).

990 *Böhm*, in: Jahrbuch des Umwelt- und Technikrechts 2009, S. 242; *Klinski/Longo*, ZNER 2007, 41 (42 f.); *Schmidt*, NVwZ 2006, 1354 (1354 ff.); *Mitschang*, ZfBR 2010, 534 (538); *Gaentzsch*, in: Berliner Komm. BauGB, 21. Erg.-Lfg., § 9, Rn. 59; *Söfker*, in: E/Z/B/K, BauGB, § 9, Rn. 197e; *Ekardt/Schmitz/Schmidtke*, ZNER 2008, 334 (335 f.); *Sparwasser/Mock*, ZUR 2008, 469 (473); *Keyhanian*, Rechtl. Instrum. zur Energieeinsparung, S. 423; *Kahl*, ZUR 2010, 395 (395); *Reidt*, BauR 2010, 2025 (2026 ff. insbes. 2030); *Ecofys*, Energieeffizienz und Solarenergienutzung in der Bauleitplanung, S. 12 ff.

991 *Reidt*, BauR 2010, 2025 (2029) mwN. Ähnlich *Sparwasser/Mock*, ZUR 2008, 469 (472).

992 BT-Drs. 15/2996, S. 62.

993 Ähnlich BVerwG, NVwZ 2006, 691 (692); *Manten/Elbel*, LKV 2009, 1 (5 f.); *Ekardt/Hehn*, ZUR 2011, 413 (419); *Battis/Kersten/Mitschang*, Rechtsfragen Stadterneuerung, S. 73 f. mwN.

994 *Ewer*, in: Koch, Umweltrecht, 2. Auflage, 2007, § 9, Rn. 100 f.; *Winkler*, Klimaschutzrecht, S. 154 mwN.; vgl. auch *Rodi/Sina*, Klimaschutzrecht des Bundes, S. 455.

des § 1 a Abs. 5 BauGB stellt zudem klar, dass der Klimaschutz eine städtebauliche Dimension hat. Dies geht auch aus der Begründung des Gesetzesentwurfs hervor. Der Klimaschutz ist danach verstärkt in der Planung zu berücksichtigen und kann eigene Darstellungen und Festsetzungen begründen.[995] §§ 1 und 1 a BauGB bestätigen damit nachdrücklich, dass klimaschützende Festsetzungen und solche die der Anpassung an den Klimawandel dienen, stets von einem städtebaulichen Grund getragen werden.[996] Auf einen Ortsbezug der Regelungen kommt es mithin nicht mehr an.[997]

#### b) Festsetzungsmöglichkeiten

Insbesondere folgende klimaschutz- und klimaanpassungsbezogene Festsetzungsmöglichkeiten werden von § 9 Abs. 1 BauGB ermöglicht.

##### aa) § 9 Abs. 1 Nr. 1-3 BauGB

Einfluss auf die Energieeffizienz von Neubauten können zunächst Festsetzungen nach § 9 Abs. 1 Nr. 1 bis 3 BauGB haben. Über § 9 Abs. 1 Nr. 1 bis 3 BauGB ergänzt durch die Vorschriften der BauNVO (§§ 16 ff.) wird es grundsätzlich ermöglicht, auf die Ausrichtung und Kubatur neu zu errichtender Gebäude Einfluss zu nehmen. Dadurch kann beispielsweise eine optimale Sonneneinstrahlung mit möglichst geringer Verschattung der Aufenthaltsräume, Dachflächen und Nachbargebäude erreicht werden.[998]

##### bb) § 9 Abs. 1 Nr. 12 BauGB

§ 9 Abs. 1 Nr. 12 BauGB sieht die Festsetzung von Versorgungsflächen vor, einschließlich der Flächen für Anlagen und Einrichtungen zur dezentralen und zentralen Erzeugung, Verteilung, Nutzung oder Speicherung von Strom, Wärme oder Kälte aus erneuerbaren Energien oder Kraft-Wärme-Kopplung.[999] Die exemplarischen Festsetzungsmöglichkeiten korrelieren mithin mit den Darstellungen nach § 5 Abs. 2 Nr. 2 lit. b) und lit. c) BauGB.[1000]

---

995 BT-Drs. 17/6076, S. 8; siehe auch *Hoffmann/Woltering*, Publicus 2011.9, 26 (26); *Lange/Hoppe*, Klimaschutz in der Bauleitplanung, S. 8 ff. sowie *Krautzberger*, UPR 2011, 361 (361 f.); a.A. *Dirnberger*, in: Spannowsky/Uechtritz, § 1a, Rn. 41.

996 So auch *Wickel*, Stellungnahme zum Gesetzesentwurf, S. 3 sowie *Ekardt/Hehn*, ZUR 2011, 413 (417). Restriktiver *Deutscher Städtetag*, Stellungnahme zum Gesetzesentwurf, S. 3, nach denen allein die Argumentation erleichtert wird, einen städtebaulichen Bezug begründen zu können. Ähnlich zurückhaltend *Otting*, REE 2011, 125 (128) sowie *Götze*, in: Hoppenberg/de Witt, Handbuch des öffentlichen Baurechts, Band 3, Z, Rn. 88. Das Erfordernis eines zusätzlichen städtebaulichen Grundes wurde bisher insbesondere mit der gesetzlichen Formulierung „auch in Verantwortung für den allgemeinen Klimaschutz“ begründet und ist nun durch die Neuformulierung überholt, vgl. *Ekardt/Hehn*, ZUR 2011, 413 (417).

997 Siehe *Mitschang*, in: Mitschang (Hrsg.), Klimagerechte Stadtentwicklung, S. 35 f.; *ders.*, in: Berliner Komm. BauGB, 23. Erg.-Lfg., § 1 a, Rn. 733; *Grigoleit*, ZfBR-Beil. 2012, 95 (96); *Pfalzgraf/Peters/Weber*, HSGZ 2013, 318 (319 f.); a.A. *Otting*, REE 2011, 125 (128); *Kment*, DVBl 2012, 1125 (1126, 1129) sowie *Jäde*, in: Jäde/Dirnberger/Weiß, § 9, Rn. 75.

998 Im Einzelnen *Kahl/Schmidtchen*, Kommunaler Klimaschutz durch Erneuerbare Energien, S. 142 ff.; *Lange/Hoppe*, Klimaschutz in der Bauleitplanung, S. 26 f.; vgl. *Mitschang*, ZfBR 2010, 534 (541); *ders.*, in: Mitschang (Hrsg.), Fragestellungen des Städtebau- und Umweltrechts, S. 54 f.; *Klinski/Longo*, ZNER 2007, 41 (43).

999 § 9 Nr. 12 BauGB wurde im Rahmen der Klimabaurechtsnovelle 2011 neu gefasst um zu präzisieren, welche Energieerzeugungsanlagen erfasst sind. Siehe *Battis/Krautzberger/Mitschang/ Reidt/Stüer*, NVwZ 2011, 897 (900); vgl. auch *Denny/Spangenberger*, UPR 1999, 331 (332); *Spannowsky/Baumann*, in: Spannowsky/Uechtritz, BauGB, § 9, Rn. 48.

1000 *Battis/Krautzberger/Mitschang/Reidt/Stüer*, NVwZ 2011, 897 (900); *Kopf*, LKRZ 2012, 261 (264).

#### cc) § 9 Abs. 1 Nr. 23 a BauGB

Nach § 9 Abs. 1 Nr. 23 lit. a) BauGB sind stoffbezogene Festsetzungen von Verwendungsbeschränkungen und -verboten für luftverunreinigende Stoffe zum Schutz vor schädlichen Umwelteinwirkungen im Sinne des Bundes-Immissionsschutzgesetzes in einem Gebiet möglich. Anwendbar ist die Festsetzungsmöglichkeit, ausweislich des Wortlauts, nicht nur für Neubauten, sondern grundsätzlich auch für bestehende Gebäude. In Betracht kommt somit generell, mithilfe der Festsetzungsmöglichkeit den Einsatz von Öl-, Kohle- oder Gasheizanlagen zu beschränken oder zu verbieten und Eigentümer somit zum Bezug von Fernwärme oder zum Umstieg auf effizientere Anlagentechnik zu bringen.[1001]

#### dd) § 9 Abs. 1 Nr. 23 b BauGB

Nach § 9 Abs. 1 Nr. 23 b BauGB können zudem Gebiete festgelegt werden, „in denen bei der Errichtung von Gebäuden oder bestimmten sonstigen baulichen Anlagen bestimmte bauliche und sonstige technische Maßnahmen für die Erzeugung, Nutzung oder Speicherung von Strom, Wärme oder Kälte aus erneuerbaren Energien oder Kraft-Wärme-Kopplung getroffen werden müssen." Laut der Gesetzesbegründung soll § 9 Abs. 1 Nr. 23 b BauGB den Gemeinden eine Alternative zur Hand geben, um im Plangebiet eine effiziente Nutzung erneuerbarer Energien gewährleisten zu können.[1002] Von baulichen Maßnahmen wird zum Beispiel die Dachneigung für die Nutzung von Solaranlagen erfasst. Mit technischen Maßnahmen ist die Installation dieser Anlagen gemeint.[1003] Nach dem Wortlaut können Festsetzungen dabei nur für neu zu errichtende Gebäude oder bauliche Anlagen getroffen werden – Umbauten oder Renovierungen werden nicht erfasst.[1004]

---

1001 Ausführlich *Ekardt/Schmitz/Schmidtke*, ZNER 2008, 334 (336); *Ingold/Schwarz*, NuR 2010, 153 (157). Ein direkter Anschluss- und Benutzungszwang in Bezug auf eine andere Energieart scheidet dagegen von vornherein aus, siehe *Gaentzsch*, in: Berliner Komm. BauGB, 21. Erg.-Lfg., § 9, Rn. 57.

1002 Vgl. BT-Drs. 17/6076, S. 9.

1003 Nach der vorherigen Gesetzesfassung war strittig, ob die Installation von Anlagen umfasst ist. Ablehnend *Schrödter*, in: Schrödter, BauGB, § 9, Rn.138b; *Söfker*, UPR 2009, 81 (87); *Jäde*, in: Jäde/Dirnberger/Weiß, § 9, Rn. 75; *Berkemann*, in: Berkemann/Halama, Erstkommentierungen zum BauGB 2004, § 9, Rn. 21. Für eine zulässige Festsetzung einer Installationspflicht plädierten schon *Böhm*, in: Jahrbuch des Umwelt- und Technikrechts 2009, S. 243; *Klinski/Longo*, ZNER 2007, 41 (43); *Kahl*, ZUR 2010, 395 (396). Vgl. auch *Ekardt/Schmitz/Schmidtke*, ZNER 2008, 334 (338); *Schmidt*, NVwZ 2006, 1354 (1360); *Gaentzsch*, in: Berliner Komm., 21. Erg.-Lfg., § 9, Rn. 60 b; *Schneider*, Auswirkungen des Klimawandels auf das Bauplanungsrecht, S. 46. Zum Ganzen auch *Battis/Krautzberger/Mitschang/Reidt/Stüer*, NVwZ 2011. 897 (900) sowie *Kahl/Schmidtchen*, Kommunaler Klimaschutz durch Erneuerbare Energien, S. 152 ff.

1004 Siehe *Gaentzsch*, in: Berliner Komm. BauGB, 21. Erg.-Lfg., § 9, Rn. 60 b; *Söfker*, in: E/Z/B/K, § 9, Rn. 197b ff.; *ders.*, ZfBR 2011, 541 (542); *Wickel*, UPR 2011, 416 (419); *Wilke*, BauR 2011, 1744 (1747); *Kment*, DVBl 2012, 1125 (1129); *Jarass/Kment*, BauGB, § 9, Rn. 90; *Spannowsky*, UPR 2009, 201 (212); *Rodi/Sina*, Klimaschutzrecht des Bundes, S. 187 f.; *Pfalzgraf/Peters/Weber*, HSGZ 2013, 318 (322); so auch schon *Berkemann*, in: Berkemann/Halama, Erstkommentierungen zum BauGB 2004, § 9, Rn. 24. A.A. *Mitschang*, DVBl 2012, 134 (138); *ders.*, in: Mitschang (Hrsg.), Klimagerechte Stadtentwicklung, S. 52; *ders./Reidt*, in: B/K/L, § 9, Rn. 135; *ders./Schwarz*, KommP spezial 2013, 124 (125); *Spannowsky/Baumann*, in: Spannowsky/Uechtritz, § 9, Rn. 96, die ohne nähere Begründung auch größere Umbauten von baulichen Anlagen als von der Norm erfasst ansehen. Vgl. auch schon *Mitschang*, ZfBR 2010, 534 (542). Der Wortlaut erscheint hingegen klar auf „bei der Errichtung" – also auf Neubauten – beschränkt, siehe auch schon *Sparwasser/Mock*, ZUR 2008 469, (471). Auch die Gesetzesbegründung BT-Drs. 17/6076, S. 9 lässt nicht erkennen, dass der Anwendungsbereich ausgedehnt werden sollte. Klarstellend insofern auch der Stadtentwicklungsbericht 2012, BT-Drs. 17/14450, S. 88.

### ee) § 9 Abs. 6 BauGB und ergänzende Festsetzungen

Eine weitere – im Zusammenhang mit den jeweiligen landesrechtlichen Regelungen zum Anschluss-und Benutzungszwang[1005] – zu betrachtende Bestimmung enthält § 9 Abs. 6 BauGB. Danach sollen „[...] gemeindliche Regelungen zum Anschluss- und Benutzungszwang [...] in den Bebauungsplan nachrichtlich übernommen werden [...]". Insbesondere gemeint ist damit der Anschluss- und Benutzungszwang nach § 16 EEWärmeG.[1006] § 9 Abs. 6 BauGB ermöglicht jedoch allein die nachrichtliche Übernahme und stellt ausdrücklich keine Ermächtigungsgrundlage für die Begründung eines Anschluss- und Benutzungszwangs dar.[1007] Zweck der nachrichtlichen Übernahme ist, ein möglichst umfassendes Bild der baulichen und sonstigen Nutzbarkeit der Grundstücke im Plangebiet zu vermitteln.[1008] Neue materiell-rechtliche Regelungsmöglichkeiten zum Klimaschutz gehen mit § 9 Abs. 6 BauGB mithin nicht einher.[1009]

Daneben bestehen weitere Festsetzungsmöglichkeiten, die mittelbar Auswirkungen auf den Klimaschutz haben und Teile einer Anpassungsstrategie bilden können; insgesamt aber eher eine ergänzende Rolle einnehmen (vgl. § 9 Abs. 1 Nr. 1, Nr. 3, Nr. 9, Nr. 10, Nr. 13, Nr. 15, Nr. 16, Nr. 18, Nr. 20, Nr. 21, Nr. 25 a und b, Abs. 1 a, Abs. 2 (sog. „Baurecht auf Zeit") BauGB).[1010] Konkrete Wärmedämmungsvorgaben für Gebäude sind nach dem Festsetzungskatalog des § 9 Abs. 1 BauGB nicht vorgesehen.[1011]

---

1005 Siehe Fn. 363.

1006 BR-Drs. 344/11, S. 22.

1007 Vgl. auch *Antweiler/Gabler*, BauR 2012, 39 (43 f.); *Kopf*, LKRZ 2012, 261 (264); *Dirnberger*, BauGB Klimaschutz, S. 12.

1008 *Jäde*, in: Jäde/Dirnberger/Weiß, § 9, Rn. 106; *Dirnberger*, BauGB Klimaschutz, S. 12.

1009 *Schneider*, Auswirkungen des Klimawandels auf das Bauplanungsrecht, S. 88 mwN.

1010 Dazu *Mitschang*, ZfBR 2010, 534 (539 ff.) sowie *Battis/Kersten/Mitschang*, Rechtsfragen Stadterneuerung, S. 75 ff. Im Hinblick auf Klimaanpassungsmaßnahmen siehe *BMVBS* (Hrsg.), Flexibilisierung der Planung für eine klimawandelgerechte Stadtentwicklung, S. 60 sowie *Fischer*, Grundlagen und Grundstrukturen eines Klimawandelanpassungsrechts, S. 316 ff. Hervorgehoben werden bspw. die Freihaltung von Flächen, Vermeidung weiterer Versiegelung, Anpflanzungen und Pflanzbindungen, Erhalt von Grünflächen. Insbesondere auch eine Begrünung von Dächern (§ 9 Abs. 1 Nr. 25 BauGB) wird als erfolgversprechend und rentabel gegen sommerliche Hitze in Städten angesehen, siehe *BMVBS* (Hrsg.), Flexibilisierung der Planung für eine klimawandelgerechte Stadtentwicklung, S. 73 ff., 79 mwN.

1011 So auch *Battis/Kersten/Mitschang*, Rechtsfragen Stadterneuerung, S. 122 f.; *Rodi/Sina*, Klimaschutzrecht des Bundes, S. 466. Siehe auch *Söfker*, in: Mitschang (Hrsg.), Klimagerechte Stadtentwicklung, S. 221 f. Im Hinblick auf Festsetzungen der Wärmedämmung wird von *Schmidt*, NVwZ 2006, 1354 (1361); *Ecofys*, Energieeffizienz und Solarenergienutzung in der Bauleitplanung, S. 48 f.; *Denny/Spangenberger*, UPR 1999, 331 (333) und *Keyhanian*, Rechtl. Instrum. zur Energieeinsparung, S. 433 auf § 9 Abs. 1 Nr. 24 BauGB verwiesen. Ähnlich Difu (Hrsg.), Klimaschutz in Kommunen, A2, S. 46; vgl. auch *Mitschang*, ZfBR 2010, 534 (545); *Söfker*, UPR 2009, 81 (85 f.). Die Vorschrift ist allerdings streng immissionsschutzrechtlich ausgerichtet. Mangels unmittelbaren Schutzes vor schädlichen Umwelteinwirkungen zu Recht ablehnend *Schrödter*, in: Schrödter, BauGB, § 9, Rn. 147; *Kahl*, ZUR 2010, 395 (397); *Schmidt-Eichstaedt*, in: Mitschang (Hrsg.), Klimaschutz und Energieeinsparung, S. 177 f.; *Spannowsky/Baumann*, in: Spannowsky/Uechtritz, § 9 BauGB, Rn. 107 sowie *Kahl/Schmidtchen*, Kommunaler Klimaschutz durch Erneuerbare Energien, S. 160 und *Schmidtke*, Kommunaler Klimaschutz, S. 96 ff. *Ingold/Schwarz*, NuR 2010, 153 (160); Mitschang, ZfBR 2010, 534 (545) sowie *Battis/Kersten/Mitschang*, Rechtsfragen Stadterneuerung, S. 92 sehen § 9 Abs. 1 Nr. 23 b u.U. als speziellere Vorschrift an, verweisen jedoch auch auf das wohl eher einschlägige Fachrecht.

## 4. Vorhabenbezogener Bebauungsplan

In § 12 BauGB ist das Instrument des vorhabenbezogenen Bebauungsplans verankert.[1012] Dieser begründet keine Angebotsplanung, sondern ist auf die Realisierung eines bestimmten Vorhabens ausgerichtet und bildet einen Unterfall des herkömmlichen Bebauungsplans.[1013] Das Verfahren nach § 12 BauGB lässt sich dabei in drei konstitutive Komponenten gliedern:[1014] Zunächst hat der Vorhabenträger einen Plan zur Durchführung eines bestimmten Vorhabens und der Erschließungsmaßnahmen (Vorhaben- und Erschließungsplan) vorzulegen und mit der Gemeinde abzustimmen. Im Rahmen dieses Abstimmungsverfahrens übernimmt die Gemeinde den Vorhaben- und Erschließungsplan sodann in den Entwurf des vorhabenbezogenen Bebauungsplans.[1015] Bei der Erarbeitung sind die Gemeinde und der Vorhabenträger gemäß § 12 Abs. 3 S. 2 BauGB ausdrücklich nicht an den Festsetzungskatalog des § 9 Abs. 1 BauGB gebunden.[1016] Das Erfordernis eines städtebaulichen Grundes bleibt allerdings bestehen.[1017] Der Vorhabenträger muss sich darüber hinaus zur Durchführung des Vorhaben- und Erschließungsplans innerhalb einer bestimmten Frist und zur Tragung der Planungs- und Erschließungskosten ganz oder teilweise verpflichten (Durchführungsvertrag).[1018] Der Durchführungsvertrag stellt einen städtebaulichen Vertrag i.S.v. § 11 Abs. 4 BauGB dar und hat den soeben beschriebenen obligatorischen Inhalt.[1019] Daneben können in dem Durchführungsvertrag sämtliche Verpflichtungen begründet werden, welche auch sonst im Rahmen eines städtebaulichen Vertrags zulässig wären.[1020]

Somit steht der Durchführungsvertrag auch Klimaschutz- und Klimaanpassungsmaßnahmen offen, auf welche § 11 Abs. 1 S. 2 BauGB ausdrücklich Bezug nimmt.[1021] Der Vorhaben- und Erschließungsplan wird sodann Bestandteil des vorhabenbezogenen Bebauungsplans (§ 12 Abs. 3 BauGB), der von der Gemeinde als Satzung beschlossen wird.[1022] Der Durchführungsvertrag muss zeitlich vor dem Satzungsbeschluss geschlossen werden und darf dem Bebau-

---

1012 Zur Entstehungsgeschichte siehe nur *Busse*, in: Spannowsky/Uechtritz, § 12, Rn. 1 sowie *Mitschang*, in: B/K/L, § 12, Rn. 1.

1013 Die idealtypische Konstellation ist, dass ein Grundstückeigentümer genau weiß, was für ein Vorhaben er realisieren möchte. Dieser ergreift die Initiative und tritt sodann mit einem Vorhaben- und Erschließungsplan an die Gemeinde heran. Siehe *Bönker*, in: Hoppe/Bönker/Grotefels, Öffentliches Baurecht, § 13, Rn. 137 f.; *Schmidt-Eichstaedt*, Städtebaurecht, S. 246 f.; *Bunzel/Coulmas/Schmidt-Eichstaedt*, Städtebauliche Verträge, S. 383 ff.

1014 Vgl. schon *Menke*, NVwZ 1998, 577 (577); OVG Münster, ZfBR 2004, 473 (474); *Busse*, in: Spannowsky/Uechtritz, § 12, Rn. 4; *Bönker*, in: Hoppe/Bönker/Grotefels, § 13, Rn. 138 ff. mwN.; *Bunzel/Coulmas/Schmidt-Eichstaedt*, Städtebauliche Verträge, S. 384.

1015 *Busse*, in: Spannowsky/Uechtritz, § 12, Rn. 5.

1016 Vgl. dazu und zu den weiteren rechtlichen Voraussetzungen *Bönker*, in: Hoppe/Bönker/Grotefels, Öffentliches Baurecht, § 13, Rn. 162 ff.

1017 Vgl. *Koch/Mengel*, DVBl 2000, 953 (959 f.); *Kahl/Schmidtchen*, Kommunaler Klimaschutz durch Erneuerbare Energien, S. 161.

1018 Im Einzelnen *Bunzel/Coulmas/Schmidt-Eichstaedt*, Städtebauliche Verträge, S. 385 ff.

1019 Vgl. *Krautzberger*, in: E/Z/B/K, § 12, Rn. 91; *Busse*, in: Spannowsky/Uechtritz, § 12, Rn. 39. Zu den Anforderungen im Einzelnen *Bunzel/Coulmas/Schmidt-Eichstaedt*, Städtebauliche Verträge, S. 385 ff.

1020 *Krautzberger*, in: E/Z/B/K, § 12, Rn. 94; *Bunzel/Coulmas/Schmidt-Eichstaedt*, Städtebauliche Verträge, S. 385; *Busse*, in: Spannowsky/Uechtritz, § 12, Rn. 39, 43.

1021 Dazu im Einzelnen weiter unten.

1022 Zum Verfahren und den Anforderungen *Bönker*, in: Hoppe/Bönker/Grotefels, § 13, Rn. 184 ff.

ungsplan nicht wiedersprechen.[1023] Ausdrücklich auf den Klimaschutz und die Klimaanpassung ist das Instrument mithin nicht bezogen. Die neu gefassten Planungsgrundsätze der §§ 1 Abs. 5 S. 2, 1 a Abs. 5 können jedoch eine Einbeziehung von zu vereinbarenden Klimaschutz- und der Klimaanpassungsmaßnahmen als städtebaulicher Grund rechtfertigen,[1024] sodass auch der vorhabenbezogene Bebauungsplan grds. im Rahmen eines klimaschutz- und klimaanpassungsausgerichteten Städtebaurechts genutzt werden kann.

## III. Analyse und Grenzen des allgemeinen Städtebaurechts

Bauleitpläne bieten damit vorrangig Ansatzpunkte für den Einsatz erneuerbarer Energien und die Steigerung der Energieeffizienz bei neu zu errichtenden Gebäuden und sonstigen baulichen Anlagen.

### 1. Planungsgrundsätze

Die allgemeinen Planungsgrundsätze (§§ 1, 1 a BauGB) greifen den Gedanken des Klimaschutzes und der Anpassung an den Klimawandel auf. Mit der Novellierung des BauGB im Jahre 2011 hat der Gesetzgeber ausdrücklich klargestellt, dass die Bekämpfung des globalen Klimawandels und die Anpassung an den Klimawandel eine permanente Zukunftsaufgabe der Städte und Gemeinden in der Bauleitplanung darstellt.[1025] Klimaschutz kann selbstständig Festsetzungen in einem Bebauungsplan begründen.[1026] Die § 1 Abs. 5 S. 2 und § 1 a Abs. 5 BauGB werten den Klimaschutz im Planungsrecht damit auf und die Gemeinden haben damit seither Rechtssicherheit erlangt.[1027]

Ein genereller Vorrang vor anderen Belangen wird dem Klimaschutz und der Klimaanpassung aber nicht eingeräumt.[1028] Das Städtebaurecht ist einer Vielzahl von Zielen verpflichtet,[1029] soweit wichtigere städtebauliche Belange überwiegen – wie etwa der Denkmal-

---

1023 Ohne vertragliche Sicherstellung der alsbaldigen Durchführung von Vorhaben und Erschließung wäre der vorhabenbezogene Bebauungsplan materiell unwirksam; siehe VGH München NVwZ-RR 2002, 260 ff.; VGH Mannheim ZfBR 2003, 407 ff.; vgl. *Busse*, in: Spannowsky/Uechtritz, § 12, Rn. 45 ff.; *Bunzel/Coulmas/Schmidt-Eichstaedt*, Städtebauliche Verträge, S. 400. Da der Durchführungsvertrag nicht Teil des Bebauungsplans und seiner Begründung ist, bedarf er nicht der öffentlichen Auslegung; siehe OVG Münster NVwZ-RR 1998, 632 ff.

1024 *Kahl/Schmidtchen*, Kommunaler Klimaschutz durch Erneuerbare Energien, S. 161; siehe auch schon *Koch/Mengel*, DVBl 2000, 953 (959 f.).

1025 BT-Drs. 17/6076 S. 6 sowie *Söfker*, ZfBR 2011, 541 (542) und *Krautzberger/Stüer*, BauR 2011, 1416 (1418).

1026 Siehe *Gaentzsch*, in: Berliner Kommentar, 21. Erg.-Lfg. 2012, § 9, Rn. 54 a.

1027 Dazu *Bunzel*, in: Mitschang (Hrsg.), Klimagerechte Stadtentwicklung, S. 10 f.; vgl. auch *Henneke/Ritgen*, Kommunales Energierecht, S. 188. Kritisch zur Novellierung *Schmidtke*, Kommunaler Klimaschutz, S. 51 ff.

1028 Vgl. *Battis/Krautzberger/Mitschang/Reidt/Stüer*, NVwZ 2011, 897 (899); *Krautzberger*, UPR 2011, 361 (362); *Schrödter*, BauGB, § 1, Rn. 123; *Stüer*, Ad Legendum 2012, 166 (170); *Ingold/Schwarz*, NuR 2010, 153 (154); *Otto*, ZfBR 2013, 434 (436 ff.) und *Uechtritz*, BauR 2013, 1354 (1355); *Halstenberg/Nusser*, EnWZ 2013, 343 (346). Klimaökologische Aspekte waren auch schon vorher in der Abwägung von entscheidender Bedeutung, siehe nur OVG RhPf., LKRZ 2011, 33 f.; vgl. *Kopf*, LKRZ 2012, 261 (262). Dazu auch *Kahl/Schmidtchen*, Kommunaler Klimaschutz durch Erneuerbare Energien, S. 129.

1029 Siehe nur § 1 Abs. 6 BauGB; vgl. *Wickel*, UPR 2011, 416 (417).

schutz[1030] – so können die Belange des Klimaschutzes und der Klimaanpassung im Rahmen der Planung zurücktreten. Was in die Abwägung einzustellen ist und in welchem Umfang, entscheidet sich im konkreten Einzelfall. Daran ändert auch § 1 Abs. 5 S. 2 BauGB nichts.[1031] Örtliche Verhältnisse können klimaschützende Festsetzungen im Einzelfall also begrenzen. Diese sind allerdings nicht relevant, wenn es darum geht, überhaupt Festsetzungen aus Klimaschutz- oder Klimaanpassungsgründen zu begründen.[1032] Die Gemeinden sind mithin nicht auf solche Maßnahmen beschränkt, die lediglich einen Beitrag zum lokalen Klimaschutz leisten.[1033] Mit der BauGB-Klimanovelle 2011 wurden die Belange des Klimaschutzes und der Klimaanpassung deutlich hervorgehoben, sodass es den Kommunen überlassen bleibt, inwieweit diese ihre Planung klimaschützend und klimaanpassungsbezogen ausrichten.[1034] Eine Pflicht zur Aufnahme klimaschützender Festsetzungen existiert insoweit nicht.[1035] Allerdings müssen die Belange des Klimaschutzes und Klimaanpassung zumindest erhöht und verpflichtend im Rahmen der Abwägung berücksichtigt werden.[1036]

## 2. Flächennutzungsplan

Eine „gebäudescharfe" Planung findet über Flächennutzungspläne nicht statt, sondern diese eignen sich dazu, einen großflächigeren Zusammenhang herzustellen.[1037] Die explizit aufgeführten klimaschutzbezogenen Darstellungsmöglichkeiten haben dabei zunächst nur deklaratorische Wirkung.[1038] Vom Gesetz wird die Bedeutung von Anlagen, Einrichtungen und Maßnahmen zur Bewältigung des Klimawandels in den Vordergrund gerückt.[1039] Insoweit können insbesondere Flächen für Wärme- oder Stromerzeugungsanlagen dargestellt werden. In der planerischen Steuerung von Windenergieanlagen, großflächigen Fotovoltaikfreiflächenanlagen und Heizkraftwerken liegt mithin ihr wesentlicher Aktionsraum.[1040] Zudem

---

1030 Dazu *Martin/Kaiser*, in: Martin/Krautzberger, Denkmalschutz und Denkmalpflege, Teil F, Rn. 225 ff.; siehe auch OVG Rheinland-Pfalz, ZNER 2011, 539 ff., NuR 2012, 498 ff.

1031 *Dirnberger*, BauGB Klimaschutz, S. 4. Zur Wirkung der Planungsleitsätze *Dirnberger*, in: Jäde/Dirnberger/Weiß, § 1, Rn. 70.

1032 *Kahl/Schmidtchen*, Kommunaler Klimaschutz durch Erneuerbare Energien, S. 130; a.A. *Jäde*, in: Jäde/Dirnberger/Weiß, § 9, Rn. 70.

1033 Siehe auch *Schneider*, Auswirkungen des Klimawandels auf das Bauplanungsrecht, S. 78.

1034 *Wickel*, UPR 2011, 416 (418); *Mitschang*, DVBl 2012, 134 (135); vgl. auch *Dietrich/Welss*, NordÖR 2013, 7 (11).

1035 Zur Einordnung und Möglichkeit der Festschreibung als weisungsfreie Pflichtaufgabe *Schmidtke*, Kommunaler Klimaschutz, S. 28 ff.

1036 *Wickel*, UPR 2011, 416 (417 f.); *Kahl/Schmidtchen*, Kommunaler Klimaschutz durch Erneuerbare Energien, S. 130. Siehe auch *Schneider*, Auswirkungen des Klimawandels auf das Bauplanungsrecht, S. 80 f.

1037 *Lange/Hoppe*, Klimaschutz in der Bauleitplanung, S. 13.

1038 *Wickel*, UPR 2011, 416 (418); *Battis/Krautzberger/Mitschang/Reidt/Stüer*, NVwZ 2011, 897 (899).

1039 Siehe auch *Mitschang*, DVBl 2012, 134 (137); *Söfker*, ZfBR 2011, 541 (542 f.).

1040 Siehe *Lange/Hoppe*, Klimaschutz in der Bauleitplanung, S. 14; *Kahl/Schmidtchen*, Kommunaler Klimaschutz durch Erneuerbare Energien, S. 112. Möglich erscheint auch eine Darstellung von Wärmeversorgungen in/von Einzelgebäuden, welche allerdings auf Grund der fehlenden rechtlichen Verbindlichkeit eine eher untergeordnete Bedeutung hat. Siehe *dies.*, Kommunaler Klimaschutz durch Erneuerbare Energien, S. 113 f.

können auch städtebauliche Klimaschutzkonzepte verstärkt zum Gegenstand eines Flächennutzungsplans gemacht werden.[1041]

### 3. Klimaschutz- und Energiekonzepte

Der Entwicklung von Klimaschutz- und Energiekonzepten kommt, vor allem im Rahmen der Bauleitplanung aber auch im Rahmen des besonderen Städtebaurechts, eine unterstützende Rolle zu.[1042] Aus diesen können sich wesentliche Hinweise für klimarelevante städtebauliche Maßnahmen ergeben. Die Aufstellung dieser Konzepte ist zwar nach dem BauGB noch keine Pflicht, jedoch können diese in Zukunft ähnlich den Einzelhandelskonzepten eine tragfähige Grundlage für die Planung bieten.[1043]

Kommunen können durch ein Klimaschutzkonzept Aufschluss über ihre spezifischen Handlungspotenziale erlangen und zugleich Prioritäten festlegen sowie Synergien zwischen verschiedenen Einzelmaßnahmen erschließen.[1044] Ohne ein erstelltes Klimaschutz- und Energiekonzept wird sich wohl kaum eine sachgerechte Aussage zur Ausstattung des Gemeindegebietes im Hinblick auf die perspektivisch ausgerichtete Aufgabe des jeweiligen Gebiets treffen lassen.[1045] Handlungsfelder sind die Energieeffizienz sowie die Energieversorgung von Neubauten, wie auch von bestehenden Gebäuden. Eine öffentlichkeitswirksame Erarbeitung des Konzepts kann zudem eine Anreizwirkung entfalten und die Kooperation mit Bürgern und Unternehmen steigern.[1046] Es bleibt abzuwarten, inwieweit die Kommunen von den Möglichkeiten Gebrauch machen.[1047] Von den aufgeführten Möglichkeiten, bereits auf der Ebene der vorbereitenden Bauleitplanung Klimaschutzaspekte zu berücksichtigen sowie von der Benennung informeller Planungen im Rahmen des § 1 BauGB, kann eine Anstoßwirkung ausgehen.[1048] Im Rahmen der Aufstellung von Flächennutzungsplänen und informellen Klima-

---

1041 BR-Drs. 344/11. S.19. Siehe auch *Kopf*, LKRZ 2012, 261 (263) sowie *Antweiler/Gabler*, BauR 2012, 39 (42).

1042 Siehe *Söfker*, in: E/Z/B/K, § 1, Rn. 175; *ders.*, in: Danner/Theobald, Energierecht, B 2, Rn. 110; *Sparwasser*, in: Mitschang (Hrsg.), Klimagerechte Stadtentwicklung, S. 80 ff. Auch ohne namentliche Erwähnung im BauGB sind diese wichtig, da sie dazu beitragen, dass sich die Gemeinde und Ihre Bürger mit dem Belang Klimaschutz auseinandersetzen. Hierdurch wird das Bewusstsein für die Erfordernisse des Klimaschutzes auf der kommunalen Ebene geschärft, siehe *Söfker*, in: E/Z/B/K, § 1 a, Rn. 290.

1043 *Kopf*, LKRZ 2012, 261 (263); *Mitschang*, in: Mitschang (Hrsg.), Klimagerechte Stadtentwicklung, S. 44 f.; bisher beinhalten integrierte Stadtentwicklungskonzepte in den seltensten Fällen klimaschutzorientierte Inhalte, *siehe Habermann-Nieße/Jütting/Klehn/Schlomka*, Strategien zur Modernisierung II, S. 61.

1044 *Rösler/Langel/Schormüller*, Kommunaler Klimaschutz, erneuerbare Energien und Klimawandel in Kommunen, Ergebnisse einer Difu-Umfrage, S. 3.

1045 *Mitschang*, in: Mitschang (Hrsg.), Klimagerechte Stadtentwicklung, S. 44.

1046 *Sparwasser*, in: Mitschang (Hrsg.), Klimagerechte Stadtentwicklung, S. 83.

1047 Laut einer repräsentativen Umfrage des *Deutschen Instituts für Urbanistik (Difu)* im Herbst 2011 haben erst rund ein Drittel aller Kommunen ein Klimaschutzkonzept erstellt, siehe *Rösler/Langel/Schormüller*, Kommunaler Klimaschutz, erneuerbare Energien und Klimawandel in Kommunen, Ergebnisse einer Difu-Umfrage, S. 3, Abbildung 1. Ein Beispiel liefert etwa das Integrierte Kommunale Klimaschutzkonzept für den Klausenerplatz Berlin vom Dezember 2011. Dazu auch *BMVBS* (Hrsg.) Flexibilisierung der Planung für eine klimawandelgerechte Stadtentwicklung, S. 14.

1048 *Bunzel*, ZfBR 2012, 114 (117); *ders.*, in: Mitschang (Hrsg.), Klimagerechte Stadtentwicklung, S. 14. Die Erstellung eines Klimaschutzkonzeptes wird mit bis zu 65% vom Bund gefördert, siehe Richtlinie zur Förderung von Klimaschutzprojekten in sozialen, kulturellen und öffentlichen Einrichtungen im Rahmen der Klimaschutzinitiative vom 23. November 2011, abrufbar unter www.bmu.de; Kommunen dürften mit der Erstellung meist überfordert sein und bedürfen der Anleitung, siehe *Kopf*, LKRZ 2012, 261 (263) inschutzkonzepten haben Gemeinden einen weiten Gestaltungsspielraum. Eine Einschränkung des Gestaltungsspielraums ergibt sich allerdings insoweit, als sich auf ein Klimaschutzkonzept oder auf die Darstellungen in einem Flächennutzungsplan bezogene Festsetzungen in einem Bebauungsplan auch entsprechend dem Festsetzungskatalog umsetzen lassen können müssen.[1049]

## 4. Bebauungsplan

§§ 1 und 1 a BauGB bestätigen, dass klimaschützende Festsetzungen und solche, die der Anpassung an den Klimawandel dienen, stets von einem städtebaulichen Grund getragen werden. Grundsätzlich muss allerdings beachtet werden, dass Festsetzungen eines Bebauungsplans nur greifen, wenn überhaupt ein Vorhaben i.S.v. § 29 Abs. 1 BauGB adressiert wird.[1050] Es muss mithin um die Errichtung, Änderung oder Nutzungsänderung von baulichen Anlagen gehen.[1051]

### a) Klimawandelgerechte Festsetzungsmöglichkeiten

Die bedeutsamsten Festsetzungsmöglichkeiten bieten § 9 Abs. 1 Nr. 23 a und b BauGB. Durch Festsetzungen nach § 9 Abs. 1 Nr. 1-3 BauGB i.V.m. §§ 16 ff. BauNVO können die Gebäudeausrichtung, -höhe, - form und -abstände festgelegt werden und Klimaschutzmaßnahmen unterstützt werden.[1052] § 9 Abs. 1 Nr. 12 BauGB ermöglicht zudem sieht die Festsetzung von klimawandelgerechten Versorgungsflächen. Die nachrichtliche Übernahme nach § 9 Abs. 6 hat reine Informationsfunktion und leistet damit keinen wesentlichen Beitrag zum Klimaschutz im Städtebaurecht.[1053]

#### aa) § 9 Abs. 1 Nr. 23 a BauGB

§ 9 Abs. 1 Nr. 23 a) BauGB, der die Festsetzungsmöglichkeit von Verwendungsverboten und -beschränkungen vorsieht ist nicht ausdrücklich auf den Klimaschutz bezogen und wurde durch die BauGB-Klimanovelle 2011 nicht geändert.[1054] Es war schon vor der Novelle höchst umstritten, ob ein Verbot fossiler Brennstoffe mit dem Ziel der Förderung erneuerbarer Energien überhaupt von § 9 Abs. 1 Nr. 23 a BauGB gedeckt wird.[1055] So wird die Vorschrift insbesondere auch vom BVerwG auf Grund der Bezugnahme auf das BImSchG speziell dem

---

soweit existieren viele Beratungs- und Unterstützungsprogramme, siehe Aufzählung bei *Sparwasser*, in Mitschang (Hrsg.), Klimagerechte Stadtentwicklung, S. 88.

1049 Zum Entwicklungsgebot des § 8 Abs. 2 BauGB, *Mitschang*, in: B/K/L, § 8, Rn. 2 ff.; siehe auch *Ecofys*, Energieeffizienz und Solarenergienutzung in der Bauleitplanung, S. 41 sowie *Kahl/Schmidtchen*, Kommunaler Klimaschutz durch Erneuerbare Energien, S. 114. Ebenso die verbindliche Durchsetzung mittels eines städtebaulichen Vertrags hat Grenzen. Dazu weiter unten.

1050 Vgl. *Söfker*, UPR 2009, 81 (87).

1051 Im Einzelnen *Krautzberger*, in: E/Z/B/K, § 29, Rn. 34 ff.

1052 Im Einzelnen *Kahl/Schmidtchen*, Kommunaler Klimaschutz durch Erneuerbare Energien, S. 142 ff.

1053 *Antweiler/Gabler*, BauR 2012, 39 (43 f.); *Kopf*, LKRZ 2012, 261 (264); *Kment*, DVBl 2012, 1125 (1129); *Dirnberger*, BauGB Klimaschutz, S. 13.

1054 Auch eine ausdrückliche Öffnung der Norm zu Klimaschutzzwecken im Rahmen der BauGB-Novelle 2004 wurde nicht umgesetzt, siehe BR-Drs. 756/1/03, S. 22, ebenso BR-Drs. 756/2/03, S. 1.

1055 Zum Ganzen *Battis/Kersten/Mitschang*, Rechtsfragen Stadterneuerung, S. 79 ff.; *Kahl/Schmidtchen*, Kommunaler Klimaschutz durch Erneuerbare Energien, S. 148 ff. jew. mwN.; vgl. auch *Henneke/Ritgen*, Kommunales Energierecht, S. 189.

städtebaulichen Immissionsschutz auf örtlicher Ebene und nicht dem Umweltschutz bzw. Klimaschutz allgemein (z. B. zur grundsätzlichen Energieeinsparung oder zur Vermeidung der weltweiten CO2-Belastung) zugerechnet.[1056] Auch das OVG Münster hat entschieden, dass sich Festsetzungen nach § 9 Abs. 1 Nr. 23 a BauGB aus den konkreten örtlichen Gegebenheiten rechtfertigen lassen müssen.[1057] Danach kann eine Festsetzung nach § 9 Abs. 1 Nr. 23 a BauGB mithin nicht zum Zwecke der Verwendung bestimmter Energiearten aus Gründen des sparsamen Energieverbrauchs Anwendung finden. Auch Gründe der aus energiepolitischen Erfordernissen anzustrebenden Verwendung bestimmter Energiearten sind ausgeschlossen.[1058]

Der Gesetzgeber hat eine ausdrückliche Erweiterung des Anwendungsbereichs im Rahmen der letzten beiden Novellen nicht vorgenommen; allerdings werden inzwischen auch vermehrt die globalen $CO_2$-Emissionen als schädliche Umwelteinwirkungen i. S. d. BImSchG eingestuft,[1059] sodass eine Anwendung nicht von vornherein ausscheidet. Ob darüber hinaus die Planungsgrundsätze – namentlich der Klimaschutz und die Klimaanpassung – auch im Rahmen von Festsetzungen nach § 9 Abs. 1 Nr. 23 a BauGB als städtebaulicher Grund herangezogen werden kann, wurde vor der BauGB-Klimanovelle 2011 völlig uneins beantwortet.[1060] Nötig seien bspw. umfassende Konzepte zur Verbesserung der konkreten lufthygienischen Verhältnisse. Festsetzungen seien nur möglich in besonders schützenswerten Orten.[1061] Diese Auffassung dürfte nach der BauGB-Klimanovelle 2011 nicht mehr haltbar sein. Örtliche Verhältnisse können Festsetzungsmöglichkeiten nach § 9 Abs. 1 Nr. 23 a BauGB im Rahmen der Abwägung zwar begrenzen, allerdings wird sich die Neubewertung der Planungsgrundsätze in §§ 1 Abs. 5 S. 2, 1 a Abs. 5 BauGB auch auf § 9 Abs. 1 Nr. 23 a BauGB beziehen müssen.[1062] Festsetzungen nach § 9 Abs. 1 Nr. 23 a BauGB sind ebenso wie Festsetzungen nach § 9 Abs. 1 Nr. 23 b BauGB mithin nicht darauf beschränkt, einen Beitrag zur örtlichen Situation zu leisten, denn die Berücksichtigung von Klimaschutz- und Klimaanpassungsbelangen in §§ 1 Abs. 5 S. 2, 1 a Abs. 5 BauGB gilt als Gebot für alle Festsetzungsmöglichkeiten eines Bebauungsplans.[1063]

---

1056 BVerwG, NVWZ 2006, 690 (693): „Verwendungsverbote gem. § 9 Abs. 1 Nr. 23 BauGB können nur aus städtebaulichen Gründen in einem Bebauungsplan im Hinblick auf begrenzte örtliche Gegebenheiten festgesetzt werden". Vgl. auch *Mitschang/Reidt*, in B/K/L, § 9, Rn. 127; *Spannowsky*, in: Spannowsky/Uechtritz, § 9, Rn. 91; *Henneke/Ritgen*, Kommunales Energierecht, S. 189.

1057 OVG Münster, Beschluss vom 24.07.2000 – 7 a D 179/98.NE – juris-Rn. 11.

1058 *Söfker*, in: E/Z/B/K, § 9, Rn. 187; *Spannowsky*, in: Spannowsky/Uechtritz, § 9, Rn. 91; *Henneke/Ritgen*, Kommunales Energierecht, S. 189.

1059 Vgl. Difu (Hrsg.), Klimaschutz in Kommunen, A2, S. 59; *Kahl/Schmidtchen*, Kommunaler Klimaschutz durch Erneuerbare Energien, S. 150; *Mitschang/Reidt*, in: B/K/L, § 9, Rn. 128; *Schmidtke*, Kommunaler Klimaschutz, S. 64.

1060 Ablehnend bspw. *Schrödter*, BauGB, § 9, Rn. 112 ff., 120; *Jäde*, in: Jäde/Dirnberger/Weiß, 6. Auflage 2010, § 9, Rn. 70. Dafür *Gierke*, in: Brügelmann, BauGB. 57. Erg.-Lfg. 2005, § 9, Rn. 415; *Koch/Mengel*, DVBl 2000, 953 (957 ff.); vgl. auch *Schmidtke*, Kommunaler Klimaschutz, S. 64 ff.; *Kahl/Schmidtchen*, Kommunaler Klimaschutz durch Erneuerbare Energien, S. 150 f. mwN.

1061 Vgl. *Söfker*, in: E/Z/B/K, § 9, Rn. 191; *Jäde*, in: Jäde/Dirnberger/Weiß, § 9, Rn. 70.

1062 Siehe schon *Koch/Hendler*, Baurecht, § 14, Rn. 38; *Koch/Mengel*, DVBl 2000, 953 (957 ff.); vgl. auch *Kahl/Schmidtchen*, Kommunaler Klimaschutz durch Erneuerbare Energien, S. 150 f.; *Mitschang/Reidt*, in: B/K/L, § 9, Rn. 128; *Schmidtke*, Kommunaler Klimaschutz, S. 64 ff.

1063 So auch *Gaentzsch*, in: Berliner Kommentar, 21. Erg.-Lfg. 2012, § 9, Rn. 59.

### bb) § 9 Abs. 1 Nr. 23 b BauGB

Die Festsetzungsmöglichkeit nach § 9 Abs. 1 Nr. 23 b BauGB ermöglicht klimarelevante Vorgaben für Neubauten zutreffen. Vorgaben für Bestandsbauten, beispielsweise im Rahmen größerer Renovierungen, sind vom Wortlaut nicht umfasst.[1064] Neben baulichen, wird die Möglichkeit geschaffen, auch technische Maßnahmen zum Einsatz erneuerbarer Energien festzusetzen. Die in der Literatur bislang umstrittene Frage, ob technische Maßnahmen erfasst werden,[1065] wurde vom Gesetzgeber durch die BauGB-Klimanovelle 2011 geklärt und die Gemeinden haben Rechtssicherheit erhalten.[1066]

Damit sind direkte Installationsgebote für den Einsatz erneuerbarer Energien (bspw. Solarthermieanlagen oder Fotovoltaikpanelen) im Bebauungsplan für Neubauten grundsätzlich möglich.[1067] Durch entsprechende Festsetzungen (bspw. die Dachneigung und Installation der Anlagen betreffend) können die Vorgaben des EEWärmeG grds. flankiert werden.[1068] Die Festsetzungsvariante beinhaltet allerdings keine Möglichkeit, eine Pflicht zur Nutzung der jeweiligen Maßnahmen zum Einsatz erneuerbarer Energien und der Kraft-Wärme-Kopplung vorzuschreiben.[1069] Gleichwohl dürfte sich eine entsprechende Festsetzung in der Praxis dahin auswirken, dass die baulichen und technischen Maßnahmen auch genutzt werden.[1070]

## b) Verhältnismäßigkeit

Zunehmende Restriktionen des Anwendungsbereichs beider Festsetzungsmöglichkeiten ergeben sich aus dem Grundsatz der Verhältnismäßigkeit. § 9 Abs. 1 Nr. 23 a BauGB ist zwar im Gegensatz zu § 9 Abs. 1 Nr. 23 b nicht auf Neubauten beschränkt, allerdings kommt der Festsetzungsmöglichkeit, vor dem Hintergrund der oben dargelegten Bestandsschutzanforderungen, aus Angemessenheitsgesichtspunkten ebenso vornehmlich allein im Bereich der Neuplanung Bedeutung zu.[1071] Nur soweit sich keine oder ggf. nur geringfügige Belastungen für den Grundstückseigentümer ergeben, dürfte dem Grundsatz der Verhältnismäßigkeit Rechnung getragen werden.[1072]

---

[1064] Fn. 1004 mwN.; siehe auch *Wickel*, UPR 2011, 416 (419); *Söfker*, ZfBR 2011, 541 (542); *Kment*, DVBl 2012, 1125 (1129).

[1065] Siehe Fn. 1003.

[1066] *Bunzel*, in: Mitschang (Hrsg.), Klimagerechte Stadtentwicklung, S. 17.

[1067] Siehe auch *Schneider*, Auswirkungen des Klimawandels auf das Bauplanungsrecht, S. 86; a.A. *Lange/Hoppe*, Klimaschutz in der Bauleitplanung, S. 27. Ebenso restriktiv *Bröll/Dirnberger/Schiebel*, Energiewende und Baurecht, S. 126, die es weiter als ungeklärt ansehen, ob die Gemeinde wirklich ermächtigt ist, im Bebauungsplan des Einsatz erneuerbarer Energien vorzuschreiben.

[1068] BT-Drs. 17/6076, S. 9; vgl. auch *Antweiler/Gabler*, BauR 2012, 39 (43); *Mitschang/Schwarz*, KommP spezial 2013, 124 (125).

[1069] *Söfker*, in: E/Z/B/K, § 9, Rn. 197b; *Mitschang*, DVBl 2012, 134 (139); *ders./Schwarz*, KommP spezial 2013, 124 (125); *Bröll/Dirnberger/Schiebel*, Energiewende und Baurecht, S. 23. Eine Ermächtigungsgrundlage zur Festsetzung eines Anschluss- und Benutzungszwangs bietet Nr. 23 b damit nicht, siehe *Mitschang*, in: Mitschang (Hrsg.), Klimagerechte Stadtentwicklung, S. 54. A.A. wohl *Gaentzsch*, in: Berliner Komm. BauGB, 21. Erg.-Lfg., § 9, Rn. 60 b und *Henneke/Ritgen*, Kommunales Energierecht, S. 189, die auch Nutzungsvorgaben als erfasst ansehen.

[1070] *Söfker*, in: Danner/Theobald, Energierecht, B 2, Rn. 94, 105.

[1071] BVerwG, DVBl 1989, 369 (370 f.); *Mitschang*, ZfBR 2010, 534 (544); *Schrödter*, BauGB, § 9, Rn. 124; *Kraft*, DVBl 1998, 1048 (1051). Zu den sonstigen zu beachtenden Anforderungen an diese Festsetzungsmöglichkeit siehe nur *Battis/Kersten/Mitschang*, Rechtsfragen Stadterneuerung, S. 79 ff.; vgl. auch *Kahl/Schmidtchen*, Kommunaler Klimaschutz durch erneuerbare Energien, S. 148 ff. mwN.

[1072] Siehe oben, vgl. auch *Mitschang*, in: Berliner Komm. BauGB, 23. Erg.-Lfg., § 1 a, Rn. 741.

Festsetzungen sind unter den Gesichtspunkten der Erforderlichkeit, Wirtschaftlichkeit und Durchführbarkeit hinreichend zu prüfen.[1073] Im Rahmen der Festsetzung von Verwendungsbeschränkungen nach § 9 Abs. 1 Nr. 23 a muss eine Weiterverwendung anderer Brennstoffe daher prinzipiell weiter möglich sein.[1074] Bisherigen Anlagen kommt Bestandsschutz zu.[1075] Der Bestandsschutz vorhandener Anlagen stellt insofern ein nicht zu überwindendes Hindernis der Festsetzungsmöglichkeit dar.[1076] Festsetzungen für bestehende Gebäude mit vorhandenen Altanlagen dürften allenfalls im Falle von Umbauten oder wesentlichen Erweiterungen, unter finanzieller Schonung des Eigentümers und unter Aussicht auf eine Amortisation der Kosten, angemessen sein. Unzulässig ist es in jedem Fall, die Festsetzungsmöglichkeit dazu zu benutzen, unter Umgehung einer gemeindlichen Satzung, einen faktischen Anschluss- und Benutzungszwang durchsetzen zu wollen.[1077] Insoweit erscheint die Festsetzungsmöglichkeit des § 9 Abs. 1 Nr. 23 a BauGB jedenfalls ungeeignet, effektive und zeitnahe Klimaschutzmaßnahmen im Gebäudebestand forcieren zu können.[1078]

Mit dem durch die BauGB-Klimanovelle 2011 erweiterten Handlungsspektrum des § 9 Abs. 1 Nr. 23 b) BauGB gehen ebenso erhöhte Anforderungen im Rahmen der Verhältnismäßigkeitsabwägung einher, die den Anwendungsbereich begrenzen.[1079] Insbesondere technische Maßnahmen müssen für den Adressaten wirtschaftlich zumutbar sein.[1080] Die Gemeinde muss sorgfältig begründen, ob und warum der Zwang, dass bestimmte erneuerbare Energieformen installiert werden müssen, auch unter ökonomischen Gesichtspunkten gerechtfertigt ist. Dies dürfte äußerst schwierig sein, wenn Bauherren vortragen, dass sie anderweitige, ebenfalls regenerative Energieformen bevorzugen, deren Einsatz wirtschaftlicher ist, als der vom Bebauungsplan verlangte Einsatz.[1081]

### c) Verhältnis zum Gebäudeenergiefachrecht

Im Rahmen von Bebauungsplanfestsetzungen ist zudem das Verhältnis zum Gebäudeenergiefachrecht ausreichend zu berücksichtigen. Bauplanungsrechtliche Gebote dürfen nicht im Widerspruch zu höherrangigem Recht, namentlich zu den fachspezifischen Vorgaben, insbesondere der EnEV und des EEWärmeG, stehen.[1082] In der Literatur wird das Verhältnis der Bauleitplanung zum Gebäudeenergiefachrecht derzeit zum Teil noch als „völlig ungeklärt“

---

1073 Vgl. BT-Drs. 17/6076 S. 9 und *Söfker*, ZfBR 2011, 541 (544); *ders.*, in: Danner/Theobald, Energierecht, B 2, Rn. 107; *Bröll/Dirnberger/Schiebel*, Energiewende und Baurecht, S. 23; *Pfalzgraf/Peters/Weber*, HSGZ 2013, 318 (322).

1074 *Löhr*, in: B/K/L, BauGB, 11. Auflage 2009, § 9, Rn. 84 ff.

1075 S.o., vgl. *Mitschang*, ZfBR 2010, 534 (544); *Gaentzsch*, in: Berliner Komm. BauGB, 21. Erg.-Lfg., § 9, Rn. 57; *Pfalzgraf/Peters/Weber*, HSGZ 2013, 318 (322).

1076 *Schmidtke*, Kommunaler Klimaschutz, S. 86.

1077 *Schrödter*, BauGB, § 8, Rn. 123 a; *Kahl/Schmidtchen*, Kommunaler Klimaschutz durch Erneuerbare Energien, S. 152.

1078 *Battis/Kersten/Mitschang*, Rechtsfragen Stadterneuerung, S. 85.

1079 *Mitschang*, DVBl 2012, 134 (139); *Söfker*, ZfBR 2011, 541 (544).

1080 S.o. und BT-Drs. 17/6357, S. 8; vgl. auch *Schmidtke*, Kommunaler Klimaschutz, S. 95; *Mitschang/Reidt*, in: B/K/L, § 9, Rn. 139 und *Grigoleit*, ZfBR-Beil. 2012, 95 (99).

1081 *Dirnberger*, BauGB Klimaschutz, S. 12; *Bröll/Dirnberger/Schiebel*, Energiewende und Baurecht, S. 127 f.

1082 *Spannowsky*, UPR 2009, 81 (84 ff.); *Henneke/Ritgen*, Kommunales Energierecht, S. 188.

angesehen und daher grds. auf den leistungsfähigeren Weg des Abschlusses städtebaulicher Verträge verwiesen.[1083]

### aa) EnEG und EnEV

Das EnEG und die EnEV lassen weitergehende Anforderungen an die Energieeffizienz von Gebäuden, grds. auch auf der Grundlage eines Bebauungsplans, ausdrücklich zu (siehe nur §§ 2 Abs. 4, 3 Abs. 3 EnEG). Allerdings erlaubt der Festsetzungskatalog des § 9 Abs. 1 BauGB keine dementsprechenden Festsetzungen.[1084] Die Öffnungsklauseln des EnEG laufen bei Bebauungsplanfestsetzungen also ins Leere. Durch die Erweiterung des BauGB in § 1 Abs. 5 S. 2 und § 1 a Abs. 5 BauGB ist zwar für den Gesetzgeber generell die Möglichkeiten gegeben, die Festsetzungsmöglichkeiten auch hinsichtlich der energetischen Beschaffenheit von Gebäuden zu öffnen.[1085] Ebenso die fachgesetzlichen Vorgaben würden dem – wie dargelegt – nicht entgegenstehen.[1086] Der Gesetzgeber hat jedoch keine weiteren Festsetzungsmöglichkeiten in § 9 Abs. 1 BauGB eingeführt. Um energetische Standards für Bestandsgebäude auszuweisen, wird ausdrücklich auf § 11 Abs. 1 S. 2 Nr. 5 BauGB, mithin auf vertragliche Vereinbarungen, verwiesen.[1087]

### bb) EEWärmeG

Eine ausdrückliche gesetzliche Regelung, die das Verhältnis des EEWärmeG zu Festsetzungsmöglichkeiten eines Bebauungsplans regelt, besteht nicht. Mit in Kraft treten der Nutzungspflichten erneuerbarer Energien für Neubauten aus dem EEWärmeG wurde zum Teil davon ausgegangen, dass Festsetzungen nach § 9 Abs. 1 Nr. 23 b BauGB im Anwendungsbereich des § 3 Abs. 1 i.V.m. § 4 EEWärmeG – namentlich im Rahmen der Nutzungspflichten im Bereich von Neubauten mit einer Nutzfläche von mehr als 50 m² – verdrängt werden, sodass Installationspflichten nach § 9 Abs. 1 Nr. 23 b BauGB selbst nicht mehr möglich seien.[1088]

Für diese Ansicht sprach zunächst die Stellungnahme des Gesetzgebers, mit dem EEWärmeG grundsätzlich abschließend von seiner Gesetzgebungskompetenz Gebrauch gemacht zu haben.[1089] Im Rahmen der Novellierung des EEWärmeG im Jahr 2011[1090] hat dieser allerdings klargestellt, dass der grundsätzlich „abschließende Charakter keine Einschränkungen für die Wahrnehmungen der kommunalen Gestaltungsspielräume im Rahmen der Bauleitplanung zur Folge“ habe.[1091] Ebenso die Erweiterungen des § 9 Abs. 1 Nr. 23 b BauGB zeigen,

---

1083 So *Bröll/Dirnberger/Schiebel*, Energiewende und Baurecht, S. 128.

1084 Siehe oben.

1085 Siehe *Söfker*, in: Danner/Theobald, Energierecht, B 2, Rn. 146.

1086 Siehe auch *Mitschang*, in: Mitschang (Hrsg.), Fragestellungen des Städtebau- und Umweltrechts, S. 64.

1087 BT-Drs. 17/6787, S. 3. Zu § 11 Abs. 1 S. 2 Nr. 5 BauGB siehe weiter unten.

1088 So noch *Kahl*, ZUR 2010, 395 (397); *Manten/Elbel*, LKV 2009, 1 (4 f.); *Müller*, in: Müller/Oschmann/Wustlich, EEWärmeG, Einl., Rn. 62; a.A. schon *Wustlich*, NVwZ 2008 1041 (1046); ebenso *Ekardt/Heitmann*, ZNER 2009, 346 (353), *Ekardt/Schmitz/Schmidtke*, ZNER 2008, 334 (340); *Ingold/Schwarz*, NuR 2010, 308 (312).

1089 BR-Drs. 7/08, S. 19 f.; BT-Drs. 16/8149, S. 22; vgl. *Wustlich*, NVwZ 2008, 1041 (1046).

1090 Gesetz zur Umsetzung der RL 2009/28/EG zur Förderung der Nutzung von Energie aus erneuerbaren Quellen vom 12.04.2011 (BGBl. I S. 619). Dazu *Kahl/Schmidtchen*, Kommunaler Klimaschutz durch Erneuerbare Energien, S. 23 ff.

1091 BT-Drs. 17/3629, S. 45. Zum bestehenden abschließenden Charakter gegenüber dem Landesrecht siehe nur VG Gießen, JuS 2011, 1145 (1146) bezüglich der Marburger Solarsatzung.

dass beide Instrumente grundsätzlich nebeneinander Anwendung finden können.[1092] Es existiert mithin keine Sperrwirkung des EEWärmeG gegenüber Bebauungsplänen.[1093]

Allerdings dürfen die im Gebäudeenergiefachrecht vorgesehenen Spielräume, wie beispielsweise die Wahlmöglichkeit zwischen den einzusetzenden erneuerbaren Energien und der Kraft-Wärme-Kopplung im EEWärmeG, durch die Bauleitplanung nicht abgeschnitten werden.[1094] Dies stellt eine Herausforderung an die Bauleitplanung dar, denn § 9 Abs. 1 BauGB verlangt gerade, dass mit den Festsetzungen konkrete Bezeichnungen der zu treffenden Maßnahmen gefunden werden.[1095] Festsetzungen von einer Art Wahlmöglichkeit, wie im EEWärmeG vorgesehen, widersprächen diesem Grundsatz und über § 9 Abs. 2 BauGB könnten allenfalls unter hohem Regelungsaufwand Wahlmöglichkeiten vorgesehen werden.[1096]

Die Feinsteuerung von Anforderungen des EEWärmeG über Bebauungsplanfestsetzungen stellt sich mithin als sehr komplexer und kaum handhabbarer Vorgang dar. Auch eine Verschärfung der Anforderungen des EEWärmeG über Bebauungsplanfestsetzungen lässt sich nicht ohne weiteres umsetzen, da das EEWärmeG bundeseinheitliche Standards festsetzt.[1097] Verschärfte Anforderungen in einem Bebauungsplan müssten sich am Gleichbehandlungsgebot messen lassen und dürften nur bei örtlichen Besonderheiten gerechtfertigt sein.[1098] Die praktische Relevanz der Festsetzungsmöglichkeiten sollte mithin – vor allem vor dem Hintergrund der Anforderungen des EEWärmeG an die Nutzung erneuerbarer Energien bei Neubauten sowie aufgrund des Verhältnismäßigkeitsgrundsatzes – trotz der Erweiterungen durch die BauGB-Klimanovelle 2011 nicht überschätzt werden.[1099] Insbesondere auch, um eine Überforderung der Gemeinden zu vermeiden, dürften gegenüber dem Energiefachrecht verschärfende Vorgaben in einem Bebauungsplan nur „ausnahmsweise sinnvoll" sein.[1100] Bebauungsplanfestsetzungen können darüber hinaus keine Anforderungen zum Gegenstand haben, die,

---

1092 Vgl. *Wagner*, in: E/Z/B/K, § 1 a, Rn. 272 „Ein Verbot der örtlichen planerischen Befassung [...] lässt sich [...] freilich nicht mehr herleiten". Siehe nunmehr auch *Kahl/Schmidtchen*, Kommunaler Klimaschutz durch Erneuerbare Energien, S. 165 f.; vgl. dazu auch *Lee*, Umweltrechtlicher Instrumentenmix, S. 177 f., gleichwohl ohne Berücksichtigung der BauGB-Klimanovelle und BT-Drs. 17/3629, S. 45.

1093 Dazu auch Difu (Hrsg.), Klimaschutz in Kommunen, A2, S. 37.

1094 *Söfker*, in: Danner/Theobald, Energierecht, B 2, Rn. 107; *ders.*, UPR 2009, 81 (84, 87); *ders.*, ZfBR 2011, 541 (544) sowie *Dirnberger*, BauGB Klimaschutz, S. 12. und *BMVBS* (Hrsg.), Berliner Gespräche zum Städtebaurecht, Band 1, S. 21 ff.; a.A. *Kahl/Schmidtchen*, Kommunaler Klimaschutz durch Erneuerbare Energien, S. 169, die allerdings auch anerkennen, dass die Gemeinde auf Grund der Technologieoffenheit des EEWärmeG die Erfüllbarkeit der Vorgaben auch auf örtlicher Ebene zumutbar (und erfüllbar) halten muss. Difu (Hrsg.), Klimaschutz in Kommunen, A2, S. 55 f., hält eine städtebauliche Rechtfertigung des Ausschlusses der ansonsten geltenden Wahlmöglichkeiten nur im Einzelfall für möglich. Standartbeispiele ließen sich für solche Konstellationen nicht erkennen, sodass zu „größtmöglicher Sorgfalt" geraten wird.

1095 Siehe BVerwG, ZfBR 2006, 355 (357); vgl. *Söfker*, UPR 2009, 81 (84).

1096 *Söfker*, UPR 2009, 81 (84).

1097 Vgl. Difu (Hrsg.), Klimaschutz in Kommunen, A2, S. 37 f.

1098 Difu (Hrsg.), Klimaschutz in Kommunen, A2, S. 37 f.; *Lange/Hoppe*, Klimaschutz in der Bauleitplanung, S. 27.

1099 Siehe *Bunzel*, ZfBR 2012, 114 (118 f.); *ders.*, in: Mitschang (Hrsg.), Klimagerechte Stadtentwicklung, S. 18; *Grigoleit*, ZfBR-Beil. 2012, 95 (99); *Dirnberger*, BauGB Klimaschutz, S. 12. Ferner auch *Kern/Niederhafner/Rechlin/Wagner*, Kommunaler Klimaschutz, S. 92.

1100 *Wagner*, in: E/Z/B/K, § 1 a, Rn. 272 mit anschließendem Beispiel sowie *BMVBS* (Hrsg.), Berliner Gespräche zum Städtebaurecht, Band 1, S. 21 ff.

über die im Energiefachrecht festgelegten Standards und die gebietsbezogenen Maßnahmen hinaus, nach Grundstücken differenzieren.[1101] Auch dafür wird wiederum auf die Möglichkeit des Abschlusses städtebaulicher Verträge verwiesen.[1102]

### 5. Vorhabenbezogener Bebauungsplan

Auf Grund der Entkoppelung vom Festsetzungskatalog des § 9 Abs. 1 BauGB wird der Spielraum der Gemeinde beim vorhabenbezogenen Bebauungsplan hinsichtlich Klimaschutz- und Klimaanpassungsmaßnahmen, im Gegensatz zum herkömmlichen Bebauungsplan, wesentlich erweitert.[1103] Es werden Festsetzungen ermöglicht, die in einem an den Festsetzungskatalog des § 9 Abs. 1 BauGB gebundenen Bebauungsplan nicht zulässig wären (z.B. Festsetzungen zur Energieeffizienz, Nutzungspflichten erneuerbarer Energien).[1104] Diese Festsetzungen können sich allerdings nur auf den Bereich des Vorhaben- und Erschließungsplans und damit immer auf ein konkretes Bauvorhaben beziehen.[1105]

Sämtliche Verfahrensstufen im Rahmen der Aufstellung eines vorhabenbezogenen Bebauungsplans sind dabei von einer Kooperation zwischen dem Vorhabenträger und der Gemeinde geprägt, sodass dieser als eine „Verzahnung von Elementen der Bauleitplanung mit jenen eines städtebaulichen Vertrags" charakterisiert wird.[1106] Der Planungsprozess konzentriert sich auf die Abstimmung des Vorhaben- und Erschließungsplans und den darauf bezogenen Durchführungsvertrag. Der vorhabenbezogene Bebauungsplan ist damit Ausdruck der kooperativen Planung und bietet vielfältige Anknüpfungspunkte weitergehender vertraglicher Vereinbarungen. In den eigentlichen Möglichkeiten zur Berücksichtigung von Klimaschutz- und Klimaanpassungsaspekten „entspricht ein vorhabenbezogener Bebauungsplan deshalb weitgehend dem Instrument des städtebaulichen Vertrages"[1107], sodass auf die Ausführungen zu den Regelungsgegenständen städtebaulicher Verträge weiter unten verwiesen werden kann.

## IV. Zwischenfazit

Klimaschutz und Klimaanpassung bilden eigenständige Ziele der Bauleitplanung. Die Hervorhebungen und Klarstellungen durch die BauGB-Klimanovelle 2011 sind zu begrüßen. Der globale Klimaschutz kann nunmehr ausdrücklich Festsetzungen in einem Bebauungsplan rechtfertigen. Der Entwicklung von informellen Klimaschutz- und Energiekonzepten wird dabei eine zunehmende Bedeutung im Rahmen einer planerischen Vorbereitung klimawan-

---

1101 *Spannowsky*, in: Spannowsky/Uechtritz, § 9, Rn. 97.2.

1102 *Löhr*, Stellungnahme zu BT-Drs. 17/6076, S. 4. Siehe auch *DIHK*, Stellungnahme zu BT-Drs. 17/6076 die die Energiefachgesetze für ausreichend erachten; *Bunzel*, in: Mitschang (Hrsg.), Klimagerechte Stadtentwicklung, S. 18 sowie *Spannowsky*, in: Spannowsky/Uechtritz, § 9, Rn. 97.2; *Bröll/Dirnberger/Schiebel*, Energiewende und Baurecht, S. 128; *Grigoleit*, ZfBR-Beil. 2012, 95 (99) und *Söfker*, in: Danner/Theobald, Energierecht, B 2, Rn. 148.

1103 Vgl. schon *Denny/Spangenberger*, UPR 1999, 331 (334 f.); *Koch/Mengel*, DVBl 2000, 953 (959). Restriktiver *Kahl/Schmidtchen*, Kommunaler Klimaschutz durch Erneuerbare Energien, S. 162.

1104 Vgl. auch *Ingold/Schwarz*, NuR 2010, 153 (161); *Mitschang*, ZfBR 2010, 534 *(546); Battis/Kersten/Mitschang*, Rechtsfragen Stadterneuerung, S. 95 f.

1105 Dazu *Busse*, in: Spannowsky/Uechtritz, § 12, Rn. 8 ff. Ausgenommen sind auch einbezogene Flächen nach § 12 Abs. 4 BauGB, siehe *Mitschang*, in: B/K/L, § 12, Rn. 28.

1106 So *Krautzberger*, in: E/Z/B/K, § 12, Rn. 2; vgl. auch *Busse*, in: Spannowsky/Uechtritz, § 12, Rn. 4.

1107 So *Kahl/Schmidtchen*, Kommunaler Klimaschutz durch Erneuerbare Energien, S. 162.

delgerechter Maßnahmen zukommen müssen.[1108] Diese ermöglichen sowohl für den Neubau von Gebäuden als auch für den Gebäudebestand auf der Basis einer Analyse des Ist-Zustands und einem Ausblick auf die zu erwartende Entwicklung, ganzheitliche energetische Konzepte und Planungsziele aufzuzeigen.

Bauleitpläne bieten Städten und Gemeinden vor allem Ansatzpunkte, um die Energieeffizienz und den Einsatz erneuerbarer Energien bei Neubauten zu fördern. Eine energetische Sanierung des mit großem Energieeinsparpotenzial gerüsteten Gebäudebestands kann nur bedingt durch Bauleitpläne flankiert werden.[1109] Im Hinblick auf das geltende Gebäudeenergiefachrecht können vor allem Festsetzungen in einem Bebauungsplan nur eine ergänzende Rolle einnehmen. So ermöglicht § 9 Abs. 1 Nr. 12 BauGB die Festsetzung von klimawandelgerechten Versorgungsflächen. Die Festlegung von Gebäudeausrichtung, –höhe, –form und –abständen über § 9 Abs. 1 Nr. 1-3 BauGB i.V.m. §§ 16 ff. BauNVO kann zudem einzelne Klimaschutz- und Klimaanpassungsmaßnahmen unterstützen und einen generellen Rahmen festlegen.

Mit den in § 9 Abs. 1 BauGB grds. über das Gebäudeenergiefachrecht hinausgehenden vorgesehenen Festsetzungsmöglichkeiten – namentlich der Möglichkeit der Vorgabe der Installation von Anlagen aus erneuerbaren Energien gemäß § 9 Abs. 1 Nr. 23 b BauGB und der Möglichkeit der Festsetzung von Verwendungsbeschränkungen bzw. -verboten nach § 9 Abs. 1 Nr. 23 a BauGB – geht demgegenüber nur ein sehr eingeschränkt zusätzlicher Beitrag zur Steigerung der Energieeffizienz und des Einsatzes erneuerbarer Energien im Gebäudebereich einher.

Auf Grund des Zwangscharakters der Festsetzungen bieten sich Schwierigkeiten im Hinblick auf das Verhältnis zum Energiefachrecht sowie im Hinblick auf die Abwägungsanforderungen.[1110] Der Bebauungsplanung sind im Ergebnis eindeutig Grenzen gesetzt. Aufgrund der Komplexität entsprechender Festsetzungen wird den Gemeinden eher davon abgeraten, von diesen Gebrauch zu machen. Zu berücksichtigen gilt zudem, dass angesichts des technischen Fortschritts Festsetzungen zu technischen Maßnahmen in relativ kurzen Abständen hinter den tatsächlich realisierbaren Möglichkeiten zurückbleiben können. Ähnliche Defizite wurden im Rahmen des ordnungsrechtlich geprägten Gebäudeenergiefachrechts – insbesondere der EnEV – herausgearbeitet. Ähnlich den ordnungsrechtlichen Vorgaben im Gebäudeenergiefachrecht wird es entsprechenden Festsetzungen in einem Bebauungsplan zudem oftmals an einer Akzeptanz in der Bevölkerung fehlen.[1111]

Bebauungsplanfestsetzungen können darüber hinaus keine Anforderungen zum Gegenstand haben, die über die im Energiefachrecht festgelegten Standards und die gebietsbezogenen Maßnahmen hinaus nach Grundstücken differenzieren. Die Effektivität von entsprechenden

---

1108 Ähnlich *Dieckmann*, NVwZ 2013, 1575 (1580).

1109 Siehe schon *Köhler*, in: Schrödter, BauGB, § 140, Rn. 18 mwN.; vgl. auch *Bröll/Dirnberger/Schiebel*, Energiewende und Baurecht, S. 49; *Fischer*, Grundlagen und Grundstrukturen eines Klimawandelanpassungsrechts, S. 342 sowie *Mitschang*, in: Festschrift Birk, S. 94; *ders./Schwarz*, KommP spezial 2013, 124 (126).

1110 Vgl. *Grigoleit*, ZfBR-Beil. 2012, 95 (99).

1111 Siehe auch *Fischer*, Grundlagen und Grundstrukturen eines Klimawandelanpassungsrechts, S. 349.

Festsetzungen ist damit insgesamt fraglich.[1112] Verwiesen wird insoweit auch aus diesem Grund auf die dynamische Möglichkeit des Abschlusses städtebaulicher Verträge.[1113]

Nutzungspflichten erneuerbarer Energien, ein Anschluss an ein Wärmenetz ebenso wie unmittelbare Vorgaben zur Dämmung von Gebäuden können nicht durch Bauleitpläne getroffen werden. Durch die Erweiterung des BauGB in § 1 Abs. 5 S. 2 und § 1a Abs. 5 BauGB ist zwar generell die Möglichkeit für den Gesetzgeber geschaffen, die Festsetzungen auch hinsichtlich der energetischen Beschaffenheit von Gebäuden zu öffnen. Der Gesetzgeber hat jedoch keine weiteren Festsetzungsmöglichkeiten in § 9 Abs. 1 BauGB eingeführt. Um energetische Standards auch für Bestandsgebäude ausweisen zu können, wird vom Gesetzgeber ausdrücklich auf § 11 Abs. 1 S. 2 Nr. 5 BauGB, mithin auf vertragliche Vereinbarungen, verwiesen.[1114] Gleichermaßen könnten Nutzungspflichten und ein Anschluss an ein Wärmenetz durch vertragliche Vereinbarungen adressiert werden.[1115]

## V. Darstellung des besonderen Städtebaurechts

Klimaschutz- und klimaanpassungsrelevante Ansatzpunkte sind auch im zweiten Kapitel des BauGB – im Rahmen des besonderen Städtebaurechts (§§ 136 ff. BauGB) – zu finden. Dieses soll den Gemeinden vor allem Wege zur Verwaltung und Bewältigung komplexer Aufgaben im Gebäudebestand einschließlich der Möglichkeit zur Finanzierung dieser Aufgaben bieten.[1116]

### 1. Sanierungsrecht

Das Sanierungsrecht ist erster Bestandteil des besonderen Städtebaurechts (§§ 136-164 BauGB). In § 136 BauGB wird die generelle städtebauliche Aufgabenstellung städtebaulicher Sanierungsmaßnahmen genannt. Danach sind dies solche Maßnahmen, durch die ein Gebiet zur Behebung städtebaulicher Missstände wesentlich verbessert oder umgestaltet wird (§ 136 Abs. 2 S. 1 BauGB). Insbesondere die Modernisierung und Instandsetzung von Gebäuden sowie die Ausstattung des Gebiets mit Infrastrukturanlagen sind von Bedeutung.[1117] Das Sanierungsrecht stellt dabei auf ein Gebiet der Sanierung ab und bietet damit einen quartiersbezogenen und nicht einzelfallausgerichteten Lösungsansatz zur Behebung von Missständen im Gebäudebestand (sog. „Gesamtmaßnahme").[1118] Es ist darauf angelegt, für ein bestimmtes

---

1112 Vgl. Mustereinführungserlass 2011, S. 7 auch zum Vorherigen.

1113 Siehe *Löhr*, Stellungnahme zu BT-Drs. 17/6076, S. 4 sowie *DIHK*, Stellungnahme zu BT-Drs. 17/6076, die die Energiefachgesetze für ausreichend erachten; vgl. auch *Bunzel*, in: Mitschang (Hrsg.), Klimagerechte Stadtentwicklung, S. 18 sowie *Spannowsky*, in: Spannowsky/Uechtritz, § 9, Rn. 97.2; *Bröll/Dirnberger/Schiebel*, Energiewende und Baurecht, S. 128; *Grigoleit*, ZfBR-Beil. 2012, 95 (99) und *Söfker*, in: Danner/Theobald, Energierecht, B 2, Rn. 148.

1114 BT-Drs. 17/6787, S. 3. Zu § 11 Abs. 1 S. 2 Nr. 5 BauGB siehe weiter unten. Ebenso *Lange/Hoppe*, Klimaschutz in der Bauleitplanung, S. 29.

1115 BT-Drs. 17/6076, S. 12.

1116 Vgl. *Flug/Thurow*, UPR 2012, 86 (86).

1117 *Fieseler*, in: Krautzberger, Städtebauförderungsrecht, C § 136, Rn. 15; *Bröll/Dirnberger/Schiebel*, Energiewende und Baurecht, S. 49.

1118 Zum Begriff der Gesamtmaßnahme *Spannowsky*, ZfBR 2013, 752 (754). Zudem und zum Folgenden *Krautzberger*, in: E/Z/B/K, § 136, Rn. 1 ff.; *Mitschang*, in: B/K/L, § 136 Rn. 3; *Ferner*, in: Ferner/Kröninger/Aschke, § 136, Rn. 4; *Waechter*, DVBl 2013, 613 (613). Siehe auch *Saxinger/Hofman*, BauR 2012, 737 (742 f.).

Gebiet ein Geflecht mehrerer städtebaulicher Einzelmaßnahmen koordiniert und aufeinander abgestimmt vorzubereiten und durchzuführen.[1119] Die einheitliche Vorbereitung und zügige Durchführung der Sanierungsmaßnahme muss im öffentlichen Interesse liegen (§ 136 Abs. 1 BauGB). Ziele und Zwecke der Sanierung müssen in einem Sanierungskonzept festhalten (§ 140 Nr. 3 BauGB) und das Sanierungsgebiet nach Abschluss einer Grobanalyse[1120] und der vorbereitenden Untersuchungen (§ 141 BauGB)[1121] sodann durch Satzung beschlossen werden (§ 142 Abs. 1 BauGB).[1122]

Voraussetzung für die förmliche Festlegung eines Sanierungsgebiets und zentraler Bestandteil des Instruments ist, dass das Vorliegen städtebaulicher Missstände nachgewiesen werden kann. § 136 Abs. 2 S. 2 BauGB enthält eine Regelung, wann nach Auffassung des Gesetzgebers städtebauliche Missstände vorliegen können. Zu unterscheiden sind Substanzmängel (§ 136 Abs. 2 S. 2 Nr. 1 BauGB) und Funktionsmängel (§ 136 Abs. 2 S. 2 Nr. 2 BauGB). Erstere knüpfen an ernsthafte Mängel der Bausubstanz in einem Gebiet an.[1123] Funktionsmängel sind gegeben, wenn das Gebiet in der Erfüllung der Aufgaben beeinträchtigt ist, die ihm nach seiner Lage und Funktion obliegen.[1124] Um das Sanierungsrecht im Rahmen des Klimaschutzes und der Klimaanpassung nutzbar machen zu können und den Baubestand an die Anforderungen des Klimaschutzes anzupassen, ist mithin die Begründung eines Missstandes aus Klimaschutzmotiven zielführend.[1125]

Ob ein Gebiet städtebauliche Missstände aufweist, beurteilt sich nach der Gesamtsituation des Einzelfalls und beruht auf prognostischen Annahmen.[1126] Ein Missstand ist eindeutig gegeben, wenn ein städtebaulicher Zustand hinter den Anforderungen zurückbleibt, die allgemein üblich sind.[1127] Rein präventive und vorbeugende Sanierungsmaßnahmen rechtfertigen eine Durchführung einer Sanierung allerdings nicht.[1128] Der Missstandsbegriff geht dabei auf die allgemeinen Anforderungen im Städtebau und Wohnungswesen zurück, die sich ihrerseits

---

1119 BVerwG, NVwZ 1986, 917 ff.

1120 Der Verfahrensschritt ist im BauGB nicht ausdrücklich geregelt und gibt einen ersten Überblich über städtebauliche Missstände, siehe *Friesecke*, in: Spannowsky/Hofmann (Hrsg.), Bewältigung städtebaulicher Missstände als Themengegenstand der Innenentwicklung, S. 35.

1121 Beispielhaft zu den Inhalten einer vorbereitenden Untersuchung im Rahmen einer energetischen Sanierung *Bröll/Dirnberger/Schiebel*, Energiewende und Baurecht, S. 71 ff.

1122 Zum Sanierungsverfahren im Einzelnen *Friesecke*, in: Spannowsky/Hofmann (Hrsg.), Bewältigung städtebaulicher Missstände als Themengegenstand der Innenentwicklung, S. 34, insbes. auch Abbildung 2 sowie *Waechter*, DVBl 2013, 613 (614 ff.).

1123 *Waechter*, DVBl 2013, 613 (616).

1124 Beide Tatbestände können sich auch überschneiden und liegen regelmäßig gleichzeitig vor, OVG Nordrhein-Westfalen, Urteil vom 23.10.2008 – 7D 37/07.NE – juris-Rn. 77 ff.; vgl. *Dirnberger*, in: Jäde/Dirnberger/Weiß, § 136, Rn. 8 sowie *Goldschmidt*, in: Hoppenberg/de Witt, Handbuch des öffentlichen Baurechts, Band 1, C, Rn. 1.

1125 Siehe *Krautzberger*, in: E/Z/B/K, § 136, Rn. 86 a.

1126 BVerwG, NVwZ 2010, 1490 (1490); BVerwG, NVwZ 2003, 1389; vgl. *Schmitz*, in: Spannowsky/Uechtritz, § 136, Rn. 19.

1127 *Waechter*, DVBl 2013, 613 (616).

1128 Vgl. *Jarass/Kment*, BauGB, § 136, Rn. 3 mwN. Zur Frage vorbeugender Sanierungsmaßnahmen auch *Mitschang*, in: B/K/L, § 136, Rn. 24 ff.

stets wandeln, und ist damit grds. für neue soziale Vorstellungen und neue städtebauliche Aufgaben offen.[1129]

### a) BauGB-Klimanovelle 2011

Der Gesetzesentwurf der Bundesregierung für die BauGB-Klimanovelle 2011 sah eine Klarstellung in § 136 Abs. 2 S. 2 BauGB dahin gehend vor, dass ein Substanzmangel nach § 136 Abs. 2 S. 2 Nr. 1 BauGB auch bei Defiziten in der zeitgemäßen energetischen Erneuerung angenommen werden könne, sei es wegen der unzureichenden Gebäudesubstanz oder wegen einer unzureichenden energetischen Infrastruktur.[1130] Energetisch unzureichende Verhältnisse in einem Gebiet hätten damit dazu führen können, dass die Gemeinde von dem Instrument der städtebaulichen Sanierungsmaßnahme unzweifelhaft Gebrauch machen kann.[1131]

Obwohl der Änderungsvorschlag im zuständigen Beratungsausschuss seitens der Sachverständigen große Unterstützung erfuhr,[1132] wurde auf die Änderung (zunächst) verzichtet.[1133] Verwiesen wurde insoweit auf das weniger eingriffsintensive und noch stärker auf konsensuale Lösungen ausgerichtete Instrument des Stadtumbaus, welches im Rahmen der BauGB-Klimanovelle 2011 an die Anforderungen des Klimaschutzes angepasst wurde.[1134] Der Mustereinführungserlass zur BauGB-Klimanovelle 2011 führt dazu aus, dass auf die angedachten Änderungen allein auf Grund noch bestehenden Beratungsbedarfs verzichtet wurde.[1135] Weiter heißt es, die Berücksichtigung des Klimaschutzes und der Klimaanpassung im Rahmen des Sanierungsrechts würde ungeachtet der nicht vorgenommenen Erweiterung nicht behindert werden. Ansonsten hätte der Gesetzgeber davon abgesehen, auch die Änderungen des § 148 BauGB zu beschließen.[1136]

Losgelöst von der Problematik der Missstandsbegründung aus Klimaschutzgründen wurde nämlich § 148 BauGB an die Erfordernisse des Klimaschutzes angepasst. So erfassen Baumaßnahmen im Rahmen einer Sanierung gemäß § 148 Abs. 2 S. 1 BauGB seither ausdrücklich auch die Errichtung und Erweiterung von Anlagen und Einrichtungen zur dezentralen und

---

1129 Darauf wurde auch schon im Gesetzgebungsverfahren zur Einfügung des Sanierungsrechts abgestellt. Siehe Ausschussbericht BT-Drs. 10/6166, S. 146; vgl. *Krautzberger*, in: Mitschang (Hrsg.), Fragestellungen des Städtebau- und Umweltrechts, S. 178.; *ders.*, in: E/Z/B/K, § 136, Rn. 67; *Schmitz*, in: Spannowsky/Uechtritz, § 136, Rn. 20; *Köhler*, in: Schrödter, § 136, Rn. 29; *Battis/Kersten/Mitschang*, Rechtsfragen Stadterneuerung, S. 101; *Mitschang*, ZfBR 2010, 534 (548); *ders.*, in: B/K/L, § 136, Rn. 11.

1130 BT-Drs. 17/6076, S. 10; vgl. *Krautzberger*, UPR 2011, 361 (362); *ders.*, in: Mitschang (Hrsg.), Stärkung der Innenentwicklung, S. 67; *Wickel*, UPR 2011, 416 (420 f.).

1131 Siehe *Dirnberger*, BauGB Klimaschutz, S. 26.

1132 Alle Stellungnahmen unter http://www.bundestag.de/bundestag/ausschuesse17/a15/Oeffentliche_Anhoerungen/Archiv/klimagerechte_Staedte_und_Gemeinden_27_06_2011/ Stellungnahmen/index.html (Stand 05.08.2012) abrufbar. Siehe auch *Bunzel*, ZfBR 2012, 114 (121); *ders.*, in: Mitschang (Hrsg.), Klimagerechte Stadtentwicklung, S. 24 f.

1133 Siehe BT-Drs. 17/6357, S. 9.

1134 BT-Drs. 17/6357, S. 9. Resümierend *Kahl/Schmidtchen*, Kommunaler Klimaschutz durch Erneuerbare Energien, S. 201. Zu den einzelnen Stellungnahmen im Gesetzgebungsverfahren auch *Schneider*, Auswirkungen des Klimawandels auf das Bauplanungsrecht, S. 115 ff. Kritisch *Friesecke*, in: Spannowsky/Hofmann (Hrsg.), Bewältigung städtebaulicher Missstände als Themengegenstand der Innenentwicklung, S. 33.

1135 Mustereinführungserlass, S. 13 f.

1136 Mustereinführungserlass, S. 13 f. Zur etwaigen Widersprüchlichkeit der Angleichungen durch die BauGB-Klimanovelle 2011 *Krautzberger*, DVBl 2012, 69 (70); *ders.*, in: Mitschang (Hrsg.), Klimagerechte Stadtentwicklung, S. 107.

zentralen Erzeugung, Verteilung, Nutzung oder Speicherung von Strom, Wärme oder Kälte aus erneuerbaren Energien oder Kraft-Wärme-Kopplung.[1137] Insoweit hebt das Gesetz seit der BauGB-Klimanovelle 2011 klimaschutzrelevante Baumaßnahmen ausdrücklich hervor.[1138] Ausweislich des Mustereinführungserlasses war es daher nur konsequent, fortan auch eine Begründung von Missständen aus klimawandelgerechten Gründen als möglich zu erachten. Die Einschätzung des Mustereinführungserlasses korrespondiert mit einer weit verbreiteten Literaturmeinung zur Berücksichtigung des Klimaschutzes und der Klimaanpassung im Sanierungsrecht.

### b) Schrifttum

In der Literatur bestand schon lange vor der BauGB-Klimanovelle 2011 die progressive Tendenz, dass Unzulänglichkeiten des energetischen Zustands von Gebäuden – unter Bezugnahme auf die Planungsgrundsätze des BauGB – einen Missstand begründen können,[1139] soweit die sich aus den Erfordernissen des Klimaschutzes ergebenden Anforderungen nicht erfüllt werden.[1140] Insbesondere die Akzentuierung des Klimaschutzes im Städtebaurecht durch § 1 Abs. 5 S. 2 BauGB (und nunmehr auch § 1 a Abs. 5 BauGB) ließe sich auf alle städtebaulichen Maßnahmen übertragen.[1141] Wenn also eine überwiegende Anzahl von Gebäuden in einem Quartier beispielsweise im Hinblick auf die Wärmedämmung nicht den energetischen Anforderungen an einen nachhaltigen Klimaschutz entspräche, könne ein physischer Missstand vorliegen. Soweit ein Quartier über keine klimaschonenden Infrastrukturen verfüge, könne ein funktionaler Missstand begründet werden.[1142] Das Sanierungsrecht wird mithin in der Literatur seit geraumer Zeit als Möglichkeit zur Behebung unzureichender energetischer Verhältnisse im Gebäudebestand genannt.

---

1137 Bei den Ordnungsmaßnahmen (§ 147 BauGB) wurde von einer entsprechenden Ergänzung abgesehen.

1138 Die Aufzählung in § 148 Abs. 2 BauGB ist insoweit nicht abschließend, so *Mitschang*, in: B/K/L, § 148, Rn. 3; *Krautzberger*, in: E/Z/B/K, § 148, Rn. 16; *Schmitz*, in: Spannowsky/Uechtritz, § 148, Rn. 12; a.A. *Köhler*, in: Schrödter, BauGB, § 148, Rn. 6.

1139 Die Zuordnung zu § 136 Abs. 2 S. 2 Nr. 1 und Nr. 2 BauGB differiert dabei. *Krautzberger*, DVBl 2008, 737 (744) nimmt bspw. einen Funktionsmangel an; *Kahl/Schmidtchen*, Kommunaler Klimaschutz durch Erneuerbare Energien, S. 203 sehen demgegenüber einen Substanzmangel als gegeben.

1140 *Krautzberger*, in: E/Z/B/K, § 136, Rn. 84, 86 a, 94; *ders.*, UPR 2012, 99 (101); *ders.*, DVBl 2008, 737 (744); *ders.*, Stadt und Gemeinde 2008, S. 155 (156); *ders.* DVBl 2012, 69 (70); *ders.*, vhw 2008, 244 (248); *ders.*, in: Mitschang (Hrsg.), Klimagerechte Stadtentwicklung, S. 105 f.; *Longo*, Die Gemeinde SH 5/2010, 130 (131); *Mitschang*, ZfBR 2010, 534 (550); *ders.*, in: Mitschang (Hrsg.), Fragestellungen des Städtebau- und Umweltrechts, S. 72; *Mitschang/Schwarz*, in: Mitschang (Hrsg.), Energieeffizienz und Erneuerbare Energien im Städtebaurecht, S. 90; *Battis/Kersten/Mitschang*, Rechtsfragen Stadterneuerung, S. 101; *Dirnberger*, in: Jäde/Dirnberger/Weiß, § 136, Rn. 12; *Habermann-Nieße/Jütting/Klehn/Schlomka*, Strategien zur Modernisierung II, S. 64; *Everding/Zerweck*, ZNER 2005, 140 (146); *Kahl/Schmidtchen*, Kommunaler Klimaschutz durch Erneuerbare Energien, S. 202 f. Siehe auch *C. Hagebölling*, NuR 2013, 99 (102); *Böhm/Schwarz*, NVwZ 2012, 129 (134); *Friesecke*, in: Spannowsky/Hofmann (Hrsg.), Bewältigung städtebaulicher Missstände als Themengegenstand der Innenentwicklung, S. 32 sowie *HFK RA LLP*, Green Legal Solutions, S. 45.

1141 Auch BT-Drs. 17/11468, S. 15 zur Novellierung des § 136 BauGB nimmt insoweit auf § 1 a Abs. 5 BauGB Bezug; vgl. zudem *Krautzberger*, in: Mitschang (Hrsg.), Klimagerechte Stadtentwicklung, S. 117 und *C. Hagebölling*, NuR 2013, 99 (102).

1142 *Mitschang*, ZfBR 2010, 534 (548); *Krautzberger*, in: E/Z/B/K, § 136, Rn. 86 a; *ders.*, vhw 2008, 244 (248); *Battis/Kersten/Mitschang*, Rechtsfragen Stadterneuerung, S. 101 f.; *Friesecke*, in: Spannowsky/Hofmann (Hrsg.), Bewältigung städtebaulicher Missstände als Themengegenstand der Innenentwicklung, S. 32. Siehe auch *Longo*, Die Gemeinde SH 5/2010, 130 (131) nach dem ein hoher Energieverbrauch in Altbausiedlungen einen Missstand begründen könne.

### c) BauGB-Novelle 2013

Im Rahmen der BauGB-Novelle 2013[1143] wurde die Änderung des § 136 BauGB wieder aufgegriffen und ein modifizierter Änderungsvorschlag umgesetzt.[1144] Ein städtebaulicher Missstand nach § 136 Abs. 2 S. 2 Nr. 1 BauGB (Substanzmangel) kann de lege lata nunmehr ausdrücklich angenommen werden, „wenn das Gebiet nach seiner vorhandenen Bebauung oder nach seiner sonstigen Beschaffenheit den allgemeinen Anforderungen an gesunde Wohn- und Arbeitsverhältnisse oder an die Sicherheit der in ihm wohnenden oder arbeitenden Menschen auch unter Berücksichtigung der Belange des Klimaschutzes und der Klimaanpassung nicht entspricht".

§ 136 Abs. 3 BauGB enthält zudem einen Kriterienkatalog, der Hinweise darauf gibt, was bei der Feststellung eines Missstandes zu berücksichtigen ist. Bei der Beurteilung, ob in einem städtischen oder ländlichen Gebiet städtebauliche Missstände vorliegen, sollen nach § 136 Abs. 3 Nr. 1 h) BauGB „insbesondere die Wohn- und Arbeitsverhältnisse oder die Sicherheit der in dem Gebiet wohnenden und arbeitenden Menschen in Bezug auf die energetische Beschaffenheit, die Gesamtenergieeffizienz der vorhandenen Bebauung und der Versorgungseinrichtungen des Gebiets unter Berücksichtigung der allgemeinen Anforderungen an den Klimaschutz und die Klimaanpassung" berücksichtigt werden. Nach § 136 Abs. 4 S. 2 Nr. 1 BauGB sollen städtebauliche Sanierungsmaßnahmen zudem u.a. dazu beitragen, „dass die bauliche Struktur in allen Teilen des Bundesgebiets nach den allgemeinen Anforderungen an den Klimaschutz und die Klimaanpassung [..] entwickelt wird". Klimaschutz- und Klimaanpassung wurden mithin ausdrücklich als zu berücksichtigende Belange bei der Missstandsbegründung und als Ziel von Sanierungsmaßnahmen in das besondere Städtebaurecht integriert und der sachliche Anwendungsbereich städtebaulicher Sanierungsmaßnahmen damit um die genannten Belange erweitert.

## 2. Stadtumbau

Ursprünglich wurde das Instrument des Stadtumbaus als Reaktion auf tief greifende Strukturveränderungen und damit einhergehende Auswirkungen auf die städtebauliche Entwicklung (bspw. dauerhafter Wohnungsleerstand) in das BauGB aufgenommen (§§ 171 a ff.).[1145] Stadtumbaumaßnahmen sind Maßnahmen, durch die, in von erheblichen städtebaulichen Funktionsverlusten betroffenen Gebieten, Anpassungen zur Herstellung nachhaltiger städtebaulicher Strukturen vorgenommen werden (§ 171 a Abs. 2 S. 1 BauGB). Diese Maßnahmen können ergänzend oder anstatt sonstiger Maßnahmen des BauGB durchgeführt werden (§ 171 a Abs. 1 BauGB).[1146] Die Gemeinde wird in die Lage versetzt, ausschließlich nach den Vorschriften über den Stadtumbau vorzugehen, soweit sie dies für zweckmäßig erachtet.[1147]

---

1143 Gesetz zur Stärkung der Innenentwicklung in den Städten und Gemeinden und weiteren Fortentwicklung des Städtebaurechts vom 11.06.2013, BGBl. I S. 1548.

1144 In Kraft seit 20.09.2013. Eine Gegenüberstellung der alten und neuen Fassung bei *Bröll/Dirnberger/Schiebel*, Energiewende und Baurecht, S. 32 f.

1145 *Reidt*, in: B/K/L, Vorbemerk. § 171 a, Rn. 1. Zum Ganzen *Goldschmidt*, BauR 2004, 1402 ff.

1146 Vgl. *Krautzberger*, in: E/Z/B/K, Vorb. §§ 171a-171d, Rn. 3; *Roeser*, in: Berliner Komm. BauGB, 21. Erg.-Lfg., § 171 a, Rn. 5.

1147 Die alleinige Anwendung der Vorschriften des Stadtumbaus kommt bspw. schon in dem Fall in Betracht, wenn wegen vorhandener städtebaulicher Missstände die Einleitung eines Sanierungsverfahrens möglich wäre, siehe *Stemmler*, ZfBR 2004, 128 (129); vgl. auch *Dirnberger*, BauGB Klimaschutz, S. 27.

Ähnlich der Rechtslage in Sanierungsgebieten ist der Stadtumbau eine städtebauliche Gesamtmaßnahme, deren einheitliche und zügige Durchführung im öffentlichen Interesse liegen muss (§ 171 a Abs. 1 BauGB).[1148] Anknüpfungspunkt beim Stadtumbau ist, ähnlich dem Missstand im Sanierungsrecht, ein städtebaulicher Funktionsverlust. Anzeichen eines solchen können gegeben sein, wenn durch einen Vergleich der zugedachten und tatsächlichen Funktion eines Gebiets Fehlentwicklungen offenkundig werden.[1149] Im Gegensatz zum Sanierungsrecht müssen dabei keine Missstände nachgewiesen werden, sondern es genügt, wenn „erhebliche städtebauliche Funktionsverluste" bestehen oder zu befürchten sind.[1150] Durch die BauGB-Klimanovelle 2011 wurde das bisher vornehmlich auf den Rückbau von baulichen Anlagen fokussierte Instrument um Klimaschutz- und Klimaanpassungsaspekte sowie eine dementsprechende mögliche Anpassung baulicher Anlagen erweitert.[1151] Im Rahmen der BauGB-Novelle 2013 wurden sodann redaktionelle Klarstellungen vorgenommen.[1152]

Nach § 171 a Abs. 2 S. 2 BauGB können erhebliche städtebauliche Funktionsverluste nunmehr insbesondere dann vorliegen, „wenn ein dauerhaftes Überangebot an baulichen Anlagen für bestimmte Nutzungen, namentlich für Wohnzwecke, besteht oder zu erwarten ist, oder wenn die allgemeinen Anforderungen an den Klimaschutz und die Klimaanpassung nicht erfüllt werden". Die Regelung bestimmt mithin, dass Stadtumbaumaßnahmen begründende Funktionsverluste insbesondere auch aus Klimaschutz- und Klimaanpassungsgründen vorliegen können.

Auch Abs. 3 der Vorschrift wurde explizit um klimaanpassungs- und klimaschutzbezogene Ziele ergänzt. Nach § 171 a Abs. 3 S. 2 Nr. 1 BauGB sollen Stadtumbaumaßnahmen insbesondere dazu beitragen, „dass die Siedlungsstruktur den Erfordernissen der Entwicklung von Bevölkerung und Wirtschaft sowie den allgemeinen Anforderungen an den Klimaschutz und die Klimaanpassung angepasst wird". § 171 a Abs. 3 S. 2 Nr. 6 BauGB benennt als Ziel des Stadtumbaus, dass „brachliegende oder freigelegte Flächen einer nachhaltigen, insbesondere dem Klimaschutz und der Klimaanpassung dienenden städtebaulichen Entwicklung oder einer mit dieser verträglichen Zwischennutzung zugeführt werden" sollen.[1153]

Zudem sollen nach § 171 a Abs. 3 S. 2 Nr. 7 BauGB „innerstädtische Altbaubestände nachhaltig erhalten werden". Der Erhaltung der Altbaubestände wird mithin der Vorrang vor dem Abriss der Gebäude eingeräumt und die zukünftige Gestaltung der Gebäude durch das Merkmal der Nachhaltigkeit am Maßstab des Klimaschutzes und der Klimaanpassung ausgerichtet.[1154] Die Gesetzesbegründung hebt insoweit insbesondere gebäudeübergreifende Lösungen der Energieversorgung, die das Erscheinungsbild nicht beeinträchtigen sowie qualitätsvolle

---

1148 Vgl. *Reidt*, in: B/K/L, § 171 a, Rn. 1 ff.

1149 *Mitschang*, in: Spannowsky/Uechtritz, § 171 a, Rn. 10.

1150 *Friesecke/Goldschmidt/Kötter/u.a.*, Stadtumbau – Ein Leitfaden, S. 203.

1151 Die Verbesserung der Umwelt war gleichwohl schon zuvor in § 171 a Abs. 3 Nr. 2 BauGB als Ziel von Stadtumbaumaßnahmen genannt. Richtungsweisend schon *Goldschmidt,* in: Hoppenberg/de Witt, Handbuch des öffentlichen Baurechts, Band 1, C, Rn. 441.

1152 Siehe BT-Drs. 17/11468, S. 16.

1153 Redaktionell geändert durch die BauGB-Novelle 2013, BGBl. I S. 1548. Zu Unrecht kritisch zur Formulierung "insbesondere" und "nachhaltig" *Bundesvereinigung der kommunalen Spitzenverbände*, Stellungnahme zum Entwurf eines Gesetzes zur Stärkung der klimagerechten Stadtentwicklung in den Gemeinden, S. 5, da nur ein Beispielsfall hervorgehoben wird und kein Vorrang von Klimaschutzaspekten begründet wird. Dazu *Schneider*, Auswirkungen des Klimaschutzes auf das Bauplanungsrecht, S. 98.

1154 Vgl. BT-Drs. 17/6076, S. 11 f.; *Roeser*, in: Berliner Komm. BauGB, 21. Erg.-Lfg., § 171 a, Rn. 22.

Aufwertungen der Gebäudehülle zur Verbesserung des Wärmeschutzes hervor.[1155] Klimaschutz- und Klimaanpassung werden vom Gesetz mithin als Aufgaben des Stadtumbaus hervorgehoben. Um weiterhin zu akzentuieren, dass der Stadtumbau nicht nur auf den Rückbau von baulichen Anlagen ausgerichtet ist, wurde § 171 c s. 2 Nr. 1 BauGB insoweit präzisiert, als die Anpassung baulicher Anlagen auch einen Gegenstand eines Stadtumbauvertrags bilden kann.

### 3. Private Initiativen

Regelungen zu Privaten Initiativen zur Stadtentwicklung wurden mit Wirkung zum 01.01.2007 in das BauGB eingeführt.[1156] § 171 f S. 1 BauGB bestimmt, dass nach Maßgabe des Landesrechts, unbeschadet sonstiger Maßnahmen nach diesem Gesetzbuch, Gebiete festgelegt werden können, in denen in privater Verantwortung standortbezogene Maßnahmen durchgeführt werden, die auf der Grundlage eines mit den städtebaulichen Zielen der Gemeinde abgestimmten Konzepts der Stärkung oder Entwicklung von Bereichen der Innenstädte, Stadtteilzentren, Wohnquartiere und Gewerbezentren sowie von sonstigen für die städtebauliche Entwicklung bedeutsamen Bereichen dienen.

Die Norm geht auf Erfahrungen in den USA zurück, wo seit den 1970er Jahren das Konzept der „Business Improvement Districts" (BID's) entwickelt wird.[1157] Im Kern geht es dabei um die Festlegung von Gebieten, in denen private Träger gemeinsame Aktivitäten der dort ansässigen Gewerbetreibenden oder der dort wohnenden Bevölkerung organisieren, abstimmen und ausführen.[1158] Die Regelung wurde darüber hinaus auch vor dem Hintergrund schon bestehender landesrechtlicher Regelungen[1159] zu entsprechenden Einrichtungen in privater Trägerschaft geschaffen.[1160]

Ein BID wird ursprünglich als ein räumlich klar definierter, zumeist innerstädtischer Bereich, für den die lokale Wirtschaft ein Entwicklungs-, Maßnahmen- und Finanzierungskonzept erarbeitet, welches der Verbesserung des unmittelbaren geschäftlichen Umfelds dienen soll, definiert.[1161] Der Grundgedanke liegt darin, ein Centermanagement, wie es in großen Ein-

---

1155 BT-Drs. 17/6076, S. 12. Vgl. auch *Roeser*, in: Berliner Komm. BauGB, 21. Erg.-Lfg., § 171 a, Rn. 22.

1156 Durch das Gesetz zu Erleichterung von Planungsvorgaben für die Innenentwicklung der Städte vom 21.12.2006 (BGBl. I 2006, S. 3316).

1157 Ausführlich *Schink*, in: Spannowsky/Uechtritz, § 171 f, Rn. 5 ff. Vgl. auch *Ingold*, UPR 2009, 431 (432); *Kersten*, UPR 2007, 121 (121); *Stemmler/Hohrmann*, ZfBR 2007, 224 (231); *Hirschfelder*, LKRZ 2007, 175 (176); *Schmidt-Eichstaedt*, LKV 2007, 439 (444).

1158 *Bönker*, in: Hoppe/Bönker/Grotefels, § 14, Rn. 129. Ausführlich dazu auch *Krautzberger*, DVBl 2008, 337 ff.

1159 Hamburg, Gesetz zur Stärkung der Einzelhandels- und Dienstleistungszentren vom 28.12.2004, HmbGVBl., S. 525; Hessen, Gesetz zur Stärkung von innerstädtischen Geschäftsquartieren vom 21.12.2005, GVBl. Hessen I S. 867; Schleswig-Holstein, Gesetz über die Einrichtung von Partnerschaften zur Attraktivierung von City-, Dienstleistungs- und Tourismusbereichen vom 13.07.2006, GVBl. Schleswig-Holstein S. 158; Bremen, Gesetz zur Stärkung der Einzelhandels- und Dienstleistungszentren vom 18.06.2006 (GBl. Bremen S. 350 f); Saarland, Gesetz zur Schaffung von Bündnissen für Investitionen und Dienstleistungen (BIDG) vom 26.09.2007 (ABl. des Saarlandes, S. 2242); Nordrhein-Westfalen, Gesetz über Immobilien- und Standortgemeinschaften (ISGG NRW) vom 10.06.2008 (GVBl, S. 231). So auch die Übersicht bei *Reidt*, in: B/K/L, § 171 f, Rn. 1.

1160 *Portz*, KommJur 2007, 201 (202).

1161 *Schink*, in: Spannowsky/Uechtritz, § 171 f, Rn. 5; *Portz*, KommJur 2007, 201 (203); *Krautzberger*, DVBl 2008, 337 (341); *Kersten*, UPR 2007, 121 (121) mwN.

kaufszentren existiert, auf traditionelle Geschäftslagen in Innenstadtbereichen zu übertragen und damit einem Wettbewerb standzuhalten und die urbanen Innenstädte in ihrer vielfältigen Lebensfähigkeit zu erhalten.[1162]

In Deutschland stellt § 171 f BauGB zum einen die Gesetzgebungskompetenz der Länder für die privaten Initiativen zur Stadtentwicklung sicher.[1163] Zum anderen fordert die Norm, dass das BID-Konzept mit den städtebaulichen Zielen der Gemeinde abzustimmen ist und benennt Private Initiativen zudem als ergänzende Maßnahme, die neben anderen städtebaulichen Maßnahmen des besonderen Städtebaurechts durchgeführt werden können.[1164] Maßnahmen nach § 171 f BauGB sind dabei nicht auf den ursprünglichen Anwendungsbereich von BID's beschränkt, sondern können grundsätzlich in allen städtebaulich relevanten Bereichen durchgeführt werden.[1165] Die Einzelheiten einer gesetzlichen Regelung bleiben nach der bundesgesetzlichen Konzeption ausdrücklich den Ländern vorbehalten.[1166] Voraussetzung für die Durchführung eines BID's ist jeweils, dass sich die Mehrheit der betroffenen Grundeigentümer in einem Gebiet bzw. Quartier für ein BID entscheidet.[1167] Dieses basiert mithin grundsätzlich auf einer eigenverantworteten privaten Initiative und kann nicht erzwungen werden.[1168]

Soweit die Abstimmung der Grundstückseigentümer über die Einrichtung eines BID positiv ausgefallen ist, stimmen diese gemeinsam mit der Kommune ein Maßnahmen- und Finanzierungskonzept für den jeweiligen Standort ab und führen die Maßnahmen vermittelt durch einen Aufgabenträger aus.[1169] Auf der Grundlage einer von der Gemeinde inhaltlich geprüften Gebietsabgrenzung und einer erforderlichen kommunalen Satzung oder Rechtsverordnung[1170] werden sodann alle betroffenen Grundeigentümer zur Zahlung eines Betrags für die über einen festgelegten Zeitraum beschlossenen Verbesserungsmaßnahmen in dem Gebiet verpflichtet, selbst wenn sie diesem nicht zugestimmt haben sollten.[1171] Möglich sind bspw.

---

1162 Siehe *Bärenbrinker*, Nachhaltige Stadtentwicklung durch Urban Governance, S. 202 mwN.; *Kersten*, UPR 2007, 121 (121); *Krautzberger*, in: E/Z/B/K, § 171 f, Rn. 7.

1163 Diese war zuvor umstritten. Dazu VG Hamburg, NordÖR 2009, 218 (218 f.) sowie *Schmitz*, in: Festschrift Krautzberger, S. 362 ff. Vgl. auch *Bärenbrinker*, Nachhaltige Stadtentwicklung durch Urban Governance, S. 388; BT-Drs. 16/3308, S. 19; *Schmidt-Eichstaedt*, LKV 2007, 439 (443). Ausweislich des § 171 f S. 2 BauGB bleiben auch die Regelungen zur Finanzierung der Maßnahmen und gerechten Verteilung des damit verbundenen Aufwands, auch zur Abgabenerhebung, einer gesetzlichen Regelung durch die Länder vorbehalten. Siehe *Krautzberger*, in: E/Z/B/K, § 171 f, Rn. 4. Zu den Regelungszwecken der Norm *Schink*, in: Spannowsky/Uechtritz, § 171 f, Rn. 23 ff. sowie *Kersten*, UPR 2007, 121 (122) und *Bärenbrinker*, Nachhaltige Stadtentwicklung durch Urban Governance, S. 388 f.

1164 *Stemmler/Hohrmann*, ZfBR 2007, 224 (232); *Krautzberger*, in: E/Z/B/K, § 171 f, Rn. 4.

1165 BT-Drs. 16/3308, S. 19; *Battis/Krautzberger/Löhr*, NVwZ 2007, 121 (127); *Schink*, in: Spannowsky/Uechtritz, § 171 f, Rn. 28.

1166 BT-Drs. 16/3308, S. 19. Dazu auch *Lackner*, UPR 2009, 321 (321) und *Krautzberger/Stüer*, DVBl 2007, 160 (166 f.).

1167 Zu den im jew. Landesrecht bestehenden Quoren siehe *Schink*, UPR 2012, 132 (136) sowie *Gutzmer*, Climate Improvement Districts, S. 37 f.

1168 *Portz*, KommJur 2007, 201 (203); *Hirschfelder*, LKRZ 2007, 175 (176).

1169 Im Einzelnen *Kersten*, UPR 2007, 121 (123). Zum alternativen Organisationsmodell vgl. *Ingold*, UPR 2009, 431 (434); *Fuchs*, ZfBR 2011, 211 (211). Zudem und zum Folgenden *Portz*, KommJur 2007, 201 (203).

1170 Zu den unterschiedlichen Modellen in den Ländern *Martini*, DÖV 2008, 10 (12).

1171 *Portz*, KommJur 2007, 201 (203); *Mitschang*, ZfBR 2010, 534 (549); siehe auch *Battis/Kersten/Mitschang*, Rechtsfragen Stadterneuerung, S. 105 f. sowie *Stüer*, Bau- und Fachplanungsrecht, Rn. 2251. Zur Berechnung der Höhe vgl. bspw. nur § 7 des Hessischen Gesetzes zur Stärkung Innerstäd-

Finanzierungsregelungen, die an die Grundsteuer oder die Grundstücksgröße anknüpfen.[1172] Die Abgabe wird sodann zur Umsetzung der Maßnahmen entsprechend dem Maßnahmen- und Finanzierungskonzept zugunsten eines Aufgabenträgers verwandt. Die Satzung zur Abgabenerhebung kann die Gemeinde dabei nur erlassen, wenn zuvor ein öffentlich-rechtlicher Vertrag mit dem Aufgabenträger abgeschlossen wurde.[1173] Insbesondere die Aufgaben und Pflichten des Aufgabenträgers und der Gemeinde, aber auch Regelungen zur Zusammenarbeit, zur Haftung und zum jeweiligen Verantwortungsbereich sollen getroffen werden.[1174] Die Grundstückseigentümer können daneben auch einen gesonderten Vertrag mit dem Aufgabenträger abschließen, um die Umsetzung des Maßnahmenkonzepts sicherzustellen.[1175]

Herausgebildet haben sich bisher sog. „Housing" (HID) oder „Neighborhood Improvement Districts" (NID).[1176] Diese folgen dem Konstruktionsplan von BID's, dienen allerdings der Wohnumfeldverbesserung.[1177] Da § 171 f BauGB grundsätzlich alle städtebaulich bedeutsamen Bereiche erfasst und den Ländern insbesondere hinsichtlich der Ziele und Aufgaben, der Gebietsfestlegung und der Quoren für die Zustimmung einen weitgehenden Gestaltungsspielraum belässt,[1178] sind grds. auch Aufgaben des Klimaschutzes und der Klimaanpassung als Anwendungsbereich Privater Initiativen denkbar.

Eine auf Bundesebene ausdrückliche Erweiterung des § 171 f BauGB zu einem „Climate Improvement District"[1179] wurde im Rahmen der Vorarbeiten zur BauGB-Klimanovelle 2011 diskutiert. Die bisherige Rechtsgrundlage wurde jedoch zur Umsetzung klimawandelgerechter Maßnahmen als ausreichend erachtet.[1180] Reine „Climate Improvement Districts" bilden bisher allerdings noch kein Anwendungsfeld entsprechender landesgesetzlicher Regelungen.[1181]

---

tischer Geschäftsquartiere vom 21. Dezember 2005 (GVBl. I S. 867) zuletzt geändert durch Gesetz vom 06.10.2010 (GVBl. I S. 320).

1172 Siehe *Schink*, UPR 2012, 132 (136).

1173 Siehe *Portz*, KommJur 2007, 201 (203); *Schink*, UPR 2012, 132 (137); siehe bspw. § 4 des Hamburgischen Gesetzes zur Stärkung der Einzelhandels-, Dienstleistungs- und Gewerbezentren vom 28.12.2004 zuletzt geändert durch Gesetz vom 15.02.2011 (HmbGVBl 2011, 76).

1174 *Portz*, KommJur 2007, 201 (203).

1175 *Martini*, DÖV 2008, 10 (12).

1176 *Krautzberger*, DVBl 2008, 337 (341); zudem und zum Folgenden *Ingold*, UPR 2009, 431 (432); vgl. auch *Gutzmer*, Climate Improvement Districts, S. 26. Eine Übersicht zur Landesgesetzgebung bei *ders.*, Climate Improvement Districts, S. 31 ff. sowie bei dem *DIHK*, BID-Projekte auf landesgesetzlicher Grundlage (Stand 12.09.2012) abrufbar unter http://www.dihk.de/ themenfelder/ standortpolitik/raumordnung-stadtentwicklung/bids/bid-aktivitaeten-und-projekte (Stand 19.03.2013).

1177 *Martini*, DÖV 2008, 10 (11).

1178 Dazu *Krautzberger/Stüer*, DVBl 2007, 160 (166 f.); *Stüer*, Bau- und Fachplanungsrecht, Rn. 2251; *Stemmler/Hohrmann*, ZfBR 2007, 224 (232).

1179 Dazu *Ingold*, UPR 2009, 431 ff.

1180 *BMVBS* (Hrsg.), Berliner Gespräche zum Städtebaurecht, Band 1, S. 63; vgl. auch *BMVBS* (Hrsg.), Klimawandelgerechte Stadtentwicklung, S. 52 f. sowie *Battis/Kersten/Mitschang*, Rechtsfragen Stadterneuerung, S. 105 ff.; *dies.*, ZG 2010, 246 (258 f.); *Mitschang*, in: Mitschang (Hrsg.), Fragestellungen des Städtebau- und Umweltrechts, S. 76; *Kersten*, in: Festschrift Quack, S. 130 f. Siehe auch *Kahl/Schmidtchen*, Kommunaler Klimaschutz durch Erneuerbare Energien, S. 213, die zu Recht allein eine Aufzählung einer Zweckbestimmung auf Bundesebene in § 171 f BauGB als ergänzungsfähig ansehen.

1181 Siehe schon *Ingold*, UPR 2009, 431 (433); *Gutzmer*, Climate Improvement Districts, S. 41 ff., 48.

### 4. Städtebauliche Gebote

Ausweislich des § 177 Abs. 1 S. 1 BauGB besteht die Möglichkeit, ein Modernisierungs- oder Instandsetzungsgebot anzuordnen, wenn eine bauliche Anlage nach ihrer inneren oder äußeren Beschaffenheit behebbare Missstände oder Mängel aufweist. Der Eigentümer kann mithin grundsätzlich durch Bescheid von der Gemeinde aufgefordert werden, bestimmte Missstände oder Mängel zu beseitigen, soweit die alsbaldige Durchführung der Maßnahmen aus städtebaulichen Gründen erforderlich ist (§ 175 Abs. 2 BauGB). Anders als bei den soeben thematisierten Instrumenten handelt es sich bei § 177 BauGB nicht um eine quartiersbezogene Maßnahme, sondern um eine Einzelmaßnahme, die grundsätzlich in jedem Gebiet angeordnet werden kann.[1182] Aber auch hier könnte die Begründung eines Missstandes aufgrund der energetischen Beschaffenheit des Gebäudes, vergleichbar mit der Begründung eines Missstandes für die Festlegung eines Sanierungsgebietes i.S.d. § 136 Abs. 2 BauGB, zielführend sein.[1183] Eine ausdrückliche klimaschutz- und klimaanpassungsbezogene Ausrichtung haben die städtebaulichen Gebote allerdings bislang nicht erfahren.

## VI. Analyse und Grenzen des besonderen Städtebaurechts

Sanierungs-, Stadtumbaumaßnahmen, Private Initiativen und Städtebauliche Gebote stellen – im wesentlichen Unterschied zu den dargelegten Instrumenten des allgemeinen Städtebaurechts – Instrumente dar, um Veränderungen im Gebäudebestand herbeiführen zu können. Da, wie dargelegt, insbesondere der Gebäudebestand erhebliche Energieeinsparpotenziale in sich birgt, können diese Instrumente auf Grund ihres zum Teil vorhandenen Quartierbezugs wesentliche Ansatzpunkte zur Förderung des Klimaschutzes und der Klimaanpassung bieten. Mitunter können auch Einsatzgebiete des städtebaulichen Vertrags erschlossen werden.

### 1. Sanierungsrecht

Das Sanierungsrecht findet Anwendung, wenn es darum geht, ein ganzes Gebiet und nicht nur ein einzelnes Bauwerk zu verbessern. Da sich quartiersbezogene Sanierungen aus Energieeffizienzsicht als vorteilhaft erweisen,[1184] findet sich mit dem Sanierungsrecht grundsätzlich ein taugliches Instrument, um eine energetische Sanierung zu fördern. Die Planung im Zuge der Sanierungsdurchführung setzt dabei insbesondere ein informelles Energie- und Klimaschutzkonzept für das Quartier voraus (§ 140 Nr. 3 BauGB), dass die Potenziale des Quartiers offenlegt und darstellt, welche konkreten technischen und wirtschaftlichen Energieeinsparmaßnahmen im Quartier ergriffen werden müssen.[1185]

#### a) Festsetzung aus Klimaschutzgründen

Klimaschutz und Klimaanpassung wurden im Rahmen der BauGB-Novelle 2013 als berücksichtigungspflichtige Belange zum Zwecke der Missstandsbegründung in § 136 Abs. 2 S. 2 Nr. 1, Abs. 3 Nr. 1 h) BauGB integriert. Ob einhergehend mit der überwiegenden Auffassung in der Literatur und dem Mustereinführungserlass zur BauGB-Klimanovelle 2011 auch schon

---

1182 Siehe *Mitschang*, in: B/K/L, § 177, Rn. 2.

1183 Siehe *Böhm/Schwarz*, NVwZ 2012, 129 (134).

1184 Siehe oben.

1185 *Friesecke*, in: Spannowsky/Hofmann (Hrsg.), Bewältigung städtebaulicher Missstände als Themengegenstand der Innenentwicklung, S. 41 mwN.; vgl. ferner *Schwarz*, UPR 2013, 408 (411).

zuvor eine Missstandsbegründung aus Gründen des Klimaschutzes und der Klimaanpassung möglich war, darf insbesondere vor dem Hintergrund des Gesetzesvorbehalts bezweifelt werden. Das Sanierungsrecht und der Begriff des Missstands erscheinen zwar grds. an aktuelle Problemlagen im Städtebaurecht anpassungsfähig.[1186] Ebenso gesteht das BVerwG der Gemeinde bei der Bewertung der zukünftigen Struktur und Funktion eines Sanierungsgebiets einen weiten Beurteilungs- und Gestaltungsspielraum zu.[1187] Die Anwendung des Sanierungsrechts ermöglicht jedoch insbesondere Einwirkungen auf das Eigentumsrecht Privater und kann daher eine wesentliche Grundrechtsrelevanz aufweisen.[1188] Nach der Rspr. des BVerfG gilt damit (sogar) der Parlamentsvorbehalt.[1189] Vor allem der Anwendungsbereich und der Begriff der Sanierung sowie deren Voraussetzungen müssen im BauGB mithin detailliert geregelt werden.[1190] Ein Rückgriff auf die allgemeinen Ziele der Bauleitplanung (§ 1 Abs. 5 S. 2 BauGB) im Rahmen einer Missstandsbegründung, welche sich gewiss auch auf städtebauliche Gesamtmaßnahmen auswirken können,[1191] vermochte diesen Anforderungen wohl nicht gerecht zu werden.[1192]

Seit der BauGB-Novelle 2013 haben die Gemeinden nunmehr Rechtssicherheit erlangt. Im Vergleich zum Gesetzgebungsvorschlag von 2011 wurde insoweit allerdings zurückhaltender verfahren.[1193] Klimaschutz- und Klimaanpassungsdefizite können de lege lata nicht „per se" einen Missstand begründen, sondern sind im Rahmen einer Missstandsbegründung nach § 136 Abs. 2 Nr. 1 BauGB zu erfassen und zu gewichten („auch unter Berücksichtigung").[1194] Die genannten Belange bilden damit ein zusätzliches, aber kein eigenständiges Kriterium zur Begründung eines Missstandes. Im Rahmen der BauGB-Klimanovelle 2011 war ursprünglich vorgesehen, Klimaschutz- und Klimaanpassungsdefizite als eigenständigen und von „den allgemeinen Anforderungen an gesunde Wohn- und Arbeitsverhältnisse oder an die Sicherheit der in ihm wohnenden oder arbeitenden Menschen" losgelösten Missstand zu definieren.[1195] Im Gesetzgebungsverfahren zur BauGB-Novelle 2013 hatte der Bundesrat einen ähnlichen

---

1186 BGH, NJW 1967, 1855 (1856); vgl. *Krautzberger*, in: E/Z/B/K, § 136, Rn. 86.

1187 BVerwG, NVwZ 2010, 1490 (1490); vgl. auch *Mitschang*, in: B/K/L, § 136, Rn. 11; *Krautzberger*, in: E/Z/B/K, § 142, Rn. 19.

1188 Siehe *Spannowsky*, ZfBR 2013, 752 (756).

1189 Siehe nur BVerfGE 104, 151 (208). Dazu *Huster/Rux*, in: Epping/Hillgruber, GG, Art. 20, Rn. 105 ff.; vgl. auch *Spannowsky*, ZfBR 2013, 752 (756).

1190 Siehe *Spannowsky*, ZfBR 2013, 752 (756).

1191 Dazu *Spannowsky*, ZfBR 2013, 752 (762).

1192 Ähnlich *Böhm/Schwarz*, NVwZ 2012, 129 (134).

1193 Soweit ersichtlich wurde dies in der Literatur bislang ausdrücklich nur von *Groth*, Das Grundeigentum 2013, 984 (985) erkannt. So wird zumeist darauf verwiesen, dass der Gesetzgebungsvorschlag von 2011 „nachgeholt" wurde, was so nicht zutrifft.

1194 Vgl. *Battis/Mitschang/Reidt*, NVwZ 2013, 961 (966); *Bröll/Dirnberger/Schiebel*, Energiewende und Baurecht, S. 33; *Haus&Grund*, Stellungnahme zu BT-Drs. 17/11468 und BT-Drs 17/10846, vom 23.01.2013, S. 5 f. Dazu auch *Krautzberger/Stüer*, DAB 08/2013, 28 (29) sowie *Krautzberger*, ZfIR 2013, 533 (537).

1195 „oder den Erfordernissen der klimagerechten Stadtentwicklung nicht entspricht", siehe BT-Drs. 17/6076, S. 4. So auch die Überlegungen im Rahmen der Berliner Gespräche zum Städtebaurecht, *BMVBS* (Hrsg.), Berliner Gespräche zum Städtebaurecht, Band 1, S. 62 „unabhängig vom sonstigen baulichen und funktionellen Defiziten". Kritisch Deutscher Anwaltverein, Stellungnahme zum Entwurf eines Gesetzes zur Stärkung der klimagerechten Stadtentwicklung in den Gemeinden, vom 26.05.2011, S. 5 sowie *Haus&Grund*, Stellungnahme zu BT-Drs. 17/11468 und BT-Drs 17/10846, vom 23.01.2013, S. 5 f.

Vorschlag gemacht.[1196] Insoweit geht mit dem geltenden Recht ein – im Vergleich zum Novellierungsvorschlag von 2011 – höherer Begründungsaufwand für die Gemeinden einher.

Die Sanierungsbedürftigkeit des Gebiets bedarf einer Abwägung. Erforderlich ist ein Vergleich des Ist-Zustands mit dem Soll-Zustand.[1197] Ersterer ergibt sich aus den vorbereitenden Untersuchungen der Gemeinde. Für den Soll-Zustand ist das Sanierungskonzept der Gemeinde maßgeblich.[1198] Die einen Missstand konkretisierenden Kriterien sind dabei nach § 136 Abs. 3 Nr. 1 h) BauGB unter Berücksichtigung der „allgemeinen Anforderungen" zu gewichten. Ebenso knüpfen die Zielbestimmungen des § 136 Abs. 4 S. 2 Nr. 1 BauGB an die „allgemeinen Anforderungen" an.

Nach der Gesetzesbegründung soll damit verdeutlicht werden, dass allgemein anerkannte oder mit den einschlägigen Vorschriften (z.B. des Energiefachrechts) vereinbarte Standards bei der Beurteilung zu Grunde zu legen sind.[1199] Da das Energiefachrecht allerdings – wie dargelegt – nahezu keine anlassunabhängigen Anforderungen an Bestandsbauten stellt, erscheint eine isolierte Bezugnahme auf das Energiefachrecht als zu restriktiv.[1200] Auch der Bundesrat hält in einem solchen Fall kaum Anwendungsfälle für denkbar.[1201] Um den Gemeinden das Instrument des Sanierungsrechts zur Behebung von Klimaschutz- und Klimaanpassungsdefiziten an die Hand zu geben, muss auch darüber hinaus eine Missstandsbegründung möglich sein, soweit bspw. eine ungenügende Klimaverträglichkeit eines Quartiers auf Grund eines Modernisierungsstaus, mangelnder Wärmedämmung und steigender Energiekosten auf Grundlage des Sanierungskonzepts oder informeller Planungen (wie einem gemeindlichen Energie- und Klimakonzept) begründet werden kann. In der ersten Kommentarliteratur wird insofern ebenso nicht explizit auf die Anforderungen des Energiefachrechts abgestellt, sondern eine Missstandsbegründung für möglich gehalten, soweit ein Gebiet hinsichtlich der Qualität der Wärmedämmung oder dem Vorhandensein von Kollektoren in seiner Gesamtheit erheblich hinter dem „gewünschten Maß" zurückbleibt.[1202] Für die Gemeinde kann insoweit – auch unabhängig von den vorbereitenden Untersuchungen (§ 141 BauGB) – ein quartierübergreifendes Gebäude Monitoring oder ein vorab entwickeltes Energiekonzept hilfreich sein.

### b) Besondere Eingriffsrechte

Die förmliche Festlegung eines Sanierungsgebiets auf Grundlage einer Sanierungssatzung steht im Ermessen der Gemeinde (§ 142 Abs. 1 S. 1 BauGB). Soweit ein Sanierungsgebiet auf Grundlage eines Sanierungskonzepts[1203] beschlossen ist, stehen der Gemeinde sodann verschiedene Instrumente mit umfassenden Rechtsfolgen zur Verfügung, welche auch im Rahmen einer energetischen Sanierung nutzbar gemacht werden können. So bestehen nach

---

1196 „oder den Erfordernissen des Klimaschutzes bei der Entwicklung in den Städten und Gemeinden nicht entspricht", siehe BR-Drs. 474/12 (Beschluss), S. 9.

1197 Siehe BVerwG, NVwZ 1999, 1336 (1337 f.); BVerwG, NVwZ 1999, 420 (420).

1198 Vgl. *Waechter*, DVBl 2013, 613 (616).

1199 BT-Drs. 17/11468, S. 16.

1200 Vgl. auch *Kahl/Schmidtchen*, Kommunaler Klimaschutz durch Erneuerbare Energien, S. 205. Demgegenüber stellen *Battis/Mitschang/Reidt*, NVwZ 2013, 961 (966) sowie *Mitschang/Schwarz*, KommP spezial 2013, 124 (128, Fn. 65) allein auf die Standards des Energiefachrechts ab.

1201 BT-Drs.17/11468, S. 23, BR-Drs. 474/12 (Beschluss), S. 10. Dazu auch *Kahl/Schmidtchen*, Kommunaler Klimaschutz durch Erneuerbare Energien, S. 205.

1202 *Schmitz*, in: Spannowsky/Uechtritz, § 136, Rn. 43; *Groth*, Das Grundeigentum 2013, 984 (985).

1203 Siehe § 140 Nr. 3 BauGB. Dazu *Mitschang*, in: B/K/L, § 140, Rn. 3.

§§ 144, 145 BauGB weitreichende Genehmigungsvorbehalte für bestimmte grundstücksbezogene Vorhaben oder Rechtsvorgänge – beispielsweise für die Durchführungen von Vorhaben i.S. des § 29 BauGB.[1204] Die erforderliche sanierungsrechtliche Genehmigung tritt dabei neben eine etwaige Baugenehmigung und es wird von der Behörde geprüft, ob die geplanten Maßnahmen dem Sanierungszweck zuwiderlaufen oder die Durchführung der Sanierung erschwert wird.[1205] Es lassen sich mithin Entwicklungen vermeiden, die einem festgelegten Sanierungszweck entgegenlaufen.

§ 138 BauGB begründet zudem eine Auskunftspflicht des Eigentümers und der sonstigen Nutzungsberechtigten über sanierungserhebliche Daten. Die Gemeinde wird hierdurch in die Lage versetzt, Informationen zu erhalten, die zur präzisen Einschätzung der Sanierungsbedürftigkeit und der erforderlichen Planungen und Maßnahmen benötigt werden.[1206] Im Übrigen steht der Gemeinde im Sanierungsgebiet ein gesetzliches Vorkaufsrecht nach § 24 Abs. 1 Nr. 3 BauGB zu.[1207] Nach § 154 BauGB hat der Eigentümer eines im förmlich festgelegten Sanierungsgebiet gelegenen Grundstücks zur Finanzierung der Sanierung an die Gemeinde einen Ausgleichsbetrag in Geld zu entrichten, der der durch die Sanierung bedingten Erhöhung des Bodenwerts seines Grundstücks entspricht und der teilweisen Finanzierung der Sanierungsmaßnahme dient.[1208] Die Eigentumsrechte werden durch die Festlegung eines Sanierungsgebiets somit in einem gewissen Umfang eingeschränkt.[1209]

Neben diesen Eingriffsrechten hat die Öffnung des Sanierungsrechts für Klimaschutz- und Klimaanpassungsmaßnahmen allerdings auch den Effekt, dass steuerliche Anreize nach § 7 h EStG zur erhöhten Absetzung bei Gebäuden in Sanierungsgebieten erschlossen werden können.[1210] Zur Aktivierung privater Maßnahmen wird es darüber hinaus jedoch notwendig sein, nicht nur die steuerliche Abschreibungsmöglichkeit von Baukosten zu gewähren, sondern zusätzliche Fördermaßnahmen in Aussicht zu stellen.[1211] Zur Durchführung einer städtebaulichen Sanierungsmaßnahme werden daher gemäß § 164 a Abs. 1 BauGB Städtebauförderungsmittel eingesetzt.[1212] Nach Abs. 2 der Vorschrift können diese u.a. eingesetzt werden für die Vorbereitung von Sanierungsmaßnahmen (Nr. 1) und für die Durchführung von Ordnungs- und Baumaßnahmen (Nr. 2 und 3). Der Nutzen des Sanierungsrechts liegt also nicht nur in der Bündelung und Koordinierung unterschiedlicher Maßnahmen, sondern zuletzt auch

---

1204 Vgl. *Mitschang*, in: B/K/L, § 144, Rn. 10 ff.

1205 *Krautzberger*, in: E/Z/B/K, § 145, Rn. 18 ff. Zu den Rechtfolgen bei fehlender Genehmigung siehe auch *Herz*, ZfBR 2014, 19 (19) mwN.

1206 *Schmitz*, in: Spannowsky/Uechtritz, § 138, Rn. 2; *Krautzberger*, in: E/Z/B/K, § 138, Rn. 1.

1207 Im Einzelnen *Goldschmidt*, in: Hoppenberg/de Witt, Handbuch des öffentlichen Baurechts, Band 1, C, Rn. 108 ff. sowie *Reidt*, in: B/K/L, § 24, Rn. 8 ff.

1208 Der Ausgleichsbetrag wird dabei als Gegenleistung für die vorgenommenen Sanierungsmaßnahmen eingestuft und es handelt sich nicht um einen Beitrag im öffentlich-rechtlichen Sinn, siehe *Herz*, ZfBR 2014, 19 (20 ff.) mwN.

1209 Die Rechtsprechung hat dies bisher gebilligt, siehe *Deutscher Anwaltverein*, Stellungnahme zum Entwurf eines Gesetzes zur Stärkung der klimagerechten Stadtentwicklung in den Gemeinden, S. 4 mwN.

1210 Siehe oben; vgl. *Bunzel*, in: Mitschang (Hrsg.), Klimagerechte Stadtentwicklung, S. 24.

1211 *Friesecke*, in: Spannowsky/Hofmeister (Hrsg.), Bewältigung städtebaulicher Missstände als Themengegenstand der Innenentwicklung, S. 40. Zu den Voraussetzungen siehe oben. Die Absetzungen können nur in Anspruch genommen werden, soweit die entsprechenden Kosten nicht durch Zuschüsse aus Sanierungs- oder Entwicklungsfördermitteln vollständig gedeckt sind.

1212 Im Einzelnen dazu weiter unten.

darin, dass auf Grundlage eines Sanierungsgebiets eine Förderung mit Städtebauförderungsmitteln ermöglicht wird.

### c) Inhaltliche Ausrichtung

Grundlegend ist, dass aus der Festlegung des Sanierungsgebiets an sich keine Pflicht zu einer (energetischen) Sanierung resultiert.[1213] Das Sanierungsrecht bietet vielmehr den Rahmen und eine Bündelung von einzelnen Maßnahmen und Instrumenten des Städtebaurechts, derer sich die Gemeinde bedienen kann.[1214] Die Gemeinde kann im Sanierungsgebiet dabei nicht alleine handeln.[1215]

Die Durchführung der Sanierung umfasst nach § 146 Abs. 1 BauGB die Ordnungs- und die Baumaßnahmen. Der Gemeinde obliegt überwiegend die Durchführung von Ordnungsmaßnahmen (welche aber auch vertraglich übertragen werden können, § 146 Abs. 3 S. 1 BauGB). Eine abschließende Aufzählung der zulässigen Ordnungsmaßnahmen findet sich in § 147 S. 1 BauGB. Als klimaschutzorientierte Ordnungsmaßnahmen kommen nach § 147 S. 1 Nr. 5 BauGB solche in Betracht, die notwendig sind, damit konkrete klimawandelgerechte Baumaßnahmen durchgeführt werden können.[1216] Baumaßnahmen, zu denen nach § 148 Abs. 2 Nr. 1 BauGB auch die Modernisierung und Instandsetzung sowie nach § 148 Abs. 2 Nr. 5 BauGB die Errichtung oder Erweiterung von Anlagen und Einrichtungen zur dezentralen und zentralen Erzeugung, Verteilung, Nutzung oder Speicherung von Strom, Wärme oder Kälte aus erneuerbaren Energien oder Kraft-Wärme-Kopplung gehört, bleiben dem Eigentümer überlassen. Bei der Gemeinde verbleibt gleichwohl die Gesamtverantwortung für die Durchführung der Sanierung und damit letztlich auch die Verantwortung für die Durchführung der Baumaßnahme durch die Eigentümer (siehe § 148 Abs. 1 Nr. 2 BauGB).[1217]

Die Gemeinde ist damit auf die Kooperationsbereitschaft potenzieller Bauherren angewiesen, um eine zügige und zweckmäßige Durchführung der Sanierung sicherstellen zu können.[1218] Auch wenn der Sanierungsprozess im Rahmen der §§ 136 ff. BauGB grundsätzlich hoheitlich gesteuert wird und zahlreiche Eingriffsinstrumente bereitstehen, wird die Sanierung in der Praxis daher in hohem Maße durch Kooperation geprägt sein müssen.[1219] Der Erfolg einer

---

1213 Die Sanierungssatzung nach § 142 BauGB entfaltet insoweit keine unmittelbare rechtliche Wirkung; siehe BVerwG, NVwZ-RR 1995, 66 (67); NVwZ 2010, 1490 (1491); *Krautzberger*, in: E/Z/B/K, § 142, Rn. 74.

1214 BVerwG, NVwZ 1986, 917 (917); vgl. *Krautzberger*, DVBl 2008, 737 (744); *Böhm/Schwarz*, NVwZ 2012, 129 (134). Zu diesen zählen bspw. Städtebauliche Verträge und Modernisierungs- und Instandsetzungsgebote.

1215 *Mitschang*, in: B/K/L, § 148, Rn. 1; *Schmitz*, in: Spannowsky/Uechtritz, § 148, Rn. 6; *Saxinger/Hofmann*, BauR 2012, 737 (743).

1216 *Krautzberger*, DVBl 2012, 69 (70 f.). Dazu noch weiter unten.

1217 *Schmitz*, in: Spannowsky/Uechtritz, § 148, Rn. 6; *Krautzberger*, in: E/Z/B/K, Vorb. §§ 136-164b, Rn. 36 ff.; *ders.*, Städtebauförderungsrecht, C Vorb. §§ 136-164b, Rn. 12 ff.

1218 *Saxinger/Hofmann*, BauR 2012, 737 (743); *Stich*, ZfBR 1999, 304 (305); *Krautzberger*, in: E/Z/B/K, Vorb. §§ 136-164b, Rn. 41; *ders.*, Städtebauförderungsrecht, C Vorb. §§ 136-164b, Rn. 16.

1219 *Krautzberger*, in: E/Z/B/K, § 11, Rn. 58; *ders.*, vhw 2008, 244 (248); *ders.*, DVBl 2008, 737 (744), 337 ff.; *Stich*, ZfBR 1999, 304 (305).

Sanierung hängt maßgeblich davon ab, in welchem Maße es zu einer gemeinsamen Durchführung der Sanierung kommt.[1220]

Die Festlegung eines Sanierungsgebiets wird von den Eigentümern häufig zunächst eher als Einschränkung denn als Chance gesehen werden.[1221] Umso wichtiger ist es, von Anfang an ein Zusammenwirken zwischen der Gemeinde und den Sanierungsbeteiligten sicherzustellen. Diesem Umstand trägt § 137 BauGB Rechnung, der eine frühzeitige Beteiligung (vor Satzungsbeschluss) aller Betroffenen vorsieht.[1222] Zielsetzung der Norm ist, dass die Betroffenen bei der Durchführung beraten, betreut und erforderlichenfalls finanziell unterstützt werden und dass die Maßnahmen der privaten wie der öffentlichen Seite zur Sicherstellung des Sanierungserfolgs miteinander abgestimmt werden.[1223]

Dies kann vornehmlich durch städtebauliche Verträge geschehen, die vom BauGB im Rahmen des Sanierungsrechts mehrfach hervorgehoben werden.[1224] So enthält das Sanierungsrecht mehrere Bestimmungen, die an vertragliche Regelungen oder sonstige Formen des Einvernehmens anknüpfen oder diese ermöglichen. Städtebauliche Verträge sind dabei sowohl vor, als auch nach der förmlichen Festlegung des Sanierungsgebiets möglich.[1225] Eine gesetzliche Grundlage von Modernisierungs- oder Instandsetzungsvereinbarungen enthält § 164 a Abs. 3 S. 2 BauGB. Nach § 145 Abs. 4 S. 3 BauGB kann bei städtebaulichen Sanierungsmaßnahmen die erforderliche Sanierungsgenehmigung nach § 144 BauGB vom Abschluss eines städtebaulichen Vertrags abhängig gemacht werden, wenn dadurch Versagungsgründe im Sinne von § 145 Abs. 2 BauGB ausgeräumt werden. Zudem kann die Durchführung von Ordnungsmaßnahmen und die Errichtung oder Änderung von Gemeinbedarfs- oder Folgeeinrichtungen aufgrund eines Vertrags ganz oder teilweise dem Eigentümer überlassen werden (§§ 146 Abs. 3, 147 BauGB). Auch Vereinbarungen in Bezug auf den nach Abschluss der Sanierung zu entrichteten Ausgleichsbetrag sind durch § 154 Abs. 3 S. 2 BauGB zugelassen.[1226] Konsensuale Vereinbarungen einer vorherigen Ablösevereinbarung können darüber

---

1220 *Krautzberger*, in: Mitschang (Hrsg.), Klimaschutz und Energieeinsparung in der Stadt- und Regionalplanung, S. 123; vgl. auch *Fischer*, Grundlagen und Grundstrukturen eines Klimawandelanpassungsrechts, S. 343.

1221 *Habermann-Nieße/Jütting/Klehn/Schlomka*, Strategien zur Modernisierung II, S. 54.

1222 Vgl. *Krautzberger*, in: E/Z/B/K, § 137, Rn. 46; *Waechter*, DVBl 2013, 613 (614).

1223 Die Bürgerbeteiligung an den Planungen ist im deutschen Planungsrecht erstmals durch das Sanierungsrecht des StBauGF eingeführt worden. Aus Gründen des Sozialstaatsprinzips sieht das Gesetz neben der Bürgerbeteiligung die Erarbeitung und Fortschreibung eines Sozialplans (§ 140 Nr. 6, § 180 BauGB) und den Härteausgleich (§ 181 BauGB) vor, siehe *Krautzberger*, in: E/Z/B/K, § 137 Rn. 1, 17., Vorb. §§ 136-164b, Rn. 46.

1224 Vgl. *Krautzberger*, in: E/Z/B/K, Vorb. §§ 136-164b, Rn. 110; *ders.*, Städtebauförderungsrecht, C Vorb. §§ 136-164b, Rn. 74.

1225 *Krautzberger*, in: E/Z/B/K, § 11, Rn. 58. Eine Übersicht über die Vertragsmöglichkeiten bei *Friesecke*, Stadtumbau im Konsens, S. 228.

1226 Nach § 154 Abs. 1, 3 BauGB hat der Eigentümer nach Abschluss der Sanierung einen Ausgleichbetrag in Höhe der durch die Sanierung bedingten Erhöhung des Bodenwerts seines Grundstücks an die Gemeinde zu entrichten. Es handelt sich dabei allein um einen Ausgleichsbetrag in Höhe der Wertsteigerung; die Gemeinde darf keinen Überschuss erzielen (§ 156 a BauGB). Im Einzelnen *Reidt*, in: B/K/L, Vorb. §§ 152-156a, Rn. 3; § 154, Rn. 1 ff.; *Bönker*, in: Hoppe/Bönker/Grotefels, § 13, Rn. 80; *Schmitz*, in: Spannowsky/Uechtritz, § 154, Rn. 1 ff.

hinaus zur Vorfinanzierung der Sanierungsmaßnahme dienen und bieten bessere Planungsmöglichkeit.[1227]

Insoweit trägt das Sanierungsrecht grundlegend auch konsensuale Züge.[1228] Dies zeigt sich auch in der bisherigen Praxis. Ein erstes Beispiel einer energetischen Ortssanierung liefert der Ortsteil Binsfeld der Stadt Arnstein in Bayern.[1229] In der Planungsphase ergaben sich in dem Ort zunächst einige Vorbehalte der Anwohner gegenüber einer energetischen Sanierung. Diese Vorbehalte legten sich jedoch im Zuge der Baumaßnahmen und die Sanierung schritt zügiger voran, als erwartet. Insbesondere auf Grund der freiwilligen Bereitschaft der Anwohner wurde eine durchweg positive Bilanz des Sanierungsablaufs gezogen.[1230]

Anordnungen von im Sanierungsgebiet grds. möglichen Modernisierungs- und Instandsetzungsgeboten nach § 177 BauGB sind aus der Sanierungspraxis nahezu nicht bekannt.[1231] Sanierungsziele werden oftmals über das Instrumentarium des städtebaulichen Vertrags gesichert.[1232] Um in Einzelfällen Absprachen auf vertraglicher Ebene treffen zu können, hatte bisher allein die Androhung und Vorbereitung von Modernisierungs- und Instandsetzungsgeboten Bedeutung.[1233] Das Sanierungsrecht an sich stellt damit entgegen etwaiger Auffassung kein Zwangsinstrument dar, mit dem Eigentümer zu einer energetischen Sanierung gezwungen werden,[1234] auch wenn gewisse Einschränkungen der Eigentümer mit der Begründung eines Sanierungsgebiets einhergehen. Die Umsetzung einzelner Maßnahmen im Rahmen des Sanierungsgebiets bedarf zumeist eines konsensualen Handelns der Gemeinde mit den Beteiligten. Das Sanierungsrecht rückt damit auch in die Nähe von „Urban-Governance-Ansätzen".[1235]

## 2. Stadtumbau

Ähnlich dem Sanierungsrecht liegen die Aufgaben des Stadtumbaus darin, unterschiedliche Maßnahmen im klimawandelgerechten Quartiersumbau miteinander zu verbinden und zu bündeln.[1236] Das Instrument des Stadtumbaus wurde – anders als das Sanierungsrecht – schon

---

1227 Im Einzelnen *Friesecke*, in: Spannowsky/Hofmeister (Hrsg.), Bewältigung städtebaulicher Missstände als Themengegenstand der Innenentwicklung, S. 46.

1228 *Krautzberger*, Städtebauförderungsrecht, C § 136, Rn. 3; *ders.* DVBl 2008, 737 (744); *ders.*, vhw 2008, 244 (248); *ders.*, in: E/Z/B/K, § 11, Rn. 58; *ders.*, in: Mitschang (Hrsg.), Fragestellungen des Städtebau- und Umweltrechts, S. 181; *Friesecke*, Stadtumbau im Konsens, S. 227 ff.; zu den Anfängen einer kooperativen Städtebaupolitik im Rahmen des Sanierungsrechts *Stich*, ZfBR 1999, 304 (305)

1229 Dazu ausführlich und zum Folgenden *Bröll/Dirnberger/Schiebel*, Energiewende und Baurecht, S. 69 ff.

1230 Vgl. *Bröll/Dirnberger/Schiebel*, Energiewende und Baurecht, S. 71, 79.

1231 Siehe BMVBS/BBSR (Hrsg.), Werkstatt: Praxis Heft 65, S. 11; *Lege*, NVwZ 2005, 880 (881); *Krautzberger*, in: E/Z/B/K, § 11, Rn. 58; *Stock*, in: E/Z/B/K, § 177, Rn. 3, 98; *Schröer*, NZBau 2007, 234 (236); *ders.*, NZBau 2009, 703 (703).

1232 Siehe nur *BMVBS*, Sanierungsmaßnahmen in unseren Städten und Gemeinden, S. 55.

1233 *Stock*, in: E/Z/B/K, § 177, Rn. 3; BMVBS/BBSR (Hrsg.), Werkstatt: Praxis Heft 65, S. 11.

1234 Siehe Stellungnahme von *Haus&Grund* zu BT-Drs. 17/5368, 17/5778, 17/7023, S. 4, die fürchteten, es käme bei Anpassung des Missstandsbegriffs im Rahmen des § 136 BauGB zu Zwangssanierungen.

1235 Vgl. auch *BMVBS* (Hrsg.), Klimawandelgerechte Stadtentwicklung, S. 52.

1236 Zur allgemeinen Aufgabe der Vorschriften BT-Drs. 17/2250, S. 32; vgl. *Krautzberger*, DVBl 2012, 69 (72); *ders.*, DVBl 2008, 337 (340); *Mitschang*, in: Mitschang (Hrsg.), Klimagerechte Stadtentwicklung, S. 111.

im Rahmen der BauGB-Klimanovelle 2011 um die Erfordernisse des Klimaschutzes und der Klimaanpassung ergänzt.

### a) Festsetzung aus Klimaschutzgründen

Stadtumbaumaßnahmen kommen ausdrücklich in Gebieten in Betracht, in denen die allgemeinen Anforderungen an den Klimaschutz und die Klimaanpassung nicht erfüllt werden (§ 171 a Abs. 2 BauGB). Die ein Stadtumbaugebiet begründenden städtebaulichen Funktionsverluste können also aus Klimaschutz- und der Klimaanpassungsaspekten hergeleitet werden. Mit der Bezugnahme auf die „allgemeinen Anforderungen" soll ähnlich wie im Rahmen des Sanierungsrechts verdeutlicht werden, dass bei der Beurteilung, ob städtebauliche Funktionsverluste begründet werden können, allgemein anerkannte und mit einschlägigen Vorschriften zu vereinbarenden Standards zu Grunde zu legen sind.[1237] Laut Mustereinführungserlass zur BauGB-Klimanovelle 2011 können dies insbesondere Vorschriften des Energiefachrechts sein.[1238] Wie gesehen, stellt das Energiefachrecht allerdings nahezu keine anlassunabhängigen Anforderungen an Bestandsbauten, sodass eine Fokussierung auf Vorgaben des Energiefachrechts den Anwendungsbereich des Stadtumbaus zu sehr einengen würde.[1239] Die Funktion eines Gebietes wird durch städtebauliche Planungen definiert, sodass insbesondere Bauleitpläne, aber auch informelle Planungen, darunter auch gemeindliche Energie- und Klimaschutzkonzepte diese mit bestimmen.[1240] Funktionsverluste können sich damit bspw. auch dann ergeben, wenn ein Quartier nach den Ergebnissen eines Energie- und Klimaschutzkonzepts durch energetisch unzureichende Verhältnisse oder den Klimawandel bspw. in Form ansteigender Energiekosten oder Klimaauswirkungen und -schäden gekennzeichnet ist.[1241] Aus Klimaanpassungssicht können zudem bspw. fehlende Freiluftschneisen und Vegetation auf Funktionsverluste hindeuten.[1242] Die quartiersbezogenen Anforderungen stehen insoweit neben diesen des Gebäudeenergiefachrechts.[1243] Da die Ausweisung eines Stadtumbaugebietes indes nicht das tatsächliche Vorliegen von Missständen voraussetzt, kann auch eine dementsprechende Erwartung einen klimabedingten Funktionsverlust begründen.[1244] Klimawandelgerechte Stadtumbaumaßnahmen können dabei grundsätzlich in jedem städtebaulichen Gebietstypus durchgeführt werden.[1245] Anders als im Sanierungsrecht können Belange des Klimaschutzes und der Klimaanpassung dabei auch durch sich selbst einen Funktionsverlust begründen und bilden nicht nur ein zusätzliches Kriterium. Die „städtebaulichen Funktionsverluste" bilden somit eine weniger strenge Voraussetzung zur Gebietsfestlegung, als „städtebauliche Missstände" im Rahmen des Sanierungsrechts.[1246]

---

1237 Mustereinführungserlass 2011, S. 14.

1238 Mustereinführungserlass 2011, S. 14.

1239 Vgl. schon die parallel gelagerte Problematik im Rahmen des Sanierungsrechts.

1240 *Mitschang*, in: Spannowsky/Uechtritz, § 171 a, Rn. 10.2.

1241 Siehe BT-Drs. 17/6076, S. 10; *Dirnberger*, BauGB Klimaschutz, S. 28; *Roeser*, in: Berliner Komm. BauGB, 21. Erg.-Lfg., § 171 a, Rn. 10 a; *Mitschang*, in: Spannowsky/Uechtritz, § 171 a, Rn. 10.2.

1242 *Fischer*, Grundlagen und Grundstrukturen eines Klimawandelanpassungsrechts, S. 346 mwN.

1243 *Reidt*, in: B/K/L, § 171 a, Rn. 7.

1244 Siehe oben Fn. 1150; vgl. auch Difu (Hrsg.), Klimaschutz in Kommunen, A2, S. 70.

1245 *Krautzberger*, DVBl 2012, 69 (72); *ders.*, in: E/Z/B/K, § 171 a, Rn. 24.

1246 *Friesecke/Goldschmidt/Kötter/u.a.*, Stadtumbau – Ein Leitfaden, S. 197.

### b) Besondere Eingriffsrechte

Die Festlegung eines Stadtumbaugebiets nach § 171 b BauGB begründet – im Gegensatz zur Festlegung eines Sanierungsgebiets – als solches keine besonderen Eingriffsrechte.[1247] Der Stadtumbau ist grundlegend konsensual ausgerichtet. Ein Stadtumbaugebiet wird insoweit auch nicht, wie ein Sanierungsgebiet, durch Satzung, sondern durch einfachen Beschluss festgelegt.

Als eigenständiges und unabhängiges Instrumentarium zur Sicherung von Durchführungsmaßnahmen im Rahmen des Stadtumbaus ermächtigt allerdings § 171 d BauGB die Gemeinden darüber hinaus zum Erlass einer besonderen Satzung für das ganze bzw. einen Teil des Stadtumbaugebiets. Durch die Satzung wird eine Genehmigungspflicht für die Durchführung von Vorhaben und Maßnahmen im Sinne des § 14 Abs. 1 BauGB ausgelöst.[1248] Bauliche und sonstige Entwicklungen, die den Stadtumbauzielen zuwiderlaufen, können damit unterbunden werden.[1249] § 171 d Abs. 2 BauGB ermächtigt die Gemeinde zudem zur Zurückstellung von Vorhaben und Maßnahmen ab Bekanntmachung des Aufstellungsbeschlusses über die Satzung. Für die speziellen Satzungsgebiete bestehen ferner ein gesetzliches Vorkaufsrecht nach § 24 Abs. 1 S. 1 Nr. 4 BauGB sowie der Enteignungstatbestand nach § 85 Abs. 1 Nr. 7 BauGB. Ausweislich der Gesetzesbegründung sind Maßnahmen nach § 171 d BauGB insbesondere für den Fall gedacht, dass einvernehmliche vertragliche Vereinbarungen mit den Beteiligten nicht in ausreichendem Maß getroffen werden können.[1250] Priorität hat insoweit konsensuales Handeln.

### c) Inhaltliche Ausrichtung

Die inhaltliche Ausrichtung des Stadtumbaurechts ist mithin auf Kooperation angelegt. Ähnlich dem Sanierungsrecht begründet auch der Stadtumbau keine Bau- oder Sanierungsverpflichtung.[1251] Dieser bietet vielmehr die Möglichkeit, von der Gemeinde koordinierte Einzelmaßnahmen zur Verbesserung des betreffenden Gebietes durchzuführen. Anders als das Sanierungsrecht trägt das Stadtumbaurecht dabei nicht nur einige konsensuale Züge, sondern ist vom Gesetzgeber von Grund auf nahezu komplett auf ein solches ausgerichtet worden.[1252] Das Instrument des Stadtumbaus setzt insoweit ausdrücklich auf „Urban-Governance-Ansätze".[1253] Konsensuales Handeln und vertragliche Vereinbarungen sollen im Vordergrund stehen und bilden die wichtigste Grundlage der Steuerung des Stadtumbaus.[1254]

---

[1247] Vgl. auch *Flug/Thurow*, UPR 2012, 86 (89); *Reidt*, in: B/K/L, § 171 d, Rn. 1.

[1248] Siehe *Reidt*, in: B/K/L, § 171 d, Rn. 1.

[1249] BT-Drs. 15/2250, S. 61.

[1250] BT-Drs. 15/2250, S. 61; vgl. auch *Goldschmidt*, BauR 2004, 1402 (1410).

[1251] *Flug/Thurow*, UPR 2012, 86 (89).

[1252] BT-Drs. 15/2250, S. 32, 60; vgl. auch *Krautzberger*, DVBl 2008, 337 (340); 737 (743); *ders.*, in: Mitschang (Hrsg.), Klimaschutz und Energieeinsparung in der Stadt- und Regionalplanung, S. 121; *Flug/Thurow*, UPR 2012, 86 (89).

[1253] Siehe dazu *Bärenbrinker*, Nachhaltige Stadtentwicklung durch Urban Governance, S. 211; vgl. auch *Mitschang*, ZfBR 2010, 534 (548) sowie *Schuppert*, in: Public Value durch Urban Governance, S. 12 und *Kersten*, in: Public Value durch Urban Governance, S. 38; *ders.*, in: Festschrift Quack, S. 119.

[1254] *Friesecke*, Stadtumbau im Konsens, S. 147.

### aa) Konsensual zu erarbeitendes Konzept

Bei der Vorbereitung und Durchführung der Stadtumbaumaßnahme sind die Betroffenen (§ 137 BauGB) und die öffentlichen Aufgabenträger (§ 139 BauGB) zu beteiligen (§ 171 b Abs. 3 BauGB). Ziele des Stadtumbaus werden u.a. in klimaschutz- und klimaanpassungsbezogenen Aspekten sowie in der Nachhaltigkeit der Altbaubestände (§ 171 a Abs. 3 BauGB) gesehen.[1255] Grundlage für die Festlegung eines Stadtumbaugebiets ist dabei ein konsensual zu erarbeitendes städtebauliches Entwicklungskonzept (§ 171 b Abs. 2 BauGB), in dem Ziele und Maßnahmen des Stadtumbaus dargestellt werden.[1256] Durch den Verweis in § 171 b Abs. 2 BauGB auf die Ziele und Maßnahmen im Stadtumbaugebiet (§ 171 a Abs. 3 BauGB) werden Klimaschutz- und Klimaanpassungsaufgaben (§ 171 a Abs. 3 Nr. 1 BauGB) als Inhalte eines solchen Konzepts hervorgehoben. Gemeinsam können also Handlungsmöglichkeiten in einem Konzept erarbeitet werden, welche nunmehr auch energetische und klimatische Belange einschließen. Es kann bspw. dargestellt werden, wie der Energieverbrauch von Bestandsbauten, bei denen gebäudebezogene Maßnahmen das Erscheinungsbild beeinträchtigen würden, durch gebäudeübergreifende Maßnahmen (gemeinsamer Anschluss an ein BHKW) gesenkt werden kann.[1257] Auch die Begründung von Funktionsverlusten aus Klimaschutz- und Klimaanpassungsgründen kann in ein solches Entwicklungskonzept einfließen.

### bb) Stadtumbauvertrag

Wesentlich für die inhaltliche Ausrichtung des Stadtumbaus sowie für die Durchsetzung von Klimaschutz- und Klimaanpassungsmaßnahmen im Rahmen des Stadtumbaus ist § 171 c BauGB. Nach § 171 c S. 1 BauGB soll die Gemeinde, soweit erforderlich, zur Umsetzung ihres städtebaulichen Entwicklungskonzeptes die Möglichkeit nutzen, Stadtumbaumaßnahmen auf der Grundlage von städtebaulichen Verträgen nach § 11 BauGB, insbesondere mit den beteiligten Eigentümern, durchzuführen. Mit dieser Anforderung wird die Bedeutung konsensualen Zusammenwirkens im Rahmen von Stadtumbaumaßnahmen hervorgehoben.[1258] Hoheitliches Handeln ist insoweit subsidiär.[1259] Durch § 171 c BauGB wird zwar kein Kontrahierungszwang begründet. Ohne konsensuale Absprachen ist ein Stadtumbau allerdings nicht durchführbar und wird in aller Regel bei einem Scheitern des konsensualen Vorgehens auch keinen Erfolg haben.[1260]

Nach § 171 c S. 2 Nr. 1 wird insbesondere die Anpassung baulicher Anlagen als Gegenstand eines Stadtumbauvertrags hervorgehoben. Die Norm stellt mithin explizit auf einen klimawandelgerechten Stadtumbau bzw. eine energetische Sanierung des Gebäudebestands auf der Grundlage vertraglicher Vereinbarungen ab.[1261] Aber auch alle weiteren klimaschutz- und

---

1255 Siehe auch *Krautzberger*, DVBl 2012, 69 (71 f.).

1256 Dazu *Goldschmidt*, BauR 2004, 1402 (1406) sowie *Friesecke/Goldschmidt/Kötter/u.a.*, Stadtumbau – Ein Leitfaden, S. 13 ff.

1257 Siehe Fn. 969 sowie *Dirnberger*, BauGB Klimaschutz, S. 28.

1258 *Mitschang*, in: Spannowsky/Uechtritz, § 171 c, Rn. 1; *Krautzberger*, in: E/Z/B/K, § 171 c, Rn. 1; *Dirnberger*, BauGB Klimaschutz, S. 30; *ders.*, in: Jäde/Dirnberger/Weiß, § 171 c, Rn. 1; *Goldschmidt*, BauR 2004, 1402 (1407).

1259 *Ferner*, in: Ferner/Kröninger/Aschke, § 171 c, Rn. 2; *Friesecke*, Stadtumbau im Konsens, S. 193.

1260 Vgl. BT-Drs. 15/2250, S. 60; *Goldschmidt*, BauR 2004, 1402 (1407 f.); *ders.*, in: Hoppenberg/de Witt, Handbuch des öffentlichen Baurechts, Band 1, C, Rn. 500 ff.; vgl. auch *Burmeister*, Praxishandbuch Städtebauliche Verträge, S. 263 sowie *Kahl/Schmidtchen*, Kommunaler Klimaschutz durch Erneuerbare Energien, S. 207 mwN.

1261 Vgl. *Bröll/Dirnberger/Schiebel*, Energiewende und Baurecht, S. 36.

klimaanpassungsbezogenen Zielsetzungen des Stadtumbaus (§ 171 a Abs. 3 S. 2 Nr. 1, 6 BauGB) kommen grundsätzlich als Gegenstände von Stadtumbauverträgen in Betracht.[1262] Mit § 171 c BauGB wird mithin ein klimawandelgerechtes vertragliches Instrument – insbesondere zur Anpassung des Gebäudebestands auf Quartiersebene – hervorgehoben.[1263] Durch die Betonung der vorrangig konsensualen Umsetzung auf Grundlage städtebaulicher Verträge wird die Verankerung des „Urban-Governance-Konzeptes" im Rahmen des Stadtumbaus aufgezeigt.[1264] Klimaschutz- und Klimaanpassung wurden ausdrücklich in dieses „Urban-Governance-Konzept" des Stadtumbaus integriert.

### cc) Verhältnis zum Sanierungsrecht

Wie gesehen, bietet § 171 Abs. 1 BauGB die Möglichkeit, ausschließlich nach den Vorschriften über den Stadtumbau vorzugehen, soweit dies zweckmäßig ist. Auch der Gesetzgeber hat den Stadtumbau mit seiner konzeptionellen und konsensualen Vorgehensweise im Rahmen der BauGB-Klimanovelle 2011 als gegenüber dem Sanierungsrecht vorrangiges, ausreichendes und geeigneteres Mittel angesehen, um auf Quartiersebene Lösungen für den Klimaschutz erreichen zu können und hat insoweit zunächst auf eine Erweiterung des § 136 BauGB verzichtet.[1265] Es wird zwar kaum eine Stadtumbaumaßnahme geben, die im Kern nicht auch als Sanierungsmaßnahme durchgeführt werden könnte.[1266] Für die Praxis wurde für Quartierssanierungen allerdings auch bisher ein Vorgehen nach dem Stadtumbaurecht als „Basis" und eine fallweise, gebietsbezogene Ergänzung durch andere Instrumente und Verfahren, namentlich durch das Sanierungsrecht, empfohlen.[1267] Im Rahmen des Sanierungsrechts bilden die Förmlichkeit des Verfahrens und die Rechtswirkung der Sanierungssatzung einen stärker rechtlich geregelten und institutionellen Rahmen, als dies beim Stadtumbau der Fall ist.[1268] Der Stadtumbau bezieht sich demgegenüber im größeren Maße auf die beteiligten Akteure und definiert einen formellen Rahmen eines konsensualen Aushandlungsprozesses.[1269]

Die Möglichkeit der Förderung durch Städtebauförderungsmittel wird, parallel zur bestehenden Möglichkeit im Sanierungsrecht, durch § 171 b Abs. 4 BauGB i. V. m. § 164 a BauGB

---

1262 *Mitschang*, in: Spannowsky/Uechtritz, § 171 c, Rn. 15; *Krautzberger*, DVBl 2012, 69 (73). Durch die Bezugnahme in § 171 c S. 1 BauGB auf § 11 BauGB sind auch die dort genannten Vertragsvarianten mit in die Vorschrift integriert, siehe auch *Stüer/Stüer*, DVBl 2011, 1117 (1126). Die Regierungsvorlage (BT-Drs. 17/6076, S. 4) sah noch eine Ergänzung des § 171 c S. 2 BauGB um eine Nr. 4 vor, die im Wesentlichen §§ 11 Abs. Nr. 4 BauGB entspricht. Später wurde auf die Ergänzung verzichtet, da § 171 c auf § 11 verweise, siehe BT-Drs. 17/6357, S. 9. Dazu weiter unten.

1263 Siehe auch *Wickel*, UPR 2011, 416 (421).

1264 *Bärenbrinker*, Nachhaltige Stadtentwicklung durch Urban Governance, S. 211; *Kersten*, in: Public Value durch Urban Governance, S. 38.

1265 BT-Drs. 17/6357, S. 9. Dazu auch *Kahl/Schmidtchen*, Kommunaler Klimaschutz durch Erneuerbare Energien, S. 201. Kritisch *Friesecke*, in: Mitschang (Hrsg.), Bewältigung städtebaulicher Missstände als Themengegenstand der Innenentwicklung, S. 33.

1266 Siehe *Friesecke/Goldschmidt/Kötter/u.a.*, Stadtumbau – Ein Leitfaden, S. 197.

1267 *Krautzberger*, in: E/Z/B/K, Vorb. §§ 171 a bis 171 d, Rn. 3; *Flug/Thurow*, UPR 2012, 86 (89); *Friesecke/Goldschmidt/Kötter/u.a.*, Stadtumbau – Ein Leitfaden, S. 195.

1268 *Baumgart*, in: Spannowsky/Hofmeister (Hrsg.), Bewältigung städtebaulicher Missstände als Themengegenstand der Innenentwicklung, S. 57.

1269 Im Einzelnen *Baumgart*, in: Spannowsky/Hofmeister (Hrsg.), Bewältigung städtebaulicher Missstände als Themengegenstand der Innenentwicklung, S. 55 ff., 68.

ermöglicht. Steuerliche Anreize nach § 7 h EStG können im Stadtumbau nicht erschlossen werden.[1270]

Insgesamt wird durch den Stadtumbau ein auf konsensuale Lösungen ausgerichteter rechtlicher Rahmen für durchzuführende städtebauliche Maßnahmen einschließlich etwaiger Städtebauförderung und des Abschlusses städtebaulicher Verträge für die Fälle zu Verfügung gestellt, in denen das Sanierungsrecht nicht im vollen Umfang erforderlich scheint.[1271] Durch das Instrument des § 171 d BauGB schafft sich der Staat die Möglichkeit des nachrangigen Einsatzes hoheitlicher Maßnahmen, sollte die Umsetzung des konsensualen Vorgehens fehlschlagen.[1272] Die Möglichkeit des Einsatzes hoheitlicher Mittel – als „Drohmacht“ – ist für den Erfolg vertraglicher Verhandlungen zumeist förderlich.[1273] Der „Schatten der Hierarchie“ bewegt die Betroffenen zu ernsthafter und erhöhter Verhandlungsbereitschaft, denn diese haben die Wahl, sich aktiv – ihre eigenen Interessen einbringend – zu beteiligen oder sich mit hoheitlichen Lösungen „arrangieren“ zu müssen.[1274] Anhand des § 171 d BauGB artikuliert sich wiederum das „Urban-Governance-Konzept“ im Rahmen des Stadtumbaus. Das konsensuale Vorgehen über die Vorschriften des Stadtumbaus bietet mithin eine Alternative zur städtebaulichen Sanierung und hat insoweit auf Grund seiner Ausrichtung, auch im Rahmen der Durchführung klimawandelgerechter Stadterneuerungsmaßnahmen, Priorität.[1275]

### 3. Private Initiativen

Private Initiativen zur Stadtentwicklung bilden im Gegensatz zum Sanierungs- und Stadtumbaurecht ein Selbstorganisationsinstrument.[1276]

#### a) Einrichtung aus Klimaschutzgründen

Klimaschutz und Klimaanpassung bilden aktuell noch keinen selbstständigen Anknüpfungspunkt Privater Initiativen auf Landesebene. Die bestehenden Regelungsansätze auf Landesebene können allerdings zu „Climate Improvement Districts“ weiterentwickelt werden.[1277] Aufgaben im Rahmen des Klimaschutzes können insbesondere quartiersbezogene Baumaßnahmen, wie z. B. der privat initiierte Bau eines BHKW's, einer Solaranlage oder Wärme-

---

1270 Um weitere Anreize zu schaffen, ist es nötig, die Abschreibungsmöglichkeit des § 7 EStG auch auf Stadtumbaugebiete zu erweitern, dazu weiter unten. Siehe auch schon *Friesecke*, Stadtumbau im Konsens, S. 277 f.

1271 *Dirnberger*, BauGB Klimaschutz, S. 26; *BMVBS* (Hrsg.), Flexibilisierung der Planung für eine klimawandelgerechte Stadtentwicklung, S. 45.

1272 *Bärenbrinker*, Nachhaltige Stadtentwicklung durch Urban Governance, S. 213, 474.

1273 Siehe *Bärenbrinker*, Nachhaltige Stadtentwicklung durch Urban Governance, S. 314, 474.

1274 *Bärenbrinker*, Nachhaltige Stadtentwicklung durch Urban Governance, S. 313, 474.

1275 Ähnlich *BMVBS* (Hrsg.), Flexibilisierung der Planung für eine klimawandelgerechte Stadtentwicklung, S. 47, wo der Stadtumbau als „zentrales“ Instrument bezeichnet wird; a.A. wohl *Fischer*, Grundlagen und Grundstrukturen eines Klimawandelanpassungsrechts, S. 344.

1276 Vgl. *Friesecke*, Stadtumbau im Konsens, S. 146.

1277 *Battis/Kersten/Mitschang*, Rechtsfragen Stadterneuerung, S. 107; *dies.*; ZG 2010, 246 (258 f.); *Mitschang*, ZfBR 2010, 534 (549 f.); *ders.*, in: Mitschang (Hrsg.), Fragestellungen des Städtebau- und Umweltrechts, S. 64; *Kersten*, in: Public Value durch Urban Governance, S. 36; *ders.*, in: Festschrift Quack, S. 130. Zum dem und zum Folgenden *Ingold*, UPR 2009, 431 ff., insbes. 433 ff.; vgl. zudem auch *Battis*, in: Public Value durch Urban Governance, S. 45.

dämmungsmaßnahmen an Gebäuden sein.[1278] Infolge solcher Initiativen wird sich zumeist die Frage der gemeinsamen Finanzierung sowie einer Einbeziehung aller Eigentümer stellen, auf die § 171 f BauGB durch eine Kodifizierung eines Modells der privaten Planung und Finanzierung (durch die BID-Abgabe) abzielt.[1279]

### b) Inhaltliche Ausrichtung

Die Durchführung eines „Climate-Improvement-Districts" geht dabei auf die Initiative von Privaten zurück. Im Grunde genommen handelt es sich also zunächst um gar kein gemeindliches Steuerungsinstrument im engeren Sinne.[1280] Es entsteht allerdings in Folge ein informales Netzwerk der Kooperation zwischen Staat und Grundstückeigentümern. Durch die nötige hoheitliche Gebietsfestlegung und anschließende Zwangsabgabe gewinnt ein Improvement-District an rechtlicher Verbindlichkeit.[1281] Es wird mithin ein rechtlicher Rahmen für eine Private Initiative geschaffen. *Krautzberger* beschreibt Maßnahmen nach § 171 f BauGB daher zutreffend als eine „in hohem Maße private „Veranstaltung", aber die gemeindliche Verantwortung bleibt bestehen."[1282]

Insoweit handelt es sich um ein Modell der Zusammenarbeit des privaten und des öffentlichen Sektors, bei dem die durchzuführenden Maßnahmen grundsätzlich dem privaten Sektor obliegen und der Staat flankierend einen Rechtsrahmen zur Verfügung stellt.[1283] Kernelement dieses Rahmens ist die zwangsweise Finanzierung durch die gebietsansässigen Gebäudeeigentümer.[1284] Auf die Problematik der Beteiligungsverweigerer (Nimby's) und schwer zu adressierenden Bevölkerungsanteile wurde im Rahmen der Analyse des Gebäudeenergiefachrechts schon eingegangen.[1285] Das Konzept der Privaten Initiativen versucht dem entgegen zu steuern und kommt dem Problem der Trittbrettfahrer und Beteiligungsverweigerer generell zuvor.[1286] Im Interesse des Klimaschutzes und der Klimaanpassung ermöglicht es der flankierende Rechtsrahmen einer Privaten Initiative, grundsätzlich alle Gebäudeeigentümer durch Zahlung einer Abgabe an einem „Climate Improvement District" zu beteiligen.[1287] Hemmnisse zur Durchführung können sich jedoch vor allem aus den erforderlichen hohen Zustimmungs- bzw. Widerspruchsquoren ergeben.[1288] Insoweit wird es nötig sein, Anreize zu schaf-

---

1278 *Krautzberger*, DVBl 2008, 737 (744); *Battis/Kersten/Mitschang*, Rechtsfragen Stadterneuerung, S. 107; *Ingold*, UPR 2009, 431 (435); *Kersten*, in: Public Value durch Urban Governance, S. 36.

1279 *BMVBS* (Hrsg.), Klimawandelgerechte Stadtentwicklung, S. 52; *Krautzberger*, DVBl 2008, 737 (744); *Battis/Kersten/Mitschang*, Rechtsfragen Stadterneuerung, S. 107. Zum Ganzen auch *Goldschmidt*, vhw Januar-Februar 2010, 24 (25); *ders.*, in: Hoppenberg/de Witt, Handbuch des öffentlichen Baurechts, Band 1, C, Rn. 575.

1280 *Friesecke*, Stadtumbau im Konsens, S. 258.

1281 Vgl. *Bärenbrinker*, Nachhaltige Stadtentwicklung durch Urban Governance, S. 208.

1282 *Krautzberger*, in: E/Z/B/K, § 11, Rn. 89 a.

1283 Der Bundesgesetzgeber hat damit auf teilweise hervorgebrachte Bedenken gegen die landesrechtlichen Vorschriften reagiert, vgl. *Reidt*, in: B/K/L, § 171 f, Rn. 1; *Bönker*, in: Hoppe/Bönker/Grotefels, § 14, Rn. 129; *Krautzberger*, DVBl 2008, 737 (744).

1284 *Ingold*, UPR 2009, 431 (434).

1285 Sanierungstyp „Desinteressiert Unwillige", siehe *Stieß/van der Land/Birzle-Harder/Deffner*, o. Fn. 602, S. 57 ff.; *Albrecht/Deffner/Dunkelberg/u.a.*, Zum Sanieren motivieren, S. 17.

1286 *Schink*, in: Spannowsky/Uechtritz, § 171 f, Rn. 7; *Portz*, KommJur 2007, 201 (202). Zum Ganzen *Bärenbrinker*, Nachhaltige Stadtentwicklung durch Urban Governance, S. 199 ff.

1287 *Ingold*, UPR 2009, 431 (433); *Lackner*, UPR 2009, 321 (322).

1288 Siehe oben; vgl. auch *Schink*, UPR 2012, 132 (138).

fen und einen Anstoß („Nudge") für ein privates Engagement zu klimawandelgerechtem Handeln zu geben.[1289] Ein überzeugendes Konzept dürfte den Ausgangspunkt bilden.[1290] Zudem sollten die Rücknahmefristen für Widersprüche so ausgestaltet werden, dass ein Quorum ggf. noch in einem zweiten Anlauf erreicht werden kann.[1291]

Aufgrund der privaten Durchführung, hoheitlichen Flankierung und konsensualen Abstimmung können Maßnahmen nach § 171 f BauGB als ein „Urban-Governance-Konzept" einer partnerschaftlichen Stadtentwicklung verstanden werden.[1292] Vertraglichen Vereinbarungen sind Private Initiativen der Stadtentwicklung dabei vollends zugänglich.[1293] In Form eines „Climate-Improvement-Districts" wird diesen daher in der Literatur ein großes Potenzial zur Förderung des Klimaschutzes und der Klimaanpassung zugesprochen.[1294]

#### c) Rechtliche Anforderungen an eine Weiterentwicklung

Ähnlich den anderen Instrumenten des besonderen Städtebaurechts müssen auch die Privaten Initiativen mit den städtebaulichen Zielen der Gemeinde im Einklang stehen, dies vor allem, weil die auf Grundlage einer Privaten Initiative erhobenen Abgaben nur dann gerechtfertigt sind, wenn damit ein öffentliches und nicht ein rein privates Interesse verfolgt wird.[1295] Zum anderen sind bei der Weiterentwicklung einer Privaten Initiative zu einem „Climate Improvement District" grundrechtliche, finanzverfassungsrechtliche und vergaberechtliche Anforderungen zu beachten.[1296] Auf Letztere wird im Rahmen der materiellen Anforderungen an städtebauliche Verträge noch eingegangen.[1297] Im Falle des Eingreifens des Vergaberechts

---

1289 Auch hier ist zu überlegen, § 7 h EStG auch für Private Initiativen zu öffnen, dazu weiter unten.

1290 Siehe *Schink*, UPR 2012, 132 (138).

1291 *Lackner*, DVBl 2011, 1520 (1522).

1292 *Bärenbrinker*, Nachhaltige Stadtentwicklung durch Urban Governance, S. 207 f., 384; *Kersten*, UPR 2007, 121 (124); *ders.*, in: Festschrift Quack, S. 119 f.; *Ingold*, UPR 2009, 431 (431); *Schink*, in: Spannowsky/Uechtritz, § 171 f, Rn. 2 sowie *Kahl/Schmidtchen*, Kommunaler Klimaschutz durch Erneuerbare Energien, S. 211.

1293 Vgl. *Krautzberger*, in: E/Z/B/K, § 11, Rn. 27, 89 a.

1294 *Krautzberger*, DVBl 2008, 737 (744); *Ingold*, UPR 2009, 431 (436); vgl. auch *Battis/Kersten/Mitschang*, Rechtsfragen Stadterneuerung, S. 107; *Kersten*, in: Festschrift Quack, S. 130.

1295 *Krautzberger*, DVBl 2008, 737 (744); *Schink*, UPR 2012, 132 (137). Zur den Anforderungen an ein Improvement District Konzept *Kersten*, in: Festschrift Quack, S. 129 f.

1296 Siehe zudem und zum Folgenden *Ingold*, UPR 2009, 431 (433 ff.); *Lackner*, UPR 2009, 321 (324 ff.); *Fuchs*, ZfBR 2011, 211 ff. Zur Einordnung einer CID-Abgabe als Beihilfe i.S.v. Art. 107 AEUV sei gesagt, dass soweit die Mittel aus der Abgabe im CID eingesetzt werden, diese keine staatliche Beihilfe für die ansässigen Grundstückseigentümer darstellen, da es an einem wirtschaftlichen Vorteil fehlt. Soweit der Aufgabenträger das Aufkommen der Abgabe abzüglich der Verwaltungskosten überwiesen bekommt und dieses ohne eigenen Gewinn zur Standortverbesserung verwendet, ist der Beihilfetatbestand für diesen ebenfalls nicht erfüllt. Soweit allerdings der Aufgabenträger einen Gewinn realisiert, kann im Einzelfall grundsätzlich eine Beihilfe vorliegen. Da CID's allerdings nicht kommerziell ausgerichtet sind, wird jedenfalls der De-minimis Schwellenwert (200.000 Euro auf drei Jahre) nicht überschritten sein. Regelmäßig wird es auch kein mit dem begünstigten Unternehmen konkurrierendes Unternehmen in der EU auf dem sachlich, zeitlich und räumlich relevanten Markt geben. Im Einzelnen *Kersten*, UPR 2007, 121 (128); *Schink*, in: Spannowsky/Uechtritz, § 171 f, Rn. 172 ff.; *Martini*, DÖV 2008, 10 (13); *Ingold*, UPR 2009, 431 (435); vgl. ferner auch OVG Hamburg, ZfBR 2011, 53 (63), welches nach den Vorgaben des „Altmark Trans" Urteils des EUGH, Urteil vom 24.07.2003 – C-280/00, keine Beihilfe beim hamburgischen BID annahm.

1297 Siehe unten.

wäre jedenfalls eine vergaberechtskonforme Ausgestaltung eines „Climate Improvement Districts“ möglich.[1298]

### aa) Grundrechtliche Bindungen

Mit einer zwangsweisen Erhebung einer „Climate Improvement Abgabe“ geht zumindest auch ein Grundrechtseingriff in Art. 2 Abs. 1 GG einher.[1299] Aus verfassungsrechtlicher Sicht ist mithin eine verhältnismäßige Ausgestaltung einer „Climate Improvement Abgabe“ geboten. Klimaschutz und Klimaanpassung stellen stets einen legitimen Zweck dar.[1300] Ein „Climate Improvement District“ ist auch geeignet, diesem Zweck zu dienen. Ein „Climate Improvement District“ stellt sich auch als erforderlich dar, denn es fehlt an einer sicheren Feststellung, dass mildere, ausschließlich freiwillige Instrumente ebenso effektiv wären, wie ein mit einer „Zwangsabgabe“ verbundener „Climate Improvement District“.[1301] Es kommt somit im Wesentlichen auf eine angemessene Ausgestaltung an. Dabei ist zu berücksichtigen, dass die „Climate Improvement Abgabe“ auf eine Initiative von den Grundstückseigentümern im Innovationsgebiet zurückgeht.[1302] Diese geben den Anlass zur Durchführung eines „Climate Improvement Districts“. Eine zwangsweise Finanzierung von unwirtschaftlichen Klimaschutzmaßnahmen ist aber jedenfalls auszuschließen.[1303] Soweit die nötigen Investitionen für die Eigentümer langfristig wirtschaftlich sinnvoll erscheinen und eine Amortisation der Kosten eintreten kann, dürfte das zumutbare Maß nicht überschritten sein. Um in atypischen Fällen unverhältnismäßige Eingriffe zu vermeiden, werden Befreiungs-, Ausnahme- und Ausgleichstatbestände nötig sein.[1304] Über angemessen hohe Zustimmungs- und Widerspruchsquoren betreffend die Durchführung eines „Climate Improvement Districts“, kann darüber hinaus ein effektiver Minderheitenschutz gewährleistet werden.[1305]

---

1298 Siehe *Ingold*, UPR 2009, 431 (435 sowie Fn. 64, 65).

1299 Nach der Rechtsprechung des Ersten Senats des BVerfG ist ein Eingriff in Art. 14 Abs. 1 S. 1 GG abzulehnen, da eine Geldleistungspflicht ohne erdrosselnde Wirkung aus dem von Art. 14 Abs. 1 S. 1 GG nicht geschützten Vermögen als solchem zu begleichen wäre, siehe nur BVerfGE 4, 7, 17; 78, 232, 243; 81, 108 (122). Nach der Rechtsprechung des Zweiten Senats greift ein Steuergesetz (hier Abgabengesetz) in Art. 14 Abs. 1 S. 1 GG ein, wenn es tatbestandlich an das Innehaben von vermögenswerten Rechtspositionen anknüpft, siehe BVerfGE 115, 97 (111). Da eine CID-Abgabe an das Grundstückeigentum anknüpft, läge demnach eine Inhalts- und Schrankenbestimmung i.S.v. Art 14 Abs. 1 S. 2 GG vor. In beiden Fällen kommt es letztendlich auf Rechtsfertigungsseite auf die Verhältnismäßigkeit an, im Rahmen derer die gleichen Anforderungen zu stellen sind, siehe *Schink*, in: Spannowsky/Uechtritz, § 171 f, Rn. 159; *Wernsmann*, NJW 2006, 1169 (1172); *Bärenbrinker*, Nachhaltige Stadtentwicklung durch Urban Governance, S. 437 ff., 439. Zum Ganzen auch *Kersten*, UPR 2007, 121 (128); *Ingold*, UPR 2009, 431 (435) sowie *Lackner*, UPR 2009, 321 (326).

1300 Siehe oben Fn. 462 sowie *Ingold*, UPR 2009, 431 (435) mwN.

1301 Zum Beurteilungsspielraum im Rahmen der Erforderlichkeit vgl. schon oben Fn. 468 ff.; vgl. *Ingold*, UPR 2009, 431 (435); *Kersten*, UPR 2007, 121 (128).

1302 *Kersten*, UPR 2007, 121 (128); *Schink*, in: Spannowsky/Uechtritz, § 171 f, Rn. 159.

1303 *Ingold*, UPR 2009, 431 (435) mwN.

1304 Siehe oben Fn. 512 sowie *Ingold*, UPR 2009, 431 (435); *Kersten*, UPR 2007, 121 (128).

1305 *Martini*, DÖV 2008, 10 (16, Fn. 47) fordert bei HID's ein Widerspruchsquorum von einem Viertel der Grundstückseigentümer. Dies erscheint auch hier angemessen. Zu den bisherigen im jew. Landesrecht bei BID's bestehenden Quoren *Schink*, UPR 2012, 132 (136). Zum Ganzen auch *Kersten*, UPR 2007, 121 (128); *Ingold*, UPR 2009, 431 (435) sowie *Lackner*, UPR 2009, 321 (326).

### bb) Finanzverfassungsrechtliche Bindungen

Finanzverfassungsrechtlich stellt sich die Frage der Einordnung und Zulässigkeit einer „Improvement-District-Abgabe". Diese wird zur Finanzierung einer Privaten Initiative zur Stadtentwicklung erhoben und dient damit in zulässiger Weise einer öffentlichen Aufgabe.[1306] In Literatur und Rechtsprechung wird die Abgabe überwiegend als Sonderabgabe eingestuft,[1307] deren Zulässigkeit anhand enger Kriterien des BVerfG zu beurteilen ist. Nach dem BVerfG liegt eine zulässige Sonderabgabe vor, wenn die Abgabe eine homogene, abgrenzbare Gruppe trifft, die wegen einer spezifischen Nähe zu der zu finanzierenden Sachaufgabe eine besondere Finanzierungsverantwortung trifft und eine gruppennützige Verwendung des Aufkommens sichergestellt ist.[1308] Ob diese Voraussetzungen tatsächlich gegeben sind, hängt vom Einzelfall ab, allerdings werden die Voraussetzungen in der Literatur mehrheitlich als materiell erfüllbar angesehen und auch die Rechtsprechung hat diese im Rahmen bestehender Improvement-Districts schon als gegeben erachtet.[1309]

Im Rahmen eines zu realisierenden „Climate-Improvement-Districts" dürften alle Grundstückeigentümer im Innovationsbereich, als Träger von Klimaschutz- oder Klimaanpassungsmaßnahmen auf Ihren Grundstücken, eine homogene Gruppe darstellen. Sachnähe, Finanzierungsverantwortung und Gruppennützigkeit werden durch das gemeinsame, gleichlaufende Interesse zugunsten einer energetischen Sanierung der eigenen Bestandsbauten zu bejahen sein, selbst wenn ein übergeordneter – der Allgemeinheit dienender Zweck – in der Reduktion von Treibhausgasen liegt.[1310]

## 4. Modernisierungs- und Instandsetzungsgebote

Im Gegensatz zu den bisher dargestellten Instrumenten des besonderen Städtebaurechts handelt es sich bei den Geboten des § 177 BauGB nicht um ein gebietsbezogenes Instrument, sondern um eine Ermächtigungsgrundlage für einen belastenden Verwaltungsakt.

---

1306 Zur Qualifizierung als öffentliche Aufgabe *Bärenbrinker*, Nachhaltige Stadtentwicklung durch Urban Governance, S. 425 f. sowie *Kersten*, UPR 2007, 121 (127).

1307 Siehe *Martini*, DÖV 2008, 10 (14); *Ingold*, UPR 2009, 431 (434); *Lackner*, UPR 2009, 321 (325); *Köster*, ZfBR 2008, 658 (661); *Schmitz*, in: Festschrift Krautzberger, S. 370 ff.; *Kersten*, UPR 2007, 121 (127); *Portz*, KommJur 2007, 201 (203); *Schink*, in: Spannowsky/Uechtritz, § 171 f, Rn. 158; OVG Hamburg, ZfBR 2011, 53 (58 ff.); OVG Bremen, NordÖR 2011, 395 (397). Zu den zuletzt genannten Entscheidungen *Fuchs*, ZfBR 2011, 211 ff. sowie *Kulenkampff*, NordÖR 2012, 169 ff. A.A. *Hellermann/Hermes*, Rechtliche Zulässigkeit der Schaffung von „Business Improvement Districts (BIDs), Stand Februar 2004, S. 69, die auf Grund der Nähe zu Abgaben bei öffentlich-rechtlichen Zwangsverbänden, welche als Beiträge angesehen werden, eine Einordnung als solche vornehmen; restriktiver *Hirschfelder*, LKRZ 2007, 175 (177). Dagegen spricht jedoch die Governance-Struktur eines Improvement-Districts. Zudem steht die Abgabe dem Aufgabenträger und nicht dem Hoheitsträger zu. Dazu nur *Schink*, in: Spannowsky/Uechtritz, § 171 f, Rn. 158 sowie *Lackner*, UPR 2009, 321 (325) und OVG Hamburg, ZfBR 2011, 53 (58 ff.).

1308 Siehe nur BVerfGE 113, 128, 149 f.; 108, 186, 217 ff.; 101, 141, 144 ff. Dazu etwa *Schink*, in: Spannowsky/Uechtritz, § 171 f, Rn. 158; *Böhm*, in: Lübbe-Wolff (Hrsg.), Umweltschutz durch kommunales Satzungsrecht, S. 399.

1309 *Ingold*, UPR 2009, 431 (434); *Kersten*, UPR 2007, 121 (127); *Schink*, in: Spannowsky/Uechtritz, § 171 f, Rn. 158; *Schmitz*, in: Festschrift Krautzberger, S. 372 ff.; *Lackner*, UPR 2009, 321 (325 f.); OVG Hamburg, ZfBR 2011, 53.

1310 Im Einzelnen *Ingold*, UPR 2009, 431 (434 f.).

### a) Anordnung aus Klimaschutz- und Klimaanpassungsgründen

#### aa) Städtebaulicher Grund

Wie sich aus § 175 Abs. 2 BauGB ergibt, bedarf es auch für eine Anordnung eines Modernisierungs- und Instandsetzungsgebots städtebaulicher Gründe, die eine alsbaldige Durchführung der Maßnahmen erforderlich machen. Städtebauliche Gründe finden sich grundsätzlich in allen gemeindlichen Zielen, die der geordneten, nachhaltigen städtebaulichen Entwicklung dienen.[1311] Wie gesehen, bilden der Klimaschutz und die Klimaanpassung städtebauliche Zielsetzungen (§§ 1 Abs. 5 S. 2, 1 a Abs. 5). Insoweit kommen grds. auch der Klimaschutz und die Anpassung an den Klimawandel als ein städtebaulicher Grund i.S.d. § 175 Abs. 2 in Betracht.[1312]

#### bb) Missstand oder Mangel

Tatbestandlich setzen § 177 Abs. 1 bis 3 BauGB darüber hinaus allerdings das Vorliegen eines Missstandes oder Mangels voraus, dessen Beseitigung bzw. Behebung durch Modernisierung oder Instandsetzung möglich ist. Nach Abs. 2 der Vorschrift liegt ein Missstand insbesondere dann vor, wenn die bauliche Anlage den allgemeinen Anforderungen an gesunde Wohn- und Arbeitsverhältnisse nicht entspricht. Eine abschließende Begriffsbestimmung bietet das Gesetz damit nicht („insbesondere") und es bleibt grundsätzlich Raum, weitere Bauzustände im Rahmen des § 177 BauGB zu berücksichtigen.[1313]

Anhaltspunkte zur Konkretisierung des Begriffs können sich aus weiteren Vorschriften des Städtebaurechts ergeben.[1314] Systematisch steht § 177 Abs. 2 BauGB grundsätzlich mit § 136 Abs. 2 BauGB im Zusammenhang, denn beide Normen verwenden den Begriff des „Missstandes", wobei die Missstandsbegriffe nicht durchweg deckungsgleich sind.[1315] Im Sanierungsrecht wird der Begriff des Missstands gebietsbezogen und bei § 177 BauGB allein bezogen auf ein einzelnes Grundstück inklusive der konkreten baulichen Anlage verwendet.[1316]

Dadurch zeichnet sich der Unterschied zwischen dem gebietsbezogenen Sanierungrecht und den am Einzelfall ausgerichteten Geboten ab, die im Gegensatz zum Sanierungsrecht einen unmittelbar belastenden Verwaltungsakt für den Adressaten darstellen. Da mit einem Modernisierungsgebot als Zwangsinstrument, anders als bei der alleinigen Begründung eines Sanierungs- oder Stadtumbaugebietes, ein grundrechtsrelevanter Eingriff einhergeht[1317], scheint vor dem Hintergrund des Bestimmtheitsgrundsatzes[1318] eine explizite Erwähnung des Klima-

---

1311 *Stock*, in: E/Z/B/K, § 176, Rn. 80; *Lege*, NVwZ 2005, 880 (881); *Schröer*, NZBau 2007, 234 (235).

1312 Siehe nur BT-Drs. 17/6076 S. 1 ff. Erforderlich wird darüber hinaus die Bezugnahme auf ein von der Gemeinde erstelltes Klimaschutz- und Energiekonzept sein, sodass Einzelmaßnahmen auf einem städtebaulichen Gesamtkonzept beruhen. Ohne ein solches Konzept können sich leichter Probleme durch Ungleichbehandlungen ergeben, siehe *Böhm/Schwarz*, NVwZ 2012, 129 (134) und *Mitschang*, ZfBR 2010, 534 (537).

1313 Vgl. *Stock*, in: E/Z/B/K, § 177, Rn. 19.

1314 *Stock*, in: E/Z/B/K, § 177, Rn. 22.

1315 *Mitschang*, in: B/K/L, § 177, Rn. 3 f.; *Stock*, in: E/Z/B/K, § 177, Rn. 20; vgl. auch *Böhm/Schwarz*, NVwZ 2012, 129 (134).

1316 *Stock*, in: E/Z/B/K, § 177, Rn. 20.

1317 Siehe oben.

1318 Dazu *Greszick*, in: Maunz/Dürig, Art. 20, Rn. 58 ff.; *Jarass*, in: Jarass/Pieroth, Art. 20, Rn. 54 ff. jew. mwN.

schutzes und der Klimaanpassung in § 177 Abs. 2 vonnöten, um ein Gebot ausschließlich aus den genannten Gründen anordnen zu können,[1319] denn je grundrechtsintensiver ein Eingriff ausfällt, desto höher ist das Maß der gebotenen inhaltlichen Bestimmtheit der Norm.[1320]

Eine ausdrückliche Erweiterung des Modernisierungs- und Instandsetzungsgebots um den Begriff des Klimaschutzes, der Klimaanpassung oder der energetischen Sanierung wurde im Rahmen der Vorarbeiten zur BauGB-Klimanovelle 2011 vorgeschlagen, allerdings vom Gesetzgeber im Rahmen der letzten beiden BauGB-Novellen nicht aufgegriffen.[1321] Damit spricht auch der gesetzgeberische Wille gegen eine Anordnung eines entsprechenden Gebots. Ein Modernisierungs- und Instandsetzungsgebot, welches sich ausschließlich auf Gründe des Klimaschutzes und der Klimaanpassung stützt, kann damit nicht herangezogen werden.[1322]

### b) Inhaltliche Ausrichtung

Selbst bei Vorliegen der tatbestandlichen Voraussetzungen verlangt § 175 Abs. 1 BauGB, dass vor Erlass eines Gebots die Maßnahme mit dem Betroffenen erörtert wird. Die Gemeinde soll im Rahmen ihrer Möglichkeiten die Betroffenen beraten, wie die Maßnahme durchgeführt werden kann und welche Finanzierungsmöglichkeiten aus öffentlichen Kassen bestehen. Insoweit verdeutlicht das Gesetz, dass ein Gebot nur „Ultima-ratio" ist und dass auch bei Vorliegen der tatbestandsmäßigen Voraussetzungen eine freiwillige Durchführung im Vordergrund steht.[1323]

Einer Anwendung der Gebote steht darüber hinaus auch die inhaltliche Ausrichtung, insbesondere die grds. Pflicht des Eigentümers zu Kostentragung, entgegen.[1324] Nach § 177 Abs. 4 S. 1 BauGB ist grundsätzlich der Eigentümer mit der Durchführung der angeordneten Maßnahmen auch zur Tragung der Kosten verpflichtet. Dies gilt, soweit er die Kosten durch eigene oder fremde Mittel decken und die sich daraus ergebenden Kapitalkosten sowie die zusätzlich entstehenden Bewirtschaftungskosten aus Erträgen der baulichen Anlage aufbringen kann (§ 177 Abs. 4 S. 1 BauGB).[1325] Die restlichen Kosten hat die Gemeinde zu tragen, es sei denn, dass der Eigentümer von anderer Seite bezuschusst wird oder die Kosten kraft Gesetzes selbst tragen muss oder die rechtzeitige Instandsetzung vorwerfbar unterlassen hat (§ 177 Abs. 4 S. 2, 3 BauGB).[1326] Diese erhebliche – anlassunabhängig begründete – finanzielle Belastung des Eigentümers stellt sich im Rahmen einer energetischen Sanierung nach den oben dargelegten Maßstäben schlechthin als unverhältnismäßige Belastung des Eigentümers dar.[1327]

Abgesehen von diesen verfassungsrechtlichen Bedenken ginge die Gemeinde bei Anordnung eines Modernisierungsgebots zudem das Risiko ein, dass sie von Gesetzes wegen verpflichtet

---

1319 Vgl. *Böhm/Schwarz*, NVwZ 2012, 129 (134).

1320 *Greszick*, in: Maunz/Dürig, Art. 20, Rn. 60.

1321 Siehe nur Vorschläge des *Naturschutzbund Deutschland*, Stellungnahme zum Entwurf eines Gesetzes zur Stärkung der Innenentwicklung in den Städten und Gemeinden und weiteren Fortentwicklung des Städtebaurechts, S. 4.

1322 Offen gelassen von *Söfker*, UPR 2009, 81 (87); vgl. *Böhm/Schwarz*, NVwZ 2012, 129 (134).

1323 *Mitschang*, in: B/K/L, § 175, Rn. 4; siehe auch *Lege*, NVwZ 2005, 880 (882) und *Schröer*, NZBau 2009, 703 (703).

1324 Siehe auch *Böhm/Schwarz*, NVwZ 2012, 129 (134).

1325 Vgl. *Stock*, in: E/Z/B/K, § 177, Rn. 77.

1326 Vgl. *Lege*, NVwZ 2005, 880 (883).

1327 Siehe oben; vgl. *Böhm/Schwarz*, NVwZ 2012, 129 (134).

wird, diejenigen Eigentümer zu subventionieren, die sich die Sanierung nicht leisten können.[1328] Modernisierungsgebote werden somit als wenig praktikabel angesehen.[1329] Insoweit wird Gemeinden auch bislang empfohlen, nach einer einvernehmlichen Lösung mit den Eigentümern – mittels städtebaulicher Verträge – zu suchen.[1330] Diese seien oftmals besser geeignet als einseitige Verfügungen, um einen vorhandenen städtebaulichen Missstand effektiv zu beseitigen.[1331]

## VII. Zwischenfazit

Neben klimawandelgerechten Änderungen des allgemeinen Städtebaurechts haben die BauGB-Klimanovelle 2011 und die BauGB-Novelle 2013 Maßnahmen des Klimaschutzes und der Klimaanpassung auch im besonderen Städtebaurecht verankert. Das besondere Städtebaurecht zeichnet sich dadurch aus, Veränderungen im Gebäudebestand herbeiführen zu können. Bis zu den genannten BauGB-Novellen knüpften weder das Sanierungs- noch das Stadtumbaurecht explizit an Maßnahmen einer klimawandelgerechten Stadtentwicklung an, sodass solche Maßnahmen nur aus Anlass der Durchführung von Sanierungs- und Stadtumbaumaßnahmen unter Rechtssicherheit durchgeführt werden konnten. Für die Ausweisung entsprechender Gebiete konnten der Klimaschutz- und die Klimaanpassung nicht ohne Zweifel herangezogen werden, sodass Klimaschutz und Klimaanpassungsmaßnahmen nur eine untergeordnete Rolle im besonderen Städtebaurecht spielten.[1332] Im Sinne einer Rechtsfortbildung[1333] wurden die Aspekte des Klimaschutzes und der Klimaanpassung in das Sanierungsrecht und den Stadtumbau als möglicher Grund einer Gebietsausweisung und als Ziel der städtebaulichen Gesamtmaßnahmen integriert.

Insbesondere im Rahmen des Sanierungsrechts dürfte der Parlamentsvorbehalt eine ausdrückliche Nennung der Belange für eine entsprechende Gebietsausweisung erforderlich gemacht haben. Auch im Rahmen des Stadtumbaus wurde durch die Integration klimawandelgerechter Belange dem Gesetzesvorbehalt Rechnung getragen, wobei die Grundrechte Privater beim Stadtumbau schon durch das Kooperationsprinzip stärker geschützt werden.[1334] Diese Umorientierung hat zu einer Neuausrichtung und Aktzentverschiebung der genannten städtebauli-

---

1328 *Lege*, NVwZ 2005, 880 (883); *Saxinger/Hofmann*, BauR 2012, 737 (744 f.); *Schröer*, NZBau 2007, 234 (235).

1329 *Söfker*, UPR 2009, 81 (87).

1330 *Schröer*, NZBau 2009, 703 (703 f.); *Saxinger/Hofmann*, BauR 2012, 737 (745).

1331 *Schröer*, NZBau 2009, 703 (703). Einziger Mehrwert eines Gebots liegt im Erörterungs- und Beratungstermin vor Anordnung des Gebots. Erörterungen und Beratungen sind jedoch unzulässig, wenn bereits in diesem Stadium der Vorprüfung der Gemeinde Gründe bekannt sind, die mit hoher Sicherheit der Gebotsanordnung entgegenstehen und die auch nicht auszuräumen sind. Vor Durchführung der Erörterungen und Beratungen hat die Gemeinde eine generelle, globale Prüfung der Anordnungsvoraussetzungen vorzunehmen, siehe *Stock*, in: E/Z/B/K, § 175, Rn. 29. Eine tatsächliche Anordnung eines Modernisierungsgebots ausschließlich aus Klimaschutz- oder Klimaanpassungsgründen ist nicht möglich. Das Instrument steht somit im Rahmen einer energetischen Sanierung nur dann in seiner werbenden Funktion für eine freiwillige Durchführung oder als „Druckmittel" zum Abschluss vertraglicher Vereinbarungen zur Verfügung, wenn neben Maßgaben des Klimaschutzes oder der Klimaanpassung weitere tatbestandserfüllende Voraussetzungen vorliegen.

1332 Ähnlich *Mitschang/Schwarz*, KommP spezial, 124 (126).

1333 So *Krautzberger*, Städtebauförderungsrecht, C § 171a, Rn. 2a.

1334 Vgl. *Spannowsky*, ZfBR 2013 752 (759).

chen Gesamtmaßnahmen geführt.[1335] Die Gemeinden haben damit seither Rechtssicherheit erlangt und die Durchführung quartiersbezogener städtebaulicher Gesamtmaßnahmen aus Klimaschutz- und Klimaanpassungsgründen ist grds. möglich.

Die Analyse der Instrumente des besonderen Städtebaurechts hat gezeigt, dass das Sanierungsrecht, der Stadtumbau und die Privaten Initiativen ein umfassendes Potenzial bieten, um klimawandelgerechte Verbesserungen im Gebäudebestand herbeiführen zu können.[1336] Es handelt sich stets um quartiersbezogene Gesamtmaßnahmen, die eine Bündelung und Koordinierung verschiedener Maßnahmen durch die Gemeinde ermöglichen. Insbesondere durch die Festlegung eines Sanierungs- oder Stadtumbaugebietes werden die Voraussetzungen geschaffen, um daraufhin konkrete klimawandelgerechte Einzelmaßnahmen durchführen zu können. Darüber hinaus wird der Grundstein für eine Förderung durch Städtebaufördermittel gelegt.

Die im Sanierungsrecht und im Stadtumbau erfolgte Bezugnahme auf die „allgemeinen Anforderungen" an den Klimaschutz und die Klimaanpassung ist weit auszulegen. Ein Verständnis, das eine ausschließliche Bezugnahme auf das geltende Gebäudeenergiefachrecht zulässt, engt den Anwendungsbereich beider Instrumente zu sehr ein. Im Rahmen des Sanierungsrechts sind Aspekte des Klimaschutzes und der Klimaanpassung ohnehin nur zurückhaltend bei der Missstandsbegründung mit zu berücksichtigen. Da das Sanierungrecht umfangreiche Eingriffsrechte der Gemeinde bereithält, bedarf es einer umfassenderen Prüfung und Beurteilung, ob ein entsprechendes Gebiet ausgewiesen werden kann. Die Anwendung des städtebaulichen Sanierungsrechts ist demnach auch auf bestehende städtebaulich defizitäre Lagen beschränkt. Im weniger eingriffsintensiven Stadtumbau bilden der Klimaschutz und die Klimaanpassung hingegen eigenständige Aspekte zur Begründung erheblicher städtebaulicher Funktionsverluste und es ist auch ein präventives Handeln zur Vermeidung derselben möglich.[1337]

Entsprechend der Ausrichtung der jeweiligen Fachgesetze zeichnet sich auch im besonderen Städtebaurecht deutlich die Präferenz ab, Anforderungen an den Gebäudebestand vorwiegend über konsensual-kooperative Lösungen und damit auf freiwilliger Basis herbeizuführen.[1338] Die Grenzen des Bestandsschutzes treten auch hier zum Vorschein und sind vertraglich zu überwinden. Auf das jeweilige Gebiet bezogene konsensuale Vereinbarungen, vor allem mit den betroffenen Eigentümern, sollen nach dem Gesetz im Vordergrund stehen. Auf städtebauliche Zwangsmittel soll nach Möglichkeit verzichtet werden.[1339] Hervorzuheben ist hierbei insbesondere der Stadtumbauvertrag nach § 171 c BauGB.

Der Stadtumbau ist von Grund auf darauf ausgerichtet, mit den betroffenen Eigentümern vertragliche Vereinbarungen zu treffen. Auch das Sanierungsrecht trägt konsensuale Züge und bedarf in der Praxis zumeist eines kooperativen Vorgehens. Die Durchführung des Stadtumbaus hat insoweit Priorität, als keine erheblichen Widerstände der betroffenen Eigentümer zu erwarten sind. Das Sanierungsrecht bietet sich fallweise an, wenn insbesondere eine Zahlung an die Gemeinde erfolgen soll oder ein zunehmender Widerstand bestehen bleibt. Die im

---

1335 Vgl. *Spannowsky*, ZfBR 2013, 752 (753).

1336 Restriktiver *Winkler*, Klimaschutzrecht, S. 158.

1337 Bspw. zur Vermeidung unzureichender energetischer Zustände von bestehenden Gebäuden, siehe Fn. 1150; Difu (Hrsg.), Klimaschutz in Kommunen, A2, S. 70.

1338 Siehe auch *Spannowsky*, Grenzen des Verwaltungshandelns durch Verträge, S. 356 f. sowie *Fischer*, Grundlagen und Grundstrukturen eines Klimawandelanpassungsrechts, S. 315, 347.

1339 Instruktiv *Bärenbrinker*, Nachhaltige Stadtentwicklung durch Urban Governance, S. 471.

Rahmen der BauGB-Novelle 2013 nachgeholten Erweiterungen des § 136 BauGB um die Aspekte des Klimaschutzes und der Klimaanpassung stellen sich insoweit als folgerichtig dar, um auch im Rahmen einer klimawandelgerechten Stadtentwicklung bei speziellem Bedarf eine Anwendung des Sanierungsrechts ermöglichen zu können.[1340]

Die Anwendung des Sanierungsrechts kann allerdings als subsidiär eingestuft werden und dürfte in vielen Fällen neben der Anwendung des Stadtumbaurechts nicht nötig sein. Private Initiativen bilden ebenso ein kooperatives Instrument. Dies allerdings in der Sonderform eines Selbstorganisationsinstruments,[1341] wobei eine Weiterentwicklung der Privaten Initiativen zu einem „Climate-Improvement-District" derweilen in den Händen der Länder liegt. Eine Anordnung eines Modernisierungsgebots ausschließlich aus Gründen des Klimaschutzes oder der -anpassung ist nicht möglich. Die Umsetzung klimaschutz- und klimaanpassungsbezogener Maßnahmen im besonderen Städtebaurecht fokussiert mithin ein konsensuales Vorgehen und damit auch eine Anwendung städtebaulicher Vertragslösungen.

Dieser kooperative Charakter von Stadtumbau-, Sanierungsmaßnahmen und Privaten Initiativen lässt die genannten Instrumente in die Nähe von „Urban-Governance-Ansätzen" rücken und damit besonders geeignet erscheinen, im Gebäudebestand Klimaschutz- und Klimaanpassungsmaßnahmen zu fördern.[1342] Die Wirksamkeit einer Fokussierung auf solche konsensual ausgerichteten Ansätze hängt dabei allerdings maßgeblich davon ab, inwieweit eine (Städtebau-)Förderung für Klimaschutz- und Klimaanpassungsmaßnahmen gewährt wird und welche konkreten Handlungsspielräume insbesondere vertragliche Vereinbarungen zu Klimaschutz- und Klimaanpassungszwecken bieten.[1343]

## F. Exkurs: Zulässigkeit von klimawandelgerechten Vorhaben

### I. Sonderregelungen und Privilegierungen

Durch die BauGB-Klimanovelle 2011 und die BauGB-Novelle 2013 wurde auch eine erleichterte Zulässigkeit von klimawandelgerechten Vorhaben adressiert.

#### 1. Sonderregelung zur sparsamen und effizienten Nutzung von Energie

Für bestehende Gebäude im beplanten oder unbeplanten Innenbereich einschließlich der recht setzenden Innenbereichssatzungen enthält der durch die Klimabaurechtsnovelle 2011 eingefügte § 248 BauGB eine Regelung zur Begünstigung von Energieeffizienzmaßnahmen. Danach sind bei Maßnahmen an bestehenden Gebäuden zum Zwecke der Energieeinsparung geringfügige[1344] Abweichungen vom festgesetzten Maß der baulichen Nutzung, der Bauweise

---

1340 Vgl. auch *Krautzberger*, in: Mitschang (Hrsg.), Fragestellungen des Städtebau- und Umweltrechts, S. 183.

1341 Siehe auch *Friesecke*, Stadtumbau im Konsens, S. 146.

1342 *BMVBS* (Hrsg.), Klimawandelgerechte Stadtentwicklung, S. 52; vgl. auch *Schink*, in: Spannowsky/Uechtritz, § 171 f, Rn. 4.

1343 Zum Aspekt der Förderung siehe weiter unten sowie *Wickel*, UPR 2011, 416 (421); *Mitschang*, in: Festschrift Birk, S. 94 f.; *Kahl/Schmidtchen*, Kommunaler Klimaschutz durch erneuerbare Energien, S. 208 und *C. Hagebölling*, NuR 2013, 99 (102).

1344 Für das Kriterium der Geringfügigkeit bestehen insoweit keine gesetzlichen Vorgaben. Soweit sich die Maßnahmen jedenfalls im Rahmen dessen bewegen, was durch die EnEV im Fall der wesentlichen Änderung von Gebäuden vorgesehen ist, dürfte eine solche anzunehmen sein. Siehe *Mitschang*, in: Mitschang

und der überbaubaren Grundstücksflächen zulässig, soweit dies mit nachbarlichen Interessen und baukulturellen Belangen vereinbar ist. Die Ausnahme gilt nach § 248 S. 2 BauGB entsprechend für Anlagen zur Nutzung solarer Strahlungsenergie in, an und auf Dach- und Außenwandflächen. Der Gesetzgeber hat somit bestimmte Zulässigkeitstatbestände geändert, ohne das über eine Erteilung von Ausnahmen oder Befreiungen i.S.v. § 31 BauGB i.V.m. dem Einvernehmen der Gemeinde gemäß § 36 BauGB agiert werden muss.[1345] Die Sonderregelung erstreckt sich nach § 248 S. 3 BauGB auch auf entsprechende Zulässigkeitstatbestände in § 34 Abs. 1 BauGB. Die privilegierten Baumaßnahmen sind mithin auch dann zulässig, wenn sie (eigentlich) dem Gebot des „Einfügens" widersprechen würden.[1346] Die „Maßnahmen [...] zum Zwecke der Energieeinsparung" i.S.v. § 248 BauGB sind dabei unabhängig von den Anforderungen des Gebäudeenergiefachrechts (EnEV, EEWärmeG) zu verstehen.[1347] Relevant ist allein, dass überhaupt eine Energieeinsparung eintritt.[1348] Die geplanten Maßnahmen müssen sich dabei grundsätzlich auf das Baugrundstück beschränken – ein Überbau ist nicht zulässig.[1349] Im Außenbereich sowie auf Neubauten findet § 248 BauGB keine Anwendung. Zudem ist dieser für die Art der baulichen Nutzung nicht entscheidend. Energieeinsparmaßnahmen nach § 248 S. 1 BauGB mögen an der Art der zulässigen Nutzung auch nichts zu verändern.[1350] Anders kann dies jedoch bei Anlagen zur Nutzung von Solaranlagen und Kraft-Wärme-Koppelungsanlagen sein.

## 2. Privilegierung der Zulässigkeit

Hinsichtlich der Art der baulichen Nutzung ergibt sich daher infolge der BauGB-Novelle 2013 eine Privilegierung der Zulässigkeit von Solaranlagen und Kraft-Wärme-Koppelungsanlagen im beplanten und ungeplanten Innenbereich nach § 14 Abs. 3 BauNVO.[1351] Nach § 14 Abs. 3 BauNVO sind baulich untergeordnete Anlagen zur Nutzung solarer Strahlungsenergie in, an oder auf Dach- und Außenwandflächen sowie Kraft-Wärme-Kopplungsanlagen innerhalb von Gebäuden, soweit diese nicht bereits nach §§ 2-13 BauNVO (als gewerbliche Nutzung) zulässig sind, auch dann als Nebenanlagen i.S.v. § 14 Abs. 1 S. 1 BauNVO zulässig, wenn die erzeugte Energie vollständig oder überwiegend in das öffentliche Netz eingespeist wird. Anders als bei sonstigen Nebenanlagen (§ 14 Abs. 1 BauNVO) kommt es mithin auf eine funktionale Unterordnung nicht an. Allein das Merkmal einer baulichen Unterordnung ist von Relevanz. Nach der Gesetzesbegründung sind daher z. B. solche Anla-

---

(Hrsg.), Klimagerechte Stadtentwicklung, S. 61 mwN. Da § 248 BauGB allerdings nicht an die EnEV anknüpft, können auch darüber hinausgehende Maßnahmen noch geringfügig sein, siehe *Söfker*, in: Danner/Theobald, Energierecht, B 2, Rn. 140. Kritisch zur Bestimmtheit u.a. *BAK*, Stellungnahme zum Entwurf eines Gesetzes zur Stärkung der klimagerechten Stadtentwicklung in den Gemeinden, S. 4.

1345 Vgl. Mustereinführungserlass 2011, S. 12; *Otto*, in: Spannowsky/Hofmeister (Hrsg.), Novellierungen des BauGB 2011/2013, S. 15 sowie *Bröll/Dirnberger/Schiebel*, Energiewende und Baurecht, S. 152. Dadurch wird die Genehmigungsbehörde entlastet und klargestellt, dass bei Vorliegen der Voraussetzungen die Zulässigkeit der Abweichungen unmittelbar gegeben ist, siehe *Schneider*, Auswirkungen des Klimawandels auf das Bauplanungsrecht, S. 102.

1346 *Otto*, in: Spannowsky/Hofmeister (Hrsg.), Novellierungen des BauGB 2011/2013, S. 16.

1347 Im Einzelnen *Söfker*, in: E/Z/B/K, § 248, Rn. 6 ff; *ders.*, in: Danner/Theobald, Energierecht, B 2, Rn. 137.

1348 Vgl. *Reidt*, in: B/K/L, § 248, Rn. 8.

1349 *Krautzberger*, UPR 2011, 361 (363); *ders./Stüer*, BauR 2011, 1416 (1420); *Kopf*, LKRZ 2012, 261 (265).

1350 Vgl. *Söfker*, ZfBR 2011, 541 (547).

1351 Dazu *Berkemann*, DVBl 2013, 815 (821 ff.); *Grigoleit*, ZfBR-Beil. 2012, 95 (97); *C. Hagebölling*, NuR 2013, 99 (104); *Otto*, in: Mitschang (Hrsg.), Stärkung der Innenentwicklung, S. 161 f.

gen nicht erfasst, die über die Dachfläche bzw. die Wandfläche eines Gebäudes hinausgehen.[1352] Auf Grund der Übergangsregelung in § 245 a Abs. 1 BauGB findet die Privilegierung auch auf bestehende Bebauungspläne Anwendung.

Eine Privilegierung der Nutzung solarer Strahlungsenergie im Außenbereich enthält der durch die Klimabaurechtsnovelle 2011 eingefügte § 35 Abs. 1 Nr. 8 BauGB, wenn die Anlagen sich in, an oder auf zulässig genutzten Gebäuden befinden und diesen baulich untergeordnet sind. Auch hier ist unerheblich, ob die erzeugte Energie selbst verbraucht oder in ein öffentliches Netz eingespeist wird. Allein die bauliche Unterordnung ist maßgeblich.[1353] Im Falle solarer Strahlungsenergie ist für eine bauliche Unterordnung nicht auf die einzelnen Module, sondern auf die gesamte Anlage abzustellen.[1354] Im Außenbereich privilegiert § 35 Abs. 1 Nr. 6 BauGB des Weiteren die energetische Nutzung von Biomasse unter bestimmten Voraussetzungen.[1355] [1356]

## II. Analyse und Grenzen der Sonderregelung und Privilegierungen

Den angesprochenen Regelungen liegt die Intention zugrunde, die Zulässigkeit klimarelevanter Vorhaben zu privilegieren sowie beim Maß der baulichen Nutzung, der Bauweise und der überbaubaren Grundstücksflächen zu begünstigen.

### 1. Sonderregelung zur sparsamen und effizienten Nutzung von Energie

Da bei der Errichtung von Gebäuden zumeist das Maß der baulichen Nutzung sowie die Möglichkeiten zu den überbaubaren Grundstückflächen ausgeschöpft wurden, verfolgt § 248 BauGB das Ziel, insbesondere nachträgliche Maßnahmen der Wärmedämmung aber auch die

---

1352 BT-Drs. 17/11468, S. 18.

1353 BT-Drs. 17/6076, S. 10. Die Privilegierungen nehmen insoweit Bezug auf bisherige Unsicherheiten in der Praxis, siehe OVG Münster, ZUR 2011, 23 (24 f.) und entzieht der Argumentation des Gerichts den Boden. Auf eine funktionelle Unterordnung kommt es nicht mehr an. Vgl. *Battis/Krautzberger/Mitschang/Reidt/Stüer*, NVwZ 2011, 987 (902); *Stüer*, Ad Legendum 2012, 166 (172). Zur vorherigen Rechtslage noch *Matthes/Appell/Fritzsche*, SächsVBl 2013, 81 (84). Eine im Rahmen des Gesetzgebungsverfahrens zur BauGB-Novelle 2013 vom Bundesrat vorgeschlagene Erweiterung des Privilegierungstatbestands insbes. auf Halden und Deponien wurde nicht umgesetzt. Siehe BT-Drs. 17/11468, Anlage 4, S. 2; *C. Hagebölling*, NuR 2013, 99 (104, Fn. 85).

1354 So nunmehr auch der BGH im Streit um den Anlagenbegriff im EEG, Urteil vom 23.10.2013 – VIII ZR 262/12 –; a.A. *Clearingstelle EEG*, Hinweis 2009/14 vom 23.09.2010. Dazu schon *Dietl*, UPR 2012, 259 (262) mwN.

1355 Die Privilegierung wurde schon durch das EAG Bau 2004 eingeführt. Durch die BauGB-Klimanovelle 2011 und die BauGB-Novelle 2013 wurden die Anforderungen an die planungsrechtliche Zulässigkeit präzisiert. Dazu *Stüer*, Ad Legendum 2012, 166 (172); *Wilke*, BauR 2011, 1744 (1747 f.); *Bröll/Dirnberger/Schiebel*, Energiewende und Baurecht, S. 131 ff.; *Otto*, in: Mitschang (Hrsg.), Klimagerechte Stadtentwicklung, S. 169 ff. sowie *Söfker*, in: Spannowsky/Hofmeister (Hrsg.), Novellierungen des BauGB 2011/2013, S. 74 ff. und *Battis/Mitschang/Reidt*, NVwZ 2013, 961 (965).

1356 Weiterhin fördert § 249 BauGB das Repowering von Windanlagen, auf welches hier nicht näher eingegangen werden kann. Dazu etwa *Wilke*, BauR 2011, 1744 (1748 f.); *Scheidler*, UPR 2012, 411 ff.; *Söfker*, in: Mitschang (Hrsg.), Klimagerechte Stadtentwicklung, S. 209 ff. und *Otto*, in: Spannowsky/Hofmeister (Hrsg.), Novellierungen des BauGB 2011/2013, S. 19 ff. Zur Windenergie in der Bauleitplanung vgl. auch *Kment*, DÖV 2013, 17 ff. Zu den Änderungsvorschlägen im Rahmen der BauGB-Novelle 2013 vgl. nur *C. Hagebölling*, NuR 2013, 99 (103). § 35 Abs. 1 Nr. 5 BauGB privilegiert zudem Anlagen zur Erforschung, Entwicklung und Nutzung der Wind- oder Wasserenergie. Zum Ganzen auch *Stüer*, in: Mitschang (Hrsg.), Klimagerechte Stadtentwicklung, S. 242 ff. sowie *Mitschang*, BauR 2013, 29 ff.

Anbringung von Anlagen zur Nutzung solarer Strahlungsenergie zu erleichtern.[1357] Als Anwendungsfall von § 248 BauGB wird insoweit hervorgehoben, dass dieser hilfreich sein könne, Verpflichtungen aus dem Energiefachrecht umzusetzen.[1358] Weitreichende über das einzelne Bauteil hinaus geltende Anforderungen an bestehende private Gebäude existieren allerdings – wie dargelegt – nicht.[1359]

Insbesondere das Anbringen von Dämmstoffen auf Außenwand und Dach oder die Anbringung von Anlagen zur Nutzung solarer Strahlungsenergie bei bestehenden Gebäuden dürften Überschreitungen vom festgesetzten Maß der baulichen Nutzung, der Bauweise und der überbaubaren Grundstücksfläche mit sich bringen.[1360] Insbesondere freiwillige Maßnahmen des Bauherrn können insofern von dieser unmittelbar geltenden Zulässigkeitsnorm profitieren.[1361] Darüber hinaus wird die für die öffentliche Hand geltende Nutzungspflicht erneuerbarer Energien im Gebäudebestand, aus § 3 Abs. 2 EEWärmeG, adressiert.

In der Praxis dürfte sich die Zulässigkeitsnorm zunächst nur sukzessive bemerkbar machen.[1362] § 248 BauGB ist nämlich keine Rechtsgrundlage für Abweichungen von landesrechtlichen Vorschriften über seitliche Grenzabstände, die bei offener Bauweise einzuhalten sind.[1363] Nachbarschützende Vorschriften, wie auch zivilrechtliche Vorschriften (§§ 903, 1004, 912 BGB)[1364], bleiben unberührt.[1365] Zulässige Vorhaben nach § 248 BauGB können also zunächst nur umgesetzt werden, wenn dies im Rahmen des geltenden Bauordnungsrechts der Länder überhaupt möglich ist.[1366]

Soweit weder bauordnungsrechtliche Ausnahmeregelungen von Abstandsvorschriften noch oberverwaltungsgerichtliche Rechtsprechung existieren, scheint eine Umsetzung von § 248 BauGB problematisch.[1367] Unterschreitungen des vorgeschriebenen Abstandes infolge von Außenwandwärmedämmungen werden in den jeweiligen Bauordnungen zwar thematisiert,

---

1357 *Söfker*, in: Danner/Theobald, Energierecht, B 2, Rn. 131 ff.; *Blechschmidt*, in: Spannowsky/Hofmeister (Hrsg.), Bewältigung städtebaulicher Missstände als Themengegenstand der Innenentwicklung, S. 7.

1358 *Krautzberger*, UPR 2011, 361 (363); *Krautzberger/Stüer*, BauR 2011, 1416 (1420).

1359 Siehe oben.

1360 Im Einzelnen *Otto*, in: Spannowsky/Hofmeister (Hrsg.), Novellierungen des BauGB 2011/2013, S. 16; vgl. ebenso *Söfker*, ZfBR 2011, 541 (546); *ders.*, in: E/Z/B/K, § 248, Rn. 13.

1361 Auf eine Anknüpfung an eine Pflicht nach der Energieeinsparverordnung und nach dem Erneuerbare-Energien-Wärmegesetz (so noch BT-Drs. 17/6076, S. 12) wurde verzichtet, siehe BT-Drs. 17/6357, S. 9; vgl. auch *Battis/Krautzberger/Mitschang/Reidt/Stüer*, NVwZ 2011, 897 (900); *Söfker*, in: E/Z/B/K, § 248, Rn. 2 ff.; *Mitschang*, in: Mitschang (Hrsg.), Klimagerechte Stadtentwicklung, S. 60.

1362 Dazu *Kopf*, LKRZ 2012, 261 (264 f.); *Otto*, in: Spannowsky/Hofmeister (Hrsg.), Novellierungen des BauGB 2011/2013, S. 16 ff.

1363 In Fällen geschlossener oder halboffener Bauweise verdrängt die bauplanungsrechtliche Vorschrift das Abstandsflächenrecht, vgl. *Söfker*, in: E/Z/B/K, § 248, Rn. 15; *Dirnberger*, BauGB Klimaschutz, S. 32; *Bröll/Dirnberger/Schiebel*, Energiewende und Baurecht, S. 161 ff.

1364 Dazu *Horst*, NJW 2010, 122 ff.; siehe auch BGH, NJW 2010, 620 ff. Nach der Entscheidung muss der Eigentümer eines Grundstücks nicht nach § 912 BGB dulden, dass die Wand eines an die Grundstücksgrenze gebauten Nachbarhauses mit Wärmedämmplatten versehen wird, die 15 cm in den Luftraum seines Grundstücks ragen.

1365 BT-Drs. 17/6076, S. 12; *Krautzberger*, UPR 2011, 361 (363); *Bröll/Dirnberger/Schiebel*, Energiewende und Baurecht, S. 153, 169 f.

1366 *Kopf*, LKRZ 2012, 261 (265); *Dirnberger*, BauGB Klimaschutz, S. 32; *Otto*, in: Spannowsky/Hofmeister (Hrsg.), Novellierungen des BauGB 2011/2013, S. 16 ff.

1367 *Kopf*, LKRZ 2012, 261 (265). Zu den Abweichungsvorschriften *Bröll/Dirnberger/Schiebel*, Energiewende und Baurecht, S. 161 f.

können die Wirksamkeit von § 248 BauGB allerdings trotzdem verringern. In Hessen dürfen bspw. nach § 6 Abs. 6 S. 3 HBO Außenwand und Dachdämmungen, die dem Wärmeschutz und der Energieeinsparung dienen und über die Bauteilanforderungen der Energieeinsparverordnung in der jeweils geltenden Fassung nicht hinausgehen, bei bestehenden Gebäuden in die Tiefe der Abstandsfläche hineinragen.[1368] Die Norm stellt dabei insbesondere auf anlassbezogene Bauteilanforderungen nach § 9 EnEV ab. Freiwillige – darüber hinausgehende Maßnahmen – werden jedoch ausdrücklich nicht erfasst. Parallel dazu beschränkt § 10 a hessisches Nachbarrechtsgesetz (HessNachbG) die Duldungspflicht des Nachbarn, hinsichtlich übergreifender Bauteile, ebenso nur auf solche Wärmedämmungsmaßnahmen, die nicht über die Mindestanforderungen der EnEV hinausgehen. „Überschießende“ grenzüberschreitende Maßnahmen braucht der Nachbar mithin nicht zu dulden.[1369] Gegenüber der EnEV höhere Sanierungsstandards lassen sich also nur unter Einhaltung der ursprünglichen Abstandsflächen rechtskonform realisieren.[1370] Insofern wird der Umfang einer zulässigen Abweichung nach § 248 BauGB durch die derzeit geltende Fassung des § 6 Abs. 6 S. 3 HBO, § 10 a HessNachbG geschmälert.[1371] Dämmungen im Dachbereich, die zu einer Veränderung der Abstandsfläche führen, werden in manchen Bauordnungen (noch) gar nicht zugelassen. Gleiches gilt für die Nutzung solarer Strahlungsenergie an Außenwänden.[1372] Die Sonderregelung kann ihre Wirkung mithin nur entfalten, wenn die genannten Baumaßnahmen auch bundesweit landesrechtlich entsprechend privilegiert werden.

## 2. Privilegierungen der Zulässigkeit

Die Privilegierungen in § 14 Abs. 3 BauNVO und § 35 Abs. 1 Nr. 8 BauGB ermöglichen durch den Verzicht auf das Merkmal einer funktionalen Unterordnung eine erleichterte Zulässigkeit von entsprechenden Anlagen zur Nutzung erneuerbarer Energien auch bei gewerblicher Nutzung.[1373] Auf die Funktion der Hauptnutzung einer Anlage kommt es nicht an.[1374] Insbesondere die Errichtung von Anlagen zur Nutzung erneuerbarer Energien im Gebäudebestand wird somit stark gefördert, soweit eine bauliche Unterordnung gegeben ist.[1375] Die Einschränkung der Privilegierungen durch das Erfordernis einer „baulichen Unterordnung“ verfolgt den Zweck, eine zusätzliche Belastung des Innen- und Außenbereichs zu vermeiden.[1376] Freiflächenanlagen werden nicht adressiert.[1377] § 35 Abs. 1 Nr. 8 BauGB knüpft

---

1368 Eine Übersicht über die jeweiligen Vorschriften der Landesbauordnungen (Stand Dezember 2012), bei *Bröll/Dirnberger/Schiebel*, Energiewende und Baurecht, S. 163 ff.

1369 OLG Frankfurt, NJW 2012, 3729 ff.; vgl. auch *Nusser*, ZUR 2014, 67 (72).

1370 OLG Frankfurt, NJW 2012, 3729 ff.; vgl. auch *Nusser*, ZUR 2014, 67 (72).

1371 Nach § 6 Abs. 5 S. 4 HBO beträgt der Abstand mindestens 3 Meter. § 6 Abs. 11 HBO räumt ausdrücklich nur Festsetzungen den Vorrang ein. Eine solche stellt § 248 BauGB jedoch nicht dar und diese werden durch § 248 BauGB auch nicht berührt, siehe *Söfker*, in: E/Z/B/K, § 248, Rn. 29.

1372 Zumindest Dämmungen im Dachbereich werden bspw. thematisiert in § 6 Abs. 6 S. 3 HBO; § 7 Abs. 14 BauO NRW; vgl. auch *Otto*, in: Spannowsky/Hofmeister (Hrsg.), Novellierungen des BauGB 2011/2013, S. 17 f., der weitergehend auch die Überschreitung der Grundstücksgrenze oder von Grenzen zu Flächen, die von einer Bebauung frei zu halten sind, problematisiert.

1373 Vgl. Fn. 1353 sowie OVG Münster, ZUR 2011, 23 (24 f.).

1374 *Berkemann*, DVBl 2013, 815 (822).

1375 Siehe auch *Otto*, in: Mitschang (Hrsg.), Stärkung der Innenentwicklung, S. 162.

1376 Vgl. *Dietl*, UPR 2012, 259 (263).

1377 Siehe ursprünglich BT-Drs. 13/1733, S. 2. Zu planungsrechtlichen Zulässigkeit von Freiflächenfotovoltaikanlagen *Bröll/Dirnberger/Schiebel*, Energiewende und Baurecht, S. 110 f.

insoweit eindeutig an ein intaktes, nicht baufälliges Gebäude an und verlangt bestimmte technische Anbindungen an dieses.[1378] Zudem ist die Nutzung des Gebäudes im Zeitpunkt der Errichtung der Solaranlage maßgebliche Tatbestandsvoraussetzung.[1379]

Ebenso macht § 14 Abs. 3 BauNVO eine Privilegierung davon abhängig, ob sich eine entsprechende Anlage „in, an oder auf Dach- oder Außenwandflächen" befindet. Es kommt mithin sowohl bei § 14 Abs. 3 BauNVO als auch bei § 35 Abs. 1 Nr. 8 BauGB darauf an, dass die Anlagen fest von einer Dach- oder Wandfläche getragen werden oder selbst die Dachhaut oder die Wand bilden. Nicht ausreichend ist es, wenn eine Verbindung zu einem Gebäude allein zur Stabilisierung besteht.[1380]

Im Gegensatz zu § 248 BauGB wird die Berücksichtigung von nachbarlichen Interessen und baukulturellen Belangen nicht ausdrücklich in § 14 BauNVO genannt.[1381] Diese Tatbestandsmerkmale sind unmittelbar nur relevant, wenn auch § 248 BauGB einschlägig ist.[1382] Soweit im unbeplanten Innenbereich § 34 Abs. 2 BauGB einschlägig ist, beurteilt sich die Zulässigkeit des Vorhabens nach seiner Art allein nach den jeweiligen Baugebietsvorschriften, also auch nach § 14 Abs. 3 BauNVO. Für das Maß der Nutzung kommt es, wie auch im Falle, dass die nähere Umgebung des Anlagenstandorts keinem Baugebiet der BauNVO entspricht, auf das Merkmal des „Einfügens" i.S.v. § 34 Abs. 1 BauGB an. Bei der Installation von Anlagen an bestehenden Gebäuden greift dann insoweit auch § 248 BauGB. Bei der Anbringung bei Neubauten müssen über eine Interessenabwägung im Rahmen des Merkmals „Einfügen" auch baukulturelle und nachbarschaftliche Interessen gewahrt werden.

Die Vereinbarkeit mit nachbarlichen und baukulturellen Belangen wird in § 248 BauGB ausdrücklich hervorgehoben; diese dürfte durch das Merkmal der „Geringfügigkeit" im Regelfall auch erfüllt sein. Das baukulturelle Belange oder nachbarschaftliche Interessen hinter der Privilegierung des § 14 Abs. 3 BauNVO generell zurücktreten sollen, dürfte vom Gesetzgeber nicht beabsichtigt gewesen sein.[1383] Um städtebaulichen, stadtgestalterischen und baukulturellen Fehlentwicklungen entgegenzuwirken, wird den Gemeinden, die nicht zugleich Baugenehmigungsbehörde sind, dazu geraten, eine planerische Einschränkung über § 14 Abs. 1 S. 3 BauNVO, jedenfalls dann in Betracht zu ziehen, wenn eine echte Gefahr für die Wahrung des Ortsbildes besteht.[1384] Danach kann die Gemeinde die Zulässigkeit von Nebenanlagen im Bebauungsplan einschränken oder ausschließen. Soweit die Tatbestandsvoraussetzungen der Privilegierungen (bspw. eine bauliche Unterordnung) nicht erfüllt sind, kommt ggf. eine Zulässigkeit nach § 14 Abs. 1 und 2 BauNVO oder nach § 35 Abs. 2 BauGB in Betracht.[1385]

---

1378 Vgl. *Söfker*, ZfBR 2011, 541 (545).

1379 Siehe *Battis/Krautzberger/Mitschang/Reidt/Stüer*, NVwZ 2011, 897 (903); *Stüer/Stüer*, DVBl 2011, 1117 (1125).

1380 Siehe Mustereinführungserlass 2011, S. 9.

1381 Siehe dagegen den Gesetzgebungsvorschlag der *DASL*, Stellungnahme zu BT-Drs. 17/11468, S. 10. Dazu *C. Hagebölling*, NuR 2013, 99 (104).

1382 Dazu *Otto*, in: Mitschang (Hrsg.), Stärkung der Innenentwicklung, S. 162; *Matthes/Appell/Fritzsche*, SächsVBl 2013, 81 (85).

1383 Kritisch *Otto*, in: Mitschang (Hrsg.), Stärkung der Innenentwicklung, S. 162; *Berkemann*, DVBl 2013, 815 (822).

1384 *Berkemann*, DVBl 2013, 815 (822); *v. Nicolai*, NordÖR 2013, 445 (448).

1385 BT-Drs. 17/6076, S. 10; *Berkemann*, DVBl 2013, 815 (822 f.); *Stüer/Stüer*, DVBl 2011, 1117 (1125); *Dietl*, UPR 2012, 259 (263); *Battis/Mitschang/Reidt*, NVwZ 2013, 961 (968).

## III. Energetische Sanierung und Denkmalschutz

Maßnahmen der Energieeffizienzsteigerung wirken auf eine Veränderung der Bausubstanz hin. Im Konträr dazu steht der Denkmalschutz, welcher auf die Erhaltung kollektiver Erinnerungsgüter ausgerichtet ist.[1386] Sollen energetische Maßnahmen das Erscheinungsbild eines Gebäudes möglichst wenig beeinflussen, stehen bspw. die Innendämmung[1387], integrierte Fotovoltaiksysteme oder andere regenerative Wärmequellen sowie die Aufarbeitung bzw. der Austausch der Fenster[1388] als Energieeffizienzmaßnahmen bereit, ohne dass ein Konflikt zwischen Denkmalschutz und Klimaschutzinteressen entsteht.[1389] In der Praxis kollidieren klimawandelgerechte Maßnahmen im Gebäudebestand allerdings zunehmend mit den Interessen des Denkmalschutzes. Auch wenn Baudenkmäler nach Schätzungen insgesamt wohl nur weniger als 4 % aller Gebäude in Deutschland ausmachen,[1390] zeigt die steigende Anzahl an Gerichtsverfahren[1391], die sich mit Überschneidungen von Denkmalschutz- und Klimaschutzinteressen auseinandersetzen, dass zwei völlig unterschiedliche Interessenfelder vermehrt in Einklang gebracht werden müssen. Die Rechtsprechung zum Verhältnis beider Interessen hat sich erst in den letzten Jahren entwickelt und gibt unterschiedliche Einzelfallbetrachtungen wieder. Eine Systematik ist noch nicht zu erkennen. Stimmen zum Rangverhältnis beider Interessen sind auch in der Literatur sehr vielschichtig.[1392] Es können sich sowohl bei freiwilligen Sanierungsvorhaben als auch bei der Umsetzung verpflichtender Vorgaben Überschneidungen ergeben.

### 1. Denkmalrechtliche Genehmigung

Bei Änderungen eines Denkmals bedarf es stets einer landesrechtlichen denkmalrechtlichen Genehmigung.[1393] Insbesondere das Anbringen einer Fotovoltaikanlage oder die Wärmedämmung sind damit regelmäßig genehmigungspflichtig.[1394] Im Rahmen des Verfahrens hat

---

1386 *Winkler*, EurUP 2013, 206 (206).

1387 Zur Umsetzung einer Innendämmung im Rahmen der energetischen Sanierung *Worch*, EnEV-aktuell, 2009/4, S. 5 f.

1388 Dazu *Eßmann*, EnEV-aktuell 2010/4, 20 ff.

1389 Siehe *Geea*, Hintergrund: Energieeffizienz und Architektur, S. 1 ff., mit weiteren Nachweisen zu Beispielen aus der Praxis sowie einer Übersicht zu möglichen Sanierungsmaßnahmen; *Reicher*, Städtebauliches Entwerfen, S. 236 f.; vgl. auch *Stock*, in: Danner/Theobald, Energierecht, § 24 EnEV, Rn. 17 sowie *C. Hagebölling*, NuR 2013, 99 (104).

1390 Siehe *Grothmann*, ZfBR-Beil. 2012, 100 (101).

1391 Siehe nur VG Göttingen, Urteil vom 18.10.2011 – 2 A 309/10; VG Neustadt, Urteil vom 24.03.2011 – 4 K 1119/10.NW; OVG Koblenz, DVBl 2011, 1362 ff.; VGH Mannheim, DVBl 2011, 1418 ff. Einen Überblick über die Rechtsprechung gibt *Mohr*, BWGZ 5/2013, 202 ff.

1392 Vgl. *Mohr*, BWGZ 5/2013, 202 (202); *Mast/Göhner*, BayVBl. 2013, 193 (193); *Grothmann*, ZfBR-Beil. 2012, 100 ff.; *Davydov*, REE 2013, 23 ff.; *Winkler*, EurUP 2013, 206 ff.

1393 Siehe nur § 16 HesDSchG vom 05.09.1986, GVBl. I, S. 269 (zuletzt geändert durch das Gesetz vom 10.08.2011, GVBl. I, S. 291); § 13 RPFDSchG vom 23.03.1978, GVBl. 78, 159 (zuletzt geändert durch Art. 2 des Gesetzes vom 28.09.2012, S. 301); § 8 BWDSchG vom 06.12.1983, GBl. S. 797 (zuletzt geändert durch Art. 9 des Gesetzes vom 25.01.2012, GBl. S. 65); vgl. auch *Grothmann*, ZfBR-Beil. 2012, 100 (102, Fn. 25); *Kloepfer*, Denkmalschutz und Umweltschutz, Rn. 310 sowie *Bröll/Dirnberger/Schiebel*, Energiewende und Baurecht, S. 124.

1394 Zum unterschiedlichen Zusammenspiel der Genehmigungsverfahren bei einer etwaigen Genehmigungspflicht nach Baurecht siehe *Winkler*, EurUP 2013, 206 (208); vgl. auch *Matthes/Appell/Fritzsche*, SächsVBl 2013, 81 (84).

die Verwaltung nach pflichtgemäßem Ermessen eine einzelfallausgerichtete Abwägung zwischen Denkmalinteressen und Klimaschutzinteressen durchzuführen.[1395] Dies gilt sowohl bei verpflichtenden klimawandelgerechten Vorgaben, wie auch bei einem freiwilligen Vorgehen.

### a) Verpflichtende Vorgaben

Soweit an ein denkmalgeschütztes Bauwerk verpflichtende Sanierungsvorgaben gestellt werden, spitzt sich der oben untersuchte Konflikt, zwischen Bestandsschutz einerseits und notwendiger energetischer Ertüchtigung anderseits, zu.[1396] Auf Grund des breiten Spektrums möglicher Betroffenheit von Denkmälern durch energetische Maßnahmen ist es für ein Gesetz nahezu unmöglich, Regelungen zu formulieren, die alle Einzelheiten erfassen.[1397] Der einfache Gesetzgeber hat sich daher im Rahmen des Energiefachrechts dazu entschieden, den Konflikt zu Gunsten des Denkmalschutzes zu lösen.[1398] Nach § 24 Abs. 1 EnEV treten Anforderungen der EnEV zurück, soweit eine Erfüllung der Anforderungen bei Baudenkmälern[1399] die Substanz oder das Erscheinungsbild beeinträchtigen oder andere Maßnahmen zu einem unverhältnismäßig hohen Aufwand führen würden. Der Vorrang des Denkmalschutzes besteht dabei kraft Gesetz.[1400] Der unbestimmte Rechtsbegriff der „Beeinträchtigung" in § 24 Abs. 1 EnEV wird durch die gesetzlichen Versagungsgründe des Denkmalschutzrechts ausgefüllt und konkretisiert. Als Beeinträchtigung sind damit jedenfalls alle baulichen und anlagentechnischen Maßnahmen zu werten, die denkmal- und erhaltungsrechtlich nicht zulässig sind.[1401] Die Ausnahmevorschrift greift also nicht ein, wenn das Bauvorhaben nach Denkmalschutzrecht oder nach § 172 BauGB genehmigungsfähig ist.[1402] Ebenso lässt § 9 Abs. 2 Nr. 1 a) EEWärmeG die bestehende Nutzungspflicht erneuerbarer Energien der öffentlichen Hand im Rahmen grundlegender Renovierungen kraft Gesetz entfallen, soweit diese denkmalschutzrechtlichen Anforderungen widerspricht. Dabei kommt es darauf an, ob alle erneuerbaren Energien und Ersatzmaßnahmen nicht genutzt werden können.[1403] Relevant kann die Ausnahmevorschrift also insbesondere beim angedachten Einsatz einer Fotovoltaik- oder Solarthermieanlage werden. Dem Gesetzeswortlaut der EnEV und des EEWärmeG folgend, sollen sich im Einzelfall somit grundsätzlich Belange der Denkmalschutzgesetze und des städtebau-

---

1395 *Grothmann*, ZfBR-Beil. 2012, 100 (102, insbes. 107 ff.); vgl. auch *Dziallas*, NZBau 2007, 163 ff. Zum Abwägungsprozess auch *Kloepfer*, Denkmalschutz und Umweltschutz, Rn. 318 ff. Die einzelnen Landesdenkmalschutzgesetze stellen zwar unterschiedliche Anforderungen, im Prinzip sind diese allerdings ähnlich. Allein der Standort der Güterabwägung variiert. Siehe *Bröll/Dirnberger/Schiebel*, Energiewende und Baurecht, S. 124; *Davydov*, REE 2013, 23 (23). Das Ergebnis der Abwägung bedingt wiederum die Anwendung von § 24 EnEV, dazu sogleich.

1396 Siehe *Böhm/Schwarz*, NVwZ 2012, 129 (133).

1397 *Martin/Kaiser*, Denkmalschutz und Denkmalpflege, Teil F, Rn. 233.

1398 BR-Drs. 282/07 (Beschluss), S. 9; dazu *Wiggers*, NJW-Spezial 2010, 748 (748); *Stock*, in: Danner/Theobald, Energierecht, § 24 EnEV, Rn. 1.

1399 Nach § 2 Nr. 3a EnEV sind unter Baudenkmälern die nach dem jeweiligen Landesrecht geschützten Gebäude oder Gebäudemehrheiten zu verstehen.

1400 BR-Drs. 282/07 (Beschluss), S. 9. Es handelt sich um einen gerichtlich voll überprüfbaren Beurteilungsspielraum auf Tatbestandsebene, *Wiggers*, NJW-Spezial 2010, 748 (748).

1401 *Stock*, in: Danner/Theobald, Energierecht, § 24 EnEV, Rn. 15. Kritisch Regelungsgehalt von § 24 EnEV *Halstenberg/Nusser*, EnWZ 2013, 343 (350).

1402 *Stock*, in: Danner/Theobald, Energierecht, § 24 EnEV, Rn. 18 f.

1403 *Wustlich*, in: Danner/Theobald, Energierecht, § 9 EEWärmeG, Rn. 8.

lichen Erhaltungsschutzes (§ 172 BauGB) gegenüber den Anforderungen des Energiefachrechts durchsetzen.[1404]

### b) Freiwillige Sanierungsmaßnahmen

Soweit ein Objekt unter Denkmalschutz steht und der Eigentümer von sich aus beabsichtigt, eine Sanierung durchzuführen, kann es wiederum Überschneidungen zwischen Denkmalschutz- und Sanierungsinteressen geben. Im Rahmen des Genehmigungsverfahrens hat die Verwaltung nach pflichtgemäßem Ermessen eine einzelfallausgerichtete Abwägung zwischen Denkmalinteressen und Klimaschutzinteressen durchzuführen. Insoweit kommt den einfachgesetzlichen Priorisierungen in § 24 Abs. 1 1. Alt. EnEV und § 9 Abs. 2 Nr. 1 a) EEWärmeG nur eine untergeordnete praktische Bedeutung zu. Soweit die Abwägung ergibt, dass ein Vorhaben denkmalrechtlich zulässig ist, finden § 24 Abs. 1 Alt. 1 EnEV und § 9 Abs. 2 Nr. 1 a) EEWärmeG keine Anwendung. Scheitert ein Vorhaben schon an denkmal- oder erhaltungsrechtlichen Schranken, kann es auf das Energiefachrecht nicht mehr ankommen.[1405]

## 2. Abwägung Klimaschutz und Denkmalschutz

Es kommt letztendlich sowohl bei verpflichtenden Vorgaben als auch bei freiwilligen Sanierungsvorhaben auf eine Einzelfallabwägung zwischen Klimaschutz- und Denkmalschutzbelangen an. Beide Belange schließen sich nicht durchweg gegenseitig aus.

Eine lediglich unerhebliche – nicht denkmalwertprägende – Beeinträchtigung eines unter Schutz stehenden Objekts wird nach der Rechtsprechung auch ohne Abwägung mit Belangen des Klimaschutzes für zulässig erachtet.[1406] Dabei wird auf das Empfinden eines für Belange des Denkmalschutzes aufgeschlossenen Durchschnittsbetrachters abgestellt, wobei zu beachten ist, dass sich das Empfinden im Laufe der Zeit wandeln kann.[1407] Wurden bspw. Fotovoltaikanlagen in der Anfangszeit noch als exotische Fremdkörper wahrgenommen, so ist im Laufe der Zeit ein Gewöhnungseffekt eingetreten und diese bilden nunmehr eine ortsübliche Grundstücksnutzung.[1408] Durch die gewandelten Anschauungen über die Notwendigkeit der vermehrten Nutzung erneuerbarer Energien, die politisch beschlossene Energiewende und die damit generell einhergehende positive Grundeinstellung des Durchschnittsbetrachters zu dieser Form der Energiegewinnung wurde der Gewöhnungseffekt verstärkt und Fotovoltaikanlagen werden heute anders (nicht mehr durchweg störend) wahrgenommen als noch in der

---

1404 Siehe *Stock*, in: Danner/Theobald, Energierecht, § 24 EnEV, Rn. 11. Die Ausnahmeregelungen sagen nichts über das generelle Verhältnis des Denkmalschutzes zum Klimaschutz. Es handelt sich allein um Befreiungstatbestände und nicht um eine Abwägungsdirektive zugunsten des Denkmalschutzes, siehe *Wiggers*, NJW-Spezial 2010, 748 (749). Wenig überzeugend dagegen *Mast/Göhner*, EnEV-aktuell 2012/2, 19 (25).

1405 Vgl. *Stock*, in: Danner/Theobald, Energierecht, § 24 EnEV, Rn. 17 ff., 19.

1406 VGH Mannheim, ZfBR 2006, 265; VG Göttingen, Urteil vom 18.10.2011 – 2 A 309/10; VG Neustadt, Urteil vom 24.03.2011 – 4 K 1119/10.NW (es waren 6% der Dachfläche von einer Fotovoltaikanlage betroffen); VG Braunschweig, Urteil vom 25.04.2006 – 2 A 180/05. Hierzu und zum Folgenden *Grothmann*, ZfBR-Beil. 2012, 100 (102 f.).

1407 VGH Mannheim, NVwZ-RR 2012, 222 (222); vgl. auch *Mohr*, BWGZ 5/2013, 202 (203); *Matthes/Appell/Fritzsche*, SächsVBl 2013, 81 (87) sowie *Pützenbacher*, Publicus 2012, 18 (19). Kritisch zum subjektiven Maßstab *Mast/Göhner*, BayVBl. 2013, 193 (199); *Mast*, VR 2012, 31 f.

1408 Siehe auch OLG Stuttgart, Urteil vom 30.04.2013 – 3 U 46/13 – juris-Rn. 24.

Anfangszeit der Nutzung dieser Technik.[1409] Insoweit ist ein dynamischer Maßstab anzulegen. Soweit eine prägende Beeinträchtigung vorliegt, gehen die Tendenzen der Gewichtung der sich konfligierenden Belange in der Rechtsprechung bisher auseinander.[1410]

### a) Relevanz von Art. 20 a GG

Der Ausbau erneuerbarer Energien wird in Rechtsprechung und Literatur zum Teil als alleiniges wirtschaftliches Privatinteresse angesehen.[1411] Der ökologische Nutzen sowie das Interesse am Klimaschutz blieben in der Abwägung völlig unberücksichtigt. Vor dem Hintergrund des Art. 20 a GG wären diese Aspekte allerdings zwingend mit in die Abwägung einzustellen.[1412]

Im Rahmen der Abwägung kommt dem in Art. 20 a GG verbürgten Staatsziel Klima- Umwelt und Ressourcenschutz eine zentrale Bedeutung zu. Es handelt sich nämlich nicht allein um einen Programmsatz, sondern um bindendes Verfassungsrecht, welches die hohe gesellschaftliche Relevanz des Schutzgutes Klima zum Ausdruck bringt und grundsätzlich eine verstärkte Durchsetzungsfähigkeit gegenüber anderen Belangen anstrebt.[1413] Dem Klimaschutz wird durch Art. 20 a GG als objektivem Verfassungsrecht mithin eine Gleichrangigkeit mit den übrigen Verfassungsgütern eingeräumt. „Qua Verfassung" genießt dabei kein Rechtsgut den Vorrang vor einem anderen, sondern es ist eine Abwägung im Rahmen der Praktischen Konkordanz nötig.[1414]

Eine solche Gleichwertigkeit der geschützten Güter kann nicht angenommen werden, soweit ein abwägungsrelevantes Rechtsgut keinen Verfassungsrang besitzt.[1415] Ein dem Staatsziel Klima- Umwelt- und Ressourcenschutz gleichrangiges Rechtsgut des Kultur- oder Denkmalschutzes ist zumindest dem Grundgesetz nicht zu entnehmen.[1416] Allerdings kann in den

---

1409 VGH Mannheim, Urteil vom 01.09.2011 – 1 S 1070/11 –, juris-Rn. 34; vgl. auch *Götze*, in: Hoppenberg/de Witt, Handbuch des öffentlichen Baurechts, Band 3, Z, Rn. 125.

1410 Dazu auch *Wiggers*, NJW-Spezial 2010, 748 (748 f.); *Mast/Göhner*, EnEV-aktuell 2012/2, 19 ff.; Übersicht bei *Mohr*, BWGZ 5/2013, 202 (203 ff.).

1411 Dies übersieht *Davydov*, REE 2013, 23 (23). Siehe VG Neustadt, Urteil vom 23.11.2005 - 5 K 1498/05 -, juris-Rn. 27 f.; vgl. auch OVG Koblenz, Urteil vom 30.03.1994 - 8 A 12401/93 -, juris-Rn. 24; *Bröll/Dirnberger/Schiebel*, Energiewende und Baurecht, S. 124; ferner auch *Mast/Göhner*, BayVBl. 2013, 193 (95). Hierzu und zum Folgenden *Grothmann*, ZfBR-Beil. 2012, 100 (103 ff.).

1412 VG München, Urteil vom 25.04.2013 – M 11 K 12.1914 –, juris-Rn. 26; VGH München, NVwZ-RR 2011, 138 (138); VGH Mannheim, NVwZ-RR 2012, 222 (225); vgl. auch schon *von Oppen*, ZUR 2010, 295 (302 f.). Dies gesetzgeberisch abzusichern, ist Ziel von nunmehr teilweise durchgeführten Novellen der Denkmalschutzgesetze auf Landesebene. Siehe für Hessen den Gesetzesentwurf der Landesregierung für ein Hessisches Energiezukunftsgesetz, LT-Drs. 18/5725; S. 8; vgl. auch *Longo*, Stellungnahme zu den Gesetzesentwürfen LT-Drs. 18/5725 und LT-Drs. 18/5597, S. 6; für Niedersachsen § 7 Abs. 2 NDSchG. Kritisch zur bisherigen näheren Entfaltung des Staatsziels auch *Gassner*, DVBl 2013, 547 (548).

1413 *Davydov*, REE 2013, 23 (24).

1414 *Scholz*, in: Maunz/Dürig, Art. 20 a, Rn. 13 ff.; *Grothmann*, ZfBR-Beil. 2012, 100 (108); *Mast/Göhner*, DVBl 2012, 1140 (1142); *Davydov*, REE 2013, 23 (24).

1415 *Groß*, NVwZ 2011, 129 (133 f.).

1416 Bemühungen ein neues Staatsziel aufzunehmen hatten bisher keinen Erfolg, siehe nur den Entwurf eines Gesetzes zur Änderung des Grundgesetzes vom 18. Januar 2006, BT-Drs. 16/387 sowie den Schlussbericht der Enquete-Kommission „Kultur in Deutschland", BT-Drs. 16/700, S. 68; siehe auch *Böhm/Schwarz*, NVwZ 2012, 129 (133); *Grothmann*, ZfBR-Beil. 2012, 100 (105, Fn.45); *Martin*, in: Martin/Krautzberger, Denkmalschutz und Denkmalpflege, Teil B, Rn. 10 f. Vereinzelt wird aus Art. 5 Abs. 3 GG eine objektiv-rechtliche Funktion hergeleitet, die auch Denkmäler erfassen soll, so bspw. *Scholz*, in: Maunz/Dürig, Art. 5 Abs. 3, Rn. 73. Zu Recht ablehnend *Mast/Göhner*, EnEV-aktuell 2012/2,

überwiegenden Bundesländern, in denen der Denkmalschutz als Staatsziel in der Landesverfassung aufgeführt ist, von einem Gleichrang der Rechtsgüter ausgegangen werden.[1417] Soweit dies nicht der Fall ist,[1418] fehlt ein gleichrangiges Rechtsgut zum Staatsziel Klima- und Umweltschutz.[1419] Dies führt allerdings nicht dazu, dass der Klimaschutz dann stets unreflektiert den Vorrang genießt. Auch wenn der Klimaschutz eine Verstärkung durch Art. 20 a GG erfährt, so genießt dieser keinen automatischen Vorrang gegenüber nicht verfassungsrechtlich verankerten Denkmalschutzinteressen. Insbesondere kann auch der geringe Anteil denkmalgeschützter Gebäude zu keiner Notwendigkeit des Vorrangs von Klimaschutzinteressen führen.[1420] Auch hier bleibt es bei einer Einzelfallabwägung, bei der dem Klimaschutz allerdings eine verstärkte Durchsetzungsfähigkeit beizumessen ist.[1421]

---

19 (21); *dies.*, DVBl 2012, 1140 (1141); *dies.*, BayVBl. 2013, 193 (195) sowie instruktiv *Kloepfer*, Denkmalschutz und Umweltschutz, Rn. 173 ff. mwN., welcher ebenso eine Begründung eines Staatziels Kultur aus den Gesetzgebungskompetenzen und den übrigen Staatszielen untersucht und eingehend ablehnt. A.A. *Rabeling*, Die Belange des Denkmalschutzes und der Denkmalpflege in administrativen Abwägungsentscheidungen, S. 89 ff., die ein Staatsziel Kultur aus der Verfassung herleitet, welches die Belange des Denkmalschutzes umfasse.

1417 Art. 62 HessVerf., Art. 18 Abs. 2 NWVerf., Art. 141 Abs. 2 BayVerf., Art 3 c Abs. 2 BWVerf., Ar. 34 Abs. 2 BbgVerf., Art. 40 Abs. 3 RPVerf., Art. 43 SaarVerf., Art. 11 Abs. SächsVerf, Art. 36 Abs. 4 SA-Verf., Art 30 Abs. 2 ThVerf. Übersicht bei *Martin*, in: Martin/Krautzberger, Denkmalschutz und Denkmalpflege, Teil B, Rn. 17; zu den Verbürgungen der Landesverfassungen auch *Kloepfer*, Denkmalschutz und Umweltschutz, Rn. 188 ff.

1418 Ausdrücklich nicht aufgeführt in Hamburg. Bremen, Niedersachsen, Mecklenburg-Vorpommern, Schleswig-Holstein und Berlin enthalten keinen expliziten Denkmalschutzartikel, verpflichten die öffentliche Hand allerdings zur Bewahrung der Kultur, vgl. *Mast/Göhner*, DVBl 2012, 1140 (1141); *dies.*, BayVBl. 2013, 193 (195).

1419 *Groß*, NVwZ 2011, 129 (133); vgl. auch *Grothmann*, ZfBR-Beil. 2012, 100 (109); anders *Mast/Göhner*, EnEV-aktuell 2012/2, 19 (21f.); *dies.*, BayVBl. 2013, 193 (196 f.); daran anknüpfend auch *Davydov*, REE 2013, 23 (24), die in den Ländern, deren Verfassungen sich zum Denkmalschutz bekennen, Klimaschutzbelange den Belangen des Denkmalschutzes tendenziell unterordnen wollen.

1420 *Mohr*, BWGZ 5/2013, 202 (203).

1421 Siehe OVG Lüneburg, ZUR 2006, 495 (496); VG Ansbach, Urteil vom 28. Mai 2009 - AN 18 K 08.01942 -, juris-Rn. 79; VG Berlin, ZUR 2011, 93 (96); VGH Mannheim, NVwZ-RR 2012, 222 (225). Zurückhaltender OVG Koblenz, NVwZ-RR 2012, 61 (63), nach dem der Belang des Klimaschutzes nicht von vornherein unberücksichtigt bleiben könne. Die klimaökologischen Wirkungen, die der Einsatz von Fotovoltaikanlagen gerade auf denkmalgeschützten Gebäuden erbringen kann, hätten in ihrer Summe indes kein erhebliches Gewicht. Keinesfalls räume Art. 20 a GG dem einzelnen Eigentümer eine besondere gegenüber dem Denkmalschutzrecht durchschlagende Rechtstellung ein, Anlagen zur Nutzung erneuerbarer Energien gerade auf seinem Grundstück zu verwirklichen. Jedoch wird wohl anerkannt, dass im Einzelfall das Gemeinwohlinteresse an der verstärkten Nutzung erneuerbarer Energien die Denkmalschutzbelange auch überwiegen kann. Vgl. dazu Anmerkung NJW-Spezial 2011, 653 (654) sowie *Grothmann*, ZfBR-Beil 2012, 100 (106 f.), der die Ausführungen des Gerichts gleichwohl als generellen Vorrang des Denkmalschutzes wertet und als einen „Todesstoß" für die Bedeutung des Art. 20 a GG. Siehe auch *Wiggers*, NJW-Spezial 2010, 748 (748 f.) und *Pützenbacher*, Publicus 2012, 18 (19). Restriktiver zur Bedeutung des Klimaschutzes *Mast/Göhner*, EnEV-aktuell 2012/2, 19 (22); *dies.*, BayVBl. 2013, 193 (196), da das Denkmalschutzziel in den Länderverfassungen teils näher konkretisiert sei, als die Staatszielbestimmung des Art. 20 a GG. Dem ist entgegen zu halten, dass das Schutzgut Klima besondere Bedeutung durch Art. 20 a GG erlangt hat. In der expliziten Hervorhebung der herausragenden Bedeutung kann gleichwohl ein Weiterentwicklungspotenzial gesehen werden, vgl. *Rodi/Sina*, Klimaschutzrecht des Bundes, S. 54 mwN.

### b) Berücksichtigung des Klimaschutzes

Insoweit genießt kein Belang absoluten Vorrang,[1422] die Wertungen des Art. 20 a GG können im Einzelfall jedoch dazu führen, dass Denkmalschutzinteressen zurückstehen müssen.[1423] Für die Anbringung einer Solaranlage auf einem denkmalgeschützten Gebäude wäre bspw. die Bedeutung und der Wert des unter Denkmalschutz stehenden Gebäudes, die Dachlandschaft, die konkrete Ausgestaltung der Dächer und der Solaranlage, die Einsehbarkeit der Solaranlage sowie der ökologische und ökonomische Nutzen von abwägungserheblichem Belang.[1424]

Im Rahmen der Einzelfallabwägung sollte dabei jedoch nicht nur eine Individualisierung abstrakt-genereller Regelungen auf einzelne Personen und Sachverhalte erfolgen, sondern auch die obwaltenden Rahmenbedingungen – in konkreto die beschlossene Energiewende und die Aufwertung von Klimaschutz- und Klimaanpassungsbelangen im übrigen Recht – maßgeblich berücksichtigt werden. Es wird daher zum Teil als geboten angesehen, Belange des Klimaschutzes aus tatsächlichen und rechtlichen Gründen zumindest solange aufzuwerten, wie die Dringlichkeit und Notwendigkeit der Energieeffizienzsteigerung und des Ausbaus erneuerbarer Energien gegeben ist.[1425] Darüber hinaus wird in Teilen der Literatur davon ausgegangen, dass auf Grund der einfachgesetzlichen Vorschrift des § 171 a Abs. 3 S. 2 Nr. 7 BauGB ein Konflikt zwischen Klima- und Denkmalschutz eher zugunsten des Klimaschutzes aufzulösen sei.[1426] § 171 a Abs. 3 S. 2 Nr. 7 BauGB beschränkt das Ziel einer Stadtumbaumaßnahme insbesondere auf eine „nachhaltige" Erhaltung der Altbaubestände.[1427] Daraus eine Nachrangigkeit von Denkmalschutzbelangen herzuleiten, dürfte jedoch eine zu extensive Auslegung darstellen. Auch die Gesetzesbegründung zu § 171 a Abs. 3 S. 2 Nr. 7 BauGB erwähnt an anderer Stelle, dass etwa baukulturelle Gesichtspunkte weiterhin zu berücksichtigen sind.[1428] Im Übrigen sieht das Bauplanungsrecht eine Berücksichtigung der Belange der Baukultur, des Denkmalschutzes und der Denkmalpflege (§ 1 Abs. 6 Nr. 5 BauGB) ebenso vor, wie die Belange des Umwelt- und Klimaschutzes (§ 1 Abs. 6 Nr. 7, § 1 a Abs. 5 BauGB).[1429]

---

1422 Siehe *Krautzberger*, in: Martin/Kaiser, Denkmalschutz und Denkmalpflege, Teil F, Rn. 246; *Mohr*, BWGZ 5/2013, 202 (203) sowie *Wurster*, in: Hoppenberg/de Witt, Handbuch des öffentlichen Baurechts, Band 1, D, Rn. 396 ff.

1423 Siehe bspw. nun ausdrücklich § 7 Abs. 2 Nr. 2 Niedersächsisches Denkmalschutzgesetz neu gefasst durch Gesetz vom 26. 05. 2011 (Nds. GVBl. S. 135); vgl. LT-Drs. 16/3208, S. 13 f. Kritisch dazu *Mast/Göhner*, BayVBl. 2013, 193 (198); vgl. auch *Böhm/Schwarz*, NVwZ 2012, 129 (133). Zu den Kriterien einer denkmalfachlichen Prüfung für Maßnahmen der energetischen Ertüchtigung siehe auch *Kaiser*, EnEV-aktuell 2010/4, 3 ff. Zu den Auswirkungen der Staatszielbestimmung auch *Murswiek*, NVwZ 1996, 222 (229 ff.).

1424 Siehe nur VG Berlin, ZUR 2011, 93 (95) mwN.; vgl. auch *Mohr*, BWGZ 5/2013, 202 (202) mwN.

1425 *Attendorn*, NVwZ 2012, 1569 (1572 ff.). Keinen Anlass, die Belange des Denkmalschutzes stärker zurückzudrängen sieht demgegenüber *Davydov*, REE 2013, 23 (27).

1426 *Otting*, REE 2011, 125 (131).

1427 Dazu auch *Kahl/Schmidtchen*, Kommunaler Klimaschutz durch Erneuerbare Energien, S. 209, die aufgrund des getrennten Anwendungsbereichs von Denkmal- und Stadtumbaurecht zu Recht darauf hinweisen, dass der Denkmalschutz in Zukunft deswegen wohl kaum im großen Maßstab unbeachtlich werden wird.

1428 BT-Drs. 17/6076, S. 11.

1429 Vgl. auch *Winkler*, EurUP 2013, 206 (206).

Vor dem Hintergrund des Art. 20 a GG sind Klimaschutzmaßnahmen jedenfalls dann genehmigungsfähig, wenn diese zu keiner erheblichen Beeinträchtigung des Denkmalwertes führen. Darüber hinaus sollte mit Bedingungen und Auflagen des Vorhabens darauf hinzuwirken sein, einen angemessenen Ausgleich zwischen den Interessen zu schaffen.[1430] Eine kraft Gesetz bestehende Priorisierung des Denkmalschutzes, wie in der EnEV und dem EEWärmeG prinzipiell vorgesehen, wird dem durch die Verfassung eingeräumten Stellenwert des Klimaschutzes insoweit grds. nicht gerecht. Diese kann allerdings durch eine entsprechende Abwägung klima- und denkmalschutzbezogener Aspekte und entsprechend klimawandelgerecht ausgestaltete landesrechtliche Denkmalschutzvorschriften abgefangen werden.

1430 Siehe insoweit bspw. nunmehr § 9 DSchG Hamburg vom 05.04.2013, HmbGVBl. S. 142. Vgl. auch das hessische Energie-Konjunktur-Gesetz, LT-Drs. 18/5597, S. 22 sowie den Entwurf eines Gesetzes zur Neufassung des Denkmalschutzgesetzes Schleswig-Holstein, LT-Drs. 17/1617, S. 23. Zur Rolle des öffentlich-rechtlichen Vertrags in der denkmalschutzrechtlichen Praxis *Kloepfer*, Denkmalschutz und Umweltschutz, Rn. 339 ff.

# Viertes Kapitel: Städtebauliche Vertragsvereinbarungen im Detail[1431]

## A. Einführung

Nachdem das allgemeine und besondere Städtebaurecht auf Ihren jeweils klimaschutz- und klimaanpassungsbezogenen Inhalt hin untersucht worden sind, lassen sich nunmehr die klimawandelgerechten Vertragsmöglichkeiten im Einzelnen systematisieren. Darauf folgend sind die materiellen und formellen Anforderungen entsprechender Vertragsvereinbarungen herauszuarbeiten.

Wie gesehen, prägen vertragliche Vereinbarungen das gesamte auch klimawandelgerecht ausgerichtete Städtebaurecht und bilden das zentrale Umsetzungsinstrument eines „Urban-Governance-Ansatzes". Themen des Klimaschutzes und der Klimaanpassung wurden vom Gesetzgeber für den Bereich der städtebaulichen Verträge aufgegriffen und können explizit Vertragsinhalte bilden. § 11 Abs. 1 S. 2 Nr. 4 und Nr. 5 BauGB wurden durch die BauGB-Klimanovelle 2011 neu gefasst und der Anwendungsbereich der Vorschriften wurde erweitert.[1432] Insbesondere Anforderungen an die energetische Qualität von Gebäuden sowie die Errichtung und Nutzung von Anlagen aus erneuerbaren Energien oder der Kraft-Wärme-Kopplung werden als Vertragsgegenstände hervorgehoben, wobei den Regelungen in erster Linie eine klarstellende Funktion zukommt. Darüber hinaus können auch weitere Vertragsgegenstände einen Beitrag zu einer klimawandelgerechten Stadtentwicklung leisten. Der in § 11 Abs. 1 S. 2 BauGB aufgezählte Katalog ist nicht abschließend formuliert. Insbesondere im klimaschutz- und klimaanpassungsausgerichteten Sanierungs- und Stadtumbaurecht sollen vertragliche Absprachen im Vordergrund stehen. Die durch § 11 Abs. 1 S. 1 BauGB zum Ausdruck kommende grundsätzliche Zulässigkeit städtebaulicher Verträge sowie die stetige Hervorhebung im Städtebaurecht soll den Städten und Gemeinden indes grundsätzlich einen weiten Handlungs- und Gestaltungsspielraum einräumen. Schon hier wird ein wesentlicher Unterschied zu den oben untersuchten Festsetzungen in einem Bebauungsplan deutlich. Bebauungsplanfestsetzungen müssen eine Ermächtigungsgrundlage in § 9 Abs. 1 BauGB finden und haben diese einzuhalten, um zulässig zu sein. Städtebauliche Verträge bedürfen hingegen keiner besonderen Kompetenzeröffnung und sind nach § 11 Abs. 1 S. 1 BauGB grundsätzlich zulässig.

---

1431 Die Untersuchung der rechtlichen Grundlagen und Einsatzmöglichkeiten von städtebaulichen Verträgen wurde auch in einem nicht veröffentlichten Gutachten vom 07.06.2011 thematisiert, dass für die Stadt Marburg im Rahmen des ExWost Projekts „Energetische Stadterneuerung Marburg an der Lahn" im Auftrag des BMVBS und des BBSR von *Böhm/C. Hagebölling/Riekmann/Schwarz* angefertigt wurde und sich noch auf die Rechtslage vor der BauGB-Klimanovelle 2011 bezieht. U.a. Teil F III des Gutachtens betreffend die Rechtsgrundlagen von städtebaulichen Verträgen wurde vom Verfasser bearbeitet. Die vorliegende Untersuchung erfolgt davon völlig losgelöst und selbstständig sowie viel umfassenderer als zuvor.

1432 § 11 Abs. 1 S. 2 Nr. 4 BauGB eingefügt durch Gesetz vom 24.06.2004, BGBl. I S. 1359 und erweitert im Rahmen des Gesetzes vom 22.07.2011, BGBl. I S. 1509. § 11 Abs. 1 S. 2 Nr. 5 BauGB eingefügt durch Gesetz vom 22.07.2011, BGBl. I S. 1509.

## B. Klimaschutz und Klimaanpassung im Rahmen städtebaulicher Verträge

Städtebauliche Vertragslösungen haben sich nach und nach ausdrücklich für Klimaschutz- und Klimaanpassungsaufgaben im Städtebaurecht geöffnet. Schon bevor § 11 Abs. 1 S. 2 BauGB ausdrücklich klimawandelgerechte Vertragsinhalte benannte, wurde vereinzelt davon ausgegangen, dass entsprechende Vereinbarungen – etwa zur Nutzung der Solarthermie – zulässig seien.[1433] Durch das EAG Bau 2004 ist § 11 Abs. 1 S. 2 BauGB sodann um eine Nr. 4 ergänzt und seither die Möglichkeit akzentuiert worden, die Nutzung von Netzen und Anlagen der Kraft-Wärme-Kopplung sowie von Solaranlagen für die Wärme-, Kälte- und Elektrizitätsversorgung zu einem Vertragsgegenstand erheben zu können.[1434] Die BauGB-Klimanovelle 2011 hat den Klimaschutz und die Klimaanpassung vollends zum Handlungsfeld des Städtebaurechts gemacht und der Anwendungsbereich von § 11 BauGB wurde erweitert. Aus dem Bereich des Klimaschutzes wurden insbesondere die energetische Qualität von Gebäuden sowie die Errichtung und Nutzung von Anlagen der erneuerbaren Energien oder der Kraft Wärme-Kopplung vom Gesetzgeber aufgegriffen und als möglicher Gegenstand städtebaulicher Verträge in § 11 Abs. 2 S. 2 Nr. 4 und 5 BauGB manifestiert. Allerdings sind nicht nur die Erweiterungen und Präzisierungen in § 11 Abs. 1 S. 2 Nr. 4 und 5 BauGB für den Klimaschutz und die Klimaanpassung im Städtebaurecht relevant. Auch alle weiteren in § 11 Abs. 2 S. 2 BauGB exemplarisch aufgezählten Vertragsgegenstände können für den Klimaschutz und die Klimaanpassung instrumentalisiert werden.[1435] Grob unterscheiden kann man städtebauliche Verträge im Hinblick auf ein konkretes Bauvorhaben, Verträge zur Aufgabenübertragung, Verträge über Kostenbeteiligungen oder –übernahmen sowie gebietsbezogene vertragliche Vereinbarungen.[1436] Die Aufzählung möglicher Vertragsgegenstände ist zwar nicht abschließend, es werden allerdings die wichtigsten Regelungsbereiche in § 11 Abs. 1 S. 2 BauGB genannt.

Insbesondere rund um die Nutzung erneuerbarer Energien und die Erhöhung der Energieeffizienz im Gebäudebereich können städtebauliche Verträge zur Klärung einer Vielzahl von Fragen genutzt werden.[1437] Dies gilt sowohl im Rahmen des allgemeinen als auch im Rahmen des besonderen Städtebaurechts. Als besondere Ausformung des städtebaulichen Vertrags i.S.d. § 11 BauGB zielt insbesondere der Stadtumbauvertrag im Bereich des besonderen Städtebaurechts und im Rahmen städtebaulicher Gesamtmaßnahmen auf vertragliche Vereinbarungen hinsichtlich des Klimaschutzes und der Klimaanpassung im Gebäudebestand ab.

---

1433 Siehe *Zeiss/Longo*, UPR 1998, 217 (218, 221); *Koch/Mengel*, DVBl 2000, 953 (960); *Denny/Spangenberger*, UPR 1999, 331 (334). Dazu *Kahl/Schmidtchen*, Kommunaler Klimaschutz durch Erneuerbare Energien, S. 181.

1434 Vgl. BT-Drs. 15/2250, S. 50; BT-Drs. 15/2996, S. 65.

1435 Zu dem und zum Folgenden vgl. insbes. *Mitschang*, in: Mitschang (Hrsg.), Fragestellungen des Städtebau- und Umweltrechts, S. 33 ff., 68 ff.; *ders.*, ZfBR 2010, 534 (546 ff.); *Krautzberger*, DVBl 2008, 737 ff.; *ders.*, in: Mitschang (Hrsg.), Klimaschutz und Energieeinsparung, S. 109 ff.; *Kahl/Schmidtchen*, Kommunaler Klimaschutz durch Erneuerbare Energien, S. 185 ff.; *Reidt*, in: Mitschang (Hrsg.), Klimawandelgerechte Stadtentwicklung, S. 93 ff.; *ders.*, BauR 2010, 2025 ff.; *Ingold/Schwarz*, NuR 2010, 153 (161 f.).

1436 Vgl. auch *Reidt*, BauR 2010, 2025 (2032).

1437 Vgl. *Kahl/Schmidtchen*, Kommunaler Klimaschutz durch Erneuerbare Energien, S. 183 f.

## 1. Städtebaulicher Vertrag nach § 11 Abs. 1 S. 2 Nr. 4 und Nr. 5 BauGB

Explizit klimaschutz- und klimaanpassungsausgerichtete Vertragsgegenstände bilden diese nach § 11 Abs. 1 S. 2 Nr. 4 und Nr. 5 BauGB.

### a) Errichtung und Nutzung von Anlagen aus erneuerbaren Energien

§ 11 Abs. 1 S. 2 Nr. 4 BauGB nennt die Errichtung und Nutzung von Anlagen aus erneuerbaren Energien als möglichen Vertragsgegenstand. Diese Vorschrift wurde ursprünglich durch das EAG Bau 2004 in das BauGB eingefügt und nannte als Vertragsgegenstand zunächst ausdrücklich nur die Nutzung von Netzen und Anlagen der Kraft-Wärme-Kopplung sowie von Solaranlagen für die Wärme-, Kälte- und Elektrizitätsversorgung.[1438] Durch die BauGB-Klimanovelle 2011 wurde die Regelung dahin gehend präzisiert, dass von Nr. 4 nicht nur Absprachen hinsichtlich der Nutzung von Solaranlagen und Kraft-Wärme-Kopplungsanlagen, sondern nunmehr auch weitergehende vertragliche Absprachen bezüglich der Errichtung und Nutzung von Anlagen und Einrichtungen zur dezentralen und zentralen Erzeugung, Verteilung, Nutzung und Speicherung von Strom, Wärme oder Kälte aus erneuerbaren Energien oder Kraft-Wärme-Kopplung erfasst werden.[1439] Der Katalog der beispielhaft aufgezählten Anlagen wurde mithin erweitert und auch die „Errichtung" entsprechender Anlagen wurde als möglicher Vertragsgegenstand aufgenommen. In der Literatur blieb die Ergänzung um die „Errichtung" bisher weitestgehend unbeachtet.[1440] Auch der Mustereinführungserlass zur BauGB-Klimanovelle 2011 nennt allein die Erweiterung des Anlagenkreises als Neuerung.[1441] Zwar nennt § 11 Abs. 1 S. 2 BauGB keine abschließenden Regelungsbeispiele, sodass die vertragliche Verpflichtung zur Errichtung entsprechender Anlagen auch schon vor der ausdrücklichen Nennung in § 11 Abs. 1 S. 2 Nr. 4 BauGB möglich war. Dennoch wurde die Frage, ob die Errichtung entsprechender Anlagen einer vertraglichen Vereinbarung zugänglich ist, in der Literatur bisweilen unterschiedlich beantwortet.[1442] Die Ergänzung und Klarstellung in § 11 Abs. 1 S. 2 Nr. 4 BauGB trägt mithin zur Rechtssicherheit entsprechender Vereinbarungen bei und kann insoweit eine Impulswirkung für umfassende, auch die Errichtung von Anlagen aus erneuerbaren Energien einschließende, Vertragsabschlüsse im Rahmen einer klimawandelgerechten Stadtentwicklung entfalten.[1443]

---

1438 BT-Drs. 15/2250, S. 14, 50; BT-Drs. 15/2996, S. 25, 32, 95. Im ursprünglichen Entwurf wurde noch allein auf die Nutzung von Netzen und Anlagen der KWK für die Wärme- und Elektrizitätsversorgung abgestellt, siehe BR-Drs. 756/03, S. 28.

1439 Siehe BT-Drs. 17/6076, S. 7, 9; zu den Neuerungen *Reidt*, in: Mitschang (Hrsg.), Klimawandelgerechte Stadtentwicklung, S. 93.

1440 Siehe nur *Krautzberger/Stüer*, BauR 2011, 1416 (1420); *Krautzberger*, UPR 2011, 361 (363); *Battis/Krautzberger/Mitschang/Reidt/Stüer*, NVwZ 2011, 897 (901); *Stüer/Stüer*, DVBl 2011, 1117 (1121); *Bröll/Dirnberger/Schiebel*, Energiewende und Baurecht, S. 24 die alle samt nicht auf die Ergänzung eingehen. Anders *Wickel*, UPR 2011, 416 (420); *Mitschang/Schwarz*, KommP spezial 2013, 124 (125) und *Spannowsky*, in: Berliner Komm. BauGB, 21. Erg.-Lfg., § 11, Rn. 101.

1441 Mustereinführungserlass 2011, S. 7 f.

1442 Dafür bspw. *Lenz/Würtenberger*, BauGB-Verträge S. 126; *Bunzel/Coulmas/Schmidt-Eichstaedt*, Städtebauliche Verträge, 3. Auflage, S. 147 sowie *Kahl/Schmidtchen*, Kommunaler Klimaschutz durch Erneuerbare Energien, S. 187. A.A. *Burmeister*, Praxishandbuch Städtebauliche Verträge, S. 177 f und *Bank*, in: Brügelmann, BauGB, 72. Erg.-Lfg., § 11, Rn. 86.

1443 Dieser Aspekt wurde auch schon für § 11 Abs. 1 S. 2 Nr. 4 BauGB a.F. betont, da die Bereitstellung von Vertragsinhalten den Kommunen ein Programm zur Orientierung zur Verfügung stelle, ohne anderweitige Vertragsinhalte dabei zu begrenzen, siehe *Klinski/Longo*, ZNER 2007, 41 (44). Keinen Klarstellungs- oder Novellierungsbedarf sah demgegenüber *Mitschang*, ZfBR 2010, 534 (548).

### aa) Errichtung und Nutzung von Einzelanlagen beim Neubau

Zum einen kann § 11 Abs. 1 S. 2 Nr. 4 BauGB im Regelungszusammenhang mit den § 1 Abs. 6 Nr. 7 f), h) und § 9 Abs. 1 Nr. 23 a) und b) BauGB beim Neubau von Gebäuden relevant sein.[1444] Vertragspartner können sich zur Errichtung und Nutzung von Einzelanlagen, die sich aus erneuerbaren Energien speisen, vertraglich verpflichten. Sowohl eine Kombination aus Bebauungsplanfestsetzungen und städtebaulichem Vertrag,[1445] als auch eine eigenständige Vertragslösung – ggf. in Verbindung mit einem Grundstückskaufvertrag – kommt dabei in Betracht.

So kann bspw. ein Grundstückskaufvertrag dazu instrumentalisiert werden, dass nur solche Käufer zum Zug kommen, die der Realisierung der gemeindlichen Ziele, namentlich der Erfüllung von klimawandelgerechten Vertragsbedingungen, zustimmen.[1446] Zur Verfolgung ihrer am Klimaschutz und der Klimaanpassung ausgerichteten Ziele kann sich eine Gemeinde dafür im Vorfeld einer Baulandausweisung auch in das künftige Baugebiet einkaufen.[1447] Ein solches Vorgehen hat sich vor allem in Pilotprojekten zum Teil auch in der Praxis etabliert.[1448] Im Rahmen einer repräsentativen Umfrage gaben ca. 38 % der befragten Kommunen an, entsprechende Verträge zur Steuerung und Absicherung städtebaulicher Ziele schon geschlossen zu haben.[1449] In der rechtswissenschaftlichen Literatur wird in der Instrumentalisierung von Grundstückskaufverträgen gleichermaßen ein großes Potenzial gesehen.[1450] Dabei darf nicht verkannt werden, dass ein (privatrechtlicher) Grundstückskaufvertrag, der nicht nur dem Grunderwerb auf Seiten des Käufers dient, sondern aufgrund spezieller klimarelevanter Vertragsinhalte auch städtebauliche Bezüge aufweist, zweifelsohne einen städtebaulichen Vertrag i. S. d. § 11 BauGB darstellt.[1451]

Die komplexe Aufgabenstellung, durch Bebauungspläne Festsetzungen insbesondere im Hinblick auf die Installation von Anlagen zur Nutzung erneuerbarer Energien zu treffen, wurde aufgezeigt.[1452] Eine städtebauliche Vertragslösung ermöglicht demgegenüber – im Konsens mit dem Vertragspartner – die einzusetzende Anlagentechnik individuell und grund-

---

1444 *Bank*, in: Brügelmann, BauGB, 72. Erg.-Lfg., § 11, Rn. 85.

1445 Siehe bspw. den städtebaulichen Vertrag zum Bebauungsplan Nr. 98 B „Am obersten Heimbach" Stadtteil Großenritte der Stadt Baunatal, Fn. 1502. Ferner auch *Kahl/Schmidtchen*, Kommunaler Klimaschutz durch Erneuerbare Energien, S. 186 f.

1446 Siehe Difu (Hrsg.), Klimaschutz in Kommunen, A2, S. 47 ff. mit anschließendem Vertragsmuster.

1447 *Grziwotz*, KommJur 2011, 172 ff. Zu den Erwerbsmodellen siehe auch *Hoffmann*, in: Spannowsky/Uechtritz, § 11, Rn. 22 ff.

1448 Siehe *BMVBS* (Hrsg.), Immobilien- und wohnungswirtschaftliche Strategien und Potenziale zum Klimawandel, S. 65, Tabelle 7; siehe auch den städtebaulichen Vertrag der Stadt Vellmar, die 2002 als eine der ersten Städte die Nutzung erneuerbarer Energien zum Gegenstand eines städtebaulichen Vertrags gemacht hat, abgedruckt bei *Longo*, örtliche Energieversorgung, S. 377. Dazu auch *Lenz/Würtenberger*, BauGB-Verträge, S. 118 ff. sowie *Everding*, in: dies. (Hrsg.), Solarer Städtebau, S. 163 ff.

1449 *Rösler/Langel/Schormüller*, Kommunaler Klimaschutz, erneuerbare Energien und Klimawandel in Kommunen, Ergebnisse einer Difu-Umfrage, S. 8.

1450 *Schmidt-Aßmann/Krebs*, Rechtsfragen städtebaulicher Verträge, S. 113 f.; *Kahl/Schmidtchen*, Kommunaler Klimaschutz durch Erneuerbare Energien, S. 184 mwN., die die zahlenmäßige Bedeutung anhand der Stadt Münster belegen, in der 40 % der Grundstückskaufverträge auf die Stadt zurückgingen.

1451 Siehe Fn. 885 sowie *Hoffmann*, in: Hoppenberg/de Witt, Handbuch des öffentlichen Baurechts, Band 2, P, Rn. 6; *Kahl/Schmidtchen*, Kommunaler Klimaschutz durch Erneuerbare Energien, S. 185. Uneindeutig *Bunzel/Coulmas/Schmidt-Eichstaedt*, Städtebauliche Verträge, S. 29 sowie *Ekardt/Schmitz/Schmidtke*, ZNER 2008, 334 (342).

1452 Siehe oben.

stückbezogen festzulegen und darüber hinaus auch die Nutzung verbindlich zu vereinbaren. Vertragliche Vereinbarungen nach § 11 Abs. 1 S. 2 Nr. 4 BauGB eignen sich im Gegensatz zu Festsetzungen mithin umso mehr zur Feinsteuerung (Einschränkung oder Präzisierung) der Nutzungspflichten aus dem EEWärmeG. Grundsätzlich möglich ist dabei auch, über das durch das EEWärmeG vorgeschriebene Maß hinaus, vertragliche Vereinbarungen zum Einsatz erneuerbarer Energien zu treffen, soweit die Angemessenheit der Vertragsvereinbarungen gewahrt bleibt.[1453] Die oben dargelegten, schwerlich zu erfüllenden Rechtfertigungsanforderungen für Bebauungsplanfestsetzungen gelten im Rahmen vertraglicher Vereinbarungen jedenfalls nicht, da die Anforderungen konsensual ausgehandelt werden.[1454] Eine in der Gesamtheit sehr komplexe – insbesondere wirtschaftliche und technische Grundsätze beinhaltende – Abwägung, wie bei Bebauungsplanfestsetzungen geboten, entfällt somit im Rahmen vertraglicher Vereinbarungen. Dadurch wird die Gemeinde entlastet und bei Nutzung entsprechender Vereinbarungen wird zugleich die Regelungsdichte des Bebauungsplans insgesamt gesenkt.[1455]

### bb) Errichtung und Nutzung von Einzelanlagen im Gebäudebestand

Vertragsvereinbarungen zur Errichtung und Nutzung von Anlagen, die sich aus erneuerbaren Energien speisen können auch im Gebäudebestand – vorrangig eingebunden in Quartiersmaßnahmen des besonderen Städtebaurechts – genutzt werden.

In der Literatur wird die Zulässigkeit von vertraglichen Nutzungsvereinbarungen erneuerbarer Energien im Gebäudebestand zum Teil davon abhängig gemacht, ob nach § 3 Abs. 4 Nr. 2 EEWärmeG entsprechende ordnungsrechtliche Nutzungspflichten erneuerbarer Energien auf Landesebene bestehen.[1456] Nur in diesem Falle seien auch konkrete Vertragsvereinbarungen zulässig. Wie gesehen wird durch § 3 Abs. 4 Nr. 2 EEWärmeG den Ländern die Möglichkeit eingeräumt, entsprechende ordnungsrechtliche Nutzungspflichten für bestehende private Gebäude festzulegen. Von der Ermächtigungsgrundlage wurde bislang nur zurückhaltend Gebrauch gemacht.[1457] § 3 Abs. 4 Nr. 2 EEWärmeG verfolgt insoweit einen speziellen ordnungsrechtlichen Ansatz zur Förderung der Nutzung erneuerbarer Energien im Gebäudebestand. Demgegenüber bieten vertragliche Vereinbarungen gerade die Möglichkeit, auf freiwilliger Basis die Nutzung erneuerbarer Energien im Gebäudebestand zu adressieren. Dass eine vertragliche Vereinbarung einer Nutzungspflicht von einer ordnungsrechtlichen Vorgabe auf Landesebene abhängen soll, ist nicht ersichtlich. Vielmehr verdeutlicht § 11 Abs. 1 S. 2 Nr. 4 BauGB, dass davon unabhängig Vereinbarungen auf freiwilliger Basis getroffen werden können. Das EEWärmeG entfaltet hier ersichtlich keinen einschränkenden Charakter.[1458] Materiell rechtliche Grenzen entsprechender vertraglicher Vereinbarungen ergeben sich insbesondere aus dem Erfordernis eines städtebaulichen Bezugs, dem Koppelungsverbot und dem Angemessenheitserfordernis.[1459] Unter Beachtung dieser Grenzen lassen sich auch

1453 Dazu weiter unten. Vgl. *Reidt*, BauR 2010, 2025 (2033); *Söfker*, ZfBR 2011, 541 (545); *ders.*, UPR 2009, 81 (87); *Spannowsky*, UPR 2009, 201 (212).

1454 Siehe auch *Kahl/Schmidtchen*, Kommunaler Klimaschutz durch Erneuerbare Energien, S. 186, die den Anwendungsbereich von Bebauungsplanfestsetzungen gleichwohl extensiver bestimmen.

1455 *Hoffmann*, in: Spannowsky/Uechtritz, § 11, Rn. 1; ebenso *Kahl/Schmidtchen*, Kommunaler Klimaschutz durch Erneuerbare Energien, S. 186.

1456 So *Spannowsky*, in: Berliner Komm. BauGB, 21. Erg.-Lfg., § 11, Rn. 108.

1457 Siehe oben.

1458 Vgl. BT-Drs. 17/3629, S. 45.

1459 Siehe unten.

individuelle vertragliche Verwendungsverbote oder -beschränkungen bestimmter Brennstoffe unter § 11 Abs. 1 S. 2 Nr. 4 BauGB fassen.[1460] Die den Anwendungsbereich städtebaulicher Verträge im Gebäudebereich sehr stark einschränkende Ansicht vermag mithin nicht zu überzeugen. Vereinbarungen nach § 11 Abs. 1 S. 2 Nr. 4 BauGB sind – unter Berücksichtigung der noch zu thematisierenden materiellen und formellen Anforderungen – auch im Gebäudebestand grds. zulässig.

### cc) Errichtung und Nutzung von Gemeinschaftsanlagen und Wärmenetzen

Neben den soeben behandelten vertraglichen Vereinbarungen der Errichtung und Nutzung von Einzelanlagen, die sich aus erneuerbaren Energien speisen, können (über das eigene Grundstück hinweg) auch Vereinbarungen zur Errichtung von Gemeinschaftseinrichtungen zur Wärme-, Kälte- oder Stromversorgung (bspw. eine Gemeinschaftssolaranlage oder ein BHKW), eingeschlossen der Verteilung der Investitionskosten, einen Vertragsgegenstand nach § 11 Abs. 1 S. 2 Nr. 4 BauGB bilden.[1461]

Gleichsam können auch Vereinbarung zur gemeinsamen Inanspruchnahme bestimmter schon vorhandener Anlagen der Gemeinde oder eines Dritten aus erneuerbaren Energien oder der Kraft-Wärme-Kopplung getroffen werden (sog. vertraglicher Anschluss- und Benutzungszwang).[1462] Entsprechende Vereinbarungen können sich dabei auch auf derartige Anlagen und Einrichtungen mit überörtlicher Bedeutung beziehen.[1463] Landesplanerische oder regionalplanerische Inhalte fallen indes nicht in den Anwendungsbereich städtebaulicher Verträge, sondern können einen Inhalt eines sog. Raumordnungsvertrags bilden, welcher als solcher keinen spezifischen städtebaulichen Vertrag darstellt.[1464] Solche Verträge stellen sich für die Praxis als sehr aufwendig dar und sind bisweilen nicht weit verbreitet.[1465]

Abzugrenzen sind städtebauliche Verträge nach § 11 Abs. 1 S. 2 Nr. 4 BauGB noch von Energiewirtschaftsverträgen.[1466] Energiewirtschafts- und energiefachbehördliche Regelungsgegenstände, wie Vereinbarungen über die Abnahme, Übertragung und Verteilung erneuerba-

---

1460 Vgl. *Bunzel/Coulmas/Schmidt-Eichstaedt*, Städtebauliche Verträge, S. 191 f.

1461 Dies kann bspw. auch Baugebietsübergreifend geschehen. Dazu näher im Rahmen Koppelungsverbot weiter unten. Der Übergang zu Vereinbarungen nach § 11 Abs. 1 S. 2 Nr. 3 BauGB bezüglich der Kostenverteilung verläuft dabei fließend. Instruktiv dazu *Kahl/Schmidtchen*, Kommunaler Klimaschutz durch Erneuerbare Energien, S. 189 f. mwN. Vgl. *Reidt*, in: Mitschang (Hrsg.), Klimawandelgerechte Stadtentwicklung, S. 99; *Henneke/Ritgen*, Kommunales Energierecht, S. 191; *Spannowsky*, UPR 2009, 201 (207); *Birk*, städtebauliche Verträge, S. 349; *Krautzberger*, in: E/Z/B/K, § 11, Rn. 165; *ders.*, DVBl 2008, 737 (742).

1462 Vgl. BT-Drs. 17/6076, S.12; *Quaas/Kukk*, in: Schröder, BauGB, § 11, Rn. 37; *Reidt*, in: Mitschang (Hrsg.), Klimawandelgerechte Stadtentwicklung, S. 99; *ders.*, BauR 2010, 2025 (2033); *Bunzel/Coulmas/Schmidt-Eichstaedt*, Städtebauliche Verträge, S. 177 f.; *Spannowsky*, UPR 2009, 201 (207); *Ingold/Schwarz*, NuR 2010, 153 (161); *Kahl/Schmidtchen*, Kommunaler Klimaschutz durch Erneuerbare Energien, S. 188 ff.; *Krautzberger*, DVBl 2008, 737 (742); *Battis/Kersten/Mitschang*, Rechtsfragen Stadterneuerung, S. 99. Siehe auch Difu (Hrsg.), Klimaschutz in Kommunen, A2, S. 53 f. mit anschließendem Beispiel. Zur Angemessenheit und der Anwendbarkeit der AVBFernwärmeV siehe unten.

1463 Dazu im Einzelnen weiter unten; vgl. auch BT-Drs. 17/6076, S. 12.

1464 Möglich sind auch Verwaltungsvereinbarungen oder Staatsverträge. Dazu *Spannowsky*, UPR 2009, 201 ff.; vgl. auch *ders.*, in: Berliner Komm. BauGB, 21. Erg.-Lfg., § 11, Rn. 10 ff., 30 ff.; *ders.*, in: Festschrift Krautzberger, S. 217 ff. sowie *Henneke/Ritgen*, Kommunales Energierecht, S. 191.

1465 Zum seltenen Anwendungsbereich der Beteiligung Privater durch raumordungsrechtliche Verträge auch *Reidt*, in: B/K/L, § 11, Rn. 10.

1466 Siehe *Spannowsky*, in: Berliner Komm. BauGB, 21. Erg.-Lfg., § 11, Rn. 102 f.

rer Energien zwischen dem Netzbetreiber und dem Anlagenbetreiber oder Konzessionsverträge respektive qualifizierte Wegenutzungsverträge (§ 46 Abs. 2 EnWG) mit Netzbetreibern (ggf. auch im Bereich der zunehmenden Rekommunalisierungen im Bereich der Energieversorgung[1467]) und Gestattungsverträge bspw. im Bereich der Nah- und Fernwärmeversorgung[1468] fallen nicht in den Anwendungsbereich städtebaulicher Verträge.[1469]

Städtebauliche Verträge zielen nach § 11 Abs. 1 S. 2 Nr. 4 und 5 BauGB demgegenüber auf solche Vereinbarungen ab, die mit „mit den städtebaulichen Planungen und Maßnahmen verfolgten Zielen und Zwecken" einhergehen. Diese Anforderung konkretisiert zum einen den bei städtebaulichen Verträgen obligatorischen städtebaulichen Bezug.[1470] Darüber hinaus wird auch der Handlungsspielraum städtebaulicher Verträge aufgezeigt. Städtebauliche Vertragslösungen können Rahmen setzend bspw. zur Realisierung von kommunalen Energiekonzepten herangezogen werden, aber auch maßnahmenbezogen als sektoral und problemorientiertes Instrument eine Gestaltungsfunktion erfüllen.[1471]

In diesem Aktionsbereich können vertragliche Vereinbarungen u.a. auch die Standortplanung, planungsrechtliche Zulässigkeit und ggf. das Repowering von größeren Stromanlagen (bspw. Windenergie- und Biomasseanlagen) aus erneuerbaren Energien unterstützen.[1472] Die Untersuchung dieser Verträge würde hier allerdings zu sehr aus dem Rahmen fallen. Der Fokus der vorliegenden Untersuchung soll auf gebäudebezogene, dezentrale Maßnahmen des Einsatzes erneuerbarer Energien gerichtet bleiben und auf ebendiese Verträge nicht gesondert eingegangen werden.

#### b) Energetische Qualität von Gebäuden

Dass in einem städtebaulichen Vertrag auch Vereinbarungen über die energetische Qualität von Gebäuden getroffen werden können, wird in § 11 Abs. 1 S. 2 Nr. 5 BauGB ausdrücklich als Möglichkeit genannt. Ebenso wie die Ergänzungen in § 11 Abs. 1 S. 2 Nr. 4 BauGB wurde § 11 Abs. 1 S. 2 Nr. 5 BauGB durch die BauGB-Klimanovelle 2011 neu in das BauGB eingefügt.[1473] Dass Vereinbarungen über die energetische Qualität von Gebäuden einen Vertragsinhalt bilden können, war auch schon vor der ausdrücklichen Aufnahme in § 11 Abs. 1 S. 2 Nr. 5 BauGB grundsätzlich anerkannt.[1474] Der Aufnahme der Vertragsmöglichkeit in das BauGB kommt ähnlich wie § 11 Abs. 1 S. 2 Nr. 4 BauGB ein klarstellender und initiierender Charakter zu. § 11 Abs. 1 S. 2 Nr. 5 BauGB stellt allerdings insoweit eine „echte"

---

1467 Dazu etwa *Eifertinger/Missling/Weichel/u.a.*, Rekommunalisierung, S. 6 ff.

1468 Dazu etwa *Marnich/Mayer*, BWGZ 2013, 514 ff.

1469 *Spannowsky*, in: Berliner Komm. BauGB, 21. Erg.-Lfg., § 11, Rn. 102 f.; *ders.*, UPR 2009, 201 (206); *Jarass/Kment*, BauGB, § 11, Rn. 10. Zu den Energiewirtschaftsverträgen *Henneke/Ritgen*, Kommunales Energierecht, S. 140 ff. Zu Konzessionsverträgen als klimapolitisches Handlungsinstrument der Gemeinden *Kahl/Schmidtchen*, RdE 2012, 1 ff.

1470 Zu den materiellen Anforderungen siehe unten.

1471 *Spannowsky*, in: Berliner Komm. BauGB, 21. Erg.-Lfg., § 11, Rn. 59.

1472 Im Einzelnen *Spannowsky*, UPR 2009, 201 (206). Dies auch unter Nutzung des Instruments des „Baurechts auf Zeit" (§ 9 Abs. 2, § 11 Abs. 1 S. 2 Nr. 2, § 249 Abs. 2 BauGB), siehe *Söfker*, ZfBR 2008, 14 (19 ff.); *Krautzberger*, in: E/Z/B/K, § 11, Rn. 139 b; vgl. auch *Kahl/Schmidtchen*, Kommunaler Klimaschutz durch Erneuerbare Energien, S. 184 und *Henneke/Ritgen*, Kommunales Energierecht, S. 184. Zur Windenergie in der Bauleitplanung auch *Kment*, DÖV 2013, 17 ff.

1473 BT-Drs. 17/6076, S. 9.

1474 Siehe nur *Denny/Spangenberger*, UPR 1999, 331 (334); *Bunzel/Coulmas/Schmidt-Eichstaedt*, Städtebauliche Verträge, 3. Auflage, S. 147.

Erweiterung des Städtebaurechts dar, als das Stellen von energetischen Anforderungen, in Form von Wärmedämmungsanforderungen oder Energiekennzahlen an Gebäude, bislang nicht vom BauGB thematisiert wurde. Durch Bebauungsplanfestsetzungen können solche Vorgaben jedenfalls nicht getroffen werden.[1475] § 11 Abs. 1 S. 2 Nr. 5 BauGB betont insoweit nochmals die Priorität, Maßnahmen des Klimaschutzes und der Klimaanpassung – respektive Energieeffizienzmaßnahmen – auf der Grundlage konsensualer Vereinbarungen durchzuführen und stellt den notwendigen gesamtheitlichen Rechtsrahmen her.[1476] Vereinbarungen nach § 11 Abs. 1 S. 2 Nr. 5 BauGB können dabei zum einen als Ergänzung zu einem Bebauungsplan herangezogen werden. Zum anderen können Maßnahmen der energetischen Sanierung im Gebäudebestand – insbesondere im Rahmen einer städtebaulichen Sanierung oder des Stadtumbaus – vertraglich vereinbart werden.[1477] Vor allem, wenn die Voraussetzungen des § 248 BauGB mangels geringfügiger Abweichung nicht vorliegen, kann § 11 Abs. 1 S. 2 Nr. 5 BauGB zudem auch im Genehmigungsverfahren Bedeutung erlangen.[1478]

„Anforderungen an die energetische Qualität von Gebäuden" i.S.v. § 11 Abs. 1 S. 2 Nr. 5 BauGB schließen insbesondere Vereinbarungen über die Wärmedämmung von Gebäuden oder über den Austausch von 2-fach verglasten Fenstern durch selbige mit 3-Fachverglasung ein. Es können zudem maximal zulässige Energiekennzahlen, maximal zulässige spezifische Heizwärmebedarfswerte, maximal zulässige Wärmedurchgangskoeffizienten oder maximal zulässige Emissionswerte von Heizanlagen vereinbart werden, ähnlich den Vorgaben der EnEV.[1479] Gleichermaßen sind auch alle weiteren bau- und anlagenbezogenen Energieeffizienzmaßnahmen vertraglichen Vereinbarungen zugänglich. Vereinbarungen hinsichtlich der Energieeffizienz können dabei unter Berücksichtigung des Angemessenheitserfordernisses – ebenso wie Vereinbarungen bezüglich des Einsatzes erneuerbarer Energien – über die Anforderungen des jeweiligen Energiefachrechts (EnEV) hinausgehen.[1480] Das EnEG lässt (im Gegensatz zum EEWärmeG) ausdrücklich weitergehende Anforderungen zu.

§ 11 Abs. 1 S. 2 Nr. 5 BauGB ermöglicht es dabei, im Sinne einer gesamtheitlichen Betrachtung auch die Klimagerechtigkeit der verwendeten Baustoffe in den Blick zu nehmen. Eine Abwägung der Klimagerechtigkeit von Baustoffen (in Herstellung und Transport) im Verhältnis zur Energieeffizienz der geplanten Maßnahme als Tatbestandmerkmal im Stadtumbau aufzunehmen, wurde schon im Rahmen der BauGB-Klimanovelle 2011 von der Bundesarchi-

---

1475 Siehe oben, u.a. zu der strittigen Festsetzungsmöglichkeit nach § 9 Abs. 1 Nr. 24 BauGB. So wohl auch *Wickel*, UPR 2011, 416 (420).

1476 *BAK*, Stellungnahme zum Entwurf eines Gesetzes zur Stärkung der klimagerechten Stadtentwicklung in den Gemeinden, S. 2; *DASL*, Stellungnahme zum Entwurf eines Gesetzes zur Stärkung der klimagerechten Stadtentwicklung in den Gemeinden, S. 5 f.; Haus und Grund, Stellungnahme zum Entwurf eines Gesetzes zur Stärkung der klimagerechten Entwicklung in den Städten und Gemeinden, S. 2 f.; resümierend *Schneider*, Auswirkungen des Klimawandels auf das Bauplanungsrecht, S. 89.

1477 Vgl. auch *Spannowsky*, in: Berliner Komm. BauGB, 21. Erg.-Lfg., § 11, Rn. 109.

1478 *Reidt*, in: B/K/L, § 11, Rn. 62.

1479 Aufzählung bei *Denny/Spangenberger*, UPR 1999, 331 (334); *Söfker*, UPR 2009, 81 (87); *Bunzel/Coulmas/Schmidt-Eichstaedt*, Städtebauliche Verträge, 3. Auflage, S. 147; vgl. *Mitschang*, ZfBR 2010, 534 (547); *ders.*, in: Mitschang (Hrsg.), Fragestellungen des Städtebau- und Umweltrechts, S. 70; *Ingold/Schwarz*, NuR 2010, 153 (161).

1480 *Krautzberger*, in: E/Z/B/K, § 11, Rn. 165 a; *Reidt*, in: Mitschang (Hrsg.), Klimagerechte Stadtentwicklung, S. 101; *Bunzel/Coulmas/Schmidt-Eichstaedt*, Städtebauliche Verträge, S. 181; *Jarass/Kment*, BauGB, § 11, Rn. 11; *Lange/Hoppe*, Klimaschutz in der Bauleitplanung, S. 35.

tektenkammer angeregt.[1481] Allerdings wurde dieser Vorschlag vom Gesetzgeber nicht weiter verfolgt. Die Klimagerechtigkeit der Baustoffe stellt einen wesentlichen Aspekt dar, denn wenn durch die Herstellung oder den Transport der Materealien höhere Klimabelastungen eintreten, als die Maßnahme letztlich dem Klimaschutz leistet, wird das Klima insgesamt nicht gefördert.[1482] Bei Dämmstoffen oder Solaranlagen sollte mithin nicht nur alleinig die Energieeffizienz, sondern der gesamte Lebenszyklus der Materealien betrachtet werden.[1483] Dafür bietet § 11 Abs. 1 S. 2 Nr. 5 BauGB eine Grundlage.

§ 11 Abs. 1 S. 2 Nr. 5 BauGB adressiert damit insgesamt die Realisierung von energetischen Qualitätsanforderungen an Gebäude im Zusammenhang mit der Durchführung städtebaulicher Maßnahmen.[1484] Die Errichtung und Nutzung von Anlagen aus erneuerbaren Energien wird dabei vorrangig durch § 11 Abs. 1 S. 2 Nr. 4 BauGB abgedeckt. Im Übrigen dürften entsprechende Vereinbarungen aber auch unter § 11 Abs. 1 S. 2 Nr. 5 fallen. Die Grenzen sind insoweit fließend. Auch die Gesetzesbegründung differenziert nicht immer eindeutig zwischen beiden Varianten.[1485]

Ebenso wie Vereinbarungen nach § 11 Abs. 1 S. 2 Nr. 4 BauGB müssen Vereinbarungen nach § 11 Abs. 1 S. 2 Nr. 5 BauGB den „mit den städtebaulichen Planungen und Maßnahmen verfolgten Zielen und Zwecken" entsprechen. Vertragliche Vereinbarungen über energetische Anforderungen zeichnen sich dabei – ähnlich den Vereinbarungen nach § 11 Abs. 1 S. 2 Nr. 4 BauGB – dadurch aus, dass Gestaltungsvorschriften (bspw. die Ausformung der Baukörper oder die Gestaltung des Daches oder der Fassade) zum einen individuell Einzug in den Vertrag finden können und zum anderen aber auch effektiver umsetzbar sein dürften, als ordnungsrechtliche Vorgaben.[1486]

## 2. Verhältnis zum Gebäudeenergiefachrecht

Wie dargelegt, ergeben sich aus dem Gebäudeenergiefachrecht keine grundsätzlichen Verbote oder Beschränkungen vertraglicher Vereinbarungen. Das EEWärmeG enthält zwar keine ausdrückliche Regelung, die das Verhältnis gegenüber weitergehenden Verpflichtungen betrifft. Es existiert jedoch auch kein gesetzliches Verbot feinsteuernder oder übererfüllender vertraglicher Vereinbarungen. Insbesondere lässt sich aus § 3 Abs. 4 Nr. 2 EEWärmeG keine Einschränkung von vertraglichen Vereinbarungen im Gebäudebestand herleiten, sodass diese auch bei Fehlen entsprechender ordnungsrechtlicher Nutzungspflichten erneuerbarer Energien auf Landesebene zulässig sind.[1487] Die Regelungsbereiche des EEWärmeG und städtebaulicher Vertragsvereinbarungen existieren insoweit unabhängig voreinander. Die Vorgaben des EEWärmeG gelten in generalisierender Weise und können durch vertragliche Vereinbarungen

---

1481 *BAK*, Stellungnahme zum Entwurf eines Gesetzes zur Stärkung der klimagerechten Stadtentwicklung in den Gemeinden, S. 3.

1482 *Schneider*, Auswirkungen des Klimawandels auf das Bauplanungsrecht, S. 99.

1483 *Schneider*, Auswirkungen des Klimawandels auf das Bauplanungsrecht, S. 123. Bei Solaranlagen oder Fotovoltaikanlagen ist die zur Herstellung benötigte Energie i.d.R. in wenigen Jahren oder Monaten zurückgewonnen. Siehe Fn. 146 ff.

1484 *Spannowsky*, in: Berliner Komm. BauGB, 21. Erg.-Lfg., § 11, Rn. 109.

1485 BT-Drs. 17/6076, S. 9, 12, zur ursprünglich angedachten Erweiterung von § 171 c BauGB.

1486 *Denny/Spangenberger*, UPR 1999, 331 (334); *Mitschang*, in: Mitschang (Hrsg.), Fragestellungen des Städtebau- und Umweltrechts, S. 70.

1487 Siehe oben; a.A. *Spannowsky*, in: Berliner Komm. BauGB, 21. Erg.-Lfg., § 11, Rn. 108.

individuell in Bezug genommen werden.[1488] Dadurch wird eine Übererfüllung, Einschränkung oder Präzisierung von Anforderungen des EEWärmeG ermöglicht. Gleiches gilt im Hinblick auf die EnEV. Das der EnEV zu Grunde liegende EnEG lässt im Gegensatz zum EEWärmeG allerdings weitergehende Anforderungen ausdrücklich zu. Die Vorgaben der EnEV bestehen somit im Verhältnis zu vertraglichen Vereinbarungen ähnlich den Vorgaben des EEWärmeG unabhängig und generalisierend. Durch vertragliche Vereinbarungen können die Anforderungen der EnEV in Bezug genommen werden und insbesondere höhere und individuelle Anforderungen vereinbart werden. Im Hinblick auf das Gebäudeenergiefachrecht bieten städtebauliche Verträge im Vergleich zu Festsetzungen eines Bebauungsplanes damit umfassendere Vereinbarungsmöglichkeiten. Unter Angemessenheitsgesichtspunkten sind die jeweiligen vertraglichen Vereinbarungen ausreichend zu prüfen. Der Spielraum ist allerdings auch hier – wie zu sehen sein wird – weiter als im Rahmen von ordnungsrechtlichen Festsetzungen.[1489]

### 3. Verhältnis zum Bebauungsplan

Die genannten und ausdrücklich klimaschutz- und klimaanpassungsausgerichteten vertraglichen Vereinbarungen zeichnen sich damit insbesondere gegenüber dem starren Festsetzungskatalog für Bebauungspläne grds. als flexibleres Instrument aus. Städtebauliche Verträge erlauben eine situationsgerechte und präzise Steuerung. Im Gegensatz zur Angebots(bebauungs)planung werden einzelfallgerechte Lösungen auch in Abweichung von § 9 BauGB ermöglicht.[1490] Detaillierte Regelungen über das Verhältnis des städtebaulichen Vertrags zu möglichen Festsetzungen in einem Bebauungsplan enthält das BauGB gleichwohl nicht.[1491] Auch aufgrund dessen wird das Aufgabenspektrum städtebaulicher Verträge einerseits und möglicher Festsetzungen in einem Bebauungsplan andererseits zunehmend unterschiedlich beurteilt.

#### a) Ergänzung von Bebauungsplanfestsetzungen

In Literatur und Rechtsprechung ist unstreitig anerkannt, dass vertragliche Vereinbarungen Festsetzungen eines Bebauungsplans ergänzen können. Soweit städtebauliche Ziele also nicht durch den Festsetzungskatalog in § 9 Abs. 1 BauGB erreicht werden können, kann die Gemeinde grundsätzlich auf die Möglichkeit (festsetzungsergänzender) vertraglicher Absprachen zurückgreifen.[1492] Eine Beschränkung auf solche Vereinbarungen, die auch in einem Bebauungsplan aufgenommen werden können, besteht nicht.[1493] Im Rahmen des Klimaschutzes können bspw. Festsetzungen nach § 9 Abs. 1 Nr. 23 b) insoweit durch vertragliche Abspra-

---

1488 *Bunzel/Coulmas/Schmidt-Eichstaedt*, Städtebauliche Verträge, S. 176.

1489 Zur Angemessenheit siehe weiter unten.

1490 Vgl. *Kahl*, DÖV 2000, 793 (799) sowie die gleich gelagerte Intention des Gesetzgebers eine Flexibilität der Bauleitplanung durch vertragliche Lösungen zu erreichen, BT-Drs. 12/3944, S. 23 f.

1491 Novellierungsvorschläge zur Klarstellung des Verhältnisses wurden vom Gesetzgeber im Rahmen der BauGB-Klimanovelle 2011 sowie der BauGB Novelle 2013 nicht aufgegriffen. Siehe nur *DASL*, Stellungnahme zum Entwurf eines Gesetzes zur Stärkung der klimagerechten Stadtentwicklung in den Gemeinden, S. 4 sowie *Battis/Krautzberger/Mitschang/Reidt/Stüer*, NVwZ 2011, 897 (901).

1492 *Spannowsky*, UPR 2009, 201 (205); *Reidt*, in: Festschrift Krautzberger, S. 205; *ders.*, UPR 2008, 410 (411); *ders.* BauR 2008, 1541 (1543); *ders.*, in: B/K/L, § 11, Rn. 45; *Krautzberger*, in: E/Z/B/K, § 11, Rn. 166; *Kümmel*, NZBau 2012, 491 f.; OVG Niedersachsen, ZfBR 2012, 371 ff.; *Bank*, in: Brügelmann, BauGB, 72. Erg.-Lfg., § 11, Rn. 50; OVG Schleswig-Holstein, Urteil vom 12.03.2009 – 1 KN 12/08, juris-Rn. 77.

1493 *Bunzel/Coulmas/Schmidt-Eichstaedt*, Städtebauliche Verträge, S. 114.

chen erweitert werden, dass auch im Rahmen von Umbauten oder Renovierungen bestimmte bauliche und sonstige technische Maßnahmen für die Erzeugung, Nutzung oder Speicherung von Strom, Wärme oder Kälte aus erneuerbaren Energien oder Kraft-Wärme-Kopplung getroffen werden müssen. Durch vertragliche Absprachen kann neben Festsetzungen also grundsätzlich auch der Gebäudebestand adressiert werden. Auch konkrete Nutzungspflichten vorgenommener Maßnahmen zum Einsatz erneuerbarer Energien oder der Kraft-Wärme-Kopplung können über Festsetzungen nicht erreicht werden,[1494] sodass vertragliche Absprachen ergänzend herangezogen werden können. Dies wird nunmehr in § 11 Abs. 1 S. 1 Nr. 4 BauGB ausdrücklich als Möglichkeit genannt. Darüber hinaus kommen zum Beispiel Absprachen über konkrete Energieeffizienz- bzw. Wärmedämmungsmaßnahmen in Betracht, welche in Bebauungsplänen nicht möglich sind.[1495] Diese Möglichkeit wird in § 11 Abs. 1 Nr. 5 BauGB ausdrücklich hervorgehoben. Allgemein können vertragliche Vereinbarungen hinsichtlich des Einsatzes erneuerbarer Energien oder der Kraft-Wärme-Kopplung insbesondere im Gebäudebestand sowie vertragliche Absprachen bezüglich der energetischen Qualität von Gebäuden, respektive der Anforderungen der EnEV, eine entscheidende Rolle spielen. Die jeweiligen Vereinbarungen können dabei über die Anforderungen des Energiefachrechts hinausgehen.[1496]

Beispiel 1[1497]: „*Im Interesse einer effizienten solaren und regenerativen Energienutzung soll eine über die gesetzlichen Vorgaben hinausgehende Bauweise realisiert werden. Die Vorhabenträgerin verpflichtet sich deshalb, bei der Planung und Realisierung der Baumaßnahme den von der Energieeinsparverordnung (EnEV) vorgegebenen Jahresprimärenergiekennwert so zu unterschreiten, dass der Standard der KfW „Energiesparhaus 40" erreicht wird.*"

Beispiel 2[1498]: „*das Bauvorhaben ist so zu erstellen, dass die Wärmeverluste über die Gebäudehülle des Gebäudes mindestens 30 % unter dem Wert des Referenzgebäudes nach der EnEV liegen und dass der Primärenergiebedarf mindestens 30 % geringer ist als der Wert des Referenzgebäudes nach der EnEV.*"

Beispiel 3[1499]: „*Die Vorhabenträgerin verpflichtet sich, die neuen Gebäude/Gebäudeteile so zu errichten, dass der spezifische Jahres-Primärenergiebedarf […] und der spezifische auf die wärmeübertragende Umfassungsfläche bezogene Transimmissionswärmeverlust um 15 % gegenüber der gültigen Energieeinsparverordnung […] (EnEV) reduziert wird. Ist das beheizbare Volumen des Gebäudes größer als 2000 m³, sind die Anforderungen […] um 20 % zu unterschreiten.*"

---

1494 Siehe Fn. 1069.

1495 Siehe Fn. 1011.

1496 § 1 Abs. 3 EnEG lässt höhere Anforderungen an den baulichen Wärmeschutz durch andere Rechtsvorschriften zu. Vgl. *Bunzel/Coulmas/Schmidt-Eichstaedt*, Städtebauliche Verträge, S. 181; *Söfker*, UPR 2009, 81 (87); *Krautzberger*, in: E/Z/B/K, § 11, Rn. 165a.

1497 Veränderter Auszug aus einem städtebaulichen Vertrag der Stadt Konstanz zum Bebauungsplan „Siedlerweg, Egg".

1498 Veränderter Auszug aus einem städtebaulichen Vertrag der Stadt Hannover. Beschlussdrucksache Nr. 1187/2012. Ähnlich der städtebauliche Vertrag der Stadt Münster, vgl. dazu *UBA*, Klimaschutz in der räumlichen Planung: Gestaltungsmöglichkeiten der Raumordnung und Bauleitplanung, 29.

1499 Nach *Bunzel/Coulmas/Schmidt-Eichstaedt*, Städtebauliche Verträge, 3. Auflage, S. 147. Ähnliche Beispiele auch bei *Krautzberger*, in: E/Z/B/K, § 11, Rn. 165b. Siehe auch Difu (Hrsg.), Klimaschutz in Kommunen, A2, S. 47 ff. mit Vertragsmuster.

Die in den Beispielen genannten vertraglichen Absprachen zielen darauf ab, bei Neubauten konkretisierende und gegenüber den Vorgaben der EnEV verschärfende Anforderungen an die Energieeffizienz zu stellen. Dadurch werden die Festsetzungsmöglichkeiten eines Bebauungsplans ergänzt.

### b) Ersetzung von Bebauungsplanfestsetzungen

Vertragliche Absprachen bieten sich allerdings nicht nur als Ergänzung, sondern auch als Ersatz von Festsetzungen in einem Bebauungsplan an. Wären also Festsetzungen in einem Bebauungsplan grundsätzlich möglich, wird trotz dessen eine entsprechende (festsetzungsersetzende) vertragliche Vereinbarung getroffen.[1500]

Beispiel 1[1501]: *„Statik und Aufbau des Daches der neu zu errichtenden Gebäude bzw. Teilgebäude sind so herzustellen, dass die auf dem extensiv begrünten Dach geplante Fotovoltaikanlage installiert werden kann."*

Beispiel 2[1502]: *„Bei der Errichtung des Bauvorhabens ist mindestens eine Anlage aus den folgenden Abschnitten [...] einzubauen."*

*Es folgt eine Aufzählung spezieller solarthermischer Anlagen, Wärmepumpen und Zentralheizungsanlagen zur Verbrennung von fester Biomasse.*

Für beide Beispiele besteht grundsätzlich die Möglichkeit einer Festsetzung von baulichen und technischen Maßnahmen zum Einsatz entsprechender Anlagen in einem Bebauungsplan gemäß § 9 Abs. 1 Nr. 23 b) BauGB.

Ist eine Festsetzung im konkreten Fall möglich, wird die Frage der Vor- und Nachrangigkeit satzungsrechtlicher Bauleitplanung und konsensualen Verwaltungshandeln problematisiert. In Teilen der verwaltungsgerichtlichen Rechtsprechung und der Literatur wird davon ausgegangen, dass vertragliche Vereinbarungen in den Fällen, in denen Festsetzungsmöglichkeiten nach § 9 Abs. 1 BauGB bestehen, grundsätzlich unzulässig seien.[1503] Begründet wird dies mit dem Wortlaut des § 11 Abs. 1 S. 2 Nr. 2 BauGB, nachdem ein Gegenstand eines städtebaulichen Vertrags insbesondere auch „die Förderung und Sicherung der mit der Bauleitplanung verfolgten Ziele" sein kann. Die Regelung lasse erkennen, dass ein mit der Bauleitplanung

---

1500 Zu dem und zum Folgenden *Reidt*, in: Festschrift Krautzberger, S. 206; *ders.*, UPR 2008, 410 (411); *ders.* BauR 2008, 1541 (1543 ff.); *ders.*, in: B/K/L, § 11, Rn. 45, 91 f.; vgl. auch *Krautzberger*, in: E/Z/B/K, § 11, Rn. 166; *Bank*, in: Brügelmann, BauGB, 72. Erg.-Lfg., Rn. 50.

1501 Veränderter Auszug aus einem städtebaulichen Vertrag der Stadt Hannover, Beschlussdrucksache Nr. 1187/2012.

1502 Veränderter Auszug aus einem städtebaulichen Vertrag der Stadt Baunatal zum Bebauungsplan Nr. 98 B „Am obersten Heimbach" Stadtteil Großenritte, welcher allerdings in Kombination mit einen Bebauungsplan geschlossen wird. Abrufbar unter URL: http://www.baunatal-cms.de/de/Stadtverwaltung/ Bauverwaltung/Stadtteil-Grossenritte.php (Stand 17.12.2012). Vgl. auch das Vertragsmuster bei *Lenz/Würtenberger*, BauGB-Verträge, S. 119 ff.

1503 So OVG Berlin-Brandenburg, BauR 2008, 1089 (1092). Das Urteil wurde allerdings infolge der Rücknahme des Normenkontrollantrags gegenstandslos, siehe *Reidt*, UPR 2008, 410 (411, Fn. 19); *ders.*, BauR 2008, 1541 (1543, Fn. 18); OVG Schleswig-Holstein, Urteil vom 12.03.2009 – 1 KN 12/08, juris-Rn. 77; *Everding/Zerweck*, ZNER 2005, 140 (146); *Wilke*, BauR 2011, 1744 (1747); wohl auch *Kümmel*, NZBau 2012, 491 (492) und *Birk*, in: Spannowsky/Krämer (Hrsg.), S. 45; *ders.*, städtebauliche Verträge, S. 260; vgl. auch *ders.*, in: Festschrift Krautzberger, S. 177 mit Verweis auf BVerwG, NVwZ-RR 2002, 329. Der genannte Beschluss des BVerwG bezieht sich allerdings nur auf die Bedeutung privater Verzichtserklärungen in der Abwägung und kann insoweit wohl nicht als generelle Aussage herangezogen werden. Differenzierender OVG Lüneburg, ZfBR 2011, 154 (156), ZfBR 2012, 371 (372 f.).

verfolgtes Ziel nur ein solches sein könne, welches zuvor in einem Bauleitplan ausreichend konkret festgesetzt worden ist. Zugleich bilde die in § 11 Abs. 1 S. 2 Nr. 2 BauGB explizit genannte Durchführung des Ausgleichs im Sinne des § 1 a Abs. 3 BauGB die einzig gesetzlich zugelassene Ausnahme von diesem Grundsatz.[1504] Im Gegensatz zu den anderen in § 11 Abs. 1 S. 2 BauGB aufgeführten Vertragsgegenständen wird in Nr. 2 ausdrücklich die Möglichkeit genannt, dass ein städtebaulicher Vertrag eine sonst erforderliche bauleitplanerische Darstellung oder Festsetzung ersetzen kann. Abgesehen davon könnten vertragliche Regelungen erforderliche Festsetzungen in einem Bebauungsplan lediglich vorbereiten oder ergänzen.

### aa) Vorgaben durch § 11 BauGB

Gerade in Fällen, in denen die Reichweite der planerischen Festsetzungsmöglichkeiten nach § 9 BauGB diskutiert wird (zum Beispiel § 9 Abs. 1 Nr. 24 BauGB[1505]) oder die Steuerungsmöglichkeiten aus Festsetzungen in einem Bebauungsplan und städtebaulichem Vertrag miteinander kombiniert werden sollen, schränkt diese Ansicht den zur Flexibilisierung gedachten Einsatzbereich städtebaulicher Verträge erheblich ein und führt bisweilen zu Unsicherheiten sowie zu einem zurückhaltenden Gebrauch vertraglicher Vereinbarungen in der Praxis.[1506]

Die Annahme eines wie soeben beschriebenen Rangverhältnisses zwischen einzelnen Bebauungsplanfestsetzungen und vertraglichen Absprachen vermag allerdings nicht zu überzeugen. Wie das Wort „insbesondere“ in § 11 Abs. 1 S. 2 BauGB zeigt, handelt es sich bei dem Katalog der Anwendungsbereiche städtebaulicher Verträge um keine Konkretisierung der Definition des städtebaulichen Vertrags, sondern vielmehr um eine rechtspolitische Hervorhebung von Vertragsgestaltungen.[1507] § 11 Abs. 4 BauGB stellt zusätzlich klar, dass die Zulässigkeit anderer städtebaulicher Verträge durch die Auflistung in § 11 Abs. 1 S. 1 Nr. 1-5 BauGB unberührt bleibt. Aus § 11 Abs. 1 S. 2 Nr. 2 BauGB kann mithin bei Weitem nicht auf ein Rangverhältnis oder einen Numerus clausus von Fällen, in denen Planfestsetzungen durch Vereinbarungen in städtebaulichen Verträgen ersetzt werden können, geschlossen werden. Daher spricht auch § 11 Abs. 1 S. 2 Nr. 2 BauGB keinen Einzelfall festsetzungsersetzender Vereinbarungen an.[1508] Vielmehr kann die in § 11 Abs. 1 S. 2 Nr. 2 BauGB und § 1 a Abs. 3 S. 4 BauGB ausdrücklich genannte ersetzende Funktion auf alle weiteren Vertragsmöglichkeiten übertragen werden.[1509]

### bb) Rechtsprechung des BVerwG

Ebenso die Rechtsprechung des BVerwG lässt insoweit auf einen weiten Anwendungsbereich städtebaulicher Vertragsvereinbarungen schließen. Dieses hat in einem anderen Zusammenhang entschieden, dass dem BauGB nichts dafür zu entnehmen sei, dass eine Gemeinde das

---

1504 OVG Schleswig-Holstein, Urteil vom 12.03.2009 – 1 KN 12/08, Rn. 77; OVG Berlin-Brandenburg, BauR 2008, 1089 (1092). Ähnlich auch *Birk*, in: Spannowsky/Krämer (Hrsg.), S. 45.

1505 Siehe Fn. 1011.

1506 Vgl. *DASL*, Stellungnahme zum Entwurf eines Gesetzes zur Stärkung der klimagerechten Stadtentwicklung in den Gemeinden, S. 4; *Pfalzgraf/Peters/Weber*, HSGZ 2013, 318 (323).

1507 *Krautzberger*, in: E/Z/B/K, § 11, Rn. 108.

1508 So zutreffend *Reidt*, in: Festschrift Krautzberger, S. 206 f.; *ders.*, UPR 2008, 410 (411); *ders.*, BauR 2008, 1541 (1544); vgl. auch *Krautzberger*, in: E/Z/B/K, § 11, Rn. 166.

1509 Siehe *Mitschang*, in: Spannowsky/Krämer (Hrsg.), S. 89, Fn. 18; *Bank*, in: Brügelmann, BauGB, 72. Erg.-Lfg., § 11, Rn. 50; *Ohms*, BauR 2000, 983 (987); wohl auch *Krautzberger*, in: E/Z/B/K, § 11, Rn. 128.

Ziel des vorbeugenden Immissionsschutzes ausschließlich mit den Mitteln der Bauleitplanung verfolgen dürfe und nicht auch mithilfe städtebaulicher Verträge.[1510] Verwiesen wird in der genannten Entscheidung auf die Gesetzgebungsmaterialien zum Erschließungsvertrag in § 124 Abs. 2 BauGB.[1511] Die Norm wurde in das BauGB eingefügt, um eine „Stärkung des kooperativen Handelns im Städtebaurecht zu erreichen und dadurch deutlich zu machen, dass im Baurecht nicht nur einseitig-hoheitliches Verwaltungshandeln die Regel sein sollte", stellte das Gericht fest.[1512] Diese Aussagen können als ein Indiz für den verstärkten Einsatz städtebaulicher Verträge auch im Rahmen der Bauleitplanung gewertet werden. Infolge dessen hat das BVerwG namentlich für naturschutzrechtliche Ausgleichsmaßnahmen und zur Vorgängerregelung des § 11 BauGB (§ 6 Baugesetzbuch-Maßnahmengesetz) ganz allgemein und richtungsweisend festgestellt, dass zwischen Festsetzungen in einem Bebauungsplan und vertraglichen Absprachen kein Subsidiaritäts- bzw. Rangverhältnis bestehe.[1513]

### cc) Intention des Gesetzgebers

Auch die vom Gesetzgeber vorgenommene Erweiterung des § 11 Abs. 2 S. 2 Nr. 4 BauGB im Rahmen der BauGB-Klimanovelle 2011 lässt auf einen weiten Anwendungsbereich städtebaulicher Verträge schließen. § 11 Abs. 1 Nr. 4 BauGB wurde das EAG Bau 2004[1514] neu in das BauGB eingefügt und sollte herausstellen, dass in städtebaulichen Verträgen auch Vereinbarungen über die „Nutzung" von Netzen und Anlagen der Kraft-Wärme-Kopplung sowie von Solaranlagen für die Wärme-, Kälte und Elektrizitätsversorgung getroffen werden können.[1515] Insoweit wurde eine festsetzungsergänzende vertragliche Vereinbarung ausdrücklich im Gesetz hervorgehoben. Durch die BauGB-Klimanovelle 2011 wurde diese Bestimmung zum einen für sämtliche Anlagen und Einrichtungen für die Erzeugung und Nutzung erneuerbarer Energien, Anlagen und Einrichtungen der Fern- und Nahwärmeversorgung und Kraft-Wärme-Kopplung geöffnet. Zum anderen wurden jedoch neben Vereinbarungen über die Nutzung auch Vereinbarungen über die „Errichtung" entsprechender Anlagen ausdrücklich als möglicher Vertragsgegenstand in § 11 Abs. 1 S. 2 Nr. 4 BauGB aufgenommen.

Da direkte Installationsgebote („bauliche und sonstige technische Maßnahmen") für die Erzeugung, Nutzung oder Speicherung von Strom, Wärme oder Kälte aus erneuerbaren Energien oder Kraft-Wärme-Kopplung grundsätzlich über § 9 Abs. 1 Nr. 23 b) BauGB für Neubauten getroffen werden können, kann einer vertraglichen Vereinbarung zur Errichtung entsprechender Anlagen von daher auch festsetzungsersetzender Charakter zukommen. Entsprechende vertragliche Vereinbarungen wurden auch schon vor der ausdrücklichen

---

1510 BVerwG, NVwZ 1990, 665 (666).

1511 BT-Drs. 10/6166, S. 149.

1512 Vgl. BVerwG, NVwZ 1990, 665 (666); siehe BT-Drs. 10/6166, S. 149. Dazu auch *Koch/Mengel*, DVBl 2000, 953 (962).

1513 Siehe BVerwG, NVwZ 1997, 1216 (1218). Ausschlaggebend war für den Senat die allgemeine Tendenz des Gesetzgebers, Vertragslösungen im Rahmen der Bauleitplanung zuzulassen. Dazu *Uechtritz*, NVwZ 1997, 1182 (1184). Eine § 1 a Abs. 3 S. 4 BauGB und § 11 Abs. 1 S. 2 Nr. 2 BauGB entsprechende Regelung existierte nicht. § 1 a Abs. 3 S. 4 BauGB eingefügt und § 11 Abs. 1 S. 2 Nr. 2 BauGB neu gefasst durch das Bau- und Raumordnungsgesetz 1998 vom 18.08.1997 (BGBl. I S. 2081). Vgl. auch *Reidt*, in Festschrift Krautzberger, S. 206 f.; *ders.*, UPR 2008, 410 (411); *ders.* BauR 2008, 1541 (1544); *Ohms*, BauR 2000, 983 (986) sowie *Hamann*, Der Verwaltungsvertrag im Städtebaurecht, S. 81.

1514 Europarechtsanpassungsgesetz Bau (EAG Bau) vom 24.06.2004 (BGBl. I S. 1359).

1515 BT-Drs. 15/2250, S. 50.

Nennung in § 11 Abs. 1 S. 2 Nr. 4 BauGB als zulässig erachtet.[1516] Der Gesetzgeber hebt diese Möglichkeit in § 11 Abs. 1 S. 2 Nr. 4 BauGB nunmehr allerdings ausdrücklich hervor und geht offenkundig auch von der Möglichkeit festsetzungsersetzender städtebaulicher Vertragsvereinbarung aus.[1517]

Dagegen wird hervorgebracht, dass Vereinbarungen gemäß § 11 Abs. 1 S. 2 Nr. 4 (und Nr. 5) BauGB dem Wortlaut nach „mit den städtebaulichen Planungen und Maßnahmen verfolgten Zielen und Zwecken" einhergehen müssen. Dies spreche dafür, dass man in einem städtebaulichen Vertrag nicht dasjenige Nachholen dürfe, was in einem Bebauungsplan „vergessen" wurde.[1518] Durch das Erfordernis einer jeweiligen konkreten Bezugnahme auf städtebaulichen Planungen und Maßnahmen wird der Einsatz festsetzungsersetzender vertraglicher Lösungen allerdings nicht ausgeschlossen. Ein solcher Bezug kann bspw. neben einer Bezugnahme auf Baugebietsausweisungen und allgemeinen Zielsetzungen des Plangebietes auch aus informellen Klimaschutzkonzepten folgen.[1519] Ein wie oben angenommenes Subsidiaritäts- bzw. Rangverhältnis zwischen einzelnen planerischen Festsetzungen und vertraglichen Absprachen lässt sich somit nicht überzeugend aus dem Gesetz ableiten. Vielmehr ist davon auszugehen, dass vertragliche Vereinbarungen einzelne Festsetzungen eines Bebauungsplans grds. ersetzen können.[1520]

#### dd) Rechtliche Grenzen

Von der Möglichkeit eines vertraglichen Festsetzungsersatzes sind zunächst unzulässige planersetzende Vereinbarungen zu unterscheiden. Vertragliche Vereinbarungen dürfen die Bauleitplanung nicht vollends ablösen und weder an die Stelle der Entwicklungs- und Ordnungsfunktion der Bauleitplanung treten, noch dürfen sie diese zu einer lediglich formalen Hülle werden lassen.[1521] Aus dieser, dem Grundsatz der Planmäßigkeit (§ 1 Abs. 1, Abs. 3 S. 1 BauGB) folgenden Grenze, lässt sich entgegen anderer Stimmen allerdings keine generelle Unzulässigkeit auch von einzelnen festsetzungsersetzenden Vereinbarungen herleiten.[1522] Der Grundsatz der Planmäßigkeit macht die Bauleitplanung zwar zum zentralen Planungsinstrument, allerdings werden andere Formen der Planung – einschließlich vertraglicher

---

1516 Denn in § 11 Abs. 1 S. 2 BauGB werden nicht abschließende Regelungsbeispiele benannt. Siehe schon *Lenz/Würtenberger*, BauGB-Verträge S. 126; so auch *Kahl/Schmidtchen*, Kommunaler Klimaschutz durch Erneuerbare Energien, S. 187; a.A. *Burmeister*, Praxishandbuch Städtebauliche Verträge, S. 177 f und *Bank*, in: Brügelmann, BauGB, 72. Erg.-Lfg., § 11, Rn. 86.

1517 Ebenso BR-Drs. 756/03, S. 137 zu § 11 Abs. 1 S. 2 Nr. 2 BauGB: „Mit der vorgesehenen Ergänzung [...] sollen die vorgesehenen Festsetzungsmöglichkeiten des § 9 Abs. 2 [...] auch als mögliche Gegenstände des städtebaulichen Vertrags übertragen werden."

1518 *Everding/Zerweck*, ZNER 2005, 140 (146).

1519 Siehe unten, Fn. 1724, 1732.

1520 So *Reidt*, in: Festschrift Krautzberger, S. 206; *ders.*, UPR 2008, 410 (411); *ders.*, BauR 2008, 1541 (1543 ff.); *ders.*, in: B/K/L, § 11, Rn. 45; *Krautzberger*, in: E/Z/B/K, § 11, Rn. 166; *Bank*, in: Brügelmann, BauGB, 72. Erg.-Lfg., Rn. 50; *Ohms*, BauR 2000, 983 (986 f.); *Hamann*, Der Verwaltungsvertrag im Städtebaurecht, S. 81; nunmehr auch *Bunzel/Coulmas/Schmidt-Eichstaedt*, Städtebauliche Verträge, S. 115; wohl auch *Kahl/Schmidtchen*, Kommunaler Klimaschutz durch Erneuerbare Energien, S. 199 sowie *Kahl*, DÖV 2000, 793 (795).

1521 Siehe OVG Lüneburg, ZfBR 2012, 371 (372); VGH München, NVwZ 1990, 979 (980); *Battis*, in: B/K/L, § 1, Rn. 18; *Söfker*, in: E/Z/B/K, § 1, Rn. 18; vgl. auch *Spannowsky*, UPR 2009, 201 (208).

1522 A.A. OVG Berlin-Brandenburg, BauR 2008, 1089 (1092); OVG Schleswig-Holstein, Urteil vom 12.03.2009 – 1 KN 12/08, juris-Rn. 78.

Gestaltungen – nicht gänzlich ausgeschlossen.[1523] Ein städtebaulicher Vertrag kann zwar kein „Baurecht" schaffen, er kann aber die Wahrung von in der Bauleitplanung beachtlichen Belangen sicherstellen.[1524]

Insbesondere festsetzungsersetzende vertragliche Vereinbarungen müssen dabei den für Bebauungsplanfestsetzungen geltenden (Verfahrens-) Vorschriften ausreichend Rechnung tragen. Eine vollständige Flucht vor der Bauleitplanung ins Vertragsrecht ist unzulässig.[1525] Für die Planungsentscheidung relevante Vertragsinhalte müssen als Grundlage der Abwägung herangezogen werden können. Insbesondere festsetzungsersetzende Vereinbarungen müssen Gegenstand der Beteiligungsschritte gemäß §§ 3 und 4 BauGB sein, sei es durch Auslegung des entsprechenden Vertrags bzw. Vertragsentwurfs oder durch Darlegung der betreffenden Vertragsinhalte in der Begründung des auszulegenden Bebauungsplans.[1526] Um die planerische Konfliktbewältigung zu gewährleisten, muss der Vertragsabschluss daher regelmäßig vor Inkrafttreten des Bebauungsplans liegen oder es muss zumindest ein für die Gemeinde annehmbares Angebot vorliegen.[1527] Auch nachträgliche Änderungen und Ergänzungen (festsetzungsersetzender) vertraglicher Vereinbarungen müssen den Anforderungen des Planungsverfahrens Rechnung tragen.[1528] Über § 31 Abs. 1 und 2 BauGB hinausgehende Änderungen bedürfen der Durchführung des Planverfahrens gemäß § 1 Abs. 8 BauGB.[1529] Da vertragliche Vereinbarungen im Gegensatz zu Bebauungsplanfestsetzungen grundsätzlich nur inter partes wirken, müssen vertragliche Vereinbarungen zudem eine dem Bebauungsplan vergleichbare Sicherungsqualität aufweisen.[1530]

Eine in Teilen der Literatur darüber hinausgehend befürwortete Notwendigkeit einer generell strikten Anbindung städtebaulicher Vertragsinhalte an verfahrensrechtliche Vorgaben der Bauleitplanung, wie dem Grundsatz der Erforderlichkeit und dem Abwägungsgebot

---

1523 Zur Bauleitplanung als zentrale städtebauliche Planung und dessen Aufgaben *Mitschang*, in Festschrift Birk, S. 82 ff.; siehe auch *Battis*, in: B/K/L, § 1, Rn. 14 ff., 18; *Söfker*, in: E/Z/B/K, § 1, Rn. 16 ff.; restriktiver *Spannowsky*, UPR 2009, 201 (208).

1524 *Krautzberger*, in: E/Z/B/K, § 11, Rn. 136; *Reidt*, in: B/K/L, § 11, Rn. 45.

1525 Siehe *Reidt*, in: Festschrift Krautzberger, S. 209 f.; OVG Lüneburg, ZfBR 2012, 371 (372).

1526 *Reidt*, in: Festschrift Krautzberger, S. 209 f.; *ders.*, UPR 2008, 410 (412 ff.); *ders.*, BauR 2008, 1541 (1544); *ders.*, in: B/K/L, § 11, Rn. 92; vgl. auch *DASL*, Stellungnahme zum Entwurf eines Gesetzes zur Stärkung der klimagerechten Stadtentwicklung in den Gemeinden, S. 4 sowie *Krautzberger*, in: E/Z/B/K, § 11, Rn. 136.

1527 *Reidt*, in: Festschrift Krautzberger, S. 209; *ders.*, BauR 2010, 2025 (2033); *ders.*, in: B/K/L, § 11, Rn. 91; *Bunzel/Coulmas/Schmidt-Eichstaedt*, Städtebauliche Verträge, S. 331.

1528 Zu den verfahrensrechtlichen Anforderungen und Änderungsmöglichkeiten nach Inkrafttreten eines Bebauungsplans im Einzelnen *Reidt*, in: Festschrift Krautzberger, S. 207 ff.; *ders.*, UPR 2008, 410 (412 ff.); *ders.*, BauR 2008, 1541 (1543 ff.); *ders.*, in: B/K/L, § 11, Rn. 93; siehe auch *Bank*, in: Brügelmann, BauGB, 72. Erg.-Lfg., § 11, Rn. 52.

1529 *Reidt*, in: Festschrift Krautzberger, S. 207 ff.; *ders.*, UPR 2008, 410 (412 ff.); *ders.*, BauR 2008, 1541 (1543 ff.); *ders.*, in: B/K/L, § 11, Rn. 93.

1530 Das Fehlen einer (dinglichen und auch gegenüber einem Rechtsnachfolger geltenden) Sicherung kann sich insoweit auf die Abwägung auswirken und diese fehlerhaft erscheinen lassen, siehe *Reidt*, BauR 2008, 1541 (1544 f.); *Bank*, in: Brügelmann, BauGB, 72. Erg.-Lfg., § 11, Rn. 50, 145; *Bunzel/Coulmas/Schmidt-Eichstaedt*, Städtebauliche Verträge, S. 116, 330 f. Zu den Sicherungsmöglichkeiten siehe weiter unten sowie *Grziwotz*, JuS 1998, 902 ff.; *Bunzel/Coulmas/Schmidt-Eichstaedt*, Städtebauliche Verträge, S. 329 ff.; *Burmeister*, Praxishandbuch städtebauliche Verträge, S. 302 ff. und *Chatziathanasiou/Towfigh*, DVBl 2013, 84 (87 ff.).

(§ 1 Abs. 3, 6 BauGB),[1531] vermag vor dem Hintergrund des durch § 11 BauGB grds. zugestandenen, weiten Gestaltungsspielraums allerdings nicht zu überzeugen.[1532] Die für die hoheitliche Bauleitplanung geltenden Direktiven können nicht generell und nahtlos auf konsensuale Vorgehensweisen übertragen werden.[1533] Städtebauliche Verträge dürfen gleichwohl nicht zu einer rechtlichen Bindung des Planungsinhalts führen und den ergebnisoffenen Abwägungsvorgang sachwidrig verkürzen.[1534] Ein materieller Rechtsgrund, die Ersetzung von Bebauungsplanfestsetzungen zu unterbinden, ist insgesamt jedoch nicht ersichtlich.[1535] Der Einsatz festsetzungsersetzender Vereinbarungen ist somit möglich. Um die bestehenden Unsicherheiten in der Planungspraxis auszuräumen, wäre eine ausdrückliche gesetzliche Klarstellung gleichwohl wünschenswert.[1536]

#### 4. Zwischenfazit

Nach § 11 Abs. 1 S. 1 BauGB sind städtebauliche Verträge grds. zulässig. Durch die BauGB-Klimanovelle 2011 wurde die Möglichkeit, klimawandelgerechte vertragliche Vereinbarungen treffen zu können, gestärkt. Der Katalog möglicher städtebaulicher Vertragsvereinbarungen greift in § 11 Abs. 1 S. 2 Nr. 4 und 5 BauGB ausdrücklich klimaschutz- und klimaanpassungsbezogene Aspekte auf. § 11 Abs. 1 S. 2 Nr. 4 BauGB adressiert Vereinbarungen über die Errichtung und Nutzung von Anlagen, die sich aus erneuerbaren Energien speisen. § 11 Abs. 1 S. 2 Nr. 5 BauGB zielt darauf ab, Vereinbarungen über die energetische Qualität von Gebäuden zu fördern. Insbesondere letztere Hervorhebung betont die Notwendigkeit, Energieeffizienzmaßnahmen auf vertraglicher Ebene zu vereinbaren. Die Untersuchung hat gezeigt, dass beide Vertragsmöglichkeiten – unabhängig von bestehenden ordnungsrechtlichen Vorgaben des Fachrechts – grds. sowohl beim Neubau von Gebäuden als auch im Rahmen des Gebäudebestands, Anwendung finden können. Da der städtebauliche Vertrag ein kooperatives Instrument ist, eignen sich städtebauliche Vertragsvereinbarungen zum einen zur Feinsteuerung wie auch zur Verschärfung von Vorgaben des Gebäudeenergiefachrechts (EEWärmeG, EnEV). Im Hinblick auf einen Bebauungsplan gehen die Möglichkeiten eines städtebaulichen Vertrags weit über die Festsetzungsmöglichkeiten hinaus und eignen sich sowohl als Ergänzung als auch als Ersatz von einzelnen Festsetzungen. Es besteht mithin weder eine

---

1531 So *Erbguth/Witte*, DVBl 1999, 435 (440 f.); *Erbguth*, VerwArch 89 (1998), 189 (197 ff.). Dazu geneigt hat auch der VGH München, NVwZ 1990, 979 (980).

1532 Zum Ganzen und im Einzelnen *Kahl*, DÖV 2000, 793 (798). Insbesondere der ursprüngliche Hinweis in § 6 BauGB-MaßnG, dass § 1 BauGB zu beachten sei, findet sich in § 11 BauGB nicht.

1533 *Kahl*, DÖV 2000, 793 (798). Siehe auch *Bauer*, in: Hoffmann-Riem/Schmidt-Aßmann (Hrsg.), Innovation und Flexibilität des Verwaltungshandelns, S. 256 ff., 261 f. Anders *Erbgut/Witte*, DVBl. 1999, 435 (440); *Battis*, ZfBR 1999, 240 (240 ff.).

1534 Zum Verhältnis eines städtebaulichen Vertrags zur bauplanerischen Abwägung hat das BVerwG bereits seinem „Flachglasurteil", NJW 1975, 70 ff. Rechtmäßigkeitskriterien entwickelt. Im Einzelnen dazu *Krautzberger*, in: E/Z/B/K, § 11, Rn. 131 ff.; *Hoffmann*, in: Spannowsky/Uechtritz, § 11, Rn. 33; *Stüer*, in: Hoppenberg/de Witt, Handbuch des öffentlichen Baurechts, Band 1, B, Rn. 1548 sowie *Bunzel/Coulmas/Schmidt-Eichstaedt*, Städtebauliche Verträge, S. 56 ff. Vgl. auch *Spannowsky*, ZfBR 2010, 429 ff.; *ders.*, in: Festschrift Birk, S. 220. Die entwickelten Anforderungen taugen dabei indes vorrangig zur gerichtlichen Fehlerkontrolle und weniger zur Optimierung des Verwaltungshandelns, siehe *Hoffmann-Riem*, in: ders./Schmidt-Aßmann/Schuppert (Hrsg.), Reform des Allg. Verwaltungsrechts, S. 153; vgl. auch *Schulze-Fielitz*, DVBl 1994, 657 (667).

1535 *Reidt*, BauR 2008, 1541 (1543).

1536 Siehe *C. Hagebölling*, NuR 2013, 99 (103); vgl. auch *DASL*, Stellungnahme zum Entwurf eines Gesetzes zur Stärkung der klimagerechten Stadtentwicklung in den Gemeinden, S. 4.

Beschränkung auf solche Vereinbarungen, die auch in einem Bebauungsplan aufgenommen werden können, noch ein Subsidiaritätsverhältnis zu bestehenden Festsetzungsmöglichkeiten. So können individuelle Anschluss- und Benutzungspflichten von Anlagen, die sich aus erneuerbaren Energien speisen, die Errichtung und Nutzung entsprechender Anlagen einschließlich einer ggf. nötigen Kostenverteilung, wie auch mannigfaltige Energieeffizienzanforderungen, Vertragsbestandteil werden. Grenzen ergeben sich insbesondere aus dem Erfordernis eines städtebaulichen Bezugs, dem Koppelungsverbot und dem Angemessenheitsgebot.

## 5. Vertragsgegenstände nach § 11 Abs. 1 S. 2 Nr. 1, Nr. 2 und Nr. 3 BauGB

Vertragsgegenstände nach § 11 Abs. 1 S. 2 Nr. 1, Nr. 2 und Nr. 3 BauGB sind dem Wortlaut nach nicht ausdrücklich auf den Klimaschutz und die Klimaanpassung im Städtebaurecht zugeschnitten; können aber gleichwohl in diesem Themengebiet zum Einsatz kommen und klimawandelgerechte Maßnahmen insoweit unterstützen.[1537]

### a) Vorbereitung und Durchführung städtebaulicher Maßnahmen

Gemäß § 11 Abs. 1 S. 2 Nr. 1 BauGB kann die „Vorbereitung und Durchführung" städtebaulicher Maßnahmen auf eigene Kosten auf einen Vertragspartner übertragen werden. Vom Gesetz werden beispielhaft die Neuordnung der Grundstücksverhältnisse, die Bodensanierung, die Erschließung durch nach Bundes- oder Landesrecht beitragsfähige oder nicht beitragsfähige Erschließungsanlagen, die Ausarbeitung der städtebaulichen Planungen sowie sonstige vorbereitende Maßnahmen aufgeführt.

#### aa) Ausarbeitung städtebaulicher Planungen

Durch die Möglichkeit, die „Ausarbeitung der städtebaulichen Planungen" als Vertragsgegenstand festzuhalten, kann eine Gemeinde auch ihre klimawandelgerechte Stadtentwicklung fördern. Zur Entlastung der Gemeinde und zur Einbindung zusätzlicher Sachkunde können bspw. private Umwelt- und Projektplanungsbüros eingeschaltet werden, um bei der Erstellung von Klimaschutzkonzepten mitzuwirken. Ebenso kann die Erstellung von Gutachten für eine im Hinblick auf den Klimaschutz und die Klimaanpassung optimierte Stadtentwicklung einen jeweiligen Vertragsinhalt bilden.[1538] Eine fachliche Ausarbeitung von klimawandelgerechten Flächennutzungs- und Bebauungsplänen sowie die Erarbeitung eines für die Durchführung einer Sanierung erforderlichen Sanierungskonzepts, wie auch eines für den Stadtumbau erforderlichen städtebaulichen Entwicklungskonzepts, welche jeweils klimaschutz- und klimaanpassungsbezogene Ziele und Zwecke ausweisen können, bilden weitere mögliche Vertragsinhalte. Vereinbarungen nach § 11 Abs. 1 S. 2 Nr. 1 BauGB sind mithin nicht auf das

---

[1537] Siehe zum Folgenden schon *Krautzberger*, DVBl 2008, 737 ff.; *ders.*, in: Mitschang (Hrsg.), Klimaschutz und Energieeinsparung, S. 109 ff.; *ders.*, vhw FW 5/Okt.-Nov. 2008, 244 ff.; *ders.*, RaumPlanung 137 (2008), S. 83 ff. Resümierend *Battis/Kersten/Mitschang*, Rechtsfragen Stadterneuerung, S. 97 ff.; aus Klimaanpassungssicht *BMVBS* (Hrsg.), Flexibilisierung der Planung für eine klimawandelgerechte Stadtentwicklung, S. 35 ff.

[1538] Vgl. *Reidt*, in: Mitschang (Hrsg.), Klimagerechte Stadtentwicklung, S. 99; *Fischer*, Grundlagen und Grundstrukturen eines Klimawandelanpassungsrechts, S. 332; *Difu* (Hrsg.), Klimaschutz in Kommunen, A2, S. 39; *BMVBS* (Hrsg.), Flexibilisierung der Planung für eine klimawandelgerechte Stadtentwicklung, S. 36.

Planungsumfeld eines Bebauungsplans beschränkt, sondern können sich auch auf andere Arten (zweckmäßiger) städtebaulicher Planungen erstrecken.[1539]

Bei entsprechenden Vertragsvereinbarungen gilt zu beachten, dass auf einen Privaten generell nur „technische“ Maßnahmen städtebaulicher Planungen übertragen werden können.[1540] Eine städtebauliche Maßnahme als solche ist nicht vollständig auf Private übertragbar. Die Letztverantwortung muss insoweit bei der Gemeinde verbleiben, die für die nach dem BauGB und der Gemeindeordnung notwendigen Beschlüsse, und insbesondere für die Abwägung und die verfahrensleitenden Entscheidungen, zuständig bleiben muss.[1541] § 11 Abs. 1 S. 2 Nr. 1 BauGB betont dies insbesondere hinsichtlich des gesetzlich vorgesehenen Planaufstellungsverfahrens. Zur Sicherstellung der gemeindlichen Verantwortung bedarf es somit, im Falle einer vertraglichen Aufgabenübertragung, ausreichender Kontrollmechanismen.[1542]

Die Qualifizierung der genannten Vertragsmöglichkeiten als solche städtebaulicher Art ist dabei nicht immer eindeutig. Neben der Einordnung als städtebaulicher Vertrag kommt regelmäßig auch eine Einordnung als reiner Dienst- oder Werkvertrag in Betracht. § 11 Abs. 1 S. 2 Nr. 1 BauGB erfasst nur solche Fallgestaltungen, in denen der Vertragspartner ein eigenes Interesse an der städtebaulichen Maßnahme hat.[1543] Die in § 11 Abs. 1 S. 2 Nr. 1 BauGB genannte Übernahme „auf eigene Kosten“ kann nach dem unverbindlichen Wortlaut des Gesetzes zwar nicht als zwingende Voraussetzung einer Vereinbarung angesehen werden, sodass auch solche Vereinbarungen möglich sind, nach denen der private Vertragspartner die Kosten der Maßnahme nicht oder nur teilweise trägt oder ausschließlich die Kosten übernimmt, ohne die Maßnahmen durchzuführen.[1544] Soweit eine Gemeinde allerdings die von einem Privaten zu erbringende Leistung vollständig bezahlt, ohne dass dieser ein eigenes (wirtschaftliches) Risiko übernimmt, liegt regelmäßig kein städtebaulicher Vertrag im Rahmen und in den Grenzen des § 11 Abs. 1 S. 2 Nr. 1 BauGB vor, sondern i.d.R. allein ein Werkvertrag privatrechtlicher Natur.

---

1539 Anders noch § 6 Abs. 1 S. 2 BauGB-MaßnahmenG; vgl. *Hoffmann*, in: Spannowsky/Uechtritz, § 11, Rn. 14; *Löhr*, in: B/K/L, 11. Auflage 2011, § 11, Rn. 9; *Krautzberger*, in: E/Z/B/K, § 11, Rn. 124 a. Im Rahmen des besonderen Städtebaurecht sind solche vertraglichen Vereinbarungen vom sog. Sanierungsträgervertrag abzugrenzen, bei dem spezielle Anforderungen der §§ 157 ff. BauGB zu beachten sind. Im Rahmen des Sanierungsrechts finden sich in den §§ 157 ff. BauGB spezielle Anforderungen über Verträge zur Einsetzung eines Sanierungsträgers oder zur Beauftragung Privater für einzelne Aufgaben. Dazu im Einzelnen *Krautzberger*, in: E/Z/B/K, § 11, Rn. 71, der solche Verträge als Vereinbarung i.S.v. § 11 Abs. 4 BauGB einstuft sowie *Bauernfeind*, in: E/Z/B/K, § 157, Rn. 1 ff.

1540 *Hoffmann*, in: Spannowsky/Uechtritz, § 11, Rn. 15; vgl. *Oerder*, NVwZ 1997, 1190 (1191).

1541 *Quaas/Kukk*, in: Schrödter, BauGB, § 11, Rn. 10, 15; *Krautzberger*, in: E/Z/B/K, § 11, Rn. 126; BT-Drs. 13/6392, S. 47; *Bunzel/Coulmas/Schmidt-Eichstaedt*, Städtebauliche Verträge, S. 107 ff.; *Bank*, in: Brügelmann, BauGB, 72. Erg.-Lfg., § 11, Rn. 25. Dazu auch BVerwG, NVwZ 2006, 336 ff.

1542 Bspw. Berichtspflichten. Im Einzelnen *Bunzel/Coulmas/Schmidt-Eichstaedt*, Städtebauliche Verträge, S. 108; vgl. auch *Lenz/Würtenberger*, BauGB-Verträge, S. 51 ff. sowie *Bank*, in: Brügelmann, BauGB, 72. Erg.-Lfg., § 11, Rn. 38.

1543 Vgl. *Quaas/Kukk*, in: Schrödter, BauGB, § 11, Rn. 10, 15; *Lenz/Würtenberger*, BauGB-Verträge, S. 51; *Krautzberger*, in: E/Z/B/K, § 11, Rn. 124 a; *Bunzel/Coulmas/Schmidt-Eichstaedt*, Städtebauliche Verträge, S. 106.

1544 Siehe § 11 Abs. 1 S. 1 BauGB „insbesondere“. Vgl. *Oerder*, NVwZ 1997, 1190 (1191) sowie *Krautzberger*, in: E/Z/B/K, § 11, Rn. 111. Restriktiver *Quaas/Kukk*, in: Schrödter, BauGB, § 11, Rn. 10.

Es handelt sich dabei um Fälle der sog. funktionalen Privatisierung.[1545] Um städtebauliche Verträge (öffentlich-rechtlicher Art) kann es sich insoweit nur dann handeln, wenn die städtebauliche Planung von Eigentümern oder Investoren (bzw. Bauträgern oder Grundstückentwicklern) zur Vorbereitung der Bauleitplanung oder einer städtebaulichen Maßnahme übernommen wird und diese sodann ein Planungsbüro als Erfüllungsgehilfen beauftragen.[1546] In der Literatur werden dementsprechende städtebauliche Verträge insoweit auch als „werkvertragsähnliche" Pflichten gegenüber der Gemeinde qualifiziert.[1547] Soweit die Gemeinde selbst Auftraggeberin bleibt, besteht darüber hinaus die Möglichkeit, betroffene Eigentümer bzw. Vorhabenträger ggf. über einen städtebaulichen Kostenübernahmevertrag (§ 11 Abs. 1 S. 2 Nr. 3 BauGB) an den Kosten zu beteiligen.[1548] Es kann bspw. vereinbart werden, dass ein Energiekonzept von der Gemeinde in Auftrag gegeben wird und der Vertragspartner (allein) die Kosten der Konzepterstellung erstattet.[1549]

### bb) Mediation

Unmittelbar im Zusammenhang mit § 11 Abs. 1 S. 1 Nr. 1 BauGB steht § 4 b BauGB, der einen weiteren Anwendungsfall von Aufgabenübertragungen auf Private im Bereich des Verwaltungsverfahrens regelt.[1550] § 4 b S. 1 BauGB stellt heraus, dass die Gemeinde insbesondere zur Beschleunigung des Bauleitplanverfahrens die Vorbereitung und Durchführung von Verfahrensschritten nach den §§ 2a bis 4a BauGB einem Dritten übertragen kann. Seit der BauGB-Novelle 2013 betont § 4 b S. 2 BauGB zudem, dass die Gemeinde einem Dritten auch die Durchführung einer Mediation oder eines anderen Verfahrens der außergerichtlichen Konfliktbewältigung übertragen kann.[1551]

---

1545 Dazu *Spannowsky*, in: Berliner Komm. BauGB, 21. Erg.-Lfg., § 11, Rn. 83 sowie *Krautzberger*, in: E/Z/B/K, § 4 b, Rn. 3.

1546 *Krautzberger*, in: E/Z/B/K, § 11, Rn. 124 a; *Quaas/Kukk*, in: Schrödter, BauGB, § 11, Rn. 10, 15; *Bunzel/Coulmas/Schmidt-Eichstaedt*, Städtebauliche Verträge, S. 106; *Bank*, in: Brügelmann, BauGB, 72. Erg.-Lfg., § 11, Rn. 26; vgl. auch *Spannowsky*, in: Berliner Komm. BauGB, 21. Erg.-Lfg., § 11, Rn. 83. Nach *Birk*, städtebauliche Verträge, S. 256 wird ein Vertrag somit erst durch eine Regelung über die Kostentragung zu einem städtebaulichen Vertrag.

1547 *Birk*, städtebauliche Verträge, S. 64.

1548 Zur Kostentragungspflicht verwaltungsinterner Kosten siehe nur BVerwG, NVwZ 2006, 336 ff. Vgl. auch *Bank*, in: Brügelmann, BauGB, 72. Erg.-Lfg., § 11, Rn. 34; *Bunzel/Coulmas/Schmidt-Eichstaedt*, Städtebauliche Verträge, S. 106; *Hoffmann*, in: Spannowsky/Uechtritz, § 11, Rn. 26 ff.; *Burmeister*, Der städtebauliche Vertrag als rechtliches Instrument der Kooperation, S. 117.

1549 Zum Kostenübernahmevertrag im Einzelnen weiter unten. Vgl. Difu (Hrsg.), Klimaschutz in Kommunen, A2, S. 39.

1550 Dazu *Krautzberger*, DVBl 2008, 737 (740); *Spannowsky*, in: Berliner Komm. BauGB, 21. Erg.-Lfg., § 11, Rn. 83; *Lenz/Würtenberger*, BauGB-Verträge, S. 50.

1551 Bereits vor der BauGB-Novelle 2013 ließ sich die Einschaltung eines Dritten als Mediator oder Vermittler auf § 4 b BauGB stützen, denn schon mit Einfügung des § 4 b BauGB im Jahr 1998 verfolgte der Gesetzgebers die Intention, die Mediation im Städtebaurecht zu stärken, siehe BT-Drs. 13/6392, S. 47; BT-Drs. 17/11468, S. 12. Dazu auch *Gornig*, in: Festschrift Haase, S. 250. Skeptisch bislang *Jäde*, in: Jäde/Dirnberger/Weiß, § 4 b, Rn. 1 ff. Kritisch zum Regelungsgehalt von § 4 b BauGB auch *Grigoleit*, in Spannowsky/Uechtritz, § 4 b, Rn. 1 ff. Bislang hat sich die städtebauliche Mediation noch nicht fest in der Praxis verankert, vgl. *Battis*, DÖV 2011, 340 (341) sowie *Holznagel/Ramsauer*, VerwArch 104 (2013), 131 (132). Die nunmehr vorgenommene Klarstellung soll den Einsatz der Mediation oder anderer Verfahren außergerichtlicher Konfliktbeteiligung in der Praxis fördern, siehe BT-Drs. 17/11468, S. 12; vgl. auch *Battis*, in: Mitschang (Hrsg.), Stärkung der Innenentwicklung, S. 5; *C. Hagebölling*, NuR 2013, 99 (102); *Krautzberger/Stüer*, DVBl 2013, 805 (809).

Die Mediation wird als ein Konfliktregelungsverfahren verstanden, bei dem zwei oder mehrere Beteiligte mithilfe eines oder mehrerer unabhängiger und neutraler Dritter versuchen, auf freiwilliger Basis eine Vereinbarung über die Lösung eines (möglicherweise zukünftigen) Konflikts zu erzielen (siehe auch § 1 MediationsG[1552]).[1553] Von § 4 b S. 2 BauGB wird auch die Einschaltung von Clearingstellen oder sonstiger Dritter erfasst.[1554] Da die Aufgabenübertragung i.S.d. § 4 b BauGB eine solche funktioneller Art darstellt, ist diese nicht mit der Beleihung von öffentlich-rechtlichen Befugnissen der beteiligten Privaten oder mit öffentlich-rechtlichen Pflichten der Gemeinde verbunden.[1555] Auch als neutraler unabhängiger Mittler bleibt der Dritte Verwaltungshelfer. In welcher Weise der Dritte eingeschaltet wird, ob in Form eines Werkvertrags oder mittels eines städtebaulichen Vertrags wird in § 4 b BauGB nicht geregelt.[1556] Die Gesetzesbegründung betont jedoch, dass die Einschaltung eines Dritten grundsätzlich auch auf der Grundlage eines städtebaulichen Vertrags nach § 11 Abs. 1 S. 1 Nr. 1 BauGB erfolgen kann.[1557] Ob die Einschaltung durch einen Werkvertrag oder im Rahmen eines städtebaulichen Vertrages i.S.v. § 11 Abs. 1 S. 1 BauGB erfolgt, bestimmt sich je nach Umfang und Ausgestaltung des jeweiligen Vertrags.[1558] Die herkömmliche Hinzuziehung von Privaten erfolgt regelmäßig im Rahmen (privatrechtlicher) Werk- bzw. Geschäftsbesorgungsverträge.[1559] Eine Beauftragung durch die Gemeinde setzt dabei eine entsprechende finanzielle Ausstattung der Gemeinde voraus.[1560] Der städtebauliche Vertrag ermöglicht es dahingegen, über § 11 Abs. 1 Nr. 1 BauGB das finanzielle Risiko insbesondere auf einen Vorhabenträger nach § 12 BauGB oder den jeweiligen Eigentümer zu verlagern.[1561] Unsicher ist allerdings, ob ein vom Eigentümer oder Vorhabenträger beherrschter Mittler die gewünschte neutrale Interessenvermittlung glaubhaft leisten kann.[1562] Eine weitere Möglichkeit besteht darin, dass die Gemeinde eine Vereinbarung über eine Kostenerstattung nach § 11 Abs. 1 Nr. 3 BauGB trifft, soweit die Voraussetzungen dafür vorliegen.

Die Grenze der Übertragbarkeit von Aufgaben liegt parallel zu den Vereinbarungen über die Ausarbeitung städtebaulicher Planungen.[1563] Hoheitliche Befugnisse müssen ergo bei der Gemeinde verbleiben. Diese kann einen Entscheidungsfindungsprozess mithin nicht vollstän-

---

1552 Mediationsgesetz vom 21.07.2012, BGBl I S. 1577.

1553 Vgl. *Battis*, DÖV 2011, 340 (340); *ders.*, in: B/K/L, § 4b, Rn. 2 jew. mwN.; *Krautzberger*, in: E/Z/B/K, § 4 b, Rn. 4.

1554 Insoweit unabhängig von § 1 MediationsG; vgl. *Battis*, in: Mitschang (Hrsg.), Stärkung der Innenentwicklung, S. 5; *C. Hagebölling*, NuR 2013, 99 (102); *Battis/Mitschang/Reidt*, NVwZ 2013, 961 (962).

1555 *Wagner*, BauR 1997, 709 (715); *Köster*, DVBl 2002, 229 (234); *Battis*, in: B/K/L, § 4 b, Rn. 6; *Grigoleit*, in: Spannowsky/Uechtritz, § 4 b, Rn. 1, 11; a.A. *Reidt*, NVwZ 1998, 592 (592).

1556 Vgl. auch *Spannowsky*, in: Berliner Komm. BauGB, 21. Erg.-Lfg., § 11, Rn. 83.

1557 BT-Drs. 17/11468, S. 13.

1558 Siehe oben; vgl. auch *Battis*, in: B/K/L, § 4 b, Rn. 6.

1559 *Grigoleit*, in: Spannowsky/Uechtritz, § 4 b, Rn. 1.

1560 Erste Mediationsverfahren im öffentlichen Bereich wurden überwiegend von der öffentlichen Hand oder aus Forschungsmitteln finanziert, siehe *Holznagel/Ramsauer*, VerwArch 104 (2013), 131 (149). Dazu auch *Krautzberger*, fub 2/2013, 1 (3).

1561 Vgl. *Wagner*, DVBl 2014, 150 (154); *Battis*, DÖV 2011, 340 (344); kritisch *Grigoleit*, in: Spannowsky/Uechtritz, § 4b, Rn. 10. Erfahrungswerte über die anfallenden Kosten liegen noch nicht vor, vgl. *Holznagel/Ramsauer*, VerwArch 104 (2013), 131 (149 f.), die eine Errichtung einer Stiftung initiieren, die die Kosten der Mediation übernehmen würde.

1562 Vgl. *Bunzel/Coulmas/Schmidt-Eichstaedt*, Städtebauliche Verträge, S. 108; *Battis*, DÖV 2011, 340 (344); *ders.*, in B/K/L, § 4b, Rn. 6; *Holznagel/Ramsauer*, VerwArch 104 (2013), 131 (150).

1563 Vgl. *Quaas/Kukk*, in: Schrödter, BauGB § 11, Rn. 15.

dig auf einem Mittler übertragen, da der Gemeinde insbesondere die Planungshoheit und die (Letzt-)Verantwortung z.B. für die Planungsentscheidungen obliegt.[1564] Um ihrer gesetzlichen Rolle gerecht zu werden, darf die Gemeinde nicht zum Sachwalter einzelner Interessen werden.[1565] Bürgerbeteiligung – ob in Planungs- oder Zulassungsverfahren – kann immer nur eine Teilhabe, nicht jedoch Mitentscheidung bedeuten.[1566] Eine eigenverantwortliche Ausarbeitung von rechtlich verbindlichen Verhandlungslösungen durch den Dritten ist damit nicht möglich.[1567] Das BVerwG sieht es allerdings grds. als bedenkenlos an, wenn ein informelles Verfahren mit dem Ziel vorgeschaltet wird, eine Empfehlung für eine Planung zu erarbeiten, die auf eine breite Akzeptanz in der Öffentlichkeit stoßen kann.[1568]

Vor diesem Hintergrund wird in der Literatur resümiert, dass für eine Mediation in materieller Hinsicht wenig Raum verbleibe und für einen Dritten, der als Mediator ein besonderes Vertrauen in seine Neutralität in Anspruch nehmen könnte, kein Platz sei.[1569] Aus materieller Sicht mag sich der Einsatz eines Mediators relativieren.[1570] Ungeachtet dessen können jedoch einzelne (Planungs-)entscheidungen der Gemeinde von betroffenen Bürgern als parteilich verstanden werden, sodass jedenfalls aus verwaltungspolitischer Sicht eine Einschaltung eines Dritten von Vorteil sein kann.[1571] Die Mediation kann mithin dazu dienen, Defizite der gemeindlichen Aufgabenwahrnehmung bzw. ihrer Außendarstellung abzubauen und kommt somit einem möglichen Konfliktpotenzial, als auch dem Interesse an höchstmöglicher Akzeptanz entgegen.[1572] Zudem wird die Gemeinde durch die Einschaltung eines Dritten entlastet und der nötige Sachverstand wird ggf. angereichert.[1573] Auch das Instrument der Mediation steht somit im engen Zusammenhang zu den „Governance-Strukturen" im Städtebaurecht.[1574]

In Bezug auf Klimaschutz- und Klimaanpassungsmaßnahmen wurde in der Literatur bereits auf die Möglichkeit hingewiesen, einen vermittelnden Dritten zum Zweck der Mediation – auch auf Grundlage eines städtebaulichen Vertrags – einzuschalten.[1575] So wurde konstatiert,

---

1564 BT-Drs. 13/6392, S. 47; *Battis*, in: B/K/L, § 4b, Rn. 2; *Wagner*, DVBl 2014, 150 (152); ders./*Hehn*, UPR 2013, 1 (5); *Krautzberger*, in: E/Z/B/K, § 4b, Rn. 4; *ders.*, DVBl 2008, 737 (740); *ders.*, in: Mitschang (Hrsg.), Klimaschutz und Energieeinsparung, S. 116.

1565 BVerwG, NVwZ 2011, 1256 (1258); *Grigoleit*, in: Spannowsky/Uechtritz, § 4 b, Rn. 4. Ausführlich *Holznagel/Ramsauer*, VerwArch 104 (2013), 131 (156).

1566 Vgl. *Köster*, DVBl 2002, 229 (235); *Böhm*, UVP-report 27, 2013, 34 (35); *Dolde*, NVwZ 2013, 769 ff.

1567 *Köster*, DVBl 2002, 229 (235); *Gornig*, in: Festschrift Haase, S. 245 ff.; *Pfalzgraf/Peters/Weber*, HSGZ 2013, 318 (326).

1568 BVerwG, NVwZ 2011, 1256 (1258).

1569 *Krautzberger*, in: E/Z/B/K, § 4b, Rn. 4; *ders.*, DVBl 2008, 737 (740); *ders.*, in: Mitschang (Hrsg.), Klimaschutz und Energieeinsparung, S. 116; *Grigoleit*, in: Spannowsky/Uechtritz, § 4 b, Rn. 4. Ähnlich *Köster*, DVBl 2002, 229 ff. und *Spannowsky*, in: Festschrift Birk, S. 219.

1570 Zu den Unterschieden zwischen Verwaltungs- und Mediationsverfahren auch *Gornig*, in: Festschrift Haase, S. 245 f.

1571 So *Krautzberger*, in: E/Z/B/K, § 4 b, Rn. 4; *ders.*, DVBl 2008, 737 (740).

1572 So *Grigoleit*, in: Spannowsky/Uechtritz, § 4b, Rn. 4; *Portz*, KommP spezial 2013, 119 (120); *Köster*, DVBl 2002, 229 (232); vgl. auch *Koch/Hendler*, Baurecht, § 15, Rn. 14. Zu den Grenzen und Funktionen von Bürgerbeteiligungen mitunter auch skeptisch zu deren Ausweitung *Böhm*, UVP-report 27, 2013, 34 ff.; *dies.*, NuR 2011, 614 ff.

1573 *Krautzberger*, in: E/Z/B/K, § 4b, Rn. 4; *ders.*, DVBl 2008, 737 (740); *ders.*, in: Mitschang (Hrsg.), Klimaschutz und Energieeinsparung, S. 116; siehe auch *Wagner/Hehn*, UPR 2013, 1 (6).

1574 Vgl. auch *BMVBS*, Klimawandelgerechte Stadtentwicklung, S. 53.

1575 *Krautzberger*, DVBl 2008, 737 (740); *ders.*, in: Mitschang (Hrsg.), Klimaschutz und Energieeinsparung, S. 114 ff. Dazu auch schon *C. Hagebölling*, NuR 2013, 99 (102). Kurz aufgegriffen von *Mitschang*, in:

dass bei den Konflikten um klimaschutzrelevante Projekte – seien sie für den Klimaschutz gefährdend oder seien es klimaschützende Planungen, die der Akzeptanz in der gemeindlichen Öffentlichkeit erst noch bedürfen – die Mediation auch in der Bauleitplanung hilfreich i. S. d. der Konfliktminderung sein könne.[1576]

Im Rahmen einer klimawandelgerechten Stadtentwicklung kann der Mediation mithin eine unterstützende Rolle zukommen. Voraussetzung einer erfolgreichen Mediation ist dabei stets die Kompromissfähigkeit eines Konflikts, die Verhandlungsbereitschaft aller Beteiligten, das Vorhandensein von Verhandlungsmacht und die Möglichkeit der Repräsentation derselben.[1577] Da sich Streitigkeiten um Klimaschutz- und Klimaanpassungsmaßnahmen im Rahmen des Städtebaurechts regelmäßig auf Standorte, Größe, Maßnahmendichte und die Möglichkeit einer Förderung beziehen, sind diese Konflikte einer Kompromisslösungen zunehmend zugänglich. Zudem kann eine Mediation im Rahmen einer klimawandelgerechten Stadtentwicklung auch ein Problembewusstsein schärfen und eine Akzeptanzbasis hinsichtlich Klimaschutz- und Klimaanpassungsmaßnahmen schaffen. Positive Erfahrungen wurden bspw. schon im Rahmen der Clearingstelle des EEG gesammelt. Ein vorgeschaltetes informelles Verfahren kann dabei nicht nur im Rahmen der Bauleitplanung, sondern auch zur Vorbereitung von Klimaschutz- und Klimaanpassungsmaßnahmen im Zuge des besonderen Städtebaurechts Akzeptanz bildend wirken und eine Grundlage insbesondere für weitere vertragliche Vereinbarungen bieten. § 4 b BauGB bezieht sich zwar ausdrücklich nur auf die Bauleitplanung, schließt eine Aufgabenübertragung bei anderen Verfahren aber nicht aus und kann dementsprechend über Vereinbarungen nach § 11 Abs. 1 S. 1 Nr. 1 BauGB sinngemäß zur Anwendung kommen.[1578] Vor allem größere Projekte bedürfen der Vermittlung durch Kommunikation,[1579] sodass bspw. die Standortplanung von Gemeinschaftsanlagen zur Nutzung erneuerbarer Energien in einem Quartier einen Informations- und Kommunikationsbedarf hervorrufen kann.[1580] Eine über vertragliche Vereinbarungen einzurichtende Mediation kann insoweit – in den Grenzen der Bindung an Recht und Gesetz[1581] – den Prozess einer klimawandelgerechten Stadtentwicklung im allgemeinen wie auch im besonderen Städtebaurecht fördern.

---

Mitschang (Hrsg.), Fragestellungen des Städtebau- und Umweltrechts, S. 68; *Kahl/Schmidtchen*, Kommunaler Klimaschutz durch Erneuerbare Energien, S. 184 und *BMVBS*, Klimawandelgerechte Stadtentwicklung, S. 53.

1576 *Krautzberger*, DVBl 2008, 737 (740); vgl. auch schon BT-Drs. 13/7589, S. 16.

1577 Nach *Holznagel/Ramsauer*, VerwArch 104 (2013), 131 (135).

1578 Vgl. *Krautzberger*, in: E/Z/B/K, § 4 b, Rn. 13, 19; ferner *Bank*, in: Brügelmann, BauGB, 72. Erg.-Lfg., § 11, Rn. 36. Soweit innerhalb oder außerhalb der Bauleitplanung Absprachen oder Verträge zulässig sind und (zu) scheitern (drohen), ist mithin Raum für die Durchführung einer Mediation, siehe *Battis*, in: B/K/L, § 4b, Rn. 4. Eine der Mediation vergleichbare Aufgabe nimmt bereits der Sanierungsträger nach den §§ 157 ff. BauGB im Rahmen einer städtebaulichen Sanierungsmaßnahme war, dazu *Wagner*, BauR 1997, 709 (715). Ebenso der Stadtumbau enthält starke Elemente privater Regelungen, sodass eine Zusammenarbeit der Gemeinde mit Privaten durch ein Verfahren i.S.v. § 4 b BauGB gestärkt werden kann. Bei Privaten Initiativen zur Stadtentwicklung kommen Aufgaben der Mediation insbesondere im Vorbereitungsstadium aber auch bei einzelnen Durchführungsmaßnahmen in Betracht, siehe *Krautzberger*, in: E/Z/B/K, § 4b, Rn. 13.

1579 *Dolde*, NVwZ 2013, 769 (771).

1580 Ferner auch *Kahl/Schmidtchen*, Kommunaler Klimaschutz durch Erneuerbare Energien, S. 184.

1581 Siehe oben. Im Einzelnen auch *Gornig*, in: Festschrift Haase, insbes. S. 252 ff.

### b) Förderung und Sicherung der mit der Bauleitplanung verfolgten Ziele

Gegenstand städtebaulicher Verträge kann nach § 11 Abs. 1 S. 2 Nr. 2 BauGB die Förderung und Sicherung der mit der Bauleitplanung verfolgten Ziele sein. Durch die Bezugnahme auf die mit der Bauleitplanung verfolgten Ziele hebt der Gesetzgeber wiederum nur eine Möglichkeit hervor. Vertragliche Vereinbarungen im Rahmen sonstiger städtebaulicher Planungen, eingeschlossen informeller Planungen und anderer städtebaulicher Satzungen (bspw. Sanierungs- und Stadtumbauziele) werden nicht ausgeschlossen („insbesondere").[1582] Um die jeweiligen Ziele zu fördern und zu sichern können sie auch in diesem Rahmen zulässig und zweckmäßig sein.[1583] Über § 11 Abs. 1 S. 2 Nr. 2 BauGB können insbesondere auch gestalterische Anforderungen vereinbart werden, die der Umsetzung der jeweiligen Ziele dienen, also bspw. auch solche, der energetischen Optimierung.[1584]

Beispiel[1585]: *„Unverschattete Dächer sind in Ausrichtung und Statik solarthermie- und photovoltaikgeeignet auszuführen."*

Das Gesetz zählt in § 11 Abs. 1 S. 2 Nr. 2 BauGB einige weitere Vertragsmöglichkeiten auf. Hier sollen noch zwei in § 11 Abs. 1 S. 2 Nr. 2 BauGB genannte Möglichkeiten herausgegriffen werden, um deren Nutzen für den Klimaschutz und die Klimaanpassung zu analysieren.

#### aa) Baukultur

§ 11 Abs. 1 S. 2 Nr. 2 BauGB benennt die Möglichkeit, auch baukulturelle Belange zu einem Gegenstand eines städtebaulichen Vertrags zu machen. Diese Hervorhebung wurde mit der BauGB-Novelle 2013 in den Katalog des § 11 Abs. 1 S. 1 BauGB aufgenommen.[1586] Der Gesetzesbegründung lässt sich zwar weder zum Hintergrund der Ergänzung, noch zum Begriff der Baukultur etwas entnehmen.[1587] In Anknüpfung an außerrechtliche Gedanken wird der Begriff der „Baukultur" allerdings in der Literatur als ein über Architektur und Städtebau hinausgehender ganzheitlicher Ansatz im Städtebaurecht verstanden.[1588] Dieser betrifft das einzelne Gebäude mit seinen zahlreichen Anforderungen an einen nachhaltigen Umwelt-, Klima- und Naturschutz; ebenso wie die Einbindung des einzelnen Gebäudes in die Umgebung und weist mithin auch Querbezüge zu außerjuristischen Elementen auf.[1589] Die gesetzliche Hervorhebung, Vereinbarungen auch über baukulturelle Belange schließen zu können, ist mithin insbesondere auch vor dem Hintergrund der nötigen Steigerung energetischer Sanierungen im Gebäudebestand zu betrachten. Der Vorteil städtebauliche Vertragslösungen im

---

1582 *Krautzberger*, in: E/Z/B/K, § 11, Rn. 129; *ders.*, DVBl 2008, 737 (741); *Bunzel/Coulmas/Schmidt-Eichstaedt*, Städtebauliche Verträge, S. 113.

1583 *Krautzberger*, in: E/Z/B/K, § 11, Rn. 129.

1584 Difu (Hrsg.), Klimaschutz in Kommunen, A2, S. 44.

1585 Städtebaulicher Vertrag Bebauungsplan Nr. 1702 Schwemannstr. (Henriettenstiftung) der Stadt Hannover, Drucksachen-Nr. 0099/2008. Dazu auch *BMVBS* (Hrsg.), Flexibilisierung der Planung für eine klimawandelgerechte Stadtentwicklung, S. 41 f.

1586 BGBl. I S. 1548 (1549).

1587 Siehe BT-Drs. 17/11468, S. 13. Eine gewisse Unschärfe des Begriffs stellt auch *Portz*, KommP spezial 2013, 119 (121) fest.

1588 Siehe *Krautzberger/Stüer*, DVBl 2013, 805 (811); *Spangenberger*, UPR 2013, 170 (171); *Trapp*, JZ 11/2013, 540 ff.; *Kirchmeier*, in: Ferner/Kröninger/Aschke, § 11, Rn. 5.

1589 *Krautzberger/Stüer*, DVBl 2013, 805 (811), welche eine Begriffsbestimmung infolgedessen insoweit vornehmen, als § 11 Abs. 1 S. 2 Nr. 2 BauGB einen eigenständigen Begriff einer „nachhaltigen Baukultur" vorzeichnet, der durch Aspekte des Städtebaus aber auch durch funktionale und ästhetische Qualitätsansprüche sowie den Nutzungsansprüchen insbesondere an bauliche Anlagen gebildet werde.

Rahmen energetischer Sanierungen zeigt sich darin, dass Vereinbarungen über Energieeffizienzmaßnahmen mit gestalterischen Aspekten für ein individuelles Gebäude verbunden werden können.[1590]

Vielerorts ist bei einzelnen Gebäuden bereits eine Veränderung der Gebäudestruktur aufgrund von energetischen Sanierungsmaßnahmen zu erkennen. Diese prägen jedoch teilweise auf ganz eigene Art das äußere Erscheinungsbild und ihre unmittelbare Umgebung. Das bisherige Bild energetischer Sanierungsmaßnahmen zeichnet sich bisher zumeist durch einzelne Spontanmaßnahmen ab, die nicht aufeinander abgestimmt waren.[1591] In wissenschaftlichen Publikationen bis hin zur Tagespresse werden verfehlte Eingriffe in den Baubestand gerügt. Gesprochen wird bspw. von „notgelandeten" Solarpaneelen, einer einem „Heckspoiler" ähnelnden Fotovoltaikanlage, befremdenden Fassadendämmungen oder eigenwilligen Putzfarben.[1592] Um dieser Situation zu entgehen bedarf es bei energetischen Sanierungsmaßnahmen in Zukunft einer ganzheitlicheren Betrachtungsweise, die architektonische sowie baukulturelle Aspekte mit einbezieht und gegeneinander abwägt. Auf die Herausforderungen des Klimaschutzes im Gebäudebereich muss mithin auch aus baukultureller Hinsicht angemessen reagiert werden.[1593] Standort, Alter, gesellschaftlicher Konsens und die Individualität eines jeden Gebäudes bilden wesentliche Identifikationsmerkmale, die in Wechselwirkung mit der Umgebung stehen. Vor einer energetischen Aufwertung eines Einzelobjekts muss vor diesem Hintergrund geklärt werden, welche Standortfaktoren auf das Objekt einwirken und wie das Gebäude selbst sein Umfeld prägt.[1594] Je geringer die architektonische und städtebauliche Qualität des Bestandes ist, umso größer ist der Spielraum für Sanierungsmaßnahmen.[1595]

Auch individuelle unter Umständen unter Denkmalschutz stehende Gebäudeaspekte können Hand in Hand mit einer energetischen Sanierung gehen. Wie schon thematisiert, gibt es Möglichkeiten, die Energieeffizienz durch Änderungen der Gebäude zu erhöhen (bspw. durch Innendämmung[1596] oder den Einsatz eines BHKWs, aber durch den Austausch und die Verbesserung der Fenster[1597]), ohne dass ein Konflikt zwischen beiden Interessen entstehen kann. Individuelle städtebauliche Vertragslösungen im Rahmen des Klimaschutzes und der Klimaanpassung bieten mithin die Möglichkeit, auch denjenigen baukulturellen Interessen Rechnung zu tragen. Den Aspekt der Baukultur berücksichtigende Vertragsabsprachen können dabei aber nicht nur im Gebäudebestand, sondern auch beim Neubau Geltung beanspruchen. So kann die Gemeinde bspw. im Rahmen des Verkaufs von gemeindeeigenen Grundstücken die Veräußerung neben einer Bindung an energetische Anforderungen auch mit einer qualitätsvollen Baugestaltung oder einer Durchführung eines Architekturwettbewerbs verknüp-

---

1590 Gestalterische Festsetzungen in einem Bebauungsplan oder einer Ortsgestaltungssatzung sind oftmals zu unflexibel, sodass sich eine vertragliche Lösung anbietet, so *Bunzel/Coulmas/Schmidt-Eichstaedt*, Städtebauliche Verträge, S. 186.

1591 Siehe *BMVBS*, Leitfaden Baubestand, S. 6 f.

1592 Siehe nur *Maak*, Architekten auf die Barrikaden!, Frankfurter Allgemeine Sonntagszeitung, vom 27.11.2011, Nr. 47, S. 25 sowie *BMVBS*, Leitfaden Baubestand, S. 23; vgl. auch *C. Hagebölling*; NuR 2013, 99 (104). Ferner auch *v. Nicolai*, NordÖR 2013, 397 (401).

1593 *Spangenberger*, UPR 2013, 170 (174).

1594 *BMVBS*, Leitfaden Baubestand, S. 12 ff.

1595 Siehe auch *Reicher*, Städtebauliches Entwerfen, S. 236 f.

1596 Dazu *Worch*, EnEV-aktuell, 2009/4, S. 5 f.

1597 Zur Energieeffizienz mit historischen Fenstern *Eßmann*, EnEV-aktuell 2010/4, 20 ff.

fen.[1598] Die Grenzen zu vertraglichen Vereinbarungen nach § 11 Abs. 1 S. 1 Nr. 4 und 5 BauGB verlaufen dabei fließend. Im Rahmen von städtebaulichen Verträgen über die energetische Qualität von Gebäuden (§ 11 Abs. 1 S. 1 Nr. 5 BauGB) oder der Errichtung (und Nutzung) von Anlagen aus erneuerbaren Energien (§ 11 Abs. 1 S. 1 Nr. 4 BauGB) ist es ebenso möglich auf baugestalterische und baukulturelle Belange Einfluss zu nehmen, indem bspw. eine in Aussicht gestellte Förderung an bestimmte Bauausführungen bzgl. der Fenster, Fassade oder Baumaterialien gebunden wird.[1599]

### bb) Baurecht auf Zeit

Als „interessanter Anknüpfungspunkt" vertraglicher Vereinbarungen im Interesse des Klimaschutzes und der Klimaanpassung wird in der Literatur vermehrt das Konzept des „Baurechts auf Zeit" genannt.[1600] § 11 Abs. 1 S. 2 Nr. 2 BauGB bietet die Grundlage für dementsprechende städtebauliche Vereinbarungen. Danach können Gegenstände eines städtebaulichen Vertrags insbesondere Vereinbarungen über „die Grundstücksnutzung, auch hinsichtlich einer Befristung oder einer Bedingung" umfassen. Anwendungsfälle im Hinblick auf die Grundstücksnutzung sind vor allem Vereinbarungen von Bau-, Betriebs- und Gestaltungspflichten.[1601] Grundsätzlich werden davon auch klimaschutz- und klimaanpassungsbezogene Vereinbarungen (bspw. zum Einsatz erneuerbarer Energien oder zur Senkung des Energieverbrauchs) umfasst.[1602] Insofern stellen § 11 Abs. 1 S. 2 Nr. 4 und Nr. 5 BauGB zwei gegenüber § 11 Abs. 1 S. 2 Nr. 2 BauGB speziellere Regelungen dar. Systematisch gehören jene Normen jedoch in den Regelungszusammenhang von § 11 Abs. 1 S. 2 Nr. 2 BauGB und soweit Kostentragungsvereinbarungen getroffen werden auch in den von § 11 Abs. 1 S. 2 Nr. 3 BauGB.[1603]

Mit der in § 11 Abs. 1 S. 2 Nr. 2 BauGB erfolgten Nennung „auch hinsichtlich einer Befristung oder einer Bedingung" werden die in § 9 Abs. 2 BauGB vorgesehenen Festsetzungsmöglichkeiten, die unter dem Begriff „Baurecht auf Zeit" geführt werden, vereinfacht in den Anwendungsbereich des städtebaulichen Vertrags impliziert.[1604] Es ist somit möglich, ähnlich entsprechender aber tatsächlich nur begrenzt möglicher Festsetzungen in einem Bebauungs-

---

1598 Siehe *Spangenberger*, UPR 2013, 170 (172 f.); *Reidt*, in: B/K/L, § 11, Rn. 52; vgl. auch *Battis/Mitschang/Reidt*, NVwZ 2013, 961 (964).

1599 *Spangenberger*, UPR 2013, 170 (173). Gestalterische Vorgaben sind insoweit nicht allein ein Regelungsbereich des Bauordnungsrechts, siehe *Bunzel/Coulmas/Schmidt-Eichstaedt*, Städtebauliche Verträge, S. 186; a.A. *Burmeister*, Praxishandbuch Städtebauliche Verträge, S. 149. Zur Abgrenzung des Städtebaurechts vom Denkmalschutzrecht vgl. ferner *Kloepfer*, Denkmalschutz und Umweltschutz, Rn. 492 ff.

1600 So *Mitschang*, ZfBR 2010, 534 (546); *ders.*, in Mitschang (Hrsg.), Fragestellungen des Städtebau- und Umweltrechts, S. 69; *Battis/Kersten/Mitschang*, Rechtsfragen Stadterneuerung, S. 97; *Ingold/Schwarz*, NuR 2010, 153 (161) jew. unter Bezugnahme auf *Krautzberger*, DVBl 2008, 737 (741); *ders.*, in: Mitschang (Hrsg.), Klimaschutz und Energieeinsparung, S. 116 ff.; vgl. auch *Reidt*, BauR 2010, 2025 (2032); *ders.*, in: Mitschang (Hrsg.), Klimagerechte Stadtentwicklung, S. 99 und *Reese/Möckel/Bovet/Köck*, Anpassung an die Folgen des Klimawandels, S. 378.

1601 Siehe Aufzählung bei *Bunzel/Coulmas/Schmidt-Eichstaedt*, Städtebauliche Verträge, S. 116 f. sowie *Bank*, in: Brügelmann, BauGB, 72. Erg.-Lfg., 2009, § 11, Rn. 53 und *Birk*, städtebauliche Verträge, S. 336 ff. Ausdrücklich vorgeschrieben ist eine Vereinbarung einer Bauverpflichtung in Form einer Durchführungsverpflichtung beim vorhabenbezogenen Bebauungsplan in § 12 Abs. 1 S. 1 BauGB.

1602 Vgl. schon *Krautzberger*, in: E/Z/B/K, § 11, Rn. 138; *Bank*, in: Brügelmann, BauGB, 72. Erg.-Lfg., § 11, Rn. 56.

1603 *Bank*, in: Brügelmann, BauGB, 72. Erg.-Lfg., § 11, Rn. 62, 85; *Birk*, städtebauliche Verträge, S. 347.

1604 BR-Drs. 756/03, S. 137.

plan[1605] vertraglich zu bestimmen, dass bestimmte bauliche Nutzungen oder Anlagen nur für einen bestimmten Zeitraum zulässig oder bis zum Eintritt bestimmter Umstände zulässig oder unzulässig sein sollen.[1606] Auch Folgenutzungen können vereinbart werden. Hervorgebracht wird insoweit, dass – im Interesse des Klimaschutzes – brachliegende Flächen einer Zwischennutzung zugeführt werden können, indem bspw. eine übergangsweise Nutzung für Solarenergieanlagen vereinbart wird.[1607] Ob dies jedoch aus Kostengesichtspunkten eine denkbare Option darstellt, muss im Einzelfall geprüft werden. Jedenfalls dürften Brachflächen, bei denen die Aussicht auf baldige Wiedernutzung als Wohn- oder Gewerbefläche besteht, von vornherein nicht für die Installation von Anlagen aus erneuerbaren Energien in Betracht kommen.[1608] Praktikabler für Zwischennutzungen sind ggf. Lösungen, die eine vorübergehende Nutzung von Brachflächen für den Anbau nachwachsende Rohstoffe vorsehen.[1609] Sog. „grüne Zwischennutzungen" sind dabei auch für die Klimaanpassung von Relevanz.[1610]

Darüber hinaus sind Vereinbarungen im Hinblick auf die voraussichtliche Nutzungs- bzw. Lebensdauer von Anlagen aus erneuerbaren Energien naheliegend. Die Einspeisevergütung von Anlagen aus erneuerbaren Energien wird in § 21 EEG für alle Anlagen auf 20 Jahre festgelegt. Die Lebensdauer entsprechender Anlagen dürfte mithin darüber liegen. Realistisch wird die Lebensdauer bspw. eines Fotovoltaikmoduls auf ca. 35 Jahre geschätzt,[1611] sodass

---

1605 Im Rahmen der Darlegungen der Festsetzungsmöglichkeiten eines Bebauungsplans wurde auf § 9 Abs. 2 BauGB nicht näher eingegangen, da dieser zum einen nicht explizit auf den Klimaschutz und die Klimaanpassung ausgerichtet ist. Zum anderen kommt die Festsetzung dem Wortlaut nach nur „in besonderen Fällen" in Betracht. Das OVG Münster, Urteil vom 21.07.2011 – 2 D 59/09.NE, juris-Rn. 56 fordert insoweit eine „außergewöhnliche städtebaulichen Situation". „Reguläre städtebauliche Gründe in einer Standartsituation" reichen dafür nicht aus, so BVerwG, NVwZ 2000, 813 (815). Festsetzungen nach § 9 Abs. 2 BauGB kommen damit nur in atypischen Situationen zum Einsatz. Geschuldet ist dies auch dem Bestandsschutz. Denn grundsätzlich muss sich der Planbetroffene auf die planerischen Ausweisungen, jedenfalls für einen begrenzten Zeitraum, verlassen können. Der Bestandsschutz sichert dem Eigentümer insofern das durch die Eigentumsausübung Begründete und verleiht einem rechtmäßig begründeten Bestand eine Durchsetzungskraft gegenüber anderen entgegenstehenden rechtlichen Anforderungen, siehe *Spannowsky*, in: Spannowsky/Uechtritz, § 9, Rn. 123. 1. Begrenzte Zwischennutzungen spielen schon jetzt bspw. im Stadtumbau eine große Rolle. Deshalb fehlt es aber gerade regelmäßig an der geforderten atypischen Situation, sodass allein städtebauliche Vertragslösungen bereit stehen, die in der Praxis schon vielfach Zwischennutzungen absichern. Siehe *Goldschmidt/Taubenek*, BauR 2005, 1568 (1570 f.); *Löhr*, in: B/K/L, 11. Auflage 2009, § 9, Rn. 98 h; vgl. auch *Berkemann*, in: Berkemann/Halama, Erstkommentierungen zum BauGB 2004, § 9, Rn. 37, 41 f. *Mitschang*, ZfBR 2010, 534 (539) konstatiert somit zu Recht, dass Festsetzungen eines „Baurechts auf Zeit" somit im Rahmen eines klimaschutz- und klimaanpassungsausgerichteten Städtebaurechts nur im geringen Umfang und ergänzend herangezogen werden können.

1606 Vgl. *Bank*, in: Brügelmann, BauGB, 72. Erg.-Lfg., 2009, § 11, Rn. 55. Dazu *Bunzel/Coulmas/Schmidt-Eichstaedt*, Städtebauliche Verträge, S. 122 ff.; a.A. *Spannowsky*, in: Spannowsky/Uechtritz, § 9, Rn. 124.

1607 *Mitschang*, ZfBR 2010, 534 (546, Fn. 135); *ders.*, in: Mitschang (Hrsg.), Fragestellungen des Städtebau- und Umweltrechts, S. 69, Fn. 152; *Ingold/Schwarz*, NuR 2010, 153 (161).

1608 Vgl. *Spannowsky*, in: Spannowsky/Uechtritz, § 9, Rn. 126.1.

1609 Dazu *Spannowsky*, in: Spannowsky/Uechtritz, § 9, Rn. 126.1.

1610 Hervorgehoben wird u.a. die Entwicklung von Kaltluftentstehungsgebieten oder die Freihaltung von Frischluftschneisen, vgl. *BMVBS* (Hrsg.), Flexibilisierung der Planung für eine klimawandelgerechte Stadtentwicklung, S. 98.

1611 http://www.focus.de/immobilien/energiesparen/tid-17794/solaranlagen-11-wie-lange-haelt-so-eine-solaranlage_aid_496077.html (Stand 28.08.2013).

insbesondere Nachfolgenutzungsvereinbarungen und Rückbaupflichten als Vertragsgegenstand in Betracht kommen.[1612]

Durch die Vereinbarung einer zeitlich begrenzten Nutzung bis zum Eintritt bestimmter Klimawandelfolgen kann das Baurecht auf Zeit ein geeignetes Instrument darstellen, um flexibel auf Unsicherheiten von Klimafolgen und städtebaulich nachteilige und unerwünschte Verfestigungen im Bestand reagieren zu können.[1613] Im Hinblick auf ggf. entstehende Rückbaukosten, eine zeitliche Beschränkung eines Nutzungsrechts und Ansprüche aus §§ 39 ff. BauGB – soweit ein existierender Bebauungsplan aufgehoben, geändert oder ergänzt wird – sollte begleitend immer auch ein Entschädigungsverzicht[1614] vertraglich vereinbart werden.[1615]

### c) Kostenübernahme

§ 11 Abs. 1 S. 2 Nr. 3 BauGB nennt als Vertragsgegenstand „die Übernahme von Kosten oder sonstigen Aufwendungen, die der Gemeinde für städtebauliche Maßnahmen entstehen oder entstanden sind" und normiert damit die sog. „Kostenübernahmeverträge" oder auch „Folgekosten- oder Folgelastenverträge" genannt, welche insbesondere für die in erheblichen Finanznöten steckenden Gemeinden die Möglichkeit eröffnen, keine weiteren finanziellen Lasten mehr aufnehmen zu müssen oder sich zum Teil von diesen befreien zu können.[1616] Solche Vereinbarungen gehen auf eine lange Tradition zurück und haben sich schon lange vor einer gesetzlichen Regelung im Städtebaurecht[1617] in der Praxis und Rechtsprechung etabliert.[1618] Neben den Kosten und Aufwendungen für städtebauliche Maßnahmen, insbesondere

---

1612 § 249 Abs. 2 BauGB nutzt die Möglichkeiten des „Baurechts auf Zeit" auch für das sog. Repowering von Windenergieanlagen. Danach kann in einem Bebauungsplan auch festgesetzt werden, dass die im Bebauungsplan festgesetzten Windenergieanlagen nur zulässig sind, wenn sichergestellt ist, dass nach der Errichtung der im Bebauungsplan festgesetzten Windenergieanlagen andere im Bebauungsplan bezeichnete Windenergieanlagen innerhalb einer im Bebauungsplan zu bestimmenden angemessenen Frist zurückgebaut werden. Ohne Anwendung solcher Festsetzungsmöglichkeiten besteht die Möglichkeit, die Stilllegung und den Rückbau von „Altanlagen" auch durch städtebaulichen Vertrag zu vereinbaren. Allerdings müssen alle Beteiligten an der Vereinbarung beteiligt werden, insbesondere der Vorhabenträger für die neuen Windenergieanlagen und der Betreibern der zurückzubauenden Anlagen. Die sich aus den Vereinbarungen ergebenden Verpflichtungen gelten dabei grundsätzlich nur unter den Vertragsbeteiligten, anders als bei Festsetzungen, siehe *Söfker*, in: E/Z/B/K, § 249, Rn. 14.

1613 *Reese/Möckel/Bovet/Köck*, Anpassung an die Folgen des Klimawandels, S. 378, 464; *Krautzberger*, in: Mitschang (Hrsg.), Klimaschutz und Energieeinsparung, S. 117; *ders.*, DVBl 2008, 737 (741); *Fischer*, Grundlagen und Grundstrukturen eines Klimawandelanpassungsrechts, S. 339.

1614 Ein Verzicht auf die Ausübung von Ansprüchen nach §§ 39 ff. BauGB wird, neben der Möglichkeit die Durchführung des Rückbaus vertraglich zu regeln (§ 171 c S. 2 Nr. 1), ausdrücklich in § 171 c S. 2 Nr. 2 BauGB als Vertragsgegenstand hervorgehoben. Ebenso die Thematik der Zwischennutzungen wird über § 171 a Abs. 3 Nr. 6 BauGB in den Anwendungsbereich des Stadtumbauvertrags übertragen, dazu *Goldschmidt/Taubenek*, BauR 2005, 1568 (1573).

1615 *Krautzberger*, in: Mitschang (Hrsg.), Klimaschutz und Energieeinsparung, S. 117; *ders.*, DVBl 2008, 737 (741); *Reidt*, BauR 2010, 2025 (2032 f.); *ders.*, in Mitschang (Hrsg.), Klimagerechte Stadtentwicklung, S. 99.

1616 Dazu allgemein etwa *Koch/Hendler*, Baurecht, § 15, Rn. 21; *Dirnberger*, in: Jäde/Dirnberger/Weiß, § 11, Rn. 72 f.; *Krautzberger*, in: E/Z/B/K, § 11, Rn. 154 ff.

1617 Für die neuen Länder erstmals geregelt in § 54 Abs. 2 BauZVO sowie die in § 246 Abs. 1 Satz 1 Nr. 11 BauGB (1990).

1618 Anerkannt wurde der Kostenübernahmevertrag schon vom BVerwG, NJW 1973, 1895 ff.; vgl. BT-Drs. 13/6392, S. 50; *Krautzberger*, in: E/Z/B/K, § 11, Rn. 154, 158; *Bunzel/Coulmas/Schmidt-Eichstaedt*, Städtebauliche Verträge, S. 195 mwN.

für Infrastrukturmaßnahmen[1619] und Kosten der Erschließung[1620], werden auch Kosten der städtebaulichen Planung (z. B. vorbereitende Gutachten) von § 11 Abs. 1 S. 2 Nr. 3 BauGB erfasst.[1621] Ebenso der städtebaulichen Planung einer Gemeinde zurechenbare verwaltungsinterne Kosten, sind grds. vertraglich abwälzbar. Ausgenommen davon sind Kosten für Aufgaben, die die Gemeinde nicht durch Dritte erledigen lassen dürfte.[1622] Ebenso Betriebskosten von Infrastruktureinrichtungen können nicht im Rahmen eines Kostenübernahmevertrags übernommen werden, da es sich um keine städtebauliche Maßnahme handelt.[1623]

Zu beachten ist die gesetzliche Bedingung, dass die Kosten „Voraussetzung oder Folge des geplanten Vorhabens“ sein müssen.[1624] Der Kostenübernahmevertrag muss sich mithin auf dasjenige beschränken, was von einem bestimmten Bauvorhaben an Folgen ausgelöst wird oder Voraussetzung für seine Verwirklichung ist.[1625] Folglich werden Kostenübernahmeverträge vorranging beim Neubau von Gebäuden geschlossen; kommen aber auch im Rahmen von Stadtumbau- oder Sanierungsgebieten in Betracht. Voraussetzung ist eine unmittelbare kausale Verknüpfung zwischen den (zeitlich vorangehenden oder nachfolgenden) finanziellen Aufwendungen und dem jeweiligen Vorhaben.[1626] Kriterien der räumlichen Nähe oder Ferne allein stellen dabei kein Kriterium für die Zulässigkeit der Beziehung dar, sondern ausschließlich der innere Zusammenhang.[1627] Das Gesetz sieht insoweit auch keine örtliche Beschränkung der kostenauslösenden Maßnahmen vor.[1628] Ob die vereinbarte Gegenleistung einer bestimmten Maßnahme zugeordnet werden kann, muss nach der Rechtsprechung des

---

1619 Bspw. Aufwendungen für Schulen, Kindergärten, Sportanlagen, siehe *Birk*, städtebauliche Verträge, S. 356; *Hoffmann*, in: Spannowsky/Uechtritz, § 11, Rn. 27 jew. mit weiteren Bsp.

1620 Bspw. Straße, Kanal, Wasser, Wärme, siehe *Hoffmann*, in: Spannowsky/Uechtritz, § 11, Rn. 28. Das auch Kosten der Erschließung unter Nr. 3 fallen wurde durch die BauGB-Novelle 2013 klargestellt, siehe BT-Drs. 17/11468, S. 13 und insbesondere als Korrektur der bisherigen Rechtsprechung des BVerwG. Siehe zuvor nur BVerwG, NVwZ 2011, 690 ff. Zum zuvor umstrittenen Meinungsstand in der Literatur vgl. etwa *Burmeister*, Praxishandbuch Städtebauliche Verträge, S. 171 ff. und *Bier*, DVBl 2013, 541 (545). *Ewer*, NVwZ 2013, 1318 ff., sieht insbes. wegen des Fortbestands der Erschließungsbeitragserhebungspflicht aus § 127 I BauGB, reine Erschließungskosten-Vereinbarungen noch immer als unzulässig an; a.A. und zur Recht bejahend BT-Drs. 17/11468, S. 13; siehe ebenso *Schröer/Kullick*, NZBau 2013, 425 (426); *Battis/Mitschang/Reidt*, NVwZ 2013, 961 (964); *v. Nicolai*, NordÖR 2013, 397 (401). Instruktiv dazu *Krautzberger*, in: E/Z/B/K, § 11, Rn. 160.

1621 Siehe *Dirnberger*, in: Jäde/Dirnberger/Weiß, § 11, Rn. 73. *Krautzberger*, in: E/Z/B/K, § 11, Rn. 154 beschreibt die Regelung in einem umfassenderen Sinn als eine Vereinbarungsmöglichkeit aller Kosten, die ursächlich mit der städtebaulichen Maßnahme verbunden sind.

1622 BVerwG, NVwZ 2006, 336 (338), wonach Aufwendungen für Leistungen eines Dritten Gegenstand einer vertraglichen Kostenübernahme sein können, weil es keinen Grund dafür gäbe, Gemeinden, die ein Bebauungsplanverfahren mit eigenem Personal und eigenen Sachmitteln betreiben, finanziell schlechter zu stellen, als sie stünden, wenn sie sich zur Erfüllung der Aufgabe Dritter bedienten. Die Kosten auch für solche Aufgaben überzuwälzen, die sie nicht durch Dritte erledigen lassen dürfen, sondern durch ihre eigenen Bediensteten erfüllen lassen müssen, sei den Gemeinden dagegen verwehrt.

1623 *Bunzel/Coulmas/Schmidt-Eichstaedt*, Städtebauliche Verträge, S. 199.

1624 Diese gesetzlich geforderte Zuordnung der Kosten zu einem bestimmten Vorhaben wird als Sonderform des sog. Koppelungsverbots begriffen. Siehe BVerwG, NVwZ 2000, 1285 ff. sowie OVG Lüneburg, ZfBR 2007, 804 (805). Dazu weiter unten.

1625 *Reidt*, in: B/K/L, § 11, Rn. 58.

1626 Instruktiv *Bunzel/Coulmas/Schmidt-Eichstaedt*, Städtebauliche Verträge, S. 200 ff. sowie *Hoffmann*, in: Spannowsky/Uechtritz, § 11, Rn. 29.

1627 *Krautzberger*, in: E/Z/B/K, § 11, Rn. 163.

1628 BT-Drs. 13/6392, S. 50. Zur Vorgängerregelung, die dies noch ausdrücklich benannte, *Krautzberger*, in: E/Z/B/K, § 11, Rn. 163.

BVerwG vielmehr auf eine planerische Gesamtkonzeption der Gemeinde zurückgeführt werden können und unabhängig von der Frage, ob die städtebauliche Maßnahme dem Vorhaben objektiv zu Gute kommt.[1629] Auch Kosten und Aufwendungen für Anlagen und Einrichtungen, die der Allgemeinheit dienen, sind mithin Vereinbarungen nach § 11 Abs. 1 S. 2 Nr. 3 BauGB zugänglich.[1630]

Das erforderliche Gesamtkonzept kann in der Nähe informeller Planungen und Konzepte (bspw. Sanierungs-, Stadtumbau- oder Energie- und Klimaschutzkonzepte) eingeordnet werden und muss insbesondere das im Städtebaurecht geltende Abwägungsgebot beachten.[1631] Maßgebliche Grenze finden Kostenvereinbarungen darüber hinaus im Gebot der Angemessenheit.[1632] Die vereinbarte Übernahme von Folgekosten muss bei wirtschaftlicher Betrachtung des Gesamtvorgangs in einem angemessenen Verhältnis zum Wert des Vorhabens stehen und eine unzumutbare Belastung des Vertragspartners muss vermieden werden.[1633] Auch der Gleichbehandlungsgrundsatz nach Art. 3 Abs. 1 GG ist berücksichtigungspflichtig.[1634]

Aus klimaschutz- und klimaanpassungsbezogener Sicht, können – wie oben schon angedeutet – Kosten für durch Private erstellte klimarelevante Gutachten und vorbereitende zweckmäßige städtebauliche Planungen oder der Mediation abgewälzt werden, soweit die Gemeinde selbst Auftraggeberin dieser Aufgaben bleibt. Denkbar ist zudem, dass die Gemeinde Anlagen zur Nutzung erneuerbarer Energien selbst errichtet und die Kosten an die jeweiligen Grundstückeigentümer weitergibt.[1635]

Von § 11 Abs. 1 S. 2 Nr. 3 BauGB werden mithin auch Kosten für Maßnahmen der Infrastruktur erfasst, die klimabedingt durchgeführt werden (bspw. die Errichtung von KWK-Anlagen und Netzen oder von Gemeinschaftssolaranlagen), wenn das Kausalitätserfordernis des § 11 Abs. 1 S. 2 Nr. 3 BauGB erfüllt ist.[1636] In Teilen der Literatur wird die geforderte Ursächlichkeit einer diesbezüglichen Kostenvereinbarung angezweifelt, soweit der Nutzen klimaschutzbezogener Maßnahmen nicht zugleich bspw. mittels Energieeinsparung dem

---

1629 BVerwG, ZfBR 2009, 472 (475) sowie BVerwG 2011, 1132 ff. in Abweichung zu BVerwG, NJW 1993, 1810 f., wonach die Gesamtkonzeption der Gemeinde geeignet sein könne, zu belegen, dass eine städtebauliche Maßnahme als Folge des geplanten Vorhabens anzusehen sei. Dazu auch *Dirnberger*, in: Dirnberger/Jäde/Weiß, § 11, Rn. 76 f.; *Reidt*, in: B/K/L, § 11, Rn. 59 f. sowie *Bunzel*, DVBl 2013, 796 (798 ff.). Mit Beispielen *Decker*, JA 2012, 286 (290 ff.); a.A. noch *Spannowsky*, in: Berliner Kommentar, 21. Erg.-Lfg. 2012, § 11, Rn. 94.

1630 BVerwG, ZfBR 2009, 472 (474) mit Hinweis auf die ausführlichere Formulierung in § 6 Abs. 3 BauGB-MaßnahmenG (1993), der dies deutlich macht und die der Sache nach durch den mit dem BauROG lediglich redaktionell verkürzten Wortlaut nicht verändert werden sollte.

1631 Im Einzelnen BVerwG, NVwZ 2011, 1132 (1133); zusammenfassend *Krautzberger*, in: E/Z/B/K, § 11, Rn. 164.

1632 Dazu weiter unten.

1633 BVerwG, NJW 1973, 1895 (1898). Im Einzelnen *Bunzel/Coulmas/Schmidt-Eichstaedt*, Städtebauliche Verträge, S. 208 ff.

1634 *Hoffmann*, in: Spannowsky/Uechtritz, § 11, Rn. 29.

1635 *Birk*, städtebauliche Verträge, S. 349; *Krautzberger*, in: Mitschang (Hrsg.), Klimaschutz und Energieeinsparung, S. 119; *ders*, DVBl 2008, 737 (742).

1636 *BMVBS*, Klimawandelgerechte Stadtentwicklung, S. 53; *Krautzberger*, in: Mitschang (Hrsg.), Klimaschutz und Energieeinsparung, S. 119; *ders*, DVBl 2008, 737 (742); *Kahl*, ZUR 2010, 395 (397); *Battis/Kersten/Mitschang*, Rechtsfragen Stadterneuerung, S. 98.; *Ingold/Schwarz*, NuR 2010, 153 (161).

jeweiligen kostenübernehmenden Gebäudeeigentümer zu Gute kommt.[1637] Auf eine individuelle Energieeinsparung (die regelmäßig allerdings zwar vorliegen dürfte) kommt es jedoch demgegenüber gar nicht an, sondern allein auf die Notwendigkeit und die Nutzbarkeit der Energieversorgung an sich. Erfasst werden nämlich auch Anlagen, die der Allgemeinheit dienen und auf eine abwägungsfehlerfreie planerische Konzeption der Gemeinde zurückgehen. Die Gemeinde darf dabei die Städtebaupolitik betreiben, die ihr richtig erscheint, und dementsprechend auch ihre klimawandelgerechten Ziele setzen.[1638] Erfasst wird mithin auch die energetische Infrastruktur in Form von Anlagen und Einrichtungen und sonstigen Maßnahmen, die dem Klimawandel entgegenwirken, insbesondere zur dezentralen und zentralen Erzeugung, Verteilung, Nutzung oder Speicherung von Strom, Wärme oder Kälte aus erneuerbaren Energien oder KWK (vgl. §§ 5 Abs. 2 Nr. 2 b, 148 Abs. 2 S. 2 Nr. 5, 11 Abs. 1 S. 2 Nr. 4 BauGB). Aus Klimaanpassungssicht können zudem bspw. entstehende Kosten für an klimawandelbedingte Starkregenereignisse anzupassende Kanalnetze abgewälzt werden.[1639] Das Gesetz grenzt allein solche Einrichtungen aus, die ausschließlich einzelnen, außenstehenden Dritten oder allein der Gemeinde zu dienen bestimmt sind.[1640] Soweit sich die Beteiligten im Vertrag auf die dargelegten Zusammenhänge zwischen Vorhaben und Folgeeinrichtung beziehen, ist der geforderte Zusammenhang i.d.R. gegeben.

Soweit eine Anlage von Privaten errichtet wird, werden Vereinbarungen über die Verteilung der jeweiligen Investitionskosten von § 11 Abs. 1 S. 2 Nr. 4 BauGB erfasst.[1641] Die einschränkenden Voraussetzungen des Kostenübernahmevertrags sind hierbei nicht einschlägig. Da auch über eine Nutzungsvereinbarung nach § 11 Abs. 1 S. 2 Nr. 4 BauGB bezüglich einer durch die Gemeinde errichteten Anlage, mittels einer kalkulatorischen Einbeziehung der Investitionskosten in die Betriebskostenvereinbarung, eine Verteilung der Investitionskosten erreicht werden kann, verschwimmen die Grenzen zwischen § 11 Abs. 1 S. 2 Nr. 3 BauGB und § 11 Abs. 1 S. 2 Nr. 4 BauGB zunehmend.[1642] Der Abschluss eines Kostenübernahmevertrags in den Grenzen des § 11 Abs. 1 S. 2 Nr. 3 BauGB muss also nicht immer angestrebt werden.

### 6. Durchführungsvertrag zum vorhabenbezogenen Bebauungsplan

Der Durchführungsvertrag zum vorhabenbezogenen Bebauungsplan gemäß § 12 Abs. 1 S. 1 BauGB bildet einen Sonderfall des städtebaulichen Vertrags nach § 11 BauGB und hat, anders als Verträge nach § 11 BauGB, einen in § 12 Abs. 1 S. 1 BauGB legal definierten, obligatorischen Inhalt.[1643] Daneben sind jedoch auch alle weiteren Vertragsvereinbarungen nach § 11 Abs. 1 S. 2 BauGB im Durchführungsvertrag möglich. Insbesondere die bereits dargelegten Vertragsvereinbarungen nach § 11 Abs. 1 S. 2 Nr. 4 und 5 BauGB (bspw. ver-

---

1637 Siehe *Mitschang*, in: Mitschang (Hrsg.), Fragestellungen des Städtebau- und Umweltrechts, S. 69; *Battis/Kersten/Mitschang*, Rechtsfragen Stadterneuerung, S. 98; *Ingold/Schwarz*, NuR 2010, 153 (161).

1638 Vgl. BVerwG, NVwZ 2011, 1132 (1133).

1639 *Fischer*, Grundlagen und Grundstrukturen eines Klimawandelanpassungsrechts, S. 333 mwN.

1640 *Birk*, städtebauliche Verträge, S. 358.

1641 Siehe oben.

1642 Siehe *Kahl/Schmidtchen*, Kommunaler Klimaschutz durch Erneuerbare Energien, S. 190. Siehe auch *Berkemann*, in: Berkemann/Halama, Erstkommentierungen zum BauGB 2004, § 11, Rn. 15.

1643 Vgl. Fn. 1019; *Denny/Spangenberger*, UPR 1999, 331 (335).

bindliche Regelungen über energetische Anforderungen an das Vorhaben) können auch im Rahmen des Durchführungsvertrags Berücksichtigung finden.[1644]

Beispiel[1645]: *„Insbesondere verpflichtet sich die Familie Meyer, alle Wohngebäude in Niedrigenergiebauweise-Plus zu errichten, d.h. die Wärmeverluste des Gebäudes über die Außenbauteile und der Primärenergiebedarf müssen wenigstens 15 % unter den Werten des Referenzgebäudes gemäß den gesetzlichen Anforderungen der EnEV 2009 liegen. […]"*

Auch gebäudeunabhängige großflächige Fotovoltaikanlagen oder Biomasseanlagen können im Einzelfall im Wege eines vorhabenbezogenen Bebauungsplans auf der Basis eines Durchführungsvertrags realisiert werden;[1646] bedürfen hier allerdings keiner weitergehenden Vertiefung.

## 7. Zwischenfazit

Neben den explizit auf den Klimaschutz und die Klimaanpassung ausgerichteten Vertragsmöglichkeiten können auch Vereinbarungen nach § 11 Abs. 1 S. 2 Nr. 1, 2 und 3 BauGB eine klimawandelgerechte Stadtentwicklung unterstützen und flankieren. Die für eine am Klimaschutz und der Klimaanpassung ausgerichtete Stadtentwicklung nötigen städtebaulichen Planungen (bspw. Klimaschutz- und Energiekonzepte) können vertraglich auf Private abgewälzt werden. Zudem kann bspw. die vertragliche Einschaltung eines Dritten zur Durchführung einer Mediation ein Problembewusstsein hinsichtlich einer klimawandelgerechten Stadtentwicklung schärfen und betreffend der durchzuführenden Maßnahmen akzeptanzbildend wirken. Städtebauliche Verträge ermöglichen es zudem über Vereinbarungen nach § 11 Abs. 1 S. 2 Nr. 2 BauGB, klimawandelgerechte Maßnahmen mit baukulturellen Aspekten auch unabhängig vom Denkmalschutzaspekten zu verbinden. Die Vereinbarung eines „Baurechts auf Zeit" ermöglicht darüber hinaus flexible Lösungen, um dem Klimaschutz und der Klimaanpassung Rechnung tragen zu können. Insbesondere die Vereinbarung von Folge- und Zwischennutzungen kann dabei von Relevanz sein. Den damit korrelierenden Festsetzungen in einem Bebauungsplan sind dagegen enge Grenzen gesetzt. Durch einen Kostenübernahmevertrag können im Einzelfall kausale Aufwendungen klimawandelgerechter Maßnahmen weitergegeben und die Gemeinden entlastet werden.

## 8. Städtebauliche Verträge im besonderen Städtebaurecht

Neben § 11 BauGB werden auch im besonderen Städtebaurecht städtebauliche Vertragsmöglichkeiten manifestiert, welch mitunter ausdrücklich auf energetische Maßnahmen im Gebäudebestand abzielen.

---

1644 Vgl. *Denny/Spangenberger*, UPR 1999, 331 (335).

1645 Städtebaulicher Vertrag zum einbezogenen Planteil für die Wohnbebauung zum Vorhabenbezogener Bebauungsplan Nr. 1725 – Roderbruchmarkt-Süd der Stadt Hannover, Drucksachen-Nr. 1891/2012, August 2012. Dazu auch *BMVBS* (Hrsg.), Flexibilisierung der Planung für eine klimawandelgerechte Stadtentwicklung, S. 40 f.

1646 Dazu *Spannowsky*, UPR 2009, 201 (211); *Reidt*, BauR 2010, 2025 (2032); *Mitschang*, NuR 2009, 821 (829).

### a) Stadtumbauvertrag

In Ergänzung zu § 11 BauGB behandelt § 171 c BauGB den sogenannten Stadtumbauvertrag als besondere Ausprägung des städtebaulichen Vertrags.[1647] Die Öffnung des quartiersbezogenen Stadtumbaurechts für Aufgaben des Klimaschutzes und der Klimaanpassung durch die BauGB-Klimanovelle 2011, als „grundlegender Einstieg in diese Thematik"[1648] sowie die inhaltliche Ausrichtung und maßgebliche Rolle des Stadtumbauvertrags, wurde im Rahmen der Analyse des besonderen Städtebaurechts bereits dargelegt. Die konkreten und wesentlichen Inhalte des Stadtumbauvertrags werden durch § 171 c i.V.m. § 11 BauGB aufgezeigt und sollen hier aufgezeigt werden. Nach § 171 c S. 2 BauGB können insbesondere der Rückbau und die Anpassung baulicher Anlagen innerhalb einer bestimmten Frist einschließlich der Kostentragung (Nr. 1), der Verzicht auf Planungsschadensansprüche (Nr. 2) sowie der Lastenausgleich zwischen den beteiligten Eigentümern (Nr. 3) vertraglich vereinbart werden.

#### aa) Anpassung baulicher Anlagen

Durch die BauGB-Klimanovelle 2011 wurde der Regelungsgehalt von § 171 c S. 2 Nr. 1 BauGB um die Möglichkeit präzisiert, vertragliche Vereinbarungen auch hinsichtlich der „Anpassung" baulicher Anlagen treffen zu können. Damit wurde verdeutlicht, dass Vereinbarungen im Rahmen des Stadtumbaus nicht allein auf den Rückbau baulicher Anlagen abzielen, sondern es auch möglich ist, unterhalb dieser Schwelle Vereinbarungen zu treffen.

Die Vereinbarung einer „Anpassung" baulicher Anlagen umfasst sämtliche gebäudebezogenen Maßnahmen; mithin auch die Durchführung energetischer Gebäudesanierungen sowie Klimaanpassungsmaßnahmen.[1649] § 171 c S. 2 Nr. 1 BauGB bietet damit die Möglichkeit, auf vertraglicher Ebene durch eine ressourcenschonende und klimawandelgerechte Anpassung baulicher Anlagen, entsprechenden Funktionsverlusten im Stadtumbaugebiet entgegenzuwirken.[1650]

Der Regierungsentwurf zur BauGB-Klimanovelle 2011 sah ursprünglich noch eine Ergänzung des § 171 c S. 2 BauGB um eine neue Nr. 4 vor. Als mögliche Vereinbarung eines Stadtumbauvertrags sollte die Errichtung und Nutzung von Anlagen und Einrichtungen zur dezentralen oder zentralen Erzeugung, Verteilung, Nutzung oder Speicherung von Strom, Wärme oder Kälte aus erneuerbaren Energien oder Kraft-Wärme-Kopplung ausdrücklich als Vertragsgegenstand hervorgehoben werden.[1651] Auf Anraten des Bundesrates wurde der Vorschlag allerdings nicht umgesetzt, da auf die Norm des § 11 Abs. 1 S. 2 Nr. 4 BauGB insoweit ausreichend Bezug genommen werden könne.[1652] Für die Umsetzung entsprechender Vereinbarungen ist der Fortfall dieser ursprünglich geplanten Ergänzung materiell rechtlich gesehen unschädlich. Dass im Rahmen eines Stadtumbauvertrags alle nach § 11 BauGB möglichen Vertragsinhalte umgesetzt werden können, kommt in § 171c BauGB wörtlich zum

---

1647 Vgl. *Roeser*, in: Berliner Kommentar, 21. Erg.-Lfg. 2012, § 171 c, Rn. 1.

1648 So *Krautzberger*, in: Mitschang (Hrsg.), Klimawandelgerechte Stadtentwicklung, S. 104.

1649 Mustereinführungserlass 2011, S. 14; aus Klimaanpassungssicht kann man insoweit bspw. eine nachträgliche Dachbegrünung hervorheben, siehe *Fischer*, Grundlagen und Grundstrukturen eines Klimawandelanpassungsrechts, S. 346.

1650 BT-Drs. 17/6076, S. 12. Vgl. auch *Mitschang*, in: Spannowsky/Uechtritz, § 171 c, Rn. 15 sowie *Krautzberger*, DVBl 2012, 69 (73 f.).

1651 BT-Drs. 17/6076, S. 12.

1652 BT-Drs. 17/6253, S. 8; BT-Drs. 17/6357, S. 9. Zur Entstehungsgeschichte auch *Krautzberger*, in E/Z/B/K, § 171 c, Rn. 3.

Ausdruck, indem es heißt, dass „Stadtumbaumaßnahmen auf der Grundlage von städtebaulichen Verträgen im Sinne des § 11“ von der Gemeinde mit den beteiligten Eigentümern abgeschlossen werden sollen.[1653] § 11 Abs. 1 S. 2 Nr. 4 BauGB entsprechende Vereinbarungen sind daher auch ohne explizite Nennung in § 171 c BauGB im Rahmen eines Stadtumbauvertrags grds. zulässig. Die geplante Ergänzung hätte jedoch eine weitere Impulswirkung für den Abschluss entsprechender Vereinbarungen entfalten können. Parallel zu § 11 Abs. 1 S. 2 Nr. 4 BauGB hätte durch eine explizite Hervorhebung, die Bedeutung konsensualer Lösungen auf Quartiersebene für die energetische Versorgung durch Anlagen und Einrichtungen aus erneuerbaren Energien betont werden können.[1654]

Trotz fehlender Konkretisierung kommen damit Stadtumbauverträge in Betracht, die Vereinbarungen nach § 11 Abs. 1 S. 2 Nr. 4 und 5 BauGB aufgreifen, bspw. wenn der Energieverbrauch von Bestandsbauten, bei denen gebäudebezogene Maßnahmen wie z. B. die Wärmedämmung das Erscheinungsbild beeinträchtigen würden, durch gebäudeübergreifende quartiersbezogene Maßnahmen – wie der gemeinsamen Nutzung von Kraft-Wärme-Kopplungsanlagen – gesenkt werden können.[1655] Auch Verträge über derartige Anlagen und Einrichtungen mit überörtlicher Bedeutung sind nicht ausgeschlossen.[1656] Es kommt mithin nicht darauf an, ob die Flächen, auf die sich eine Vereinbarung bezieht, in einem Stadtumbaugebiet liegen oder nicht.[1657] Es kann insoweit auf die obigen Ausführungen zu § 11 Abs. 1 S. 2 Nr. 4 BauGB verwiesen werden. Als Gegenstand von Anpassungsmaßnahmen i.S.v. § 171 c S. 2 Nr. 1 BauGB kommen zudem alle weiteren Vereinbarungsmöglichkeiten nach § 11 Abs. 1 S. 2 Nr. 5, über die Anforderungen an die energetischen Qualitäten von Gebäuden, in Stadtumbaugebieten in Betracht.[1658]

### bb) Rückbau von baulichen Anlagen

Die in § 171 c S. 2 Nr. 1 BauGB genannte Durchführung des Rückbaus baulicher Anlagen kann klimawandelgerecht dazu genutzt werden, bspw. den Rückbau von Einzelfeuerungsanlagen wie z.B. einer Ölheizung in einem Stadtumbaugebiet zu vereinbaren.[1659]

Ein Rückbau wird häufig aber auch in Vorbereitung weiterer städtebaulicher Maßnahmen vereinbart werden müssen, bspw. soweit eine freigelegte Fläche einer klimawandelgerechten Zwischennutzung zugeführt werden soll (vgl. § 171 a Abs. 3 Nr. 6, § 11 Abs. 1 S. 2 Nr. 2 „Baurecht auf Zeit“).[1660] Soweit der Rückbau bzw. die klimawandelgerechte Anpassung von baulichen Anlagen oder Infrastrukturanlagen eine Voraussetzung für weitere städtebauliche Maßnahmen bildet, wird dabei in der Stadtumbaupraxis regelmäßig auch die Festlegung einer Frist für den Rückbau oder die Anpassung von baulichen Anlagen erforderlich sein (vgl. § 171 c S. 2 Nr. 1 BauGB).[1661]

---

1653 Dazu auch *Mitschang*, in: Spannowsky/Uechtritz, § 171c, Rn. 5 f.

1654 BT-Drs. 17/6076, S. 12.

1655 BT-Drs. 17/6076, S. 12.

1656 BT-Drs. 17/6076, S. 12.

1657 *Reidt*, in: Mitschang (Hrsg.), Klimawandelgerechte Stadtentwicklung, S. 94 f.

1658 BT-Drs. 17/6076, S. 12. Dazu auch *Krautzberger*, in: E/Z/B/K, § 171 c, Rn. 8 f.

1659 *Schmidtke*, Kommunaler Klimaschutz, S. 133.

1660 Vgl. *Roeser*, in: Berliner Kommentar, 21. Erg.-Lfg. 2012, § 171 c, Rn. 11.

1661 *Mitschang*, in: Spannowsky/Uechtritz, § 171 c, Rn. 16.1.

Da Stadtflächen zu einer hohen Wärmespeicherung und zu einer Aufheizung der unteren Atmosphärenschichten führen, kann es aus Klimaanpassungs- und Klimaschutzaspekten darüber hinaus nötig sein, über vertragliche Vereinbarungen Kaltluftschneisen freizuhalten und eine ausreichende Durchlüftung über vertragliche Vereinbarungen sicherzustellen.[1662] Zudem können auch Kostenübernahmevereinbarungen nötig sein. Anders als § 11 Abs. 1 S. 2 Nr. 1 und 3 BauGB beschränkt § 171 c S. 2 Nr. 1 BauGB die Kostenübernahme dabei dem Wortlaut nach nicht auf den Vertragspartner. In Betracht kommt somit grds. auch, dass sich die Gemeinde als Gegenleistung zu einer (teilweisen) Übernahme von Rückbau- oder Anpassungskosten verpflichtet.[1663]

Zweckdienlich können darüber hinaus auch Vereinbarungen nach § 11 Abs. S. 2 Nr. 1, 2 und 3 BauGB sein, bspw. zur Ausarbeitung städtebaulicher Planungen, einer Realisierung eines „Baurechts auf Zeit" oder hinsichtlich einer Kostenverteilung. Soweit eine Gemeinde die Stadtumbaumaßnahmen nicht selbst, sondern durch einen Beauftragten durchführen lässt, kann in einem Rahmenvertrag insbesondere auch die Vorbereitung und Durchführung von Stadtumbaumaßnahmen übertragen werden.[1664] Die Gemeinde ist zudem nicht gehindert, weitere städtebauliche Verträge nach § 11 BauGB im Rahmen des Stadtumbaus abzuschließen, die nicht unmittelbar mit diesem im Zusammenhang stehen.[1665] Beachtet werden muss jedoch insbesondere das Erfordernis des städtebaulichen Bezugs. Essentieller Vertragsgegenstand von Stadtumbauverträgen kann neben den angesprochenen Vertragsinhalten vor allem eine (im Gegenzug) ggf. zu vereinbarende (Städtebau-)Förderung sein. Dabei sind solche vertraglich vereinbarten Maßnahmen nach § 171 b Abs. 4 BauGB förderfähig, die mit dem Stadtumbaukonzept einhergehen.[1666]

Insgesamt bietet der Stadtumbauvertrag damit die Möglichkeit, insbesondere durch Vereinbarungen nach den Vorbildern des § 11 Abs. 1 S. 2 Nr. 4 und 5 BauGB, klimaschutz- und energieeinsparungsbezogene Zielsetzungen im Rahmen eines beschlossenen Konzepts, gerade im relevanten baulichen Bestand auch in Kombination mit Förderentscheidungen durchsetzen zu können.[1667]

### b) Sanierungsvertrag

Eine mit § 171 c BauGB vergleichbare – konsensuale Lösungen priorisierende – Regelung, existiert im Sanierungsrecht nicht. Gleichwohl ist die Sanierung in der Praxis in hohem Maße durch Kooperation geprägt und insbesondere Verträge über die Durchführung von Ordnungs-, Bau- und Modernisierungsmaßnahmen (§§ 147, 148, 177, 164 a Abs. 3 BauGB) sind in der Praxis weit verbreitet und rechtlich anerkannt.[1668] Es handelt sich dabei regelmäßig um öffentlich-rechtliche städtebauliche Verträge, die den allgemeinen noch zu thematisierenden

1662 Vgl. *Kupski*, UVP-report 27, 2013, 120 (120); *Krautzberger*, in: E/Z/B/K, § 171 c, Rn. 10; ferner *Reidt*, in: B/K/L, § 171 a, Rn. 7.

1663 Siehe *Schmidtke*, Kommunaler Klimaschutz, S. 133; *Roeser*, in: Berliner Kommentar, 21. Erg.-Lfg. 2012, § 171 c, Rn. 11.

1664 Vgl. *Friesecke*, Stadtumbau im Konsens, S. 180.

1665 Vgl. *Roeser*, in: Berliner Kommentar, 21. Erg.-Lfg. 2012, § 171 c, Rn. 4.

1666 Außerhalb von Fördergebieten können Mittel nur eingesetzt werden, wenn es die konkretisierende Verwaltungsvereinbarung ausdrücklich erlaubt. Siehe dazu weiter unten.

1667 Siehe auch schon *Mitschang*, ZfBR 2010, 534 (549).

1668 Siehe nur OVG Koblenz, DVBl 2013, 1061.

Zulässigkeitsvoraussetzungen folgen.[1669] Klimaschutz- und klimaanpassungsbezogene Vereinbarungen können mitunter auch in diese sanierungsrechtlichen Verträge integriert werden.

### aa) Baumaßnahmenvertrag / Modernisierungs- und Instandsetzungsvertrag

In Betracht kommt zunächst ein sogenannter Baumaßnahmenvertrag. Baumaßnahmen im Sanierungsgebiet obliegen zwar schon kraft Gesetz gemäß § 148 BauGB den Eigentümern. Im Rahmen der Durchführung der Baumaßnahmen, obliegt der Gemeinde nach § 148 Abs. 1 Nr. 2 BauGB allerdings die Gesamtverantwortung[1670] und eine subsidiäre Verpflichtung zur Durchführung der Baumaßnahmen, soweit der Eigentümer diese nicht zügig und zweckmäßig durchführen kann.[1671] Zur Sicherstellung der Durchführung der Baumaßnahmen innerhalb einer bestimmten Frist sowie zur finanziellen Unterstützung derselben, zwecks Wahrung der gemeindlichen Gesamtverantwortung, kann die Gemeinde daher auf vertragliche Vereinbarungen in Form eines Baumaßnahmenvertrags zurückgreifen. Durch eine vertragliche Regelung besteht die Chance einen zusätzlichen und gewissen Druck auf den Eigentümer zur Verwirklichung von Baumaßnahmen auszuüben.[1672] Nach § 164 a Abs. 2 Nr. 3 BauGB ist es dabei zulässig, Städtebauförderungsmittel einzusetzen, um die Baumaßnahmen zu fördern.

Seit der BauGB-Klimanovelle 2011 zählen zu den Baumaßnahmen nach § 148 BauGB ausdrücklich auch die Errichtung oder die Erweiterung von Anlagen und Einrichtungen zur dezentralen und zentralen Erzeugung, Verteilung, Nutzung oder Speicherung von Strom, Wärme oder Kälte aus erneuerbaren Energien oder der Kraft-Wärme-Kopplung (§ 148 Abs. 2 Nr. 5 BauGB).[1673] Aus klimawandelgerechter Hinsicht und soweit sich ein Sanierungsgebiet auf Klimaschutz- oder Klimaanpassungsdefizite gründet, kommen aber auch die in § 11 Abs. 1 S. 2 Nr. 5 BauGB aufgeführten städtebaulichen Vereinbarungen, hinsichtlich der energetischen Qualität von Gebäuden, als Baumaßnahmen im Sanierungsgebiet in Betracht.[1674] Die Aufzählung in § 148 Abs. 2 BauGB ist insoweit nicht abschließend formuliert und es können weitere bauliche Maßnahmen, die der Verwirklichung der jeweiligen Ziele und Zwecke der Sanierung dienen, zu den Baumaßnahmen i.S.d. § 148 Abs. 2 BauGB zählen.[1675]

Sowohl der Einsatz erneuerbarer Energien, als auch die Umsetzung von Energieeffizienzmaßnahmen, stellen mithin klimawandelgerechte Baumaßnahmen im Sanierungsrecht dar. Diese so definierten Baumaßnahmen korrelieren mit § 11 Abs. 1 S. 2 Nr. 4 und Nr. 5 BauGB, die derartige Maßnahmen ausdrücklich als Gegenstand städtebaulicher Verträge definieren

---

[1669] OVG Koblenz, Urteil vom 21.11.2007 – 8 A 10553/07 –, juris-Rn. 17. So auch *Krautzberger*, in: E/Z/B/K, § 146, Rn. 24 ff.; a.A. *Schmitz*, in: Spannowsky/Uechtritz, § 146, Rn. 15, nach dem § 11 BauGB keine Anwendung findet.

[1670] Siehe OVG Koblenz, Urteil vom 21.11.2007 – 8 A 10553/07 –, juris-Rn. 19 mwN.; *Schmidt-Eichstaedt*, in: Brügelmann, BauGB, 65. Erg.-Lfg. 2005, § 148, Rn. 4.

[1671] Zügig heißt, ohne technisch unbegründete Verzögerung und zweckmäßig bedeutet, wirtschaftlich und dem Sanierungszweck entsprechend, vgl. *Krautzberger*, in: E/Z/B/K, § 146, Rn. 9 ff.

[1672] OVG Koblenz, Urteil vom 21.11.2007 – 8 A 10553/07 –, juris-Rn. 19.

[1673] Seit In-Kraft-Treten der BauGB-Novelle 2013 korrespondiert die Baumaßnahme nunmehr auch mit der Berücksichtigung der Belange des Klimaschutzes als Ursache städtebaulicher Missstände und als allgemeines Ziel städtebaulicher Sanierungsmaßnahmen; vgl. *Schmitz*, in: Spannowsky/Uechtritz, § 148, Rn. 22.

[1674] *Krautzberger*, DVBl 2012, 69 (70 f.); *ders.*, in: E/Z/B/K, § 148, Rn. 26; so auch *Kahl/Schmidtchen*, Kommunaler Klimaschutz, S. 201.

[1675] BT-Drs. 10/4630, S. 123; *Schmitz*, in: Spannowsky/Uechtritz, § 148, Rn. 12; *Mitschang*, in: B/K/L, § 148, Rn. 3; a.A. Köhler, in: Schrödter, BauGB, § 148, Rn. 6.

(soweit diesbezügliche Vereinbarungen mit den städtebaulichen Planungen und Maßnahmen verfolgten Zielen und Zwecken einhergehen).[1676] Über einen Baumaßnahmenvertrag können Eigentümer mithin insbesondere zur Durchführung von § 11 Abs. 1 S. 2 Nr. 4 und 5 BauGB entsprechenden klimawandelgerechten Baumaßnahmen verpflichtet werden.

Wird der Zweck der Sanierung dadurch gefährdet, dass ein Eigentümer – ohne einen entsprechenden Vertrag vor Beginn der Baumaßnahmen geschlossenen zu haben – im weiteren Verlauf der Sanierungsmaßnahme keine Baumaßnahmen durchführt, so hat die Gemeinde für die Durchführung der Maßnahmen zu sorgen oder diese in den Fällen des § 148 Abs. 1 S. 1 Nr. 2 BauGB selbst durchführen. Zur Durchsetzung der Durchführung der Baumaßnahmen stehen der Gemeinde ggf. Baugebote nach § 177 BauGB zur Verfügung.[1677] In der Praxis wurde bisher allerdings nahezu ausnahmslos von der Möglichkeit einer vertraglichen Vereinbarung zwischen Gemeinde und Eigentümer Gebrauch gemacht.[1678]

Eine gesetzliche Grundlage von dementsprechenden Modernisierungs- oder Instandsetzungsvereinbarungen, die anstatt eines Gebots vereinbart werden können, enthält § 164 a Abs. 3 S. 2 BauGB.[1679] Auch hier ist eine Vereinbarung einer Förderung durch Städtebauförderungsmittel möglich (§ 164 a Abs. 3 S. 2 BauGB). Da eine Missstands- oder Mangelbegründung ausschließlich aus Klimaschutz- und Klimaanpassungsgründen bei § 177 BauGB nicht möglich ist,[1680] kommt ein Modernisierungs- und Instandsetzungsvertrag i.S.d. § 164 a Abs. 3 S. 2 BauGB allerdings nur dann in Betracht, wenn jedenfalls weitere einen Missstand oder Mangel i. S .d. § 177 Abs. 2 und 3 BauGB begründende Umstände hinzutreten.[1681]

Die Möglichkeit eines Modernisierungs- und Instandsetzungsvertrags i. S .d. § 164 a Abs. 3 S. 2 BauGB bildet jedoch keine abschließende Möglichkeit, die Durchführung von Baumaßnahmen abzusichern.[1682] Die Gemeinde kann ebenso auf einen nachträglichen und die Baumaßnahmen begleitenden Baumaßnahmenvertrag im oben genannten Sinne zurückgreifen. Der Baumaßnahmenvertrag vermag insbesondere durch die Möglichkeit einer Fördergewährung nach § 164 a Abs. 2 Nr. 2 i.V.m. § 148 Abs. 2 Nr. 1 und 5 BauGB eine weitere Ausführung der Baumaßnahmen abzusichern. Klimawandelgerechte Baumaßnahmen können mithin in städtebaulichen Sanierungsverträgen über Bau- und Modernisierungsmaßnahmen in Kombination mit einer Städtebauförderung vereinbart und die Durchführung der Baumaßnahmen somit gesichert werden.

#### bb) Ordnungsmaßnahmenvertrag

Die in § 148 Abs. 2 BauGB ausdrücklich thematisierten Baumaßnahmen, ebenso wie die in § 11 Abs. 1 S. 2 BauGB angesprochenen klimawandelgerechten Maßnahmen nach Nr. 4 und 5, können auch gemeindliche Maßnahmen darstellen, welche im Sanierungsrecht Gegenstand von Ordnungsmaßnahmen nach § 147 BauGB sind.[1683]

---

1676 Das heißt, vorliegend mit den Zielen der Sanierung, siehe *Krautzberger*, Städtebauförderungsrecht, C § 148, Rn. 32a.

1677 Vgl. *Schmitz*, in: Spannowsky/Uechtritz, § 148, Rn. 7; *Krautzberger*, in: E/Z/B/K, § 148, Rn. 14.

1678 Siehe oben; vgl. auch *Krautzberger*, in: E/Z/B/K, § 164 a, Rn. 44.

1679 Dazu etwa *Krautzberger*, Städtebauförderungsrecht, C, § 164a, Rn. 98 ff.

1680 Siehe oben.

1681 Zu den Tatbestandvoraussetzungen *Stock*, in: E/Z/B/K, § 177, Rn. 14 ff.

1682 Vgl. *Krautzberger*, in: E/Z/B/K, § 164 a, Rn. 41.

1683 *Krautzberger*, in: E/Z/B/K, § 148, Rn. 26, § 147, Rn. 36.

Ordnungsmaßnahmen schaffen die städtebaulichen Voraussetzungen für Baumaßnahmen, d. h. dafür, dass das Sanierungsgebiet entsprechend den Zielen und Zwecken der Sanierung baulich und sonstig genutzt werden kann.[1684] Der abschließende[1685] Katalog der Ordnungsmaßnahmen in § 147 S. 1 BauGB enthält zwar im Gegensatz zu § 148 BauGB keine ausdrückliche Nennung von klimaschutz- und klimaanpassungsorientierten Maßnahmen, allerdings enthält die Aufzählung in § 147 S. 1 Nr. 5 BauGB einen Auffangtatbestand für sonstige Maßnahmen, „die notwendig sind, damit die Baumaßnahmen durchgeführt werden können".[1686] Dieser Auffangtatbestand kann mithin auch klimawandelgerechte Ordnungsmaßnahmen erfassen.[1687] Darunter fallen Ordnungsmaßnahmen klimaschützender oder klimaanpassungsbezogener Art, die notwendig sind, damit gleichartige Baumaßnahmen (§ 11 Abs. 1 S. 2 Nr. 4, 5 BauGB, § 148 Abs. 2 S. 1 Nr. 5 BauGB) durchgeführt werden können.[1688]

Gemäß § 146 Abs. 3 BauGB kann die Gemeinde die ihr obliegenden Ordnungsmaßnahmen sowie die Errichtung oder Änderung von Gemeinbedarfs- und Folgeeinrichtungen i. S. d. § 148 Abs. 2 S. 1 Nr. 3 BauGB auf Grund eines sog. Ordnungsmaßnahmenvertrags[1689] ganz oder teilweise dem Eigentümer überlassen.[1690] Zur Kostentragung der Ordnungsmaßnahmen bleibt dabei weiterhin die Gemeinde verpflichtet und muss diese erstatten, außer es wurde nach § 155 Abs. 6 BauGB ein Ausschluss vereinbart.[1691] Ebenso wie für die Durchführung von Baumaßnahmen wird für die Durchführung von Ordnungsmaßnahmen nach 164 a Abs. 2 Nr. 2 BauGB die Gewährung von Städtebauförderungsmitteln zugelassen.

Die der Gemeinde obliegenden Ordnungsmaßnahmen, in Vorbereitung klimaschützender oder klimaanpassungsbezogener Baumaßnahmen, kann diese mithin vertraglich (und gegen Kostentragung) auf die jeweiligen Eigentümer abwälzen. Die tatsächliche und vertragliche Überlassung von Ordnungsmaßnahmen wird dabei häufig von der Bereitschaft und Eignung des Grundstückseigentümers abhängen, die Ordnungsmaßnahmen und die Baumaßnahmen koordiniert durchzuführen.[1692] Der Ordnungsmaßnahmenvertrag wird somit regelmäßig mit einem

---

1684 *Schmitz*, in: Spannowsky/Uechtritz, § 147, Rn. 3; *Krautzberger*, in: E/Z/B/K, § 147, Rn. 14 f.

1685 *Köhler*, in: Schrödter, BauGB, § 147, Rn. 4; *Mitschang*, in: B/K/L, § 147, Rn. 1; *Schmitz*, in: Spannowsky/Uechtritz, § 147, Rn. 4.

1686 BT-Drs. 10/4630, S. 122; *Dirnberger*, in: Jäde/Dirnberger/Weiß, § 148, Rn. 9; *Schmitz*, in: Spannowsky/Uechtritz, § 147, Rn. 15.

1687 *Krautzberger*, Städtebauförderungsrecht, C § 147, Rn. 11a.

1688 Siehe oben; vgl. *Krautzberger*, DVBl 2012, 69 (71); *ders*., in: E/Z/B/K, § 147, Rn. 36.

1689 Begriff nach *Köhler*, in Schrödter, BauGB, § 146, Rn. 6 gewählt.

1690 Dabei handelt es sich dabei stets um grundstücksbezogene Vereinbarungen. Abzugrenzen sind solche vom Sanierungsträgervertrag (§§ 157 ff.), durch diesen einem anerkannten Sanierungsträger (§ 158 BauGB) die gemeindlichen Aufgaben nach §§ 146 bis 148 BauGB in Gesamtverantwortung insgesamt übertragen werden. Zur Abgrenzung *Krautzberger*, in: E/Z/B/K, § 146, Rn. 32 sowie *Schmitz*, in: Spannowsky/Uechtritz, § 146, Rn. 13. § 146 Abs. 3 BauGB stellt insoweit eine Konkretisierung des § 11 Abs. 1 S. 2 Nr. 1 BauGB („Durchführung städtebaulicher Maßnahmen") dar, siehe *Bank*, in: Brügelmann, BauGB, 72. Erg.-Lfg. 2009, § 11, Rn. 25. Auch hier gilt, hoheitliche Befugnisse können nicht übertragen werden und der Eigentümer wird durch die Übertragung nicht zum Beliehenen, vgl. *Dirnberger*, in: Jäde/Dirnberger/Weiß, § 146, Rn. 9; *Mitschang*, in: B/K/L, § 146, Rn. 7.

1691 Grds. bietet es sich für den Eigentümer an, die Vereinbarung einer Vorauszahlungspflicht der Gemeinde zu vereinbaren, da er anderenfalls die Kosten der Maßnahme bis zur Erstattung selbst tragen muss, siehe *Schmitz*, in: Spannowsky/Uechtritz, § 146, Rn. 17.

1692 Zu dem und zum Folgenden OVG Koblenz, Urteil vom 21.11.2007 – 8 A 10553/07 –, juris-Rn. 21.

Baumaßnahmenvertrag verknüpft.[1693] Soweit der Eigentümer nicht bereit ist, Ordnungsmaßnahmen selbst durchzuführen, kann zumindest eine Duldung von klimawandelgerechten Ordnungsmaßnahmen vertraglich vereinbart werden.[1694]

Von praktischer Bedeutung ist die Möglichkeit der Übertragung von Ordnungsmaßnahmen, wenn diese auf Grundstücken durchgeführt werden müssen, die nicht im Eigentum der Gemeinde stehen oder wenn der Eigentümer die Ordnungsmaßnahme mit geringerem Aufwand durchführen kann als die Gemeinde.[1695] Soll bspw. ein grundstücksübergreifendes BHKW errichtet werden, welches einer städtebaulichen Planung, einer Erschließung und einer Einbeziehung von mehreren Grundstücken bedarf,[1696] so entspricht die Errichtung des BHKWs zunächst einer Baumaßnahme nach § 148 Abs. 2 S. 1 Nr. 5 BauGB. Die notwendigen und vorbereitenden Schritte unterfallen dementgegen den Ordnungsmaßnahmen. Im genannten Beispielsfall kann bspw. insbesondere die Freilegung von Grundstücken[1697], einschließlich der Beseitigung baulicher Anlagen, gegen Bezahlung von Fördermitteln aus der Städtebauförderung, auf die Eigentümer übertragen werden.[1698]

### cc) Städtebaulicher Vertrag bei genehmigungspflichtigen Vorhaben

Einen geeigneten Anknüpfungspunkt zur Integration energetischer Maßnahmen auf vertraglicher Ebene im Rahmen des Sanierungsrechts bietet – insbesondere unter Berücksichtigung der „Governance-Strukturen" im Städtebaurecht – § 145 Abs. 4 S. 3 BauGB, welcher insoweit als ein Beispiel der Verknüpfung zwischen staatlich gesteuerter Rahmengebung und Kooperation genannt werden kann.

Im Sanierungsrecht bestehen – wie gesehen – weitreichende Genehmigungsvorbehalte für bestimmte grundstücksbezogene Vorhaben oder Rechtsvorgänge. Von der Genehmigungspflicht im Sanierungsrecht werden neben dinglichen Geschäften (§ 144 Abs. 2 BauGB) und schuldrechtlichen Vorgängen (§ 144 Abs. 1 Nr. 2, Abs. 2 Nr. 3 BauGB), insbesondere die § 144 Abs. 1 Nr. 1 BauGB festgelegten Vorhaben nach § 14 Abs. 1 BauGB erfasst.[1699] Das Genehmigungserfordernis beinhaltet damit alle Vorhaben i. S. d. § 29 BauGB, d.h. vor allem Vorhaben, die die Errichtung, Änderung oder Nutzungsänderung von baulichen Anlagen zum Inhalt haben.[1700]

Nach § 145 Abs. 4 S. 3 BauGB kann bei städtebaulichen Sanierungsmaßnahmen die für genehmigungspflichtige Vorhaben erforderliche Sanierungsgenehmigung nach § 144 BauGB vom Abschluss eines städtebaulichen Vertrags abhängig gemacht werden, wenn dadurch

---

1693 So der Mustervertrag zum Eigentümer-Sanierungsvertrag über Ordnungsmaßnahmen abgedruckt bei *Krautzberger*, Städtebauförderungsrecht, C § 146, Anhang. Unzulässig ist es dabei, die Erstattung der dem Grundstückseigentümer durch die Ordnungsmaßnahmen entstehenden Kosten vollständig davon abhängig zu machen, dass dieser Baumaßnahmen nach § 148 BauGB durchführt, vgl. VG Trier, Urteil vom 18.04.2007 – 5 K 1006/06.TR –, juris-Rn. 24.

1694 *Stemmler*, in: Berliner Kommentar BauGB, 17. Erg.-Lfg. 2010, § 146, Rn. 13.

1695 *Köhler*, in Schrödter, BauGB, § 146, Rn. 7; *Schmitz*, in: Spannowsky/Uechtritz, § 146, Rn. 13.

1696 Beispiel nach *Krautzberger*, in: E/Z/B/K, § 148, Rn. 26.

1697 Zum Begriff BT-Drs. 10/4630, S. 122.

1698 Sog. „Freilegungsverpflichtung", so BFH, Beschluss vom 19.02.2009 – XI B 68/08 –, juris-Rn. 4

1699 Siehe schon oben, vgl. nur *Schmitz*, in: Spannowsky/Uechtritz, § 144, Rn. 1 ff.

1700 Dazu *Reidt*, in: B/K/L, § 29, Rn. 7 ff.; *Krautzberger*, in: E/Z/B/K, § 144, Rn. 23, § 29, Rn. 21 ff.

Versagungsgründe im Sinne von § 145 Abs. 2 BauGB ausgeräumt werden.[1701] Versagungsgründe einer Genehmigung bestehen nach § 145 Abs. 2 BauGB, wenn Grund zu der Annahme besteht, dass das Vorhaben, der Rechtsvorgang einschließlich der Teilung eines Grundstücks oder die damit erkennbare bezweckte Nutzung die Durchführung der Sanierung unmöglich machen oder wesentlich erschweren oder den Zielen und Zwecken der Sanierung zuwiderlaufen würde.[1702] Der städtebauliche Vertrag nach § 145 Abs. 4 S. 3 BauGB dient mithin der Durchsetzung der jeweiligen Sanierungsziele.[1703]

Ausgehend von einem Sanierungsgebiet, welches sich auf Klimaschutz- oder Klimaanpassungsdefizite gründet und den Einsatz erneuerbarer Energien respektive die Steigerung der Energieeffizienz als Sanierungsziele ausweist, ist daher grds. solchen Vorhaben nach § 144 Abs. 1 Nr. 1 i.V.m. § 14 Abs. 1 BauGB die erforderliche Genehmigung zu versagen, die einen negativen Einfluss auf die Installation oder Nutzbarkeit von Anlagen, die sich aus erneuerbaren Energien speisen oder auf sonstige Energieeffizienzmaßnahmen, haben. Klimaschutz- und klimaanpassungsrelevante Vereinbarungen bspw. in Form eines verpflichtenden Einsatzes erneuerbarer Energien oder der Umsetzung von Energieeffizienzmaßnahmen lassen sich vor diesem Hintergrund vorbehaltlos in städtebauliche Verträge zur Sicherstellung der Genehmigungsvoraussetzungen integrieren. Namentlich der Verzicht auf den Einsatz erneuerbarer Energien oder die Nichtbeachtung von Energieeffizienzanforderungen im Zuge von Baumaßnahmen im Sanierungsgebiet würde nämlich den jeweiligen Zielen und Zwecken der Sanierung zuwiderlaufen. Ein Versagungsgrund i.S.v. § 145 Abs. 2 BauGB wäre gegeben und die nötige Genehmigung dürfte nicht erteilt werden.[1704] Die in § 148 Abs. 2 Nr. 5, § 11 Abs. 1 S. 2 Nr. 4 und 5 BauGB genannten Maßnahmen lassen sich somit in städtebaulichen Verträgen nach § 145 Abs. 4 S. 3 BauGB mit Eigentümern im Sanierungsgebiet verpflichtend vereinbaren. Auf Grund der Einbindung in das Genehmigungsverfahren nach §§ 144, 145 BauGB kommt der Gemeinde dabei eine verstärkte Verhandlungsposition zur Forcierung klimawandelgerechter Vereinbarungen zu.

### c) Verträge im Rahmen Privater Initiativen

Soweit das Konzept der Privaten Initiativen zur Umsetzung eines „Climate-Improvement-Districts" im Rahmen der Stadtentwicklung genutzt wird, werden klimaschutz- und klimaanpassungsbezogene Maßnahmen i.d.R. von Privaten geplant und verwirklicht.[1705] Ähnlich dem Stadtumbau, sind die Privaten Initiativen dabei auf Grundlage eines städtebaulichen Konzepts der Gemeinde durchzuführen und mit diesem abzustimmen (§ 171 f S. 1 BauGB). Die Abstimmung mit den städtebaulichen Zielen der Gemeinde kann mit dem Abschluss städtebaulicher Verträge einhergehen, die bspw. gewisse Klimaschutzstandards sichern. Insbesondere

---

[1701] Sog. „Bedenken-Ausräum-Vertrag", siehe *Bunzel/Coulmas/Schmidt-Eichstaedt*, Städtebauliche Verträge, S. 292. Zu den Vorteilen gegenüber einer hoheitlichen Auflage *Schmidt-Eichstaedt*, in: Brügelmann, BauGB, 65. Erg.-Lfg. 2005, § 145, Rn. 83 und *Gaentzsch/Stemmler*, in: Berliner Kommentar BauGB, 17. Erg.-Lfg. 2010, § 145, Rn. 31.

[1702] Zu den Versagungsgründen im Einzelnen etwa *Schmidt-Eichstaedt*, in: Brügelmann, BauGB, 65. Erg.-Lfg. 2008, § 145, Rn. 32 ff. und *Gaentzsch/Stemmler*, in: Berliner Kommentar BauGB, 17. Erg.-Lfg. 2010, § 145, Rn. 13 ff.

[1703] Vgl. *Schmidt-Eichstaedt*, in: Brügelmann, BauGB, 65. Erg.-Lfg. 2005, § 145, Rn. 85.

[1704] *Kahl/Schmidtchen*, Kommunaler Klimaschutz durch Erneuerbare Energien, S. 205, 206 auch zu den voranstehenden Erwägungen.

[1705] Siehe oben; vgl. *Krautzberger*, DVBl 2008, 737 (744); *ders.*, in: Mitschang (Hrsg.), Klimaschutz und Energieeinsparung, S. 123 f.

bei der Durchführung privater Initiativen aber auch im Rahmen des konsensualen Stadtumbaus kommen, ggfs. in Ergänzung von Verträgen zwischen Gemeinde und Eigentümern, auch entsprechende Verträge zwischen einzelnen Eigentümern oder Betroffenen in Betracht.[1706] Zur gemeinsamen bzw. abgestimmten Durchführung unter den Privaten sind Verträge hinsichtlich des Einsatzes erneuerbarer Energien (§ 11 Abs. 1 S. 2 Nr. 4 BauGB entsprechend), ebenso wie Verträge bezüglich der energetischen Qualität von Gebäuden (§ 11 Abs. 1 S. 2 Nr. 5 BauGB entsprechend) denkbar.[1707] Es handelt sich dabei um keine städtebaulichen Verträge, die den noch darzulegenden speziellen Grenzen derselben unterliegen. Es gilt grds. der Grundsatz der Vertragsfreiheit. Soweit die Gemeinde allerdings nicht Vertragspartner ist, wird sie auf Grund der nötigen Abstimmung mit dem städtebaulichen Konzept regelmäßig an den Vertragsvereinbarungen zu beteiligen sein.[1708] Um einen städtebaulichen Vertrag handelt es sich demgegenüber, wenn die Gemeinde einen Vertrag mit mehreren Eigentümern oder Betroffenen schließt und nicht nur wechselseitige Ansprüche im Verhältnis der Gemeinde und den Eigentümern oder Betroffenen festgelegt werden, sondern klimawandelgerechte Leistungen und Gegenleistungen auch zwischen den jeweiligen privaten Vertragspartnern geregelt werden.[1709] Im Rahmen Privater Initiativen gelten ansonsten keine Besonderheiten und das Instrument zeigt sich insbesondere gegenüber Vereinbarungen nach § 11 Abs. 1 S. 2 Nr. 4 und 5 BauGB offen.

### 9. Zwischenfazit

Wie die Analyse des besonderen Städtebaurechts gezeigt hat, ist dieses überwiegend konsensual ausgerichtet und Themen des Klimaschutzes und der Klimaanpassung wurden zum Teil ausdrücklich in die jeweiligen Instrumente des besonderen Städtebaurechts integriert. Die Systematisierung einzelner Vertragsmöglichkeiten hat ergeben, dass facettenreiche klimawandelgerechte Vereinbarungen im Rahmen des besonderen Städtebaurechts getroffen werden können. Zusätzlich zu den im allgemeinen Städtebaurecht verorteten städtebaulichen Vertragsmöglichkeiten, welche eine klimawandelgerechte Stadtentwicklung fokussieren und flankieren, sieht auch das besondere Städtebaurecht städtebauliche Vertragsvereinbarungen hinsichtlich des Klimaschutzes und der Klimaanpassung ausdrücklich vor. Darüber hinaus können entsprechende Aspekte zumindest in bestehende Vertragsmöglichkeiten integriert werden.

Seit der BauGB-Klimanovelle 2011 hebt der Stadtumbauvertrag in § 171 c S. 2 Nr. 1 BauGB ausdrücklich die „Anpassung“ baulicher Anlagen als Vertragsgegenstand hervor. Damit zielt die Regelung auch auf die Durchführung energetischer Gebäudesanierungen ab. §§ 11 Abs. 1 S. 2 Nr. 4 und 5 BauGB entsprechende Vereinbarungen können auch im Rahmen eines Stadtumbauvertrags getroffen werden. Die in § 171 c S. 2 Nr. 1 BauGB zudem genannte Möglichkeit des Rückbaus baulicher Anlagen kann klimawandelgerecht genutzt werden. Der Stadtumbauvertrag bietet dabei den Vorzug, mit dem Stadtumbaukonzept einhergehende klimawandelgerechte Maßnahmen in Kombination mit Förderentscheidungen durchsetzen zu

---

[1706] Darauf weist *Krautzberger* hin, in: E/Z/B/K, § 171 c, Rn. 9; *ders.*, in: Mitschang (Hrsg.), Klimagerechte Stadtentwicklung, S. 115 f.

[1707] *Krautzberger* in: E/Z/B/K, § 171 c, Rn. 9; *ders.*, in: Mitschang (Hrsg.), Klimagerechte Stadtentwicklung, S. 115 f.

[1708] *Krautzberger* in: E/Z/B/K, § 171 c, Rn. 9; *ders.*, in: Mitschang (Hrsg.), Klimagerechte Stadtentwicklung, S. 115 f.

[1709] *Roeser*, in: Berliner Kommentar, 21. Erg.-Lfg. 2012, § 171 c, Rn. 6.

können. Ähnliches gilt im Rahmen des Sanierungsrechts: Die Durchführung klimawandelgerechter Baumaßnahmen kann mittels eines städtebaulichen (Baumaßnahmen- oder Modernisierungs-) Vertrags vereinbart werden. Darüber hinaus können Ordnungsmaßnahmen klimaschützender und klimaanpassungsbezogener Art vertraglich durch einen sog. städtebaulichen Ordnungsmaßnahmenvertrag übertragen werden. In beiden Fällen ist der Einsatz von Städtebauförderungsmitteln im Gesetz ausdrücklich vorgesehen. Da das Sanierungsrecht umfassende Genehmigungsvorbehalte, insbesondere für die Errichtung, Änderung oder Nutzungsänderung von baulichen Anlagen mit sich bringt, kann ferner auch ein städtebaulicher Vertrag zur Ausräumung von Versagungsgründen der Genehmigung i.S.d. § 145 Abs. 4 S. 3 BauGB besonderes effektiv sein, um klimawandelgerechte Maßnahmen im Sanierungsgebiet vertraglich durchsetzen zu können.

Die Systematisierung der städtebaulichen Verträge des allgemeinen und besonderen Städtebaurechts zeichnet damit insgesamt einen weiten Handlungs- und Gestaltungsspielraum von klimaschutz- und klimaanpassungsbezogenen Vereinbarungen sowie entsprechend flankierenden Vereinbarungen vor.[1710] Alle im Rahmen von Bebauungsplanfestsetzungen diskutierten Festsetzungsmöglichkeiten lassen sich auch mittels städtebaulicher Verträge erreichen. Darüber hinaus werden weitere Optionen eröffnet.[1711] Insbesondere der Gebäudebestand lässt sich vorrangig durch städtebauliche Verträge und ggf. eingebunden in Instrumenten des besonderen Städtebaurechts adressieren. Durch eine Einbindung städtebaulicher Vertragsvereinbarungen in klimawandelgerechte städtebauliche Gesamtmaßnahmen wird unterdessen auch die Praktikabilität vertraglicher Vereinbarungen erhöht, da sich betroffene Eigentümer einfacher ansprechen lassen. Die vielfältigen und flexiblen Gestaltungsmöglichkeiten lassen städtebauliche Verträge im Rahmen einer klimawandelgerechten Stadtentwicklung dabei als besonders förderlich erscheinen.[1712]

---

1710 Ferner auch *Schneider*, Auswirkungen des Klimaschutzes auf das Bauplanungsrecht, S. 54.

1711 Siehe oben, vgl. *Mitschang*, ZfBR 2010, 534 (547); *Ingold/Schwarz*, NuR 2010, 153 (161).

1712 Ähnlich *Schneider*, Auswirkungen des Klimawandels auf das Bauplanungsrecht, S. 88; *BMVBS* (Hrsg.) Flexibilisierung der Planung für eine klimawandelgerechte Stadtentwicklung, S. 34; *Aschmann*, Das Grundeigentum 2012, 40 (41). Außerhalb des BauGB bestehen noch weitere informelle vertragliche Regelungsmöglichkeiten (etwa der Abschluss eines Vorvertrags, Letter of intent oder Kooperationsvereinbarungen), die zur Vorbereitung und Unterstützung städtebaulicher Vertragslösungen herangezogen werden können, siehe *Friesecke*, Stadtumbau im Konsens, S. 146, 184 ff.

## C. Rechtmäßigkeitsanforderungen unter besonderer Berücksichtigung klimawandelgerechter städtebaulicher Vertragsvereinbarungen

Im Hinblick auf vertragliche Vereinbarungen im Rahmen einer klimawandelgerechten Stadtentwicklung sollen im Folgenden die jeweiligen Rechtmäßigkeitsanforderungen untersucht werden.

§ 11 Abs. 1 S. 1 BauGB geht davon aus, dass die Gemeinde grds. städtebauliche Verträge schließen kann. Ebenso hat das BVerwG in seinem Urteil zur Zulässigkeit des sogenannten „Weilheimer Einheimischenmodells" hervorgehoben, dass eine Gemeinde zur Erfüllung der ihr von der Rechtsordnung übertragenen Aufgaben grds. auf städtebauliche Verträge zurückgreifen kann, „wenn ihr diese dafür am besten geeignet erscheinen und keine öffentlich-rechtlichen Normen oder Rechtsgrundsätze entgegenstehen".[1713] Städtebauliche Verträge dürfen mithin im gesamten Bereich des Städtebaurechts genutzt werden und es bedarf für den Abschluss eines städtebaulichen Vertrags keiner besonderen Ermächtigungsgrundlage.

Der Handlungsspielraum vertraglicher Vereinbarungen wird allerdings durch materielle Anforderungen begrenzt. Der aus Art. 20 Abs. 3 GG abgeleitete Grundsatz des Vorrangs des Gesetzes gilt unbeschadet der jeweiligen Rechtsform auch für städtebauliche Verträge.[1714] Für städtebauliche Verträge öffentlich-rechtlicher Natur ergibt sich dies unmittelbar aus § 54 Satz 1 VwVfG. Wegen der Bindung der Verwaltung an Gesetz und Recht gilt der Vorrang des Gesetzes aber auch uneingeschränkt für privatrechtliche städtebauliche Verträge. Verstößt ein Vertrag gegen das Gesetz, ist er rechtswidrig.[1715] Im Gegensatz zu dem im Zivilrecht geltenden Grundsatz der Vertragsfreiheit[1716] können sich Gemeinden bei der Ausgestaltung städtebaulicher Verträge mithin nicht auf diesen Grundsatz berufen, denn die Situation beim städtebaulichen Vertrag unterscheidet sich insoweit vom Vertragsschluss unter Privaten, als die öffentliche Hand in Wahrnehmung von Kompetenzen auch gesetzesdirigierend vertragsgestaltend tätig wird.[1717] Die Notwendigkeit eines städtebaulichen Bezugs, das Koppelungsverbot

---

1713 Dabei ging es um die Frage, ob die Gemeinde durch Verträge erreichen kann, dass ein neu zu erschließendes Baugebiet den bereits in der Gemeinde Ansässigen zugutekommt. Das BVerwG begründete die Zulässigkeit entsprechender Verträge allgemein aus Art. 28 Abs. 2 S. 1 GG, siehe BVerwG, NJW 1993, 2695 (2697). Dazu *Grziwotz*, NJW 1993, 2665 ff.; *Stüer/König*, ZfBR 2000, 528 (529) und *Busse*, KommJur 2009, 241 (245). In der Praxis existieren zahlreiche Modelle. Grundsätzlich wird bei sog. „Einheimischenmodellen" der Grundstückseigentümer verpflichtet, die späteren Baugrundstücke an Einheimische, die bestimmte Merkmale erfüllen, zu veräußern. Überwiegend findet auch ein Zwischenerwerb der Gemeinde zu Preisen unterhalb des Verkehrswertes statt. Hierbei ist insbesondere der Angemessenheitsgrundsatz eine wichtige Schranke. Zu den verschiedenen Modellen *Hoffmann*, in: Spannowsky/Uechtritz, § 11, Rn. 22 ff. sowie *Grziwotz*, in: Festschrift Krautzberger, S. 187 ff. Der EuGH hat diese Modelle für grundsätzlich rechtmäßig erklärt, vgl. EuGH, EuZW 2013, 507 ff. mit Anm. *Milstein*. Voraussetzung ist, dass diese auf angemessenen Kriterien beruhen. Die Unionsrechtskonformität hängt somit von der konkreten Ausgestaltung der Einheimischenklauseln ab. Dazu im Einzelnen *Portz*, KommJur 2013, 201 ff.; Anmerkung *Stüer/Garbrock*, DVBl 2013, 1044 ff.; Anmerkung *Krautzberger*, ZfIR 2013; 473 f.

1714 Siehe *Schmidt-Aßmann/Krebs*, Rechtsfragen städtebaulicher Verträge, S. 196; *Stüer*, Bau- und Fachplanungsrecht, Rn. 2084; *Reidt*, BauR 2010, 2025 (2027); *Krautzberger*, in: E/Z/B/K, § 11, Rn. 166; *Reidt*, in: B/K/L, § 11, Rn. 72; *Kirchmeier*, in: Ferner/Kröninger/Aschke, § 11, Rn. 6.

1715 Siehe *Krautzberger*, in: E/Z/B/K, § 11, Rn. 166.

1716 Die Vertragsgestaltungsfreiheit unterliegt dabei zum einen nur generellen Grenzen (§§ 134, 138, 242 BGB) und zum anderen soweit die eine Vertragspartei der anderen nicht verhandelbare Vertragsbedingungen stellt (§§ 305 ff. BGB). Dazu nur *Busche*, in: Münchener Kommentar zum BGB, vor § 145, Rn. 10 ff. Zudem und zum Folgenden *Chatziathanasiou/Towfigh*, DVBl 2013, 84 (85).

1717 *Spannowsky*, UPR 2009, 201 (212); *Chatziathanasiou/Towfigh*, DVBl 2013, 84 (85).

und die Einhaltung des Angemessenheitsgebots bilden insoweit maßgebliche Anforderungen an städtebauliche Vertragsvereinbarungen.

## I. Städtebaulicher Bezug

Städtebaulich ist ein Vertrag, wenn er sich auf Regelungen oder Maßnahmen des Städtebaurechts bezieht.[1718] Ein städtebaulicher Vertrag ist also an die Verfolgung städtebaulicher Ziele gebunden und muss daher einen entsprechenden Bezug aufweisen.[1719] Dieser städtebauliche Bezug weist auf den ersten Blick Parallelen zu den für Bebauungsplanfestungen nötigen städtebaulichen Gründen i. S. d. § 9 Abs. 1 BauGB auf. Allerdings kann der Begriff nicht als deckungsgleich mit diesen verstanden werden und geht in seiner Funktion über die städtebaulichen Gründe i.S.d. § 9 Abs. 1 BauGB hinaus.

Städtebauliche Zielsetzungen der Bauleitplanung lassen sich aus den §§ 1 und 1 a BauGB ableiten.[1720] Durch die BauGB-Klimanovelle 2011 ist ausreichend geklärt worden, dass die Aspekte des Klimaschutzes und der Klimaanpassung städtebauliche Gründe für Festsetzungen in einem Bebauungsplan darstellen können. Gemäß § 1 Abs. 5 S. 2 BauGB sollen Bauleitpläne dazu beitragen, eine menschenwürdige Umwelt zu sichern, die natürlichen Lebensgrundlagen zu schützen und zu entwickeln sowie den Klimaschutz und die Klimaanpassung, insbesondere auch in der Stadtentwicklung, zu fördern [...]. Allgemeiner bestimmt § 1 a Abs. 5 BauGB, dass den Erfordernissen des Klimaschutzes sowohl durch Maßnahmen, die dem Klimawandel entgegenwirken, als auch durch solche, die der Anpassung an den Klimawandel dienen, Rechnung getragen werden soll. Klimaschutz und Klimaanpassung stellen mithin städtebauliche Aufgaben und ein Leitbild des Städtebaurechts dar.[1721] Grds. lassen sich diese städtebaulichen Aufgaben auch mittels eines städtebaulichen Vertrags verfolgen. Ausdrücklich bestätigt wird dies durch § 11 Abs. 1 S. 2 Nr. 4 und 5 BauGB. Dass der städtebauliche Grund „Klimaschutz und Klimaanpassung“ allerdings für den Abschluss eines städtebaulichen Vertrags mit klimawandelgerechten Zielsetzungen für sich allein nicht ausreichend ist, um einen städtebaulichen Bezug vertraglicher Vereinbarungen herzustellen, verdeutlichen § 11 Abs. 1 S. 2 Nr. 4 und 5 BauGB, indem diese ausdrücklich darauf abstellen, dass die vertraglichen Absprachen „den mit den städtebaulichen Planungen und Maßnahmen verfolgten Zielen und Zwecken“ entsprechen müssen.

Zu kurz gegriffen ist daher die Auffassung, der städtebauliche Bezug entsprechender Vereinbarungen folge schon aus den Planungsbelangen und -grundsätzen der §§ 1 Abs. 6 Nr. 7 f), § 1 Abs. 5 S. 2 und § 1 a Abs. 5 BauGB.[1722] Vielmehr ist entsprechend den anderen möglichen Gegenständen städtebaulicher Verträge insbesondere auch bei Vereinbarungen nach § 11

---

[1718] Siehe Fn. 885.

[1719] Vgl. *Reidt*, in: B/K/L, § 11, Rn. 1; *Stüer*, Bau- und Fachplanungsrecht, Rn. 2084; *Stüer/König*, ZfBR 2000, 528 (531); *Reidt*, BauR 2010, 2025 (2026); *Krautzberger*, DVBl 2008, 737 (739).

[1720] Siehe Fn. 985.

[1721] Siehe oben Fn. 995. Zum Ganzen auch *Reidt*, in: Mitschang (Hrsg.), Klimagerechte Stadtentwicklung, S. 96 f.

[1722] So *Söfker*, ZfBR 2011, 541 (545); *ders.*, in: Danner/Theobald, Energierecht, B 2, Rn. 96; vgl. auch *Kahl/Schmidtchen*, Kommunaler Klimaschutz durch Erneuerbare Energien, S. 198, die auf Grund der Verankerung des Klimaschutzes in den Planungsbelangen und -grundsätzen regelmäßig einen entsprechenden Zusammenhang annehmen.

Abs. 1 S. 2 Nr. 4 und 5 BauGB ein weitergehender städtebaulicher Grund erforderlich, der unmittelbar mit dem vertragsgegenständlichen Vorhaben im Zusammenhang steht.[1723]

Nach der Gesetzesbegründung kommt es darauf an, dass sich die jeweilige Vereinbarung auf konkrete durch städtebaulichen Planungen und städtebaulichen Maßnahmen zum Ausdruck kommende Ziele und Zwecke bezieht.[1724] Dies können bspw. Baugebietsausweisungen in einem Bebauungsplan, aber auch Zielsetzungen eines informellen gemeindlichen Energie- und Klimaschutzkonzepts, eines Stadtumbaukonzepts oder einer städtebaulichen Sanierungsmaßnahme sein.[1725] Unzutreffend ist daher auch die Auffassung, Vereinbarungen nach § 11 Abs. 1 S. 2 Nr. 4 und 5 BauGB setzen stets und ausschließlich einen Bauleitplan voraus, der sich zumindest den Klimaschutzzielen des § 1 Abs. 5 S. 2 BauGB verpflichtet fühlt.[1726] Auch durch einen Bezug auf die soeben genannten (Energie- und Klimaschutz-) Konzepte oder Satzungen wird die Gemeinwohlorientierung von vertraglichen Vereinbarungen ausreichend gesichert und ein städtebaulicher Bezug hergestellt.[1727] Bei bestehenden Konzepten bzw. Satzungen kann insofern ein (im Ermessen der Gemeinde liegender) Anpassungsbedarf bestehen, wenn Maßnahmen des Klimaschutzes und der Klimaanpassung noch nicht als Ziele ausgewiesen worden sind.[1728]

Städtebaulicher Vereinbarungen bedürfen mithin immer einer konkreten Bezugnahme auf solche städtebaulichen Planungen und Maßnahmen, denen der jeweilige Vertrag Rechnung tragen soll. Soweit etwa vertragliche Vereinbarungen zur Errichtung und Nutzung von Anlagen, die sich aus erneuerbaren Energien speisen, im Rahmen eines förmlichen Sanierungsgebiets geschlossen werden sollen, wird ein entsprechender Bezug in aller Regel gegeben sein, wenn die Aspekte des Klimaschutzes und Klimaanpassung respektive eine energetische Verbesserung der Gebäude ausdrücklich als Sanierungsziele festgelegt worden sind.[1729] Ausreichend – aber nicht erforderlich – ist es in jedem Fall, wenn der städtebauliche Vertrag über Flächen abgeschlossen wird, für die Bebauungsplanfestsetzungen nach § 9 Abs. 1 Nr. 23 a) oder b) bestehen.[1730] Dies kann allerdings nur insoweit Geltung beanspruchen, als der Vertrag entsprechende Festsetzungen nicht gerade ersetzt. Um den nötigen Bezug herzustellen, ist insbesondere im letzteren Fall die Erstellung eines kommunalen Klimaschutzkonzepts hilfreich.[1731] In diesem können Verknüpfungen von Maßnahmen zum Klimaschutz mit sol-

---

1723 Vgl. *Reidt*, in: B/K/L, § 11, Rn. 74 mwN.

1724 Vgl. BT-Drs. 17/6076, S. 9; BT-Drs. 15/2250, S. 50.

1725 Vgl. BT-Drs. 17/6076, S. 9; BT-Drs. 15/2250, S. 50; siehe auch *Bunzel*, KommP spezial 2013, 133 (136).

1726 So aber *Birk*, städtebauliche Verträge, S. 347, 354; wohl auch *Dirnberger*, in: Jäde/Dirnberger/Weiß, 6. Auflage 2010, § 11, Rn. 52.

1727 Siehe auch *Berkemann*, in: Berkemann/Halama, Erstkommentierungen zum BauGB 2004, § 11, Rn. 7.

1728 *Krautzberger*, Städtebauförderungsrecht, C § 148, Rn. 32a, C § 171a, Rn. 10c; *ders.*, ZfIR 2013, 533 (537). Zur Flexibilität informeller Planungen *Schwarz*, UPR 2013, 408 (411).

1729 Vgl. auch *Burmeister*, Praxishandbuch Städtebauliche Verträge, S. 179 sowie BT-Drs. 17/6076, S. 9 und BT-Drs. 15/2250, S. 50.

1730 *Berkemann*, in: Berkemann/Halama, Erstkommentierungen zum BauGB 2004, § 11, Rn. 13; *Bunzel/Coulmas/Schmidt-Eichstaedt*, Städtebauliche Verträge, S. 174; *Bunzel*, KommP spezial 2013, 133 (137); *Quaas/Kukk*, in: Schröder, BauGB, § 11, Rn. 37; *Mitschang*, ZfBR 2010, 534 (547); vgl. auch *Kahl/Schmidtchen*, Kommunaler Klimaschutz durch Erneuerbare Energien, S. 199, die zu Recht darauf hinweisen, dass es sich keineswegs um eine notwendige Bedingung für die Erfüllung des städtebaulichen Bezugs handele; so auch *Ingold/Schwarz*, NuR 2010, 153 (161).

1731 Dazu auch *Lenz/Würtenberger*, BauGB-Verträge, S. 125 f.; *Kahl/Schmidtchen*, Kommunaler Klimaschutz durch Erneuerbare Energien, S. 199, 347 ff. sowie *Bunzel/Coulmas/Schmidt-Eichstaedt*, Städtebauliche Verträge, S. 172, 185.

chen der energetischen Sanierung und Energieeffizienz auf planerischer Ebene getroffen werden. Es kann beispielsweise dargestellt werden, wie der Energieverbrauch von Bestandsbauten durch gebäudebezogene Maßnahmen (wie der Dämmung) oder durch gebietsbezogene gebäudeübergreifende Maßnahmen (wie bspw. dem Anschluss an ein Wärmenetz) gesenkt werden kann. In Betracht kommt auch die Darlegung, inwieweit unzureichende energetische Verhältnisse oder der Klimawandel zu Funktionsverlusten von ganzen Quartieren oder Gebieten führen. Als Fachkonzepte haben Klimaschutz- und Energiekonzepte mithin eine Bündelungsfunktion und stecken den konzeptionellen Rahmen ab.[1732]

Städtebauliche Vereinbarungen, die nur allgemeinen kommunalpolitischen Interessen dienen, fehlt es dagegen an dem notwendigen Sachzusammenhang.[1733] Soweit in der Literatur davon ausgegangen wird, dass in Anbetracht der Bedeutung des Klimaschutzes in der Bauleitplanung ein ausreichender Sachzusammenhang auch dann anzunehmen sei, wenn eine Vereinbarung im Kontext der von der Gemeinde verfolgten kommunalen Klimapolitik stehe,[1734] muss insoweit einschränkend beachtet werden, dass eine städtebauliche Vereinbarung immer auf konkrete städtebauliche Planungen und Maßnahmen zurückgeführt werden können muss. In jeder Hinsicht empfehlenswert ist daher die Aufstellung eines gemeindlichen Energie- und Klimaschutzkonzepts.[1735]

Um keine Zweifel am Bestehen eines städtebaulichen Bezugs aufkommen zu lassen, sollte im Vertrag ausdrücklich auf die jeweilige zu Grunde liegende städtebauliche Planung oder Maßnahme Bezug genommen werden.

Beispiel[1736]: *„Der Vertrag dient der Umsetzung der Zielsetzungen des Energiekonzepts / der Zielsetzungen der städtebaulichen Sanierungsmaßnahme […] / des erarbeiteten klimagerechten Stadtumbaukonzepts […] / wird in Ergänzung des Bebauungsplanes […] geschlossen. Die Parteien beabsichtigen den Einsatz erneuerbarer Energien im entsprechenden Gebiet korrespondierend mit den Zielsetzungen des/der […] zu vereinbaren und treffen nachfolgende Vereinbarungen […].“*

---

1732 Siehe oben Fn. 961 ff.; zum Ganzen *BMVBS*, Handlungsleitfaden Energetische Stadterneuerung, S. 16 ff.; *Mitschang*, ZfBR 2010, 534 (537); *Sparwasser*, in Mitschang (Hrsg.), Klimagerechte Stadtentwicklung, S. 83 ff.; zur Konzepterstellung auch *Kopf*, LKRZ 2012, 261 (263).

1733 *Hoffmann*, in: Spannowsky/Uechtritz, § 11, Rn. 31; *Hamann*, Der Verwaltungsvertrag im Städtebaurecht, S. 81; *Otting*, REE 2011, 125 (129).

1734 So *Bunzel/Coulmas/Schmidt-Eichstaedt*, Städtebauliche Verträge, S. 180. Ähnlich *Bank*, in: Brügelmann, BauGB, 72. Erg.-Lfg., § 11, Rn. 87, der keine allzu hohen Anforderungen stellt und meint, es sei ausreichend, dass die Vertragspflicht geeignet ist, klimaschützende oder energieeinsparende Zielsetzungen zu realisieren.

1735 Ob der Bezug auf ein solches ein hinreichendes Ziel darstellt, wurde noch nicht abschließend gerichtlich geklärt. Zum Teil wird daher zurückhaltender auf solche Planungen verwiesen, siehe *Burmeister*, Praxishandbuch Städtebauliche Verträge, S. 179. *Kahl/Schmidtchen*, Kommunaler Klimaschutz durch Erneuerbare Energien, S. 199 gehen davon aus, dass zumindest ein „Grundsatzbeschluss“ der Gemeinde zur Ausrichtung zukünftiger bauleitplanerischer Maßnahmen und Aktivitäten auf den Klimaschutz vorliegen muss, soweit dieser die notwendige flächendeckende Wirkung hat.

1736 Siehe auch das Regelungsbsp. 19 bei *Bunzel/Coulmas/Schmidt-Eichstaedt*, Städtebauliche Verträge, S. 182 f.

## II. Koppelungsverbot

Eng verknüpft mit der Erforderlichkeit eines konkreten städtebaulichen Bezugs ist das aus dem Rechtsstaatsprinzip folgende sog. Koppelungsverbot. Ursprünglich wurde dieses von der Rechtsprechung entwickelt und setzt sich aus zwei Elementen zusammen. Zum einen darf durch einen verwaltungsrechtlichen Vertrag nichts miteinander verknüpft werden, was nicht ohnehin schon in einem „inneren Zusammenhang“ steht. Zum anderen dürfen hoheitliche Entscheidungen ohne eine entsprechend gesetzliche Ermächtigung nicht von wirtschaftlichen Gegenleistungen abhängig gemacht werden, es sei denn, erst die Gegenleistung beseitigt ein der Entscheidung entgegenstehendes rechtliches Hindernis.[1737] Diese Grundsätze wurden sowohl in das VwVfG wie auch später zum Teil in das BauGB übernommen.[1738] Inhaltlich geprägt wird das Koppelungsverbot nunmehr durch § 11 Abs. 2 S. 2 BauGB sowie durch § 56 Abs. 1 S. 2 und Abs. 2 VwVfG (bei zivilrechtlichen Verträgen in Verbindung mit § 138 BGB).[1739]

### 1. Sachlicher Zusammenhang

Für subordinationsrechtliche Verträge i. S. d. § 54 S. 2 VwVfG[1740] schreibt § 56 Abs. 1 S. 2, 2. HS VwVfG ausdrücklich vor, dass eine vertragliche Leistung der Behörde mit der jeweili-

---

1737 Siehe BVerwG, NJW 1973, 1895 (1897) mit Bezugnahme auf BGH, DVBl 1967, 36 (37) sowie BVerwG, NVwZ 1994, 485 (485). Zur Entstehungsgeschichte *Krautzberger*, in: E/Z/B/K, § 11, Rn. 5 ff. Zu den wichtigsten Handlungsgrundsätzen des Verwaltungsrecht siehe auch *Detterbeck*, Allg. Verwaltungsrecht, Rn. 226 ff.

1738 Bis zur Regelung des städtebaulichen Vertrags im Städtebaurecht waren bei Verträgen, die dem öffentlichen Recht unterfielen, zunächst die §§ 51-61 VwVfG einschlägig, enthielten diese keine Regelungen wurde auf das BGB zurückgegriffen. Nunmehr beanspruchen die Regelungen im BauGB (insbes. § 11 Abs. 2-4 BauGB) Vorrang. Soweit die speziellen Vorschriften nicht eingreifen, gelten die zum öffentlich-rechtlichen Vertrag nach dem VwVfG entwickelten Grundsätze auch beim städtebaulichen Vertrag, siehe *Erbguth*, Öffentliches Baurecht, S. 193; *Bönker*, in: Hoppe/Bönker/Grotefels, § 13, Rn. 8; *Stüer*, Bau- und Fachplanungsrecht, Rn. 2083; *Bank*, in: Brügelmann, BauGB, 72. Erg.-Lfg., § 11, Rn. 18.

1739 BVerwGE 92, 56, 65. Vgl. auch *Hoffmann*, in: Spannowsky/Uechtritz, § 11, Rn. 36 sowie *Burmeister*, Praxishandbuch Städtebauliche Verträge, S. 58.

1740 Der Wortlaut des § 54 S. 2 VwVfG („anstatt einen Verwaltungsakt zu erlassen“) ist unglücklich gewählt und knüpft an einen überholten Erkenntnisstand an. Zum Ganzen *Bank*, in: Brügelmann, BauGB, 72. Erg.-Lfg., § 11, Rn. 19 ff. Die Ersetzung von Verwaltungsakten stellt nach der überwiegenden Ansicht im Schrifttum und der einhelligen Rechtsprechung nur einen typischen Anwendungsbereich des subordinationsrechtlichen Vertrags i.S.d. § 54 Abs. 2 VwVfG dar und ist keine Anwendungsvoraussetzung. Die Regelung des § 54 S. 2 VwVfG ist auf alle Verträge zwischen einer Privatperson und einem Verwaltungsträger anzuwenden. Maßgeblich ist allein, ob der Vertragsgegenstand ganz allgemein einer einseitig-hoheitlichen Entscheidung zugänglich ist. Siehe BVerwG, NVwZ 2000, 1285 (1286); VG Trier, Urteil vom 18.04.2007 – 5 K 1006/06.TR –, juris-Rn. 20; *Bank*, in: Brügelmann, BauGB, 72. Erg.-Lfg., § 11, Rn. 19 ff.; *Voßkuhle/Kaiser*, JuS 2013, 687 (688); *Maurer*, Allg. Verwaltungsrecht, § 14, Rn. 13; *Bunzel/Coulmas/Schmidt-Eichstaedt*, Städtebauliche Verträge, S. 332. Etwa *Detterbeck*, Allg. Verwaltungsrecht, Rn. 792 f. und *Kopp/Ramsauer*, VwVfG, § 54, Rn. 47 ff. stellen demgegenüber auf eine konkrete Betrachtungsweise ab. Ausführlich dazu *Schmidt-Aßmann/Krebs*, Rechtsfragen städtebaulicher Verträge, S. 172 ff. sowie *Siems*, Städtebauliche Verträge, S. 26 f. jew. mwN. Kritisch zu dieser Rechtsfortbildung und zum Fortentwicklungsbedarf der §§ 54 ff. VwVfG *Horn*, in: Festschrift Bethge, S. 339, insbes. S. 347 ff. Gleichwohl wird darüber diskutiert, ob der städtebauliche Vertrag generell als koordinationsrechtlicher oder subordinationsrechtlicher Vertrag anzusehen ist. Überwiegend wird letzteres angenommen, siehe *Burmeister*, Praxishandbuch städtebauliche Verträge, S. 305; *Siems*, BauR 2003, 1320 (1322); *Bank*, in: Brügelmann, BauGB, 72. Erg.-Lfg., § 11, Rn. 22; BVerwG, NVwZ 2000, 1285 (1286); *Brohm*,

gen Gegenleistung in einem sachlichen Zusammenhang stehen muss. Dieser Grundsatz bildet den ersten Teil des Koppelungsverbots. Durch einen verwaltungsrechtlichen Vertrag darf mithin nichts miteinander verknüpft werden, was nicht ohnehin schon in einem „inneren Zusammenhang" steht.[1741] Die Gegenleistung des Bürgers muss folglich jenen Sachbereich betreffen, aus dem auch die Leistung der Behörde stammt.[1742] Diese Maxime dient dem Schutz des Bürgers vor der Forderung sachfremder Leistungen.[1743] In § 11 BauGB wird das Erfordernis eines sachlichen Zusammenhangs zwar nicht ausdrücklich genannt, dieses Gebot findet jedoch unstreitig bei allen städtebaulichen Verträgen i. S. d. § 11 Abs. 1 BauGB Anwendung.[1744] Das Koppelungsverbot wird insoweit als rechtsformunabhängiger Vertragsmaßstab herangezogen.[1745]

Im vorliegenden Zusammenhang müssen beide Leistungen demnach zuallererst zum Klimaschutz bzw. zur Klimaanpassung beitragen können.[1746] Um den gebotenen Sachzusammenhang im Rahmen von Bau- und Sanierungsmaßnahmen herzustellen, wird es zudem regelmäßig nötig sein, dass sich die vertraglich geregelten Leistungen auf Bau- bzw. Sanierungsmaßnahmen eines privaten Vertragspartners beziehen, die auf dem Anlass der vertraglichen Regelungen fußen.[1747] Soweit ein städtebaulicher Vertrag bspw. der Umsetzung eines gemeindlichen Klimaschutzkonzepts dient, wird es in der Regel unzulässig sein, wenn sich der Vertragspartner dazu verpflichten soll, übrige in seinem Eigentum stehende Gebäude außerhalb des Konzeptgebietes energetisch aufzubessern. Gleiches gilt bspw. für entsprechende vertragliche Vereinbarungen innerhalb von Sanierungs- oder Bebauungsplangebieten.[1748] Anlagen der sozialen Infrastruktur dienen andererseits häufig nicht nur einem geplanten Vorhaben und können auch einen gemeindeübergreifenden Einzugsbereich haben. Liegt bspw. ein über Fernwärme zu erschließendes Blockheizkraftwerk außerhalb eines Plange-

JZ 2000, 321 (326). a.A. *Birk*, städtebauliche Verträge, S. 36 f. und *Löhr*, in: B/K/L, 11. Auflage 2009, § 11, Rn. 3.

1741 Grundlegend BVerwG, NJW 1973, 1895 ff.; NJW 1980, 1294 ff.; vgl. auch BVerwG, NVwZ 2000, 1285 (1287).

1742 *Grziwotz*, NJW 1993, 2665 (2667); siehe auch *Burmeister*, Praxishandbuch Städtebauliche Verträge, S. 61 sowie *Otto*, ZfBR 2006, 320 (321) jew. mwN.

1743 Vgl. *Lenz/Würtenberger*, BauGB-Verträge, S. 24; *Dirnberger*, in: Jäde/Dirnberger/Weiß, § 11, Rn. 81 ff.; *Siems*, Städtebauliche Verträge, S. 99.

1744 Siehe *Bönker*, in: Hoppe/Bönker/Grotefels, § 13, Rn. 102; *Krautzberger*, in: E/Z/B/K, § 11, Rn. 168; *Bunzel/Coulmas/Schmidt-Eichstaedt*, Städtebauliche Verträge, S. 43; *Hoffmann*, in: Spannowsky/Uechtritz, § 11, Rn. 37; *Burmeister*, Der städtebauliche Vertrag als rechtliches Instrument der Kooperation, S. 66. Für die Übernahme von Kosten ist das Gebot des sachlichen Zusammenhangs ausdrücklich manifestiert. § 11 Abs. 1 S. 2 Nr. 3 BauGB fordert, dass nur solche Kosten oder Aufwendungen übernommen werden dürfen, die der Gemeinde für städtebauliche Maßnahmen entstehen oder entstanden sind und die Voraussetzung oder Folge des geplanten Vorhabens sind. Die Regelung enthält insoweit eine besondere Ausprägung des Gebots des sachlichen Zusammenhangs. *Löhr* entnimmt die Erforderlichkeit eines konkreten Sachzusammenhangs ganz allgemein den unterschiedlichen Regelungen der Vertragstypen in § 11 Abs. 1 S. 2 BauGB, vgl. *Löhr*, in: B/K/L, § 11, 11. Auflage 2009, Rn. 23. Siehe auch *Siems*, Städtebauliche Verträge, S. 98 f. sowie *Brohm*, JZ 2000, 321 (322).

1745 *Schmidt-Aßmann/Krebs*, Rechtsfragen städtebaulicher Verträge, S. 149 f.

1746 Siehe auch *Klinski/Longo*, ZNER 2007, 41 (45).

1747 Zudem und zum Folgenden *Reidt*, in: Mitschang (Hrsg.), Klimagerechte Stadtentwicklung, S. 98 f.

1748 Vgl. *Reidt*, in: Mitschang (Hrsg.), Klimagerechte Stadtentwicklung, S. 98; *ders.*, BauR 2010, 2025 (2032); *Ingold/Schwarz*, NuR 2010, 153 (161) sowie *Birk*, städtebauliche Verträge, S. 348.

biets, kann eine vertragliche Nutzungspflicht auch für dieses vereinbart werden.[1749] Für Kostenübernahmeverträge i. S. d. § 11 Abs. 1 S. 2 Nr. 3 BauGB hat das BVerwG ausdrücklich anerkannt, dass städtebauliche Maßnahmen, für die durch Vertrag Kosten und sonstige Aufwendungen übernommen werden, auch außerhalb des Gebietes liegen können.[1750] Für den inneren Zusammenhang kommt es auf die übergeordnete auch informelle Planung und Konzeption an.[1751] Nichts anderes kann für vertragliche Vereinbarungen über Maßnahmen der Infrastruktur, die aus Klimaschutzgründen eingerichtet werden, gelten, seien es Folgekosten- oder Nutzungsvereinbarungen. Ein Sachzusammenhang kann damit ähnlich dem benötigten städtebaulichen Bezug aus einem bestehenden Energie- und Klimaschutzkonzept, der Bauleitplanung oder anderen städtebaulichen Satzungen folgen, soweit einer Vereinbarung entsprechend ausgewiesene klimawandelgerechte Zielsetzungen zugrunde liegen.

Sachfremd wäre es demgegenüber, wenn ausschließlich entfernte Zielsetzungen mit einem Vertragsabschluss verfolgt werden. Soweit bspw. eine vertragliche Vereinbarung eines Anschluss- und Benutzungszwangs hinsichtlich eines Blockheizkraftwerks getroffen und damit allein das Ziel verfolgt wird, den Absatz eines bestimmten Energieversorgungsunternehmens zu sichern oder die Vertragsvereinbarung allein von Erwägungen des Konkurrenzschutzes getragen ist, liegt ein Verstoß gegen das Koppelungsverbot vor.[1752] Ebenso unzulässig sind Vereinbarungen über Gewinnbeteiligungen der Gemeinde an Anlagen aus erneuerbaren Energien (oder ähnliche finanzielle Vorteile).[1753] Es fehlt der innere Zusammenhang bzw. Bezug zur jeweiligen städtebaulichen Planung oder Maßnahme. Ein Verstoß gegen das Koppelungsverbot indiziert insoweit regelmäßig auch ein Fehlen konkreter städtebaulicher Gründe und umgekehrt.[1754]

Um die Erfüllung der Anforderungen des Koppelungsverbots bzw. des sachlichen Zusammenhangs zu erleichtern, wird in der Literatur vorgeschlagen, dass Koppelungsverbot jedenfalls bei Durchführung eines erfolgreichen Mediationsverfahrens dahin gehend gesetzlich zu lockern, dass Vereinbarungen, die mit dem Vorhaben selbst zwar nicht unmittelbar im Zusammenhang stehen, allerdings durch eine Mediation ausgehandelt wurden, nicht gegen das

---

1749 *Reidt*, in: Mitschang (Hrsg.), Klimagerechte Stadtentwicklung, S. 98; *ders.*, BauR 2010, 2025 (2032); *Krautzberger*, in: E/Z/B/K, § 11, Rn. 165, 163.

1750 Siehe BVerwG, NVwZ 2009, 1109 ff. § 6 Abs. 3 Satz 1, HS. 2 BauGB-MaßnahmenG 1993 sah noch ausdrücklich vor, dass städtebauliche Maßnahmen, für die durch Vertrag Kosten und sonstige Aufwendungen übernommen werden, auch „außerhalb des Gebiets“ liegen können. Dieser Halbsatz war während des Gesetzgebungsverfahrens zum BauGB-MaßnahmenG 1993 vom federführenden Bundestagsausschuss eingefügt worden, vgl. Ausschussbericht BT-Drs. 12/4340 zu 12/4317 Teil III Nr. 3 c. Diese Formulierung ist mit dem BauROG 1998 wieder entfallen, ohne dass damit eine Änderung der Rechtslage eingetreten ist, so BT-Drs. 13/6392, S. 50, siehe auch *Krautzberger*, in: E/Z/B/K, § 11, Rn. 163; *ders.*, DVBl 2008, 737 (742).

1751 BVerwG, NVwZ 2009, 1109 (1112). Dazu *Bunzel*, DVBl 2011, 796 (798 f.) sowie *Krautzberger*, in: E/Z/B/K, § 11, Rn. 163.

1752 OVG NRW, Beschluss vom 24.07.2000 – 7a D 179/98. NE – juris-Rn. 13 ff.; vgl. auch *Bank*, in: Brügelmann, BauGB, 72. Erg.-Lfg., § 11, Rn. 87; *Heyl*, ZNER 1999, 8 (9); *Bunzel/Coulmas/Schmidt-Eichstaedt*, Städtebauliche Verträge, S. 180.

1753 *Bröll/Dirnberger/Schiebel*, Energiewende und Baurecht, S. 120 f. Finanzielle Vorteile können nur über eine ggf. bestehende Gewerbesteuerzahlung (siehe §§ 28 ff. Gewerbesteuergesetz) entstehen. *Dies.* sehen allerdings Vereinbarungen nach denen bspw. eine Gemeinde Anteilseigner einer Betreibergesellschaft wird, als gerechtfertigt an.

1754 Das Fehlen eines städtebaulichen Bezugs hat zunächst nur zur Folge, dass es sich um keinen städtebaulichen Vertrag handelt. Erst ein Verstoß gegen das Koppelungsverbot führt zur Rechtswidrigkeit, siehe *Reidt*, BauR 2010, 2025 (2031).

Koppelungsverbot verstoßen und eine Koppelung insoweit indiziert würde.[1755] Der Vorschlag ist vor dem Hintergrund der nötigen Förderung von Klimaschutz- und Klimaanpassungsmaßnahmen grundsätzlich zu begrüßen, bedarf jedoch einer sorgfältigen Prüfung seiner möglichen Auswirkungen.[1756] De lege lata ist den Anforderungen des sachlichen Zusammenhangs jedenfalls auch im Rahmen klimawandelgerechter städtebaulicher Vertragsvereinbarungen individuell Rechnung zu tragen.

## 2. Keine Gegenleistung bei Anspruch des Vertragspartners

Als spezielle Ausformung des Koppelungsverbots bestimmt § 11 Abs. 2 S. 2 BauGB, dass die Vereinbarung einer vom Vertragspartner zu erbringenden Leistung unzulässig ist, wenn er auch ohne sie einen Anspruch auf die Gegenleistung hätte. In § 56 Abs. 2 VwVfG ist weiterhin geregelt, dass nur eine Gegenleistung vereinbart werden kann, die bei Erlass eines Verwaltungsaktes Inhalt einer Nebenbestimmung nach § 36 VwVfG sein könnte. Unbeschadet der Qualifizierung des Vertrags als öffentlich-rechtlich oder privatrechtlich sind auch diese Grundsätze auf alle entsprechenden städtebaulichen Vertragsvereinbarungen anzuwenden.[1757] Dieses Element des Koppelungsverbots soll insbesondere den Ausverkauf von Hoheitsrechten verhindern.[1758] Unzulässig wäre es daher beispielsweise, wenn eine Gemeinde in einem städtebaulichen Vertrag die Erteilung einer Baugenehmigung von der Erfüllung der Pflicht zur anteiligen Nutzung erneuerbarer Energien abhängig machen würde, denn diese ist keine bauplanungsrechtliche Voraussetzung.[1759] Nach § 1 Abs. 3 S. 2 BauGB besteht zudem auf die Aufstellung von Bauleitplänen und städtebaulichen Satzungen kein Anspruch. Ein Anspruch kann auch nicht durch Vertrag begründet werden.[1760] Ebenso unzulässig wäre es damit bspw., die Einleitung und Durchführung des Bauleitplanverfahrens davon abhängig zu machen, dass eine vertragliche Anschluss- und Benutzungspflicht an ein Fernwärmenetz vereinbart wird. Nicht ausgeschlossen ist allerdings, dass die Gemeinde private Belange generell zum Anlass der Bauleitplanung nimmt und sich an den Wünschen der jeweiligen Eigentümer orientiert.[1761]

---

1755 Im Einzelnen *Holznagel/Ramsauer*, VerwArch 104 (2013), 131 (158).

1756 Vgl. *Holznagel/Ramsauer*, VerwArch 104 (2013), 131 (158).

1757 Siehe nur BGH, NJW 1999, 208 ff.; BVerwG, NJW 1993, 2695 (2697); *Krautzberger*, in: E/Z/B/K, § 11, Rn. 168; *Bunzel/Coulmas/Schmidt-Eichstaedt*, Städtebauliche Verträge, S. 41 f.; *Erbguth*, Öffentliches Baurecht, Rn. 194; *Burmeister*, Der städtebauliche Vertrag als rechtliches Instrument der Kooperation, S. 63; *Hoffmann*, in: Spannowsky/Uechtritz, § 11, Rn. 36; *Hamann*, Der Verwaltungsvertrag im Städtebaurecht, S. 138.

1758 BVerwG, NJW 1973, 1895 (1897); *Lenz/Würtenberger*, BauGB-Verträge, S. 74; *Stüer/König*, ZfBR 2000, 528 (534); *Hoffmann*, in: Spannowsky/Uechtritz, § 11, Rn. 36; *Krautzberger*, in: E/Z/B/K, § 11, Rn. 168.

1759 *Spannowsky*, UPR 2009, 201 (209, 210), unklar ist allerdings, ob dieser Regelungen im Hinblick auf die Pflicht zur Nutzung erneuerbarer Energien überhaupt zum Regelungsbereich städtebaulicher Verträge zählt, siehe UPR 2009, 201 (208 f.); vgl. auch *Lenz/Würtenberger*, BauGB-Verträge, S. 125.

1760 Im Einzelnen *Lenz/Würtenberger*, BauGB-Verträge, S. 25 f.; *Battis*, in: B/K/L, § 1, Rn. 31; *Dirnberger*, in: Spannowsky/Uechtritz, § 1, Rn. 54 ff. sowie *Kahl*, DÖV 2000, 793 (798 f.).

1761 Im Einzelnen *Kahl*, DÖV 2000, 793 (799) mwN.

## III. Angemessenheit

Ähnlich dem Koppelungsverbot wurde von der Rechtsprechung[1762] aus dem Übermaßverbot der Grundsatz der Angemessenheit entwickelt und sodann in das VwVfG sowie das BauGB übernommen.[1763]

### 1. Grundsätze

Nach § 11 Abs. 2 S. 1 BauGB müssen die vereinbarten Leistungen den gesamten Umständen nach angemessen sein. § 11 Abs. 2 S. 3 BauGB stellt darüber hinaus klar, dass unbeschadet des Angemessenheitserfordernisses eine Eigenbeteiligung der Gemeinde, bei der Übernahme von Kosten und sonstigen Aufwendungen durch den Vertragspartner, nicht erforderlich ist.[1764]

Angemessen ist eine Leistung, wenn sie dem Übermaßverbot respektive den Grundsätzen der Verhältnismäßigkeit entspricht.[1765] Bei jeder Fallgestaltung muss mithin geprüft werden, ob der wirtschaftliche Wert von Leistung und Gegenleistung sowie die Machtverhältnisse der Parteien in einem jeweils ausgewogenen Verhältnis zueinander stehen.[1766] Dabei sind nicht nur einzelne Vertragsklauseln in den Blick zu nehmen, sondern es sind der gesamte Vertrag, samt ggf. bestehender Parallelverträge, die Motive der Gemeinde und sonstige Begleitumstände zu gewichten.[1767] § 11 Abs. 2 S. 1 BauGB stellt dabei auf die „vereinbarten Leistungen" beider Vertragsparteien ab. Insbesondere der Vertragspartner einer Gemeinde soll vor unverhältnismäßigen Belastungen geschützt werden.[1768] Gleichermaßen müssen jedoch auch die Leistungspflichten der Gemeinde angemessen sein.[1769]

---

1762 BVerwG, NJW 1973, 1895 (1898) mit Bezugnahme auf BGH, NJW 1958, 379 f. sowie *Bielenberg*, DVBl 1967, 255 (260 f.); vgl. auch *Krautzberger*, in: E/Z/B/K, § 11, Rn. 167 ff.

1763 Zur Entstehungsgeschichte *Krautzberger*, in: E/Z/B/K, § 11, Rn. 5 ff.; vgl. auch *Siems*, städtebauliche Verträge, S. 89.

1764 Eine allein auf die Gegenleistung bezogene Angemessenheitsforderung findet sich in § 56 Abs. 1 S. 2 1. HS VwVfG. § 11 Abs. 2 S. 3 BauGB wurde im Rahmen der Eingliederung des Erschließungsvertrags (siehe hierzu § 124 Abs. 2 S. 3 BauGB a.F.) in den Katalog des § 11 BauGB eingefügt, vgl. BT-Drs. 17/11468, S. 13, und die Vorschriften wurden harmonisiert. Siehe dazu nur *v. Nicolai*, NordÖR 2013, 397 (401).

1765 Vgl. BVerwG, NJW 1973, 1895 (1898); *Reidt*, in: B/K/L, § 11, Rn. 75; *Krautzberger*, in: E/Z/B/K, § 11, Rn. 167; *Hamann*, Der Verwaltungsvertrag im Städtebaurecht, S. 147 sowie *Otto*, ZfBR 2006, 320 (322 ff.).

1766 BVerwG, Beschluss vom 27.12.1994 – 8 B 205/94 – juris-Rn. 9; *Stüer*, Bau- und Fachplanungsrecht, Rn. 2091; *ders.*, in: Hoppenberg/de Witt, Handbuch des öffentlichen Baurechts, Band 1, B, Rn. 1550; *Reidt*, in: B/K/L, § 11, Rn. 75; *Stüer/König*, ZfBR 2000, 528 (532).

1767 BVerwG, NVwZ 2009, 1109 (1110 ff.); *Klinski/Longo*, ZNER 2007, 41 (45); *Bunzel/Coulmas/Schmidt-Eichstaedt*, Städtebauliche Verträge, S. 45; *Dirnberger*, in: Jäde/Dirnberger/Weiß, § 11, Rn. 86; *Kirchmeier*, in: Ferner/Kröninger/Aschke, § 11, Rn. 7.

1768 So *Stüer*, Bau- und Fachplanungsrecht, Rn. 2087; *Reidt*, in: B/K/L, § 11, Rn. 75; *Bunzel/Coulmas/Schmidt-Eichstaedt*, Städtebauliche Verträge, S. 45 f.; *Reidt*, in: Mitschang (Hrsg.), Klimagerechte Stadtentwicklung, S. 100.

1769 Zur überzeugenden Anwendung des Angemessenheitsgebots auch zu Gunsten der Gemeinde siehe *Wilke/Düwel*, NVwZ 2012, 1449 ff. Vgl. auch VG Halle, Urteil vom 22.03.2011 – 2 A 376/09 HAL –, BeckRS 2012, 53730 sowie *Brohm*, JZ 2000, 321 (322). Auch wenn die Anwendung und Herleitung des Angemessenheitsgebots auf das Übermaßverbot (und damit auf den Gedanken des Schutzes des Bürgers vor dem Staat) zurückgeht, wird dadurch mithin nicht die Reichweite von § 11 Abs. 2 S. 1 BauGB bestimmt; a.A. *Grziwotz*, in: E/Z/B/K, § 124, Rn. 80; ebenso skeptisch *Hamann*, Der Verwaltungsvertrag im Städtebaurecht, S. 151 ff.

Die Angemessenheit bezieht sich damit vorrangig auf das Verhältnis zwischen Leistung und Gegenleistung. Als willkürlich und damit unangemessen dürfte allerdings auch gelten, wenn eine zugrunde liegende städtebauliche Planung im Zuge eines Vertragsschlusses völlig missachtet wird.[1770] Ausdrücklich angesprochen wird das Verhältnis zwischen städtebaulichem Vertrag und zugrunde liegender Planung in § 171 c S. 1 BauGB. Der Stadtumbauvertrag soll danach ausdrücklich der Umsetzung des städtebaulichen Entwicklungskonzepts dienen. Ein striktes Entwicklungsgebot wird daraus zwar nicht hergeleitet, sodass Widersprüche zwischen Vertrag und Konzept nicht automatisch zu Unwirksamkeit des Vertrags führen.[1771] Im Einzelfall kann daher zu prüfen sein, ob eine Vereinbarung möglicherweise als einzelfallbezogene Fortschreibung des Konzepts begriffen werden kann (es wird bspw. der Anschluss eines Gebäude im Stadtumbaugebiet an die energetische Infrastruktur vereinbart, obwohl dies ursprünglich nicht im Konzept vorgesehen war).[1772] Eine völlige Missachtung des Konzepts dürfte i.d.R. allerdings als willkürlich und damit unangemessen einzustufen sein.[1773]

Dem Angemessenheitsgebot wird darüber hinaus der Grundsatz des unzulässigen Machtmissbrauchs entnommen.[1774] Verträge, die unter Missbrauch der Überlegenheit des einen oder des anderen Vertragsteils zustande kommen, sind unangemessen und wegen unzulässigem Machtmissbrauch nichtig.[1775] Ein faktischer Kontrahierungszwang darf nicht vorliegen.[1776] Soweit städtebauliche Ziele vertraglich verfolgt werden, ist die Rechtsprechung bislang aber recht großzügig bei der Beurteilung verfahren. Eine Überlegenheit einer Gemeinde, die darin liegt, dass diese erklärt, sie könne ohne Übernahme von Folgekosten durch den Vertragspartner eine städtebauliche Planung nicht in Angriff nehmen, wurde in der Vergangenheit nicht als Machtmissbrauch eingestuft.[1777] Ebenso der Hinweis, dass die Gemeinde eine Überplanung eines Grundstücks eines Privaten nur vornehme, wenn dieser bereit sei, Grundstücksflächen an die Gemeinde abzutreten, wurde als zulässig angesehen, wenn die Gemeinde eine damit zusammenhängende städtebauliche Aufgabe verfolge.[1778]

### 2. Bewertung der Angemessenheit bei klimawandelgerechten Vereinbarungen

Soweit eine vertragliche Vereinbarung im Ergebnis nur dasjenige bestimmt, was auch ohne eine vertragliche Vereinbarung Ergebnis einer planerischen oder einzelfallbezogenen Ent-

---

1770 Siehe *Bunzel/Coulmas/Schmidt-Eichstaedt*, Städtebauliche Verträge, S. 304.

1771 *Friesecke/Goldschmidt/Kötter/u.a.*, Stadtumbau Ein Leitfaden, S. 214; *Bunzel/Coulmas/Schmidt-Eichstaedt*, Städtebauliche Verträge, S. 303 f.

1772 Vgl. *Friesecke/Goldschmidt/Kötter/u.a.*, Stadtumbau Ein Leitfaden, S. 214.

1773 *Bunzel/Coulmas/Schmidt-Eichstaedt*, Städtebauliche Verträge, S. 304.

1774 Grundlegend BGH, NJW 1973 1895 (1898); vgl. auch *Kahl*, DÖV 2000, 793 (798); *Hoffmann*, in: Spannowsky/Uechtritz, § 11, Rn. 48; *Reidt*, in: B/K/L, § 11, Rn. 75; *Siems*, Städtebauliche Verträge, S. 97; *Lenz/Würtenberger*, BauGB-Verträge, S. 23; *Bunzel/Coulmas/Schmidt-Eichstaedt*, Städtebauliche Verträge, S. 45 sowie *Hoffmann*, in: Hoppenberg/de Witt, Handbuch des öffentlichen Baurechts, Band 2, P, Rn. 33.

1775 BVerwG, NJW 1973, 1895 (1898); *Hoffmann*, in: Spannowsky/Uechtritz, § 11, Rn. 48. Differenzierender *Spannowsky*, in: Berliner Komm. BauGB, 21. Erg.-Lfg., § 11, Rn. 112.

1776 *Reidt*, in: B/K/L, § 11, Rn. 78.

1777 Grundlegend BVerwG, NJW 1973, 1895 (1898). Vgl. auch *Bunzel/Coulmas/Schmidt-Eichstaedt*, Städtebauliche Verträge, S. 45 sowie *Hoffmann*, in: Spannowsky/Uechtritz, § 11, Rn. 48.

1778 BVerwG, NJW 1993, 2695 (insbes. 2696 ff.); BGH, NJW 1999, 208 (209). Siehe auch *Grziwotz*, KommJur 2011, 172 (174); *Hoffmann*, in: Spannowsky/Uechtritz, § 11, Rn. 48.

scheidung der Gemeinde sein könnte, kann ein Verstoß gegen das Angemessenheitserfordernis nicht angenommen werden.[1779] Geht es bspw. um die Kostenverteilung gemeindlicher Maßnahmen, enthält das BauGB unterschiedliche Modelle einer Kostenbeteiligung.[1780] Bei Sanierungsmaßnahmen etwa in den §§ 152 ff. BauGB.[1781] Danach sind in bestimmten Fällen Ausgleichs- oder Entschädigungsleistungen zu gewähren. Je mehr sich ein Vertrag an diesen Leitbildern orientiert, umso eher dürfte dieser dem Angemessenheitserfordernis genügen. Je weiter sich vertragliche Vereinbarungen von entsprechenden Leitbildern entfernen, umso wichtiger und überzeugender müssen die städtebaulichen Gründe sein, mit denen sich die vertragliche Regelung rechtfertigt.[1782]

Für klimaschutz- und klimaanpassungsbezogene städtebauliche Vertragsvereinbarungen können insbesondere die Vorschriften des Energiefachrechts (EEWärmeG, EnEV) einen Orientierungsrahmen bieten.[1783] Da ein Vertragsschluss freiwillig erfolgt, sind die Rechtfertigungsmaßstäbe dabei allerdings weiter zu verstehen, als im Rahmen bauplanerischer Festsetzungen.[1784] Soll über eine städtebauliche vertragliche Vereinbarung bspw. eine Feinsteuerung der Nutzungspflichten des EEWärmeG erfolgen (§ 11 Abs. 1 Nr. 4 BauGB), stehen einer solchen vertraglichen Vereinbarung jedenfalls nicht die gegenüber Bebauungsplanfestsetzungen hervorgebrachten Bedenken gegenüber.[1785] Eine Feinsteuerung wird in diesem Fall konsensual erwirkt und der jeweilige Spielraum – bspw. durch die Festlegung der Nutzung einer konkreten erneuerbaren Energie – damit nicht ordnungsrechtlich eingeengt. Im Hinblick auf die bundeseinheitlichen Vorgaben des EEWärmeG und der EnEV bedürfen verschärfende Vorgaben jedoch sorgfältiger Vorbereitung.[1786]

Ob eine vertragliche Regelung in einen städtebaulichen Vertrag die Grenze der Angemessenheit überschreitet, beurteilt sich nach den Umständen des Einzelfalls und ist einer grundsätzlichen Klärung nicht zugänglich.[1787] Gleichwohl sollen im Folgenden Orientierungshilfen gegeben werden.

#### a) Beispiel: Versorgungsvereinbarung bei Grundstücksverkauf

Soweit eine Gemeinde über das Eigentum an Flächen verfügt, kann diese insbesondere durch eine Koppelung eines Grundstückskaufvertrags an den Abschluss eines städtebaulichen Vertrags Maßnahmen zum Klimaschutz und Klimaanpassung steuern und vertraglich absichern. Auch hier sind gesetzliche Leitbilder zu beachten und die Angemessenheit zu wahren. Als Beispiel soll eine vertragliche Verpflichtung dienen, die vorsieht, dass der Heizenergie-

---

1779 *Bönker*, in: Hoppe/Bönker/Grotefels, § 13, Rn. 97.

1780 Im Einzelnen *Reidt*, in: B/K/L, § 11, Rn. 76 sowie *Stüer*, Bau- und Fachplanungsrecht, Rn. 2092 ff.

1781 Zum Ausgleichsbetrag im Sanierungsgebiet siehe Fn. 1226.

1782 Im Einzelnen *Stüer*, Bau- und Fachplanungsrecht, Rn. 2092 ff.; *ders.*, in: Hoppenberg/de Witt, Handbuch des öffentlichen Baurechts, Band 1, B, Rn. 1556 ff., 1561; *Stüer/König*, ZfBR 2000, 528 (533); *Pfalzgraf/Peters/Weber*, HSGZ 2013, 318 (323); vgl. auch *Siems*, städtebauliche Verträge, S. 91 ff.

1783 Siehe *Stüer/Stüer*, DVBl 2011, 1117 (1121).

1784 *Kahl/Schmidtchen*, Kommunaler Klimaschutz durch Erneuerbare Energien, S. 186.

1785 Siehe Fn. 1094, 1095.

1786 *Bunzel/Coulmas/Schmidt-Eichstaedt*, Städtebauliche Verträge, S. 176.

1787 BVerwG, ZfBR 2013, 177 (178); BVerwG, NVwZ 2002, 473 (475); siehe schon Fn. 1766.

bedarf eines Gebäudes durch ein von einer gemeindeeigenen Gesellschaft betriebenes Blockheizkraftwerk, welches sich aus erneuerbaren Energien speist, gedeckt wird.[1788]

### aa) Allgemeine Angemessenheitsgesichtspunkte

Eine solche Versorgungsvereinbarung müsste zunächst tatsächlich Einsparungen versprechen. Im Rahmen eines Neubaus müssen zudem die Nutzungspflichten erneuerbarer Energien aus dem EEWärmeG erfüllt werden können.[1789] Soweit die städtebauliche Zielsetzung, namentlich die effiziente und klimawandelgerechte Versorgung mit Energie auf der Grundlage erneuerbarer Energien, auch auf andere u. U. kostengünstigere Weise als durch die ausschließliche Bindung an den Bezug von Energie durch einen Anbieter (hier: eine gemeindeeigene Gesellschaft zum Betrieb eines Blockheizkraftwerks) realisierbar ist, so dürfte die diesbezügliche vertragliche Verpflichtung zur Erreichung des städtebaulichen Ziels nicht erforderlich und damit unangemessen sein.[1790] Darüber hinaus wird es unangemessen sein, von einem Grundstückeigentümer den Anschluss und die Benutzung an ein Blockheizkraftwerk zu verlangen, wenn das Grundstück schon über einen Anschluss an eine emissionsfreie Heizeinrichtung verfügt.[1791] Ein Vertragsabschluss dürfte in diesem Fall jedoch ohnehin fern liegen. Die am Beispielsfall entwickelten Grundsätze einer vertraglichen Anschluss- und Benutzungspflicht können auf alle weiteren Anlagen, die sich aus erneuerbaren Energien speisen (bspw. Solarthermie), übertragen werden.

Für die Beurteilung der Angemessenheit im engeren Sinn kommt es immer auf den Einzelfall an. Insbesondere übermäßige und damit unangemessene finanzielle Belastungen des jeweiligen Vertragspartners müssen vermieden werden.[1792] Von abwägungserheblichem Belang kann dabei auch die zeitliche Bindung des Vertragspartners sein.[1793] Zum Teil wird eine zeitliche Befristung entsprechender Nutzungs- und Anschlusspflichten grds. als erforderlich angesehen, um die Angemessenheit gleichartiger Vereinbarungen wahren zu können.[1794] Im Rahmen der „Einheimischenmodelle“ wurden von der Rechtsprechung Bindungsfristen von bis zu 20 Jahren als angemessen angesehen.[1795] Eine solche Bindungsdauer wird auch im Rahmen von Anschluss- und Benutzungsvereinbarungen als Angemessenheitsgrenze genannt.[1796] Entgegen dieser Annahme dürfte die Rechtsprechung zu den „Einheimischenmodellen“ allerdings nicht ohne Weiteres auf klimawandelgerechte Vereinbarungen übertragbar

---

[1788] Angelehnt an BGH, NJW 2002, 3779 ff. betreffend die Zulässigkeit entsprechender Vereinbarungen in kartellrechtlicher und wettbewerbsrechtlicher Hinsicht. Dazu auch *Raabe*, ZNER 2002, 283 ff.

[1789] Vgl. *Böhm/Schwarz*, HSGZ 2012, 423 (429) mwN.; *Bunzel/Coulmas/Schmidt-Eichstaedt*, Städtebauliche Verträge, 3. Auflage, S. 151; *Kahl/Schmidtchen*, Kommunaler Klimaschutz durch Erneuerbare Energien, S. 189.

[1790] *Grziwotz*, Anm. zu BGH, MittBayNot 2003, 161 (165).

[1791] *Spannowsky*, UPR 2009, 201 (210).

[1792] Siehe auch *Klinski/Longo*, ZNER 2007, 41 (45); *Reidt*, in: Mitschang (Hrsg.), Klimagerechte Stadtentwicklung, S. 101.

[1793] *Berkemann*, in: Berkemann/Halama, Erstkommentierungen zum BauGB 2004, § 11, Rn. 14; *Reidt*, in: Mitschang (Hrsg.), Klimagerechte Stadtentwicklung, S. 100.

[1794] So *Burmeister*, Praxishandbuch Städtebauliche Verträge, S. 179; vgl. auch *Bunzel/Coulmas/Schmidt-Eichstaedt*, Städtebauliche Verträge, S. 180 sowie *Lenz/Würtenberger*, BauGB-Verträge, S. 127.

[1795] Siehe nur BGH, NJW 2010, 3505 (3505); VGH München, NVwZ 1999, 1008 (1012) mwN.; vgl. auch *Reidt*, in: Mitschang (Hrsg.), Klimagerechte Stadtentwicklung, S. 100.

[1796] *Burmeister*, Praxishandbuch Städtebauliche Verträge, S. 179; vgl. auch *Lenz/Würtenberger*, BauGB-Verträge, S. 127.

sein.[1797] Soweit eine vertraglich festgelegte Nutzungspflicht zugleich der Erfüllung der (Dauer-)Anforderungen des EEWärmeG dient, wird zu Recht darauf hingewiesen, dass eine fachgesetzliche Nutzungspflicht nach einem ggf. vereinbarten Fristablauf auch nicht bzw. nicht vollständig entfiele.[1798] Eine generelle zeitliche Befristung entsprechender Vereinbarungen kann für Angemessenheitsaspekte somit nicht gefordert werden. Es müssen vielmehr im konkreten Einzelfall die Vor- und Nachteile im Rahmen einer individuellen Gesamtbetrachtung der vertraglichen Leistungen in Rechnung gestellt werden.[1799]

Um Planungssicherheit gewährleisten zu können, sollten die jeweiligen Anlagenbetreiber eine sichere Berechnungsgrundlage erhalten.[1800] Beurteilungsmaßstab dürfte dabei das Verhältnis der klimaschutzbedingten Mehraufwendungen zu den „üblichen" Kosten sein.[1801] Durch die Nutzung erneuerbarer Energien entstehen dem Bauherren Kosten. Abhängig von der erneuerbaren Energieform und -nutzung zählen dazu Investitionskosten, Kosten für die Unterhaltung und Wartung der Heizungsanlage sowie ggf. Mehrkosten für die Energieträger.[1802] Diesen Kosten stehen Einsparungen gegenüber. Kosten für die Installation und Wartung einer Anlage zur Nutzung fossiler Energieträger werden ebenso vermieden, wie Bezugskosten für herkömmliche Energieträger.[1803] Je nach eingesetzter erneuerbarer Energie werden sich die anfänglichen Investitionskosten damit innerhalb der üblichen Betriebsdauer amortisieren und die Nutzung erneuerbarer Energien wird rentabel.[1804]

Da der Vertragspartner nicht gesetzlich verpflichtet wird, sondern den Vertrag freiwillig abschließt, besteht bei der Angemessenheit ein größerer Spielraum als bei ordnungsrechtlichen Vorgaben.[1805] Eine Amortisation im engen betriebswirtschaftlichen Sinne wird nicht zwingend vorausgesetzt.[1806] Sollten im Einzelfall noch erhebliche prognostizierte Mehraufwendungen verbleiben, besteht im Rahmen des Verkaufs eines gemeindeeigenen Grundstücks ggf. die Möglichkeit, die Angemessenheit über einen Kaufpreisnachlass sicherzustellen.[1807] Darüber hinaus kommt es auch auf ggf. zu gewährende Fördermittel an.

### bb) Unzulässiger Machtmissbrauch

Im Falle einer Koppelung eines Grundstückskaufvertrags an den Abschluss eines städtebaulichen Vertrags mit klimawandelgerechten Zielen ist aus Angemessenheitsgesichtspunkten zudem ein faktischer Kontrahierungszwang und damit ein unzulässiger und unangemessener Machtmissbrauch der Gemeinde zu vermeiden. Ein solcher kann dadurch ausgeschlossen

1797 Siehe *Reidt*, in: Mitschang (Hrsg.), Klimagerechte Stadtentwicklung, S. 100.

1798 *Kahl/Schmidtchen*, Kommunaler Klimaschutz durch Erneuerbare Energien, S. 197.

1799 *Bunzel/Coulmas/Schmidt-Eichstaedt*, Städtebauliche Verträge, S. 180; *Klinski/Longo*, ZNER 2007, 41 (45); *Reidt*, in: Mitschang (Hrsg.), Klimagerechte Stadtentwicklung, S. 100.

1800 *Berkemann*, in: Berkemann/Halama, Erstkommentierungen zum BauGB 2004, § 11, Rn. 15.

1801 *Birk*, städtebauliche Verträge, S. 348.

1802 BT-Drs. 16/8149, S. 15.

1803 BT-Drs. 16/8149, S. 15.

1804 Im Einzelnen BT-Drs. 16/8149, S. 15. Siehe auch *Lenz/Würtenberger*, BauGB-Verträge, S. 127.

1805 Zum Spielraum ordnungsrechtlicher Vorgaben siehe oben.

1806 *Klinski/Longo*, ZNER 2007, 41 (45).

1807 Um das Vorliegen einer Beihilfe auszuschließen, muss sich ggf. an der Mitteilung der Kommission betreffend Elemente staatlicher Beihilfen bei Verkäufen von Bauten oder Grundstücken durch die öffentliche Hand v. 10.07.1997, ABl. Nr. C 209/3 orientiert werden. Zu den Anforderungen weiter unten. Vgl. *Kahl/Schmidtchen*, Kommunaler Klimaschutz durch Erneuerbare Energien, S. 193.

werden, dass eine Gemeinde nicht „monopolartig“ über alle Baugrundstücke verfügt und ausnahmslos entsprechende Bedingungen aufstellt.[1808] Diese Ansicht wird durch die Rspr. des BVerwG zum „Weilheimer Einheimischenmodell“[1809] gestützt.[1810] In der genannten Entscheidung sah es das BVerwG als angemessen an, dass sich Grundstückeigentümer vertraglichen – wirtschaftlich nachteiligen – Veräußerungsbeschränkungen unterwerfen.[1811] Folglich wird es erst recht als angemessen angesehen, die Veräußerung eines kommunalen Grundstücks bzw. die Bebaubarkeit eines Grundstücks bspw. von einem vertraglichen Anschluss- und Benutzungszwang abhängig zu machen, soweit dieser wirtschaftlich vertretbar ist.[1812] Um den Vorwurf eines unzulässigen Machtmissbrauchs von vornherein zu entkräften, wird in Anlehnung an die Praxis der Stadt Hannover angeregt, die Grundstückkaufverträge in Form einer Ausschreibung zu gestalten und mit demjenigen abzuschließen, der bei monetär gleichem Kaufpreisangebot die Bereitschaft erklärt, die klimarelevanten Vertragsbedingungen zu akzeptieren.[1813]

### cc) Spezielle Leitbilder der AVBFernwärmeV

Berücksichtigungspflichtige Aspekte im Rahmen der Angemessenheit einer Vereinbarung über die Wärmelieferung aus einem gemeindeeigenen BHKW können sich ggf. auch aus der Verordnung über Allgemeine Bedingungen für die Versorgung mit Fernwärme (AVBFernwärmeV)[1814] ergeben. Diese regelt die Ausgestaltung des Verhältnisses zwischen Fernwärmeversorgungsunternehmen und dem Kunden.[1815] Da § 11 Abs. 1 S. 2 Nr. 4 BauGB es u.a. ermöglicht, Verträge über die Errichtung und/oder Nutzung entsprechender Wärmeerzeugungsanlagen (bspw. eines BHKWs) aus erneuerbaren Energien, einschließlich der Verteilung etwaiger Investitionskosten abzuschließen, stellt sich die Frage, inwieweit sich der Inhalt der AVBFernwärmeV auch auf den angemessenen Vertragsinhalt städtebaulicher Verträge auswirkt.[1816]

---

1808 Siehe *Koch/Mengel*, DVBl 2000, 953 (960); *Longo*, örtliche Energieversorgung, S. 304 f.; *Klinski/Longo*, ZNER 2007, 41 (44 f.); *Kahl/Schmidtchen*, Kommunaler Klimaschutz durch Erneuerbare Energien, S. 188; *Mitschang*, in: Mitschang (Hrsg.), Fragestellungen des Städtebau- und Umweltrechts, S. 71.

1809 Zur Erklärung siehe Fn. 1713 sowie zum unzulässigen Machtmissbrauch Fn. 1778.

1810 Siehe *Koch/Mengel*, DVBl 2000, 953 (960); vgl. auch *Longo*, örtliche Energieversorgung, S. 305; *Klinski/Longo*, ZNER 2007, 41 (44).

1811 BVerwG, NJW 1993, 2695 (2697).

1812 *Koch/Mengel*, DVBl 2000, 953 (960); vgl. auch *Longo*, örtliche Energieversorgung, S. 305; *Klinski/Longo*, ZNER 2007, 41 (45).

1813 Siehe nur Anlage 1 zur Drucksache Nr. 1440/2007 der Stadt Hannover, Ökologische Standards beim Bauen im kommunalen Einflussbereich, S. 1.; vgl. *Kahl/Schmidtchen*, Kommunaler Klimaschutz durch Erneuerbare Energien, S. 188 mwN. Zu den beihilferechtlichen Anforderungen weiter unten, Mitteilung der Kommission betreffend Elemente staatlicher Beihilfen bei Verkäufen von Bauten oder Grundstücken durch die öffentliche Hand v. 10.07.1997, ABl. Nr. C 209/3.

1814 Verordnung über Allgemeine Bedingungen für die Versorgung mit Fernwärme (AVBFernwärmeV), vom 20.6.1980 (BGBl. I S. 742), zuletzt geändert durch Art. 16 des Gesetzes vom 25.07.2013 (BGBl. I S. 2722).

1815 Für den Einsatz erneuerbarer Energien spielt diese insofern nur eine untergeordnete Rolle. Auf eine vertiefte Darstellung im Rahmen des Gebäudeenergiefachrecht wurde daher verzichtet.

1816 Inwieweit die AVBFernwärmeV als Leitbild für eine angemessene vertragliche Versorgungsbindungen und/oder Kostenverteilungen der Herstellungskosten von Wärmeerzeugungsanlagen oder eines Verteilungswärmenetzes, in einen städtebaulichen Vertrag herangezogen werden kann, wurde bisher nur vereinzelt thematisiert. Siehe *Birk*, städtebauliche Verträge, S. 350 ff.; *Grziwotz*, Anm. zu BGH, MittBayNot 2003, 161 (165); *ders.*, DNotZ 2004, 674 (689).

Die AVBFernwärmeV gilt kraft Gesetzes nach § 1 Abs. 1 AVBFernwärmeV für alle Anschluss- und Versorgungsverträge, die von einem Fernwärmeversorgungsunternehmen verwendet werden und für eine Vielzahl von Verträgen vorformuliert sind, soweit es nicht um die Versorgung von Industrieunternehmen geht (§ 1 Abs. 2 AVBFernwärmeV) oder sich der Kunde bewusst gegen die Geltung der AVBFernwärmeV entscheidet (§ 1 Abs. 3 AVBFernwärmeV).[1817] Individualverträge sind mithin nicht betroffen.[1818] Der BGH begrenzt den Anwendungsbereich der AVBFernwärmeV darüber hinaus auf solche Fälle, in denen Wärme aus einer nicht im Eigentum des Gebäudeeigentümers stehenden Wärmeerzeugungsanlage geliefert wird.[1819] Anschlussverträge i. S. d. AVBFernwärmeV beinhalten Vereinbarungen über die Errichtung und Unterhaltung einer Verbindung des Anschlussobjekts mit dem Verteilungsnetz des jeweiligen Fernwärmeersorgungsunternehmens. Ein Versorgungsvertrag regelt Pflichten der regelmäßigen Wärmebelieferung.[1820]

§ 9 AVBFernwärmeV regelt sodann die Erhebung von Baukostenzuschüssen. Danach ist das Fernwärmeversorgungsunternehmen berechtigt, von den Anschlussnehmern einen angemessenen Baukostenzuschuss zur teilweisen Abdeckung der bei wirtschaftlicher Betriebsführung notwendigen Kosten für die Erstellung oder Verstärkung von der örtlichen Versorgung dienenden Verteilungsanlagen zu verlangen, soweit sie sich ausschließlich dem Versorgungsbereich zuordnen lassen, in dem der Anschluss erfolgt.[1821] § 9 Abs. 1 S. 2 AVBFernwärmeV begrenzt diesen Baukostenzuschuss auf einen Höchstsatz von 70 % der tatsächlichen Kosten.[1822] In der Kommentarliteratur zur AVBFernwärmeV wird mithin einhellig davon ausgegangen, dass von den Anschlussnehmern allein Kosten verlangt werden können, welche der Errichtung oder Verstärkung der örtlichen Verteilungsanlage dienen. Ausgenommen davon sind Herstellungskosten für die jeweiligen Erzeugungsanlagen.[1823]

Soweit in einen städtebaulichen Vertrag nach § 11 Abs. 1 S. 2 Nr. 4 BauGB bspw. neben der Errichtung einer Wärmeeinrichtungen auch die eigentumsrechtliche Übertragung an das

---

1817 Vgl. *Wollschläger*, in: Danner/Theobald, Energierecht, § 1 AVBFernwärmeV, Rn. 1., 15 ff., 19 f. sowie *Topp*, in: Danner/Theobald, Energierecht, B 6 Fernwärmerecht, Rn. 10.

1818 *Witzel*, in: Witzel/Topp, AVBFernwärmeV, S. 44.

1819 BGH, NJW-RR 2012, 249 f.; zusammenfassend *Scholtka/Baumbach*, NJW 2012, 2704 (2710); kritisch dazu *Topp*, in: Danner/Theobald, Energierecht, B 6 Fernwärmerecht, Rn. 12 sowie *Jasper-Winter*, N&R 2012, 122 ff.

1820 Vgl. *Wollenschläger*, in: Danner/Theobald, Energierecht, § 1 AVBFernwärmeV, Rn. 9 f.; *Witzel*, in: Witzel/Topp, AVBFernwärmeV, S. 46 mwN.

1821 Der Versorgungsbereich ist dabei gegenüber dem Versorgungsgebiet regelmäßig als engerer räumlicher Bereich anzusehen. Entscheidend kommt es darauf an, ob die Baumaßnahme konkret die Wärmeversorgung des Kunden zugeordnet werden kann, siehe *Wollenschläger*, in: Danner/Theobald, Energierecht, AVBFernwärmeV, § 9, Rn. 13.

1822 Der von den jeweiligen Anschlussnehmern als Baukostenzuschuss zu übernehmende Kostenanteil bemisst sich gemäß § 9 Abs. 2 AVBFernwärmeV grds. nach dem Verhältnis, in dem die an seinem Hausanschluss vorzuhaltende Leistung zu der Summe der Leistungen steht, die in den im betreffenden Versorgungsbereich erstellten Verteilungsanlagen oder auf Grund der Verstärkung insgesamt vorgehalten werden können.

1823 *Wollenschläger*, in: Danner/Theobald, Energierecht, AVBFernwärmeV, § 9, Rn. 9 f.; *Witzel*, in: Witzel/Topp, AVBFernwärmeV, S. 117; vgl. *Birk*, städtebauliche Verträge, S. 352 mwN. auch zur vergleichbaren AVBWasserV. Von den zwingenden Regelungen der Allgemeinen Versorgungsbedingungen abweichende Vereinbarungen über die Höhe der Baukostenzuschüsse wurden in der Rechtsprechung als nach § 134 BGB nichtig angesehen, so OLG Braunschweig, NJW-RR 1998, 1313 ff.; LG Bonn, RdE 1997, 205 ff, OLG Brandenburg, Urteil vom 08.02.2006 – 4 U 105/05 – juris-Rn. 68; vgl. auch *Birk*, städtebauliche Verträge, S. 352.

örtliche Fernwärmeversorgungsunternehmen geregelt wird, ist fraglich, inwieweit eine Vereinbarung, die darauf abzielt, auch die Verteilung von Herstellungskosten von Wärmeerzeugungsanlagen vertraglich zu vereinbaren, den einschränkenden Vorgaben der AVBFernwärmeV unterliegt.[1824] Wäre § 9 Abs. 1 S. 2 AVBFernwärmeV – soweit deren Anwendungsbereich grds. eröffnet ist – auch auf solche städtebauliche Vertragsvereinbarungen anzuwenden, würde die AVBFernwärmeV vertragliche Kostenverteilungen von Wärmenetzen dienenden Erzeugungsanlagen (bspw. eines BHKWs) auch in einem städtebaulichen Vertrag ausschließen und allein eine Kostenverteilung des Netzes in Höhe von 70 % ermöglichen.

Inzwischen wird die Anwendbarkeit der AVBFernwärmeV von *Birk* im Hinblick auf den Wortlaut und die Entstehungsgeschichte von § 11 Abs. 1 S. 2 Nr. 4 BauGB zu Recht eingehend abgelehnt.[1825] Der durch die BauGB-Klimanovelle 2011 gefasste Wortlaut des § 11 Abs. 1 S. 2 Nr. 4 BauGB geht klar über den Regelungsbereich der AVBFernwärmeV hinaus und die Norm ist insofern völlig unabhängig von der AVBFernwärmeV zu begreifen.[1826] Ebenso Sinn und Zweck des § 9 AVBFernwärmeV sprechen dafür, dass Vereinbarungen in städtebaulichen Verträgen von § 9 Abs. 1 S. 2. AVBFernwärmeV nicht berührt werden. Hintergrund für das Verlangen von Baukosten im Rahmen der AVBFernwärmeV sind in erster Linie Gerechtigkeitsgedanken.[1827] Das Versorgungsunternehmen soll die tatsächlich entstehenden Kosten verursachungsgerecht auf diejenigen Kunden umlegen, die von der Erstellung oder Verstärkung des Verteilungsnetzes profitieren.[1828] Eine daneben existente und regelmäßig vorab getroffene Vereinbarung der Gemeinden mit den jeweiligen Vertragspartnern über die Kostenverteilung von Erzeugungsanlagen wird durch die AVBFernwärmeV mithin nicht adressiert und kann keine Auswirkungen auf solche städtebaulichen Vereinbarungen haben. § 11 Abs. 1 S. 2 Nr. 4 BauGB sieht ausdrücklich die Möglichkeit vor, auch Vereinbarungen über Erzeugungsanlagen in städtebaulichen Verträgen zu treffen. Umfasst sind davon auch angemessene Kostenvereinbarungen, die von der AVBFernwärmeV insoweit nicht eingeschränkt werden.

Ein weiteres Problemfeld im Geltungsbereich der AVBFernwärmeV ergibt sich hinsichtlich der zeitlichen Bindungsdauer von vertraglichen Vereinbarungen. Wie gesehen, ist eine allgemeingültige zeitliche Befristung von Bezugsverpflichtungen in städtebaulichen Verträgen grds. nicht zu fordern.[1829] § 32 Abs. 1 AVBFernwärmeV legt die Laufzeit von Versorgungsverträgen allerdings auf höchstens 10 Jahre fest. Wird der Vertrag nicht von einer der beiden Seiten mit einer Frist von neun Monaten vor Ablauf der Vertragsdauer gekündigt, so gilt eine Verlängerung um jeweils weitere fünf Jahre als stillschweigend vereinbart. Ob unbefristete Bezugsverpflichtungen von Wärme in städtebaulichen Verträgen im Hinblick auf das Leitbild der AVBFernwärmeV einer Angemessenheitsprüfung stand halten, wird daher bezweifelt.[1830] Jedenfalls bei Anwendbarkeit der AVBFernwärmeV muss daher die 10jährige Laufzeit als Leitbild dienen. Inwieweit bei der Bindungsdauer nach oben abgewichen werden kann, ist vom Einzelfall bedingt.

---

[1824] Dazu *Birk*, städtebauliche Verträge, S. 350 ff.

[1825] Siehe *Birk*, städtebauliche Verträge, S. 353 f.

[1826] *Birk*, städtebauliche Verträge, S. 353 f.

[1827] *Wollenschläger*, in: Danner/Theobald, Energierecht, AVBFernwärmeV, § 9, Rn. 1.

[1828] *Wollenschläger*, in: Danner/Theobald, Energierecht, AVBFernwärmeV, § 9, Rn. 1.

[1829] Siehe oben.

[1830] *Grziwotz*, DNotZ 2004, 674 (689); *ders.* MittBayNot 2003, 161 (165); *BMVBS* (Hrsg.) Flexibilisierung der Planung für eine klimawandelgerechte Stadtentwicklung, S. 39.

### b) Beispiel: Sanierungsvereinbarung im Gebäudebestand

Im Rahmen von vertraglichen Sanierungsvereinbarungen im Gebäudebestand kommt es vorrangig auf die Angemessenheit im engeren Sinn an und diese muss somit ausreichend geprüft werden. In diesem Zusammenhang spielt insbesondere die Wirtschaftlichkeit der geplanten Maßnahmen eine entscheidende Rolle.[1831]

In der Literatur wird vor dem Hintergrund des bestehenden Gebäudeenergiefachrechts (EnEV, EEWärmeG) zur Diskussion gestellt, ob dessen Anforderungen an bestehende Gebäude nicht schon ausreichende Pflichten auferlegen, sodass darüber hinausgehende vertraglich vereinbarte Pflichten nach § 11 Abs. 1 S. 2 Nr. 5 BauGB schon dem Grunde nach unangemessen erscheinen.[1832] In Anbetracht der Ergebnisse der im zweiten Kapitel dieser Arbeit durchgeführten Analyse des Gebäudeenergiefachrechts lässt sich die Annahme einer solchen Unangemessenheit „per se" jedoch eindeutig ablehnen. Der Gebäudebestand blieb bisher weitgehend von ordnungsrechtlichen Anforderungen verschont. Konsensuale Instrumente sollen es demgegenüber gerade ermöglichen, Klimaschutz- und Klimaanpassungsmaßnahmen im Gebäudebestand – auch über die fachgesetzlichen Anforderungen hinaus – zu adressieren. Weitergehende Anforderungen werden vom Energiefachrecht mithin nicht grundsätzlich ausgeschlossen.[1833] Die Annahme einer durch sich selbst bestehenden Unangemessenheit vertraglicher Vereinbarungen, die eine Steigerung der Energieeffizienz im Gebäudebestand fokussieren, lässt sich damit insbesondere auf Grund der als Mindeststandard zu begreifenden bestehenden Anforderungen an Bestandsbauten und den grds. nebeneinander anzusiedelnden Anwendungsbereichen des Gebäudeenergiefachrechts und städtebaulicher Vereinbarungen, nicht überzeugend herleiten.

Im Einzelfall kann die Angemessenheit vertraglicher Vereinbarungen gleichwohl durchaus divergieren. Es müssen stets die konkreten Sanierungsmaßnahmen in den Blick genommen werden, wobei in die Investitionsberechnungen immer auch sogenannte „Sowieso"-Maßnahmen einfließen müssen. Dies sind Kosten, die ohnehin angefallen wären, wie bspw. der Austausch maroder Fenster oder die Instandsetzung der Fassade.[1834] Mehrkosten ergeben sich in solchen Fällen nur in Grenzen[1835] und finden ihrer Rechtfertigung grds. im städtebaulichen Ziel des Klimaschutzes und der Klimaanpassung.[1836] Zahlreiche Analysen kommen zu dem Ergebnis, dass mit nahezu allen gängigen Sanierungsmaßnahmen, je nach Abhängigkeit des Gebäudezustands, langfristig Energie und Kosten eingespart werden können und damit eine Amortisation eintreten kann.[1837] Auch hier besteht, da sich der Bauherr vertraglich verpflichtet, aus Angemessenheitsgesichtspunkten ein größerer Spielraum als bei ordnungs-

---

1831 Siehe insoweit oben zum Spielraum ordnungsrechtlicher Vorgaben.

1832 *Birk*, städtebauliche Verträge, S. 355.

1833 Siehe oben, vgl. *Möller*, EnEG, § 1, Rn. 3.

1834 *BMVBS*, Leitfaden Baubestand, S. 29.

1835 Auch befürchtete Mehrbelastungen von Mietern halten sich in einem vertretbaren Rahmen. Bei Gebäuden, die ohnehin saniert werden müssen, kann der Energiebedarf um 75 % gesenkt werden, ohne dabei eine Mehrbelastung der Mieter nach sich zu ziehen. Selbst eine Einsparung von 80 % würde nur eine geringe Mieterhöhung zur Folge haben. Bei weiterem Anstieg der Energiepreise wäre auch die letzte Variante warmmietenneutral, Kaltmieten steigen zwar; werden jedoch durch die sinkenden Energiekosten ausgeglichen, siehe *Geea*, Hintergrund: Kosten der Energieeffizienzsanierung für Mieter, S. 1 f., *dies.*, Pressemitteilung vom 09.08.2012 sowie *Dena*, Wirtschaftlichkeit energetischer Modernisierung im Mietwohnungsbestand, S. 14 ff.

1836 Vgl. auch *Berkemann*, in: Berkemann/Halama, Erstkommentierungen zum BauGB 2004, § 11, Rn. 15.

1837 Siehe Fn. 190.

rechtlichen Vorgaben.[1838] Welche Maßnahmen sich im Ergebnis als sinnvoll erweisen, bedarf der individuellen Begutachtung eines jeden Gebäudes. Es muss dabei differenziert betrachtet werden, in welchem Ausmaß und mit welcher Bündelung eine Sanierung stattfinden soll. Ob ein Vertrag überhaupt zustande kommt und ob dieser am Ende angemessen ist, hängt im Wesentlichen dabei auch von Förderungsmöglichkeiten der Gemeinde ab. Neben der Unabhängigkeit von Energiepreisen, der Substanzerhaltung der Objekte sowie der Möglichkeit, Energiekosten einzusparen und dabei einen Beitrag zum Klimaschutz zu leisten, werden insbesondere staatliche Förderungen als wesentliche Anreize für energetische Sanierungen genannt.[1839] Sollte es im Nachhinein unerwartet dazu kommen, dass die Wirtschaftlichkeit entfällt, kommt jedenfalls ein Anspruch des Vertragspartners auf Vertragsanpassung in Betracht.[1840]

## IV. Sonstige Anforderungen

Neben den soeben thematisierten materiellen Anforderungen, welche im Kontext von klimaschutz- und klimaanpassungsausgerichteten städtebaulichen Vereinbarungen nach einer besonderen Berücksichtigung verlangen, gelten noch weitere allgemeine Anforderungen. Es erscheint notwendig und sinnvoll, diese hier kurz darzustellen, um die Chancen und Risiken städtebaulicher Vereinbarungen abschließend bewerten zu können. Eine vertiefte Auseinandersetzung würde den Rahmen der vorliegenden Arbeit sprengen, sodass die Anforderungen übersichtshalber dargestellt und klimawandelgerechte Vereinbarungen zum Teil in Bezug genommen werden sollen.

### 1. Allgemeine Geschäftsbedingungen

Bei Verwendung vorformulierter Vertragsklauseln in städtebaulichen Verträgen – in der Praxis geschieht dies zumeist auf der Grundlage von Formularbüchern – sind oftmals die Voraussetzungen des § 305 Abs. 1 BGB erfüllt, sodass allgemeine Geschäftsbedingungen i.S.d. Vorschrift vorliegen.[1841] Soweit auch im Rahmen einer klimawandelgerechten Stadtentwicklung zukünftig auf solche zurückgegriffen wird, stellt sich die Frage der Anwendbarkeit der Vorschriften über Schuldverhältnisse durch allgemeine Geschäftsbedingungen gemäß §§ 305 ff. BGB. Ob diese neben der Angemessenheitsprüfung nach § 11 Abs. 2 S. 1 BauGB ergänzend zur Anwendung kommen, wird in Literatur und Rechtsprechung kontrovers diskutiert.[1842] Eine abschließende höchstrichterliche Klärung für aktuelle und zukünftige Vertragsabschlüsse blieb bislang aus. Allein für Vertragsschlüsse vor Ablauf der Umsetzungsfrist für die EG-Richtlinie vom 05.04.1993 über missbräuchliche Klauseln in Verbraucherverträgen

[1838] Zum Spielraum ordnungsrechtlicher Vorgaben siehe oben; vgl. auch *Lenz/Würtenberger*, BauGB-Verträge, S. 127.

[1839] BMVBS (Hrsg.), $CO_2$-Einsparung bis 2020, S. 43.

[1840] *Bunzel/Coulmas/Schmidt-Eichstaedt*, Städtebauliche Verträge, S. 180 f., 367 ff.

[1841] Siehe *Ruttloff*, DVBl 2013, 1415 (1415 f.). Zum Begriff der AGB und den Merkmalen des § 305 Abs. 1 BGB siehe nur *Basedow*, in: Münchener Kommentar zum BGB, § 305, Rn. 5 ff.

[1842] Zuletzt etwa *Ruttloff*, DVBl 2013, 1415 ff.; *Birk*, städtebauliche Verträge, S. 74 ff. Zum Ganzen *Krautzberger*, in: E/Z/B/K, § 11, Rn. 170 ff.; *Bunzel/Coulmas/Schmidt-Eichstaedt*, Städtebauliche Verträge, S. 46 ff.; *Bank*, in: Brügelmann, BauGB, 72. Erg.-Lfg., § 11, Rn. 102 ff. Abgesehen von der Frage der abstrakt-generellen Anwendbarkeit der §§ 305 ff. BGB, ist im Einzelfall zu prüfen, ob die §§ 305 ff. BGB überhaupt tatbestandlich anwendbar sind. Im Rahmen von Fernwärmevereinbarungen ist der Anwendungsbereich der §§ 305 ff. BGB zum Beispiel eingeschränkt (§ 310 Abs. 2 BGB).

am 31. 12. 1994[1843] hat der BGH für städtebauliche Verträge zivilrechtlicher Natur entschieden, dass § 11 Abs. 2 S. 1 BauGB eine erschöpfende Spezialregelung darstelle, neben der das Recht der allgemeinen Geschäftsbedingungen keine Anwendung finde.[1844] Mit der genannten EG-Richtlinie wurde der Zweck des Rechts der allgemeinen Geschäftsbedingungen um den Schutz des Verbrauchers erweitert. Als Unternehmer im Sinne der Richtlinie und damit als Normadressat wurde auch eine Einrichtung der öffentlichen Hand definiert.[1845]

Der BGH stellte dementsprechend fest, „sollte dem zu folgen sein, müsste das Recht der Allgemeinen Geschäftsbedingungen auch für - zumindest privatrechtliche - städtebauliche Verträge Geltung beanspruchen können".[1846] Letztendlich hat er die Frage der Anwendbarkeit für zukünftige Vertragsabschlüsse jedoch unbeantwortet gelassen. Die Instanzgerichte der ordentlichen Gerichtsbarkeit wenden auf städtebauliche Verträge zivilrechtlicher Natur nunmehr einhellig das Recht der allgemeinen Geschäftsbedingungen an.[1847] Auch der BGH stützt sich derweilen sowohl auf eine Inhaltskontrolle nach § 307 Abs. 1 S. 1 BGB, als auch auf § 11 Abs. 2 S. 1 BauGB.[1848] Die Verwaltungsgerichte gehen dazu über, die Anwendbarkeit offen zu lassen und wenden § 11 Abs. 2 S. 1 BauGB sowie die Überprüfung nach §§ 305 ff. BGB – ebenso wie der BGH – parallel an.[1849]

In Teilen der Literatur wird dementgegen in § 11 Abs. 2 S. 1 BauGB eine gegenüber dem Recht der allgemeinen Geschäftsbedingungen speziellere Generalklausel gesehen, welche dieses verdränge.[1850] Die unionsrechtlichen Vorgaben – umgesetzt in § 310 BGB, welcher städtebauliche Verträge explizit nicht von Anwendungsbereich der §§ 305 ff. BGB ausnimmt, sprechen allerdings klar für eine Anwendbarkeit des Rechts der allgemeinen Geschäftsbedingungen, zumindest auf städtebauliche Verträge privatrechtlicher Natur.[1851] Für städtebauliche Verträge öffentlich-rechtlicher Natur bestimmt § 62 S. 2 VwVfG, dass ergänzend die Vorschriften des BGB entsprechend zur Anwendung kommen.[1852] Eine ergänzende Anwendbar-

---

1843 Richtlinie 93/13/EWG des Rates vom 5. April 1993 über missbräuchliche Klauseln in Verbraucherverträgen.

1844 BGH, NJW 2003, 888 (888).

1845 Siehe Erwägungen und Art. 2 der Richtlinie 93/13/EWG des Rates vom 5. April 1993 über missbräuchliche Klauseln in Verbraucherverträgen.

1846 BGH, NJW 2003, 888 (890); dazu auch *Burmeister*, Praxishandbuch Städtebauliche Verträge, S. 68 ff.; *Bunzel/Coulmas/Schmidt-Eichstaedt*, Städtebauliche Verträge, S. 48; *Krautzberger*, in: E/Z/B/K, § 11, Rn. 171b.

1847 Siehe nur OLG Karlsruhe, NJW-RR 1992, 18 (19); OLG Stuttgart, BWNotZ 2007, 16 ff.; OLG Hamm, NJW 1996, 2104 (2104); OLG Koblenz, DNotI-Report 1998, 25 f.; OLG Frankfurt, KommJur 2009, 386 (387); vgl. *Krautzberger*, in: E/Z/B/K, § 11, Rn. 171 sowie *Bunzel/Coulmas/Schmidt-Eichstaedt*, Städtebauliche Verträge, S. 48.

1848 BGH, NJW-RR 2007, 962 (962); BGH, NJW 2010, 3505 (3506); ebenso OLG Schleswig, NVwZ-RR 2010, 737 (737 f.); dazu *Krautzberger*, in: E/Z/B/K, § 11, Rn. 171c.

1849 OVG Lüneburg, ZfBR 2007, 804 (805); vgl. *Krautzberger*, in: E/Z/B/K, § 11, Rn. 171 c.

1850 *Reidt*, in: B/K/L, § 11, Rn. 81 (vormals auch *Löhr*, in: B/K/L, § 11, 11. Auflage 2009, Rn. 14a); *Kirchmeier*, in: Ferner/Kröninger/Aschke, § 11, Rn. 7a; *Kahl*, DÖV 2000, 793 (795); *Birk*, städtebauliche Verträge, S. 75; vorausschauend *Grziwotz*, NJW 1997, 237 (237); vgl. auch BGH, NJW 2003, 888 (889 f.) sowie *Krautzberger*, in: E/Z/B/K, § 11, Rn. 171a; *Bank*, in: Brügelmann, BauGB, 72. Erg.-Lfg., § 11, Rn. 104 jew. mwN.

1851 Vgl. *Bank*, in: Brügelmann, BauGB, 72. Erg.-Lfg., § 11, Rn. 105; *Bunzel/Coulmas/Schmidt-Eichstaedt*, Städtebauliche Verträge, S. 48. Überdies auch für öffentlich-rechtliche Verträge *Ruttloff*, DVBl 2013, 1415 (1419).

1852 Seit der Schuldrechtsreform damit grds. auch die §§ 305 ff. BGB. Zu den unterschiedlichen Ansichten noch unter Geltung des AGB-Gesetzes *Ruttloff*, DVBl 2013, 1415 (1416 f.).

keit der §§ 305 ff. BGB hängt mithin zum einen davon ab, ob öffentlich-rechtliche Vorschriften eine abschließende Regelung enthalten. Darüber hinaus dürften öffentlich-rechtliche Wertungen einer ergänzenden Anwendbarkeit nicht entgegenstehen.[1853]

Ein Ergänzungsbedürfnis durch die §§ 305 ff. BGB ergibt sich schon auf Grund der unterschiedlichen Bewertungsmaßstäbe der §§ 305 ff. BGB und des § 11 Abs. 1 S. 2 BauGB.[1854] Die Angemessenheit nach § 11 Abs. 1 S. 2 BauGB wird anhand der Gesamtumstände bemessen und der Kontrollmaßstab nach den §§ 305 ff. BGB bezieht sich auf jede einzelne Vertragsklausel. Daher können sich im Einzelfall Unterschiede in der Bewertung der Angemessenheit ergeben.[1855] Darüber hinaus steht einer ergänzenden Anwendbarkeit der §§ 305 ff. BGB grundsätzlich nichts im Wege.[1856] Im Einzelfall kann damit Raum für eine Anwendung der §§ 305 ff. BGB sein, deren Klauselkontrolle eher zur Unangemessenheit eines Vertrags führen kann, als eine Gesamtabwägung nach § 11 Abs. 2 S. 1 BauGB.[1857] Die §§ 305 ff. BGB sollten mithin stets als Auslegungshilfe im Rahmen der Angemessenheitsprüfung nach § 11 Abs. 2 S. 1 BauGB herangezogen werden und die Angemessenheit auch hinsichtlich jeder einzelnen Vertragsklausel beurteilt werden.[1858]

## 2. Vergabe(-rechtliche) Anforderungen

Insbesondere bei Grundstückverkäufen an Projektentwickler oder Wirtschaftsunternehmen rückt die Auswahlentscheidung mehrerer Bewerber in den Vordergrund. Im Rahmen der Auswahlentscheidung beim Abschluss städtebaulicher Verträge müssen mithin spezielle Anforderungen an die Vergabe beachtet werden, welche sich aus dem Kartellvergaberecht

---

1853 *Ruttloff*, DVBl 2013, 1415 (1417); *Bunzel/Coulmas/Schmidt-Eichstaedt*, Städtebauliche Verträge, S. 49 ff.; *Bonk/Neumann*, in: Stelkens/Bonk/Sachs, § 62, Rn. 22; *Bank*, in: Brügelmann, BauGB, 72. Erg.-Lfg., § 11, Rn. 106 ff.

1854 Siehe *Ruttloff*, DVBl 2013, 1415 (1417 f.).

1855 BGH, NVwZ 2003, 371 ff.; *Grziwotz*, NVwZ 2002, 391 (394); *Spannowsky*, in: Spannowsky/Krämer (Hrsg.), S. 27; *Ruttloff*, DVBl 2013, 1415 (1417 f.); vgl. auch *Bunzel/Coulmas/Schmidt-Eichstaedt*, Städtebauliche Verträge, S. 49 f.; *Reidt*, BauR 2008, 1541 (1545); *Burmeister*, Praxishandbuch städtebauliche Verträge, S. 69.

1856 Vgl. *Ruttloff*, DVBl 2013, 1415 (1420 f.).

1857 Die in der Rechtsprechung vollzogene Parallelprüfung hat bisher allerdings zu keinen unterschiedlichen Rechtsfolgen geführt. Dazu *Bank*, in: Brügelmann, BauGB, 72. Erg.-Lfg., § 11, Rn. 104; *Krautzberger*, in E/Z/B/K, § 11, Rn. 170 ff. jew. mwN. Zumindest zwischen der Überprüfung nach § 307 Abs. 1 BGB und § 11 Abs. 1 S. 2 BauGB werden sich aufgrund des ähnlichen Prüfungsmaßstabs kaum inhaltliche Diskrepanzen ergeben. Siehe *Bonk/Neumann*, in: Stelkens/Bonk/Sachs, § 62, Rn. 59; VGH München, NVwZ 1999, 1008 (1010); OVG Lüneburg, ZfBR 2007, 804 (805); BGH, NJW 2010, 3505 ff. mit Anm. v. *Hausmann*, NJW 2010, 3508. Dazu auch *Burmeister*, Praxishandbuch Städtebauliche Verträge, S. 76; *ders.*, Praxishandbuch städtebauliche Verträge, S. 69.

1858 Vgl. *Grziwotz*, NVwZ 2002, 391 (394); *Bunzel/Coulmas/Schmidt-Eichstaedt*, Städtebauliche Verträge, S. 51; *Reidt*, BauR 2008, 1541 (1545); *Spannowsky*, in: Spannowsky/Krämer (Hrsg.), S. 28; *Krautzberger*, in: E/Z/B/K, § 11, Rn. 171 c; *Bank*, in: Brügelmann, BauGB, 72. Erg.-Lfg., § 11, Rn. 104. § 305 Abs. 2 und 3 BGB finden keine entsprechende Anwendung wegen des allg. Schriftformerfordernisses. Klauselverbote ohne Wertungsmöglichkeit können ebenso keine Anwendung finden, im Detail *Ruttloff*, DVBl 2013, 1415 (1420 f.), der ebenso darlegt, dass auf Rechtsfolgenseite bei Anwendung der §§ 305 ff. BGB systematisch vorrangig § 59 Abs. 1 VwVfG i.V.m. § 306 BGB gilt (und nicht § 59 Abs. 3 VwVfG, es sei denn es existiert eine Heilungsklausel); ebenso BGH, NJW 2010, 3505 (3507); a.A. *Birk*, städtebauliche Verträge, S. 75 f.

ergeben können. Dieses ist in Umsetzung der Richtlinie 2004/18/EG[1859] in den §§ 97 ff. GWB geregelt.[1860] Maßgebliche Anwendungsvoraussetzung ist, dass der geltende EU-Schwellenwert (§§ 100, 127 GWB)[1861] erreicht wird und es sich um einen öffentlichen Bauauftrag oder eine Baukonzession mit einem Unternehmen (§ 99 GWB) handelt.[1862] Städtebauliche Verträge unterliegen also nicht grundsätzlich dem Vergaberecht, sondern eine Vergabepflichtigkeit gemäß §§ 97 ff. GWB hängt immer vom konkreten Vertragsgegenstand ab.[1863] Im Übrigen können sich Anforderungen aus dem europäischen Primärrecht, dem nationalen Haushaltsrecht sowie dem Verfassungsrecht ergeben.

### a) Kartellvergaberecht

Die Anwendbarkeit des Kartellvergaberechts beim Abschluss städtebaulicher Verträge ist in den vergangenen Jahren mit erheblichen Unsicherheiten behaftet gewesen, welche insbesondere auf die sog. „Ahlhorn-Entscheidung" des OLG Düsseldorf aus dem Jahr 2007 zurückgehen.[1864] Dieses hatte ausgehend von der „Roanne-Entscheidung"[1865] des EuGH einen öffentlichen Bauauftrag und damit eine Anwendbarkeit des Vergaberechts schon dann angenommen, wenn eine Gemeinde beim Verkauf von Grundstücken mittelbar öffentliche Interessen verfolge (etwa durch städtebauliche Bauverpflichtungen).[1866] In Konsequenz der Rechtsprechung des OLG Düsseldorf bestünden auch im Rahmen einer klimawandelgerechten Stadtentwicklung umfassende Ausschreibungspflichten.

Die erfolgte Rechtsprechung ist allerdings auf erhebliche Kritik gestoßen.[1867] Auch der Gesetzgeber sah sich veranlasst, den Begriff der „Bauleistung" in § 99 Abs. 3 GWB daraufhin einschränkend um die Voraussetzung einer „unmittelbar wirtschaftlich zugutekommenden Bauleistung […]" zu präzisieren.[1868] Grundlegend geändert hat sich die Rechtslage seit der EuGH-Entscheidung „Helmut Müller" aus dem Jahre 2010.[1869] In der Entscheidung des EuGH wurde die Rechtsprechung des OLG Düsseldorf korrigiert und die begrifflichen Merkmale des § 99 Abs. 3 GWB wurden bestätigt und präzisiert.[1870] Zentraler Gegenstand der

---

1859 Richtlinie 2004/18/EG des europäischen Parlaments und des Rates vom 31.03.2014 über die Koordinierung der Verfahren zur Vergabe öffentlicher Bauaufträge, Lieferaufträge und Dienstleistungsaufträge.

1860 i.V.m. der Vergabeverordnung der Vergabe- und Vertragsordnung für Leistungen (VOL/Teil A), Vergabe- und Vertragsordnung für Bauleistungen (VOB/Teil A) und der Vergabeordnung für freiberufliche Leistungen (VOF). Zu den unionsrechtlichen Vorgaben *Fehling*, in: Pünder/Schellenberg, Vergaberecht, § 97, Rn. 14 ff.

1861 5 000 000 EUR bei öffentlichen Bauaufträgen, siehe § 2 VgV i.V.m. Art. 7 der Richtlinie.

1862 Siehe nur *Harms/Schmidt-Wottrich*, LKV 2011, 537 (537).

1863 Siehe *Birk*, städtebauliche Verträge, S. 81.

1864 Siehe OLG Düsseldorf, NZBau 2007, 530 ff.

1865 EuGH, NVwZ 2007, 316 ff.

1866 OLG Düsseldorf, NZBau 2007, 530 ff.; nachfolgend OLG Düsseldorf, NZBau 2007, 736; OLG Düsseldorf, NZBau 2008, 138 ff.; OLG Düsseldorf, NZBau 2008, 461 ff.; siehe auch OLG Bremen, NZBau 2008, 336 ff.

1867 Statt vieler *Krohn*, ZfBR 2008, 27 ff.; *Vetter/Bärmann*, NVwZ 2008, 133 ff. Zum Ganzen *Hoffmann*, in: Spannowsky/Uechtritz, § 11, Rn. 58 ff. und *Otting*, NJW 2010, 2167 (2167) jew. mwN.

1868 BT-Drs. 16/10117, S. 18. Zum Ganzen auch *Bank*, in: Brügelmann, BauGB, 72. Erg.-Lfg., § 11, Rn. 155 ff.

1869 Siehe EuGH, NJW 2010, 2189 ff. Das Urteil wurde im Wege eines Vorabentscheidungsverfahrens durch das OLG Düsseldorf erwirkt, siehe OLG Düsseldorf, NZBau 2008, 727 ff. Es besteht eine faktische Bindungswirkung aller nationalen Gerichte, im Einzelnen dazu *Hanke*, ZfBR 2010, 562 (567).

1870 Siehe nunmehr OLG Düsseldorf, NZBau 2010, 580 ff.

Entscheidung war der Begriff des „öffentlichen Bauauftrags" i.S.d. Richtlinie 2004/18/EG und damit mittelbar die Auslegung des Begriffs in § 99 GWB.[1871] Nach der Entscheidung ist ein öffentlicher Auftrag i.S.d. § 99 GWB nur dann anzunehmen, wenn das Bauvorhaben „dem Auftraggeber unmittelbar wirtschaftlich zugutekommt".[1872] Als wesentliches den unmittelbar wirtschaftlichen Vorteil grds. ausschließendes Abgrenzungskriterium fungiert nach der Entscheidung des EuGH dahingegen die „bloße Ausübung von städtebaulichen Regelungszuständigkeiten im Hinblick auf die Verwirklichung des allgemeinen Interesses" durch den Auftraggeber.[1873] Bloß städtebauliche motivierte Wünsche, die nicht über die „Ausübung städtebaulicher Regelungszuständigkeiten" hinausgehen, lösen mithin keine Ausschreibungspflicht aus.[1874]

Soweit also städtebauliche Verträge lediglich aus Gründen der Allgemeinheit geschlossen werden und die materiellen Anforderungen (insbesondere Koppelungsverbot, Angemessenheitsgebot und städtebaulicher Bezug) gewahrt bleiben und gerade Ausdruck dieser städtebaulichen Regelungszuständigkeit sind, bedürfen diese nicht der Anwendung des strengen Vergabeverfahrens.[1875]

Vereinbarungen in städtebaulichen Verträgen fallen daher nur selten in den Anwendungsbereich des Vergaberechts.[1876] Im Rahmen einer klimawandelgerechten Stadtentwicklung scheidet ein Bauauftrag i.S.d. § 99 GWB nunmehr entgegen der ursprünglichen Auffassung des OLG Düsseldorf jedenfalls dann aus, wenn eine Gemeinde bspw. über die Festsetzungsmöglichkeiten eines Bebauungsplans hinaus städtebauliche Vereinbarungen zur Nutzung erneuerbarer Energien oder der Steigerung der Energieeffizienz trifft (§ 11 Abs. 1 S. 2 Nr. 4 und 5 BauGB).[1877] Maßnahmen des Klimaschutzes und der Klimaanpassung gehören grds. zu dem, was von städtebaulichen Regelungszuständigkeiten gedeckt ist. Entsprechende Verpflichtungen legen dem Vertragspartner eine im öffentlichen Interesse – namentlich im Interesse des Klimaschutzes – liegende Bauverpflichtung auf, deren Umsetzung keine wirtschaftliche Gegenleistung für die Gemeinde verbirgt.[1878]

Wirtschaftliche Interessen sollen demgegenüber nach dem EuGH insbesondere dann vorliegen, wenn der öffentliche Auftraggeber einen dinglichen Rechtstitel erhält oder er direkte wirtschaftliche Vorteile aus der Nutzung des Bauwerks oder dessen Veräußerung ziehen kann oder er irgendwie anders geartet an der Baumaßnahme finanziell beteiligt ist oder relevante

---

[1871] Vgl. *Harms/Schmidt-Wottrich*, LKV 2011, 537 (539); *Gothmann/Tschäpe*, ZfBR 2011, 442 (443 ff.). Kritisch *Keller*, Kooperativer Städtebau und Kartellvergaberecht, insbes. S. 83.

[1872] EuGH, NJW 2010, 2189 (2189).

[1873] EuGH, NJW 2010, 2189 (2189). Zum wesentlichen Abgrenzungskriterium der „Ausübung städtebaulicher Regelungszuständigkeiten" siehe *Grothmann/Tschäpe*, ZfBR 2011, 442 (443); *Harms/Schmidt-Wottrich*, LKV 2011, 537 (539) sowie *Seidler*, NZBau 2010, 552 (553); kritisch *Greim*, ZfBR 2011, 126 (129) und *Hanke*, ZfBR 2010, 562 ff.

[1874] Siehe auch *Otting*, VergabeR 2013, 343 (343); *Tomerius*, ZfBR 2012, 332 (334, 338); *Kühling*, NVwZ 2010, 1257 (1258); *Reidt*, in: B/K/L, § 11, Rn. 87 und *Seidler*, NZBau 2010, 552 (553); Dirnberger, in: Jäde/Dirnberger/Weiß, § 11, Rn. 15.

[1875] *Otting*, NJW 2010, 2167 (2169); *Grothmann/Tschäpe*, ZfBR 2011, 442 (444 ff.).

[1876] Vgl. *Grothmann/Tschäpe*, ZfBR 2011, 442 (451); *Bunzel/Coulmas/Schmidt-Eichstaedt*, Städtebauliche Verträge, S. 58 f.; *Harms/Schmidt-Wottrich*, LVV 2011, 537 ff. (544). Siehe auch schon *Würfel/Butt*, NVwZ 2003, 153 ff.; *Burgi*, NVwZ 2008, 929 ff.

[1877] *Harms/Schmidt-Wottrich*, LKV 2011, 537 (539 f.).

[1878] *Harms/Schmidt-Wottrich*, LKV 2011, 537 (540); siehe auch schon BGH, NJW 2002, 3779 ff.

Risiken übernimmt.[1879] Im Rahmen einer klimawandelgerechten Stadtentwicklung erscheint die Fallgruppe einer finanziellen Beteiligung problematisch, welcher die Überlegung des EuGH zugrunde zu liegen scheint, dass eine finanzielle Beteiligung der Kommune grds. deren wirtschaftliches Interesse indiziert.[1880] Eine finanzielle Beteiligung kann dabei in unterschiedlichen Formen – bspw. bei Verkauf eines Grundstückes unter Marktpreis – gegeben sein.[1881] Sinn und Zweck des Kartellvergaberechts ist es, soweit ein Vertrag durch echte wirtschaftliche Komponenten dominiert wird, ein geordnetes Vergabeverfahren zur Vermeidung von Wettbewerbsverzerrungen durchzuführen.[1882] Speziell im Rahmen einer klimawandelgerechten Stadtentwicklung ist eine finanzielle Beteiligung aber gerade nicht durch ein wirtschaftliches Interesse geprägt. Die Fallgruppe bedarf mithin einer Relativierung, damit nicht jede finanzielle Beteiligung ein wirtschaftliches Interesse indiziert.[1883] Es muss vielmehr eine individuelle Gesamtschau vorgenommen werden.[1884] In diesem Sinn ist auch nach einer neueren Entscheidung des OLG München ein „unmittelbares wirtschaftliches Interesse" nicht schon dann anzunehmen, wenn ein Grundstückerwerber das Grundstück von der Kommune zu einem günstigeren Preis erwirbt, soweit die Kommune ansonsten keine weiteren Zugriffsrechte auf das Bauwerk hat oder auf andere Weise von ihren städtebaulichen Aufgaben entlastet wird.[1885] Insgesamt wird im Rahmen einer klimawandelgerechten Stadtentwicklung damit zum einen auf Grund des Fehlens eines wirtschaftlichen Interesses aber auch weil die Schwellenwerte nur selten erreicht werden dürften i.d.R. keine Ausschreibungspflicht gegeben sein.[1886] Selbstnutzende private Bauherren fallen von vornherein aus dem Anwendungsbereich des Kartellvergaberechts heraus.

### b) Anforderungen außerhalb des Kartellvergaberechts

Werden die EU-Schwellenwerte nicht erreicht, sind die §§ 97 ff. GWB nicht anwendbar. Ergänzend zum Kartellvergaberecht des Bundes gelten dann jedoch unterschiedlichste Anforderungen auf Grundlage landesrechtlicher Vergabevorschriften, auf die hier nicht im Einzelnen eingegangen werden kann.[1887] Das jeweilige Haushaltsrecht verpflichtet zudem zur Beachtung der Wirtschaftlichkeit und Sparsamkeit.[1888] Die Auswahlentscheidung hinsichtlich eines Kooperationspartners tritt insbesondere dann in den Vordergrund, wenn die Gemeinde Eigentümerin von Grundstücken ist. Die Auswahlentscheidung ist daher jedenfalls auch am

---

1879 Siehe EuGH, NJW 2010, 2189 (2191); zusammenfassend *Grothmann/Tschäpe*, ZfBR 2011, 442 (443); *Harms/Schmidt-Wottrich*, LKV 2011, 537 (539); *Hanke*, ZfBR 2010, 562 (564) sowie *Tomerius*, ZfBR 2012, 332 (334).

1880 Vgl. *Kühling*, NVwZ 2010, 1257 (1259); *Otting*, NJW 2010, 2167 (2169); *ders.*, VergabeR 2013, 343 (343); *Greim*, ZfBR 2011, 126 (128).

1881 OLG Düsseldorf, NZBau 2010, 580 (581); vgl. auch *Otting*, NJW 2010, 2167 (2169); *Greim*, ZfBR 2011, 126 (128); *Harms/Schmidt-Wottrich*, LVV 2011, 537 (539).

1882 *Grothmann/Tschäpe*, ZfBR 2011, 442 (447) mwN.

1883 Vgl. *Greim*, ZfBR 2011, 126 (128).

1884 *Greim*, ZfBR 2011, 126 (128).

1885 OLG München, NZBau 2012, 134 ff. Siehe auch *Tomerius*, ZfBR 2012, 332 (336); *Harms/Schmidt-Wottrich*, LVV 2011, 537 (539).

1886 Zum letzten Aspekt *Harms/Schmidt-Wottrich*, LKV 2011, 537 (539). Zu den kontrovers diskutierten Fällen der Erschließungsverträge siehe nur *Hoffmann*, in: Spannowsky/Uechtritz, § 11, Rn. 67 ff. sowie *Bunzel/Coulmas/Schmidt-Eichstaedt*, Städtebauliche Verträge, S. 58 ff.

1887 Im Überblick *Dörr*, in: Dreher/Motzke, Vergaberecht, Einleitung, Rn. 84 ff. Beispielhaft zum Landesvergabegesetz NRW *Otting*, VergabeR 2013, 343 (350 f.).

1888 Vgl. *Keller*, Kooperativer Städtebau und Kartellvergaberecht, S. 172 f.

Gleichbehandlungsgebot des Art. 3 GG zu messen.[1889] Soweit ein eindeutiger grenzüberschreitender Bezug des jeweiligen Sachverhalts gegeben ist,[1890] sind nach der Rechtsprechung des EuGH ferner auch unmittelbar aus dem Primärrecht abgeleitete Anforderungen (Art. 18, 49, 56 AEUV), namentlich das Transparenzgebot[1891], das Diskriminierungsverbot[1892] und das Wettbewerbsprinzip[1893] zu beachten.[1894]

### c) Ergänzung durch das Beihilferecht

Insbesondere bei Grundstückverkäufen an Unternehmen ist ergänzend neben dem Vergaberecht immer auch das Beihilferecht zu prüfen.[1895] Eine Beihilfe ist als jeder geldwerte Vorteil aus staatlichen und kommunalen Mitteln zu verstehen.[1896] Das grundsätzliche Beihilfenverbot und dessen Ausnahmen ergeben sich aus Art. 107 AEUV.[1897] Private Haushalte werden – ebenso wie im Vergaberecht – nicht vom Anwendungsbereich erfasst. Verstöße gegen die nötigen Notifizierungspflichten und die Verfahrensvorgaben führen zur Nichtigkeit des Vertrags.[1898]

Eine staatliche Beihilfe ist beim Grundstücksverkauf nach der „Mitteilung der Kommission betreffend Elemente staatlicher Beihilfe bei Verkäufen von Bauten oder Grundstücken durch die öffentliche Hand“[1899] grundsätzlich ausgeschlossen und eine Notifizierung damit entbehrlich, wenn entweder ein allgemeines und bedingungsloses Bieterverfahren durchgeführt wurde oder der Marktwert durch einen Sachverständigen unabhängig ermittelt wurde.[1900] Grundsätzlich nicht mehr bedingungsfrei ist ein Verkauf mithin, wenn der Verkäufer in seiner Nutzungsentscheidung eingeschränkt wird. Dies ist auch im Rahmen einer klimawandelgerechten Stadtentwicklung relevant. Einschränkungen aus Gründen des Umweltschutzes für den Eigentümer eines Grundstücks nach nationalem Recht beeinträchtigen die Bedingungsfreiheit allerdings nicht. Bei Verpflichtungen für den allgemeinen Schutz und die Erhaltung der Umwelt zugunsten der öffentlichen Hand oder der Allgemeinheit ist das Angebot als bedingungsfrei anzusehen, wenn alle potentiellen Erwerber nicht in der Lage wären, jene Verpflichtungen zu erfüllen.[1901] Bei Ermittlung des Marktwertes über einen Sachverständigen

---

1889 Der Schutzbereich von Art. 12 Abs. 1 GG dürfte nicht eröffnet sein, da dieser das Recht umfasst, eine unternehmerische Tätigkeit auszuüben und nicht das Recht, dass diese auch nachgefragt wird. Im Einzelnen *Keller*, Kooperativer Städtebau und Kartellvergaberecht, S. 173 ff. mwN.

1890 Dazu EuGH, EuZW 2010, 150 (151); EuGH, EuZW 2010, 510 (517); EuGH, EuZW 2008, 23 (25).

1891 EuGH, EuZW 2005, 529 ff. sowie EuGH, EuZW 2005, 727 ff.

1892 EuGH, NVwZ 1990, 353 ff.

1893 Zur Warenverkehrsfreiheit bei der Vergabe öffentlicher Aufträge siehe etwa EuGH, RIW 1990, 152 ff.; vgl. auch *Keller*, Kooperativer Städtebau und Kartellvergaberecht, S. 167 mwN.

1894 Instruktiv im Einzelnen *Keller*, Kooperativer Städtebau und Kartellvergaberecht, S. 164 ff. sowie *Otting*, VergabeR 2013, 343 (351 f.).

1895 Siehe *von Wallenberg/Schütte*, in: Grabitz/Hilf/Nettesheim, Das Recht der Europäischen Union, Art. 107, Rn. 88 ff.; *Otting*, VergabeR 2013, 343 (352); *Harms/Schmidt-Wottrich*, LKV 2011, 537 (543 f.).

1896 Vgl. *Harms/Schmidt-Wottrich*, LKV 2011, 537 (544).

1897 Dazu nur *von Wallenberg/Schütte*, in: Grabitz/Hilf/Nettesheim, Das Recht der Europäischen Union, Art. 107, Rn. 24 ff.; vgl. auch *Harms/Schmidt-Wottrich*, LKV 2011, 537 (543).

1898 Siehe nur BGH, EuZW 2003, 444 (444); vgl. *Harms/Schmidt-Wottrich*, LKV 2011, 537 (543).

1899 Abl. Nr. C 209/3 v. 10.07.1997.

1900 Siehe auch *Eckert*, KommJuR 2005, 454 (457); *Otting*, VergabeR 2013, 343 (352); *Harms/Schmidt-Wottrich*, LKV 2011, 537 (543).

1901 Siehe Abl. Nr. C 209/3 v. 10.07.1997, Grundsätze 1 b) und c ).

wird eine Abweichung bis zu 5 % unter dem Marktwert als konform angesehen.[1902] Darüber hinaus hat die Kommission in der Allgemeinen Gruppenfreistellungsverordnung (AGVO)[1903] verbindliche Kriterien festgelegt, nach denen staatliche Beihilfen insbesondere zur Förderung des Umweltschutzes von der Anmeldungs- und Genehmigungspflicht freigestellt werden und für mit dem Binnenmarkt vereinbar erklärt werden können.[1904] Nach Art. 21 AGVO sind Beihilfen für Investitionen in Energieeinsparmaßnahmen und nach Art. 22 AGVO Beihilfen für Investitionen in KWK freigestellt. Art. 23 AGVO sieht zudem eine Freistellung für Beihilfen für Investitionen zur Förderung erneuerbarer Energien vor.[1905] Zudem sind die so genannten de-minimis-Beihilfen auf Grund einer entsprechenden Freistellungsverordnung von der Notifizierungspflicht ausgenommen.[1906] Regelmäßig dürfte im Rahmen einer klimawandelgerechten Stadtentwicklung daher keine Beihilfe vorliegen oder zumindest eine Ausnahme greifen. Die thematisierten Ausnahmen müssen bei der Vertragsgestaltung berücksichtigt und durch entsprechende Formulierungen im Vertrag zum Ausdruck gebracht werden.[1907]

### 3. Formelle Anforderungen

#### a) Schriftform

Städtebauliche Verträge bedürfen gemäß § 11 Abs. 3 BauGB der Schriftform, soweit nicht durch Rechtsvorschriften eine andere Form vorgeschrieben ist. Die Regelung entspricht § 57 VwVfG. Weitergehende formelle Anforderungen bleiben von § 11 Abs. 3 BauGB mithin unberührt.[1908] So bedarf der Vertrag unabhängig von seiner Rechtsnatur der notariellen Beurkundung, wenn sich darin eine Partei verpflichtet, das Eigentum an einem Grundstück oder einem Grundstücksteil zu übertragen (§ 311 b Abs. 1 S. 1 BGB).[1909] Unterschiedlich beurteilt wird das Erfordernis der Urkundeneinheit gemäß § 126 Abs. 2 BGB. § 126 Abs. 2 S. 1 BGB verlangt, dass die Vertragsparteien auf derselben Urkunde unterschreiben. Bei mehreren gleichlautenden Urkunden genügt es, wenn der eine Vertragspartner die für den anderen Vertragspartner bestimmte Urkunde unterzeichnet (§ 126 Abs. 2 S. 2 BGB). Größtenteils wird angenommen, dass das Erfordernis der Urkundeneinheit uneingeschränkt auch für städtebauliche Verträge gelte.[1910] Dagegen wird jedoch eingewandt, dass dem Sinn und Zweck des

---

1902 Siehe Abl. Nr. C 209/3 v. 10.07.1997, Grundsätze 2 b); dazu auch *Harms/Schmidt-Wottrich*, LKV 2011, 537 (543).

1903 Siehe schon oben im Rahmen des EEG.

1904 Dazu im Einzelnen *von Wallenberg/Schütte*, in: Grabitz/Hilf/Nettesheim, Das Recht der Europäischen Union, Art. 107, Rn. 284 ff.

1905 Im Einzelnen *von Wallenberg/Schütte*, in: Grabitz/Hilf/Nettesheim, Das Recht der Europäischen Union, Art. 107, Rn. 293 ff.

1906 Siehe Verordnung (EU) Nr. 1407/2013 der Kommission vom 18.12.2013 über die Anwendung der Art. 107 und 108 AEUV auf De-minimis-Beihilfen, ABl. 2013 L 352, S. 1. Der allgemeine De-minimis-Schwellenwert liegt bei 200.000 € innerhalb von drei Steuerjahren; zur Vorgängerregelung vgl. auch *Harms/Schmidt-Wottrich*, LKV 2011, 537 (544); *Eckert*, KommJur 2005, 454 (457).

1907 *Eckert*, KommJur 2005, 454 (457).

1908 Siehe *Bank*, in: Brügelmann, BauGB, 72. Erg.-Lfg., § 11, Rn. 112.

1909 Siehe BVerwG, NVwZ 2002, 473 (474). Entsprechende Rechtsfolgen ergeben sich aus § 4 Abs. WEG und § 11 Abs. 2 ErbbauVO; vgl. *Krautzberger*, in: E/Z/B/K, § 11, Rn. 183 sowie *Hoffmann*, in: Spannowsky/Uechtritz, § 11, Rn. 53 f.

1910 OVG Lüneburg, NJW 1992, 1404 (1405); NJW 1998, 2921 (2921 f.); *Schlemminger*, NVwZ 2009, 223 (223); *Lenz/Würtenberger*, BauGB-Verträge, S.30; *Krautzberger*, in: E/Z/B/K, § 11, Rn. 181; *Hamann*, Der Verwaltungsvertrag im Städtebaurecht, S. 158; *Hoffmann*, in: Spannowsky/Uechtritz, § 11, Rn. 53;

Schriftformerfordernisses schon dadurch genüge getan werde, dass der zweifelsfreie schriftliche Nachweis über die Tatsache des Vertragsabschlusses und den Inhalt erbracht werde.[1911] § 11 Abs. 3 BauGB fordert die Schriftform sowohl für zivilrechtliche als auch für öffentlich-rechtliche städtebauliche Verträge. Diese wird über § 62 S. 2 VwVfG i.V.m. § 126 BGB ergänzend bestimmt.[1912] Für städtebauliche Verträge ist daher nicht ersichtlich, warum man den unmittelbaren Anwendungsbereich des § 126 Abs. 2 BGB unterlaufen sollte.[1913] Die vertraglichen Vereinbarungen sind mithin in einer einheitlichen, von den Vertragspartnern unterschriebenen Urkunde aufzunehmen.[1914] Bei einem Formverstoß ist der Vertrag nach §§ 59 Abs. 1, 62 S. 2 VwVfG i.V.m. § 125 S. 1 BGB nichtig.[1915]

### b) Zuständigkeit

Die den Vertrag unterzeichnenden Personen müssen für die Vertragsbeteiligten vertretungsbefugt sein. Die Verbandskompetenz der Gemeinde zum Abschluss städtebaulicher Verträge folgt aus § 11 Abs. 1 BauGB i.V.m. Art. 28 Abs. 2 S. 1 GG.[1916] Es muss aber auch eine entsprechende Organkompetenz vorliegen.[1917] Für die Gemeinde muss das zuständige Vertretungsorgan im Vertrag benannt werden sowie eine vertretungsbefugte Person muss den Vertrag unterzeichnen.[1918] Die Vertretungsbefugnis ergibt sich aus dem jeweiligen kommunalrechtlichen Regelungen.[1919] Regelmäßig stellt der Abschluss eines städtebaulichen Ver-

---

*Manstein*, MittRhNotK 1995, 1 (3). Wohl auch *Burmeister*, Praxishandbuch Städtebauliche Verträge, S. 47. Dazu auch *Bunzel/Coulmas/Schmidt-Eichstaedt*, Städtebauliche Verträge, S. 61 f. mwN. sowie *Grziwotz*, JuS 1998, 902 (904).

1911 *Birk*, städtebauliche Verträge, S. 78; *Bonk/Neumann*, in: Stelkens/Bonk/Sachs, § 57, Rn. 19 f. Diese Auffassung geht auf die Rechtsprechung des BVerwG zurück, welches zumindest eine einseitige Verpflichtungserklärung eines Privaten als mit der Beweis- und Warnfunktion des Schriftformerfordernisses als vereinbar ansah, wenn die Annahmeerklärung der Verwaltung gesondert ausgesprochen wird, siehe BVerwG, NJW 1995, 1104 (1105). Daran anknüpfend hielt das BVerwG auch im Rahmen einer Verwaltungsvereinbarung zwischen Bundesländern es nicht für erforderlich, dass beide Vertragserklärungen in derselben Urkunde enthalten sind, siehe BVerwG, NVwZ 2005, 1083 (1084). Zum Diskussionsstand schon *Weihrauch*, VerwArch 82 (1991), 543 (544 ff.) mwN. Dazu auch *Hamann*, Der Verwaltungsvertrag im Städtebaurecht, S. 156 f.; *Siems*, städtebauliche Verträge, S. 69 f.; *Bank*, in: Brügelmann, BauGB, 72. Erg.-Lfg., § 11, Rn. 110 sowie *Schlemminger*, NVwZ 2009, 223 (223) jew. mwN.

1912 Zum Ganzen siehe nur *Bank*, in: Brügelmann, BauGB, 72. Erg.-Lfg., § 11, Rn. 109 ff.; *Krautzberger*, in: E/Z/B/K, § 11, Rn. 180 ff.; *Siems*, städtebauliche Verträge, S. 69 f. sowie *Hamann*, Der Verwaltungsvertrag im Städtebaurecht, S. 156 ff.

1913 Siehe auch OVG Lüneburg, NJW 1998, 2921 (2921).

1914 So auch BGH, BeckRS 2008, 21299, Rn. 17; vgl. auch *Bank*, in: Brügelmann, BauGB, 72. Erg.-Lfg., § 11, Rn. 110; mit weiteren Arg. *Hamann*, Der Verwaltungsvertrag im Städtebaurecht, S. 157 f. Im Ergebnis auch *Lenz/Würtenberger*, BauGB-Verträge, S.30; *Krautzberger*, in: E/Z/B/K, § 11, Rn. 181; *Hoffmann*, in: Spannowsky/Uechtritz, § 11, Rn. 53; *Manstein*, MittRhNotK 1995, 1 (3). Instruktiv zu den Schriftformrisiken *Schlemminger*, NVwZ 2009, 223 ff.

1915 Ausnahme ist eine Heilung nach § 311b Abs. 1 S. 2 BGB; vgl. *Bank*, in: Brügelmann, BauGB, 72. Erg.-Lfg., § 11, Rn. 115.

1916 Vgl. auch *Kahl*, DÖV 2000, 793 (797).

1917 Dazu nur *Burmeister*, Praxishandbuch städtebauliche Verträge, S. 48; *Kahl*, DÖV 2000, 793 (797) sowie *Bunzel/Coulmas/Schmidt/Eichstaedt*, Städtebauliche Verträge, S. 61.

1918 *Bonk/Neumann*, in: Stelkens/Bonk/Sachs, § 57, Rn. 12 ff.; vgl. auch *Bunzel/Coulmas/Schmidt-Eichstaedt*, Städtebauliche Verträge, S. 61.

1919 Vgl. nur § 42 Abs. 1 S. 2 GO BW, § 71 HGO, Art. 38 Abs. 1 BayGO, § 63 Abs. 1 S. 1 GO NW.

trags kein Geschäft der laufenden Verwaltung mehr dar, sodass auch die Mitwirkung des zuständigen Beschlussorgans (Gemeindevertretung/Gemeindevorstand) notwendig ist.[1920]

## V. Notwendige Sicherungen

Insbesondere um die bestehenden Risiken einer Nichterfüllung von (klimawandelgerechten) Vertragspflichten zugunsten der Gemeinde abzusichern, bieten sich Sicherungsmittel an.[1921] Bei festsetzungsersetzenden Vereinbarungen in städtebaulichen Verträgen ist eine (auch dingliche) Sicherung sogar unabdingbar, um nicht Gefahr zu laufen, dass die bauleitplanerische Abwägung fehlerhaft erscheint.[1922]

Zur Sicherung der Durchführung klimawandelgerechter Maßnahmen auf Grundlage von Vereinbarungen nach § 11 Abs. 1 S. 2 Nr. 4 und 5 BauGB bietet sich vorrangig eine Vertragserfüllungsbürgschaft (unter Verzicht auf die Einrede der Vorausklage) an.[1923] In dieser verpflichtet sich i.d.R. eine Bank gegenüber der Gemeinde zur Zahlung von Kosten, wenn der Vertragspartner seinen Vertragspflichten nicht nachkommen sollte.[1924] Dadurch lassen sich grds. alle baulichen und klimawandelgerechten Vertragspflichten absichern und die Bereitstellung der Bürgschaft bietet daneben einen Anreiz zur zügigen Durchführung klimawandelgerechter Maßnahmen.[1925] Zudem können klimawandelgerechte Vereinbarungen durch Vertragsstrafen sanktioniert werden, die gleichfalls eine zügige Durchführung entsprechender Maßnahmen sicherstellen können.[1926] Der Erlös aus einer Vertragsstrafe oder Bürgschaft wird von der Gemeinde sodann dazu genutzt, die klimawandelgerechten Maßnahmen umzusetzen.[1927] Bei Grundstückverkäufen kommt darüber hinaus die Vereinbarung eines Rückkaufrechts in Betracht.[1928] Rechtsnachfolgern gegenüber entfaltet eine vertragliche Verpflichtung nur Rechtsfolgen, wenn diese auch dinglich gesichert wurde.[1929] Bestimmte Zwecke und Nutzungsrechte – und als Nebenpflicht auch bestimmte aktive Handlungen – können zudem durch die Eintragung einer Dienstbarkeit gesichert werden.[1930] Alle Vereinbarungen zur Sicherstellung der Vertragspflichten unterliegen dabei dem Angemessenheitsgebot.[1931]

---

1920 *Bank*, in: Brügelmann, BauGB, 72. Erg.-Lfg., § 11, Rn. 113; *Burmeister*, Praxishandbuch städtebauliche Verträge, S. 48; *Lenz/Würtenberger*, BauGB-Verträge, S. 27; *Bunzel/Coulmas/Schmidt-Eichstaedt*, Städtebauliche Verträge, S. 61 f.; vgl. auch *Siems*, städtebauliche Verträge, S. 68.

1921 Dazu *Chatziathanasiou/Towfigh*, DVBl 2013, 84 (87 ff.); *Birk*, städtebauliche Verträge, S. 396 ff.; *Bunzel/Coulmas/Schmidt-Eichstaedt*, Städtebauliche Verträge, S. 329 ff. Siehe auch *Reidt*, in: Mitschang (Hrsg.), Klimagerechte Stadtentwicklung, S. 101 f. sowie die Übersicht bei *Krautzberger*, in: E/Z/B/K, § 11, Rn. 175.

1922 Siehe oben, Fn. 1530.

1923 Zur Vertragserfüllungsbürgschaft im Einzelnen *Chatziathanasiou/Towfigh*, DVBl 2013, 84 (87 ff.).

1924 *Bunzel/Coulmas/Schmidt-Eichstaedt*, Städtebauliche Verträge, S. 334.

1925 Vgl. *Chatziathanasiou/Towfigh*, DVBl 2013, 84 (87, 90); *Bunzel/Coulmas/Schmidt-Eichstaedt*, Städtebauliche Verträge, S. 335; *Bank*, in: Brügelmann, BauGB, 72. Erg.-Lfg., § 11, Rn. 147.

1926 Zur grds. Zulässigkeit von Vertragsstrafen BVerwG, NJW 1986, 2589 ff.; BVerwG, NJW 1996, 608 (609). Vgl. *Spannowsky*, UPR 2009, 201 (207); *Denny/Spangenberger*, UPR 1999, 331 (334); *Chatziathanasiou/Towfigh*, DVBl 2013, 84 (87) sowie *Bunzel/Coulmas/Schmidt-Eichstaedt*, Städtebauliche Verträge, S. 354 ff.

1927 Siehe Regelungsbeispiel 19 bei *Bunzel/Coulmas/Schmidt-Eichstaedt*, Städtebauliche Verträge S. 182 ff.

1928 *Chatziathanasiou/Towfigh*, DVBl 2013, 84 (87) mwN.

1929 *Spannowsky*, UPR 2009, 201 (213).

1930 Im Einzelnen *Grziwotz*, JuS 1998, 902 (902 f.); *Chatziathanasiou/Towfigh*, DVBl 2013, 84 (87); *Bunzel/Coulmas/Schmidt-Eichstaedt*, Städtebauliche Verträge, S. 349 ff. Ferner kann als Sicherungsmittel die

## VI. Zwischenfazit

Vereinbarungen in städtebaulichen Verträgen bedürfen eines städtebaulichen Bezugs und müssen den Anforderungen des Koppelungsverbotes und des Angemessenheitsgebotes genügen. Auch im Hinblick auf klimawandelgerechte Vereinbarungen in städtebaulichen Verträgen können diese Anforderungen grds. als erfüllbar angesehen werden. Der nötige städtebauliche Bezug klimawandelgerechter städtebaulicher Vertragsvereinbarungen muss dabei auf solche städtebaulichen Planungen und Maßnahmen zurückgeführt werden können, denen der Vertrag Rechnung tragen soll. Die jeweils zu Grunde liegende städtebauliche Planung oder Maßnahme sollte daher im Vertrag ausdrücklich benannt werden. Insbesondere durch ein kommunales Energie- und Klimaschutzkonzept kann der benötigte Sachzusammenhang vortrefflich hergestellt werden. Aber auch Zielsetzungen einer Baugebietsausweisung, eines Stadtumbaukonzepts oder einer städtebaulichen Sanierungsmaßnahme können den städtebaulichen Zusammenhang klimawandelgerechter Vereinbarungen begründen, soweit entsprechende klimawandelgerechte Ziele ausdrücklich ausgewiesen wurden. Bei bestehenden Konzepten und Satzungen kann insofern ein Anpassungsbedarf bestehen. Auch im Rahmen der Anforderungen des Koppelungsverbotes fokussiert sich alles auf die einer Vereinbarung zugrunde liegende städtebauliche Planung oder Maßnahme. Die vertraglich geregelten Pflichten müssen sich grds. auf solche Maßnahmen beziehen, die auf dem Anlass der städtebaulichen Vereinbarung beruhen. Im Hinblick auf die Beurteilung der Angemessenheit eines städtebaulichen Vertrags ist eine Vereinbarung einer Einschränkung, Präzisierung oder Übererfüllung von Anforderungen des EEWärmeG oder der EnEV grds. möglich. Insbesondere Vereinbarungen, die eine Steigerung der Energieeffizienz im Gebäudebestand fokussieren, sind nicht schon dem Grunde nach aus Angemessenheitsgesichtspunkten unzulässig. Eine übermäßige und damit unangemessene finanzielle Belastung des Vertragspartners muss allerdings vermieden werden und vertragliche Vereinbarungen sollten sorgfältig vorbereitet werden. Bei vertraglichen Verpflichtungen zur Nutzung erneuerbarer Energien kann dabei auch die zeitliche Bindungsdauer von abwägungserheblichem Belang sein. Im Falle der Anwendbarkeit der AVBFernwärmeV kann die dort normierte Bindungsdauer von 10 Jahren als Leitbild dienen. Im Hinblick auf die Verteilung von Herstellungskosten von Wärmeerzeugungsanlagen in städtebaulichen Verträgen konnte geklärt werden, dass diese nicht den einschränkenden Voraussetzungen der AVBFernwärmeV unterliegen. Bei Verwendung allgemeiner Geschäftsbedingungen sind zudem grds. die Anforderungen der §§ 305 ff. BGB ergänzend zu wahren. Im Einzelfall können darüber hinaus die Vorgaben des Vergabe- und Beihilferechts zu beachten sein. Wird nicht nur die Nutzung, sondern auch die Errichtung und

---

Vereinbarung einer Baulast in Betracht kommen. Im Einzelnen *Bunzel/Coulmas/Schmidt-Eichstaedt*, Städtebauliche Verträge, S. 349 ff., ebenso wie Rücktrittsrechte. Zur Zwangsversteigerungsfestigkeit der Baulast *Bank*, in: Brügelmann, BauGB, 72. Erg.-Lfg., § 11, Rn. 151. Diskutiert wird zudem die Möglichkeit einer Vereinbarung der Unterwerfung einzelner Verpflichtungen unter die sofortige Vollstreckung. Zum Streitstand *Bank*, in: Brügelmann, BauGB, 72. Erg.-Lfg., § 11, Rn. 137 ff. Soweit man davon ausgeht, dass der städtebauliche Vertrag subordinationsrechtlichen Charakter hat, ist eine Unterwerfung unter die sofortige Vollstreckung gemäß § 61 VwVfG grds. möglich, zur Einordung siehe Fn. 1740. Die Möglichkeit einer Vollstreckungsunterwerfung nach § 794 Abs. 1 Nr. 5 ZPO erscheint dagegen zumindest für städtebauliche Verträge öffentlich rechtlicher Natur zweifelhaft, im Einzelnen *Birk*, städtebauliche Verträge, S. 401 f.; a.A. *Bunzel/Coulmas/Schmidt-Eichstaedt*, Städtebauliche Verträge, S. 333 f. Von einer Vereinbarung kann jedoch ohnehin abgesehen werden, da sich eine solche allein zur Absicherung von Zahlungsansprüchen eignen dürfte. Zur Durchsetzung aktiver Maßnahmen ist diese indes weniger effektiv als bspw. eine Erfüllungsbürgschaft. Siehe *Birk*, städtebauliche Verträge, S. 401 ff.

[1931] Im Einzelnen *Birk*, städtebauliche Verträge, S. 396 ff.

Kostenverteilung von klimawandelgerechten Gemeinschaftseinrichtungen Vertragsgegenstand oder wird ein Grundstück verkauft, sind neben den angesprochenen Anforderungen insbesondere auch Gleichbehandlungsaspekte verschiedener Vertragspartner berücksichtigungspflichtig.[1932] Um die Erfüllung klimawandlegerechter Vereinbarungen zugunsten der Gemeinde sicherzustellen, sind geeignete Sicherungsmittel (bspw. Vertragserfüllungsbürgschaft, Vertragsstrafen, dingliche Sicherungen) zu vereinbaren.

---

1932 Siehe auch *Kahl*, DÖV 2000, 793 (798); *Kahl/Schmidtchen*, Kommunaler Klimaschutz durch Erneuerbare Energien, S. 190 sowie *Birk*, städtebauliche Verträge, S. 348.

# Fünftes Kapitel: Initiative und Anreiz zu klimawandelgerechten Maßnahmen auf Basis vertraglicher Kooperation

## A. Interessenlage der Vertragsparteien

Der Abschluss städtebaulicher Verträge kommt sowohl beim Neubau, als auch im Rahmen energetischer Sanierungen im Gebäudebestand – vornehmlich in Kombination mit den quartiersbezogenen Instrumenten des besonderen Städtebaurechts – in Betracht. Die Initiative zum Vertragsabschluss kann dabei sowohl von der Gemeinde, wie auch von Privaten ausgehen.[1933] Die Kooperationsbereitschaft aller Beteiligten vorausgesetzt, kann bei der Aushandlung einzelner Vertragsgegenstände jede Partei grds. ihre eigenen Interessen mitteilen und somit den Ausgang der Verhandlung beeinflussen, sodass die Akzeptanz ein Vielfaches höher ist, als bei ordnungsrechtlichen, imperativ wirkenden Vorgaben.[1934] Die Gemeinde sowie der potenzielle Vertragspartner können jedoch u.U. unterschiedlich gelagerte primäre Interessen verfolgen. Diese müssen bestmöglich zum Ausgleich gebracht werden. Nur wenn inhaltlich akzeptable Ergebnisse erzielt werden können, kommt es zum Abschluss einer Vereinbarung.[1935] Schon der Gesetzgeber sah den städtebaulichen Vertrag bei Einfügung in das BauGB für den Ausgleich dieser Interessen als ein wirkungsvolles Mittel an.[1936] Insbesondere die jeweilige wirtschaftliche Situation der Gemeinde sowie die Bedeutung und Rentabilität des Bauvorhabens können bei der jeweiligen Ausgestaltung städtebaulicher Verträge allerdings zu unterschiedlich starken Verhandlungspositionen führen.[1937] Positive wie auch negative Auswirkungen auf eine Konsensfindung ergeben sich darüber hinaus, sobald auf Seiten eines Vertragspartners mehrere Interessen zu berücksichtigen sind. Insbesondere bei Eigentümergemeinschaften, Erbengemeinschaften und Wohnungsbaugenossenschaften können sich Restriktionen ergeben.[1938]

---

1933 Bislang geht die Initiative überwiegend von der Kommune aus, siehe *Sperling*, Die Bedeutung städtebaulicher Verträge in der Planungspraxis, S. 19. In Korrektur der Rspr. des BVerwG, siehe BVerwG, NVwZ 2011, 690 (690), stellt § 11 Abs. 1 S. 3 BauGB dabei klar, dass städtebauliche Verträge auch mit einer juristischen Person abgeschlossen werden können, an der die Gemeinde beteiligt ist, dazu BT-Drs. 17/3272, S. 17.

1934 Siehe auch *Pfalzgraf/Peters/Weber*, HSGZ 2013, 318 (322) sowie *Haus und Grund*, Stellungnahme zum Entwurf eines Gesetzes zur Stärkung der klimagerechten Entwicklung in den Städten und Gemeinden, S. 2, die daher landesrechtliche und kommunale Regelungen hinsichtlich der energetischen Beschaffenheit von Gebäuden, die über die Vorgaben des Bundes hinausgehen, für überflüssig halten; vgl. *Schneider*, Auswirkungen des Klimawandels auf das Bauplanungsrecht, S. 54.

1935 *Töller*, in: Schuppert/Zürn (Hrsg.), Governance in einer sich wandelnden Welt, S. 283 mwN.

1936 Siehe BT-Drs. 12/3944 S. 24.

1937 Zu den Interessenlagen in unterschiedlichen Fallkonstellationen beim Abschluss städtebaulicher Verträge siehe nur *Bunzel/Coulmas/Schmidt-Eichstaedt*, Städtebauliche Verträge, S. 26 ff.; *Keller*, Kooperativer Städtebau und Kartellvergaberecht, S. 28 ff.; *Chatziathanasiou/Towfigh*, DVBl 2013, 84 (85 ff.).

1938 Im Einzelnen *Friesecke/Goldschmidt/Kötter/u.a.*, Stadtumbau – Ein Leitfaden, S. 129 ff.

## I. Eigentum der Gemeinde

Soweit eine Gemeinde Eigentümerin von Grundstücken ist, kommt dieser eine verstärkte Verhandlungsposition zu.[1939] Zum einen ist die Gemeinde Inhaberin der kommunalen Planungshoheit, die als Teil der Selbstverwaltungsgarantie von Art. 28 Abs. 2 GG geschützt wird. Vor allem durch die Aufgabenzuweisungen in §§ 1 Abs. 3, 2 Abs. 1 BauGB wird diese einfachgesetzlich bestätigt.[1940] Die Gemeinde kann mithin im Rahmen der Gesetze ihre städtebaulichen – respektive klimawandelgerechten – Ziele für eine städtebauliche Entwicklung frei entwickeln.[1941] Zum anderen stellt die Eigentümerstellung ein zusätzliches Steuerungsinstrument zur Durchsetzung ihrer Interessen dar. Diese zwei Eigenschaften erlauben es, in den oben dargelegten Grenzen insbesondere Verträge über den Verkauf von gemeindeeigenen Grundstücken zur Steuerung und Absicherung von Maßnahmen des Klimaschutzes und der Klimaanpassung einzusetzen.

## II. Eigentum des Vertragspartners

Der weitaus häufigere und im Hinblick auf die nötige Sanierung des Gebäudebestands gewichtigere Fall stellt die Situation dar, dass die Gemeinde nicht über das Eigentum an Grundstücken verfügt.[1942] In diesem Fall obliegt der Gemeinde eine im Vergleich grds. schwächere Verhandlungsposition.[1943] Zur Durchsetzung ihrer städtebaulichen Vorstellungen, im Rahmen des Neubaus als auch im Gebäudebestand, ist die Gemeinde in größerem Umfang auf die Mitwirkungsbereitschaft der Eigentümer angewiesen, als dies im Falle bestehenden Eigentums der Gemeinde der Fall ist. Es ist damit zu rechnen, dass betroffene Eigentümer nur unter Berücksichtigung ihres eigenen wirtschaftlichen Interesses einem Vertragsabschluss zustimmen. Zum größten Teil dürften also nur solche Maßnahmen durchgeführt werden, die sich für die Betroffenen als wirtschaftlich erweisen, d.h wenn der erwartete Nutzen die erwarteten Kosten zukünftig übersteigen wird. Eigentümer werden sich im Rahmen einer klimawandelgerechten Stadtentwicklung nur dann zu (ggf. über das Gebäudeenergiefachrecht hinausgehenden) Energieeffizienzmaßnahmen verpflichten, wenn diese – unter Einbeziehung von in Aussicht gestellten Fördermitteln – zu Kosteneinsparungen führen und eine Amortisation eintreten kann.[1944]

---

1939 Siehe *Schmidt-Aßmann/Krebs*, Rechtsfragen städtebaulicher Verträge, S. 28. Zudem und zum Folgenden *Keller*, Kooperativer Städtebau und Kartellvergaberecht, S. 28 ff.; vgl. auch *Kahl/Schmidtchen*, Kommunaler Klimaschutz durch Erneuerbare Energien, S. 178 ff.,187 f.

1940 *Söfker*, in: E/Z/B/K, § 1, Rn. 28 ff.; *Mehde*, in: Maunz/Dürig, Art. 28 Abs. 2, Rn. 59; *Keller*, Kooperativer Städtebau und Kartellvergaberecht, S. 28; *Chatziathanasiou/Towfigh*, DVBl 2013, 84 (86).

1941 Vgl. *Battis*, in: B/K/L, § 2, Rn. 21.

1942 Siehe auch *BMVBS* (Hrsg.), Immobilien- und wohnungswirtschaftliche Strategien und Potenziale zum Klimawandel, S. 66. Angesichts der begrenzten kommunalen Flächenreserven wird dort davon ausgegangen, dass es sich bei Grundstückkaufverträgen zumeist um Einzelfälle handeln wird.

1943 Vgl. auch *Kahl/Schmidtchen*, Kommunaler Klimaschutz durch Erneuerbare Energien, S. 194.

1944 Insbesondere auch bei gewerblich genutzten Gebäuden werden regelmäßig besondere Anforderungen an die Rentabilität gestellt, siehe *Kahl/Schmidtchen*, Kommunaler Klimaschutz durch Erneuerbare Energien, S. 187 f., 194, 210; *Chatziathanasiou/Towfigh*, DVBl 2013, 84 (86).

## 1. Begrenzt hoheitliche Alternativen

Bei fehlender Mitwirkungsbereitschaft des Vertragspartners wäre es von Vorteil, wenn der Gemeinde in Entfaltung eines „Urban-Governance-Ansatzes" hoheitliche Alternativen als Druckmittel zur Verfügung stehen würden (sog. „Schwert im Schrank").[1945] Bebauungspläne bieten vor allem über § 9 Abs. 1 Nr. 23 b BauGB grds. die Möglichkeit, Festsetzungen über Vorgaben zum Einsatz erneuerbarer Energien, ausgenommen Vorgaben einer Nutzungspflicht, für Neubauten zu treffen. Bestandsbauten lassen sich im Rahmen des klimawandelgerechten Städtebaurechts wie gesehen vorrangig durch die quartiersbezogenen Instrumente des besonderen Städtebaurechts adressieren.[1946] Diese bieten eine staatlich gesteuerte Rahmengebung der Kooperation, samt der Möglichkeit des Einsatzes von Städtebauförderungsmitteln. Die Anwendung des Sanierungsrechts gemäß §§ 136 ff. BauGB sowie die Aufstellung einer eigenständigen Satzung nach § 171 d BauGB im Rahmen des Stadtumbaus begründen – schon thematisierte – flankierende Eingriffsrechte der Gemeinde, sodass allein die „Androhung" der Anwendung des Sanierungsrechts oder der Aufstellung einer Satzung nach § 171 d BauGB im primär heranzuziehenden und konsensual ausgerichteten Stadtumbaus ggf. eine Kooperation im Rahmen der klimawandlegerechten Stadtentwicklung fördern kann. Im Sanierungsrecht bietet sich zudem der städtebauliche Vertrag bei genehmigungspflichtigen Vorhaben und zur Ausräumung von Versagungsgründen gemäß § 145 Abs. 4 S. 3 BauGB an. Für den Fall, dass sich ein Eigentümer weigert, die Nutzung erneuerbarer Energien vertraglich zu vereinbaren (§ 11 Abs. 1 Nr. 4 BauGB), steht außerhalb des BauGB nur noch ein – in engen Grenzen zulässiger – satzungsrechtlicher Anschluss- und Benutzungszwang zur Verfügung.[1947] Druckmittel zum Abschluss städtebaulicher Verträge bestehen mithin insgesamt nur in einem begrenzten Umfang.[1948]

## 2. Fördermechanismen

Vor allem im Rahmen energetischer Sanierungen im Gebäudebestand wird es damit verstärkt auf eine (finanzielle) kommunale Gegenleistung ankommen müssen, um einen Vertragsabschluss zu forcieren.[1949] Da die nötigen Investitionen in Energieeffizienzmaßnahmen bzw. erneuerbare Energien mit einem Einnahmestrom in Form der eingesparten Energiekosten verbunden sind, liegen grds. günstige Voraussetzungen vor, um durch Fördermechanismen eine Anreizwirkung zum Vertragsabschluss erzielen zu können.[1950] Neben der Unabhängig-

---

1945 Siehe Fn. 940 ff. Vgl. auch *Bunzel/Coulmas/Schmidt-Eichstaedt*, Städtebauliche Verträge, S. 26. Zum Teil wird davon ausgegangen, dass nur eine glaubhafte Drohung mit autoritativen Maßnahmen Kooperationsbereitschaft auf Seiten der gesellschaftlichen Akteure hervorbringt, siehe *Töller*, in: Schuppert/Zürn (Hrsg.), Governance in einer sich wandelnden Welt, S. 283 mwN.

1946 Außerhalb des quartiersbezogenen Instrumentariums des besonderen Städtebaurechts bietet das allgemeine Städtebaurecht im Übrigen nur begrenzt Handlungsalternativen. Bei Vorhaben nach § 29 Abs. 1 BauGB u.U. § 9 Abs. 1 Nr. 23 a BauGB. Insbesondere kommt die Anordnung eines Modernisierungs- und Instandsetzungsgebot, welches sich ausschließlich auf Klimaschutz- und Klimaanpassungsgründe stützt, nicht in Betracht.

1947 Siehe oben; vgl. *Spannowsky*, UPR 2009, 201 (207).

1948 Vgl. auch *Daab/Tolkmitt*, Skript Fortentwicklung des Städtebaurechts, Teil 1, III. 2.

1949 Aus Klimaanpassungssicht ähnlich *Fischer*, Grundlagen und Grundstrukturen eines Klimawandelanpassungsrechts, S. 347 mwN.

1950 Vgl. auch *BMVBS* (Hrsg.), Maßnahmen zur Umsetzung der Ziele des Energiekonzepts im Gebäudebereich, S. 100.

keit von Energiepreisen, der Substanzerhaltung der Objekte sowie der Möglichkeit, Energiekosten einzusparen und dabei einen Beitrag zum Klimaschutz zu leisten, werden insbesondere staatliche Fördermaßnahmen als wesentlicher Anreiz für energetische Sanierungen genannt.[1951]

## B. Anreiz und Gegenleistung

Je nach Einsatzgebiet (allgemeines o. besonderes Städtebaurecht) und konkreter Ausgestaltung des Vertrags kommen verschiedene Gegenleistungen der Gemeinde in Betracht, die zum einen als Anreiz dienen können, um einen Vertragsabschluss zu erreichen und zum anderen aber auch für die Beurteilung der Angemessenheit nach § 11 Abs. 2 S. 2 BauGB entscheidend sein können. Zu beachten gilt, dass entsprechende Vertragsverhandlungen dabei einen nicht unerheblichen Beratungs- und Betreuungsaufwand seitens der Gemeinde voraussetzen, sodass sachkundige personelle Ressourcen bei den Kommunen vorgehalten werden müssen.[1952]

### I. Ausrichtung an bestehenden Förderprogrammen

Um einen Anreiz zu einem Vertragsabschluss zu setzen, kann es im Rahmen der Vereinbarung klimawandelgerechter Maßnahmen in städtebaulichen Verträgen zunächst von Vorteil sein, bestimmte vertragliche Vereinbarung an der Systematik bestehender Förderprogramme des Bundes, der Länder oder der Kommunen auszurichten.[1953]

Beispiel 1[1954]: *„In Anlehnung an das Förderprogramm der KfW-Bankengruppe „Energieeffizient Sanieren" im Rahmen des $CO_2$-Gebäudesanierungsprogramms des Bundes soll das Vorhaben mindestens den Vorgaben des „KfW-Effizienzhauses 70"[1955] entsprechen."*

Beispiel 2: *„Beim Einbau von Solarkollektoranlagen sind die Mindestanforderungen auf Grundlage der Förderrichtlinien zum Marktanreizprogramm des Bundesumweltministeriums[1956] einzuhalten."*

Dadurch wird dem potentiellen Vertragspartner der mit der Möglichkeit einer Förderung klimawandelgerechter Maßnahmen verbundene Anreiz zum Vertragsabschluss bewusst gemacht und durch die Möglichkeit der Relativierung zusätzlicher Kosten wird darüber hinaus auch dem Angemessenheitserfordernis städtebaulicher Verträge Rechnung getragen.[1957] Auf Grund der Vielfalt und des ständigen Wechsels bestehender Förderprogramme

---

1951 BMVBS (Hrsg.), $CO_2$-Einsparung bis 2020, S. 43.

1952 *Bunzel/Coulmas/Schmidt-Eichstaedt*, Städtebauliche Verträge S. 188; *BMVBS* (Hrsg.), Immobilien- und wohnungswirtschaftliche Strategien und Potenziale zum Klimawandel, S. 68. Bislang ist durch die Erarbeitung und Durchführung städtebaulicher Verträge allerdings noch kein nennenswerter Mehraufwand entstanden, im Einzelnen *Sperling*, Die Bedeutung städtebaulicher Verträge in der Planungspraxis, S. 16, 33.

1953 Dazu und zum Folgenden *Bunzel/Coulmas/Schmidt-Eichstaedt*, Städtebauliche Verträge, S. 182; siehe auch *Bunzel*, KommP spezial 2013, 133 (136).

1954 In Anlehnung an § A 3 des städtebaulichen Vertrags der Stadt Konstanz zum Bebauungsplan „Siedlerweg, Egg". Siehe auch schon oben, Beispiel 1, Fn. 1497.

1955 Siehe dazu „Wohngebäude energieeffizient sanieren" unter www.BMVBS.de.

1956 Richtlinien zur Förderung von Maßnahmen zur Nutzung erneuerbarer Energien im Wärmemarkt vom 20.07.2012.

1957 *Bunzel/Coulmas/Schmidt-Eichstaedt*, Städtebauliche Verträge, S. 182.

besteht ein immer wieder zu überprüfender weiter Spielraum von vertraglichen Vereinbarungen insbesondere nach § 11 Abs. 1 S. 2 Nr. 4 und 5 BauGB. Darüber hinaus kann es fördernd wirken, zumindest klarstellend auf eine ggf. bestehende Möglichkeit einer Einspeisevergütung über das EEG oder eine erhöhte steuerliche Abschreibungsmöglichkeit oder Steuerbegünstigung für Sanierungsmaßnahmen im Vertrag ausdrücklich hinzuweisen.

## II. Energieberatung, Gebäudemonitoring, Kaufpreisnachlass

Darüber hinaus kann die Gemeinde geeignete Gegenleistungen anbieten. Gesetzlich ausgeschlossen ist es dabei, die Beplanung eines Grundstücks als Gegenleistung und Anreiz zum Vertragsabschluss vorzusehen (§ 1 Abs. 3 S. 2 BauGB).[1958] Je nach Leistungsfähigkeit der Gemeinde bietet sich als „echte" kommunale Gegenleistung dagegen das Angebot einer kostenlosen Energieberatung oder eines auf einen gewissen Zeitraum angelegten Gebäudemonitorings, respektive der (teilweisen) Übernahme der jeweils anfallenden Kosten, an.[1959]

Eine sachkundige Planung und Baubegleitung klimawandelgerechter Maßnahmen wird in den Förderprogrammen des Bundes zum Teil ausdrücklich empfohlen oder bildet sogar eine Voraussetzung der Förderung,[1960] sodass eine vertragliche Vereinbarung dahingehend zumindest schon aus diesem Grund sinnhaft erscheint.[1961] Ein offenes und sachkundiges Gespräch in Kombination mit der Inaussichtstellung von Fördergeldern kann zudem das Vertrauen und die Zuversicht in klimawandelgerechte Vereinbarungen stärken.[1962] Um dem Angemessenheitserfordernis städtebaulicher Verträge gerecht zu werden, sollte eine fachliche Beratung stets auch eine Wirtschaftlichkeitsprüfung der konkret zu vereinbarenden klimawandelgerechten Maßnahmen beinhalten.[1963] Das Ergebnis der Beratung sollte sodann in einem Protokoll festgehalten und als Anlage zum städtebaulichen Vertrag beigefügt werden.[1964]

Ein als Gegenleistung zu vereinbarendes Gebäudemonitoring, welches sich im Nachgang an eine energetische Sanierung oder eine Gebäudefertigstellung anschließt, kann gleichermaßen als Gegenleistung in Betracht kommen und eine Anreizwirkung erzielen.[1965] Zur Beobachtung und Steuerung eines präventiven und handlungsorientierten Städtebaus etablieren sich städtebauliche Monitoringsysteme fortwährend.[1966] Auch für private Eigentümer im Rahmen einer

---

1958 Vgl. auch *Spannowsky*, UPR 2009, 201 (207); *Kahl/Schmidtchen*, Kommunaler Klimaschutz durch Erneuerbare Energien, S. 192.

1959 Siehe § 3 des städtebaulichen Vertrags der Stadt Vellmar, abgedruckt bei *Longo*, örtliche Energieversorgung, S. 377; *Kahl/Schmidtchen*, Kommunaler Klimaschutz durch Erneuerbare Energien, S. 193 ff.; *Spannowsky*, UPR 2009, 201 (207, 213).

1960 Siehe KfW-Programm „Energieeffizient Sanieren" im Rahmen des $CO_2$-Gebäudesanierungsprogramm des Bundes unter www.bmvbs.de (Stand 09.12.2013). Im Rahmen des Programms "Energieeffizient Sanieren - Baubegleitung" wird zudem auch eine finanzielle Unterstützung für eine fachkundige Begleitung der Baumaßnahmen ermöglicht.

1961 *Bunzel/Coulmas/Schmidt-Eichstaedt*, Städtebauliche Verträge, S. 182 f.

1962 *BMVBS*, Leitfaden Baubestand, S. 22.

1963 Siehe *Kahl/Schmidtchen*, Kommunaler Klimaschutz durch Erneuerbare Energien, S. 194, die eventuell sogar einen Wirtschaftlichkeitsvorbehalt für erforderlich halten.

1964 Beispielhaft Städtebaulicher Vertrag zum einbezogenen Planteil für die Wohnbebauung zum Vorhabenbezogener Bebauungsplan Nr. 1725 – Roderbruchmarkt-Süd der Stadt Hannover, Drucksachen-Nr. 1891/2012, August 2012. Dazu auch *BMVBS* (Hrsg.), Flexibilisierung der Planung für eine klimawandelgerechte Stadtentwicklung, S. 40 f.

1965 Vgl. *Kahl/Schmidtchen*, Kommunaler Klimaschutz durch Erneuerbare Energien, S. 195.

1966 Siehe *Friesecke/Goldschmidt/Kötter/u.a.*, Stadtumbau – Ein Leitfaden, S. 25 ff.

klimawandelgerechten Stadtentwicklung kann ein Gebäudemonitoring Aufschluss über die Entwicklung eines Gebäudes und die Qualität der durchgeführten Maßnahmen geben und insofern eine aktuelle Informationsbasis darstellen und für Transparenz sorgen. Für die Gemeinde ist ein Gebäudemonitoring insoweit von Vorteil, als die Gemeinde die Umsetzung und Effektivität der städtebaulichen Vereinbarungen im Nachhinein überprüfen und eventuell Vertragsverbesserungen für zukünftige Vertragsabschlüsse rezipieren kann.[1967] Soweit eine Gemeinde über das Eigentum an Grundstücken verfügt, kommt als Gegenleistung zusätzlich ggf. die Gewährung eines reduzierten Grundstückskaufpreises in Betracht.[1968]

Beim Gebäudeneubau dürften die thematisierten Gegenleistungen einen entscheidenden Anreiz zum Vertragsschluss geben. Im Rahmen einer klimawandelgerechten Sanierung des Gebäudebestands auf der Basis vertraglicher Kooperation wird es nötig sein, neben den bestehenden Förderprogrammen und Anreizen die durch das EEG, KWKG und das EEWärmeG ebenso wie durch steuerliche Vorgaben gesetzt werden, auch finanzielle Mittel aus der Städtebauförderung im Rahmen des besonderen Städtebaurechts zu aktivieren.

## III. Gewährung von Städtebauförderungsmitteln

Die Gewährung von Städtebauförderungsmitteln bietet einen generellen Ansatzpunkt, um Anreize für einen Vertragsabschluss auch im Rahmen der klimawandelgerechten Stadtentwicklung generieren zu können. Sowohl für das Sanierungsrecht, als auch für den Stadtumbau sieht das Gesetz in den §§ 164 a BauGB, 171 b Abs. 4 BauGB die Möglichkeit der Förderung durch entsprechende Mittel vor.[1969] Überwiegender Gegenstand von Stadtumbauverträgen war schon bisher die Gewährung von Fördermitteln unter der Bedingung, sich vertraglich zu bestimmten Handlungen oder Unterlassungen zu verpflichten.[1970]

### 1. Ökonomische Bedeutung

Die Städtebauförderung dient zur ausschließlichen Finanzierung und Förderung von städtebaulichen Gesamtmaßnahmen.[1971] Die Städtebauförderung stellt mithin kein städtebauliches Instrument an sich dar. Die verfahrensrechtlichen Regelungen des besonderen Städtebaurechts werden vielmehr durch finanzierungsrechtliche Bestimmungen ergänzt. Zugleich wird die eine Mitbeteiligung des Bundes und der Länder an der Förderung geregelt.

Auch wenn die Bereitstellung von Städtebauförderungsmitteln, wie gesehen, keine Tatbestandsvoraussetzung für die Anwendung der jeweiligen Instrumente des besonderen Städte-

---

1967 *Kahl/Schmidtchen*, Kommunaler Klimaschutz durch Erneuerbare Energien, S. 195.

1968 Siehe oben Fn. 1807. Zu den beihilferechtlichen Grenzen Fn. 1887 ff.

1969 Ebenso wird die eine Förderung für städtebauliche Entwicklungsmaßnahmen (§§ 165 ff. BauGB) und Maßnahmen der sozialen Stadt (§ 171 e BauGB) in § 169 Abs. 1 Nr. 9 BauGB und § 171 e Abs. 6 BauGB ermöglicht.

1970 Ergebnisse einer Difu-Umfrage 4/2004, URL: http://www.difu.de/publikationen/difu-berichte-42004/der-neue-stadtumbauvertrag-ergebnisse-einer-difu-umfrage.html (Stand 20.05.2013). Vgl. auch *Bunzel/Coulmas/Schmidt-Eichstaedt*, Städtebauliche Verträge, S. 300 sowie *Friesecke*, Stadtumbau im Konsens, S. 164 mwN.

1971 Klarstellend sei insoweit hervorgehoben, dass das Finanzierungsrecht außerhalb von Sanierungs- und Entwicklungsmaßnahmen, Stadtumbaumaßnahmen oder der Sozialen Stadt, bspw. bei der alleinigen Anwendung städtebaulicher Verträge, keine Anwendung findet. Zum Anwendungsbereich vgl. auch *Krautzberger*, in: E/Z/B/K, § 164b, Rn. 25 ff.

baurechts darstellt, ist die Bereitstellung von Fördermitteln doch Voraussetzung für eine sachgerechte Durchführung, insbesondere von Sanierungs- und Stadtumbaumaßnahmen und bildet damit eine faktische Voraussetzung.[1972] Die in Aussicht Stellung einer Gewährung von Fördermitteln kann dabei auch als Anreiz zu einem Vertragsschluss fungieren. Für die tatsächliche Durchführung von Baumaßnahmen im Rahmen einer Sanierungsmaßnahme ist die Bereitstellung von Förderungsmitteln durch die Gemeinde bislang unerlässlich gewesen.[1973] Auch im Kontext des Stadtumbaus sind regelmäßig Vereinbarungen über die Gewährung von Fördermitteln von Nöten gewesen.[1974]

Die Städtebauförderung stößt in hohem Maße Investitionen an. Neben den Mitteln der Städtebauförderung wurde bislang regelmäßig ein Vielfaches an weiteren öffentlichen und insbesondere privaten Mitteln in den Gebieten der bisher bestehenden Städtebauförderprogramme im Zusammenhang mit einer städtebaulichen Gesamtmaßnahme ausgegeben. Studien belegen, dass ein eingesetzter Euro durch Städtebaufördermittel durchschnittlich 7,10 - 8,47 Euro an privaten und öffentlichen Bauinvestitionen nach sich zieht.[1975] Grundsätzlich könnte dieses bestehende Finanzierungskonzept auch der Förderung einer energetischen Sanierung im Rahmen einer klimawandelgerechten Stadtentwicklung dienen. Zu untersuchen gilt daher im Folgenden, welche Ansatzmöglichkeiten die Städtebauförderung für die Umsetzung klimaschutz- und klimaanpassungsausgerichteter Maßnahmen, insbesondere auf der Basis vertraglicher Kooperation, im Rahmen des besonderen Städtebaurechts bereithält.

## 2. Grundlagen der Städtebauförderung

### a) Verfassungsrechtliche Vorgaben

Grundsätzlich gilt im Verhältnis zwischen Bund und Ländern sowie im Verhältnis zwischen Bund und Gemeinden das sog. Konnexitätsprinzip nach Art. 104 a Abs. 1 GG.[1976] Dieses besagt, dass diejenige Körperschaft, die die jeweilige Verwaltungskompetenz inne hat, auch die finanziellen Aufwendungen für entsprechende Aufgaben zu tragen hat.[1977] Ein originäre Aufgabe des Bundes stellt die Förderung städtebaulicher Gesamtmaßnahmen nicht dar. Auch hinsichtlich der finanzierungsrechtlichen Vorschriften wird das BauGB von den Ländern

---

1972 *Friesecke*, in: Spannowsky/Hofmeister (Hrsg.), Bewältigung städtebaulicher Missstände als Themengegenstand der Innenentwicklung, S. 43; *Fischer*, Grundlagen und Grundstrukturen eines Klimawandelanpassungsrechts, S. 344; *Krautzberger*, in: E/Z/B/K, § 164b, Rn. 19; vgl. auch *ders.*, DVBl 2012, 69 (74). Zur Bedeutung ökonomischer und finanzieller Aspekte des Städtebaurechts für die Gemeinden auch *Portz*, in: Spannowsky/Hofmeister (Hrsg.), Ökonomische und finanzielle Aspekte des Städtebaurechts, S. 1 ff.

1973 *Mitschang*, in: B/K/L, § 136, Rn. 8.

1974 Vgl. *Baumgart*, in: Spannowsky/Hofmeister (Hrsg.), Bewältigung städtebaulicher Missstände als Themengegenstand der Innenentwicklung, S. 67 sowie *Friesecke/Goldschmidt/Kötter/u.a.*, Stadtumbau – Ein Leitfaden, S. 93 ff.

1975 *Hochschule für Technik Stuttgart*, Städtebauförderung, Zusammenfassung der wesentlichen Ergebnisse, S. 14. Zur Entwicklung und Wirkung vgl. auch den Stadtentwicklungsbericht 2012, BT-Drs. 14450, S. 110 ff.; ferner BT-Drs. 17/6444, S. 2; BMVBS (Hrsg.), Wachstums- und Beschäftigungswirkungen des Investitionspaktes im Vergleich zur Städtebauförderung, S. 60.

1976 Zur Erstreckung des Konnexitätsprinzips auf das Verhältnis zwischen Bund und Gemeinde siehe BVerfGE 86, 148 (215); vgl. auch *Pieroth*, in: Jarass/Pieroth, Art. 104a, Rn. 2 mwN. sowie *Maunz*, in: Maunz/Dürig, Art. 104a, Rn. 9 ff.

1977 *Pieroth*, in: Jarass/Pieroth, Art. 104a, Rn. 2.

gemäß Art. 83 GG als eigene Angelegenheit durchgeführt.[1978] Eine „eigene Angelegenheit" der Länder im Sinne dieser Vorschrift ist auch das, was nach einem Bundesgesetz den Kommunen an Ausführung obliegt.[1979] Nach Art. 104 a Abs. 1 GG ist es dem Bund damit grds. verwehrt, die Erfüllung von Aufgaben der Gemeinden mit zu finanzieren.[1980]

Abweichend von diesem Grundsatz ermöglicht es jedoch Art. 104 b GG dem Bund, sich unter näher bestimmten Voraussetzungen an einer Finanzierung von Investitionen in Aufgabenvollzugsbereichen der Länder und Gemeinden in Form einer Gewährung von Finanzhilfen an die Länder zu beteiligen.[1981] Eine Mischfinanzierung wird in engen Grenzen zugelassen und stellt sich im Bereich der Städtebauförderung wie dargelegt auch als unverzichtbar dar.[1982] Art. 104 b GG bildet damit die verfassungsrechtliche Grundlage der Förderung städtebaulicher Gesamtmaßnahmen seitens des Bundes an die Länder. Die Vergabe von Finanzhilfen, die für die Gemeinden bestimmt sind, verbleibt in den Händen der Länder.[1983]

Als erste Voraussetzung wird in Art. 104 b Abs. 1 S. 1 GG bestimmt, dass Finanzhilfen für die Länder nur zulässig sind, soweit der Bund die Gesetzgebungskompetenz besitzt und es sich um besonders bedeutsame Investitionen handelt.[1984] Besonders bedeutsam wird eine Investition dadurch, dass sie „in Ausmaß und Wirkung besonderes Gewicht" hat.[1985] Weiterhin legt Art. 104 b Abs. 1 S. 1 Nr. 1 bis 3 GG konkretisierende Förderziele, namentlich die Abwehr einer Störung des gesamtwirtschaftlichen Gleichgewichts, den Ausgleich unterschiedlicher Wirtschaftskraft im Bundesgebiet und die Förderung des wirtschaftlichen Wachstums, fest. Als unbestimmte Rechtsbegriffe sind diese weit gefasst.[1986] In der Kommentarliteratur werden diese als so unbestimmt angesehen, dass sich nahezu jeder vernünftige Schwerpunkt für den Einsatz von Finanzmitteln damit verbinden lässt.[1987] Das BVerfG be-

---

[1978] BVerfG, NJW 1975, 819 (819 f.). Siehe auch *Krautzberger*, in: E/Z/B/K, § 164 b, Rn. 36 f.

[1979] BVerfG, NJW 1975, 819 (819 f.).

[1980] Siehe auch *Maunz*, in: Maunz/Dürig, GG, Art. 104a, Rn. 27 sowie *Lindner/Klinski/Schmidt/John*, Instrumente zur Förderung des Kommunalen Klimaschutzes, S. 36.

[1981] Sog. Bereichsausnahme von Art. 104 a Abs. 1 GG. Art. 104 b GG ist mit dem 52. Gesetz zu Änderung des Grundgesetzes vom 28.08.2006, BGBl I S. 2034 an die Stelle des alten Art. 104 a Abs. 4 GG getreten und sieht engere Voraussetzungen vor. Dazu *Seckelmann*, DÖV 2012, 701 (701 f.). Zum Ausnahmecharakter und der für notwendig gehaltenen Reaktion auf Fehlentwicklungen im Bereich der Mischfinanzierung siehe BT-Drs. 16/813, S. 7; vgl. auch *Battis/Klein/Rustenberg*, DVBl 2009, 682 (682) mwN. Siehe auch *Kube*, in: Epping/Hillgruber, Art. 104b, Rn. 1; *Krautzberger*, in: E/Z/B/K, § 164b, Rn. 36. Weitere Ausnahmen vom Konnexitätsprinzip finden sich in Art. 104a Abs. 2, 3 GG (Auftragsverwaltung und Geldleistungsgesetze), dazu nur *Pieroth*, in: Jarass/Pieroth, Art. 104a, Rn. 4 ff.

[1982] Siehe oben; vgl. auch *Schmidt-Eichstaedt*, in: Brügelmann, BauGB, 68. Erg.-Lfg. 2008, § 164b, Rn. 3.

[1983] Vgl. BVerfG, NJW 1975, 819 (822), NJW 1976, 1443 (1445 f.).

[1984] Im Falle von Naturkatastrophen oder außergewöhnlichen Notsituationen, die sich der Kontrolle des Staates entziehen und die staatliche Finanzlage erheblich beeinträchtigen, kann der Bund auch ohne Gesetzgebungsbefugnisse Finanzhilfen gewähren (Art. 104b Abs. 1 S. 2 GG).

[1985] Siehe BVerfG, NJW 1975, 819 (821).

[1986] Vgl. *Kube*, in: Epping/Hillgruber, Art. 104b, Rn. 11. Der Gesetzgeber strebte bei Schaffung des Art 104 b GG im Jahr 2006 einen gezielteren und flexibleren Einsatz von Bundesfinanzhilfen zur Behebung konkreter Problemlagen an, vgl. BT-Drs. 16/813, S. 19. Eine grundlegende Veränderung der Bundesfinanzhilfen sollte mit der Neuregelung jedoch nicht einhergehen, siehe *Wulfhorst*, DVBl 2010, 28 (29) mwN.; a.A. *Battis/Klein/Rustenberg*, DVBl 2009, 682 ff.

[1987] *Schmidt-Eichstaedt*, in: Brügelmann, BauGB, 68. Erg.-Lfg. 2008, § 164b, Rn. 19; vgl. auch *Waechter*, DVBl 2013, 613 (613). Gleichwohl sind die Finanzhilfen „kein Instrument direkter oder indirekter Investitionssteuerung zur Durchsetzung allgemeiner wirtschafts-, währungs-, raumordnungs- oder strukturpolischränkt die verfassungsrechtliche Überprüfung daher auch darauf, ob der Bundesgesetzgeber oder die an der Verwaltungsvereinbarung Beteiligten die dargelegten Begriffe im Prinzip zutreffend ausgelegt und sich in dem bezeichneten Rahmen gehalten haben.[1988] Für städtebauliche Sanierungs- und Entwicklungsmaßnahmen hat es die Voraussetzungen als „unbedenklich“ erfüllt angesehen.[1989] Wegen der Unbestimmtheit behält Art. 104 b Abs. 2 GG nähere Regelungen, „insbesondere die Arten der zu fördernden Investitionen“, einem Bundesgesetz oder einer Verwaltungsvereinbarung vor.[1990] Diese bilden mithin eine verfahrensrechtliche Voraussetzung zur Gewährung von Finanzhilfen des Bundes.[1991] Dabei sind die Mittel befristet zu gewähren und hinsichtlich ihrer Verwendung in regelmäßigen Zeitabständen zu überprüfen (Art. 104 b Abs. 2 GG).[1992] Bundestag, Bundesregierung und Bundesrat sind zudem auf Verlangen über die Durchführung der Maßnahmen und die erzielten Verbesserungen zu unterrichten (Art. 104 b Abs. 3 GG).

### b) Überblick über das Förderungs- und Finanzierungsrecht

Im BauGB regeln die §§ 164 a und 164 b BauGB den Einsatz von Städtebauförderungsmitteln und die Beteiligung an der Finanzierung. § 164 a BauGB veranlasst den Einsatz von Städtebauförderungsmitteln im Rahmen einer städtebaulichen Sanierungs- und einer Modernisierungs- und Instandsetzungsmaßnahme.[1993] § 171 b Abs. 4 BauGB ergänzt diese Bestimmung, wonach auch Stadtumbaumaßnahmen von einer möglichen Förderung umfasst werden. Dabei erstreckt sich der Einsatz von Städtebauförderungsmittel nach § 164 a Abs. 1 BauGB auf ein jeweiliges Maßnahmenbündel „als Einheit“. Gefördert wird mithin nicht die Finanzierung von Einzelmaßnahmen, sondern die Gesamtmaßnahme als solche. Einzelmaßnahmen werden sodann nach Maßgabe der Förderrichtlinien der Länder – als Bestandteil der Gesamtmaßnahme – gefördert.[1994]

§ 164 b BauGB regelt darauf folgend die finanzielle Beteiligung an einer solchen Förderung. Danach kann der Bund den Ländern in Programmen der Städtebauförderung Finanzhilfen gemäß Art. 104 b GG gewähren, die durch Mittel der Länder und Kommunen ergänzt werden und im Allgemeinen für die Entwicklung und Erneuerung der Städte und Gemeinden angelegt sind (sog. Mischfinanzierung).[1995] Die Bundesfinanzhilfen werden den Ländern als Zuschuss auf der Grundlage einer (bisher überwiegend gleich lautenden) Verwaltungsvereinbarung zur Verfügung gestellt, welche Maßstab und Näheres des Einsatzes der Finanzhilfen festlegt und

---

tischer Ziele des Bundes in den Ländern, so BVerfG, NJW 1975, 819 (820). Dazu auch *Pieroth*, in: Jarass/Pieroth, Art. 104b, Rn. 3.

1988 So BVerfG, NJW 1975, 819 (821). Dazu auch *Pieroth*, in: Jarass/Pieroth, Art. 104b, Rn. 3.

1989 BVerfG, NJW 1975, 819 (821).

1990 Siehe BVerfG, NJW 1975, 819 (820) bzgl. des bis zum 01.09.2006 geltenden Art. 104 a Abs. 4 GG. Zur ausschließlichen Möglichkeit dies über Bundesgesetz oder Verwaltungsvereinbarung zu regeln, siehe BVerfG, NJW 1976, 1443 ff.

1991 Dazu etwa *Pieroth*, in: Jarass/Pieroth, Art. 104b, Rn. 4.

1992 Zu Notwendigkeit der Befristung und Degression siehe auch *Wulfhorst*, DVBl 2010, 28 (29 ff.).

1993 § 164 a Abs. 1 S. 1 BauGB differenziert dabei zwischen Finanzierungs- und Förderungsmitteln. Erstere sind Einnahmen der Gemeinden aus anderen öff. Haushalten. Förderungsmittel hingegen werden von den Gemeinden selbst (auch unter Einschaltung Privater) aufgebracht, siehe *Köhler*, in: Schrödter, BauGB, § 164 a, Rn. 3. Zur Unterscheidung auch *Krautzberger*, in: E/Z/B/K, § 164b, Rn. 15 ff.

1994 *Schmitz*, in: Spannowsky/Uechtritz, § 164 a, Rn. 1.2; *Krautzberger*, in: E/Z/B/K, § 164 a, Rn. 12.

1995 Dazu *Mitschang*, in: B/K/L, § 164 a, Rn. 1 ff.

jährlich neu abgeschlossen wird.[1996] Üblich ist, dass sich der Bund an der Finanzierung mit einem Drittel beteiligt.[1997] Wer die übrigen zwei Drittel der Kosten trägt, regelt die Verwaltungsvereinbarung nicht. Regelmäßig beteiligen sich die Länder in gleicher Höhe wie der Bund. Der Restanteil muss durch die Gemeinden als kommunaler Eigenanteil geleistet werden.[1998]

Schwerpunkte der Förderung werden in § 164 b Abs. 2 BauGB genannt. Maßnahmen, für die ein Einsatz von Fördermitteln in Betracht kommt, werden darüber hinaus ergänzend durch § 164 a Abs. 2 und 3 BauGB bestimmt.[1999] Auf Grundlage der Verwaltungsvereinbarung regeln weiter ins Detail gehende Förderrichtlinien der Länder die Förderfähigkeit von einzelnen Maßnahmen und Vorhaben und legen Förderschwerpunkte und nähere Auswahlkriterien fest. Die Verwaltungsvereinbarung und nachfolgend die Förderrichtlinien steuern somit die programmatische Zielsetzung auf untergesetzlicher Ebene.[2000]

Rechtsansprüche auf eine Gewährung von Förderungsmitteln bestehen dabei weder im Verhältnis Bund-Land oder Land-Gemeinde noch im Verhältnis Gemeinde-Dritter.[2001] Erst ein bestandskräftiger Förderbescheid der Gemeinde oder ein rechtswirksam geschlossener Fördervertrag kann als Rechtgrundlage für Ansprüche dienen.[2002] Dem Letztempfänger können Städtebauförderungsmittel dabei als Darlehen (auch zur Vor- oder Zwischenfinanzierung) oder Zuschuss zur Deckung der Kosten, aber auch zur Verbilligung von anderen Darlehen, die der Deckung der Kosten dienen, gewährt werden.[2003] Dabei sind Städtebauförderungsmittel grds. subsidiär einzusetzen, also nur, soweit Kosten nicht anderweitig oder durch zweckgebundene Einnahmen gedeckt werden können.[2004]

---

1996 Zuletzt Verwaltungsvereinbarung Städtebauförderung 2013 über die Gewährung von Finanzhilfen des Bundes an die Länder nach Artikel 104 b des Grundgesetzes zur Förderung städtebaulicher Maßnahmen (VV Städtebauförderung 2013) vom 21.12.2012/21.03.2013. Zur Form der Gewährung, ebd., S. 15. Vgl. dazu *Schmitz*, in: Spannowsky/Uechtritz, § 164b, Rn. 5 ff.; *Köhler*, in: Schrödter, BauGB, § 164b, Rn. 5 ff.

1997 Ausnahme: Programm „Städtebaulicher Denkmalschutz" mit 40% Bundesanteil sowie „Stadtumbau Ost" mit 50% Bundeanteil, siehe VV Städtebauförderung 2013 vom 21.12.2012/21.02.2013, S. 4.

1998 Zu Ausnahme im Programm Stadtumbau Ost, siehe VV Städtebauförderung 2013 vom 21.12.2012/21.02.2013, S. 6 sowie im Einzelnen zu den Zielen, der Finanzierung und der Mittelverteilung www.städtebauförderung.info (abgerufen am 26.09.2013).

1999 Vgl. dazu *Schmidt-Eichstaedt*, in: Brügelmann, BauGB, 68. Erg.-Lfg. 2008, Rn. 4, 11, § 164b, Rn.7, der zu Recht darauf hinweist, dass § 164a Abs. 2 und 3 BauGB systematisch eher zu § 164b BauGB gehören.

2000 Siehe URL: www.bmvbs.de/DE/StadtUndLand/Staedtebaufoerderung/Staedtebaufoerderung 2012/ staedtebaufoerderung-2012_node.html (Stand 29.08.2012) zur Städtebauförderung 2012. Zu den Grundzügen der Finanzierung *Krautzberger*, in: E/Z/B/K, § 164 a, Rn. 10 ff.

2001 Das folgt schon aus der Haushaltshoheit des Bundes und der Länder und der fehlenden Außenwirkung der Verwaltungsvorschriften, *Krautzberger*, in: E/Z/B/K, § 164 a, Rn. 19, 24 f.; *Schmitz*, in: Spannowsky/Uechtritz, § 164a, Rn. 4.

2002 Siehe *Krautzberger*, Städtebauförderungsrecht, § 171c, Rn. 4. Ansprüche können ggf. auch aus dem verfassungsrechtlichen Gleichbehandlungsgebot hergeleitet werden, siehe VGH Mannheim, NVwZ 1987, 253 (254).

2003 So im Einzelnen die VV Städtebauförderung 2013 vom 21.12.2012/21.02.2013, S. 17 f.

2004 Siehe Präambel der VV Städtebauförderung 2013 vom 21.12.2012/21.02.2013, S. 3 sowie *Goldschmidt*, in: Hoppenberg/de Witt, Handbuch des öffentlichen Baurechts, Band 1, C, Rn. 600, 621 mwN.

## 3. Akzentuierung innerhalb der Städtebauförderung

Schwerpunksetzungen der Städtebauförderung erfolgen im BauGB, auf Grundlage der jeweils geltenden Verwaltungsvereinbarung sowie der Förderrichtlinien der Länder.

### a) Schwerpunktsetzung im BauGB

Im Rahmen des BauGB werden die Schwerpunkte des Einsatzes der Finanzhilfen des Bundes in § 164 b Abs. 2 Nr. 1 bis 3 BauGB festgelegt. Mit der Nennung der Förderschwerpunkte bekundet der Bund die Absicht, städtebauliche Gesamtmaßnahmen mit den dort jeweils genannten Zielsetzungen unterstützen zu wollen.[2005] Die Länder und die Gemeinden sind sodann an die Schwerpunktsetzungen des Bundesgesetzgebers – entsprechend einer Konkretisierung in der Verwaltungsvereinbarung – gebunden, sobald diese Finanzierungshilfen des Bundes in Anspruch nehmen.[2006]

Gemäß § 164 b Abs. 2 BauGB bilden „die Stärkung von Innenstädten und Ortsteilzentren in ihrer städtebaulichen Funktion unter besonderer Berücksichtigung des Wohnungsbaus sowie der Belange des Denkmalschutzes und der Denkmalpflege" (§ 164 b Abs. 2 Nr. 1), „die Wiedernutzung von Flächen […]" (§ 164 b Abs. 2 Nr. 2) und „städtebauliche Maßnahmen zur Behebung sozialer Missstände" (§ 164 b Abs. 2 Nr. 3 BauGB) Förderschwerpunkte. Es erfolgt mithin eine deutliche Schwerpunktsetzung der Finanzhilfen auf Innenstädte und Ortskerne sowie auf Umstrukturierungsbereiche.[2007]

Im Zuge der BauGB-Klimanovelle 2011 und der Innenentwicklungsnovelle 2013 wurden, wie dargelegt, die Begründungsoptionen, Ziele und Maßnahmen des Sanierungsrechts, des Stadtumbaus und der damit eng verknüpften städtebaulichen Vertragsvereinbarungen – also die der Städtebauförderung zugrundeliegenden städtebaulichen Maßnahmen – an die Erfordernisse einer klimawandelgerechten Stadtentwicklung angepasst. Durch diese Erweiterung des Stadtumbaus und des Sanierungsrechts um klimaschutz- und klimaanpassungsbezogene Aspekte sind neue realisierbare und essenzielle Fördergegenstände entstanden. Allerdings wird darauf im Rahmen der Vorschriften zur Städtebauförderung nicht weiter eingegangen.[2008] Maßnahmen des Klimaschutzes oder der Klimaanpassung werden nicht als Schwerpunkt des Einsatzes der Finanzhilfen in § 164 b Abs. 2 BauGB genannt.

Zwar lässt sich aus der in § 164 b Abs. 2 BauGB gewählten Formulierung „Schwerpunkt" ableiten, dass Finanzhilfen grds. auch für andere, nicht ausdrücklich aufgeführte, förderungsfähige Gesamtmaßnahmen eingesetzt werden dürfen, soweit die sich aus § 164 Abs. 2 BauGB ergebenden Schwerpunkte nicht beeinträchtigt werden.[2009] Ebenso ergeben sich, wie gesehen, keine Rechtsansprüche auf Förderung aus § 164 b BauGB. Allerdings gibt der Gesetzgeber durch § 164 b Abs. 2 BauGB ein Programm für eine geordnete Stadtentwicklungpolitik vor, die durch den Einsatz der Städtebauförderungsmittel verwirklicht werden soll.[2010] In der

2005 *Goldschmidt*, in: Hoppenberg/de Witt, Handbuch des öffentlichen Baurechts, Band 1, C, Rn. 600.

2006 *Schmitz*, in: Spannowsky/Uechtritz, § 164b, Rn. 14; *Krautzberger*, in: E/Z/B/K, § 164 b, Rn. 64 ff.; *Goldschmidt*, in: Hoppenberg/de Witt, Handbuch des öffentlichen Baurechts, Band 1, C, Rn. 608.

2007 Vgl. auch *Spangenberger*, UPR 2013, 170 ff. (zur Städtebauförderung und Baukultur) sowie *Altrock*, in: Brake/Herfert (Hrsg.), Reurbanisierung, S. 184.

2008 Siehe oben, vgl. auch BT-Drs. 17/6253, S. 8.

2009 Siehe *Köhler*, in: Schrödter, BauGB, § 164b, Rn. 11; *Krautzberger*, in: E/Z/B/K, § 164b, Rn. 64 f. sowie *Schmitz*, in: Spannowsky/Uechtritz, § 164b, Rn. 14.

2010 *Dirnberger*, in: Jäde/Dirnberger/Weiß, § 164b, Rn. 1.

Praxis hat sich der Bund – wie im Folgenden zu sehen sein wird – bei der Gewährung der Finanzhilfen bislang immer in dem von § 164 b Abs. 2 BauGB vorgezeichneten Rahmen gehalten.[2011] § 164 b Abs. 2 BauGB gibt insoweit de facto die programmatische Zielsetzung des Einsatzes der Finanzhilfen vor.[2012] Die Fördergrundlagen im BauGB sind insoweit aus klimawandelgerechter Sicht völlig unvollständig und dem klimawandelgerechten Stadtumbau und Sanierungsrecht, insbesondere auf der Basis vertraglicher Kooperation, fehlt eine finanzielle Basis im Städtebaurecht.[2013]

### b) Schwerpunktsetzung in der Verwaltungsvereinbarung

Für die konkrete inhaltliche Ausgestaltung der Förderprogramme ist die Verwaltungsvereinbarung maßgebliche Grundlage. Erst hieraus ergeben sich in Weiterentwicklung der §§ 164 a, 164 b BauGB konkrete Verpflichtungen des Bundes.[2014] Die Verwaltungsvereinbarung steuert den Einsatz der Finanzhilfen durch die Festlegung von einzelnen Förderschwerpunkten in Form differenzierter Städtebauförderprogramme sowie durch die jeweilige Zuweisung der Höhe der finanziellen Mittel nach Maßgabe des Haushaltsgesetzes.

#### aa) Förderprogramme und Zielsetzungen

Auf Grund der letzten Verwaltungsvereinbarung aus dem Jahr 2013[2015] hat der Bund den Ländern Finanzhilfen innerhalb von fünf Programmen zu Verfügung gestellt:[2016]

---

2011 Vgl. auch *Krautzberger*, in: E/Z/B/K, § 164 b, Rn. 65.

2012 Restriktiver zur (rechtlichen) Bedeutung des § 164b Abs. 2 BauGB *Schmidt-Eichstaedt*, in: Brügelmann, BauGB, 68. Erg.-Lfg. 2008, § 164b, Rn. 19. Vgl. auch *Lindner/Klinski/Schmidt/John*, Instrumente zur Förderung des Kommunalen Klimaschutzes, S. 48, die anmahnen, dass das Gesetz zwar Spielräume lässt, diese aber nicht benennt.

2013 *Krautzberger*, in: Festschrift Birk, S. 13.

2014 Dazu auch *Battis/Klein/Rustenberg*, DVBl 2009, 682 (686) mwN.

2015 Derzeit ist noch nicht absehbar, wie der Bund die Städtebauförderung ab dem Programmjahr 2014 gestalten will. Eine Vorlage der Verwaltungsvereinbarung an die Länder ist im April 2014 (nach Verabschiedung des Bundeshaushalts) zu erwarten. Eine Verabschiedung ist für Juli 2014 vorgesehen.

2016 Siehe VV Städtebauförderung 2013 vom 21.12.2012/21.02.2013, S. 4. Die dort vorgenommene Aufteilung in „Stadtumbau Ost“, „Stadtumbau West“, „Städtebaulicher Denkmalschutz Ost“ und „Städtebaulicher Denkmalschutz West“ soll hier vernachlässigt werden. Zu den Schwerpunkten des Einsatzes von Städtebauförderungsmitteln auch *Goldschmidt*, in: Hoppenberg/de Witt, Handbuch des öffentlichen Baurechts, Band 1, C, Rn. 608 ff.

| Förderprogramm | Rechtliche Grundlage | Förderanlass und- ziele |
|---|---|---|
| Stadtumbau | § 171 b Abs. 4 i.V.m. § 164 a und b BauGB | Reaktion auf erhebliche städtebauliche Funktionsverluste, insbes. Strukturveränderungen in Demographie und Wirtschaft[2017] |
| Städtebaulicher Denkmalschutz | § 164 a und b BauGB | Sicherung und Erhaltung historischer Stadtkerne mit denkmalwerter Bausubstanz[2018] |
| Soziale Stadt | § 171 e Abs. 6 i.V.m. § 164 a und b BauGB | Stabilisierung und Aufwertung von durch sozialen Missständen benachteiligten Gebieten mit bes. Entwicklungsbedarf[2019] |
| Aktive Stadt- und Ortsteilzentren | § 164 a und b BauGB | Stärkung zentraler Versorgungsbereiche , insbes. bei gewerblichen Leerstand[2020] |
| Kleinere Städte und Gemeinden | § 164 a und b BauGB | Sicherung und Stärkung der öff. Daseinsfürsorge in kleinen Städten und Gemeinden[2021] |

Die Erstellung eines integrierten städtebaulichen Entwicklungskonzepts bildete dabei jeweils eine wesentliche Förderbedingung.[2022] Das Programm „Städtebauliche Sanierungs- und Entwicklungsmaßnahmen" als „klassisches" Programm der Städtebauförderung, insbesondere zur Beseitigung städtebaulicher Missstände in Sanierungsgebieten, ist zum Jahresende 2012 beendet worden.[2023] Auch ein eigenes Programm zur Finanzierung und Förderung von klimaschutz- und klimaanpassungsausgerichteten Maßnahmen existiert – entsprechend der fehlenden Schwerpunktsetzung in § 164 b Abs. 2 BauGB – bisweilen nicht. Allein die Präambel der Verwaltungsvereinbarungen beinhalten seit einigen Jahren das Ziel, dass Stadtquartiere unter

2017 Art. 5 VV Städtebauförderung 2013, S. 9; § 171 a Abs. 2 BauGB.

2018 Art. 3 VV Städtebauförderung 2013, S. 7; § 164 b Abs. 2 Nr. 1 BauGB.

2019 Art. 4 VV Städtebauförderung 2013, S. 8; § 171 e Abs. 2 BauGB.

2020 Art. 7 VV Städtebauförderung 2013, S. 11; § 164 b Abs. 2 Nr. 1, 2 BauGB.

2021 Art. 8 VV Städtebauförderung 2013, S. 12; § 164 b Abs. 2 Nr. 1, 2, 3 BauGB.

2022 Siehe etwa VV Städtebauförderung 2013 vom 21.12.2012/21.02.2013, S. 7, 8, 9.

2023 Siehe Sanierungs- und Entwicklungsmaßnahmen unter www. staedtbaufoerderung.info (zuletzt abgerufen am 28.09.2013). Einen Überblick über jene Programme noch auf Grundlage der Verwaltungsvereinbarung 2010 gibt *Spangenberger*, UPR 2011, 180 ff. Die Beendigung geht dabei auf die nach Art. 104 b GG nötige Befristung der Finanzhilfen zurück, wobei eine Verlängerung möglich gewesen wäre. Dazu *Wulfhorst*, DVBl 2010, 28 (30).

Berücksichtigung des Klimaschutzes und der Klimaänderung an die Bedürfnisse der Bürgerinnen und Bürger angepasst werden sollen.[2024] Darüber hinaus findet sich ausschließlich im Rahmen der Fördermöglichkeiten aktiver Stadt- und Ortsteilzentren der Hinweis, dass die Fördermittel insbesondere auch für die „Instandsetzung und Modernisierung von das Stadtbild prägenden Gebäuden (einschließlich der energetischen Erneuerung)" eingesetzt werden können.[2025] Weitere Konkretisierungen fehlen in den Verwaltungsvereinbarungen bislang.[2026] Von der Bundesregierung wurde im Jahr 2011 zwar das Programm „Energetische Stadtsanierung" ausgelobt und wird von dieser zum Teil als eigenständiges Programm unter die Städtebauförderung gefasst.[2027] Diese Einordung trifft jedoch nicht zu. Das Programm „Energetische Stadtsanierung" tritt unabhängig und ergänzend neben die Programme der Städtebauförderung und hebt sich klar von den klassischen Formen der Städtebauförderung ab,[2028] denn gefördert wird allein die Erstellung eines Quartierskonzepts und die Finanzierung eines Sanierungsmanagers. Seit dem 01.02.2012 wird zusätzlich die nachhaltige Verbesserung der Energieeffizienz kommunaler Versorgungssysteme finanziell unterstützt.[2029] Eine ungleich teurere Umsetzung von Einzelmaßnahmen, im Rahmen der Umsetzung einer klimawandelgerechten städtebaulichen Gesamtmaßmaßnahme als Ganzes, wird von dem Programm „Energetische Stadtsanierung" gerade nicht adressiert.[2030]

**bb) Berücksichtigung klimawandelgerechter Maßnahmen in bestehenden Programmen der Städtebauförderung**

Klimaschutz- und Klimaanpassungsmaßnahmen können jedoch im begrenzten Umfang auch ohne ausdrückliche Nennung in bestehenden Programmen fördertechnisch Berücksichtigung finden. So umfasst die Förderung des Stadtumbaus nach der Verwaltungsvereinbarung mitunter auch die „Aufwertung und den Umbau des Gebäudebestandes", ebenso wie „sonstige Bau- und Ordnungsmaßnahmen, die für den Stadtumbau erforderlich sind".[2031] Darunter sind auch klimawandelgerechte Stadtumbaumaßnahmen zu fassen. Die Verwaltungsvereinbarung setzt den Schwerpunkt demgegenüber allerdings bei Strukturveränderungen in Demographie und Wirtschaft. Im Rahmen der Fördermöglichkeiten aktiver Stadt- und Ortsteilzentren wird die energetische Erneuerung ausdrücklich genannt. Maßnahmen des Klimaschutzes und der Klimaanpassung lassen sich mithin in den bestehenden Programmen – insbesondere im Stadtumbau – berücksichtigen.[2032] Für Sanierungsmaßnahmen fehlt indes seit Ende 2012 ein konventionelles Programm, sodass auch die Beseitigung energetischer Missstände nicht mehr

---

2024 Siehe nur VV Städtebauförderung 2013 vom 21.12.2012/21.03.2013, S.2 sowie VV Städtebauförderung 2012 vom 16.12.2011/04.04.2012, S. 2.

2025 Siehe VV Städtebauförderung 2013 vom 21.12.2012/21.02.2013, S. 12.

2026 Vgl. auch BT-Drs. 17/5368, S. 7.

2027 Siehe Programme der Städtebauförderung unter http://www.bundesregierung.de/Content/ DE/Infodienst/ 2013/07/2013-07-24-nationale-stadtentwicklungspolitik/stadtentwicklungspolitik-als-nationale-heraus forderung.html (Stand 04.10.2013).

2028 Siehe auch *Habermann-Nieße/Jütting/Klehn/Schlomka*, Strategien zur Modernisierung II, S. 64; *Weinstock*, Lebendige Stadt 2012, 38 (38) sowie *Jasper*, in: Bericht zur Stadtentwicklung NRW 2011, S. 63 f.

2029 Siehe www.Bmvbs.de.

2030 Vgl. auch BT-Drs. 17/5368, S. 7 sowie *Habermann-Nieße/Jütting/Klehn/Schlomka*, Strategien zur Modernisierung II, S. 64 und *Weinstock*, Lebendige Stadt 2012, 38 (38).

2031 VV Städtebauförderung 2013 vom 21.12.2012/21.02.2013, S. 9 f.

2032 Siehe nur die Dokumentation der Transferwerkstatt Klimaschutz und Klimaanpassung im Stadtumbau, S. 1 ff. Abrufbar unter Veranstaltungen, Stadtumbau West, www.staedtebauförderung.info.

gesondert gefördert und finanziert wird. Allenfalls eine Berücksichtigung im Rahmen der weiterhin bestehenden Programme (Städtebaulicher Denkmalschutz, Soziale Stadt, Aktive Stadt- und Ortsteilzentren, Kleinere Städte und Gemeinden) erscheint möglich, die allerdings alle samt spezifische Schwerpunkte außerhalb einer klimawandelgerechten Stadtentwicklung verfolgen.[2033]

Auch wenn Städtebauförderungsmittel für klimawandelgerechte Maßnahmen im Rahmen bestehender Städtebauförderprogramme Berücksichtigung finden können, wird die Umsetzung von – vorrangig auf der Basis städtebaulicher Verträge – durchzuführenden klimawandelgerechten städtebaulichen Gesamtmaßnahmen im Gebäudebestand durch das Fehlen eines eigenständigen Programms mithin zunehmend gehemmt.[2034] Ebenso wie § 164 b BauGB weist die Verwaltungsvereinbarung der Städtebauförderung damit ein Weiterentwicklungspotential zugunsten einer klimawandelgerechten Stadtentwicklung auf.

### cc) Finanzielle Ausstattung

Diese Erkenntnis verstärkt sich, wenn man neben der Ausrichtung der Förderung, die finanzielle Ausstattung der bestehenden Städtebauförderprogramme vor dem Hintergrund des nötigen Förderbedarfs analysiert. Aufgrund der Verwaltungsvereinbarungen 2011, 2012 und 2013 hat der Bund zum Zweck der Städtebauförderung Finanzhilfen in Höhe von 455 Millionen Euro zur Verfügung gestellt.[2035] 2010 waren es noch 534 Millionen[2036] und im Jahr 2009 570 Millionen. Seither finden sich immer wieder Kürzungspläne, die in den letzten Jahren abgewehrt werden konnten.[2037] Die Finanzhilfen auf Grundlage der Verwaltungsvereinbarung 2013 stellen sich wie folgt dar:

---

2033 Ein Beispiel zur Verfolgung von Klimaschutzzielen im Rahmen des Programms „Soziale Stadt" liefert die Stadt Arnstein, siehe *BMVBS*, Dokumentation, Zweiter Kongress zur Zukunft der Städtebauförderung, S. 50.

2034 Siehe auch *Krautzberger*, in: Mitschang (Hrsg.), Stärkung der Innenentwicklung, S. 68; *ders*, in: Mitschang (Hrsg.), Klimagerechte Stadtentwicklung, S. 116 f.

2035 Siehe Verwaltungsvereinbarung Städtebauförderung 2012, S. 4. Ursprünglich angedacht für 2012 waren 410 Millionen; für 2013 siehe *BMVBS*, Pressemitteilung vom 23.11.2012, Nr. 272/2012, S. 2 sowie *BMVBS*, Pressemitteilung vom 09.04.2013, Nr. 55/2013, S. 1. Dazu auch *Schröer/Kullick*, NZBau 2013, 156 (157).

2036 Ursprünglich geplant waren 610 Millionen.

2037 Siehe BT-Drs. 17/6444, S. 1 ff.

| Förderprogramm | Finanzielle Ausstattung |
|---|---|
| Stadtumbau | 167,000 Mio. Euro[2038] |
| Städtebaulicher Denkmalschutz | 98,000 Mio. Euro[2039] |
| Soziale Stadt | 40,000 Mio. Euro |
| Aktive Stadt- und Ortsteilzentren | 97,000 Mio. Euro |
| Kleinere Städte- und Gemeinden | 55,000 Mio. Euro |

Das ergänzende Programm der energetischen Stadtsanierung wurde mit einer erstmaligen Ausstattung von 70 Millionen Euro geschaffen.[2040] Für das Jahr 2013 wurde dieses auf 100 Millionen aufgestockt.[2041] Für die Erstellung eines Quartierskonzepts, die Finanzierung eines Sanierungsmanagers sowie der Verbesserung der Energieeffizienz kommunaler Versorgungssysteme ist dies ein wichtiger Schritt; die anschließende Umsetzung von Einzelmaßnahen im Rahmen einer städtebaulichen Gesamtmaßahme lässt sich mit diesem Fördervolumen allerdings nicht erzielen.[2042] Eine im Auftrag des BMVBS erfolgte Studie zum „Städtebaulichen Investitions- und Förderbedarf 2007-2013 in Deutschland" hat für den angegebenen Untersuchungszeitraum einen notwendigen Förderbedarf von durchschnittlich 700 Millionen Euro pro Jahr an direkten Städtebauförderungsmitteln vonseiten des Bundes ermittelt.[2043] Finanzhilfen des Bundes wurden seither derzeit deutlich unterhalb des im Jahr 2008 von der damaligen Bunderegierung anerkannten Förderbedarfs gewährt.[2044] Die Bundesregierung der 18. Wahlperiode hat sich nunmehr im Koalitionsvertrag dazu verpflichtet, die Städtebauförderung im Zeitraum 2014-2017 auf jährlich auf 700 Millionen aufzustocken.[2045] Die relativ neue Thematik des Klimaschutzes und der Klimaanpassung im Städtebau wurde in der genannten Studie zum Investitionsbedarf allerdings noch gar nicht berücksichtigt.[2046] Damit kann davon ausgegangen werden, dass der nötige Investitionsbedarf nunmehr beträchtlich über dem ermittelten Wert von 700 Millionen Euro liegt.[2047] Auf Grund der anhand dessen belegten und

2038 84,000 Mio. Euro entfallen auf „Stadtumbau Ost"; 83,000 Mio. Euro auf „Stadtumbau West". Perspektivisch sollen die Programme zusammengeführt werden, siehe Koalitionsvertrags zwischen CDU, CSU und SPD, 18. Legislaturperiode, S. 117.

2039 64,000 Mio. Euro entfallen auf „Städtebaulicher Denkmalschutz Ost"; 32,000 Mio. Euro auf „Städtebaulicher Denkmalschutz West".

2040 Zunächst veranschlagt waren 92 Millionen Euro, siehe Pressemitteilung BMVBS Nr. 146/2011 vom 08.07.2011.

2041 *BMVBS*, Pressemitteilung vom 23.11.2012, Nr. 272/2012, S. 2.

2042 Vgl. *Habermann-Nieße/Jütting/Klehn/Schlomka*, Strategien zur Modernisierung II, S. 64 sowie *Weinstock*, Lebendige Stadt 2012, 38 (38).

2043 BMVBS/BBR (Hrsg.), Förderbedarf 2007-2013, S. 8. siehe auch *Alecke/Gornig/Jaedicke/Koziol/ u.a.*, RuR 3/2008, 282 (287).

2044 Siehe BMVBS (Hrsg.), Stadtentwicklungsbericht 2008, S. 137.

2045 Koalitionsvertrag zwischen CDU, CSU und SPD, 18. Legislaturperiode, S. 89.

2046 BMVBS/BBR (Hrsg.), Förderbedarf 2007-2013, S. 9.

2047 Siehe auch Antrag zur Förderung der energetischen Quartierssanierung BT-Drs. 17/3827, S. 1 ff. sowie BT-Drs. 17/7023, S. 3 ff.

bislang zu gering gewährten Fördersumme für bestehende Städtebauförderprogramme werden sich (zusätzliche) klimawandelgerechte Maßnahmen nur bedingt in bestehenden Städtebauförderprogrammen berücksichtigen lassen.

Als prekär stellt sich daneben die benötigte Gegenfinanzierung der Finanzhilfen von Ländern und Kommunen dar. Die steigende Anzahl an Kommunen mit einer defizitären Haushaltslage, die durch verschiedene Ereignisse begünstigt wird, führt bisweilen dazu, dass Gemeinden vielfach nicht in der Lage sind, den kommunalen Eigenanteil für eine Finanzierung der Städtebauförderungsmaßnahmen aufzubringen.[2048] Laut Kommunalpanel 2012 des Deutschen Instituts für Urbanistik (Difu) bildet die Bereitstellung des Eigenanteils für 38 % der Kommunen größere Hürden.[2049] Schon im Jahr 2011 zeichnete sich ab, dass ein Drittel der Mittel- und Großstädte auf den Einsatz von Städtebaufördermitteln verzichten muss, da diese den Eigenanteil gar nicht oder nur unter starken Restriktionen aufbringen können. Bei kleineren Gemeinden und Landkreisen waren es bis zu 17 %.[2050]

### c) Schwerpunktsetzung in den Förderrichtlinien

Da die Verwaltungsvereinbarung keine unmittelbar geltenden Rechtssätze für die Gemeinden enthält, bedarf diese der Konkretisierung in Förderrichtlinien der Länder.[2051] Die Förderrichtlinien zielen wiederum auf eine Förderung städtebaulicher Maßnahmen als Einheit ab.[2052] Die Länder bilden mithin einzelne Landesprogramme, für die sie Finanzhilfen seitens des Bundes erhalten.[2053] Im Rahmen des BauGB und unter Beachtung der Verwaltungsvereinbarung legen die Förderrichtlinien der Länder dar, unter welchen Voraussetzungen die Gemeinden Mittel erhalten und für welche förderfähigen Kosten diese verwendet werden dürfen.[2054] Dabei ist es ihnen verwehrt, die ihnen gemäß §§ 164a und § 164 b BauGB i. V. m der Verwaltungsvereinbarung zufließenden Mittel durch eigene Vorgaben aus Ihrer Zielbestimmung herauszunehmen und auf bestimmte Maßnahmen einzuengen.[2055] Dementsprechend bilden auch die Förderrichtlinien der Länder keinen eigenen Schwerpunkt einer energetischen Sanierung, sondern konkretisieren nur insoweit die Präambel der Verwaltungsvereinbarung, als ökologische Aspekte und der Klimaschutz als Querschnittsziel im Rahmen der bestehenden Programme berücksichtigt werden.[2056] Für eine klimawandelgerechte Konkretisierung in den

---

2048 Siehe *Spars/Jacob/Müller*, Kommunale Haushaltsnotlagen 2010, S. 12 ff.; Stadtentwicklungsbericht 2012, BT-Drs. 14450, S. 113. Vgl. ferner auch *Battis/Kersten*, LKV 2006, 442 (442 ff.) sowie *Schröer/Kullick*, NZBau 2013, 156 (157). Zu den (finanziellen) Problemen der städtebaulichen Entwicklung aus der Sicht der Städte und Gemeinden auch *Portz*, in: Mitschang (Hrsg.), Fragestellungen des Städtebau- und Umweltrechts, S. 195 ff.

2049 *KfW* (Hrsg.), Kommunalpanel 2012, S. 62, 95.

2050 Im Einzelnen *KfW* (Hrsg.), Kommunalpanel 2011, S. 63 f.; vgl. auch BT-Drs. 17/10999, S. 2.

2051 *Köhler*, in: Schrödter, BauGB, § 164 b, Rn. 10.

2052 Im Einzelnen *Goldschmidt*, in: Hoppenberg/de Witt, Handbuch des öffentlichen Baurechts, Band 1, C, Rn. 617.

2053 Art. 10 VV Städtebauförderung.

2054 *Köhler*, in: Schrödter, BauGB, § 164 b, Rn. 10. Eine Übersicht der Förderrichtlinien der Länder (Stand 10/2012) findet sich bei *BMVBS*, Städtebauförderung 2013, Anwenderhinweise zu den Förderprogrammen, S. 36 ff.

2055 Siehe *Schmidt-Eichstaedt*, in: Brügelmann, BauGB, 68. Erg.-Lfg. 2008, § 164a, Rn. 11.

2056 Am Bsp. Sachsen dazu nur *Sternitzki*, Klimaschutz und Energieeffizienz in Sachsen, S. 50 ff.; vgl. auch *Innenministerium des Landes Schleswig-Holstein*, Klimaschutz und Anpassung in der integrierten Stadtentwicklung, S. 29.

Förderrichtlinien der Länder bedarf es zunächst einer Verankerung zumindest in der Verwaltungsvereinbarung der Städtebauförderung zwischen Bund und Ländern.[2057]

## C. Zwischenfazit

Etwaige Druckmittel zum Abschluss eines städtebaulichen Vertrags bestehen nur begrenzt. Um einen Vertragsabschluss zu forcieren, sind geeignete kommunale Gegenleistungen zu generieren und geeignete Anreize zu setzen. Je nachdem, ob eine Gemeinde Maßnahmen der klimawandelgerechten Stadtentwicklung im Rahmen eines Grundstücksverkaufs oder eigenständig vertraglich durchsetzen möchte, kommt ihr dabei eine unterschiedlich starke Verhandlungsposition zu. Ein geeigneter Anreiz zum Vertragsabschluss kann zunächst dadurch erzielt werden, dass Vereinbarungen klimawandelgerechter Maßnahmen an bestehenden Förderprogrammen des Bundes, der Länder oder der Kommunen ausgerichtet werden. Als kommunale Gegenleistung bietet sich zudem eine zu vereinbarende Energieberatung sowie ein Gebäudemonitoring an. Sollte die Gemeinde die Gegenleistungen nicht selbst durchführen können, kann auch eine (teilweise) Kostenübernahme vereinbart werden. Darüber hinaus kann ggf. ein ermäßigter Grundstückskaufpreis gewährt werden.

Im Rahmen eines kommunalen Grundstücksverkaufs dürften dies ausreichende Anreize darstellen, um auch einen klimawandelgerechten städtebaulichen Vertrag zu schließen. Da ein Großteil potentieller Bauherren sehr offen gegenüber klimawandelgerechten Maßnahmen ist, dürfte zudem auch bei einer eigenständigen Vereinbarung ein essentieller Anreiz zum Vertragsabschluss bestehen.[2058]

Im Gebäudebestand lässt sich den aktuellen klimatischen Herausforderungen vor allem mit den Mitteln des besonderen Städtebaurechts wirksam begegnen.[2059] Die jeweiligen Instrumente fokussieren dabei ein Vorgehen auf Basis vertraglicher Kooperation und bieten die Möglichkeit energetische Funktionsverluste oder Missstände zu beseitigen. Neben den thematisierten Gegenleistungen und existenten Anreizen insbesondere in Form einer bestehenden Einspeisevergütung nach dem EEG im Rahmen des Einsatzes erneuerbarer Energien, diversen Förderprogrammen des Bundes, der Länder und der Kommunen für Energieeffizienzmaßnahmen sowie marginal bestehenden erhöhten steuerlichen Abschreibungsmöglichkeiten und Steuerbegünstigungen wird es nötig sein, dass eine Gemeinde auch Mittel der Städtebauförderung im Rahmen einer klimawandelgerechten Gebäudesanierung einsetzen kann, um vertragliche Vereinbarungen erreichen zu können.[2060]

Die Städtebauförderung hat sich bislang als wirksames Mittel erwiesen, um städtebauliche Gesamtmaßnahmen finanziell zu unterstützen und hat eine erhebliche ökonomische Bedeutung. Die Untersuchung der verfassungsrechtlichen, gesetzlichen und untergesetzlichen

---

2057 Ergänzend setzen die Länder und Kommunen von der Städtebauförderung unabhängige und spezifische Förderprogramme auf, die zum Teil auch schon eine klimawandelgerechte Stadtentwicklung adressieren. Auf Grund der erheblichen Unterschiede kann hier keine detaillierte Betrachtung erfolgen.

2058 Siehe Fn. 603, Sanierungstyp „Überzeugte Energiesparer“, „Aufgeschlossener Skeptiker“ und „Unreflektierter Instandhalter“, Einzelheiten bei *Stieß/van der Land/Birzle-Harder/Deffner*, Zielgruppen für eine energetische Gebäudesanierung, S. 51 ff. Ferner auch *Kahl/Schmidtchen*, Kommunaler Klimaschutz durch Erneuerbare Energien, S. 194.

2059 Siehe oben; vgl. *Dirnberger*, BauGB Klimaschutz, S. 24; *Mitschang*, in: Festschrift Birk, S. 94 f.

2060 So auch *Mitschang*, in: Festschrift Birk, S. 94 f. und *Fischer*, Grundlagen und Grundstrukturen eines Klimawandelanpassungsrechts, S. 347.

Grundlagen der Städtebauförderung hat jedoch ergeben, dass klimawandelgerechte Maßnahmen indessen noch keine ausreichende Akzentuierung erfahren haben. Maßnahmen des Klimaschutzes und der Klimaanpassung werden nicht als Schwerpunkt von Finanzhilfen des Bundes in § 164 b BauGB genannt. § 164 b BauGB lässt zwar Spielräume der Städtebauförderung zu, benennt diese aus klimawandelgerechter Sicht jedoch nicht ausdrücklich, sodass entsprechende Maßnahmen auch nicht in die bislang geltenden Verwaltungsvereinbarungen durch ein eigenständiges Programm integriert wurden. Gleiches gilt für die darauf beruhenden Förderrichtlinien der Länder, die Maßnahmen des Klimaschutzes und der Klimaanpassung allenfalls als Querschnittsziel berücksichtigen.

Die klimawandelgerechte Ausrichtung der Instrumente des besonderen Städtebaurechts sowie der im Gesetz akzentuierte und vom Gesetzgeber präferierte Einsatz städtebaulicher Verträge gleicht damit (bislang) eher allein einem politischen Bekenntnis[2061] als einer in der Praxis tatsächlich effektiven Umsetzungsmöglichkeit zugunsten des Klimaschutzes und der Klimaanpassung. Eine klimawandelgerechte Stadtentwicklung im Gebäudebestand auf der Basis vertraglicher Kooperation wird mangels Förderdirektive zunehmend gehemmt. Daneben existiert das Problem, dass Gemeinden auf Grund einer defizitären Haushaltslage vielfach nicht in der Lage sind, den kommunalen Eigenanteil für eine Finanzierung der Städtebauförderungsmaßnahmen aufzubringen. Finanzschwache Kommunen müssen ihre Sanierungsstrategie daher ohne Ergreifen geeigneter Gegenmaßnahmen stärker an der Verfügbarkeit von Eigenmitteln ausrichten als andere Städte, sodass das Instrument der Städtebauförderung die finanzielle Ungleichheit zwischen Städten und Gemeinden u.U. sogar noch verstärken kann.[2062]

## D. Ansätze zur Optimierung klimawandelgerechter Maßnahmen auf Basis vertraglicher Kooperation

Auf Grundlage der bisher erlangten Erkenntnisse sollen im Folgenden mögliche Ansatzpunkte zur Optimierung klimawandelgerechter Maßnahmen vor allem auf der Basis vertraglicher Kooperation herausgearbeitet werden.[2063]

### I. Stärkung ökonomischer Aspekte im Städtebaurecht

Ein Weiterentwicklungspotential wurde insbesondere im Rahmen der bestehenden Städtebauförderung ausgemacht. Die Bundesregierung der 18. Legislaturperiode strebt nunmehr ebenso eine Weiterentwicklung der Städtebauförderung an, um die Kommunen insbesondere auch beim Klimaschutz passgerecht unterstützen zu können.[2064] Dies ist zu begrüßen. Wie gesehen, lassen die grundgesetzlichen Vorgaben eine finanzielle Beteiligung des Bundes an Aufgaben der Gemeinden nur in engen Grenzen zu. In der Beschränkung von Finanzhilfen des Bundes gemäß Art. 104 a und Art. 104 b GG wird daher zunehmend eine Hürde für die

---

2061 Ähnlich *Kahl/Schmidtchen*, Kommunaler Klimaschutz durch Erneuerbare Energien, S. 389.

2062 *Friesecke*, in: Spannowsky/Hofmeister (Hrsg.), Bewältigung städtebaulicher Missstände als Themengegenstand der Innenentwicklung, S. 43; *BMVBS (Hrsg.)*, Sanierungsmaßnahmen in unseren Städten und Gemeinden, S. 56 f.

2063 Dahingegen wird in der Literatur zum Teil insbesondere aufgrund der Kosten, die auf alle Beteiligten zukommen, in der Umsetzung klimawandelgerechter Maßnahmen auf Basis vertraglicher Kooperation eine „Sackgasse" erblickt, siehe *Ekardt/Schmitz/Schmidtke*, ZNER 2008, 334 (342).

2064 Siehe Koalitionsvertrag zwischen CDU, CSU und SPD, 18. Legislaturperiode, S. 117.

Durchführung einer am Klimaschutz und der Klimaanpassung ausgerichteten Stadtentwicklung erblickt.[2065] Vorgeschlagen wird daher u.a., eine mittelbare Förderung der Kommunen durch den Bund über selbstständige Einrichtungen – bspw. über die KfW oder Stiftungen – verfassungsrechtlich als generell zulässig einzustufen sowie darüber hinaus ausdrücklich zu regeln, dass Finanzhilfen nach Art. 104 b Nr. 1-3 GG direkt den Kommunen – ohne den Umweg über die Länder – zur Verfügung gestellt werden können.[2066] Damit würde eine Förderung der Kommunen durch den Bund gewiss erleichtert, doch würde damit auch ein grundlegender Systemwechsel der bundesstaatlichen Finanzverfassung einhergehen. Ungeachtet dieser Vorschläge und insbesondere ohne die verfassungsrechtlichen Vorgaben des Grundprinzips der paritätischen Finanzierung der Städtebauförderung in Frage stellen zu wollen, sollen daher im Folgenden vielmehr Weiterentwicklungsansätze der bestehenden Städtebauförderung entwickelt werden.

## 1. Inhaltliche Weiterentwicklung der Städtebauförderung

### a) Auf Gesetzebene (BauGB)

Seit Einführung der Städtebauförderung im Jahr 1971[2067] hat eine fortwährend Ausdifferenzierung und damit ein Wandel von Programmen der Städtebauförderung stattgefunden. Mit Einführung der Städtebauförderung wurden viele Jahre allein Sanierungs- und Entwicklungsmaßnahmen gefördert.[2068] Damit waren im Kontext der Städtebauförderung grds. alle Maßnahmen förderungsfähig, die der Behebung von Funktions- oder Substanzschwächen dienten. Auch Maßnahmen der klimawandelrechten Stadtentwicklung wären damit grds. förderfähig gewesen.[2069] Seither wurden verstärkt neue problemorientierte Städtebauförderprogramme entwickelt und Schwerpunkte gesetzt.[2070] Vor allem die Wandlung der städtebaulichen Aufgabenstellungen in den letzten Jahren[2071] hat zu einer fortlaufenden und dementsprechenden Anpassung der städtebaulichen Instrumente des BauGB und einer darauffolgenden Ausdifferenzierung der Programme der Städtebauförderung geführt.[2072] Auf der Grundla-

2065 Siehe *Lindner/Klinski/Schmidt/John*, Instrumente zur Förderung des Kommunalen Klimaschutzes, S. 41 f.; *Rodi/Sina*. Klimaschutzrecht des Bundes, S. 444. Ebenso *Krautzberger*, UPR 2011, 121 (123) sieht die Finanzierung der Kommunalhaushalte in dieser Form streng genommen, als nicht auf die Daueraufgabe der Stadterneuerung zugeschnitten, vgl. auch *ders.*, in: Festschrift Birk, S. 18.

2066 *Lindner/Klinski/Schmidt/John*, Instrumente zur Förderung des Kommunalen Klimaschutzes, S. 42. Um die Finanzausstattung der Kommunen zu stärken wird ebenso erwogen, den Städtebau als Gemeinschaftsaufgabe i.S.d. Art. 91 a, 91 b GG einzuordnen, siehe *Krautzberger*, in: E/Z/B/K, Vorb. §§ 136-164b, Rn. 11. *Ders.* mahnt ebenso an, man müsse den Kommunen entweder ausreichende Mittel zur Verfügung stellen, ihnen ein auskömmliches Grundsteuersystem zur Verfügung stellen oder eine Finanzierung durch Bund und Länder garantieren, siehe *Krautzberger*, UPR 2011, 121 (123); *ders.*, in: Festschrift Birk, S. 18.

2067 Durch das Gesetz über städtebauliche Sanierungs- und Entwicklungsmaßnahmen in den Gemeinden – Städtebauförderungsgesetz (StBauFG) vom 27.07.1971, BGBl I 1971, S. 1125.

2068 Zur Entstehungsgeschichte *Krautzberger*, in: E/Z/B/K, § 164a, Rn. 3 ff.; vgl. *Spangenberger*, UPR 2011, 180 (180) und *Habermann-Nieße/Jütting/Klehn/Schlomka*, Strategien zur Modernisierung II, S. 63.

2069 Vgl. *Habermann-Nieße/Jütting/Klehn/Schlomka*, Strategien zur Modernisierung II, S. 63.

2070 Was auch auf die Vorgaben des Art. 104 b GG zurückzuführen ist. Dazu auch *Sternitzki*, Klimaschutz und Energieeffizienz in Sachsen, S. 14 mwN. und *Hatzfeld/Lang*, Planerin 6/2011, 15 (16 ff.).

2071 Insbes. Demographie, Sicherung des Denkmalschutzes und die Behebung sozialer Missstände.

2072 Siehe *Spangenberger*, UPR 2011, 180 ff. (185); *Altrock*, in: Brake/Herfert (Hrsg.), Reurbanisierung, S. 184. Zur Städtebaugesetzgebung und städtebaulichen Aufgaben im Wandel *Krautzberger*, UPR 2011, 121 ff. Siehe auch *Krautzberger*, Interview 40 Jahre Städtebauförderung, Planerin 6/2011, 11 (12 f.).

ge der differenzierten Förderprogramme wurde überwiegend eine passgenaue Förderung städtebaulicher Gesamtmaßnahmen ermöglicht.[2073]

Im Zuge der Instrumentalisierung des Sanierungsrechts sowie des Stadtumbaus zum Zweck des Klimaschutzes und der Klimaanpassung ist eine dementsprechende Entwicklung des Städtebauförderungsrechts wie gesehen ausgeblieben. Da die Aufzählung der nach Ansicht des Bundesgesetzgebers bedeutsamen Ziele in § 164 b Abs. 2 BauGB eine Leitbildfunktion und politische Direktive entfalten kann,[2074] bedürfen zunächst die im BauGB genannten Schwerpunkte von Finanzhilfen in § 164 b Abs. 2 BauGB einer klimawandelgerechten Konkretisierung.

Für eine praxistaugliche Durchführung klimaschutz- und klimaanpassungsausgerichteter städtebaulicher Gesamtmaßnahmen, vorrangig auf der Basis vertraglicher Kooperation, wird daher angeregt, die Förderschwerpunkte des § 164 Abs. 2 BauGB um klimaschutz- und klimaanpassungsausgerichtete Maßnahmen zu ergänzen.[2075] In Betracht kommt eine Erweiterung der Schwerpunktsetzung in § 164 b Abs. 2 BauGB durch eine Anfügung einer neuen Nr. 4, wonach Städtebauförderungsmittel auch für städtebauliche Maßnahmen im Rahmen des Klimaschutzes und der Klimaanpassung eingesetzt werden können.[2076]

Vorschlag: „*§ 164 b Abs. 2 Schwerpunkte für den Einsatz solcher Finanzhilfen sind*

*[…]*

*4. Städtebauliche Maßnahmen der klimagerechten Stadtentwicklung.*“

Dabei sollte auf eine wörtliche Bezugnahme der „allgemeinen Anforderungen an den Klimaschutz und die Klimaanpassung“, wie im Sanierungs- und Stadtbaurecht vom Bundesgesetzgeber im Rahmen der BauGB-Klimanovelle 2011 vorgenommen, bewusst verzichtet werden, um einer Restriktion der Förderdirektive entgegen zu wirken.[2077] Der Begriff der „klimagerechten Stadtentwicklung“ dürfte im Rahmen des § 164 b Abs. 2 BauGB ausreichend bestimmt genug sein, um eine Förderdirektive für klimawandelgerechte städtebauliche Gesamtmaßnahmen entfalten zu können.[2078]

---

2073 Siehe *Spangenberger*, UPR 2011, 180 ff. (185).

2074 *Schmitz*, in: Spannowsky/Uechtritz, § 164b, Rn. 14; *Krautzberger*, DVBl 2012, 69 (74); *ders.*, in: Mitschang (Hrsg.), Klimagerechte Stadtentwicklung, S. 117.

2075 Siehe auch die Stellungnahme des Bundesrates, BT-Drs. 17/6253, S. 8 und *Löhr*, Stellungnahme zu BT-Drs. 17/6076, S. 5. Vgl. auch *Krautzberger*, in: Mitschang (Hrsg.), Klimagerechte Stadtentwicklung, S. 116; *ders.*, in: Mitschang (Hrsg.), Fragestellungen des Städtebau- und Umweltrechts, S. 178; *ders.*, DVBl 2012, 69 (74) sowie *Kahl/Schmidtchen*, Kommunaler Klimaschutz durch Erneuerbare Energien, S. 209 ff. Zu den Anregungen im Gesetzgebungsverfahren der BauGB-Klimanovelle 2011 resümierend *Schneider*, Auswirkungen des Klimawandels auf das Bauplanungsrecht, S. 120. Zu den Schwerpunkten des Einsatzes von Städtebauförderungsmitteln auch *Goldschmidt*, in: Hoppenberg/de Witt, Handbuch des öffentlichen Baurechts, Band 1, C, Rn. 608 ff.

2076 In diesem Sinne auch BT-Drs. 17/6253, S. 8; *DASL*, Stellungnahme zum Entwurf eines Gesetzes zur Stärkung der klimagerechten Stadtentwicklung in den Gemeinden, S. 8; *Krautzberger*, DVBl 2012, 69 (74); *ders.*, in: Mitschang (Hrsg.), Klimagerechte Stadtentwicklung, S. 117; *Fischer*, Grundlagen und Grundstrukturen eines Klimawandelanpassungsrechts, S. 344.

2077 Zur Kritik an der Formulierung der „allgemeinen Anforderungen“ siehe oben.

2078 Kritik an der Bestimmtheit der Formulierung hat u.a. der *Deutscher Anwaltverein*, Stellungnahme zum Entwurf eines Gesetzes zur Stärkung der klimagerechten Stadtentwicklung in den Gemeinden, S. 4 f., im Zuge der ursprünglich geplanten Einfügung des Begriffs in das Sanierungs- und Stadtumbaurecht, geübt.

## b) In der Verwaltungsvereinbarung

Parallel zur Manifestierung eines neuen Schwerpunktes in § 164 b Abs. 2 BauGB bedarf es auch einer Weiterentwicklung der Verwaltungsvereinbarung zwischen Bund und Ländern. Das Ziel des Klimaschutzes und der Klimaanpassung muss zukünftig in den Programmen der Städtebauförderung eine größere Beachtung finden und muss verstärkt in zukünftige Verwaltungsvereinbarungen integriert werden.[2079] Insbesondere die Herausforderungen der Energieeffizienz und des Einsatzes erneuerbarer Energien müssen bei der Weiterentwicklung von Programmstrukturen und Programmschwerpunkten berücksichtigt werden.[2080]

Grundsätzlich ist es angesichts der vorhandenen Vielfalt der Städtebauförderprogramme ratsam, nicht bei jeder neuen städtebaulichen Aufgabe ein neues Städtebauförderungsprogramm aufzusetzen.[2081] Klimaschutz und Klimaanpassung bilden allerdings nunmehr zentrale und längerfristige Schwerpunkte und Handlungsansätze im Städtebaurecht. Um die Energieeffizienz- und Reduktionsziele auf Grundlage der bislang verfolgten anreizorientierten Politik und auf der Grundlage des konsensual ausgerichteten Städtebaurechts erreichen zu können, müssen Zielsetzungen der energetischen Sanierung respektive des Klimaschutzes und der Klimaanpassung konsequenterweise auch in den Verwaltungsvereinbarungen einen Schwerpunkt bilden.[2082] Im Rahmen des Städtebaurechts wird der Fokus hinsichtlich einer energetischen Sanierung auf eine quartiersbezogene und kooperative Herangehensweise auf der Basis vertraglicher Kooperation gelegt, welche ohne eine gezielte Förderung nicht gelingen kann.[2083]

Es wird daher angeraten, zumindest die bestehenden Städtebauförderungsprogramme im Hinblick auf Klimaschutz- und Klimaanpassungsmaßnahmen zu überarbeiten. Fördermittel können bspw. an geeigneten Stellen nach energetischen Kriterien gestaffelt werden oder die Voraussetzung von energetischen Mindeststandards könnten als Fördervoraussetzung in bestehenden Programmen festgelegt werden.[2084]

Insbesondere vor dem Hintergrund der Einstellung des Städtebauförderungsprogramms „Städtebauliche Sanierungs- und Entwicklungsmaßnahmen“ im Jahr 2012 bedarf es entsprechend der nötigen Schwerpunktsetzung in § 164 b BauGB darüber hinaus jedoch, eines neu zu entwickelnden entsprechenden Städtebauförderprogramms der „Klimagerechten Stadtent-

---

2079 BT-Drs. 17/6444, S. 4. Siehe auch *Hatzfeld/Lang*, Planerin 6/2011, 15 (16).

2080 BT-Drs. 17/6444, S. 6; BT-Drs. 17/7023, S. 3; BT-Drs. 17/5368, S. 2, 7; *Bundesvereinigung der kommunalen Spitzenverbände*, Stellungnahme zum Entwurf eines Gesetzes zur Stärkung der klimagerechten Stadtentwicklung in den Gemeinden, S. 5.

2081 Das Aufstellen differenzierter Teilprogramme, die eine konkrete Zielrichtung und Ausgestaltung der Förderung erkennen lassen, halten *Battis//Klein/Rustenberg*, DVBl 2009, 682 (686 ff.) hingegen sogar für verfassungsrechtlich geboten. Zu Recht restriktiver in der Auslegung des Art. 104 b GG *Wulfhorst*, DVBl 2010, 28 (30 f. ). Siehe auch *Jasper*, in: Bericht zur Stadtentwicklung NRW 2011, S. 67. Kritisch zu einer weiteren Ausdifferenzierung auch *Spangenberger*, UPR 2011, 180 (185).

2082 Vgl. auch BT-Drs. 17/6444, S. 5, BT-Drs. 17/5368, S. 7 sowie *Habermann-Nieße/Jütting/Klehn/Schlomka*, Strategien zur Modernisierung II, S. 64. Zu den Aufgaben und Anforderungen an eine Justierung der Städtebauförderung siehe auch *Krautzberger*, in: Mitschang (Hrsg.), Stärkung der Innenentwicklung, S. 68 f.

2083 Vgl. auch *Weinstock*, Lebendige Stadt 2012, 38 (38) sowie *DASL*, Stellungnahme zum Entwurf eines Gesetzes zur Stärkung der klimagerechten Stadtentwicklung in den Gemeinden, S. 8.

2084 *Lindner/Klinski/Schmidt/John*, Instrumente zur Förderung des Kommunalen Klimaschutzes, S. 48.

wicklung", welches mit einem finanziell gestärkten Förderhintergrund auszustatten ist.[2085] Zumindest eine Erhöhung der Städtebauförderung wird seit geraumer Zeit einheitlich von etlichen Sachverständigen gefordert.[2086] Ohne eine – an dieser Stelle nicht leistbare – fachliche Untersuchung des tatsächlichen Förderbedarfs kann hier keine Mittelhöhe empfohlen werden. Allerdings ist die nunmehr geplante Erhöhung der Städtebauförderungsmittel auf 700 Millionen Euro, als ein Schritt in die richtige Richtung zu bewerten. Für die Bestimmung der tatsächlich benötigten Mittel bedarf es einer erneuten Evaluierung des Einsatzes von Städtebauförderungsmitteln, auch unter Berücksichtigung von Klimaschutz- und Klimaanpassungsbelangen.

Eine differenzierte klimawandelgerechte Programmorientierung in der bislang bewährten Städtebauförderung würde es den Gemeinden ermöglichen, entsprechend der vorhandenen städtebaulichen Situation, Maßnahmen des Klimaschutzes und der Klimaanpassung im Rahmen städtebaulicher Gesamtmaßnahmen passgenau unterstützen zu können.[2087] Dadurch könnte auch der im besonderen Städtebaurecht vom Gesetz zum Teil priorisierte oder zumindest zentrale Weg des Einsatzes städtebaulicher Vertragsvereinbarungen im Bereich des Klimaschutzes und der Klimaanpassung gestärkt werden. Um ein abgestimmtes Vorgehen im Quartier sicherzustellen zu können, sollte – ähnlich den bislang bestehenden Förderprogrammen – eine Anbindung der Förderung an ein quartiersbezogenes Energie- und Klimaschutzkonzept erfolgen. Soweit dieses darauf ausgelegt ist, in möglichst vielen Fällen den Abschluss vertraglicher Regelungen vorzusehen, kann auch durch eine solche Manifestierung in der Verwaltungsvereinbarung ein konsensuales Vorgehen auf der Basis vertraglicher Kooperation gestärkt werden.[2088]

Im Rahmen einer Weiterentwicklung der Städtebauförderung wäre es darüber hinaus überlegenswert, eine Harmonisierung mit dem Förderprogramm „Energetische Stadtsanierung" in den Blick zu nehmen.[2089] Die im Rahmen des Programms „Energetische Stadtsanierung" adressierten Maßnahmen der Finanzierung eines Quartierskonzepts, eines Sanierungsmanagers und der Verbesserung der Energieeffizienz kommunaler Versorgungssysteme, stellen im Rahmen klimawandelgerechter städtebaulicher Gesamtmaßnahmen wichtige und vorbereitende Handlungsansätze dar.[2090] Im Rahmen der Entwicklung eines neuen Städtebauförderungsprogramms der „Klimawandelgerechten Stadtentwicklung" ließe sich diese bislang parallel

---

2085 Vgl. auch *Habermann-Nieße/Jütting/Klehn/Schlomka*, Strategien zur Modernisierung II, S. 64; *Friesecke*, in: Spannowsky/Hofmann (Hrsg.), Bewältigung städtebaulicher Missstände als Themengegenstand der Innenentwicklung, S. 51; BT-Drs. 17/6253, S. 8; BT-Drs. 17/7023, S. 3.

2086 Siehe die Zusammenfassung der öffentlichen Anhörung des Ausschusses für Verkehr, Bau und Stadtentwicklung zu Klimaschutzmaßnahmen in Städten am 28.09.2011 durch den Fachdienst Mietrecht, Aktuelle Nachrichten, FD-Mietrecht 2011, 323065 (beck-online) sowie *BAK*, Stellungnahme zum Entwurf eines Gesetzes zur Stärkung der klimagerechten Stadtentwicklung in den Gemeinden, S. 3.

2087 Zu den damit auch einhergehenden marginalen Nachteilen für die Gemeinden, insbes. in Form von zusätzlichem Know-how und Beratungsbedarf, siehe *Spangenberger*, UPR 2011, 180 (185). Das Für und Wieder der Ausdifferenzierung der Städtebauförderprogramme wägt auch *Wulfhorst*, DVBl 2010, 28 (30 f.) ab.

2088 *Friesecke*, Stadtumbau im Konsens, S. 296.

2089 Siehe auch *Habermann-Nieße/Jütting/Klehn/Schlomka*, Strategien zur Modernisierung II, S. 64 und *Weinstock*, Lebendige Stadt 2012, 38 (38). Kritisch zur Verlagerung des Programms aus der Städtebauförderung auch *Krautzberger*, Interview 40 Jahre Städtebauförderung, Planerin 6/2011, 11 (14).

2090 Etwa zur Sicherstellung des nötigen städtebaulichen Bezug städtebaulicher Vertragsvereinbarungen, siehe oben.

bestehende Förderungsmöglichkeit in die bislang erfolgreiche Struktur der Städtebauförderung einbinden.[2091]

Wie bereits im Rahmen der Analyse des anreizorientierten Gebäudeenergiefachrechts gesehen, können sich ständig ändernde Förderbedingungen keine verlässliche Planungssicherheit geben.[2092] Die jedes Jahr wiederkehrende Unsicherheit über die Höhe der Fördermittel des Bundes und die jährlich wechselnden Förderbedingungen auf Grundlage der Verwaltungsvereinbarung können den Gemeinden und potenziellen privaten Bauherren auch im Rahmen klimawandelgerechter städtebaulicher Gesamtmaßnahmen keine ausreichende Planungssicherheit gewähren.[2093] Zumal die Förderung einer Maßnahme der Städtebauförderung durch den Bund bei durchschnittlich 8,4 Jahren liegt.[2094] Bund und Länder sollten daher die gegenwärtige Praxis überdenken, Verwaltungsvereinbarungen nur jeweils auf ein Jahr abzuschließen.[2095] Durch eine längerfristige Bindung auf Grundlage der Verwaltungsvereinbarung könnte die Planungssicherheit und damit einhergehend auch der Wille zum Abschluss eines städtebaulichen Vertrags im Rahmen einer klimagerechten städtebaulichen Gesamtmaßnahme gestärkt werden.

#### c) Ansätze zur Finanzierung des Eigenanteils

Sollte die Städtebauförderung, wie angeraten, eine Ausdifferenzierung in ein neues Programm der „Klimawandelgerechten Stadtentwicklung" erfahren und die Fördermittel dementsprechend gesteigert werden, spitzt sich in Zeiten kommunaler Finanznot insbesondere das Problem der Gegenfinanzierung der Kommunen zu.[2096] Die Diskrepanz zwischen leeren Kassen und städtebaulichen Herausforderungen droht immer größer zu werden.[2097] Dementsprechend hat sich auch die Bundesregierung der 18. Legislaturperiode im Rahmen der Weiterentwicklung der Städtebauförderung das Ziel gesetzt, Kommunen in Haushaltsnotlage zukünftig nicht von der Förderung auszuschließen.[2098]

---

2091 Siehe *Habermann-Nieße/Jütting/Klehn/Schlomka*, Strategien zur Modernisierung II, S. 64; vgl. auch *Weinstock*, Lebendige Stadt 2012, 38 (38).

2092 Fn. 600. Vgl. zudem *Küchler/Nestle*, Strategien zur Modernisierung I, S. 23.

2093 Vgl. auch BT-Drs. 17/5778, S. 1.

2094 Vgl. BT-Drs. 17/5972, S. 2. Siehe auch *Friesecke*, in: Spannowsky/Hofmann (Hrsg.), Bewältigung städtebaulicher Missstände als Themengegenstand der Innenentwicklung, S. 33 f. mwN.

2095 Nach dem StBauFG 1971 musste sich der Bund noch zur Leistung von Finanzhilfen in gewisser Höhe verpflichten (§§ 71-75 StBauFG). Für die ersten drei Jahre garantierte das Gesetz damals eine Mindestsumme des Bundes zur Finanzierung. Dies wurde nicht in das BauGB übernommen, weil die Länder über Mittelhöhe und Einsatz mitbestimmen wollten. Nunmehr kann Politik stärker in kommunale Aufgaben eingreifen als zuvor, siehe *Stich*, ZfBR 1999, 304 (305); vgl. auch *Krautzberger*, UPR 2011, 121 (123) der dies als verfehlten Ansatz ansieht sowie *Schmidt-Eichstaedt*, Städtebaurecht, S. 458. Mit einer mehrjährigen Vereinbarung hinsichtlich der Höhe der Mittel wird indes keine absolute Planungssicherheit gewährt werden können, da die Vereinbarung bzgl. dessen nur unter einem Vorbehalt zugunsten des Haushaltsgesetzgebers geschlossen werden kann, siehe BT-Drs. 16/6721, S. 10; vgl. zudem *Battis/Klein/Rustenberg*, DVBl 2009, 862 (687); *Wulfhorst*, DVBl 2010, 28 (28); *Spars*, in: BMVBS (Hrsg.), Zukunft der Städtebauförderung, S. 25; *Friesecke/Goldschmidt/Kötter/u.a.*, Stadtumbau – Ein Leitfaden, S. 119.

2096 *Habermann-Nieße/Jütting/Klehn/Schlomka*, Strategien zur Modernisierung II, S. 65.

2097 *Portz*, in: Spannowsky/Hofmeister (Hrsg.), Ökonomische und finanzielle Aspekte des Städtebaurechts, S. 1 ff.

2098 Koalitionsvertrag zwischen CDU, CSU und SPD, 18. Legislaturperiode, S. 117.

Wesentliche Handlungsmöglichkeiten in Reaktion auf die kommunalen Haushaltsnotlagen im Rahmen der Städtebauförderung sollen hier anhand einer Studie der *Universität Wuppertal* kurz skizziert und bewertet werden.[2099] Die Studie systematisiert bestehende Ansätze zur Entlastung der Kommunen – wobei die Regelungen von Bundesland zu Bundesland sehr unterschiedlich ausgestaltet sind – und erarbeitet darüber hinaus weitergehende Handlungsansätze zur Erbringung des kommunalen Eigenanteils.[2100] Die darzulegenden Handlungsoptionen können auch im Rahmen einer Optimierung der Städtebauförderung zugunsten einer klimawandelgerechten Stadtentwicklung zum Tragen kommen. Die Umsetzung entsprechender Finanzierungsmöglichkeiten liegt dabei vorrangig im Verantwortungsbereich der Länder, wobei Vorgaben auch durch die Verwaltungsvereinbarung zwischen Bund und Ländern getroffen werden können.[2101] So ermöglicht die Verwaltungsvereinbarung zur Städtebauförderung den Ländern seit 2007, dass bei besonderer Haushaltslage die Investitionen geförderter Eigentümer als Eigenanteil der Kommune anerkannt werden können, sofern Investitionen andernfalls unterbleiben würden. Der von der Kommune selbst aufgebrachte Eigenanteil beträgt dabei mindestens 10 Prozent der förderfähigen Kosten.[2102]

In einzelnen Bundesländern existieren darüber hinaus weitergehende Ansätze, die bspw. eine Anrechnung von Spenden sowie von Sach- und Arbeitsleistungen Privater auf den Eigenanteil ermöglichen.[2103] Ebenso können zur Gegenfinanzierung EU-Fördermittel – insbesondere auf Grundlage des Europäischen Fonds für regionale Entwicklung (EFRE)[2104] – eingesetzt werden, wodurch der Eigenanteil der Gemeinde gesenkt werden kann.[2105] Die Zulässigkeit einer solchen Kofinanzierung wird zwar in den Förderrichtlinien zumeist nicht explizit thematisiert, allerdings unbestritten als zulässig angesehen.[2106]

Die Ausgestaltung der Finanzierung über den EFRE ist dabei von den jeweiligen operationellen Programmen und Verwaltungsvorschriften der Länder abhängig.[2107] Im Laufe der Förderperiode 2007-2013 wurde der Investitionsbereich des EFRE ausdrücklich auch für nachhaltige Energieinvestitionen in Gebäude geöffnet. Zudem sollten Investitionen in erneuerbare Ener-

---

2099 *Spars/Jacob/Müller*, Kommunale Haushaltsnotlagen, S. 12 ff.; zusammenfassend *Feiertag/Müller*, Planerin 4/2011, 15 ff.

2100 *Spars/Jacob/Müller*, Kommunale Haushaltsnotlagen, S. 31 ff., 46 ff.

2101 *Spars/Jacob/Müller*, Kommunale Haushaltsnotlagen, S. 6; *Feiertag/Müller*, Planerin 4/2011, 15 (17).

2102 Verwaltungsvereinbarung Städtebauförderung 2013, Art. 2. Dazu auch Stadtentwicklungsbericht 2012, BT-Drs. 14450, S. 113.

2103 Siehe *Spars/Jacob/Müller*, Kommunale Haushaltsnotlagen, S. 33; *Feiertag/Müller*, Planerin 4/2011, 15 (15). Zudem und zum Folgenden auch *Friesecke*, in: Spannowsky/Hofmann (Hrsg.), Bewältigung städtebaulicher Missstände als Themengegenstand der Innenentwicklung, S. 43 f.; ferner *BMVBS (Hrsg.)*, Sanierungsmaßnahmen in unseren Städten und Gemeinden, S. 139 f.

2104 Verordnung (EU) Nr. 1301/2013 des Europäischen Parlaments und des Rates vom 17. Dezember 2013 über den Europäischen Fonds für regionale Entwicklung und mit besonderen Bestimmungen hinsichtlich des Ziels „Investitionen in Wachstum und Beschäftigung" und zur Aufhebung der Verordnung (EG) Nr. 1080/2006. Daneben verbleibt eine Inanspruchnahme des Europäischen Sozialfonds (ESF) sowie des Europäischen Landwirtschaftsfonds. Bzgl. der Finanzierung des Stadtumbaus *Friesecke/Goldschmidt/Kötter/u.a.*, Stadtumbau – Ein Leitfaden, S. 103 f.

2105 *Spars/Jacob/Müller*, Kommunale Haushaltsnotlagen, S. 5, 34; *Feiertag/Müller*, Planerin 4/2011, 15 (16); vgl. auch *Mitschang/Roeper*, ZfBR 2011, 10 (15).

2106 *Spars/Jacob/Müller*, Kommunale Haushaltsnotlagen, S. 41.

2107 *Spars/Jacob/Müller*, Kommunale Haushaltsnotlagen, S. 43.

gien und Energieeffizienz beschleunigt werden.[2108] In Deutschland wurde von dieser Ausrichtung indes nur zurückhaltend Gebrauch gemacht.[2109] Im Förderzeitraum 2014-2020 bilden Investitionen in die Förderung erneuerbarer Energien und der Energieeffizienz nunmehr „Kernziele" des EFRE.[2110] Unterstützt wird zudem eine „nachhaltige Stadtentwicklung" mit intergierten Strategien zur Bewältigung der wirtschaftlichen, ökologischen, klimatischen und sozialen Herausforderungen, mit denen städtische Gebiete konfrontiert sind.[2111] EFRE Mittel konzentrieren sich mithin auch auf Maßnahmen der klimawandelgerechten Stadtentwicklung.[2112] Die sich derzeit in Bearbeitung befindenden operationellen Programme der Bundesländer haben diese Förderschwerpunkte umzusetzen und können durch eine fortdauernde Verzahnung mit der Städtebauförderung den kommunalen Handlungsspielraum durch angepasste Förderschwerpunkte und -kriterien stärken.

Einige Bundesländer haben des Weiteren Fonds aufgelegt, aus denen Zuschüsse oder Darlehen für bestimmte Projekte – u.a. auch für die Städtebauförderung – gewährt werden können.[2113] Eine weitere Möglichkeit auf eine angespannte Haushaltslage reagieren zu können, ist zudem, den Eigenanteil in Abhängigkeit der kommunalen Leistungsfähigkeit flexibel zu bestimmen.[2114]

Vor dem Hintergrund nur begrenzt zur Verfügung stehender öffentlicher Mittel wird in Anlehnung an einen „Urban-Governance-Ansatz" nicht zuletzt auch in einer verstärkten Einbindung Privater in den Stadtentwicklungsprozess ein weiteres Potential erblickt, um auch eine stärkere finanzielle Beteiligung derer erreichen zu können.[2115] Zumindest eine Finanzierung von Klimaschutzmaßnahmen durch eine Beteiligung von Bürgern findet in der Praxis immer öfters statt,[2116] sodass in einer stärkeren Aktivierung privatwirtschaftlichen Kapitals – bspw. durch Bürgerkredite oder der (vollständigen) Erbringung des Eigenanteils durch diese –

---

2108 Mitteilung der Kommission, KOM (2011) 17 vom 26.01.2011, abgedruckt in BR-Drs. 31/11, S. 7 f. mwN.

2109 Dazu http://www.staedtebaufoerderung.info/nn_512698/StBauF/DE/Investitionspakt/Aktuelles/AktuelleThemen/Kommunen__in__Haushaltsnotlage__Finanzierungsmoeglichkeiten.html (Stand 02.01.2014); siehe auch BT-Drs. 17/2395, S. 2.

2110 Siehe Art. 5 Verordnung (EU) Nr. 1301/2013 des Europäischen Parlaments und des Rates vom 17. Dezember 2013 über den Europäischen Fonds für regionale Entwicklung und mit besonderen Bestimmungen hinsichtlich des Ziels „Investitionen in Wachstum und Beschäftigung" und zur Aufhebung der Verordnung (EG) Nr. 1080/2006.

2111 Siehe Art. 7 der Verordnung (EU) Nr. 1301/2013 des Europäischen Parlaments und des Rates vom 17. Dezember 2013 über den Europäischen Fonds für regionale Entwicklung und mit besonderen Bestimmungen hinsichtlich des Ziels „Investitionen in Wachstum und Beschäftigung" und zur Aufhebung der Verordnung (EG) Nr. 1080/2006.

2112 Mindestens 5 % der zugewiesenen Mittel sollen daher im Förderzeitraum 2014-2020 in eine nachhaltige Stadtentwicklung investiert werden, siehe Art. 7 Abs. 4 der Verordnung (EU) Nr. 1301/2013.

2113 Übersicht bei *Spars/Jacob/Müller*, Kommunale Haushaltsnotlagen, S. 40 und *Feiertag/Müller*, Planerin 4/2011, 15 (16).

2114 Beispiel Hessen; siehe *Spars/Jacob/Müller*, Kommunale Haushaltsnotlagen, S. 34; *Feiertag/Müller*, Planerin 4/2011, 15 (16). Siehe auch *BMVBS (Hrsg.)*, Sanierungsmaßnahmen in unseren Städten und Gemeinden, S. 139.

2115 *Friesecke*, in: Spannowsky/Hofmann (Hrsg.), Bewältigung städtebaulicher Missstände als Themengegenstand der Innenentwicklung, S. 51 f. sowie Stadtentwicklungsbericht 2012, BT-Drs. 17/14450, S. 117.

2116 Siehe *Rösler/Langel/Schormüller*, Kommunaler Klimaschutz, erneuerbare Energien und Klimawandel in Kommunen, Ergebnisse einer Difu-Umfrage, S. 7.

je nach Gegebenheit, tatsächlich ein weiterer Handlungsansatz liegen kann.[2117] Die Verwaltungsvereinbarung zur Städtebauförderung hat sich seit 2010 mit dem sog. Verfügungsfonds, der zumindest eine gemischt öffentliche und private Beteiligung für alle Programme der Städtebauförderung zulässt, für eine stärkere Einbindung Privater in den Prozess der Stadtentwicklung geöffnet.[2118] Soweit die jeweiligen Förderrichtlinien der Länder einer vollständigen privaten Finanzierung des kommunalen Eigenanteils nicht entgegen stehen, wird aber auch ein solch umfassendes sog. „Finanzierungs-Public Private Partnership" als rechtlich zulässig angesehen.[2119]

## 2. Erweiterung der Abschreibungsmöglichkeit nach § 7 h EStG

Neben einer Optimierung der Städtebauförderung zugunsten einer klimawandelgerechten Stadtentwicklung wird es nötig sein, weitere Anreize zu schaffen, um klimawandelgerechte Maßnahmen auf konsensualer Basis durchführen zu können. Es empfiehlt sich daher, zumindest die Abschreibungsmöglichkeit des § 7 h EStG auch auf Stadtumbaugebiete auszuweiten.[2120] Da der Stadtumbau mittels des Stadtumbauvertrags (§ 171 c BauGB) maßgeblich auf vertraglicher Kooperation fußt und gegenüber dem Sanierungsrecht oftmals vorrangige Anwendung findet, kann eine Ausweitung des § 7 h EStG einen geeigneten Anreiz bieten, um eine vertragliche Kooperation auch im Rahmen einer klimawandelgerechten Stadtentwicklung zu forcieren. Um Maßnahmen der privaten Stadtentwicklung (§ 171 f BauGB) weiter zu stärken ist darüber hinaus zu prüfen, ob auch solche Gebiete in die einkommensteuerlichen Regelungen des § 7 h EStG mit einzubeziehen sind.[2121] Zudem sollte entgegen der aktuellen politischen Entwicklung eine explizit auf eine energetische Sanierung gerichtete Steuerentlastung weiter verfolgt werden, um weitergehende Anreize für energetische Sanierungen zu schaffen.[2122]

## II. Alternative Finanzierungsmodelle: Contracting

Gerade in Anbetracht angespannter Haushaltslagen und nur begrenzt zur Verfügung stehender öffentlicher Finanzierungsmittel ist daneben auch der verstärkten Mobilisierung privater Finanzierungsmittel – und dies nicht nur im Rahmen der Finanzierung des Eigenanteils im Rahmen der Städtebauförderung[2123] – mehr Aufmerksamkeit zu schenken. Vielmehr gilt es, alternative Finanzierungsmodelle auch für konkrete energetische Sanierungsmaßnahmen weiterzuentwickeln und dadurch vor allem finanzielle Hemmnisse potentieller Sanierer

---

2117 *Spars/Jacob/Müller*, Kommunale Haushaltsnotlagen, S. 46 ff.; *Feiertag/Müller*, Planerin 4/2011, 15 (16 f.).

2118 Vgl. Verwaltungsvereinbarung Städtebauförderung 2013, 6. Abschnitt: Verfügungsfonds, Art. 9. Siehe auch *Krautzberger*, DVBl 2008, 337 (344) und Stadtentwicklungsbericht 2012, BT-Drs. 17/14450, S. 115.

2119 Im Einzelnen aus verfassungs-, städtebau-, kommunal-, und beihilferechtlicher Sicht *Battis/Kersten*, LKV 2006, 442 ff.; vgl. auch *Spars/Jacob/Müller*, Kommunale Haushaltsnotlagen, S. 52.

2120 Siehe auch schon *Friesecke*, Stadtumbau im Konsens, S. 277 f.; *BMVBS (Hrsg.)*, Sanierungsmaßnahmen in unseren Städten und Gemeinden, S. 140.

2121 Ebenso *Krautzberger*, DVBl 2008, 337 (344).

2122 Ebenso kann auf kommunaler Seite zu prüfen sein, inwieweit steuerliche Gestaltungen und Entlastungen etwa bei der Grund- und Gewerbesteuer Maßnahmen der Stadtentwicklung fördern können, siehe *Krautzberger*, DVBl 2008, 337 (344).

2123 Dazu oben. Vgl. auch *Friesecke*, Stadtumbau im Konsens, S. 277.

abzubauen. Durch eine entsprechende Weiterentwicklung würde auch das konsensual ausgerichtete Städtebaurecht gestärkt werden.

Ein innovatives Finanzierungsmodell für energetische Sanierungsmaßnahmen kann insbesondere im sog. Contracting ausgemacht werden. Was unter Contracting zu verstehen ist, ist gesetzlich nicht näher definiert. Aus technischer Sicht wird dieses in der DIN-Norm 8930-5[2124] als die „Übertragung von Aufgaben der Energiebereitstellung und Energielieferung auf einen Dritten" beschrieben.[2125] Dabei werden vier Contracting-Varianten: das Energieliefer-Contracting, das Energieeinspar-Contracting und das Finanzierungs-Contracting unterschieden.[2126] Vorliegend ist vor allem das Modell des Energieeinspar-Contracting von Interesse. Dabei plant, finanziert, realisiert und ggf. wartet ein Contractor (i.d.R ein lokales Energieversorgungsunternehmen in Zusammenarbeit mit Handwerksfirmen) Maßnahmen zur Nutzung erneuerbarer Energien und Energieeffizienzsteigerung (z.B. durch die Modernisierung der Heizungsanlage).[2127] Das Leistungsbündel des Contractor umfasst dabei eine Einspargarantie. Die Vergütung und Refinanzierung der durchgeführten Maßnahmen erfolgt sodann ausschließlich aus dem Entgelt, welches sich aus den – etwa in 8 bis 10 Jahren – erzielten Einsparungen ergibt.[2128] Erreichen die Einsparungen nicht die garantierte Höhe, so fällt die Vergütung des Contractor geringer aus.[2129]

Der Vorteil eines Energieeinspar-Contracting liegt auf der Hand. Eigentümer sanierungsbedürftiger Gebäude müssen nicht einen großen finanziellen Betrag auf einmal investieren.[2130] Die technischen und teilweise finanziellen Risiken verbleiben beim Contractor. Dieser ist auf die angebotene Dienstleistung spezialisiert und bedingt durch den wirtschaftlichen Anreiz erbringt er die vereinbarten (Energieeffizienz-)Maßnahmen – bspw. eine Heizungsmodernisierung – möglichst effizient.[2131]

Soweit ein potenzieller Vertragspartner der Gemeinde mithin trotz vorhandener Anreize kein Interesse daran hat, eine Anlage zur Nutzung erneuerbarer Energien – bspw. eine Fotovoltaikanlage – eigenständig zu betreiben bzw. zu errichten oder eine energetische Sanierung zu

---

2124 Deutsche Norm über Kälteanlagen und Wärmepumpen, Terminologie, Teil 5: Contracting, November 2003.

2125 Vgl. auch *Lippert*, in: Danner/Theobald, Energierecht, VIIIa., Einführung, Rn. 5 ff.; *Niesse/Wiesbrock*, NZM 2013, 529 (530).

2126 Siehe DIN-Norm 8930-5, 3.4 ff. Im Überblick *Jacobshagen/Kachel/Monjau*, Contracting, S. 8.

2127 Vgl. *Weiß/Vogelpohl*, Energetische Sanierungsquote bei Eigenheimen, S. 44. Zu den übrigen „abgeschwächten" Modellen *Lippert*, in: Danner/Theobald, Energierecht, VIIIa., Einführung, Rn. 10 ff.

2128 *Lippert*, in: Danner/Theobald, Energierecht, VIIIa., Einführung, Rn. 11; *Freund*, e&i 2000, 468 (469); *Clausnitzer/von Hebel*, Weiterentwicklung von Contractingdienstleistungen für Einfamilienhäuser, 2011, S. 21.

2129 *Freund*, e&i 2000, 468 (469); *Clausnitzer/von Hebel*, Weiterentwicklung von Contractingdienstleistungen für Einfamilienhäuser, 2011, S. 21.

2130 Wirtschaftlichkeitsanalysen kommen dabei zum Ergebnis, dass Contracting nur leicht teurer ist, als eine herkömmliche Sanierung. Dafür erhält der Eigentümer jedoch Zusatzleistungen; im Einzelnen *Clausnitzer/von Hebel*, Weiterentwicklung von Contractingdienstleistungen für Einfamilienhäuser, 2011, S. 33 ff.

2131 Siehe *Beyer/Lippert*, Rechtliche Voraussetzungen einer Steigerung der Energieeffizienz durch Wärmecontracting, 2007, S. 9 mwN.; *Weiß/Vogelpohl*, Energetische Sanierungsquote bei Eigenheimen, S. 44. Zu den Vor- und Nachteilen von Contracting ausführlich *Clausnitzer/von Hebel*, Weiterentwicklung von Contractingdienstleistungen für Einfamilienhäuser, 2011, S. 22 ff. In der fachlichen Kompetenz des Contractor wird neben der Finanzierung somit ein wesentlicher Vorteil erblickt, siehe *Ministerium für Umwelt, Klima und Energiewirtschaft BW* (Hrsg.), Contracting-Offensive, 2013, S. 3.

planen und durchzuführen, kann eine (ggf. als Option) im städtebaulichen Vertrag zu vereinbarende sog. Contracting-Lösung in Betracht kommen.[2132]

Bislang wurde das Contracting vorrangig und erfolgreich bei öffentlichen Gebäuden genutzt, allerdings existieren auch für private Gebäude zahlreiche Anbieter[2133]; zumindest für den Einbau von Heizungsanlagen oder der Versorgung mittels Wärmenetzen.[2134] Das Finanzierungsmodell hat im privaten Sektor allerdings noch keine ausreichende Bekanntheit erfahren.[2135] Vor allem im Mietwohnungsbestand bestanden zudem bisweilen Verunsicherungen und Hemmnisse bei der Nutzung von Contracting-Modellen, die erst seit in Kraft treten des neuen Mietrechts am 01.07.2013 weitgehend ausgeräumt wurden.[2136] Zur Zeit wird verstärkt daran gearbeitet, mittels Transparenz und Aufklärung die Bekanntheit von Contracting-Modellen im privaten Bereich zu erhöhen.[2137] Vereinzelt bereits umgesetzte Contracting-Modelle im Bereich privater Gebäude sind erfolgreich verlaufen.[2138]

In aktuellen Analysen des Energieeinspar-Contracting wird in diesem nicht nur bei der Modernisierung von Heizungsanlagen, sondern auch im Rahmen weitergehender energetischer Sanierungsmaßnahmen (Dämmung der Gebäudehülle) ein attraktives Finanzierungsmodell ausgemacht, wobei bisher allerdings kaum entsprechende Contracting-Angebote existieren.[2139] Derzeit werden Pilotprojekte gestartet, um die Kombination von Energieeinspar-Contracting und energetischer Sanierung zu stärken.[2140] In Stuttgart hat sich das Energieein-

---

2132 *Bunzel/Coulmas/Schmidt-Eichstaedt*, Städtebauliche Verträge, S. 175; siehe auch *Weiß/Vogelpohl*, Energetische Sanierungsquote bei Eigenheimen, S. 44 ff.

2133 Übersicht bei *Clausnitzer/von Hebel*, Weiterentwicklung von Contractingdienstleistungen für Einfamilienhäuser, 2011, S. 36 f. bzgl. Kleinanlagen-Contracting (Stand Dezember 2011).

2134 Vgl. auch *Weiß/Vogelpohl*, Energetische Sanierungsquote bei Eigenheimen, S. 45 mwN. Zu den erschlossenen Anwendungsbereichen *Lippert*, in: Danner/Theobald, Energierecht, VIIIa., Einführung, Rn. 19. Zum Ansatz des „stadtinternen Contracting" ohne externen Contractor *Görres/Obermiller*, Publicus 2012.3, 7 ff. Praxisbeispiele auch unter kompetenzzentrum-contracting.de (Stand 09.01.2014). Bei der Umsetzung wird bislang jedoch nicht durchgängig auf die Einbeziehung erneuerbarer Energien geachtet, siehe *Clausnitzer/von Hebel*, Weiterentwicklung von Contractingdienstleistungen für Einfamilienhäuser, 2011, S. 35 ff.

2135 So die Ergebnisse der Befragung bei *Clausnitzer/von Hebel*, Weiterentwicklung von Contractingdienstleistungen für Einfamilienhäuser, 2011, S. 62 f., wonach 1/3 der Befragten von der Möglichkeit gehört hatten.

2136 Am 01.07.2013 ist § 556c BGB in Kraft getreten, welcher es dem Vermieter grds. ermöglicht unter bestimmten Voraussetzungen auch im laufenden Mietverhältnis die Wärmeversorgung auf ein Contracting-Modell umzustellen und die Kosten der Wärmelieferung als Betriebskosten auf den Mieter abzuwälzen. Zur Neuregelung und bestehendem Verbesserungsbedarf *Eisenschmid*, WuM 2013, 393 ff.; siehe auch *Niesse/Wiesbrock*, NZM 2013, 529 ff. Zur vorherigen Rechtslage und Rechtsprechung *Lippert*, in: Danner/Theobald, Energierecht, VIIIa., Einführung, Rn. 23; siehe auch das Gutachten *Beyer/Lippert*, Rechtliche Voraussetzungen einer Steigerung der Energieeffizienz durch Wärmecontracting, 2007, S. 10 ff. Das übrige Mietrechtsänderungsgesetz ist schon am 01.05.2013 in Kraft getreten, durch welches nunmehr auch eine energetische Sanierung gefördert wird, dazu *Derleder*, NZM 2013, 441 ff. Auf Grund der recht komplizierten und technischen Detailregelungen zweifelnd an der fördernden Wirkung *Flatow*, NJW 2013, 1185 (1192).

2137 Siehe etwa die Contracting-Offensive Baden-Württemberg, November 2013; vgl. den Abschlussbericht *Ministerium für Umwelt, Klima und Energiewirtschaft BW* (Hrsg.), Contracting-Offensive, 2013, S. 4, 7.

2138 *Ministerium für Umwelt, Klima und Energiewirtschaft BW* (Hrsg.), Contracting-Offensive, 2013, S. 31.

2139 *Weiß/Vogelpohl*, Energetische Sanierungsquote bei Eigenheimen, S. 46; ferner *Clausnitzer/von Hebel*, Weiterentwicklung von Contractingdienstleistungen für Einfamilienhäuser, 2011, passim.

2140 http://www.kompetenzzentrum-contracting.de/contracting-infos/contracting-modelle/energiespar-contracting-mit-waermeschutzmassnahmen/ (Stand 09.01.2014) gefördert durch das BMVBS.

spar-Contracting zur Umsetzung von Energieeinsparmaßnahmen (Dämmung oberster Geschossdecken, Einbau von Blockheizkraftwerken oder Anlagen aus erneuerbaren Energien) in kommunalen Gebäuden bereits als erfolgreiches Modell bewährt.[2141] Betrachtet man die Nutzungsdauer eines Gebäudes, können auch Wärmeschutzmaßnahmen wirtschaftlich durchgeführt werden.[2142] Da die Amortisationszeiten von Wärmeschutzmaßnahmen, wie etwa der Dämmung der Gebäudehülle, i.d.R. allerdings länger sind als die Amortisationszeiten einer Modernisierung der Wärmeversorgung, müssen die Vertragslaufzeiten von entsprechenden Contracting-Modellen individuell angepasst werden.[2143] Über angemessen lange Vertragslaufzeiten kann aber auch hier mittels der Amortisation die Vergütung des Contractor einhergehen.[2144] Zudem besteht bspw. die Möglichkeit, bestehende Energieeinspar-Contractingleistungen in der Form mit einer Komplettsanierung zu verbinden, dass der Auftraggeber einen Zuschuss zahlt und der verbleibende Teil der Ausgaben über eingesparte Energiekosten bestritten wird.[2145]

In der Entwicklung entsprechender Angebotsstrukturen für energetische Sanierungen, ebenso wie in einer verstärkten Einbeziehung erneuerbarer Energien in bestehende Angebotsstrukturen für private und öffentliche Gebäude, liegt mithin ein Fortentwicklungsbedarf.[2146] Zudem muss zukünftig sichergestellt werden, dass klimarelevante Förderprogramme eine Förderung auch bei Contracting-Dienstleitungen und nicht nur bei einer Selbstdurchführung ermöglichen.[2147]

Da aus Sicht eines Contractor insbesondere größere und energieintensive Gebäude oder Gebäudepools (bestehend aus mehreren Objekten) interessant sind, wird ein zukünftiger Anwendungsbereich von Energieeinspar-Contracting vor allem auch im Rahmen städtebaulicher Gesamtmaßnahmen (Stadtumbau, Sanierungsrecht) liegen.[2148] Eine wesentliche Rolle zur Etablierung des Energieeinspar-Contracting im Städtebaurecht wird dabei wiederum den kommunalen Energie- und Klimaschutzkonzepten bzw. klimawandelgerechten Quartierskonzepten zukommen. Diese können neben der Konstituierung von Klimaschutz- und Klimaanpassungsmaßnahmen ebenso dazu beitragen, Energieeinspar-Contracting als Gestaltungsweg

2141 Siehe *Görres/Obermiller*, Publicus 2012.3, 7 (9).

2142 Siehe oben; vgl. http://www.kompetenzzentrum-contracting.de/contracting-infos/contracting-modelle/energiespar-contracting-mit-waermeschutzmassnahmen/ (Stand 09.01.2014).

2143 http://www.kompetenzzentrum-contracting.de/contracting-infos/contracting-modelle/energiespar-contracting- mit-waermeschutzmassnahmen/ (Stand 09.01.2014).

2144 Zu den Grenzen der Vertragslaufzeit *Jacobshagen/Kachel/Monjau*, Contracting, S. 35.

2145 *Freund*, e&i 2000, 468 (469); siehe *auch Hessisches Ministerium für Umwelt, Energie, Landwirtschaft und Verbraucherschutz*, Leitfaden Energiespar-Contracting, 2012, S. 11.

2146 *Weiß/Vogelpohl*, Energetische Sanierungsquote bei Eigenheimen, S. 46. Dazu und zu weiteren Weiterentwicklungsideen *Clausnitzer/von Hebel*, Weiterentwicklung von Contractingdienstleistungen für Einfamilienhäuser, 2011, S. 71 ff.; vgl. auch *Ministerium für Umwelt, Klima und Energiewirtschaft BW* (Hrsg.), Contracting-Offensive, 2013, S. 8.

2147 Einige bestehende Programme berücksichtigen dies bereits. Im Einzelnen *Ministerium für Umwelt, Klima und Energiewirtschaft BW* (Hrsg.), Contracting-Offensive, 2013, S. 9, 43 f. sowie *Clausnitzer/von Hebel*, Weiterentwicklung von Contractingdienstleistungen für Einfamilienhäuser, 2011, S. 30.

2148 *Freund*, e&i 2000, 468 (469); *Lippert*, in: Danner/Theobald, Energierecht, VIIIa., Einführung, Rn. 11. Zur Verzahnung von Contractinglösungen und energetischen Sanierungen auf Quartiersebene auch *Ministerium für Umwelt, Klima und Energiewirtschaft BW* (Hrsg.), Contracting-Offensive, 2013, S. 9.

im klimawandelgerechten Städtebaurecht auf der Basis vertraglicher Kooperation aufzuzeigen.[2149]

## III. Zwischenfazit

Finanzmittel – insbesondere solche der Städtebauförderung – stellen ein zentrales Anreiz- und Steuerungsinstrument im Rahmen des besonderen Städtebaurechts dar, ohne das weder kooperative Handlungsformen, wie der städtebauliche Vertrag, noch städtebauliche Gesamtmaßnahmen effektiv durchgeführt werden können.[2150] Eine Optimierung der Städtebauförderung zugunsten einer klimawandelgerechten Stadtentwicklung durch eine entsprechende Erweiterung der Schwerpunksetzung in § 164 b Abs. 2 BauGB sowie eine Ausdifferenzierung der Verwaltungsvereinbarung zur Städtebauförderung in ein neues Programm der klimawandelgerechten Stadtentwicklung werden als erforderlich angesehen. Zur Deregulierung und Vereinfachung der Förderbedingungen kommt zudem eine Harmonisierung der Städtebauförderung mit dem Programm der „Energetischen Stadtsanierung" in Betracht. Eine beständigere Planungssicherheit – auch im Rahmen des klimawandelgerechten Städtebaurechts – könnte darüber hinaus durch eine mehrjährige Bindung zwischen Bund und Ländern auf Grundlage der Verwaltungsvereinbarung zur Städtebauförderung erreicht werden.

Restriktionen im Rahmen der Nutzung von Mitteln der Städtebauförderung ergeben sich aus dem Erfordernis der Gegenfinanzierung durch die Kommunen. Da die Stadtentwicklung eine originär kommunale Aufgabe darstellt, wird ein kommunaler Eigenanteil auch in Zukunft unabdingbar sein; allerdings müssen die aufgezeigten Handlungsansätze zur Finanzierung des Eigenanteils in den einzelnen Bundesländern ausreichend geprüft werden, um es finanzschwachen Kommunen zu ermöglichen, auch klimawandelgerechte städtebauliche Herausforderungen effektiv meistern zu können.[2151] So sollten Eigenanteile der Kommunen insbesondere flexibel ausgestaltet und eine Anrechenbarkeit von Kofinanzierungen und nichtmonetären Sach- und Arbeitsleistungen ausdrücklich zugelassen werden.[2152]

Neben einer Optimierung der Städtebauförderung zugunsten einer klimawandelgerechten Stadtentwicklung kann zudem ein neuer Anreiz durch eine Erweiterung des Anwendungsbereichs des § 7 h EStG, zumindest auch auf Stadtumbaugebiete, geschaffen werden. Derweilen bezieht sich § 7 h EStG nur auf Sanierungsgebiete (§§ 136 ff. BauGB) und städtebauliche Entwicklungsgebiete (§§ 165 ff. BauGB) und vermag im konsensual ausgerichteten Stadtumbau (§§ 171 a ff. BauGB) keinen Anreiz zu entfalten. Wirksame Anreize könnten darüber hinaus über eine explizit auf energetische Sanierungen ausgerichtete Steuerentlastung gesetzt werden.

Insbesondere auf Grund der Begrenztheit öffentlicher Mittel wird es zur Sicherstellung der Finanzierung der Stadterneuerung zukünftig nötig sein, auch privates Kapital zu aktivieren:[2153] Dies zum einen für die Gegenfinanzierung der Städtebauförderung, aber auch für die Finanzierung von konkreten Sanierungsmaßnahmen. Eine (alternative) Option zur Stärkung

2149 *Ministerium für Umwelt, Klima und Energiewirtschaft BW* (Hrsg.), Contracting-Offensive, 2013, S. 33.

2150 *Friesecke/Goldschmidt/Kötter/u.a.*, Stadtumbau – Ein Leitfaden, S. 118 f.

2151 *Feiertag/Müller*, Planerin 4/2011, 15 (17).

2152 Siehe oben; vgl. *BMVBS (Hrsg.)*, Sanierungsmaßnahmen in unseren Städten und Gemeinden, S. 139.

2153 Siehe oben; vgl. *Friesecke/Goldschmidt/Kötter/u.a.*, Stadtumbau – Ein Leitfaden, S. 103, 119; *Friesecke*, in: Spannowsky/Hofmann (Hrsg.), Bewältigung städtebaulicher Missstände als Themengegenstand der Innenentwicklung, S. 44; *ders.*, Stadtumbau im Konsens, S. 277.

privater Finanzierungsverantwortung, bietet die Möglichkeit der Festlegung und Weiterentwicklung Privater Initiativen auf Länderebene in Form von Climate Improvement Districts.[2154]

Ferner kann die Weiterentwicklung von alternativen Finanzierungsmodellen, wie dem Energieeinspar-Contracting, den Handlungsspielraum kooperativer Handlungsformen im Städtebaurecht weiter stärken. Energieeinspar-Contracting stellt schon derzeit ein Instrument dar, mit dem Hemmnisse in Form fehlender finanzieller Ressourcen überwunden und wirtschaftliche Einsparpotenziale bei der Modernisierung von Heizungsanlagen erschlossen werden können.[2155] Durch eine Ausdehnung dieses Finanzierungsmodells auch auf energetische Sanierungen sowie durch eine verstärkte Einbeziehung erneuerbarer Energien, einhergehend mit der Abstimmung mit Förderprogrammen und einer zunehmenden Verzahnung mit städtebaulichen Gesamtmaßnahmen, kann in Zukunft auch der Einsatz klimawandelgerechter städtebaulicher Vertragslösungen verstetigt und gestärkt werden.[2156]

---

2154 Siehe oben; vgl. auch Stadtentwicklungsbericht 2012, BT-Drs. 17/14450, S. 117 sowie *Friesecke/Goldschmidt/Kötter/u.a.*, Stadtumbau – Ein Leitfaden, S. 118; *Friesecke*, in: Spannowsky/Hofmann (Hrsg.), Bewältigung städtebaulicher Missstände als Themengegenstand der Innenentwicklung, S. 44, Fn. 35 und *BMVBS (Hrsg.)*, Sanierungsmaßnahmen in unseren Städten und Gemeinden, S. 139.

2155 *Freund*, e&i 2000, 468 (468); *Ruhland/Herud*, in: Bayer (Hrsg.), Energieeffizienz im Wohnungsbestand durch Contracting, S. 89 ff., 136.

2156 Energieeinspar-Contracting bietet sich gleichermaßen für die Finanzierung energetischer Sanierungen kommunaler Gebäude an und ermöglicht es, Energieeffizienzmaßnahmen auch bei Haushaltsengpässen durchzuführen.

## Ergebnisse

1. Das Gebäudeenergiefachrecht auf Bundesebene richtet sich ordnungsrechtlich in erster Linie an den Neubau von Gebäuden durch Anforderungen an die Energieeffizienz und den Einsatz erneuerbarer Energien. Für den Gebäudebestand gibt die EnEV schwerpunktmäßig anlassbezogene Energieeffizienzpflichten vor. Anlassunabhängige Pflichten bestehen dagegen nur in einem geringen Umfang. Zur Forcierung der Nutzung erneuerbarer Energien setzt das EEWärmeG im Gebäudebestand allein auf Fördermaßnahmen. Auf Landesebene besteht allein in Baden-Württemberg eine Nutzungspflicht erneuerbarer Energien auch für den Gebäudebestand.

2. Ordnungsrechtliche Pflichten leiden durchweg unter schwer behebbaren Vollzugsschwächen und Akzeptanzproblemen. Auf Grund der Heterogenität des Gebäudebestandes lässt sich zudem nicht jeder Einzelfall ausreichend durch strikte Vorgaben berücksichtigen. Auf Landesebene bestehende ordnungsrechtliche Pflichten zum Einsatz erneuerbarer Energien hatten mitunter sogar zielkonträre Auswirkungen. Neben diesen tatsächlichen Wirkungsschwächen sind vor dem Hintergrund des Bestandsschutzes weitere Verschärfungen ordnungsrechtlicher energetischer Pflichten für den Gebäudebestand nur in einem relativ begrenzten Umfang möglich.

3. Eine Steigerung der Energieeffizienz und des Einsatzes erneuerbarer Energien besonders im Gebäudebestand lässt sich vorrangig über eine Weiterentwicklung konsensual-kooperativer Instrumente verwirklichen. Diese stoßen auf mehr Akzeptanz, sind rechtlich risikoarmer und haben bisweilen dazu beigetragen, zumindest den Anteil erneuerbarer Energien effektiv zu steigern (EEG, KWKG, MAP). Dabei bedarf das Gebäudeenergiefachrecht einer entsprechenden Unterstützung und Flankierung durch Instrumente zweiter Ordnung. Maßgeblich ist hier das merklich konsensual ausgerichtete Städtebaurecht.

4. Die BauGB-Klimanovelle 2011 und die BauGB-Novelle 2013 haben Aspekte des Klimaschutzes und der Klimaanpassung und damit auch solche der Steigerung der Energieeffizienz und des Einsatzes erneuerbarer Energien endgültig zum Gegenstand des Städtebaurechts gemacht. Zahlreiche zuvor bestehende Unstimmigkeiten wurden beseitigt und wesentliche städtebauliche Instrumente an einer klimawandelgerechten Stadtentwicklung ausgerichtet. Die Novellierungen sind grds. zu begrüßen.

5. Die Verantwortung, im Zeichen des Klimaschutzes und der Klimaanpassung im Rahmen der Stadtentwicklung tätig zu werden, liegt in der Verantwortung der Gemeinden.

6. Die Bauleitplanung kann grds. dazu genutzt werden, für die zukünftige bauliche Nutzung einen klimawandelgerechten Rahmen zu definieren. Zwangsweise Festsetzungen in einem Bebauungsplan zum Einsatz erneuerbarer Energien bieten sich allerdings nur im Einzelfall an und stoßen wegen des zu beachtenden Verhältnismäßigkeitsgrundsatzes und der Vorgaben durch das EEWärmeG schnell an ihre Grenzen. Die im Rahmen klimawandelgerechter Maß-

nahmen nötige Akzeptanz und Flexibilität fehlt zwangsweisen Festsetzungen ebenso wie ordnungsrechtlichen Vorgaben auf der Ebene des Fachrechts. Nutzungspflichten erneuerbarer Energien, ein Anschluss an ein Wärmenetz sowie unmittelbare Vorgaben zur Wärmedämmung von Gebäuden können zudem nicht durch Bauleitpläne festgelegt werden.

7. Städtebauliche Verträge über § 11 Abs. 1 S. 2 Nr. 4 und 5 BauGB können dazu beitragen, die herausgearbeiteten Defizite klimawandelgerechter Festsetzungen für Neubauten durch vertragliche Ergänzung oder Ersetzung einzelner Festsetzungen abzubauen. Städtebauliche Vertragsvereinbarungen eignen sich sowohl zur Feinsteuerung wie auch zur Verschärfung von Vorgaben des Gebäudeenergiefachrechts (EEWärmeG, EnEV). Es besteht dabei weder eine Beschränkung auf solche Vereinbarungen, die auch in einem Bebauungsplan aufgenommen werden können, noch ein Subsidiaritätsverhältnis zu bestehenden Festsetzungsmöglichkeiten. Die Vertragsmöglichkeiten gehen weit über die Festsetzungsmöglichkeiten hinaus.

8. Den klimawandelbedingten Herausforderungen im Gebäudebestand lässt sich mit Instrumenten des besonderen Städtebaurechts begegnen. Die jeweiligen quartiersbezogenen Konzepte in Form des Stadtumbaurechts, des Sanierungsrechts und der Privaten Initiativen zur Stadtentwicklung sind konsensual und auf Kooperation ausgerichtet und werden durch städtebauliche Verträge im Gewand eines Urban-Governance-Konzeptes realisiert. Klimaschutz- und Klimaanpassungsaspekte wurden als Begründungsmöglichkeit entsprechender Gebiete sowie als Ziel städtebaulicher Gesamtmaßnahmen jüngst gesetzlich manifestiert. Damit existiert grds. ein effektiver Ansatz zur Steigerung der Energieeffizienz und des Einsatzes erneuerbarer Energien auf Quartiersebene im Gebäudebestand.

9. Eingebunden in die quartiersbezogenen Instrumente des besonderen Städtebaurechts bilden städtebauliche Verträge das zentrale Umsetzungsinstrument einer klimawandelgerechten Stadtentwicklung im Gebäudebestand. Als einziges Instrument erlauben es städtebauliche Verträge, die Ertüchtigung der energetischen Qualität von Gebäuden in die Pflicht zu nehmen (§ 11 Abs. 1 S. 2 Nr. 5 BauGB). Bei Beachtung der aufgezeigten Grenzen, insbesondere des Koppelungsverbots und des Angemessenheitsgebots, weisen vertragliche Vereinbarungen dabei nur wenige rechtliche Risiken auf.

10. Die Leistungsfähigkeit vertraglich zu vereinbarender klimawandelgerechter Maßnahmen im Rahmen des besonderen Städtebaurechts hängt weniger von der Überwindung konkreter rechtlicher Hürden ab, als von der Anpassung und Weiterentwicklung von auf Klimaschutz- und Klimaanpassungsmaßnahmen zugeschnittenen Fördermöglichkeiten, denn bedeutsam für den Abschluss städtebaulicher Verträge insbesondere im Gebäudebestand sind geeignete kommunale Gegenleistungen.

11. Ein entsprechendes Korrelat zu dem nunmehr am Klimaschutz und der Klimaanpassung ausgerichteten Sanierungs- und Stadtumbaurecht existiert im Rahmen der Vorschriften zur Städtebauförderung (noch) nicht. Somit gleicht die klimawandelgerechte Ausrichtung der Instrumente des besonderen Städtebaurechts sowie der im Gesetz akzentuierte und vom Gesetzgeber präferierte Einsatz städtebaulicher Verträge im Gebäudebestand und im Rahmen

städtebaulicher Gesamtmaßnahmen bislang eher allein einer politischen Absichtserklärung als einer in der Praxis tatsächlich effektiven Umsetzungsmöglichkeit zugunsten des Klimaschutzes und der Klimaanpassung. Städtebauliche Vertragsvereinbarungen, insbesondere nach § 11 Abs. 4 und 5 BauGB, im Rahmen energetischer Sanierungen und im besonderen Städtebaurecht werden erst mit einer Weiterentwicklung der Städtebauförderung wirkungsvoll sein.

12. Die Grundlagen der Städtebauförderung in § 164 b BauGB sowie der Verwaltungsvereinbarung zur Städtebauförderung müssen entsprechend den zugrundeliegenden Instrumenten einen Entwicklungsprozess zu einer klimawandelgerechten Stadtentwicklung durchlaufen. Neben einer Optimierung der Städtebauförderung wird es zudem nötig sein, weitere Anreize zu schaffen. Es empfiehlt sich daher, auch den Anwendungsbereich des § 7 h EStG zu erweitern.

13. Um finanzielle Hemmnisse potentieller Sanierer abzubauen, gilt es darüber hinaus, alternative Finanzierungsmodelle für energetische Sanierungsmaßnahmen weiterzuentwickeln. Aufgezeigt wurde etwa der Weg über ein Energieeinspar-Contracting. Ferner wird es nötig sein, mehr Informationen zur Verfügung zu stellen und Aufklärung zu betreiben, um eine Sensibilisierung für den Klimaschutz und die Klimaanpassung im Gebäudebereich und damit eine Verstetigung und einen Rückhalt für klimawandelgerechte städtebauliche Vertragslösungen zu schaffen.

# Literaturverzeichnis

**Aden, Hartmut**, Umweltpolitik, 1. Auflage, Wiesbaden 2012.

**Adolf, Jörg/ Bräuninger, Michael**, Energiewende im Wohnungssektor – Fakten, Trends und Realisierungsmöglichkeiten, Wirtschaftsdienst 2012, S. 185 ff.

**Agentur für Erneuerbare Energien**, Grafik-Dossier: Strompreis 2013 und Stromkosten privater Haushalte, abrufbar unter: http://www.unendlich-viel-energie.de/mediathek/grafiken/grafik-dossier-strompreis-2013-und-stromkosten-privater-haushalte (Stand 20.02.2014).

**Aichele, Robert/Herr, Gunther**, Die Aufgabe des übergesetzlichen Bestandsschutzes und die Folgen, NVwZ 2003, S. 415 ff.

**Albrecht, Tanja/Deffner, Jutta/Dunkelberg, Elisa/u.a.**, Zum Sanieren motivieren – Eigenheimbesitzer zielgerichtet für eine energetische Sanierung gewinnen, Berlin 2010.

**Albrecht, Tanja/Zundel, Stefan**, Gefühlte Wirtschaftlichkeit – Wie Eigenheimbesitzer energetische Sanierungsmaßnahmen ökonomisch beurteilen, Senftenberg 2010, abrufbar unter:
http://www.enef-haus.de/index.php?id=6 (stand 21.02.2014).

**Alecke, Björn/Gornig, Martin/Jaedicke, Wolfgang/Koziol, Matthias/Untiedt, Gerhard/ Walther, Jörg**, Städtebaulicher Investitions- und Förderbedarf 2007-2013 in Deutschland, Raumforschung und Raumordnung 3/2008, S. 282 ff.

**Alemann, Ulrich von**, 40 Jahre Bürgerbeteiligung – Demokratie als Wagnis, in: Beck/Ziekow (Hrsg.), Mehr Bürgerbeteiligung wagen. Wege zur Vitalisierung der Demokratie, 1. Auflage, Wiesbaden 2011, S. 201 ff.

**Allianz für Gebäude-Energie-Effizienz (GEEA)**, GEEA widerlegt die vier größten Sanierungsirrtümer, Experten: Energieeffiziente Häuser sind wirtschaftlich und komfortabel, Pressemitteilung vom 09.08.2012, abrufbar unter:
www.geea.info/presse/pressemitteilungen/pressemappe-gebaeudesanierung-lohnt-sich-nicht-irrtum/ (Stand 20.02.2014).

**Allianz für Gebäude-Energie-Effizienz (GEEA)**, Hintergrund: Energieeffizienz und Architektur, Berlin 2012, abrufbar unter:
URL: https://www.geea.info/fileadmin/media/Presse/2012-08-09_Hintergrundtext_Architektur.pdf (Stand 18.02.2014).

**Altenbockum, Jasper von**, Weiter mit dem EEG, Frankfurter Allgemeine Zeitung vom 10.09.2013, S. 10.

**Altrock, Martin/Oschmann, Volker/Theobald, Christian**, Erneuerbare-Energien-Gesetz, Kommentar, 4. Auflage, München 2013.

**Altrock, Uwe**, Reurbanisierung und Stadtentwicklungspolitik – Städtebauliche Programme und Instrumente in: Brake/Herfert (Hrsg.), Reurbanisierung, Wiesbaden 2012.

**Amecke, Hermann**, Energieausweis: Ein Beispiel für wenig genutztes Potential, DIW Wochenbericht Nr. 34/2011, S. 14 ff.

**Andres, Bärbel**, Klimaschutz und Recht, Umweltwirtschaftsforum (uwf) 2011, S. 155 ff.

**Ankenbrand, Hendrik**, Das kleine, unsolidarische Blockheizkraftwerk im Keller, Frankfurter Allgemeine Zeitung vom 03.11.2013, S. 24.

**Antoni, Oliver**, Instrumente zur Förderung von Wärme und Kälte aus erneuerbaren Energien, EnWZ 8/2013, S. 357 ff.

**Antoni, Oliver/Antoni, Julia**, Die neue Regelung des § 7 Abs. 3 KWKG, ER 2012, S. 102 ff.

**Antweiler, Clemens/Gabler, Andreas**, Klimaschutz durch Bauleitplanung, BauR 2012, S. 39 ff.

**Arbeitsgemeinschaft für zeitgemäßes Bauen e.V. (ARGE)**, Wohnungsbau in Deutschland – 2011 Modernisierung oder Bestandsersatz, Kiel 2011.

**Arrhenius, Svante**, On the Influence of Carbonic Acid in the Air upon the Temperature of the Ground, in: Philosophical Magazine and Journal of Science 41 (1896); S. 237 ff., abrufbar unter:
http://web.lemoyne.edu/~giunta/arrhenius.html (Stand 21.02..2014).

**Aschmann, Gerrit**, Klimaschutz in der Bauleitplanung aufgewertet, Das Grundeigentum 2012, S. 40 ff.

**Astheimer, Sven/Müssgens, Christian**, Jede dritte Stelle in der Solarindustrie ist weg, Frankfurter Allgemeine Zeitung vom 28.01.2014, S. 9.

**Attendorn, Thorsten**, Die Belange des Klimaschutzes nach Fukushima und der Energiewende, NVwZ 2012, S. 1569 ff.

**Bärenbrinker, Verena**, Nachhaltige Stadtentwicklung durch Urban Governance, Berlin 2012.

**Barth, Regine/Ziehm, Cornelia/Zschieche, Michael**, Anspruchsvolle Umweltstandards, modernes Umweltrecht - für ein progressives Umweltgesetzbuch, ZUR 2007, S. 295 ff.

**Bataille, Marc/Hösel, Ulrike**, Kernfragen der Energiewende: Zum Quotenmodell der Monopolkomission, EnWZ 2013, S. 496 ff.

**Battis, Ulrich**, Die Klimaschutzklausel in § 1 Abs. 5 Satz 2 BauGB – Verfassungsrechtliche Grundlagen der klimaschützenden Stadterneuerung, in: Mitschang (Hrsg.), Aktuelle Fragestellungen des Städtebau- und Umweltrechts, Berliner Schriften zur Stadt- und Regionalplanung, Band 14, S. 23 ff.

**Battis, Ulrich**, Mediation in der Bauleitplanung, DÖV 2011, S. 340 ff.

**Battis, Ulrich**, Probleme planungsbezogener städtebaulicher Verträge, ZfBR 1999, S. 240 ff.

**Battis, Ulrich**, Vorrang der Innenentwicklung, Öffentlichkeitsbeteiligung und Mediation, in: Mitschang (Hrsg.), Stärkung der Innenentwicklung – BauGB-Novelle 2012/13, Berliner Schriften zur Stadt- und Regionalplanung, Band 20, Frankfurt am Main 2013, S. 1 ff.

**Battis, Ulrich**, Where to go from here? Verwaltungswissenschaftliche Perspektiven, in: vhw-Tagungsband, Public Value durch Urban Governance, Berlin 2009, S. 42 ff.

**Battis, Ulrich/Kersten, Jens /Mitschang, Stephan**, Stadtentwicklung – Rechtsfragen der ökologischen Stadterneuerung, Endbericht, abrufbar unter:
http://www.bbsr.bund.de/cln_016/nn_21890/BBSR/DE/FP/ExWoSt/Studien/2009/RechtsfragenStadterneuerung/downloads.html (Stand 17.02.2014).
(zit.: Battis/Kersten/Mitschang, Rechtsfragen Stadterneuerung, S.).

**Battis, Ulrich/Kersten, Jens**, Public Private Partnership in der Städtebauförderung, LKV 2006, S. 442 ff.

**Battis, Ulrich/Kersten, Jens/Mitschang, Stephan**, Klimaschützende Stadterneuerung, ZG 2010, S. 246 ff.

**Battis, Ulrich/Klein, Benjamin/Rustenberg, Benjamin**, Die Auswirkungen des neuen Art. 104 b GG auf die Städtebauförderung, DVBl 2009, S. 682 ff.

**Battis, Ulrich/Krautzberger, Michael/Löhr, Rolf-Peter**, BauGB Kommentar, 12. Auflage, München 2014.
(zit: Bearbeiter, in: B/K/L, §, Rn.).

**Battis, Ulrich/Krautzberger, Michael/Löhr, Rolf-Peter**, Baugesetzbuch Kommentar, 11. Auflage, München 2009.
(zit.: Bearbeiter, in: B/K/L, 11. Auflage 2009, §, Rn.).

**Battis, Ulrich/Krautzberger, Michael/Löhr, Rolf-Peter**, Die Neuregelungen des Baugesetzbuches zum 1.1.1998, NVwZ 1997, S. 1145 ff.

**Battis, Ulrich/Krautzberger, Michael/Löhr, Rolf-Peter**, Gesetz zur Erleichterung von Planungsvorhaben für die Innenentwicklung der Städte („BauGB 2007"), NVwZ 2007, S. 121 ff.

**Battis, Ulrich/Krautzberger, Michael/Mitschang, Stephan/Reidt, Olaf/Stüer, Bernhard**, Gesetz zur Förderung des Klimaschutzes bei der Entwicklung in den Städten und Gemeinden in Kraft getreten, NVwZ 2011, S. 897 ff.

**Battis, Ulrich/Mitschang, Stephan/Reidt, Olaf**, Stärkung der Innenentwicklung in den Städten und Gemeinden, NVwZ 2013, S. 961 ff.

**Bauer, Hartmut**, Anpassungsflexibilität im öffentlich-rechtlichen Vertrag, in: Hoffmann-Riem/Schmidt-Aßmann (Hrsg.), Innovation und Flexibilität des Verwaltungshandelns, Baden-Baden 1994, S. 245 ff.

**Baumgart, Sabine**, Stadtumbau – Eine Alternative zur städtebaulichen Sanierung?, in: Spannowsky/Hofmeister (Hrsg.), Die Bewältigung städtebaulicher Missstände als Themengegenstand der Innenentwicklung, Berlin 2012, S. 55 ff.

**Beaucamp, Guy/Beaucamp, Ralph**, Überblick zur neuen Energieeinsparverordnung, NZM 2002, S. 323 ff.

**Becker, Florian**, Kooperative und konsensuale Strukturen in der Normsetzung, Tübingen 2005.

**Becker, Paul**, Hitze, Stürme, Fluten – wird unser Klima immer extremer?, in: Bundesministerium für Umwelt, Naturschutz und Reaktorsicherheit (BMU),

Internationale Fachkonferenz, Konferenzbericht November 2010, Berlin 2011, S. 4 f., abrufbar unter:
http://www.bmub.bund.de/bmu/parlamentarische-vorgaenge/detailansicht/artikel/konferenzbericht-klimawandel-extremwetterereignisse-und-gesundheit-29-und-30-november-2010-bonn/ (Stand 20.02.2014).

**Becker, Peter**, Aufstieg und Krise der deutschen Stromkonzerne. Zugleich ein Beitrag zur Entwicklung des Energierechts, Bochum 2011.

**Becker, Peter**, Das Energiekonzept der Bundesregierung, ZNER 2010, S. 531 ff.

**Becker, Peter,** Der (wahre) Strompreis: Das unbekannte Wesen, ZNER 2012, S. 563 ff.

**Beckmann, Martin**, Klimaschutz durch Landesplanung, Anmerkungen zum Entwurf eines Klimaschutzgesetzes NRW, NWVBl. 2011, S. 249 ff.

**Berkemann, Jörg**, BauNVO-Novelle 2013 – Gesetz zur Stärkung der Innenentwicklung in den Städten und Gemeinden und weiteren Fortentwicklung des Städtebaurechts –, DVBl 2013, S. 815 ff.

**Berkemann, Jörg/Halama, Günter**, Erstkommentierungen zum BauGB 2004, 1. Auflage, Bonn 2005.

**Beyer, Dietrich / Lippert, Michael**, Rechtliche Voraussetzungen einer Steigerung der Energieeffizienz durch Wärmecontracting in der Wohnungswirtschaft als Beitrag zu Energiesicherheit und Klimaschutz, Gutachten, Jena 2007.

**Bickel, Christian**, Grenzen der Zustandshaftung des Eigentümers für die Grundstückssanierung bei Altlasten, NJW 2000, S. 2562 ff.

**Bickenbach, Christian**, Die Finanzierung der "Energiewende" in der Zwickmühle aus Finanzverfassung und Art. 107, 108 AEUV, DÖV 2013, S. 953 ff.

**Bier, Wolfgang**, Vertrag statt Beitragsbescheid? Erschließungsvertrag und Folgekostenvertrag in der neuen abgabenrechtlichen Rechtsprechung des Bundesverwaltungsgerichts, DVBl 2013, S. 541 ff.

**Birk, Hans-Jörg**, Der Einsatz öffentlich-rechtlicher Verträge zur Umsetzung städtebaulicher Planungen und Projekte, in: Spannowsky/Krämer (Hrsg.), Realisierung städtebaulicher Planungen und Projekte durch Verträge, Köln 2003, S. 39 ff.

**Birk, Hans-Jörg**, Städtebauliche Verträge in der anwaltlichen Praxis, in: Battis/Söfker/Stüer (Hrsg.), Festschrift Krautzberger, Nachhaltige Stadt- und Raumentwicklung, München 2008, S. 169 ff.

**Birk, Hans-Jörg**, Städtebauliche Verträge, Inhalte und Leistungsstörungen, 5. Auflage, Stuttgart 2013.

**Blechschmidt, Rolf**, Bericht über die BauGB-Novelle 2011 und Städtebauförderung, in: Spannowsky/Hofmeister (Hrsg.), Die Bewältigung städtebaulicher Missstände als Themengegenstand der Innenentwicklung, Berlin 2012, S. 1 ff.

**Blümich, Walter**, Einkommensteuergesetz, Körperschaftsteuergesetz, Gewerbesteuergesetz, Kommentar, 121. Erg-Lfg., München 2014.

**Böcking, David**, Marburg ist bald überall, SpiegelOnline vom 03.07.2011, abrufbar unter: http://www.spiegel.de/wirtschaft/soziales/zoff-ueber-oekodiktatur-marburg-ist-bald-ueberall-a-771530.html (Stand 19.05.2012).

**Boecker, Bernhard**, Zur Reduktion des Bestandsschutzes in der baurechtlichen Rechtsprechung des Bundesverwaltungsgerichts, BauR 1998, S. 441 ff.

**Bofinger, Peter**, Die Öko-Quote ist ein Irrweg, SpiegelOnline vom 27.09.2013, abrufbar unter:
http://www.spiegel.de/wirtschaft/peter-bofinger-zu-erneuerbaren-energien-und-der-oeko-quote-a-924522.html (Stand 20.02.2014).

**Böhm, Monika**, Bürgerbeteiligung nach Stuttgart 21, JA 2012, Heft 2, Editorial, S. I.

**Böhm, Monika**, Bürgerbeteiligung nach Stuttgart 21: Änderungsbedarf und –perspektiven, NuR 2011, S. 614 ff.

**Böhm, Monika**, Das Abgabenrecht als Mittel des Umweltschutzes, IUR 1991, S. 177 ff.

**Böhm, Monika**, Das Erneuerbare-Energien-Gesetz – Motor der Energiewende oder überflüssiger Kostentreiber?, in: Hebeler/Hendler/Proelß/Reiff (Hrsg.), Jahrbuch des Umwelt- und Technikrechts 2013, Berlin 2013, S. 99 ff.

**Böhm, Monika**, Die Wirksamkeit von Umweltlenkungsabgaben am Beispiel des Abwasserabgabengesetzes, Düsseldorf 1989.

**Böhm, Monika**, Interview, Energetische Stadtsanierung aus rechtlicher Sicht. Es ist leider kompliziert…, stadt: pilot spezial 2011, Erneuerbare Energien, Energieeffizienz und Klimaschutz in der Stadt von morgen, S. 20 f.

**Böhm, Monika**, Kommunale Abfallgebühren und Altlastensanierung, NVwZ 1990, S. 340 ff.

**Böhm, Monika**, Kommunale Umweltsteuern, in: Lübbe-Wolff (Hrsg.), Umweltschutz durch kommunales Satzungsrecht, 3. Auflage, Berlin 2002, S. 389 ff.

**Böhm, Monika**, Öffentlichkeitsbeteiligung in Planungsverfahren – Bestand und Änderungsbedarf, uvp-report 27, 2013, S. 34 ff.

**Böhm, Monika**, Recht der Bauleitplanung, JA 2013, Heft 2, S. 81 ff.

**Böhm, Monika**, Umweltschutz durch Baurecht – kommunale Solarsatzung auf dem Prüfstand, in: Hendler/Marburger/Reiff/Schröder (Hrsg.), Jahrbuch des Umwelt- und Technikrechts 2009, Berlin 2009, S. 237 ff.

**Böhm, Monika**, Umweltschutz und Kommunalrecht, in: Böhm/Schmehl (Hrsg.), Verfassung-Verwaltung-Umwelt, Beträge zum rechtswissenschaftlichen Symposium anlässlich des 70. Geburtstages von Prof. Dr. Klaus Lange, Baden-Baden 2010, S. 47 ff.

**Böhm, Monika/Schwarz, Philip**, Klimaschutz durch Anschluss- und Benutzungszwang für kommunale Fernwärmenetze – Voraussetzungen und Grenzen, DVBl 2012, S. 540 ff., Zweitabdruck in: HSGZ 2012, S. 423 ff.

**Böhm, Monika/Schwarz, Philip**, Möglichkeiten und Grenzen bei der Begründung von energetischen Sanierungspflichten für bestehende Gebäude, NVwZ 2012, S. 129 ff.

**Bojanowski, Axel**, Bocholt: Flugzeug fahndet nach Energieverschwendern, SpiegelOnline vom 10.07.2012, abrufbar unter: http://www.spiegel.de/wissenschaft/technik/energieeffizienz-in-bocholt-flugzeug-macht-waermebilder-von-haeusern-a-843679.html (Stand 20.02.2014).

**Bojanowski, Axel**, Forscher entdecken Unstimmigkeiten im Uno-Klimabericht, SpiegelOnline vom 06.10.2013, abrufbar unter: http://www.spiegel.de/wissenschaft/natur/vorhersagen-im-5-ipcc-bericht-2013-kritik-am-uno-klimareport-a-926348.html (Stand 20.02.2014).

**Bojanowski, Axel**, Vorhersage bis 2100: Regierungsprognose enthüllt Folgen des Klimawandels für Deutschland, SpiegelOnline vom 02.09.2009, abrufbar unter: http://www.spiegel.de/wissenschaft/natur/0,1518,575794-3,00.html (Stand 14.02.2014).

**Börzel, Tanja A.**, Der „Schatten der Hierarchie“ – Ein Governance-Paradoxon?, in: Schuppert/Zürn (Hrsg.), Governance in einer sich wandelnden Welt, 1. Auflage, Wiesbaden 2008, S. 118 ff.

**Brake, Christoph**, Energieeffizientes Bauen – Rahmenbedingungen und Netzwerkeffekte, in: Kramer (Hrsg.), Integratives Umweltmanagement, Wiesbaden 2010, S. 647 ff.

**Brandt, Edmund**, EEG und Finanzverfassungsrecht, ER 2013, S. 91 ff.

**Braun, Annette**, Die Hamburgische Klimaschutzverordnung. Die Freie und Hansestadt Hamburg als Vorreiter im Bereich der effektiven Wärmeenergienutzung in Gebäuden, NordÖR 2008, S. 253 ff.

**Brohm, Winfried**, Situative Gesetzesanpassung durch die Verwaltung, NVwZ 1988, S. 794 ff.

**Brohm, Winfried**, Städtebauliche Verträge zwischen Privat- und Öffentlichem Recht, JZ 2000, S. 321 ff.

**Bröll, Helmut/Dirnberger, Franz/Schiebel, Christian**, Energiewende und Baurecht, Stuttgart 2013.

**Brügelmann, Hermann**, Baugesetzbuch Kommentar, 75. Erg.-Lfg., Stuttgart 2011.

**Bruns, Elke/Futterlieb, Matthias/Ohlhorst, Dörte/Wenzel, Bernd**, Erneuerbare Energien in Wärmenetzen – eine realistische Perspektive?, ZfE 2012, S. 159 ff.

**Büdenbender, Ulrich**, Energierecht, in: Schulte/Schröder (Hrsg.), Handbuch des Technikrechts, 2. Auflage, Heidelberg/Berlin 2011, S. 601 ff.

**Bundeministerium der Finanzen**, Bilanz der ökologischen Steuerreform, Berlin 2005.

**Bundeministerium für Umwelt, Naturschutz und Reaktorsicherheit (BMU)** (Hrsg.), Umweltgesetzbuch (UGB-KomE), Entwurf der Sachverständigenkommission zum Umweltgesetzbuch, Berlin 1998.

**Bundeministerium für Verkehr, Bau und Stadtentwicklung (BMVBS)** (Hrsg.), Stadtentwicklungsbericht 2008, Neue urbane Lebens- und Handlungsräume, Berlin 2009.

**Bundeministerium für Verkehr, Bau und Stadtentwicklung (BMVBS)/Bundesministerium für Verkehr und digitale Infrastruktur (BMVI)**, Pressemitteilungen, abrufbar unter: http://www.bmvi.de/DE/Presse/Pressemitteilungen/pressemitteilungen_node.html (Stand 23.02.2014).

**Bundeministerium für Wirtschaft und Technologie (BMWi)** (Hrsg.), Wege zu einer wirksamen Klimapolitik, Gutachten des Wissenschaftlichen Beirats beim Bundesministerium für Wirtschaft und Technologie, Februar 2012, Berlin 2012.

**Bundesamt für Bauwesen und Raumordnung (BBR)**, Erfahrungen mit der EnEV, Berlin 2006.

**Bundesamt für Wirtschaft und Ausfuhrkontrolle (BAFA)**, EEG-Umlage: 2098 Unternehmen für 2014 begrenzt, Pressemitteilung vom 11.02.2014, abrufbar unter: http://www.bafa.de/bafa/de/presse/pressemitteilungen/2014/03_eeg.html (Stand 21.02.2014).

**Bundesamt für Wirtschaft und Ausfuhrkontrolle (BAFA)**, Ergebnisse des Antragsverfahrens 2009-2013 des BAFA, abrufbar unter: http://www.bafa.de/bafa/de/presse/pressemitteilungen/2014/03_eeg.html (Stand 21.02.2014).

**Bundesanstalt für Geowissenschaften und Rohstoffe (BGR)**, Energiestudie 2012, Reserven, Ressourcen und Verfügbarkeit von Energierohstoffen, Hannover 2012, abrufbar unter: http://www.bgr.bund.de/DE/Gemeinsames/Produkte/Downloads/DERA_Rohstoffinformationen/rohstoffinformationen-15.pdf?__blob=publicationFile&v=6 (Stand 14.02.2014).

**Bundesarchitektenkammer (BAK)**, Stellungnahme zum Entwurf eines Gesetzes zur Stärkung der klimagerechten Stadtentwicklung in den Gemeinden, Referentenentwurf vom 16.05.2011, abrufbar unter: http://www.bak.de/bundesarchitektenkammer/stellungnahmen/ (Stand 23.02.2014).

**Bundeskartellamt**, Sektoruntersuchung Fernwärme, Abschlussbericht, Bonn 2012.

**Bundesministerium für Umwelt, Naturschutz und Reaktorsicherheit (BMU)**, Erneuerbare Energien in Zahlen 2010, Berlin 2011 (Stand der Angaben 23.03.2011), abrufbar unter: http://www.erneuerbare-energien.de/fileadmin/ee-import/files/pdfs/allgemein/application/pdf/ee_in_zahlen_2010_bf.pdf (Stand 14.02.2014).

**Bundesministerium für Umwelt, Naturschutz und Reaktorsicherheit (BMU)**, Erneuerbare Energien in Zahlen, Nationale und internationale Entwicklungen, Stand Juli 2013, Berlin 2013, abrufbar unter: http://www.erneuerbare-energien.de/fileadmin/Daten_EE/Dokumente__PDFs_/ee_in_zahlen_bf.pdf (Stand 14.02.2014).

**Bundesministerium für Umwelt, Naturschutz und Reaktorsicherheit (BMU)**, Kommunaler Klimaschutz, Möglichkeiten für die Kommunen, Berlin 2011, abrufbar unter: http://www.bmu.de/files/pdfs/allgemein/application/pdf/kommunaler_klimaschutz_bf.pdf (Stand 17.02.2014).

**Bundesministerium für Umwelt, Naturschutz und Reaktorsicherheit (BMU)**, Das Integrierte Energie- und Klimaprogramm der Bundesregierung, Berlin 2007.

**Bundesministerium für Umwelt, Naturschutz und Reaktorsicherheit (BMU)**, Erfahrungsbericht 2011 zum Erneuerbare-Energien-Gesetz, Stand Juni 2011, abrufbar unter: http://www.erneuerbare-energien.de/unser-service/mediathek/downloads/detailansicht/artikel/erfahrungsbericht-2011-zum-erneuerbare-energien-gesetz/ (Stand 17.02.2014).

**Bundesministerium für Umwelt, Naturschutz und Reaktorsicherheit (BMU)**, Bruttobeschäftigung durch Erneuerbare Energien in Deutschland im Jahr 2011, Stand März 2012, abrufbar unter: http://www.erneuerbare-energien.de/unser-service/mediathek/downloads/detailansicht/artikel/bruttobeschaeftigung-durch-erneuerbare-energien-in-deutschland-im-jahr-2012-eine-erste-abschaetzung/ (Stand 17.02.2014).

**Bundesministerium für Umwelt, Naturschutz und Reaktorsicherheit (BMU)/Bundesministerium für Wirtschaft und Technologie (BMWi)**, Energiewende auf gutem Weg. Ein Jahr nach den Energiewendebeschlüssen vom 6. Juni 2011, Berlin 2012, abrufbar unter: http://www.bmwi.de/DE/Mediathek/publikationen,did=491372.html (Stand 18.02.2014).

**Bundesministerium für Umwelt, Naturschutz und Reaktorsicherheit (BMU)**, Strom aus erneuerbaren Energien, Was kostet er uns wirklich, Berlin 2007.

**Bundesministerium für Umwelt, Naturschutz und Reaktorsicherheit (BMU)**, Erfahrungsbericht zum Erneuerbare-Energien-Wärmegesetz (EEWärmeG-Erfahrungsbericht) gemäß § 18 EEWärmeG vorzulegen dem Deutschen Bundestag durch die Bundesregierung, Dezember 2012.

**Bundesministerium für Umwelt, Naturschutz und Reaktorsicherheit (BMU)**, Transferwerkstatt "Klimaschutz und Klimaanpassung im Stadtumbau: Konzepte, Instrumente, Projekte" Dokumentation der 5. Transferwerkstatt Stadtumbau West in Tübingen, 21.10.2010, abrufbar unter: http://www.staedtebaufoerderung.info/nn_856028/StBauF/DE/StadtumbauWest/Veranstaltungen/DokumentierteVeranstaltungen/TransferwerkstattTuebingen.html (stand 20.02.2014).

**Bundesministerium für Umwelt, Naturschutz und Reaktorsicherheit (BMU)/u.a.**, Fünfter Sachstandsbericht des IPCC, Teilbericht 1 (Wissenschaftliche Grundlagen), Zusammenfassung, abrufbar unter: http://www.de-ipcc.de/de/200.php (Stand 20.02.2014).

**Bundesministerium für Umwelt, Naturschutz und Reaktorsicherheit (BMU)**, Das Klima schützen, Kommunen fördern – Die Kommunalrichtlinie 2014, Berlin 2013.

**Bundesministerium für Umwelt, Naturschutz und Reaktorsicherheit (BMU)**, Fördergeld für Energieeffizienz und erneuerbare Energien, Stand September 2012, abrufbar unter: http://www.bmu.de/energieeffizienz/foerdermittel_beratung/foerdermoeglichkeiten/doc/37904.php (Stand 20.02.2014).

**Bundesministerium für Umwelt, Naturschutz und Reaktorsicherheit (BMU) (Hrsg.)**, Forschungsvorhaben: Analyse und Bewertungen der Wirkungen des EEG aus gesamtwirtschaftlicher Sicht, Kapitel 7, Zusammenfassung, Berlin/Stuttgart/Saarbrücken 2008.

**Bundesministerium für Umwelt, Naturschutz und Reaktorsicherheit (BMU)**, Eckpunkte zum Energiekonzept, Juli 2010, abrufbar unter: http://www.klimaretter.info/images/xBMU-Energiekonzept_Juli-2010.pdf (Stand 25.10.2011).

**Bundesministerium für Umwelt, Naturschutz und Reaktorsicherheit (BMU)/Bundesministerium für Umwelt, Naturschutz, Bau und Reaktorsicherheit (BMUB)**, Pressemitteilungen, abrufbar unter: http://www.bmub.bund.de/bmu/presse-reden/pressemitteilungen/ (Stand 23.02.2014).

**Bundesministerium für Verkehr, Bau und Stadtentwicklung (BMVBS)** (Hrsg.), Untersuchung zur weiteren Verschärfung der energetischen Anforderungen an Gebäude mit der EnEV 2012 – Anforderungsmethodik, Regelwerk und Wirtschaftlichkeit, Berlin 2012, abrufbar unter: http://www.bbsr.bund.de/cln_032/nn_1174880/BBSR/DE/Veroeffentlichungen/BMVBS/Online/2012/ON052012.html (Stand 18.02.2014).

**Bundesministerium für Verkehr, Bau und Stadtentwicklung (BMVBS)** (Hrsg.), $CO_2$ Gebäudereport 2007, Berlin 2007.

**Bundesministerium für Verkehr, Bau und Stadtentwicklung (BMVBS)** (Hrsg.), Möglichkeiten und Grenzen des Ersatzneubaus – Als Beitrag zu Energieeinsparung und Klimaschutz bei Wohngebäuden, Berlin 2012, abrufbar unter: http://www.bbsr.bund.de/BBSR/DE/Veroeffentlichungen/BMVBS/Forschungen/2012/Heft154.html (Stand 18.02.2014).

**Bundesministerium für Verkehr, Bau und Stadtentwicklung (BMVBS)** (Hrsg.), ImmoKlima – Immobilien- und wohnungswirtschaftliche Strategien und Potenziale zum Klimawandel, Werkstatt: Praxis Heft 79, Berlin 2012, abrufbar unter: http://www.bbsr.bund.de/cln_032/nn_23486/BBSR/DE/Veroeffentlichungen/BMVBS/WP/2012/H79.html (Stand 18.02.2014).

**Bundesministerium für Verkehr, Bau und Stadtentwicklung (BMVBS)** (Hrsg.), Entwicklung eines Referenzszenarios im Gebäudebereich für das Gesamtziel „ 40 % $CO_2$ Einsparungen bis 2020", Berlin 2012, abrufbar unter: http://www.bbsr.bund.de/BBSR/DE/Veroeffentlichungen/BMVBS/Online/2012/ON262012.html (Stand 18.02.2014).
(zit.: BMVBS (Hrsg.), $CO_2$-Einsparungen bis 2020, S.).

**Bundesministerium für Verkehr, Bau und Stadtentwicklung (BMVBS)** (Hrsg.), Klimawandelgerechte Stadtentwicklung – Ursachen und Folgen des Klimawandels durch urbane Konzepte begegnen, Berlin 2011, abrufbar unter: http://www.bbsr.bund.de/cln_032/nn_23494/BBSR/DE/Veroeffentlichungen/BMVBS/Forschungen/2011/Heft149.html (Stand 18.02.2014).

**Bundesministerium für Verkehr, Bau und Stadtentwicklung (BMVBS)** (Hrsg.), Flexibilisierung der Planung für eine klimawandelgerechte Stadtentwicklung. Verfahren, Instrumente und Methoden für anpassungsflexible Raum- und Siedlungsstrukturen, Berlin 2013, abrufbar unter: http://www.bbsr.bund.de/BBSR/DE/Veroeffentlichungen/BMVBS/Online/2013/ON162013.html?nn=371936 (Stand 21.02.2014).

**Bundesministerium für Verkehr, Bau und Stadtentwicklung (BMVBS)** (Hrsg.), ExWoSt-Informationen Heft 36/4, Modellvorhaben zur Energetischen Stadterneuerung in Städten der Bundesländer Brandenburg und Sachsen-Anhalt, Berlin 2011.

**Bundesministerium für Verkehr, Bau und Stadtentwicklung (BMVBS) (Hrsg.)**, ExWost-Informationen Heft 36/1, Modellvorhaben zur Energetischen Stadterneuerung in Städten der Bundesländer Brandenburg und Sachsen-Anhalt, Berlin 2009.

**Bundesministerium für Verkehr, Bau und Stadtentwicklung (BMVBS)** (Hrsg.), Berliner Gespräche zum Städtebaurecht, Band I, Bericht, Berlin 2010.

**Bundesministerium für Verkehr, Bau und Stadtentwicklung (BMVBS)**, Handlungsleitfaden zur Energetischen Stadterneuerung, Stand Juni 2011, Berlin 2011.

**Bundesministerium für Verkehr, Bau und Stadtentwicklung (BMVBS)**, Energetisches sanieren gestalten, Leitfaden, Baubestand nachhaltig weiterentwickeln, November 2010.

**Bundesministerium für Verkehr, Bau und Stadtentwicklung (BMVBS)**, Energetische Sanierung – Komfort mit Umweltbonus für ihr Haus, KfW-Programm Energieeffizient Sanieren – Auf einen Blick, Berlin 2012.

**Bundesministerium für Verkehr, Bau und Stadtentwicklung (BMVBS)**, Wachstums- und Beschäftigungswirkungen des Investitionspaktes im Vergleich zur Städtebauförderung, Berlin 2011, abrufbar unter: http://www.bbsr.bund.de/BBSR/DE/Veroeffentlichungen/BMVBS/Online/2011/ON132011.html?nn=395966 (Stand 18.02.2014).

**Bundesministerium für Verkehr, Bau und Stadtentwicklung (BMVBS)**, Klimawandelgerechte Stadtentwicklung in der Praxis, Ergebnisse aus dem ExWost-Forschungsschwerpunkt StadtKlima, Ergebniskonferenz vom 09.-10.- Oktober 2012, Berlin 2012.

**Bundesministerium für Verkehr, Bau und Stadtentwicklung (BMVBS)**, Wohnen und Bauen in Zahlen 2011/2012, 7. Auflage, Berlin 2012.

**Bundesministerium für Verkehr, Bau und Stadtentwicklung (BMVBS)**, Maßnahmen zur Umsetzung der Ziele des Energiekonzepts im Gebäudebereich – Zielerreichungsszenario, Berlin 2013, abrufbar unter: http://www.bbsr.bund.de/cln_032/nn_21272/BBSR/DE/Veroeffentlichungen/BMVBS/Online/2013/ON032013.html (Stand 20.02.2014).

**Bundesministerium für Verkehr, Bau und Stadtentwicklung (BMVBS)**, Sanierungsmaßnahmen in unseren Städten und Gemeinden, Abschlussbericht zum Forschungsprojekt „Langzeitwirkungen und Effektivierung der Städtebauförderung", Berlin 2011, abrufbar unter: http://www.bbsr.bund.de/BBSR/DE/Veroeffentlichungen/BMVBS/Stadtentwicklung/2009_2011/Bd3.html?nn=395966 (Stand 20.02.2014).

**Bundesministerium für Verkehr, Bau und Stadtentwicklung (BMVBS)**, Städtebauförderung 2013, Anwenderhinweise zu den Förderprogrammen, Berlin 2013.

**Bundesministerium für Verkehr, Bau und Stadtentwicklung (BMVBS)**, Dokumentation, Zweiter Kongress zur Zukunft der Städtebauförderung am 28.10.2008 in Berlin, Berlin 2009, abrufbar unter: http://www.bbsr.bund.de/BBSR/DE/Stadtentwicklung/Staedtebaufoerderung/WissenschaftlicheProgrammbegleitung/Begleitforschung/KongressStaedtebaufoerderung/zweiterKongress.html (Stand 20.02.2014).

**Bundesministerium für Verkehr, Bau und Stadtentwicklung (BMVBS)/ Bundesinstitut für Bau- Stadt- und Raumforschung (BBSR)** (Hrsg.), Leitfaden zum Einsatz von Rechtsinstrumenten beim Umgang mit verwahrlosten Immobilien („Schrottimmobilien"), Werkstatt: Praxis Heft 65, abrufbar unter: http://www.bbsr.bund.de/BBSR/DE/Veroeffentlichungen/BMVBS/WP/2009/H65.html (Stand 18.02.2014).

**Bundesministerium für Verkehr, Bau und Stadtentwicklung (BMVBS)/Bundesamt für Bauwesen und Raumordnung (BBR)** (Hrsg.), Städtebaulicher Investitions- und Förderbedarf 2007-2013 in Deutschland, Bonn 2008, abrufbar unter: http://www.bbsr.bund.de/BBSR/DE/Veroeffentlichungen/BMVBS/Forschungen/2008/Heft132.html?nn=438822 (Stand 18.02.2014).

**Bundesministerium für Wirtschaft und Energie (BMWi)**, Eckpunkte für die Reform des EEG, Berlin 2014, abrufbar unter: https://www.clearingstelle-eeg.de/eeg2014/urfassung/material (Stand 21.02.2014).

**Bundesministerium für Wirtschaft und Energie (BMWi)/Bundesministerium für Umwelt, Naturschutz und Reaktorsicherheit (BMU)**, Ergebnispapier EU-Effizienzrichtlinie und Erneuerbare-Energien-Gesetz, Februar 2012.

**Bundesministerium für Wirtschaft und Energie (BMWi)/Bundesministerium für Umwelt, Naturschutz und Reaktorsicherheit (BMU)**, Zwischenüberprüfung des Kraft-Wärme-Kopplungsgesetzes, Berlin 2011.

**Bundesministerium für Wirtschaft und Technologie (BMWi)** (Hrsg.), Erneuerbare Energien im Jahr 2013, Stand Februar 2014, Berlin 2014.

**Bundesministerium für Wirtschaft und Technologie (BMWi)**, Energie in Deutschland, Trends und Hintergründe zur Energieversorgung, Stand Februar 2013, Berlin 2013, abrufbar unter: http://www.bmwi.de/BMWi/Navigation/Service/publikationen,did=251954.html (Stand 14.02.2014).

**Bundesministerium für Wirtschaft und Technologie (BMWi)**, Newsletter Energiewende!, 02/2012, abrufbar unter: http://www.bmwi-energiewende.de/ (Stand 17.02.2014).

**Bundesministerium für Wirtschaft und Technologie (BMWi)/Bundesministerium für Umwelt, Naturschutz und Reaktorsicherheit (BMU)**, Energiekonzept für eine umweltschonende, zuverlässige und bezahlbare Energieversorgung, Berlin 2010.

**Bundesministerium für Wirtschaft und Technologie/Bundesministerium für Wirtschaft und Energie (BMWi)**, Pressemitteilungen, abrufbar unter: https://www.bmwi.de/DE/Presse/pressemitteilungen.html (Stand 23.02.2014).

**Bundesnetzagentur (BNetzA)**, Einspeisevergütung für PV-Anlagen sinkt um 1,4 Prozent, Pressemitteilung vom 31.10.2013, abrufbar unter http://www.bundesnetzagentur.de/SharedDocs/Pressemitteilungen/DE/2013/131031_EinspVerguetg_PV_Anl.html (stand 20.02.2014).

**Bundesnetzagentur (BNetzA)**, Neue PV-Zahlen und EEG-Statistikbericht 2009, Pressemitteilung vom 21.03.2011, abrufbar unter: http://www.bundesnetzagentur.de/SharedDocs/Pressemitteilungen/DE/2011/110321PVZahlenEEGStatistikbericht2009.html (Stand 20.02.2014).

**Bundesregierung**, Anteil Erneuerbarer Energien wächst weiter, Pressemitteilung vom 14.01.2014, abrufbar unter: http://www.bundesregierung.de/Content/DE/Artikel/2014/01/2014-01-13-bdew-energiebilanz-2013.html (Stand 21.02.2014).

**Bundesverband der Energie- und Wasserwirtschaft (BDEW)**, Erneuerbare Energien und das EEG: Zahlen, Fakten, Grafiken (2013), Berlin 2013, abrufbar unter: http://www.bdew.de/internet.nsf/id/DE_Erneuerbare-Energien (Stand 18.02.2014).

**Bundesverband Erneuerbare Energie (BEE)**, Quotenmodell: Rückwärtsgewandt und mittelstandsfeindlich, Pressemitteilung vom 27.08.2012, abrufbar unter: http://www.bee-ev.de/3:1123/Meldungen/Quotenmodelle_Rueckwaertsgewandt_und_mittelstandsfeindlich.html (Stand 20.02.2014).

**Bundesverband Erneuerbare Energien (BEE)**, Neue Energiesparverordnung bleibt völlig wirkungslos, Pressemitteilung vom 16.10.2013, abrufbar unter: http://www.bee-ev.de/3:1525/Meldungen/2013/Neue-Energieeinsparverordnung-bleibt-voellig-wirkungslos.html (Stand 20.02.2014).

**Bundesverband Windenergie/Greenpeace Energy eG**, Was Strom wirklich kostet, Vergleich der staatlichen Förderung und gesamt-gesellschaftlichen Kosten von konventionellen und erneuerbaren Energien, August 2012.

**Bundesvereinigung der kommunalen Spitzenverbände**, Stellungnahme zum Entwurf eines Gesetzes zur Stärkung der klimagerechten Stadtentwicklung in den Gemeinden, abrufbar unter: http://www.gemeinde-senden.de/fileadmin/user_upload/dokumente/politik/sitzungskalender/2012-12-04-2012-03-15-bundesverband-stellungnahme-zur-baugb-novelle-teil-2.pdf. (Stand 23.02.2014).

**Bunzel, Arno**, Das Planspiel zur BauGB-Novelle 2011 – Neuerungen für eine klimagerechte Stadtentwicklung, ZfBR 2012, S. 114 ff.

**Bunzel, Arno**, Finanzierung städtebaulicher Folgeinvestitionen als Gegenstand städtebaulicher Verträge, DVBl 2011, S. 796 ff.

**Bunzel, Arno**, Finanzierung städtebaulicher Folgeinvestitionen als Gegenstand städtebaulicher Verträge, DVBl 2011, S. 796 ff.

**Bunzel, Arno**, Geänderter Rechtsrahmen für städtebauliche Verträge und Erschließungsverträge, KommP spezial 2013, S. 133 ff.

**Bunzel, Arno**, Planspiel zur BauGB-Novelle 2011, in: Mitschang (Hrsg.), Klimagerechte Stadtentwicklung – Die neuen Regelungen der BauGB-Novelle 2011, Berliner Schriften zur Stadt- und Regionalplanung, Band 19, S. 5 ff.

**Bunzel, Arno**, Planspiel zur Novellierung des Bauplanungsrechts 2012/2013, ZfBR 2013, S. 211 ff.

**Bunzel, Arno/Coulmas, Diana/Schmidt-Eichstaedt, Gerd**, Städtebauliche Verträge – Ein Handbuch, 3. Auflage, Berlin 2007.

**Bunzel, Arno/Coulmas, Diana/Schmidt-Eichstaedt, Gerd**, Städtebauliche Verträge – Ein Handbuch, Mit Berücksichtigung der BauGB-Novelle 2013, 4. Auflage, Berlin 2013.

**Burger, Simon/Faber, Michael**, Art. 84 I 7 GG vor weiterer Bewährungsprobe – Zur Vereinbarkeit des EAG EE mit dem Verbot der Aufgabenübertragung vom Bund auf die Kommunen, KommJur 2011, S. 161 ff.

**Burgi, Martin**, BauGB-Verträge und Vergaberecht, NVwZ 2008, S. 929 ff.

**Burgi, Martin,** Die Energiewende und das Recht, JZ 2013, S. 745 ff.

**Burgi, Martin**, Klimaschutz durch weiterentwickelte KWK-Förderung, DVBl 2008, S. 1205 ff.

**Burmeister, Thomas**, Der städtebauliche Vertrag als rechtliches Instrument der Kooperation mit Privaten bei der Baulandentwicklung und –erschließung, Berlin 2003, abrufbar unter: http://opus4.kobv.de/opus4-tuberlin/frontdoor/index/index/docId/622 (Stand 18.02.2014).

**Burmeister, Thomas**, Praxishandbuch Städtebauliche Verträge, 2. Auflage, Bonn 2005.

**Busse, Jürgen**, Städtebauliche Verträge im Lichte der Rechtsprechung, KommJuR 2009, S. 241 ff.

**Calliess, Christian/Ruffert, Matthias**, EUV/AEUV Kommentar, 4. Auflage, München 2011.

**CDU, CSU und SPD**, Deutschlands Zukunft gestalten, Koalitionsvertrag zwischen CDU, CSU und SPD, 18. Legislaturperiode, Berlin 2013.

**CDU/CSU/FDP**, Wachstum. Bildung. Zusammenhalt. Der Koalitionsvertrag zwischen CDU, CSU und FDP vom 26.10.2009.

**Chatziathanasiou, Konstatin/Towfigh, Emanuel**, Die Angemessenheit der Vertragserfüllung bei städtebaulichen Verträgen, DVBl 2013, S. 84 ff.

**Claßen, Thomas/Steinkühler, Nadja/Hornberg, Claudia**, Herausforderungen und Lösungsstrategien für eine gesundheitsgerechte Klimaanpassung in Kommunen: Entwicklung eines Moduls „Menschliche Gesundheit" im Rahmen kommunaler Klimaanpassungskonzepte, UVP-report 27, 2013, S. 131 ff.

**Clausnitzer, Klaus-Dieter/Hebel, Elisabeth von**, Mini-Contracting. Weiterentwicklung von Contractingdienstleistungen für Einfamilienhäuser unter Einbindung Regenerativer Energien und mit Effizienzversprechen, Abschlussbericht, Bremen 2011.

**Clearingstelle EEG**, Hinweis 2009/14 vom 23.09.2010, abrufbar unter:

https://www.clearingstelle-eeg.de/hinwv/2009/14 (Stand 21.02.2014).

**Daab, Karlfried/Tolkmitt, Silvia**, Fortbildungsveranstaltung der SRL Regionalgruppe Bayern am 22.11.2013, Novelle des BauGB und der BauNVO 2013 – Fortentwicklung des Städtebaurechts, Teil 1: Skript des Vortrags, Nürnberg 2013, abrufbar unter: http://www.srl.de/regionalgruppen/bayern/dokumentation.html (Stand 21.02.2014).

**Danner, Wolfgang/Theobald, Christian**, Energierecht, 78. Auflage, Stand September 2013, München 2013.

**Davydov, Dimitrij**, Förderung erneuerbarer Energien zu Lasten des kulturellen Erbes? Zur Berücksichtigung klima- und energiepolitischer Belange in denkmalrechtlichen Abwägungsentscheidungen, REE 2013, S. 23 ff.

**Decker, Andreas**, Ausgewählte examensrelevante Probleme des städtebaulichen Vertrags nach § 11 BauGB, JA 4/2012, S. 286 ff.

**Denny, Petra/ Spangenberger, Volker**, Rechtliche Umsetzung energiebezogener Planungsinhalte, UPR 1999, S. 331 ff.

**Derleder, Peter**, Duldungspflichten des Mieters bei Modernisierungsmaßnahmen mit energetischem Anspruch, NZM 2013, S. 441 ff.

**Deter, Gerhard**, „Nationale Nachhaltigkeitsstrategie" und Grundgesetz, ZUR 2012, S. 157 ff.

**Detterbeck, Steffen**, Allgemeines Verwaltungsrecht mit Verwaltungsprozessrecht, 11. Auflage, München 2013.

**Dettki, Joachim**, Dämmung der obersten Geschossdecken nach der Energieeinsparverordnung und Stand der Dinge, Das Grundeigentum 2013, S. 1259 f.

**Deutsche Akademie für Städtebau und Landesplanung (DASL)**, Stellungnahme zu BT-Drs. 17/11468.

**Deutsche Energie-Agentur (Dena)**, Dena-Sanierungsstudie. Teil 1: Wirtschaftlichkeit energetischer Modernisierung im Mietwohnungsbestand, Berlin 2010.

**Deutsche Energie-Agentur (Dena)**, Dena-Sanierungsstudie. Teil 2: Wirtschaftlichkeit energetischer Modernisierung in selbstgenutzten Wohngebäuden, Berlin 2012.

**Deutsche Energie-Agentur GmbH (Dena)**, Der Dena-Gebäudereport 2012. Statistiken und Analysen zur Energieeffizienz im Gebäudebestand, Berlin 2012.

**Deutsche Industrie und Handelskammertag (DIHK)**, BID-Projekte auf landesgesetzlicher Grundlage (Stand November 2013), abrufbar unter: http://www.dihk.de/themenfelder/standortpolitik/raumordnung-stadtentwicklung/bids/bid-aktivitaeten-und-projekte (Stand 20.02.2014).

**Deutsche Industrie- und Handelskammertag (DIHK)**, Stellungnahme zu dem Gesetzesentwurf BT-Drs. 17/6076, abrufbar unter: http://www.dihk.de/themenfelder/recht-steuern/rechtspolitik/nationale-stellungnahmen/positionen-national-2011/klimagerechte-stadtentwicklung/at_download/file?mdate=1363168425203. (Stand 23.02.2014).

**Deutsche Unternehmensinitiative Energieeffizienz (DENEFF)**, Unkritische Medienberichte zur Gebäudesanierung, Pressemitteilung vom 02.04.2013, abrufbar unter: http://www.deneff.org/cms/index.php/news-reader/items/unkritische-medienberichte-zur-gebaeudesanierung.html (Stand 20.02.2014).

**Deutscher Anwaltverein**, Stellungnahme zum Entwurf eines Gesetzes zur Stärkung der klimagerechten Stadtentwicklung in den Gemeinden, vom 26.05.2011, abrufbar unter: http://www.anwaltverein.de/interessenvertretung/stellungnahmen+30?PHPSESSID=71a389de630bd277387d5751291ea6c9 (Stand 23.02.2014).

**Deutscher Naturschutzring**, EU Koordination, Hintergrundpapier Richtlinie zur Energieeffizienz, Stand 13.08.2012, abrufbar unter: http://www.eu-koordination.de/publikationen/themenhefte (Stand 20.02.2014).

**Deutscher Städtetag**, Stellungnahme Entwurf eines Gesetzes zur Stärkung der klimagerechten Entwicklung in den Städten und Gemeinden (BT-Drs. 17/6076).

**Deutscher Wetterdienst (DWD)**, Der Klimareport 2009, Offenbach April 2010.

**Deutsches Institut für Bautechnik**, Auslegungsfragen zur EnEV, Teil 15, abrufbar unter:

https://www.dibt.de/de/Service/Dokumente-Listen-EnEV.html (Stand 21.02.2014).

**Deutsches Institut für Urbanistik (Difu)** (Hrsg.), Klimaschutz in Kommunen. Praxisleitfaden, Berlin 2011, abrufbar unter: http://www.leitfaden.kommunaler-klimaschutz.de/ (Stand 20.02.2014).

**Deutsches Institut für Urbanistik (Difu)**, Planspiel zur Novellierung des Bauplanungsrechts, Entwurf des „Gesetzes zur Stärkung der Innenentwicklung in den Städten und Gemeinden und weiteren Fortentwicklung des Städtebaurechts", Endbericht, Berlin 2012, abrufbar unter: http://www.difu.de/publikationen/2013/endbericht-planspiel-bauplanungsrechtsnovelle.html (Stand 20.02.2014).

**Deutsches Institut für Urbanistik (Difu)**, Planverwirklichungsgebote in der kommunalen Praxis – Eine Umfrage des Deutschen Instituts für Urbanistik, NVwZ 1984, S. 425 f.

**Di Nucci, Maria-Rosaria/Pol, Oliver**, Nachhaltiger Stadtumbau und Klimaschutz in der Concerto-Initiative, Energiewirtschaftliche Tagesfragen 59. Jg. (2009) Heft 1/2, S. 44 ff.

**Dieckmann, Nina**, Umweltgerechtigkeit in der Stadtplanung, NVwZ 2013, S. 1575 ff.

**Diekmann, Jochen/Kemfert, Claudia/Neuhoff, Karsten/Schill, Wolf-Peter/Traber, Thure**, Erneuerbare Energien: Quotenmodell keine Alternative zum EEG, DIW Wochenbericht 45/2012, S. 15 ff.

**Dietl, Fabian**, Solaranlagen an und auf Gebäuden im Außenbereich, UPR 2012, S. 259 ff.

**Dietrich, Jan-Hendrik/Welss, Daniel**, Nachhaltige urbane Entwicklung durch Städtebaurecht – Eine Steuerungsbilanz am Beispiel Hamburgs –, NordÖR 2013, S. 7 ff.

**Dirnberger, Franz**, BauGB Klimaschutz, Textausgabe mit Schnelleinstieg, Stand September 2011, München 2011.

**Ditzel, Philipp/Tilly, Jan**, Zum Hintergrund: Kyoto, in: Müller (Hrsg.), Casebook internationale Politik, Wiesbaden 2011, S. 133 ff.

**Dolde, Klaus-Peter**, Neue Formen der Bürgerbeteiligung? Planung und Zulassung von Projekten in der parlamentarischen Demokratie, NVwZ 2013, S. 769 ff.

**Dreher, Meinrad/Motzke, Gerd**, Beck'scher Vergaberechtskommentar, 2. Auflage, München 2013.

**Dreier, Horst**, GG Kommentar, 2. Band, 2. Auflage, Tübingen 2007.

**Dziallas, Olaf**, Baurecht und Denkmalschutz, NZBau 2007, S. 163 ff.

**Eckert, Frank**, Grundstücksverkäufe durch Kommunen – Besonderheiten und typische Probleme bei der Vertragsgestaltung, KommJur 2005, S. 454 ff.

**Ecofys**, Energieeffizienz und Solarenergienutzung in der Bauleitplanung, Rechts- und Fachgutachten unter besonderer Berücksichtigung der Baugesetzbuch-Novelle 2004, Nürnberg 2006.

**Ecofys/Dena**, Untersuchung zur Umsetzung der Verpflichtungen gemäß Artikel 5 der Energieeffizienz-Richtlinie, noch unveröffentlicht.

**Ehrenstein, Claudia**, Energiewende kostet 335 Milliarden Euro, Welt online vom 26.07.2011, abrufbar unter: http://www.welt.de/dieweltbewegen/article13506987/Energiewende-kostet-335-Milliarden-Euro.html (Stand 20.02.2014).

**Eifertinger, Oliver/Missling, Stefan/Weichel, Meike/Tischmacher, Dennis/Matzner, Alexander/Prang, David/Stienemann, Martina**, Rekommunalisierung, Energiewende von unten, Legden 2013.

**Einig, Klaus/Grabher, Gernot/Ibert, Oliver/Strubelt, Wendelin,** Urban Governance, Informationen zur Raumentwicklung 9/10 2005, S. I ff.

**Eisenschmid, Norbert**, Die Neuregelung des Contracting, WuM 2013, S. 393 ff.

**Ekardt, Felix**, Cool Down. 50 Irrtümer über unsere Klima-Zukunft, Freiburg im Breisgau 2009.

**Ekardt, Felix**, Energiewende und EU-Beihilferecht: EEG-Förderung, EEG-Ausnahmen, Atomrecht, Energiesteuern, EurUP 2013, S. 197 ff.

**Ekardt, Felix**, Zur Vereinbarkeit eines Landesklimaschutzrechts mit dem Bundes-, Verfassungs- und Europarecht, UPR 2011, S. 371 ff.

**Ekardt, Felix/Hehn, Nina**, Peak Oil: Postfossile Stadtentwicklung als BauGB-Ziel, ZUR 2011, S. 413 ff.

**Ekardt, Felix/Heitmann, Christian**, Probleme des EEWärmeG bei Neubauten, ZNER 2009, S. 346 ff.

**Ekardt, Felix/Schenderlein, Kristin**, Nachhaltigkeit und Klimaschutz im Wohnbereich als Rechtsproblem, WuM 2008, S. 179 ff.

**Ekardt, Felix/Schmitz, Bernhard/Schmidtke, Patrick Kim**, Kommunaler Klimaschutz durch Baurecht: Rechtsprobleme der Solarenergie und der Kraft-Wärme-Kopplung, ZNER 2008, S. 334 ff.

**Ekertz-Höfer, Marion**, Grußwort, in: Tagungen der Gesellschaft für Umweltrecht, Band 42, Dokumentation zur 34. Wissenschaftlichen Fachtagung der Gesellschaft für Umweltrecht e.V. Leipzig 2010, Berlin 2011, S. 25 ff.

**Energie Inironment Forecast Analysis (EEFA)**, Sicherheit unserer Energieversorgung – Indikatoren zur Messung von Verletzbarkeit und Risiken, Münster, Berlin 2010, abrufbar unter: http://www.eefa.de/images/veroeffentl/EEFA-DNK-Verletzbarkeit-Endbericht-%C3%9Cberarbeitung_100510.pdf (Stand 14.02.2014).

**Engi, Lorenz**, Governance – Umrisse und Problematik eines Staatstheoretischen Leitbildes, Der Staat, Heft 4/2008, S. 573 ff.

**Erbguth, Wilfried**, Bauleitplanung und private Investitionen – Städtebauliche Verträge, Vorhaben- und Erschließungsplan, BauROG 1998 – VerwArch 89 (1998), S. 189 ff.

**Erbguth, Wilfried**, Öffentliches Baurecht, 5. Auflage, München 2009.

**Erbguth, Wilfried/Schlacke, Sabine,** Umweltrecht, 4. Auflage, Baden-Baden 2012.

**Erbguth, Wilfried/Witte, Markus**, Biete Planung, suche Grundstück – Möglichkeiten und Grenzen städtebaulicher Verträge, DVBl 1999, S. 435 ff.

**Ernst, Werner/Zinkahn, Willy/Bielenberg, Walter/Krautzberger, Michael**, Baugesetzbuch Kommentar, 110. Ergänzungslieferung 2013, München 2013.
(zit.: Bearbeiter, in: E/Z/B/K, §, Rn.).

**Eßmann, Frank**, Energieeffizienz mit historischen Fenstern – Möglichkeiten bei denkmalgeschützten Gebäuden, EnEVaktuell 2010/4, S. 20 ff.

**Europäische Kommission**, Grünbuch: Eine europäische Strategie für nachhaltige, wettbewerbsfähige und sichere Energie, Brüssel 2006.
(zit.: Europäische Kommission, Grünbuch 2006, S.).

**Europäische Kommission**, Pressemitteilungen, abrufbar unter:
http://europa.eu/newsroom/press-releases/index_de.htm (Stand 23.02.2014).

**EUWID Neue Energien**, Text-Nr. 67, Ausgabe 7/2010 vom 08.04.2010, abrufbar unter:
http://www.euwid-energie.de/ *(Stand 17.02.2014).*

**Everding, Dagmar**, Möglichkeiten einer aktiven Klimaschutzpolitik im Gebäudebestand, ZNER 1999, S. 132 ff.

**Everding, Dagmar**, Projekte, Lösungsmodelle und Anforderungsprofile eines solaren Städtebaus, in: Everding (Hrsg.), Solarer Städtebau, Stuttgart 2007, S. 125 ff.

**Everding, Dagmar/Zerweck, Peter**, Solares Bauen und aktuelle Entwicklungen im Baurecht, ZNER 2005, S. 140 ff.

**Ewer, Wolfgang**, Energierechtliche Regelungen als Instrument des Umweltschutzes, in: Koch (Hrsg.), Umweltrecht, 2. Auflage, München 2007, § 9, S. 399 ff.

**Ewer, Wolfgang**, Rechtliche Zulässigkeit von reinen Erschließungskosten-Vereinbarungen in städtebaulichen Verträgen?, NVwZ 2013, S. 1318 ff.

**Expertenkommission Forschung und Innovation** (Hrsg.), Gutachten zu Forschung, Innovation und technologischer Leistungsfähigkeit Deutschlands 2014, Berlin 2014, abrufbar unter:
http://www.e-fi.de/gutachten.html?&L=0 (Stand 26.02.2014).

**Fachkommission Städtebau**, Muster-Einführungserlass zum Gesetz zur Förderung des Klimaschutzes bei der Entwicklung in den Städten und Gemeinden (BauGBÄndG 2011 – Mustererlass), Dezember 2011.
(zit. Mustereinführungserlass 2011).

**Falke, Josef**, Neue Entwicklungen im Europäischen Umweltrecht, ZUR 2007, 270 ff.

**Falke, Josef**, Neue Entwicklungen im Europäischen Umweltrecht, ZUR 2013, S. 51 ff.

**Falke, Josef**, Neue Entwicklungen im Europäischen Umweltrecht, ZUR 2013, S. 182 ff.

**Falke, Josef**, Neue Entwicklungen im Europäischen Umweltrecht, ZUR 2011, S. 271 ff.

**Faßbender, Kurt**, Kommunale Steuerungsmöglichkeiten zur Nutzung erneuerbarer Energien im Siedlungsbereich, NuR 2009, S. 618 ff.

**Feiertag, Patricia/Müller, Anja**, Kommunale Armut und Städtebauförderung, Planerin 4/2011, S. 15 ff.

**Feldhaus, Gerhard**, Marktwirtschaft und Luftreinhaltung, DVBl 1984, S. 552 ff.

**Feldhaus, Gerhard**, Marktwirtschaft und Luftreinhaltung, DVBl 1984, S. 552 ff.

**Ferner, Hilmar/Kröninger, Holger/Aschke, Manfred (Hrsg.)**, Baugesetzbuch mit Baunutzungsverordnung Handkommentar, 3. Auflage, Baden-Baden 2013.

**Fickert, Carl/Fieseler, Herbert**, Der Umweltschutz im Städtebau, Ein Handbuch für Gemeinden zur Bauleitplanung und Zulässigkeit von Vorhaben, Bonn 2002.

**Finger, Werner**, Neues von den Altlasten, NVwZ 2011, S. 1288 ff.

**Fischer, Claus**, Grundlagen und Grundstrukturen eines Klimawandelanpassungsrechts, Tübingen 2013.

**Flagge, Otto**, Die Bedeutung von Verträgen bei Planung und Regulierung neuer Städte und Stadtteile, Darmstadt 1974.

**Flatow, Beate**, Mietrechtsänderungsgesetz 2013, NJW 2013, S. 1185 ff.

**Flug, Friedhelm/Thurow, Birgitta**, Vorbereitende Untersuchungen im besonderen Städtebaurecht, UPR 2012, S. 86 ff.

**Förstner, Ulrich**, Umweltschutztechnik, 7. Auflage, Berlin/Heidelberg 2008.

**Fourier, Joseph**, Memoire sur les temperatures du globe terrestre et des espaces planetaires, 1824, abrufbar unter:
www.academie-sciences.fr (Stand 21.02.2014).

**Franzius, Claudio**, Governance und Regelungsstrukturen, VerwArch 97 (2006), S. 186 ff.

**Fraunhofer Institut für System- und Innovationsforschung (ISI)**, Contribution of energy efficiency measures to climate protection within the European Union until 2050, Berlin 2012, abrufbar unter:
http://www.isi.fraunhofer.de/isi-de/e/projekte/bmu_eu-energy-roadmap_315192_ei.php (Stand 18.02.2014).

**Fraunhofer Institut für System und Innovationsforschung /Ecofys/Öko-Institut**, Handelsblatt-Beitrag gibt Ergebnisse des Gutachtens zur Bewertung von Einsparquotensystemen teilweise falsch und einseitig wieder, gemeinsame Stellungnahme, abrufbar unter: http://www.oeko.de/aktuelles/dok/1351.php (Stand 20.02.2014).

**Fraunhofer/Ecofys/Öko-Institut**, Kosten-/Nutzen-Analyse der Einführung marktorientierter Instrumente zur Realisierung von Endenergieeinsparungen in Deutschland, Karlsruhe/Freiburg/Berlin 2012.

**Frenz, Walter**, Energieträger zwischen Klimaschutz und Kernschmelzen, NVwZ 2011, S. 522 ff.

**Frenz, Walter**, Energiewende und Beihilfeverbot, ZNER 2012, S. 34 ff.

**Frenz, Walter/Müggenborg, Hans-Jürgen**, EEG Kommentar, 3. Auflage 2013, Berlin 2013.

**Freund, Robert**, Energie-Einspar-Contracting in Österreich, Elektrotechnik und Informationstechnik (e&i) 2000, S. 468 ff.

**Fricke, Norman**, Besondere Rechtslage, Technische, wirtschaftliche und rechtliche Rahmenbedingungen der Fernwärmewirtschaft – Teil 1 und Teil 2, EuroHeat&Power 40. Jg. (2011), Heft 3, S. 26 ff.; Heft 4, S. 22 ff.

**Friesecke, Frank**, Sanierungsmaßnahme – Eine planerische Antwort auf städtebauliche Missstände, in: Spannowsky/Hofmeister (Hrsg.), Die Bewältigung städtebaulicher Missstände als Themengegenstand der Innenentwicklung, Berlin 2012, S. 29 ff.

**Friesecke, Frank**, Stadtumbau im Konsens!? Zur Leistungsfähigkeit und Fortentwicklung des städtebaulichen Instrumentariums unter Schrumpfungsbedingungen, Bonn 2008.

**Friesecke, Frank/Goldschmidt, Jürgen/Kötter, Theo/Schmidt-Eichstaedt, Gerd/Schmoll, Fritz genannt Eisenwerth**, Stadtumbau – Ein Leitfaden, 1. Auflage, Bonn 2010.

**Fuchs, Tine**, Business Improvement Districts (BIDs) – Vereinbar mit Landes-, Bundes- und Europarecht, ZfBR 2011, S. 211 ff.

**Fürst, Dietrich**, Regional Governance, in: Benz/Lütz/Schimank/Simonis (Hrsg.), Handbuch Governance, 1. Auflage, Wiesbaden 2007, S. 353 ff.

**Gärditz, Klaus Ferdinand**, Schwerpunktbereich – Einführung in das Klimaschutzrecht, JuS 2008, S. 324 ff.

**Gassner, Erich**, Die Umweltpflichtigkeit nach Art. 20 a GG als Pflicht zur Maßstabsbildung, DVBl 2013, S. 547 ff.

**Gassner, Erich**, Rechtskonkretisierung zum Schutz der natürlichen Lebensgrundlagen nach Art. 20a GG, NuR 2011, S. 320 ff.

**Gaßner, Hartmut/Fischer, Jochen**, Pflichtanteil Erneuerbarer Energien zu Wärmeerzeugung in Gebäuden, ZNER 2005, S. 21 ff.

**Gaßner, Hartmut/Neusüß, Peter/Linde, Eva**, Sanierungsvorgaben für bestehende Gebäude. Vereinbarkeit mit Eigentumsschutz und anderen Grundrechten, Berlin 2011.

**Gathmann, Florian/Schultz, Stefan**, Die Energiewende-Drossler, SpiegelOnline vom 10.11.2013, abrufbar unter: http://www.spiegel.de/politik/deutschland/grosse-koalition-will-energiewende-reformieren-a-932793.html (Stand 21.02.2014).

**Gawel, Erik/Klassert, Christian**, Probleme der besonderen Ausgleichsregelung im EEG, ZUR 2013, S. 467 ff.

**Gawel, Erik/Köck, Wolfgang**, Quote statt EEG-Förderung? Zum Vorschlag der Monopolkommission, ZUR 2013, S. 577 f.

**GEEA**, Hintergrund: Kosten der Energieeffizienzsanierung für Mieter, Berlin 2012, abrufbar unter: URL: www.geea.info/fileadmin/media/Presse/2012-08-09_Hintergrundtext_Mieter.pdf (Stand 18.02.2014).

**Gehrke, Thomas/Brehsan, Godo**, Genießt der baurechtliche Bestandsschutz noch Bestandsschutz?, NVwZ 1999, S. 932 ff.

**Geißel, Brigitte**, Zur (Un-)Möglichkeit von Local Governance mit Zivilgesellschaft: Konzepte und empirische Befunde, in: Schwab/Walk (Hrsg.), Local Governance – Mehr Transparenz und Bürgernähe?, 1. Auflage, Wiesbaden 2007, S. 23 ff.

**Geitmann, Sven**, Erneuerbare Energien – Mit neuer Energie in die Zukunft, 1. Auflage, Oberkrämer 2010.

**Glaser, Andreas**, Angelegenheiten der örtlichen Gemeinschaft im Umweltschutz, Die Verwaltung 41 (2008), S. 483 ff.

**Glombik, Sabine**, Die Sonderregelungen für die neuen Bundesländer nach der Novelle des Baugesetzbuchs. Zur Überführung der Maßgaben zum Vorhaben- und Erschließungsplan, zum städtebaulichen Vertrag sowie zum Gegenstand der Enteignung ins Baugesetzbuch, LKV 1999, S. 168 ff.

**Goldschmidt, Jürgen**, Ende des Bestandsschutzes, DVBl 2011, S. 591 ff.

**Goldschmidt, Jürgen**, Stadtumbau und Versorgungswirtschaft – Alte Probleme und neue Aufgaben, vhw FWS 1 / Januar – Februar 2010, S. 24 ff.

**Goldschmidt, Jürgen**, Stadtumbaumaßnahmen nach §§ 171 a-d BauGB, BauR 2004, S. 1402 ff.

**Goldschmidt, Jürgen/Taubenek, Olaf**, Zwischennutzungen im Stadtumbau, BauR 2005, S. 1568 ff.

**Gornig, Gilbert**, Erneuerbare Energien und das deutsche Erneuerbare Energien Gesetz, in: Gornig/Horn/Weiler (Hrsg.), Erneuerbare Energien und rechtsstaatliche Politik, Schriftenreihe der deutsch-belarussischen Juristenvereinigung, Band 2, Marburg 2013, S. 89 ff.

**Gornig, Gilbert**, Mediation im Verwaltungsverfahren und im Verwaltungsprozess, in: Hengstl/Sick (Hrsg.), Festschrift für Richard Haase, Recht gestern und heute, Wiesbaden 2006, S. 243 ff.

**Görres, Jürgen/Obermiller, Uli**, Stadtinternes Contracting, Publicus 2012.3, S. 7 ff.

**Grabitz, Eberhard/Hilf, Meinhard/Nettesheim, Martin**, Das Recht der Europäischen Union, 51. Erg.-Lfg., München 2013.

**Greim, Jeanine**, Ausschreibungspflichten beim kooperativen Städtebau nach dem "Helmut Müller"-Urteil des EuGH, ZfBR 2011, S. 126 ff.

**Greinacher, Dominik**, Besondere Ausgleichsregelung als Beihilfe?, ER 2013, S. 97 ff.

**Greiving, Stefan / Fleischhauer, Mark**, Raumplanung: In Zeiten des Klimawandels wichtiger denn je! RaumPlanung (137) 2008, S. 61 ff.

**Grigoleit, Klaus**, Photovoltaik in der Bauleitplanung, ZfBR-Beil. 2012, S. 95 ff.

**Gronau, Wolfgang/Topp, Adolf**, Darf man KWK fördern? Europa- und verfassungsrechtliche Möglichkeiten und Grenzen für Sicherung und Ausbau von Kraft-Wärme-Kopplung, ZNER 2001, S. 141 ff.

**Groß, Eckard/Jung, Dietmar**, Steuerung und Errichtung von Anlagen für Erneuerbare Energien in der Regionalplanung, fub 3/2013, S. 106 ff.

**Groß, Thomas**, Die Bedeutung des Umweltstaatsprinzips für de Nutzung erneuerbarer Energien, NVwZ 2011, S. 129 ff.

**Groß, Thomas**, Klimaschutzgesetze im europäischen Vergleich, ZUR 2011, S. 171 ff.

**Groth, Klaus-Martin**, Zentrale Probleme der Stadtentwicklung in den Ballungsräumen bleiben weiter auf der Warteliste, Das Grundeigentum 2013, S. 984 ff.

**Grothmann, Thorsten**, Auswirkungen des Staatsziels Klimaschutz auf den Ermessensspielraum am Beispiel des Denkmalschutzes, ZfBR-Beil. 2012, S. 100 ff.

**Grothmann, Thorsten/Tschäpe, Philipp**, Entwarnung für Projektentwickler bei städtebaulichen Verträgen – EuGH Helmut Müller –, ZfBR 2011, S. 442 ff.

**Grziwotz, Herbert**, Angebotsmodelle im Vorfeld einer Baulandausweisung, KommJur 2011, S. 172 ff.

**Grziwotz, Herbert**, Anm. zu BGH Urteil vom 09.07.2002 – KZR 30/00, MittbayNot 2003, S. 164 ff.

**Grziwotz, Herbert**, Einführung in die Vertragsgestaltung im Öffentlichen Recht, JuS 1998, S. 902 ff.

**Grziwotz, Herbert**, Einheimischenmodelle zwischen Gemeindepolitik, Leipzig, Karlsruhe und Brüssel, in: Battis/Söfker/Stüer (Hrsg.), Festschrift Krautzberger, Nachhaltige Stadt- und Raumentwicklung, München 2008, S. 187 ff.

**Grziwotz, Herbert**, Neuerungen des EAG Bau, Städtebauliche Verträge und Grundstücksverkehr, DNotZ 2004, S. 674 ff.

**Grziwotz, Herbert**, Probleme der sog. „Einheimischenmodelle“, NJW 1993, S. 2665 ff.

**Grziwotz, Herbert**, Städtebauliche Verträge und AGB-Recht, NVwZ 2002, S. 391 ff.

**Grziwotz, Herbert**, Verkauf von Baurecht?, BauR 2005, S. 812 ff.

**Gutzmer, Janine**, Climate Improvement Districts – Ein Bindeglied zwischen Stadtentwicklung und Klimaschutz?, Berlin 2012.

**Habel, Arne**, Contract Governance, Eine verfassungsrechtliche und rechtsdogmatische Analyse zu vertraglichen und vertragsrechtlichen Regelungsstrukturen in Belangen des Gemeinwohls, Baden-Baden 2012.

**Habel, Ekkehard**, Menschenwürde und natürliche Lebensgrundlagen, NuR 1995, S. 165 ff.

**Habermann-Nieße, Klaus/Jütting, Lena/Klehn, Kirsten/Schlomka, Bettina**, Strategien zur Modernisierung II, Mit EKO-Quartieren zu mehr Energieeffizienz, Heinrich Böll Stiftung, Schriften zur Ökologie Band 24, Berlin 2012.

**Hagebölling, Clemens**, Das Gesetz zur Stärkung der Innenentwicklung in den Städten und Gemeinden und weiteren Fortentwicklung des Städtebaurechts – Eine erneute BauGB-Novelle tritt in Kraft –, NuR 2013, S. 99 ff.

**Hagebölling, Lothar**, Niedersächsische Verfassung Kommentar, 2. Auflage, Wiesbaden 2011.

**Hagebölling, Lothar**, Technik und Recht. Die Rechtswissenschaften an der Technischen Universität Braunschweig mit Tradition und Zukunft, RATUBS 5/2010.

**Hahn, Christopher/Naumann, Daniel**, Eigenvermarktung und Selbstverbrauch durch Dritte nach EEG – Praktische und rechtliche Fragen der Veräußerung selbsterzeugten Solarstroms, ZUR 2011, S. 571 ff.

**Hahn, Christopher/Naumann**, *Daniel,* Erneuerbare Energien zwischen Einspeisevergütung und Systemintegration, NJOZ 2012, S. 361 ff.

**Haimann, Richard**, Die große Lüge von der Wärmedämmung, Die Welt online, vom 30.03.2013, abrufbar unter: http://www.welt.de/print/die_welt/wirtschaft/article114884474/Die-grosse-Luege-von-der-Waermedaemmung.html (Stand 20.02.2014).

**Halstenberg, Michael/Nusser, Jens**, Energieeinsparung und Energieeffizienz im Bau- und Planungsrecht, EnWZ 8/2013, S. 343 ff.

**Hamann, Christian**, Der Verwaltungsvertrag im Städtebaurecht, Berlin 2003.

**Hanke, Stefanie**, Wann ist ein Grundstücksgeschäft der öffentlichen Hand ausschreibungspflichtig? - Anmerkung zu EuGH, Urteil vom 25. März 2010 - C-451/08 -, ZfBR 2010, S. 562 ff.

**Harms, Andrea/Schmidt-Wottrich, Jörg**, Ausschreibungspflichten bei kommunalen Grundstücksverkäufen und städtebaulichen Verträgen, LKV 2011, S. 537 ff.

**Härtel, Ines**, Energieeffizienzrecht – ein neues Rechtsgebiet?, NuR 2011, S. 825 ff.

**Härtel, Ines**, Energiewende durch Energieeffizienz? Fortentwicklung der Gesetzgebung, in: Hecker/Hendler/Proelß/Reiff (Hrsg.), Jahrbuch des Umwelt- und Technikrechts 2012, S. 27 ff.

**Hatzfeld, Ulrich/Lang, Jochen**, Zukunft der Städtebauförderung, Weiterentwicklung eines äußerst leistungsfähigen Politikmodells, Planerin 6/2011, S. 15 ff.

**Haus & Grund**, Stellungnahme zu BT-Drs. 17/5368, 17/5778, 17/7023, vom 27.06.2011, abrufbar unter: https://webarchiv.bundestag.de/cgi/show.php?fileToLoad=1940&id=1170 (Stand 23.02.2014).

**Hechtel, Daniela**, Defizite und Verbesserungsmöglichkeiten beim Einsatz städtebaulicher Verträge, Augsburg 1999.

**Heckeler, Wolfgang**, Konjunkturpaket für Eigentümergemeinschaften – Programme und Fördermöglichkeiten, ZWE 2010, S. 16 ff.

**Heeg, Thiemo/Schmale, Oliver**, Die Photovoltaik findet aus dem dunklen Tal, Frankfurter Allgemeine Zeitung vom 29.10.2013, S. 10.

**Hellermann, Johannes/ Hermes, Georg**, Rechtliche Zulässigkeit der Schaffung von „Business Improvement Districts (BIDs)" – Zum Entwurf eines Gesetzes zur Stärkung der Einzelhandels- und Dienstleistungszentren (Stand: 17. Februar 2004) –, Bielefeld/Frankfurt am Main 2004.

**Hellmuth, Elke**, Berücksichtigung des Belangs des Klima in der Planung aus Sicht der Verwaltung, UVP-report 27, 2013, S. 137 ff.

**Hendler, Reinhard**, Ökonomische Instrumente des Umweltrechts unter besonderer Berücksichtigung der Umweltabgaben, in: Dolde (Hrsg.), Umweltrecht im Wandel, Bilanz und Perspektiven aus Anlass des 25-jährigen Bestehens der Gesellschaft für Umweltrecht (GfU), Berlin 2001, S. 285 ff.

**Hendler, Reinhard**, Zur Abstimmung von Anreizinstrumenten und Ordnungsrecht, UPR 2001, S. 281 ff.

**Henger, Ralph/Voigtländer, Michael**, Energetische Modernisierung des Gebäudebestandes: Herausforderungen für private Eigentümer, Köln 2012, abrufbar unter: http://www.iwkoeln.de/de/studien/gutachten/beitrag/ralph-henger-michael-voigtlaender-energetische-modernisierung-des-gebaeudebestandes-88468 (Stand 18.02.2014).

**Henneke, Hans-Günter/Ritgen, Klaus**, Kommunales Energierecht, 2. Auflage, Wiesbaden 2013.

**Hennicke, Peter/Fischedick, Manfred**, Erneuerbare Energien, 2. Auflage, München 2010.

**Henning, Thomas**, Das EEG 2012 – Eine Darstellung der Anspruchsgrundlagen, NVwZ-Extra 11/2012, S. 1 ff.

**Henning, Thomas**, Das EEG 2012, NVwZ 2012, S. 670 ff.

**Herz, Benjamin**, Die Haftung für den Ausgleichsbetrag nach § 154 BauGB in der Immobilientransaktion, ZfBR 2014, S. 19 ff.

**Hessisches Ministerium für Umwelt, Energie, Landwirtschaft und Verbraucherschutz**, Energiespar-Contracting in öffentlichen Liegenschaften, Leitfaden, Wiesbaden 2012, abrufbar unter: http://www.energieland.hessen.de/dynasite.cfm?dsmid=17450 (Stand 21.02.2014).

**Hessisches Ministerium für Umwelt, Klimaschutz, Landwirtschaft und Verbraucherschutz**, Standards bei der Kontrolle von privaten Kanälen werden überprüft, Pressemitteilung vom 23.03.2012, abrufbar unter: http://verwaltung.hessen.de/irj/HMULV_Internet?rid=HMULV_15/HMULV_Internet/sub/a01/a01207a9-b70f-3631-79cd-aa2b417c0cf4,,,11111111-2222-3333-4444-100000005004&_ic_uCon_zentral=a01207a9-b70f-3631-79cd-aa2b417c0cf4.htm (Stand 24.02.2014).

**Hessisches Ministerium für Wirtschaft, Verkehr und Landesentwicklung**, Wirtschaftsminister begrüßt Urteil zu Marburger Solarsatzung, Pressemitteilung vom 12.05.2010.

**Heye, Hendrik**, Rechtliche Instrumente zur Reduktion der Treibhausgasemissionen, Ein Beitrag zu den rechtlichen Umsetzungsmöglichkeiten nationalen Klimaschutzes, dargestellt am Beispiel des Gebäude- und Anlagenbereichs, München 2004.

**Heyl, Arnulf**, Die Sicherung energetischer Ressourcen in der Bauleitplanung, ZNER 1999, S. 8 ff.

**HFK Rechtsanwälte LLP**, Green Legal Solutions, 1. Auflage, Frankfurt am Main 2011, abrufbar unter http://www.hfk.de/hfk-produkte/green-legal-solutions/ (Stand 18.02.2014).

**Hirschfelder, Marcus**, Business Improvement Districts – Grundlagen, Übertragbarkeit, Stand der Gesetzgebung, LKRZ 2007, S. 175 ff.

**Hirschl, Bernd**, Erneuerbare Energien-Politik – Eine Multi-Level Policy-Analyse mit Fokus auf den deutschen Strommarkt, Berlin 2007.

**Hochschule für Technik Stuttgart**, Multiplikatorwirkung der Städtebauförderung in Baden-Württemberg, Zusammenfassung der wesentlichen Ergebnisse, Stuttgart 2011.

**Hoeren, Thomas**, Vom faulen Holze lebend, Frankfurter Allgemeine Zeitung vom 30.07.2009, S. 6.

**Hoffmann, Martin/Woltering, Tobias**, Neues Energierecht - Neue Chancen. Die Förderung des Klimaschutzes in Städten und Gemeinden, Publicus 2011/9, S. 26 ff.

**Hoffmann-Riem, Wolfgang**, Ermöglichung von Flexibilität und Innovationsoffenheit im Verwaltungsrecht – Einleitende Problemskizze –, in: ders./Schmidt-Aßmann (Hrsg.), Innovation und Flexibilität des Verwaltungshandels, Baden-Baden 2004, S. 9 ff.

**Hoffmann-Riem, Wolfgang**, Governance im Gewährleistungsstaat – Vom Nutzen der Governance-Perspektive für die Rechtswissenschaft –, in: Schuppert (Hrsg.), Governance-Forschung, Vergewisserung über Stand und Entwicklungslinien, 2. Auflage, Baden-Baden 2006, S. 195 ff.

**Hoffmann-Riem, Wolfgang**, Verwaltungsrechtsreform – Ansätze am Beispiel des Umweltschutzes – in: Hoffmann-Riem/Schmidt-Aßmann/Schuppert (Hrsg.), Reform des Allgemeinen Verwaltungsrechts, Grundfragen, 1993, S. 115 ff.

**Holtkamp, Lars**, Local Governance, in: Benz/Lütz/Schimank/Simonis (Hrsg.), Handbuch Governance, 1. Auflage, Wiesbaden 2007, S. 366 ff.

**Holtkamp, Lars/Bogumil, Jörg**, Bürgerkommune und Local Governance, in: Schwab/Walk (Hrsg.), Local Governance – mehr Transparenz und Bürgernähe?, 1. Auflage, Wiesbaden 2007, S. 231 ff.

**Holzmann, Thomas**, Grußworte, in: Tagungen der Gesellschaft für Umweltrecht, Band 42, Dokumentation zur 34. wissenschaftlichen Fachtagung der Gesellschaft für Umweltrecht e.V. Leipzig 2010, Berlin 2011, S. 15 ff.

**Holznagel, Bernd/Ramsauer, Ulrich**, Förderung der Mediation in Planungsverfahren – Vorschläge zur Überwindung praktischer Probleme, VerwArch 104 (2013), S. 131 ff.

**Hoos, Thomas**, Einsparpotential und ökonomische Analyse der energetischen Sanierung staatlicher Gebäude in Luxemburg, Aachen 2013.

**Hoppe, Werner/Bönker, Christian/Grotefels, Susan**, Öffentliches Baurecht, 4. Auflage, München 2010.

**Hoppenberg, Michael/de Witt, Siegfried (Hrsg.)**, Handbuch des öffentlichen Baurechts, Loseblatt (Stand Oktober 2012), München 2012.

**Horn, Hans-Detlef**, Zum Fortentwicklungsbedarf des Verwaltungsvertragsrechts, in: Detterbeck/Rozek/von Coelln (Hrsg.), Festschrift für Herbert Bethge, Recht als Medium der Staatlichkeit, Berlin 2009, S. 339 ff.

**Hörnicke, Johannes/Nysten, Viktoria**, Die Vereinbarkeit des französischen Systems der festen Einspeisetarife mit dem Europarecht – zum Urteil des EuGH vom 19.12.2013, Rs. C-262/12, ZNER 2014, 44 ff.

**Horst, Hans**, Grenzüberbau durch Wärmedämmung, NJW 2010, S. 122 ff.

**Ingold, Albert**, Climate Improvement Districts (CID) – Klimaschutz durch private Initiativen zur Stadtentwicklung (§ 171 f BauGB) - , UPR 2009, S. 431 ff.

**Ingold, Albert**, Das Aufgabenübertragungsverbot aus Art. 84 Abs. 1 Satz 7 GG als Hindernis für die bauplanungsrechtliche Gesetzgebung des Bundes?, DÖV 2010, S. 134 ff.

**Ingold, Albert/ Schwarz, Tim**, Städtebau- und Energiefachrecht, NuR 2010, S. 308 ff.

**Ingold, Albert/Schwarz, Tim**, Klimaschutzelemente der Bauleitplanung, NuR 2010, S. 153 ff.

**Innenministerium des Landes Schleswig-Holstein** (Hrsg.), Klimaschutz und Anpassung in der integrierten Stadtentwicklung, Arbeitshilfe für schleswig-holsteinische Städte und Gemeinden, Wuppertal/Aachen 2011, abrufbar unter: http://www.schleswig-holstein.de/Klimapakt/DE/DownloadLinks/arbeitshilfeStadtentwicklung.html (Stand 20.02.2014).

**Institut für technische Gebäudeausrüstung Dresden (ITG)**, IEU-Modernisierungskompass, Dresden 2010, abrufbar unter: www.ieu.de (Stand 21.02.2014).

**Institut für Wirtschaftsforschung an der Universität München**, Steuerliche Folgewirkungen eines Programmförderstopps im Rahmen des Marktanreizprogramms für erneuerbare Energien im Wärmemarkt, München 2010.

**Institut Wohnen und Umwelt (IWU)**, Datenbasis Gebäudebestand, Datenerhebung zur energetischen Qualität und zu den Modernisierungstrends im deutschen Wohngebäudebestand, Darmstadt 2010.
(zit.: IWU, Energetische Qualität Gebäudebestand, S.).

**Institut Wohnen und Umwelt (IWU)**, Deutscher Gebäudebestand: Basisdaten und Modellrechnungen bis 2020, abrufbar unter: http://www.iwu.de/fileadmin/user_upload/dateien/energie/ake44/IWU-Tagung_17-04-2008_-_Diefenbach_-_Basisdaten.pdf (Stand 17.02.2014).

**Intergovernmental Panel on Climate Change (IPCC)**, Fourth Assessment Report: Climate Change 2007, Working Group I, II, abrufbar unter: http://www.ipcc.ch/publications_and_data/publications_and_data_reports.shtml#.Uv31KVNEn1E (Stand 14.02.2014).

**Intergovernmental Panel on Climate Change (IPCC)**, Managing the Risks of Extreme Events and Disasters to Advance Climate Change Adaption (SREX), Summary for Policymakers, 2012.

**Intergovernmental Panel on Climate Change (IPCC)**, Working Group I, contribution to the IPCC Fifth Assessment Report (AR5), Climate Change 2013: The Physical Science Basis, Appoved Summary for Policymakers, 2013.

**Ismer, Roland/Karch, Alexandra**, Das EEG im Konflikt mit dem Unionsrecht: Die Begünstigung der stromintensiven Industrie als unzulässige Beihilfe, ZUR 2013, S. 526 ff.

**Jacobshagen, Ulf**, Energieeffizienz in der Energieerzeugung – Die Novelle des Kraft-Wärme-Kopplungsgesetzes, ZUR 2008, S. 449 ff.

**Jacobshagen, Ulf/Kachel, Markus/Monjau, Roland**, Contracting, Von der Ausschreibung bis zum Vertrag, Legden 2014.

**Jäde, Henning/Dirnberger, Franz/Weiß, Josef**, Baugesetzbuch (BauGB) Baunutzungsverordnung (BauNVO) Kommentar, 6. Auflage, Stuttgart 2010.
(zit. Bearbeiter, in: Jäde/Dirnberger/Weiß, 6. Auflage 2010, §, Rn.).

**Jäde, Henning/Dirnberger, Franz/Weiß, Josef**, Baugesetzbuch (BauGB) Baunutzungsverordnung (BauNVO) Kommentar, 7. Auflage, Stuttgart 2013.
(zit. Bearbeiter, in: Jäde/Dirnberger/Weiß, §, Rn.).

**Jarass, Hans D.**, Der neue Grundsatz des Umweltschutzes im primären EU-Recht, ZUR 2011, S. 563 ff.

**Jarass, Hans D./Pieroth, Bodo**, Grundgesetz Kommentar, 12. Auflage 2012, München 2012.

**Jarass, Hans/Kment, Martin**, Baugesetzbuch, Kommentar, 1. Auflage, München 2013.

**Jasper, Karl**, Zukünftige Aufgaben der Städtebauförderung in NRW, in: Ministerium für Wirtschaft, Energie, Bauen, Wohnen und Verkehr des Landes Nordrhein-Westfalen (Hrsg.), Bericht zur Stadtentwicklung 2011, 40 Jahre Städtebauförderung in Nordrhein-Westfalen Erfahrungen und Perspektiven, Düsseldorf 2011, S. 62 ff.

**Jasper-Winter, Maren**, Anwendbarkeit der AVBFernwärmeV bei Betriebsführungsverträgen, N&R 2012, S. 122 ff.

**Jenssen, Till**, Nachhaltige Bioenergie nachhaltig nutzen!, ZfE 2010, S. 117 ff.

**Jochen Fischer/ Stefan Klinski**, Modelle für eine Förderung erneuerbarer Energien im Wärmemarkt aus rechtlicher Sicht, ZUR 2007, S. 8 ff.

**Joksch, Gerhard**, Echt Krass: Klimaschutz wird Staatsaufgabe, Zeitschrift für alternative Kommunalpolitik (AKP) 5/2013, S. 30 f.

**Kachel, Markus**, Energiewende, 1. Akt – Oder: warum das Theater noch lange dauern kann, ZUR 2011, S. 393 ff.

**Kachel, Markus**, Jenseits der Strompreisbremse – Was bei Klimaschutz und Energiewende zu tun bleibt, ZUR 2013, S. 193 ff.

**Kafsack, Hendrik**, Brüssel attackiert Ökostrom-Förderwahn, Frankfurter Allgemeine Zeitung, vom 21.10.2013, Nr. 144, S. 17.

**Kafsack, Hendrik**, Der Baukasten der Ökostromförderung, Frankfurter Allgemeine Zeitung, vom 21.10.2013, Nr. 144, S. 19.

**Kafsack, Hendrik**, Eine neue Klimapolitik für Europa, Frankfurter Allgemeine Zeitung vom 23.01.2014, S. 11.

**Kahl, Wolfgang**, Das Kooperationsprinzip im Städtebaurecht, DÖV 2000, S. 793 ff.

**Kahl, Wolfgang**, Die Kompetenzen der EU in der Energiepolitik nach Lissabon, EuR 2009, S. 601 ff.

**Kahl, Wolfgang**, Klimaschutz durch die Kommunen – Möglichkeiten und Grenzen, ZUR 2010, S. 395 ff.

**Kahl, Wolfgang**, Kommunaler Anschluss- und Benutzungszwang an Fernwärmenetze aus Klimaschutzgründen – Die Auswirkungen von § 16 EEWärmeG auf das Landesrecht insbesondere von Baden-Württemberg, VBlBW 2011, S. 53 ff.

**Kahl, Wolfgang**, Staatziel Nachhaltigkeit und Generationengerechtigkeit, DÖV 2009, S. 2 ff.

**Kahl, Wolfgang/Schmidtchen, Marcus**, Kommunale Wärme- und Klimaaktionspläne, EurUP 2013, S. 184 ff.

**Kahl, Wolfgang/Schmidtchen, Marcus**, Kommunaler Klimaschutz durch Erneuerbare Energien, Tübingen 2013.

**Kahl, Wolfgang/Schmidtchen, Marcus**, Konzessionsverträge als klimapolitisches Handlungsinstrument der Gemeinden, RdE 2012, S. 1 ff.

**Kahl, Wolfgang/Schmidtchen, Marcus**, Nah- und Fernwärmenetze als Instrument des Klimaschutzes, ZNER 2011, S. 35 ff.

**Kahles, Marcus/Stehle, Achim/Pause, Fabian/Müller, Thorsten**, EEG und Beihilfe, Kurzüberblick über aktuelle Fragestellungen aus rechtlicher Sicht, Würzburg 2013, abrufbar unter:
http://www.stiftung-umweltenergierecht.de/startseite.html (Stand 21.02.2014).

**Kaiser, Roswitha**, Denkmal und Energieeffizienz zwischen Konservierung und Anpassung, EnEVaktuell 2010/4, S. 3 ff.

**Kaligin, Thomas**, Immobilieninvestitionen unter Inanspruchnahme der erhöhten Absetzungen nach §§ 7h, 7i EStG, DStR 2008, S. 1763 ff.

**Kallmünzer, Brigitte**, Integrierte Klimaschutzkonzepte für Kommunen, Stärken-Schwächen-Analyse und Konzeptionierung eines idealen Leitprojektes, Hamburg 2010.

**Kaltschmitt, Martin/Hartmann, Hans/Hofbauer, Hermann**, Energie aus Biomasse, Grundlagen Techniken und Verfahren, 2. Auflage, Berlin/Heidelberg 2009.

**Kaltschmitt, Martin/Streicher, Wolfgang/Wiese, Andreas**, Erneuerbare Energien – Systemtechnik, Wirtschaftlichkeit, Umweltaspekte, 4. Auflage, Berlin/Heidelberg 2006.

**Kappas, Martin,** Klimatologie, 1. Auflage, Heidelberg 2009.

**Keller, Stephan**, Kooperativer Städtebau und Kartellvergaberecht, Künftiger Rechtsrahmen der Auswahl städtebaulicher Kooperationspartner: Anwendbarkeit, Verfahren und Kriterien, Baden-Baden 2010.

**Kern, Kristine/Niederhafner, Stefan/Rechlin, Sandra/Wagner, Jost**, Kommunaler Klimaschutz in Deutschland – Handlungsoptionen, Entwicklung und Perspektiven, Wissenschaftliches Zentrum Berlin (WZB), Discussion Paper, Berlin 2005.

**Kersten, Jens**, Business Improvement Districts in der Bundesrepublik Deutschland – Urban Governance zwischen privater Initiative und staatlichem Zwang –, UPR 2007, S. 121 ff.

**Kersten, Jens**, Eigentum als Regelungsstruktur praktizierter Verantwortungsteilung für eine nachhaltige Stadtentwicklung, in: vhw-Tagungsband, Public Value durch Urban Governance, Berlin 2009, S. 33 ff.

**Kersten, Jens**, Private Stadtentwicklung, in: Franke/Oppler (Hrsg.), Festschrift für Friedrich Quack, Recht und Baurecht - ein Leben, Köln 2009, S. 119 ff.

**Kevenhörster, Paul**, Politikwissenschaft, Band 2: Ergebnisse und Wirkungen der Politik, 1. Auflage, Wiesbaden 2006.

**Keyhanian, Cimin**, Rechtliche Instrumente zur Energieeinsparung, Baden-Baden 2008.

**KfW (Hrsg.)**, KfW-Kommunalpanel 2011, Frankfurt am Main 2012, abrufbar unter: https://www.kfw.de/KfW-Konzern/Downloadcenter/Konzernthemen/Research/Studien-und-Materialien/KfW-Kommunalpanel/ (Stand 20.02.2014).

**KfW (Hrsg.)**, KfW-Kommunalpanel 2012, Frankfurt am Main 2013, abrufbar unter: https://www.kfw.de/KfW-Konzern/KfW-Research/Economic-Research/Publikationen/KfW-Kommunalpanel/ (Stand 20.02.2014).

**KfW**, Energieeffiziente Sanierung lohnt sich, Meldung vom 03.04.2013, abrufbar unter: https://www.kfw.de/KfW-Konzern/Newsroom/Aktuelles/News/News-Details_85248.html (Stand 21.02.2014).

**Khazzoum, Bassam/Kudla, Carsten/Reuter, Ralf**, Energie und Steuern: Energie- und Stromsteuerrecht in der Praxis, Wiesbaden 2011.

**Kindler, Lars/Lau, Marcus**, Der Beitrag der Raumordnung zur Intensivierung der Windenergienutzung an Land, NVwZ 2011, S. 1414 ff.

**Kirchhof, Paul (Hrsg.)**, Einkommenssteuergesetz Kommentar, 11. Auflage 2012, Köln 2012.

**Kirchmann, Julius von**, Die Werthlosigkeit der Jurisprudenz als Wissenschaft, Berlin 1848, abrufbar unter: http://fama2.us.es/fde/ocr/2006/werthlosigkeitDerJurisprudenz.pdf (Stand 17.02.2014).

**Klees, Andreas**, Rechtswissenschaftliche Forschung an einer Technischen Universität – Cui Bono?, RATUBS 1/2010.

**Klemme, Marion/Selle, Klaus**, Alltag der Stadtplanung, Der kommunale Beitrag zur Entwicklung der Siedlungsflächen. Ein aufgaben- und akteursbezogener Forschungsansatz, Aachen 2008.

**Klinger, Remo/Wegener, Henrike**, Klimaschutzziele in der Raumordnung, NVwZ 2011, S. 905 ff.

**Klinski, Stefan**, EEG-Vergütung: Vertrauensschutz bei künftigen Änderungen der Rechtslage?, Berlin 2009, abrufbar unter: http://www.erneuerbare-energien.de/unser-service/mediathek/downloads/detailansicht/artikel/eeg-verguetung-vertrauenschutz-bei-kuenftigen-aenderungen-der-rechtslage/ (Stand 17.02.2014).

(zit.: Klinski, EEG und Vertrauensschutz, S.).

**Klinski, Stefan**, Energetische Gebäudesanierung und Mietrecht – Hemmnisse und Reformüberlegungen, ZUR 2010, S. 283 ff.

**Klinski, Stefan/Longo, Fabio**, Kommunale Strategien für den Ausbau erneuerbarer Energien im Rahmen des öffentlichen Baurechts, ZNER 2007, S. 41 ff.

**Kloepfer, Michael**, Denkmalschutz und Umweltschutz, Rechtliche Verschränkungen und Konflikte zwischen dem raumgebundenen Kulturgüterschutz und dem Umwelt- und Planungsrecht, Berlin 2012.

**Kloepfer, Michael**, Klimaschutzrecht als Katastrophenprävention, in: Hebeler/Hendler/Proelß/Reiff (Hrsg.), Jahrbuch des Umwelt- und Technikrechts 2013, Berlin 2013, S. 7 ff.

**Kloepfer, Michael**, Umweltrecht, 3. Auflage, München 2004.

**Kloepfer, Michael**, Umweltschutz zwischen Ordnungsrecht und Anreizpolitik, Chile 2012, abrufbar unter: http://www.kas.de/chile/de/publications/30508/ (Stand 17.02.2014).

**Kloepfer, Michael**, Umweltschutz zwischen Ordnungsrecht und Anreizpolitik: Konzeption, Ausgestaltung, Vollzug, ZAU 1996, S. 56 ff.

**Kloepfer, Michael**, Zu den neuen umweltrechtlichen Herausforderungen des Staates, JZ 1991, S. 737 ff.

**Kloepfer, Michael/Rehbinder, Eckard/Schmidt-Aßmann, Eberhard/Kunig, Philip**, Umweltgesetzbuch – AT – Berichte 7/90 des Umweltbundesamtes, Berlin 1990.

**Kment, Martin**, Die Begleitung der Energiewende durch kommunale Bauleitplanung – Schafft das Gesetz zur Förderung des Klimaschutzes bei der Entwicklung in den Städten und Gemeinden neue Optionen?, DVBl 2012, S. 1125 ff.

**Kment, Martin**, Windenergie in der Bauleitplanung, DÖV 2013, S. 17 ff.

**Knieling, Jörg**, Planerisch-organisatorische Anpassungspotenziale an den Klimawandel, in: Storch/Claussen (Hrsg.), Klimabericht für die Metropolregion Hamburg, Berlin/Heidelberg 2011, S. 231 ff.

**Knigge, Markus/Görlach, Benjamin**, Die Ökologische Steuerreform – Auswirkungen auf Umwelt, Beschäftigung und Innovation, Forschungsprojekt im Auftrag des Umweltbundesamts, Berlin 2005.

**Knoche, Joachim P.**, Altlasten und Haftung, Heidelberg 2001.

**Koch, Hans-Joachim**, Klimaschutzrecht – Ziele, Instrumente und Strukturen eines neuen Rechtsgebiets, in: Tagungen der Gesellschaft für Umweltrecht, Band 42, Dokumentation zur 34. Wissenschaftlichen Fachtagung der Gesellschaft für Umweltrecht e.V. Leipzig 2010, Berlin 2011, S. 41 ff.

**Koch, Hans-Joachim**, Klimaschutzrecht, Ziele, Instrumente und Strukturen eines neuen Rechtsgebietes, NVwZ 2011, S. 641 ff.

**Koch, Hans-Joachim, Mengel, Constanze**, Gemeindliche Grenzen für Maßnahmen des Klimaschutzes am Beispiel der Kraft-Wärme-Kopplung, DVBl 2000, S. 963 ff.

**Koch, Hans-Joachim/Behrend, Claudia**, Klimaschutz im geltenden Umweltrecht, NuR 1996, S. 433 ff.

**Koch, Hans-Joachim/Hendler, Reinhard**, Baurecht, Raumordnungs- und Landesplanungsrecht, 5. Auflage, Stuttgart 2009.

**Koch, Hans-Joachim/Verheyen, Roda**, Klimaschutz im deutschen Anlagengenehmigungsrecht - völkerrechtlicher Rahmen, europarechtliche Vorgaben, innerstaatlicher Anpassungsbedarf, NuR 1999, S. 1 ff.

**Koch, Michael**, Städtebauliche Planung im Zeichen umweltpolitischer Entwicklungen, in: Spannowsky/Büchner (Hrsg.), Festschrift für Hans-Jörg Birk, Schnittmengen zwischen Planung und Planverwirklichung im Städtebaurecht, München 2013, S. 103 ff.

**Köck, Wolfgang**, Klimawandel und Recht – Adaption an Klimaänderungen: Auswirkungen auf den Hochwasserschutz, die Bewirtschaftung der Wasser Wasserressourcen und die Erhaltung der Artenvielfalt –, ZUR 2007, S. 393 ff.

**Kodim, Corinna**, Gesetze und Verordnungen zum Klimaschutz, Das Grundeigentum 2013, S. 990.

**Koenig, Christian**, Internalisierung des Risikomanagements durch neues Umwelt- und Technikrecht? Ein Plädoyer für die Beachtung ordnungsrechtlicher Prinzipien in der umweltökonomischen Diskussion, NVwZ 1994, S. 937 ff.

**Koenig, Christian/Kühling, Jürgen**, Das PreussenElektra-Urteil des EuGH: Freibrief für Abnahme- und Vergütungspflichten in der Energiewirtschaft, NVwZ 2001, S. 768 ff.

**Kopf, Hannes**, BauGB-Novelle 2013 im Überblick, LKRZ 2014, S. 45 ff.

**Kopf, Hannes**, Klimaschutz in der Planungs- und Genehmigungspraxis – die BauGB-Novelle 2011, LKRZ 2012, S. 261 ff.

**Kopp, Ferdinand O./Ramsauer, Ulrich**, Verwaltungsverfahrensgesetz, Kommentar, 14. Auflage, München 2013.

**Köster, Bernd**, Das nordrhein-westfälische Gesetz über Immobilien- und Standortgemeinschaften (ISGG NRW), ZfBR 2008, S. 658 ff.

**Köster, Bernd**, Mediation in der Bauleitplanung? – Zu den Möglichkeiten der Implementation der US-amerikanischen Konfliktbehandlungsmethode im Planungsverfahren nach dem Baugesetzbuch –, BauR 1997, S. 229 ff.

**Köster, Bernd**, Mediation in der Bauleitplanung?, DVBl 2002, S. 229 ff.

**Koziol, Matthias**, Effizienz in der Energetischen Stadterneuerung. Auf das Ganze kommt es an!, stadt:pilot spezial 2011, Erneuerbare Energien, Energieeffizienz und Klimaschutz in der Stadt von Morgen, S. 44 ff.

**Kraft, Ingo**, Aktuelle Fragen immissionsschutzrechtlicher Festsetzungen in Bebauungsplänen. Klimaschutz, Lärmkontingentierung und Planrealisierungsansprüche, DVBl 1998, S. 1048 ff.

**Kramer, Matthias/Meyer, Maria**, Grundlagen der stofflichen und energetischen Nutzung von Biomasse, in: Kramer (Hrsg.), Integratives Umweltmanagement, Wiesbaden 2010, S. 707 ff.

**Krause, Andrea**, Der Klimawandel in Niedersachsen, Analyse und Bewertung vorhandener Datensätze, Hannover 2008, abrufbar unter: http://www.muk.uni-hannover.de/download/free/Institutsberichte/Institusbericht_74.pdf (Stand 14.02.2014).

**Krautzberger, Michael**, Änderungen des Baugesetzbuchs und der Baunutzungsverordnung: Das „Gesetz zur Stärkung der Innenentwicklung in den Städten und Gemeinden und weiteren Fortentwicklung des Städtebaurechts" ist verkündet worden, UPR 2013, S. 281 ff.

**Krautzberger, Michael**, Anmerkung zu EuGH, Urt. vom 08.05.2013, Rs C-197/11 und C-203/11, ZfIR 2013, S. 473 f.

**Krautzberger, Michael**, Auswirkungen der BauGB-Novelle 2013 auf den Grundstücksverkehr, ZfIR 2013, S. 533 ff.

**Krautzberger, Michael**, Baugesetzbuch bietet Chancen, Städtebauliche Möglichkeiten der Kommunen für den Klimaschutz, Stadt und Gemeinde 2008, S. 155 f.

**Krautzberger, Michael**, Entwicklungstrends der letzten 25 Jahre im Städtebaurecht, in: Spannowsky/Büchner (Hrsg.), Festschrift für Hans-Jörg Birk, Schnittmengen zwischen Planung und Planverwirklichung im Städtebaurecht, München 2013, S. 3 ff.

**Krautzberger, Michael**, Entwurf eines Gesetzes zur Stärkung der Innenentwicklung in den Städten und Gemeinden und weiteren Fortentwicklung des Städtebaurechts, GuG 3/2012, S. 129 ff.

**Krautzberger, Michael**, Gesetz zur Förderung des Klimaschutzes bei der Entwicklung in den Städten und Gemeinden, UPR 2011, S. 361 ff.

**Krautzberger, Michael**, Klimaschutz als Aufgabe der Stadterneuerung und des Stadtumbaus, in: Mitschang (Hrsg.), Klimagerechte Stadtentwicklung – Die neuen Regelungen der BauGB-Novelle 2011, Berliner Schriften zur Stadt- und Regionalplanung, Band 19, S. 103 ff.

**Krautzberger, Michael**, Klimaschutz als Aufgabe der Stadterneuerung und des Stadtumbaus, DVBl 2012, S. 69 ff.

**Krautzberger, Michael**, Klimaschutz als Gegenstand städtebaulicher Verträge, vhw 5/2008, S. 244 ff.

**Krautzberger, Michael**, Klimaschutz bei städtebaulichen Sanierungsmaßnahmen und beim Stadtumbau, in: Mitschang (Hrsg.), Stärkung der Innenentwicklung – BauGB-Novelle 2012/13, Berliner Schriften zur Stadt und Regionalplanung, Band 20, Frankfurt am Main 2013, S. 63 ff.

**Krautzberger, Michael**, Klimaschutz im Städtebau, Raumplanung 137 (2008), S. 83 ff.

**Krautzberger, Michael**, Städtebauförderungsrecht, 54. Erg.-Lfg., München 2013.

**Krautzberger, Michael**, Städtebaugesetzgebung und städtebauliche Aufgaben im Wandel, UPR 2011, S. 121 ff.

**Krautzberger, Michael**, Städtebauliche Verträge zur Umsetzung klimaschützender und energieeinsparender Zielsetzungen, in: Mitschang (Hrsg.), Klimaschutz und Energieeinsparung in der Stadt- und Regionalplanung, Berliner Schriften zur Stadt- und Regionalplanung, Band 7, S. 109 ff.

**Krautzberger, Michael**, Städtebauliche Verträge zur Umsetzung klimaschützender und energieeinsparender Zielsetzungen, DVBl 2008, S. 737 ff.

**Krautzberger, Michael**, Stadterneuerung und Stadtentwicklung durch Private?, DVBl 2008, S. 337 ff.

**Krautzberger, Michael**, Urbane Strategien zum Klimawandel, UPR 2012, S. 99 ff.

**Krautzberger, Michael**, Von der Angebotsplanung zur Projektplanung? Tendenzen der jüngeren Städtebaugesetzgebung, RaumPlanung 152 (2010), S. 11 ff.

**Krautzberger, Michael**, Wie steht es mit der Bürgerbeteiligung im Planungsrecht – Braucht es neue Anstöße? Flächenmanagement und Bodenordnung (fub) 2/2013, S. 1 ff.

**Krautzberger, Michael**, Zukunftsaufgaben von Stadterneuerung, Stadtumbau und Stadterhaltung – Ist das Besondere Städtebaurecht noch zeitgemäß?, in: Mitschang (Hrsg.), Aktuelle Fragestellungen des Städtebau- und Umweltrechts, Berliner Schriften zur Stadt- und Regionalplanung, Band 14, S. 175 ff.

**Krautzberger, Michael**, Zum Stellenwert von städtebaulichen Verträgen im heutigen Städtebau, UPR 2006, S. 1 ff.

**Krautzberger, Michael**, 40 Jahre Städtebauförderung, Interview mit Michael Krautzberger, geführt von Andreas Kaufmann und Detlef Kurth, Planerin 6/2011, S. 11 ff.

**Krautzberger, Michael/Stüer, Bernhard**, BauGB 2007: Stärkung der Innenentwicklung, DVBl 2007, S. 160 ff.

**Krautzberger, Michael/Stüer, Bernhard**, BauGB-Novelle 2013 Gesetz zur Stärkung der Innenentwicklung in den Städten und Gemeinden und weiteren Fortentwicklung des Städtebaurechts, DVBl 2013, S. 805 ff.

**Krautzberger, Michael/Stüer, Bernhard**, Blick nach innen, Deutsches Architektenblatt (DAB) 08/13, S. 28 ff.

**Krautzberger, Michael/Stüer, Bernhard**, Neues Städtebaurecht des Bundes aus Gründen des Klimaschutzes, BauR 2011, S. 1416 ff.

**Krautzberger, Michael/Stüer, Bernhard**, Schrottimmobilien: Novellierungsvorschlag für eine behutsame Modernisierung des Rückbau- und Entsiegelungsgebots (§ 179 BauGB), BauR 2012, S. 874 ff.

**Kreft, Holger/Sinning, Heidi/Steil, Christiane**, Kommunales Klimaschutzmanagement, Raumforschung und Raumordnung 2010, S. 397 ff.

**Kröger, James**, Die EEG-Umlage ist keine Sonderabgabe, ZUR 2013, S. 480 ff.

**Kröger, James**, Klimaschutzrecht – Ein Rechtsgebiet im Entstehen, Iurratio 2011, S. 75 ff.

**Krohn, Wolfram**, “Flugplatz Ahlhorn”: Ausschreibungspflicht für Grundstücksgeschäfte der öffentlichen Hand? – Zugleich Anmerkung zu OLG Düsseldorf, Beschl. v. 13. Juni 2007 - VII-Verg 2/07 –, ZfBR 2008, S. 27 ff.

**Kruse, Henning/Legler, Dirk**, Windparks in kommunaler Regie: Ist das rechtlich möglich?, ZUR 2012, S. 348 ff.

**Küchler, Swantje/ Nestle, Uwe**, Strategien zur Modernisierung I, Neue Finanzierungsmodelle für einen klimaneutralen Gebäudebestand, Heinrich Böll Stiftung, Schriften zur Ökologie Band 23, Berlin 2012.

**Kuckshinrichs, Wilhelm/Kronenberg, Tobias/Hansen, Patrick**, Das $CO_2$ Gebäudesanierungsprogramm der KfW: Klimaschutz, Konjunktur- und Budgeteffekt, Wirtschaftsdienst 2010, S. 9 ff.

**Kühl, Lars**, Solare Stromversorgung – Photovoltaik, in: Kramer (Hrsg.) Integratives Umweltmanagement, Wiesbaden 2010, S. 563 ff.

**Kühling, Jürgen**, Künftige vergaberechtliche Anforderungen an kommunale Immobiliengeschäfte Konsequenzen aus dem EuGH-Urteil im Fall Müller, NVwZ 2010, S. 1257 ff.

**Kuhlmann, Sabine**, Kooperativer Gesetzesvollzug in ostdeutschen Kommunen: Vom Systembruch zu „Modern Governance“ ?, Zeitschrift für Rechtssoziologie 25 (2004), Heft 2, S. 221 ff.

**Kühnberger, Manfred**, Die Bewertung nachhaltiger Immobilien: Scheinproblem oder Notwendigkeit einer Methodenanpassung, DStR 2012, S. 426 ff.

**Kulenkampff, Rainer**, Business Improvement Districts (BIDs), Zur Zulässigkeit der Erhebung einer Innovationsabgabe, NordÖR 2012, S. 169 ff.

**Kümmel, Dennis**, Vertrag statt Bebauungsplan?, NZBau 2012, S. 491 f.

**Kupski, Sebastian**, Stadt begegnet Klimawandel – Eine exemplarische Darstellung möglicher klimatischer Auswirkungen auf den klimatischen Ebenen, UVP-report 27, 2013, S. 120 ff.

**Kuttler, Wilhelm**, Climate Change in urban areas, part 1, effects, Environmental Sciences Europe, 2011, 23:11, abrufbar unter http://www.enveurope.com/content/pdf/2190-4715-23-11.pdf (Stand 14.02.2014).

**Kwasniewski, Nicolai**, Firmen tricksen bei der Ökostrom-Abgabe, SpiegelOnline vom 11.10.2012, abrufbar unter: http://www.spiegel.de/wirtschaft/soziales/energiewende-oekostrom-ausnahmen-im-eeg-fuer-die-industrie-a-860596.html (Stand 20.02.2014).

**Lackner, Hendrick**, Mollklänge dämpfen die BID-Euphorie – Eine kritische Zwischenbilanz unter Berücksichtigung aktueller verwaltungsgerichtlicher Rechtsprechung, DVBl 2011, S. 1520 ff.

**Lackner, Hendrik**, Business Improvement Districts (BIDs) – Einführung in die Grundlagen eines neues städtebaulichen Instruments, UPR 2009, S. 321 ff.

**Lange, Sebastian/Hoppe, Klaus**, Klimaschutz in der Bauleitplanung, Bausteine für Energie- und Klimaschutzkonzepte, Legden 2014.

**Larenz, Karl**, Über die Unentbehrlichkeit der Jurisprudenz als Wissenschaft, Berlin 1966, abrufbar unter:
URL: http://www.juristische-gesellschaft.de/schriften/26.pdf (Stand 17.02.2014).

**Lee, Eun-Kyung**, Umweltrechtlicher Instrumentenmix und kumulative Grundrechtseinwirkungen, Überlegungen am Beispiel des Energierechts, Tübingen 2013.

**Lege, Joachim**, Stadtumbau und städtebauliche Gebote, Neue Herausforderungen durch Stadterhaltung und Rückbau, NVwZ 2005, S. 880 ff.

**Lenz, Christopher/Würtenberger, Thomas**, BauGB-Verträge. Leitfaden für Gemeinden und Investoren, Stuttgart 2011.

**Lieder, Jan**, Der Bestandsschutz im Baurecht, ThürVBl 2004, S. 53 ff.

**Lindner, Sigrid/Klinski, Stefan/Schmidt, Alexander/John, Ashok**, Untersuchung möglicher Ansatzpunkte Bundespolitischer Instrumente zur Förderung des Kommunalen Klimaschutzes, Berlin 2009.

**Litvinovitch, Jutta/Ingendahl, Björn**, Klimawandel, Extremwetterereignisse und Gesundheit, in: Bundesministerium für Umwelt, Naturschutz und Reaktorsicherheit (BMU), Internationale Fachkonferenz, Konferenzbericht November 2010, Berlin 2011, S. 2 f., abrufbar unter:
http://www.bmub.bund.de/bmu/parlamentarische-vorgaenge/detailansicht/artikel/konferenzbericht-klimawandel-extremwetterereignisse-und-gesundheit-29-und-30-november-2010-bonn/ (Stand 20.02.2014).

**Loewenich, Gerhard von**, Wiedergelesen: Das Baurechtsgutachten des Bundesverfassungsgerichts, in: Franke/Oppler (Hrsg.), Festschrift für Friedrich Quack, Recht und Baurecht - ein Leben, Köln 2009, S. 287 ff.

**Löhr, Rolf-Peter**, Stellungnahme zu dem Gesetzesentwurf BT-Drs. 17/6076, vom 27.06.2011, abrufbar unter:

https://webarchiv.bundestag.de/cgi/show.php?fileToLoad=1940&id=1170 (Stand 23.02.2014).

**Longo, Fabio**, Chancen des Zusammenwirkens der Kommunalverwaltung mit kommunalen Energieversorgungsunternehmen für eine neue örtliche Energieversorgung, Die Gemeinde – Zeitschrift für kommunale Selbstverwaltung in Schleswig-Holstein 5/2010, S. 130 f.

**Longo, Fabio**, Neue örtliche Energieversorgung als kommunale Aufgabe: Solarsatzung zwischen gemeindlicher Selbstverwaltung und globalem Klima- und Ressourcenschutz, 1. Auflage, Baden-Baden 2010.

**Longo, Fabio**, Schriftliche Stellungnahme zur Anhörung im Ausschuss für Umwelt, Energie, Landwirtschaft und Verbraucherschutz des Hessischen Landtags am 20. August 2012 zu den Gesetzesentwürfen Hessisches Energiezukunftsgesetz und Hessisches Energie-Konjunktur-Gesetz, abrufbar unter:
http://starweb.hessen.de/cache/AV/18/ULA/ULA-AV-040-T3.pdf. (Stand 23.02.2014).

**Lübbe-Wolff, Gertrude**, Instrumente des Umweltrechts – Leistungsfähigkeit und Grenzen, NVwZ 2001, S. 481 ff.

**Maak, Niklas**, Architekten: Auf die Barrikaden! Frankfurter Allgemeine Sonntagszeitung, vom 27.11.2011, S. 25.

**Maaß, Christian**, Landesgesetze zum Klimaschutz: Mehr Substanz, bitte!, ZUR 2012, S. 265 f.

**Malberg, Horst**, Meteorologie und Klimatologie, 5. Auflage, Heidelberg 2007.

**Mampel, Dietmar**, Art. 14 GG fordert sein Recht – Aufbruch zu einem verfassungsdirigierten öffentlichen Baurecht, NJW 1999, S. 975 ff.

**Mampel, Dietmar**, Verkehrte Eigentumsordnung - Das Unwesen des verfassungsunmittelbaren Bestandsschutzes, ZfBR 2002, S. 327 ff.

**Manssen, Gerrit**, Die EEG-Umlage als verfassungswidrige Sonderabgabe, DÖV 2012, S. 499 ff.

**Manstein, Wolfram**, Der öffentlich-rechtliche Vertrag in der Praxis des Notars, MittRhNotK 1995, S. 1 ff.

**Manten, Goerg/Elbel, Daniel**, Möglichkeiten und Grenzen des kommunalen Klimaschutzes in den neuen Bundesländern, LKV 2009, S. 1 ff.

**Marnich, Miriam/Mayer, Jonathan**, Gestattungsverträge im Bereich der Nah- und Fernwärmeversorgung, BWGZ 12/2013, S. 514 ff.

**Martin, Bénédicte**, Die Energieeffizienzrichtlinie, EnWZ 2/2012, S. 62 ff.

**Martin, Dieter J./Krautzberger, Michael**, Handbuch Denkmalschutz und Denkmalpflege, 3. Auflage, München 2010.

**Martini, Mario**, Der öffentliche Raum zwischen staatlicher Aufgabenwahrnehmung und privater Initiative: Housing und business improvement districts als Instrumente privater Selbstorganisation unter staatlicher Verantwortung, DÖV 2008, S. 10 ff.

**Mast, Reinhard / Göhner, Karl**, Lösungswege im Widerstreit zwischen Klimaschutz und Denkmalschutz, DVBl 2012, S. 1140 ff.

**Mast, Reinhard / Göhner, Wolfgang Karl**, Klimaschutz und Denkmalschutz im Widerstreit?, EnEVaktuell 2012/2, S. 19 ff.

**Mast, Reinhard**, Zur Frage der Genehmigungsfähigkeit von Solaranlagen auf Kulturdenkmälern, Urteilsanmerkung zum Urteil des VGH Mannheim vom 1. September 2011 - 1 S 1070/11 -, VR 2012, 31 f.

**Mast, Reinhard/Göhner, Wolfgang Karl**, Lösungswege im Widerstreit zwischen Klimaschutz und Denkmalschutz, BayVBl. 2013, S. 193 ff.

**Matthes, Robert/Appell, Laura/Fritzsche, Katja**, Die baurechtliche Zulässigkeit von Photovoltaikanlagen in Sachsen, SächsVBl. 2013, S. 81 ff.

**Maunz, Theodor/Dürig, Günter**, Grundgesetz Kommentar, 69. Erg.-Lfg., München 2013.

**Maurer, Hartmut**, Allgemeines Verwaltungsrecht, 18. Auflage, München 2011.

**Maurer, Hartmut/Bartscher, Bruno**, Die Praxis des Verwaltungsvertrags im Spiegel der Rechtsprechung: Rechtstatsächliche Untersuchung zum öffentlich-rechtlichen Vertrag in der Spruchpraxis der Gerichte, Konstanz 1997.

**Max-Plank-Institut für Meteorologie (MPI)**, Künftige Klimaänderungen in Deutschland – Regionale Projektionen für das 21. Jahrhundert, Hintergrundpapier, Stand September 2006, abrufbar unter: http://www.remo-rcm.de/Publikationen-Berichte.1232.0.html (Stand 14.02.2014).

**Mayer, Otto**, Zur Lehre vom öffentlich-rechtlichen Vertrag, Archiv des öffentlichen Rechts (AöR) Bd. 3 (1888), S. 1 ff.

**Mayntz, Renate**, Von der Steuerungstheorie zu Global Governance, in: Schuppert/Zürn (Hrsg.), Governance in einer sich wandelnden Welt, 1. Auflage, Wiesbaden 2008, S. 43 ff.

**Mechel, Friederike**, Immobilien und Klimaschutz – Wärmeschutz und Erneuerbare Energien, ZUR 2011, S. 184 ff.

**Menke, Rainard**, Der vorhabenbezogene Bebauungsplan, NVwZ 1998, S. 577 ff.

**Meßmann, Andreas**, Das Aufgabenübertragungsverbot aus Art. 84 Abs. 1 Satz 7 GG: Hindernis für die Erweiterung bereits übertragener Aufgaben und die Übertragung von Angelegenheiten der örtlichen Gemeinschaft?, DÖV 2010, S. 726 ff.

**Mihm, Andreas**, Rekordjahr für Solarstromanlagen, Frankfurter Allgemeine Zeitung vom 02.01.2013, S. 9.

**Mihm, Andreas**, Stromkunden werden überproportional belastet, Frankfurter Allgemeine Zeitung vom 27.12.2013, S. 13.

**Mihm, Andreas**, Wirtschaftsminister Gabriel zeigt ein Herz für Solardachbesitzer, Frankfurter Allgemeine Zeitung vom 23.01.2014, S. 10.

**Milkau, Alexander**, Ansätze zur Förderung der erneuerbaren Energien im Wärmemarkt, Eine rechtliche Bewertung des EEWärmeG und der alternativen Fördermodelle, Baden-Baden 2009.

**Milkau, Alexander**, Bundeskompetenzen für ein Umweltenergierecht – dargestellt am Beispiel des Erneuerbare Energien-Wärmegesetzes, ZUR 2008, S. 561 ff.

**Milstein, Alexander**, Anmerkung zu EuGH, EuZW 2013, 507, S. 514 ff.

**Ministerium für Umwelt, Klima und Energiewirtschaft Baden-Württemberg**, Erfahrungsbericht zum Erneuerbare-Wärme-Gesetz Baden-Württemberg, Stand Juli 2011, abrufbar unter:
http://www.um.baden-wuerttemberg.de/servlet/is/102851/ (Stand 17.02.2014).

**Ministerium für Umwelt, Klima und Energiewirtschaft Baden-Württemberg**, Contracting-Offensive Baden-Württemberg, Arbeitsgruppenphase Juli 2012-Juli 2013, Abschlussbericht, Stuttgart 2013, abrufbar unter:
http://www.um.baden-wuerttemberg.de/servlet/is/111919/ (Stand 21.02.2014).

**Ministerium für Umwelt, Klima und Energiewirtschaft Baden-Württemberg**, Auswertung der Bürgerbeteiligung zur Novelle des EWärme-Gesetzes, Stand 05.09.2013, abrufbar unter:
http://beteiligungsportal.baden-wuerttemberg.de/de/mitmachen/ewaermeg/eckpunkte-fuer-ein-neues-ewaermeg/auswertung-und-veroeffentlichung/ (Stand 21.02.2014).

**Mitschang, Stephan**, Die Auswirkungen der Klimaschutz-Novelle auf die kommunale Bauleitplanung, DVBl 2012, S. 134 ff.

**Mitschang, Stephan**, Die Belange von Klima und Energie in der Bauleitplanung, NuR 2008, S. 601 ff.

**Mitschang, Stephan**, Die Umsetzung klimaschützender und energieeinsparungsbezogener Anforderungen in der Bauleitplanung und im Besonderen Städtebaurecht – Sachstand und Perspektiven –, ZfBR 2010, S. 534 ff.

**Mitschang, Stephan**, Fachliche und rechtliche Anforderungen an die Zulassung und planerische Steuerung von Fotovoltaikfreiflächenanlagen, NuR 2009, S. 821 ff.

**Mitschang, Stephan**, Klimaschutz und Anpassung an den Klimawandel in der Bauleitplanung, in: Mitschang (Hrsg.), Klimagerechte Stadtentwicklung – Die neuen Regelungen der BauGB-Novelle 2011, Berliner Schriften zur Stadt- und Regionalplanung, Band 19, S. 29 ff.

**Mitschang, Stephan**, Klimaschutz und Energieeinsparung als Aufgaben der Regional- und Bauleitplanung, in: Mitschang (Hrsg.), Klimaschutz und Energieeinsparung in der Stadt- und Regionalplanung, Berliner Schriften zur Stadt- und Regionalplanung, Band 7, S. 15 ff.

**Mitschang, Stephan**, Planerische Instrumente zur Umsetzung der Anforderungen des Energieeinsparrechts, in: Mitschang (Hrsg.), Aktuelle Fragestellungen des Städtebau- und Umweltrechts, Berliner Schriften zur Stadt- und Regionalplanung, Band 14, S. 33 ff.

**Mitschang, Stephan**, Städtebauliche Planung – eine Positionsbestimmung, in: Spannowsky/Büchner (Hrsg.), Festschrift für Hans-Jörg Birk, München 2013, Schnittmengen zwischen Planung und Planverwirklichung im Städtebaurecht, S. 81 ff.

**Mitschang, Stephan**, Städtebauliche Verträge zum Ausgleich von Eingriffen in Natur und Landschaft, in: Spannowsky/Krämer(Hrsg.), Realisierung städtebaulicher Planungen und Projekte durch Verträge, Köln 2003, S. 85 ff.

**Mitschang, Stephan**, Steuerung der Windenergie durch Regional- und Flächennutzungspläne – eine praxisbezogene Betrachtung, BauR 2013, S. 29 ff.

**Mitschang, Stephan/Roeper, Katrin**, Stadtumbau auf Gewerbe- und Industriearealen – Gibt es Typologien?, ZfBR 2011, S. 10 ff.

**Mitschang, Stephan/Schwarz, Tim**, Energie Effizienz und Erneuerbare Energien im Städtebaurecht Deutschland, in: Mitschang (Hrsg.), Energieeffizienz und Erneuerbare Energien im Städtebaurecht, Berliner Schriften zu Stadt- und Regionalplanung, Band 12, S. 81 ff.

**Mitschang, Stephan/Schwarz, Tim**, Klimaschutz- und – Anpassungsbezogene Anforderungen der Städtebaurechtsnovellen 2011 und 2013, KommunalPraxis spezial 2013, S. 124 ff.

**Mitschang, Stephan/Schwarz, Tim/Kluge, Maximilian**, Ansätze zur Konfliktbewältigung bei der räumlichen Steuerung von Anlagen erneuerbarer Energien – Dargestellt am Beispiel der Windenergie, UPR 2012, S. 401 ff.

**Mohr, Hellmuth**, Energieeinsparung durch Fotovoltaik kontra Denkmalschutz – im Dschungel der Rechtsprechung, BWGZ 5/2013, S. 202 ff.

**Möller, Andreas**, Energieeinsparungsgesetz, Kommentar, 1. Auflage, Baden-Baden 2012.

**Möllers, Christoph**, Theorie, Praxis und Interdisziplinarität in der Verwaltungswissenschaft, VerwArch 93 (2002), S. 22 ff.

**Monopolkommission**, Sondergutachten 59, Energie 2011: Wettbewerbsentwicklung mit Licht und Schatten, Bonn 2011.

**Monopolkommission**, Sondergutachten 65, Energie 2013: Wettbewerb in Zeiten der Energiewende, Bonn 2013.

**Moser, Corinna**, Klimaschutz durch die Energieeinsparverordnung, Baden-Baden 2011.

**Möslein, Florian**, Contract Governance und Corporate Governance im Zusammenspiel – Lehren aus der globalen Finanzkrise –, JZ 2010, S. 72 ff.

**Müller, Dominik**, Mehr Effizienz, weniger Boni – die Förderung von Strom aus Biomasse nach dem EEG 2012, ZUR 2012, S. 22 ff.

**Müller, Thorsten**, Klimawandel als Herausforderung der Rechtsordnung, in: Tagungen der Gesellschaft für Umweltrecht, Band 39, Dokumentation zur 31. Wissenschaftlichen Fachtagung der Gesellschaft für Umweltrecht e.V., Berlin 2008, S. 191 ff.

**Müller, Thorsten/Oschmann, Volker/Wustlich, Guido**, EEWärmeG Kommentar, 1. Auflage, München 2010.

**Murswiek, Dietrich**, Staatsziel Umweltschutz (Art 20a GG), Bedeutung für Rechtsetzung und Rechtsanwendung, NVwZ 1996, S. 222 ff.

**Müschen, Klaus**, Klimaschutz und Energieeinsparung – Sachstand und Perspektiven, in: Mitschang (Hrsg.), Klimaschutz und Energieeinsparung in der Stadt- und Regionalplanung, Berliner Schriften zur Stadt- und Regionalplanung, Band 7, S. 1 ff.

**Naturschutzbund Deutschland (NABU)**, Anforderungen an einen Sanierungsfahrplan – Auf dem Weg zu einem klimaneutralen Gebäudebestand bis 2050, Berlin 2011.

**Naturschutzbund Deutschland**, Stellungnahme zum Entwurf eines Gesetzes zur Stärkung der Innenentwicklung in den Städten und Gemeinden und weiteren Fortentwicklung des Städtebaurechts, abrufbar unter: http://www.nabu.de/themen/siedlungsentwicklung/praxis/gesetzgebung/14738.html (Stand 23.02.2014).

**Nicolai, Helmuth von**, Die aktuelle BauGB-Novelle – Ändern um des Änderns willen Teil I, NordÖR 2013, S. 397 ff.

**Nicolai, Helmuth von**, Die aktuelle BauGB-Novelle – Ändern um des Änderns willen Teil II, NordÖR 2013, S. 445 ff.

**Niendorf, Jörg**, Neue EnEV kann Hauseigentümer teuer zu stehen kommen, Frankfurter Allgemeine Zeitung vom 01.11.2013, S. 41.

**Niendorf, Jörg**, Wachsender Druck auf Hauseigentümer, Frankfurter Allgemeine Zeitung vom 25.10.2013, S. 45.

**Niesse, Susanne/Wiesbrock, Michael**, Rechtsfragen des Wärmecontracting im Mietverhältnis. Zugleich zur Wärmelieferverordnung vom 07.06.2013, NZM 2013, S. 529 ff.

**Nötzold, Antje**, Die Energiepolitik der EU und der VR China, Handlungsempfehlungen zur europäischen Versorgungssicherheit, Wiesbaden 2010.

**Nusser, Jens**, Die EnEV 2014 – Wesentliche Neuerungen, offene Rechtsfragen und praktische Auswirkungen, ZUR 2014, S. 67 ff.

**Nusser, Jens/Halstenberg, Michael/Rester, Christine**, Green Building/Nachhaltiges Bauen, Berlin 2009, abrufbar unter: http://www.baufachinformation.de/literatur/2010069026406 (Stand 17.02.2014).

**Oberthür, Sebastian/Ott, Hermann E.**, Das Kyoto-Protokoll, Internationale Politik für das 21. Jahrhundert, 1. Auflage, Opladen 2000.

**Oerder, Michael**, Praktische Probleme der Städtebaulichen Verträge nach § 11 BauGB, BauR 1998, S. 22 ff.

**Oerder, Michael**, Städtebaulicher Vertrag nach dem Bau- und Raumordnungsgesetz 1998, Gesetzesänderungen und aktuelle Probleme, NVwZ 1997, S. 1190 ff.

**Ohms, Martin**, Recht der Erneuerbaren Energien, München 2014.

**Ohms, Martin**, Städtebaulicher Vertrag statt planerischer Festsetzung – Vorrang konsensualer Instrumente in der Bauleitplanung, BauR 2000, S. 983 ff.

**Ohne Autor**, Anmerkung zu OVG Koblenz, Beschluss vom 10.06.2013 – 8 B 10483/13.OVG –, Verwaltungsrechtsweg bei Streit über städtebaulichen Vertrag, NJW-Spezial 2013, S. 653.

**Oppen, Margarete von**, Rechtliche Aspekte der Entwicklung von Photovoltaikprojekten, ZUR 2010, S. 295 ff.

**Ortloff, Karsten-Michael**, Die Entwicklung des Bauordnungsrechts, NVwZ 1999, S. 955 ff.

**Oschmann, Volker**, Neues Recht für Erneuerbare Energien, NJW 2009, S. 263 ff.

**Otting, Olaf**, Klimaschutz durch Baurecht – Ein Überblick über die BauGB-Novelle 2011, REE 2011, S. 125 ff.

**Otting, Olaf**, Städtebauliche Verträge und der EuGH – Was bleibt von „Ahlhorn"?, NJW 2010, S. 2167 ff.

**Otting, Olaf**, Vergaberecht und Städtebau, VergabeR 2013, S. 343 ff.

**Otto, Christian-W.**, Die Bedeutung und Tragweite der Sonderregelung der §§ 248 und 249 BauGB für die Verwirklichung energiepolitischer und städtebaulicher Zielsetzungen, in: Spannowsky/Hofmeister (Hrsg.), Novellierungen des BauGB 2011 und 2013 mit den Schwerpunkten Klimaschutz und Innenentwicklung, Berlin 2013, S. 13 ff.

**Otto, Christian-W.**, Innenentwicklung und Klimaschutz – Besteht ein Vorrang?, ZfBR 2013, S. 434 ff.

**Otto, Christian-W.**, Klimaschutz und Energieeinsparung im Bauordnungsrecht der Länder, ZfBR 2008, S. 550 ff.

**Otto, Christian-W.**, Nebenanlagen nach § 14 BauNVO und bundesweiter Vollgeschossbegriff, in: Mitschang (Hrsg.), Stärkung der Innenentwicklung – BauGB-Novelle 2012/13, Berliner Schriften zur Stadt und Regionalplanung, Band 20, Frankfurt am Main 2013, S. 157 ff.

**Otto, Christian-W.**, Unzulässige Klauseln in städtebaulichen Verträgen und Fragen ihrer strafrechtlichen Relevanz, ZfBR 2006, S. 320 ff.

**Otto, Christian-W.**, Zulassung und planerische Steuerung von Biomasseanlagen, in: Mitschang (Hrsg.), Klimagerechte Stadtentwicklung – Die neuen Regelungen der BauGB-Novelle 2011, Berliner Schriften zur Stadt- und Regionalplanung, Band 19, S. 169 ff.

**Pannier, Andreas**, Die Dichtheitsprüfung privater Grundstücksentwässerungsanlagen im „Kooperationsmodell" mit dem Bürger, KommJuR 2012, S. 291 ff.

**Pennekamp, Johannes**, Darum geht es in der Debatte um die EEG-Reform, Frankfurter Allgemeine Zeitung vom 07.10.2013, S. 20.

**Pfalzgraf, Klaus/Peters, Kirsten/Weber, Florian Christopher**, Die Novellierung des Städtebaurechts – Ein Überblick über die BauGB-Novellen 2011 und 2013, HSGZ 2013, S. 318 ff.

**Pfnür, Andreas,** Anforderungen an und Erfolgsfaktoren für einen Sanierungsfahrplan, Ökologisches Wirtschaften 1/2012, S. 20 ff.

**Pfnür, Andreas**, Bezahlbarer Klimaschutz. Ein Neun-Punkte-Programm für die Klimapolitik aus immobilienwirtschaftlicher Sicht, Frankfurter Allgemeine Zeitung vom 07.01.2011, S. 38 f.

**Pielow, Johann-Christian**, Effektives Recht der Energieeffizienz? Herausforderungen an Rechtsetzung und -anwendung, ZUR 2010, S. 115 ff.

**Pieroth, Bodo/Schlink, Bernhard**, Staatsrecht II, Grundrechte, Heidelberg 2013.

**Pollmann, Holger/Reimer, Franz/Walter, Jana**, Obligatorische Verwendung erneuerbarer Energien zur Wärmeerzeugung am Beispiel der Marburger Solarsatzung, LKRZ 2008, S. 251 ff.

**Popp, Manfred**, Wann gehen die Öl- und Gasvorräte der Erde zu Ende?, Energiefakten 2011, abrufbar unter: http://www.energiefakten.de/stiftung/2010-11-peak-oil/2011-02-peak-oil-popp.pdf (Stand 14.02.2014).

**Portz, Norbert,** Die Bedeutung ökonomischer und finanzieller Aspekte des Städtebaurechts für die Gemeinden, in: Spannowsky/Hofmeister (Hrsg.), Ökonomische und finanzielle Aspekte des Städtebaurechts, Köln 2005, S. 1 ff.

**Portz, Norbert**, EuGH erklärt Einheimischenmodell für grundsätzlich rechtmäßig, KommJur 2013, S. 201 ff.

**Portz, Norbert**, Neue Wege privater Initiativen für die Stadtentwicklung – Business Improvement Districts, KommJur 2007, S. 201 ff.

**Portz, Norbert**, Probleme der städtebaulichen Entwicklung aus der Sicht der Städte und Gemeinden, in: Mitschang (Hrsg.), Aktuelle Fragestellungen des Städtebau- und Umweltrechts, Berliner Schriften zur Stadt- und Regionalplanung, Band 14, S. 195 ff.

**Portz, Norbert**, Überblick über die Änderungen des neuen Städtebaurechts, KommP spezial 2013, S. 119 ff.

**Prall, Ursula/Ewer, Wolfgang**, Klimaschutz durch Energierecht, in: Koch (Hrsg.), Umweltrecht, 4. Auflage, München 2014, § 9, S. 526 ff.

**Prognos AG**, Endenergieeinsparziel gem. Art. 7 EED und Abschätzungen der durch politische Maßnahmen erreichbaren Energieeinsparungen, Endbericht, Berlin 2013.

**Prognos AG**, Ermittlung der Wachstumswirkungen der KfW-Programme zum Energieeffizienten Bauen und Sanieren, Berlin/Basel 2013, abrufbar unter: https://www.kfw.de/KfW-Konzern/Newsroom/Aktuelles/News/News-Details_67904.html (Stand 20.02.2014).

**Prognos AG**, Volkswirtschaftliche Bewertungen der EnEV 2009, Basel/Berlin 2011, abrufbar unter: http://www.dgfm.de/themen/wohnungsbau/studienwohnungsbaupolitik/sv/artikel/prognos-studie-zur-volkswirtschaftliche-bewertung-der-enev-2009.html (Stand 20.02.2014).

**Prognos AG/Berliner Energieagentur**, Zwischenüberprüfung zum Gesetz zur Förderung der Kraft-Wärme-Kopplung, Endbericht, Berlin/Basel 2011.

**Pünder, Hermann/Schellenberg, Martin (Hrsg.)**, Vergaberecht, Kommentar, 1. Auflage, Baden-Baden 2011.

**Pützenbacher, Stefan**, Erneuerbare Energien vs. Denkmalschutz – Steht das Denkmalschutzrecht dem Umweltschutz entgegen?, Publicus 2012.2, S. 18 f.

**Quaschning, Volker**, Erneuerbare Energien und Klimaschutz, 2. Auflage, München 2009.

**Quaschning, Volker**, Regenerative Energiesysteme, 5. Auflage, München 2008.

**Raabe, Marius**, Kommunale Nahwärmeversorgung im Blickpunkt des Wettbewerbs- und Kartellrechts – zum „Börnsen-Urteil" des BGH, ZNER 2002, S. 283 ff.

**Rabeling, Esther**, Die Belange des Denkmalschutzes und der Denkmalpflege in administrativen Abwägungsentscheidungen, Wiesbaden 2012.

**Rabenstein, Dietrich**, Trübe Aussichten für den Klimaschutz in Hamburg, Folgen der politischen Veränderungen im Jahr 2011 für das Erreichen der Klimaschutzziele Hamburgs, 1. Fortschreibung der Stellungnahme zum Basisgutachten zu einem Masterplan Klimaschutz für Hamburg, Kurzfassung, Hamburg 2011.

**Rahmstorf, Stefan /Schellnhuber, Hans-Joachim**, Der Klimawandel, 6. Auflage, München 2007.

**Rahmstorf, Stefan**, Der neue IPCC-Klimabericht, Klimalounge vom 27.09.2013, abrufbar unter:
http://www.scilogs.de/klimalounge/der-neue-ipcc-klimabericht/ (Stand 20.02.2014).

**Reese, Moritz**, Deutsche Anpassungsstrategie an den Klimawandel, ZUR 2009, S. 113 f.

**Reese, Moritz/Möckel, Stefan/Bovet, Jana/Köck, Wolfgang**, Rechtlicher Anpassungsbedarf für die Anpassung an die Folgen des Klimawandels – Analyse, Weiter- und Neuentwicklung rechtlicher Instrumente –, Berlin 2010.

**Rehbinder, Eckard**, Das deutsche Umweltrecht auf dem Weg zur Nachhaltigkeit, NVwZ 2002, S. 657 ff.

**Reichel, Markus / Czambor, Friedrich**, Erneuerbare Energien im Überblick, in: Kramer (Hrsg.), Integratives Umweltmanagement, Wiesbaden 2010, S. 529 ff.

**Reicher, Christa**, Städtebauliches Entwerfen, Wiesbaden 2012.

**Reidt, Olaf**, § 4 b BauGB – Die Einschaltung Dritter in die Bauleitplanung, NVwZ 1998, S. 592 ff.

**Reidt, Olaf**, Bebauungsplanbegleitende städtebauliche Verträge, UPR 2008, S. 410 ff.

**Reidt, Olaf**, Das Recht der Allgemeinen Geschäftsbedingungen bei städtebaulichen Verträgen, BauR 2004, S. 941 ff.

**Reidt, Olaf**, Die Änderung von bebauungsplanbegleitenden städtebaulichen Verträgen, in: Battis/Söfker/Stüer (Hrsg.), Festschrift Krautzberger, Nachhaltige Stadt- und Raumentwicklung, München 2008, S. 203 ff.

**Reidt, Olaf**, Klimaschutz- und Anpassungsmaßnahmen in städtebaulichen Verträgen, in: Mitschang (Hrsg.), Klimagerechte Stadtentwicklung – Die neuen Regelungen der BauGB-Novelle 2011, Berliner Schriften zur Stadt- und Regionalplanung, Band 19, S. 93 ff.

**Reidt, Olaf**, Klimaschutz, erneuerbare Energien und städtebauliche Gründe, BauR 2010, S. 2025 ff.

**Reidt, Olaf**, Regelungsmöglichkeiten und –grenzen in Raumordnungsplänen – dargestellt am Beispiel des Klimaschutzes, DVBl 2011, S. 789 ff.

**Reidt, Olaf**, Städtebaulicher Vertrag und Durchführungsvertrag im Lichte der aktuellen Rechtsentwicklung, BauR 2008, S. 1541 ff.

**Reimer, Franz/Tölle, Susanne**, Ressourceneffizienz als Problembegriff, ZUR 2013, S. 589 ff.

**Rempel, Hilmar**, Verfügbarkeit von nicht-erneuerbaren Energierohstoffen, ZfE 2011, S. 15 ff.

**Renner, Oliver**, Grundlagen der Solarenergie, in: Kramer (Hrsg.), Integratives Umweltmanagement, Wiesbaden 2010, S. 553 ff.

**Rieger, Thomas**, Zwischenruf Förderpolitik mit Stell- oder Daumenschrauben? Eine Bemerkung zur energetischen Gebäudesanierung nach „Fukushima", ZRP 2011, S. 154 f.

**Ringel, Christina**, Die wirtschaftliche Zumutbarkeit im Energierecht – Mit Schwerpunkt auf der Verpflichtung zum Ausbau des Stromnetzes, Baden-Baden 2011.

**Rodi, Michael**, Neuere Entwicklungen im umweltrelevanten Energierecht, in: GfU (Hrsg.), Umweltschutz im Energierecht, Dokumentation zur Sondertagung der Gesellschaft für Umweltrecht e.V. und des Umweltbundesamtes, Band 36, Berlin 2006, S. 17 ff.

**Rodi, Michael/Sina, Stephan**, Das Klimaschutzrecht des Bundes – Analyse und Vorschläge zu seiner Weiterentwicklung, Stand November 2010, Climate Change 17/2011, Dessau-Roßlau 2011, abrufbar unter: http://www.umweltbundesamt.de/publikationen/klimaschutzrecht-des-bundes-analyse-vorschlaege-zu (Stand 20.02.2014).

**Rösler, Cornelia/Langel, Nicole/Schormüller, Kathrin**, Kommunaler Klimaschutz, erneuerbare Energien und Klimawandel in Kommunen, Ergebnisse einer Difu-Umfrage, Januar 2013, abrufbar unter: http://www.difu.de/publikationen/2013/kommunaler-klimaschutz-erneuerbare-energien-und-klimawandel.html 8Stand 18.02.2014).

**Rößler, Marcus/Breuer, Daniel**, Die Novelle des Kraft-Wärme-Kopplungsgesetzes 2012 aus Sicht eines kommunalen Energieversorgungsunternehmens, ER 2012, S. 91 ff.

**Ruhland, Johannes/Herud, Ralf**, Prognose der Marktdurchdringung des Contracting in der Deutschen Wohnungswirtschaft, in: Bayer (Hrsg.), Energieeffizienz im Wohnungsbestand durch Contracting, Jena 2009, S. 89 ff.

**Ruttlof, Marc**, Der verwaltungsrechtliche Vertrag und das Recht der Allgemeinen Geschäftsbedingungen, DVBl 2013, S. 1415 ff.

**Rütz, Nicole**, Unwirksamkeit von Rechtsverordnungen nach Wegfall ihrer Ermächtigungsgrundlage?, Jura 2005, S. 821 ff.

**Sachs, Michael**, Grundgesetz Kommentar, 6. Auflage, München 2011.

**Sachverständigenrat für Umweltfragen (SRU)**, Umweltschutz im Zeichen des Klimawandels, Umweltgutachten 2008, abrufbar unter: http://www.umweltrat.de/SharedDocs/Downloads/DE/01_Umweltgutachten/2008_Umweltgutachten_BTD.html (Stand 17.02.2014).

**Sachverständigenrat für Umweltfragen (SRU)**, Wege zur 100 % Stromversorgung aus erneuerbaren Energien, Sondergutachten, Berlin 2011, abrufbar unter: http://www.umweltrat.de/DE/Publikationen/Sondergutachten/sondergutachten_node.html (Stand 20.02.2014).

**Säcker, Franz, Jürgen/Rixecker**, **Roland** (Hrsg.), Münchener Kommentar zum BGB, Band 2, 6. Auflage, München 2012.

**Sailer, Frank**, Klimaschutzrecht und Umweltenergierecht – Zur Systematisierung beider Rechtsgebiete, NVwZ 2011, S. 718 ff.

**Sanden, Joachim**, Umweltschutz im Planungsrecht, in: Koch (Hrsg.), Umweltrecht, 4. Auflage, München 2014, § 13, S. 786 ff.

**Sanden, Joachim**, Umweltschutz im Planungsrecht, in: Koch (Hrsg.), Umweltrecht, 3. Auflage, München 2010, § 13, S. 675 ff.

**Saxinger, Andreas/Hofmann, Anna-Lisa**, Die rechtlichen Rahmenbedingungen für den Umgang mit verwahrlosten und verfallenden Immobilien, BauR 2012, S. 737 ff.

**Schafhausen, Franzjosef**, Programme und Instrumente der Energie- und Klimapolitik EEG versus Emissionshandel, ZNER 2011, S. 477 ff.

**Schanz, Sebastian**, Die Vorteilhaftigkeit von Photovoltaikanlagen unter Berücksichtigung der Besteuerung, DStR 2011, S. 1772 ff.

**Schaumann, Gunter/Schmitz, Karl W.** (Hrsg.), Kraft-Wärme-Kopplung, 4. Auflage, Berlin/Heidelberg 2010.

**Scheidler, Alfred**, Das Verhältnis zwischen Regionalplan und Flächennutzungsplan bei planerischer Steuerung von Windkraftanlagen, ZNER 2012, S. 124 ff.

**Scheidler, Alfred**, Die Sonderregelung zur Windenergie in der Bauleitplanung im neuen § 249 BauGB, UPR 2012, S. 411 ff.

**Scheidler, Alfred**, Die Steuerung von Windkraftanlagen durch die Raumordnung, ZfBR 2009, S. 750 ff.

**Schink, Alexander**, Private Initiativen zur Stadtentwicklung, UPR 2012, S. 132 ff.

**Schink, Alexander**, Regelungsmöglichkeiten der Bundesländer im Klimaschutz, UPR 2011, S. 91 ff.

**Schink, Alexander**, Zum Entwurf des nordrhein-westfälischen Klimaschutzgesetzes, NWVBl 2012, S. 41 ff.

**Schlacke, Sabine/Kröger James**, Die Privilegierung stromintensiver Unternehmen im EEG, Eine unionsrechtliche Bewertung der besonderen Ausgleichsregelung (§§ 40 ff. EEG), NVwZ 2013, S. 313 ff.

**Schlacke, Sabine/Kröger, James**, Eine verfassungsrechtliche Bewertung der Kennzeichnung von marktprämien-gefördertem Strom als Grünstrom, NVwZ 2012, S. 919 ff.

**Schlacke, Sabine/Schrader, Christian/Bunge, Thomas**, Informationsrechte, Öffentlichkeitsbeteiligung und Rechtsschutz im Umweltrecht, Berlin 2010.

**Schläger, Edwin**, Das Erneuerbare-Energien-Wärmegesetz: Wesentlicher Inhalt, andere ähnliche Reglungen und zivilrechtliche Folgen, ZMR 2009, S. 339 ff.

**Schläger, Edwin**, Wohnraummietrecht und Umweltschutz, ZMR 2007, S. 830 ff.

**Schlemminger, Horst**, Schriftformrisiken beim Abschluss öffentlich-rechtlicher Verträge, NVwZ 2009, S. 223 ff.

**Schlesinger, Ivonne**, Klima- und naturschutzgerechte Gemeinde- und Regionalentwicklung bei der Nutzung von Windenergie, NVwZ 2012, S. 864 ff.

**Schlichter, Otto /Stich, Rudolf/Driehaus, Hans-Joachim/Paetow, Stefan**, Berliner Kommentar zum Baugesetzbuch, Stand Juni 2013.

**Schlüter, Peter**, Öko-Steuern im Wettbewerb umweltpolitischer Instrumente für den Klimaschutz, in: Oldiges (Hrsg.), Abgabenrechtliche Verhaltenssteuerung im Umweltrecht, Dokumentation des 5. Leipziger Umweltrechts-Symposions des Instituts für Umwelt- und Planungsrechts der Juristenfakultät der Universität Leipzig am 21. Und 22. Juni 2000, S. 213 ff.

**Schmidt, Alexander**, Klimaschutz in der Bauleitplanung nach dem BauGB 2004, NVwZ 2006, S. 1354 ff.

**Schmidt-Aßmann, Eberhard/Krebs, Walter**, Rechtsfragen städtebaulicher Verträge, Vertragstypen und Vertragsrechtslehren, 2. Auflage, Köln 1992.

**Schmidt-Eichstaedt, Gerd**, Planungshoheit als öffentliches Gut contra Veräußerung der Planungshoheit an Private?, Informationen zur Raumentwicklung Heft 9/10.2005, S. 649 ff.

**Schmidt-Eichstaedt, Gerd**, Solaranlagen im Außenbereich, in: Mitschang (Hrsg.), Klimagerechte Stadtentwicklung – Die neuen Regelungen der BauGB-Novelle 2011, Berliner Schriften zur Stadt- und Regionalplanung, Band 19, S. 187 ff.

**Schmidt-Eichstaedt, Gerd**, Städtebaurecht, 4. Auflage, Stuttgart 2005.

**Schmidt-Eichstaedt, Gerd**, Was gibt es Neues im Besonderen Städtebaurecht? Die Änderungen im zweiten Kapitel des Baugesetzbuchs durch die BauGB-Novelle 2006/2007, LKV 2007, S. 439 ff.

**Schmidt-Eichstaedt, Gerd**, Zielgrenzwerte für die Wärmedämmung, Energiekennzahlen – Möglichkeiten und Grenzen von Festsetzungen nach § 9 Abs. 1 Nr. 24 BauGB, in: Mitschang (Hrsg.), Klimaschutz und Energieeinsparung in der Stadt- und Regionalplanung, Berliner Schriften zur Stadt- und Regionalplanung, Band 7, S. 167 ff.

**Schmidtke, Patrick Kim**, Kommunaler Klimaschutz, Eine Untersuchung in bau- und vergaberechtlicher Hinsicht, Marburg 2013.

**Schmidt-Preuß, Matthias**, Flexible Instrumente des Umweltschutzes, in: Dolde (Hrsg.), Umweltrecht im Wandel, Bilanz und Perspektiven aus Anlass des 25-jährigen Bestehens der Gesellschaft für Umweltrecht (GfU), Berlin 2001, S. 309 ff.

**Schmitz, Holger**, Private Initiativen zur Stadtentwicklung – Zum neuen § 171 f BauGB, in: Battis/Söfker/Stüer (Hrsg.), Festschrift Krautzberger, Nachhaltige Stadt- und Raumentwicklung, München 2008, S. 359 ff.

**Schneider, Ann-Kristin**, Auswirkungen des Klimawandels auf das Bauplanungsrecht, Frankfurt am Main 2013.

**Schnell, Christian**, Gesetzliche Entwicklungen zum Recht der Erneuerbaren Energien in Polen, ZNER 2012, S. 142 ff.

**Schoch, Friedrich**, Verfassungswidrigkeit des bundesgesetzlichen Durchgriffs auf Kommunen, DVBl 2007, S. 261 ff.

**Scholtka, Boris/Baumbach, Antje**, Die Entwicklung des Energierechts in den Jahren 2010 und 2011, NJW 2012, S. 2704 ff.

**Scholtka, Boris/Baumbach, Antje/Pietrowicz, Marike**, Die Entwicklung des Energierechts im Jahr 2012, NJW 2013, S. 2724 ff.

**Scholtka, Boris/Helmes, Sebastian**, Energiewende 2011 – Schwerpunkte der Neuregelungen im Energiewirtschafts- und Energieumweltrecht, NJW 2011, S. 3185 ff.

**Schomerus, Thomas**, Die Umsetzung von Art. 7 Energieeffizienz-Richtlinie 2012/27/EU in nationales Recht, ER 2013, S. 184 ff.

**Schomerus, Thomas**, Rechtliche Instrumente zur Verbesserung der Energienutzung, NVwZ 2009, S. 418 ff.

**Schomerus, Thomas/Henkel, Andrea**, Die Marktprämie im EEG 2012 – Eine erste Zwischenbilanz, ER 2012, S. 13 ff.

**Schönwiese, Christian-Dietrich**, Der globale Klimawandel und seine Auswirkungen auf Deutschland, Praxis der Naturwissenschaften, Physik in der Schule (PdN-PhiS), 59/2010, S. 6 ff.

**Schönwiese, Christian-Dietrich**, Der Klimawandel in Vergangenheit und Zukunft, Amosinternational 2008, S. 17 ff.

**Schönwiese, Christian-Dietrich,** Globaler und regionaler Klimawandel, UWSF 2005, S. 171 ff.

**Schönwiese, Christian-Dietrich**, Klimatologie, 3. Auflage, Stuttgart 2008.

**Schröder, Meinhard**, Klimaschutz, Bestandsschutz, Vertrauensschutz, Grenzen der Sanierungspflicht für bestehende Gebäude, Die Verwaltung 2013, S. 183 ff.

**Schrödter, Hans**, BauGB Kommentar, 7. Auflage, München 2006.

**Schröer, Thomas**, Bestandsschutz bei Umbauten und Sanierungen, NZBau 2008, S. 105 ff.

**Schröer, Thomas**, Leerstand als städtebaulicher Missstand?, NZBau 2009, S. 703 f.

**Schröer, Thomas**, Warum städtebauliche Gebote in der Praxis nichts bewirken, NZBau 2007, S. 234 ff.

**Schröer, Thomas/Kullick, Christian**, Die Neuerungen der BauGB-Novelle 2013 im Überblick Aussichten für die Praxis, NZBau 2013, S. 425 ff.

**Schröer, Thomas/Kullick, Christian**, Klimaschutz an der Küste: Das Hamburger Modell, NZBau 2012, S. 154 ff.

**Schröer, Thomas/Kullick, Christian**, Lagebericht zur Novellierung des Baugesetzbuches – Klima und Innenentwicklung, NZBau 2012, S. 98 ff.

**Schröer, Thomas/Kullick, Christian**, Politische Reaktionen auf fehlenden Wohnraum, NZBau 2013, S. 156 f.

**Schulze-Fielitz, Helmuth**, Kooperatives Recht im Spannungsfeld von Rechtsstaatsprinzip und Verfahrensökonomie, DVBl 1994, S. 657 ff.

**Schulze-Fielitz, Helmuth**, Umweltschutz im Föderalismus – Europa, Bund und Länder, NVwZ 2007, S. 249 ff.

**Schuppert, Folke**, Generierung von Public Value durch Urban Governance, in: vhw-Tagungsband, Public Value durch Urban Governance, Berlin 2009, S. 9 ff.

**Schuppert, Gunnar Folke**, Governance – Auf der Suche nach Konturen eines „anerkannt uneindeutigen Begriffs", in: Schuppert/Zürn (Hrsg.), Governance in einer sich wandelnden Welt, 1. Auflage, Wiesbaden 2008, S. 13 ff.

**Schuppert, Gunnar Folke**, Governance im Spiegel der Wissenschaftsdisziplinen, in: Schuppert (Hrsg.), Governance-Forschung, Vergewisserung über Stand und Entwicklungslinien, 2. Auflage, Baden-Baden 2006, S. 371 ff.

**Schütte, Peter/ Winkler, Martin**, Aktuelle Entwicklungen im Bundesumweltrecht, ZUR 2011, S. 329 ff.

**Schütte, Peter/Winkler, Martin**, Aktuelle Entwicklungen im Bundesumweltrecht, ZUR 2012, S. 321 ff.

**Schwarz, Tim**, Der Beitrag informeller Konzepte zum Bodenschutz in der Bauleitplanung, UPR 2013, S. 408 ff.

**Schwarze, Reimung**, Vor Durban: Klimapolitik in der Defensive, ZUR 2011, S. 505 f.

**Seckelmann, Margit**, Das sog. „Kooperationsverbot" und die Mittel zu seiner Behebung – Sollen Art. 91 b bzw.104b GG modifiziert werden? –, DÖV 2012, S. 701 ff.

**Seibel, Mark**, Abgrenzung der „allgemein anerkannten Regeln der Technik" vom „Stand der Technik", NJW 2013, S. 3000 ff.

**Seidler, Anne-Carolin**, Anwendung des Vergaberechts auf Grundstücksverkäufe und städtebauliche Verträge – Endlich Rechts(un)sicherheit durch den EuGH!, NZBau 2010, S. 552 ff.

**Selle, Klaus**, Stadtentwicklung aus der „Governance-Perspektive", PNDonline III/2008, S. 1 ff., abrufbar unter: http://www.planung-neu-denken.de/content/view/110/41/ (Stand 20.02.2014).

**Sellner, Dieter/Fellenberg, Frank**, Atomausstieg und Energiewende 2011 – Das Gesetzespaket im Überblick, NVwZ 2011, S. 1025 ff.

**Siebenkotten, Lukas**, Wer soll die Energiewende im Wohngebäudebereich bezahlen?, Ökologisches Wirtschaften 1/2012, S. 13.

**Siems, Thomas**, Städtebauliche Verträge in Deutschland und den USA – Ein Rechtsvergleich unter besonderer Berücksichtigung der Landesgesetze Kaliforniens, Norderstedt 2004.

**Siems, Thomas**, Städtebauliches Schriftformerfordernis für Werkverträge?, BauR 2003, S. 1320 ff.

**Simons, Harald**, Energetische Sanierung von Ein- und Zweifamilienhäusern, Berlin 2012.

**Söfker, Wilhelm**, Absicherung von Wärmedämmmaßnahmen, in: Mitschang (Hrsg.), Klimagerechte Stadtentwicklung – Die neuen Regelungen der BauGB-Novelle 2011, Berliner Schriften zur Stadt- und Regionalplanung, Band 19, S. 219 ff.

**Söfker, Wilhelm**, Bebauungsplan, Energieeinsparverordnung und Erneuerbare-Energien-Wärmegesetz. Zu den Festsetzungen des Bebauungsplans für energiesparende Bauweisen und den Einsatz erneuerbarer Energien, UPR 2009, S. 81 ff.

**Söfker, Wilhelm**, Das Gesetz zur Förderung des Klimaschutzes bei der Entwicklung in den Städten und Gemeinden, ZfBR 2011, S. 541 ff.

**Söfker, Wilhelm**, Zulässigkeit und Steuerung von Biomasse-Anlagen und gewerblichen Tierhaltungsbetrieben im Außenbereich, in: Spannowsky/Hofmeister (Hrsg.), Novellierungen des BauGB 2011 und 2013 mit den Schwerpunkten Klimaschutz und Innenentwicklung, Berlin 2013, S. 65 ff.

**Söfker, Wilhelm**, Zulassung, planerische Steuerung und Repowering von Windkraftanlagen, in: Mitschang (Hrsg.), Klimagerechte Stadtentwicklung – Die neuen Regelungen der BauGB-Novelle 2011, Berliner Schriften zur Stadt- und Regionalplanung, Band 19, S. 209 ff.

**Söfker, Wilhelm**, Zur bauplanungsrechtlichen Absicherung des Repowering von Windenergieanlagen, ZfBR 2008, S. 14 ff.

**Soltész, Ulrich**, Die Entwicklung des europäischen Beihilferechts im Jahr 2013, EuZW 2014, S. 89 ff.

**Spangenberger, Volker**, Städtebauförderung – Auswirkungen der Programmvielfalt, UPR 2011, S. 180 ff.

**Spangenberger, Volker**, Städtebauförderung und Baukultur – Berücksichtigung von baukulturellen Ansätzen im Rahmen von Stadterneuerungsmaßnahmen, UPR 2013, S. 170 ff.

**Spannowsky, Willy**, Der Ausbau der erneuerbaren Energien in der Raumordnungs- und Bauleitplanung, NuR 2013, S. 773 ff.

**Spannowsky, Willy**, Die Bedeutung zivilrechtlicher Verträge zur Steuerung der städtebaulichen Entwicklung und deren Grenzen, UPR 2003, S. 81 ff.

**Spannowsky, Willy**, Die Bedeutung zivilrechtlicher Verträge zur Umsetzung städtebaulicher Planungen und Projekte, in: Spannowsky/Krämer (Hrsg.), Realisierung städtebaulicher Planungen und Projekte durch Verträge, Köln 2003, S. 11 ff.

**Spannowsky, Willy**, Die Zulässigkeit abwägungsdirigierender Verträge, ZfBR 2010, S. 429 ff.

**Spannowsky, Willy**, Grenzen des Verwaltungshandelns durch Verträge und Absprachen, Berlin 1994.

**Spannowsky, Willy**, Kooperation mit Privaten und städtebauliche Planung, in: Spannowsky/Büchner (Hrsg.), Festschrift für Hans-Jörg Birk, Schnittmengen zwischen Planung und Planverwirklichung im Städtebaurecht, München 2013, S. 217 ff.

**Spannowsky, Willy**, Planungsrechtliche Steuerung von Vorhaben der Erneuerbaren Energien durch Verträge, UPR 2009, S. 201 ff.

**Spannowsky, Willy**, Stadt- und Dorferneuerung im Zeichen der Innenentwicklung, ZfBR 2013, S. 752 ff.

**Spannowsky, Willy/Runkel, Peter/Goppel, Konrad**, Raumordnungsgesetz Kommentar, München 2010.

**Spannowsky, Willy/Uechtritz, Michael**, BauGB Kommentar, Beck'scher Online-Kommentar, Stand Dezember 2013.

**Spars, Guido**, Finanzierung, in: BMVBS (Hrsg.), Zukunft der Städtebauförderung, Dokumentation von zwei Werkstattgesprächen von Bund, Ländern, Kommunen und Verbänden am 30.05. und 16.08.2012 in Berlin, Berlin 2012.

**Spars, Guido/Jacob, Patricia/Müller, Anja**, Kommunale Haushaltsnotlagen, Bestandsaufnahme und Möglichkeiten der Reaktion im Rahmen der Städtebauförderung des Bundes und der Länder, Endbericht, Wuppertal 2010, abrufbar unter: http://www.bbsr.bund.de/BBSR/DE/FP/ReFo/Staedtebau/2010/Haushaltsnotlage/01_Start.html 8Stand 18.02.2014).

**Sparwasser, Reinhard**, Die Berücksichtigung von Klimaschutz- und Energiekonzepten, in: Mitschang (Hrsg.), Klimagerechte Stadtentwicklung – Die neuen Regelungen der BauGB-Novelle 2011, Berliner Schriften zur Stadt- und Regionalplanung, Band 19, S. 67 ff.

**Sparwasser, Reinhard/Mock, Dario**, Energieeffizienz und Klimaschutz im Bebauungsplan, ZUR 2008, S. 469 ff.

**Sperling, Felix**, Die Bedeutung städtebaulicher Verträge nach § 11 Abs. 1 und § 12 Abs. 1 S. 1 BauGB in der Planungspraxis, Band 1, Kaiserslautern 2011, abrufbar unter: http://www.ru.uni-kl.de/oerecht/forschung/publikationen/internetveroeffentlichungen/ (Stand 20.02.2014).

**Staab, Jürgen**, Erneuerbare Energien in Kommunen, 2. Auflage, Wiesbaden 2013.

**Statistische Ämter des Bundes und der Länder**, Zensus 2011, Gebäude- und Wohnungsbestand in Deutschland, Erste Ergebnisse der Gebäude- und Wohnungszählung 2011, Hannover 2014.

**Statistisches Bundesamt**, Bauinvestitionen 2010: Stärkstes Wachstum seit vier Jahren, Pressemitteilung vom 19.01.2011, abrufbar unter: https://www.destatis.de/DE/PresseService/Presse/Pressemitteilungen/2011/01/PD11_022_811.html;jsessionid=1E2A4EEE437446AEB667F4BA4D81E743.cae3 (Stand 23.02.2014).

**Stein, Roland M./ Thoms, Anahita**, Zum Einfluss der Umwelt- und Energiepolitik auf das Wirtschafts- und Steuerrecht, BB 2009, S. 1451 ff.

**Steinhäußer, Reimund**, Aktuelle Änderungen im Erneuerbare-Energien-Gesetz (EEG) und die geplante Reform der Gemeinsamen Agrarpolitik der Europäischen Union (GAP): Konsequenzen für die umweltgerechte Bereitstellung von Bioenergie, NuR 2012, S. 441 ff.

**Stelkens, Paul/Bonk, Joachim/Sachs, Michael**, Verwaltungsverfahrensgesetz Kommentar, 8. Auflage 2014, München 2014.

**Stemmler, Johannes**, Stadtumbau und Soziale Stadt – Zu den Neuregelungen im Regierungsentwurf für ein Europarechtsanpassungsgesetz Bau – EAG Bau, ZfBR 2004, S. 128 ff.

**Stemmler, Johannes/Hohrmann, Florian**, Neues im Besonderen Städtebaurecht – Zu den am 1. Januar 2007 in Kraft getretenen Änderungen im Besonderen Städtebaurecht, ZfBR 2007, S. 224 ff.

**Sternitzki, Kathleen**, Klimaschutz und Energieeffizienz in Sachsen, Möglichkeiten der Verankerung von Klimaschutz und Energieeffizienz in integrierten Stadtentwicklungskonzepten, Dresden 2011, abrufbar unter: http://www.entorb.net/docs.php (Stand 20.02.2014).

**Stich, Rudolf**, Die Rechtsentwicklung von der imperativen zur kooperativen Städtebaupolitik, Betrachtungen zu einem grundlegenden Wandel im Städtebaurecht des Bundes, ZfBR 1999, S. 304 ff.

**Stieß, Immanuel/van der Land, Victoria/Birzle-Harder, Barbara/Deffner, Jutta**, Handlungsmotive, -hemmnisse und Zielgruppen für eine energetische Gebäudesanierung, Ergebnisse einer standardisierten Befragung von Eigenheimsanierern, Frankfurt 2010.

**Stieß, Immanuel/van der Land, Victoria/Schietinger, Esther**, Wohnungspolitik ökologisch und sozial gestalten – Rahmenbedingungen, Instrumente und Ansätze zur Förderung eines nachhaltigen Wohnungsbaus und einer nachhaltigen Bestandssanierung in Luxemburg, Frankfurt am Main 2011, abrufbar unter: http://www.isoe.de/projekte/abgeschlossene-projekte/energie-und-klimaschutz-im-alltag/ecolux/ (Stand 18.02.2014).

**Stock, Jürgen**, Anforderungen des Energiefachrechts an Gebäude – Grundlagen, Systematik und Novellierung der Energieeinsparverordnung, in: Mitschang (Hrsg.), Aktuelle Fragestellungen des Städtebau- und Umweltrechts, Berliner Schriften zur Stadt- und Regionalplanung, Band 14, S. 1 ff.

**Stratmann, Klaus**, Energieeinsparziele bringen wenig, Handelsblatt online, vom 26.04.2012, abrufbar unter: http://www.handelsblatt.com/technologie/energie-umwelt/energie-technik/gutachten-liegt-vor-energieeinsparziele-bringen-wenig/6551382.html (Stand 20.02.2014).

**Strauch, Boris**, Auf deutschen Dächern – Dachnutzungsverträge für Photovoltaik-Anlagen, ZNER 2010, S. 247 ff.

**Strempel, Dieter**, Empirische Rechtsforschung. Entwicklung und Beitrag für die Rechtspolitik, in: Broda (Hrsg.), Festschrift für Rudolf Wassermann, Darmstadt 1985, S. 223 ff.

**Stüer, Bernhard**, Der Städtebauliche Vertrag. Ein Balanceakt zwischen Vertragsfreiheit, strikter Gesetzesbindung und "subjektiver Abwägungssperre", DVBl 1995, S. 649 ff.

**Stüer, Bernhard**, Die BauGB-Klimanovelle und das Energiefach- und finanzierungsrecht 2011, in: Mitschang (Hrsg.), Klimagerechte Stadtentwicklung – Die neuen Regelungen der BauGB-Novelle 2011, Berliner Schriften zur Stadt- und Regionalplanung, Band 19, S. 231 ff.

**Stüer, Bernhard**, Handbuch des Bau- und Fachplanungsrechts, 4. Auflage, München 2009.

**Stüer, Bernhard**, Öffentliches Baurecht 2007-2012 in der Gesetzgebung: Bebauungsplan der Innenentwicklung – Energiewende – UVP – weiterer Reformbedarf, AD LEGENDUM 2012, S. 166 ff.

**Stüer, Bernhard**, Plansicherung, Besonderes Städtebaurecht und BauNVO. Rechtsprechungsbericht 2010, DVBl 2011, S. 739 ff.

**Stüer, Bernhard**, Städtebaurechts-Novelle 2013 – Stärkung der Innenentwicklung in den Städten und Gemeinden, Publicus 8/2013, S. 4 ff.

**Stüer, Bernhard/Buchsteiner, Dirk**, Klimaschutzrecht – Umweltschutz in der Raumplanung – REACH – Geruchsimmissionen – 34. Umweltrechtliche Fachtagung der Gesellschaft für Umweltrecht –, DVBl 2011, S. 84 ff.

**Stüer, Bernhard/Eva-Maria Ehebrecht-Stüer**, Reformbedarf im BauGB?, DVBl 2010, S. 1540 ff.

**Stüer, Bernhard/Garbrock, Bernhard**, Anmerkung zu EuGH, DVBl 2013, 1041, S. 1044 ff.

**Stüer, Bernhard/König, Claas-Dietrich**, Städtebauliche Verträge – Strikter Gesetzesvollzug oder grenzenlose Vertragsfreiheit? –, ZfBR 2000, S. 528 ff.

**Stüer, Bernhard/Stüer, Eva-Maria**, Die BauGB-Klimanovelle und das Energiefach- und Finanzierungsrecht 2011, DVBl 2011, S. 1117 ff.

**Sturm, Bodo/ Vogt, Carsten**, Umweltökonomik, Eine anwendungsorientierte Einführung, 1. Auflage, Heidelberg 2011.

**Thaler, Richard H./Sunstein, Cass R.**, Nudge – Wie man kluge Entscheidungen anstößt, Berlin 2008.

**Thomas, Christian**, Klimaschutz auf Landesebene, NVwZ 2013, S. 679 ff.

**Thürmer, Konrad/Kohout, Christian**, Dezentrale Energieversorgung durch Kleinwasserkraftanlagen in: Kramer (Hrsg.), Integratives Umweltmanagement, Wiesbaden 2010, S. 635 ff.

**Tietze, Michael**, Kooperation im Städtebau. Eine empirische Untersuchung städtebaulicher Verträge im Spannungsfeld funktionaler Differenzierung, Berlin 2003.

**Töller, Elisabeth**, Kooperation im Schatten der Hierarchie. Dilemmata des Verhandelns zwischen Staat und Wirtschaft, in: Schuppert/Zürn (Hrsg.), Governance in einer sich wandelnden Welt, 1. Auflage, Wiesbaden 2008, S. 282 ff.

**Tomerius, Stephan**, Der Anschluss- und Benutzungszwang für kommunale Nah- und Fernwärmesysteme, ER 2013, S. 61 ff.

**Tomerius, Stephan**, Kommunale Flächenentwicklung in öffentlich-privater Partnerschaft und Vergaberecht: Entwicklungslinien in Literatur und Rechtsprechung zwei Jahre nach dem EuGH-Urteil "Helmut Müller", ZfBR 2012, S. 332 ff.

**Trapp, Dan Bastian**, Baukultur als Bestandteil nachhaltiger städtebaulicher Entwicklung, JZ 11/2013, S. 540 ff.

**Trute, Hans-Heinrich/Kühlers, Doris/Pilniok, Arne**, Governance als verwaltungswissenschaftliches Analysekonzept, in: Schuppert/Zürn (Hrsg.), Governance in einer sich wandelnden Welt, 1. Auflage, Wiesbaden 2008, S. 173 ff.

**Tuschinski, Melita**, EnEV und EWärmeG in Theorie und Praxis, Der Bausachverständige 2013, S. 52 ff.

**Tuschinski, Melita**, Neue EnEV 2014 im Bestand. Was ändert sich und was ist neu im Vergleich zur geltenden Energieeinsparverordnung EnEV 2009, Bausubstanz 4/2013, S. 24 ff.

**Uechtritz, Michael**, Die Bedeutung informeller Planungen für die Bauleitplanung und für Genehmigungsentscheidungen, ZfBR 2010, S. 646 ff.

**Uechtritz, Michael**, Die naturschutzrechtliche Eingriffsregelung in der Bauleitplanung: Klarstellungen, NVwZ 1997, S. 1182 ff.

**Uechtritz, Michael**, Gesetz zur Stärkung der Innenentwicklung in den Städten und Gemeinden und weiteren Fortentwicklung des Städtebaurechts – „BauGB-Novelle 2013", BauR 2013, S. 1354 ff.

**Ulbrich, Hans-Benno**, Prof. Quack und die Regeln der Technik, in: Franke/Oppler (Hrsg.), Festschrift für Friedrich Quack, Recht und Baurecht - ein Leben, Köln 2009, S. 259 ff.

**Umwelt Bundesamt (UBA)**, Klimaschutz in der räumlichen Planung: Gestaltungsmöglichkeiten der Raumordnung und Bauleitplanung, Kurzdokumentation der Fallstudien, Climate Change 03/2013, Dessau-Roßlau 2013, abrufbar unter: http://www.umweltbundesamt.de/en/publikationen/klimaschutz-in-raeumlichen-planung-0 (Stand 20.02.2014).

**Uttich, Steffen**, Eingeschränkter Dämmzwang, Frankfurter Allgemeine Zeitung online vom 25.01.2012, abrufbar unter: http://www.faz.net/aktuell/wirtschaft/immobilien/enev-2009-eingeschraenkter-daemmzwang-11614337.html (Stand 21.02.2014).

**Uttich, Steffen**, Klimaschutz mit Schlagseite, Frankfurter Allgemeine Zeitung, vom 08.09.2010, S. 11.

**Vetter, Andrea/Bergmann, Tina**, Investorenwettbewerbe und Vergaberecht – Eine kritische Auseinandersetzung mit der Ahlhorn-Entscheidung des OLG Düsseldorf, NVwZ 2008, S. 133 ff.

**Volkmann, Uwe**, Der dezente Staat – Verhaltenssteuerung im Umweltrecht, JuS 2001, S. 521 ff.

**Voßkuhle, Andreas**, Neue Verwaltungswissenschaft, in: Hoffmann-Riem/Schmidt-Aßmann/Voßkuhle (Hrsg.), Grundlagen des Verwaltungsrechts, Band I, 2. Auflage, München 2012, S. 1 ff.

**Voßkuhle, Andreas**, Umweltschutz und Grundgesetz, in: Tagungen der Gesellschaft für Umweltrecht e.V., Band 44, Dokumentation zur 36. Wissenschaftlichen Fachtagung der Gesellschaft für Umweltrecht, Leipzig 2012, Berlin 2013, S. 34 ff.

**Voßkuhle, Andreas**, Umweltschutz und Grundgesetz, NVwZ 2013, S. 1 ff.

**Voßkuhle, Andreas**, Verwaltungsdogmatik und Rechtstatsachenforschung – Eine Problemskizze – VerwArch 85 (1994), S. 567 ff.

**Voßkuhle, Andreas/Kaiser, Anna-Bettina**, Grundwissen – Öffentliches Recht: Der öffentlich-rechtliche Vertrag, JuS 2013, S. 687 ff.

**Wachten, Kunibert/Kloos, Michael**, Handlungsmöglichkeiten eines solaren Städtebaus, in: Everding (Hrsg.), Solarer Städtebau, Stuttgart 2007, S. 18 ff.

**Waechter, Kay**, Städtebauliche Sanierung (§§ 136 ff. BauGB), DVBl 2013, S. 613 ff.

**Wagner, Hellmut**, Effizienz des Ordnungsrechts für den Umweltschutz, NVwZ 1995, S. 1046 ff.

**Wagner, Jörg**, Bauleitplanverfahren – Änderungen durch die BauGB-Novelle 1998, BauR 1997, S. 709 ff.

**Wagner, Jörg**, Mediation im Städtebaurecht 2013 – Ein Beitrag zum Planungs- und Konfliktmanagement, DVBl 2014, S. 150 ff.

**Wagner, Jörg/Hehn, Marcus**, Mediation im öffentlichen Bereich – Rechtsfragen, UPR 2013, S. 1 ff.

**Weber, Lukas**, Heiße Luft um alte Heizungen, Frankfurter Allgemeine Zeitung vom 22.10.2013, S. 1.

**Weihrauch, Oliver**, Verwaltungsrechtlicher Vertrag und Urkundeneinheit – Zur Anwendbarkeit des § 126 Abs. 2 Satz 1 BGB auf den verwaltungsrechtlichen Vertrag, VerwArch 82 (1991), S. 543 ff.

**Weinstock, Marc**, Die Klimanovelle im Praxistest, Lebendige Stadt Journal, Juni 2012, S. 38.

**Weiß, Julika/Dunkelberg, Elisa**, Erschließbare Energieeinsparpotenziale im Ein- und Zweifamilienhausbestand, Eine Untersuchung des energetischen Ist-Zustands der Gebäude, aktueller Sanierungsraten, theoretischer Einsparpotenziale sowie deren Erschließbarkeit, Berlin 2010.

**Weiß, Julika/Vogelpohl, Thomas**, Politische Instrumente zur Erhöhung der energetischen Sanierungsquote bei Eigenheimen, Eine Analyse des bestehenden Instrumentariums in Deutschland und Empfehlungen zu dessen Optimierung vor dem Hintergrund der zentralen Einsparpotenziale und der Entscheidungssituation der Hausbesitzer/innen, Berlin 2010.

**Wernsmann, Rainer**, Die Steuer als Eigentumsbeeinträchtigung?, NJW 2006, S. 1169 ff.

**Wernsmann, Rainer**, Viel Lärm um nichts? – Die Ökosteuer ist verfassungsgemäß, NVwZ 2004, S. 819 ff.

**Wesselak, Viktor/Schabbach, Thomas**, Regenerative Energietechnik, 1. Auflage, Berlin/Heidelberg 2009.

**Westphal, Simone**, Art. 20a GG - Staatsziel „Umweltschutz", JuS 2000, S. 339 ff.

**Wickel, Martin**, Klimaschutz und Städtebau - Das Gesetz zur Förderung des Klimaschutzes bei der Entwicklung in den Städten und Gemeinden, UPR 2011, S. 416 ff.

**Wickel, Martin**, Mögliche Inhalte von Klimaschutzgesetzen auf Länderebene, DVBl 2013, S. 77 ff.

**Wickel, Martin**, Stellungnahme zu dem Entwurf eines Gesetzes zur Stärkung der klimagerechten Entwicklung in den Städten und Gemeinden (BT-Drs. 17/6076).

**Wickel, Martin**, Verfassungsunmittelbarer oder einfachgesetzlicher Bestandsschutz im Baurecht?, BauR 1994, S. 557 ff.

**Wiehe, Frank,** Rückzug des Ordnungsrechts im Umweltschutz: Vierzehntes Trierer Kolloquium zum Umwelt- und Technikrecht, NVwZ 1999, S. 513 f.

**Wiethölter, Rudolf,** Julius Hermann von Kirchmann, in: Kritische Justiz (Hrsg.), Streitbare Juristen, Baden-Baden 1988.

**Wiggers, Christian**, Denkmalschutz und Energieeffizienz, NJW-Spezial 2010, S. 748 f.

**Wiggers, Christian**, Novellierung der Energieeinsparverordnung – die EnEV 2014 ist da, NJW-Spezial 2013, S. 748 f.

**Wilke, Kirsten / Düwel, Martin**, Gilt das Angemessenheitsgebot der § 11 II 1, 124 III 1 BauGB auch zu Gunsten der Gemeinde?, NVwZ 2012, S. 1449 ff.

**Wilke, Reinhard**, Die „Klimaschutznovelle" als erste Stufe zur Reform des Bauplanungsrechts, BauR 2011, S. 1744 ff.

**Winkler, Daniela**, Energiewende und Denkmalschutz, EurUP 2013, S. 206 ff.

**Winkler, Martin**, Klimaschutzrecht. Völker-, europa- und verfassungsrechtliche Grundlagen sowie instrumentelle Umsetzung der deutschen Klimaschutzpolitik unter besonderer Berücksichtigung des Emissionshandels, Münster 2005.

**Winter, Gerd**, Das Klima ist keine Ware, ZUR 2009, S. 289 ff.

**Winter, Gerd**, Zur Architektur globaler Governance des Klimaschutzes, ZaöRV 2012, S. 103 ff.

**Wissenschaftlicher Beirat der Bundesregierung Globale Umweltveränderungen (WBGU)**, Welt im Wandel - Energiewende zur Nachhaltigkeit, Berlin/Heidelberg 2003, abrufbar unter: http://www.wbgu.de/fileadmin/templates/dateien/veroeffentlichungen/hauptgutachten/jg2003/wbgu_jg2003.pdf (Stand 14.02.2014).

**Wissenschaftlicher Beirat der Bundesregierung Globale Umweltveränderungen (WBGU)**, Welt im Wandel – Gesellschaftsvertrag für eine große Transformation, Berlin 2011, abrufbar unter: http://www.wbgu.de/fileadmin/templates/dateien/veroeffentlichungen/hauptgutachten/jg2011/wbgu_jg2011.pdf (Stand 14.02.2014).

**Witzel, Horst/Topp, Adolf**, Allgemeine Versorgungsbedingungen für Fernwärme – Erläuterungen für die Praxis, 2. Auflage, Frankfurt am Main 1997.

**Worch, Anatol**, Energetische Sanierung mittels Innendämmung, EnEVaktuell 2009/4, S. 5 f.

**World Meteorological Organization (WMO)**, Statement on the status of the global climate in 2009, abrufbar unter: http://www.wmo.int/pages/publications/showcase/documents/1055_en.pdf (Stand 14.02.2014).

**Wulfhorst, Reinhard**, Die Auswirkungen des neuen Art. 104 b GG auf die Städtebauförderung – Eine Entgegnung, DVBl 2010, S. 28 ff.

**Würfel, Wolfgang/Butt, Mark**, Ausschreibungspflicht für städtebauliche Verträge – oder – Schaut man einem geschenkten Gaul doch ins Maul?, NVwZ 2003, S. 153 ff.

**Wustlich, Guido**, "Erneuerbare Wärme" im Klimaschutzrecht, ZUR 2008, S. 113 ff.

**Wustlich, Guido**, Das Erneuerbare-Energien-Wärmegesetz – Ziel, Inhalt und praktische Auswirkungen, NVwZ 2008, S. 1041 ff.

**Wustlich, Guido**, Energieeffizienz: Recht zwischen Ökologie und Ökonomie?, ZUR 2007, S. 281 f.

**Wustlich, Guido**, Ist die öffentliche Hand ein Vorbild beim Umwelt- und Klimaschutz? (und falls nein: Warum sich das ändern wird), ZUR 2011, S. 113 ff.

**Wustlich, Guido**, Ökonomisierung im Umweltrecht, ZUR 2009, S. 515 ff.

**Wustlich, Guido/Müller, Dominik**, Die Direktvermarktung von Strom aus erneuerbaren Energien im EEG 2012 – Eine systematische Einführung in die Marktprämie und die weiteren Neuregelungen zur Marktintegration, ZNER 2011, S. 380 ff.

**Zeiss, Christopher/Longo, Fabio**, Baurechtliche Festsetzungsmöglichkeiten einer solaren Warmwasserbereitung (Solarthermie-Pflicht), UPR 1998, S. 217 ff.

**Ziehm, Cornelia**, Die Energiewende fordert Planungssicherheit statt politisches Kalkül, ZUR 2013, S. 321 ff.

**Ziehm, Cornelia**, Kehrt zurück zu guter Gesetzgebung!, ZUR 2011, S. 281 f.

**Ziehm, Cornelia**, Steigende Energiepreise, Frankfurter Allgemeine Zeitung vom 17.09.2013, S. 38.

**Ziehm, Cornelia**, Vollzugsdefizite im Bereich des Klimaschutzrechts, ZUR 2010, S. 411 ff.

**Ziekow, Jan**, Bürgerbeteiligung und Bürgerengagement in der verfassten Demokratie, in: Beck/Ziekow (Hrsg.), Mehr Bürgerbeteiligung wagen. Wege zur Vitalisierung der Demokratie, 1. Auflage, Wiesbaden 2011, S. 33 ff.

**Ziekow, Jan**, Immissionsschutzrechtliche Aspekte in der Bauleitplanung, BayVBl 2000, S. 325 ff.

**Zwingmann, Katja**, Ökonomische Analyse der EU-Handelsemissionsrichtlinie, 1. Auflage, Hamburg 2007.

FSC
www.fsc.org
MIX
Papier | Fördert
gute Waldnutzung
FSC® C083411

Kolibri 360 GmbH
Ferdinand-Jühlke-Straße 7
99095 Erfurt, Deutschland
produktsicherheit@kolibri360.de